DOC EN POCHE
REGARD D'EXPERT

UNIVERSITE DE STRASBOURG
S.C.D.
Bibliothèque juridique

Les grands textes internationaux des droits de l'homme

Textes présentés par

Emmanuel Decaux

professeur de droit public à l'université Paris II,
membre de la Commission nationale consultative
des droits de l'homme

et Noémie Bienvenu

ancienne conseillère juridique
à la Commission nationale consultative
des droits de l'homme

UNIVERSITE DE STRASBOURG - SCD
Numéro d'inventaire : 2271186229
Date d'entrée : 8/06/2016
Indice :
Cote : 3
Localisati
AF859318

DOC'EN POCHE
REGARD D'EXPERT

Responsable de la collection
Isabelle Flahault

Suivi éditorial
Christine Fabre

Secrétariat de rédaction
Martine Paradis

Conception graphique
Sandra Lumbroso
Bernard Vaneville

Mise en page
Dominique Sauvage

Édition
Dagmar Rolf
Fabien Weyh

Avertissement au lecteur

Les opinions exprimées n'engagent que leurs auteurs.

Ces textes ne peuvent être reproduits sans autorisation.

Celle-ci doit être demandée à :

Direction de l'information légale et administrative

26, rue Desaix
75727 Paris cedex 15

« En application du Code de la propriété intellectuelle du 1er juillet 1992, une reproduction partielle ou totale à usage collectif de la présente publication est strictement interdite sans autorisation de l'éditeur. Il est rappelé à cet égard que l'usage abusif de la photocopie met en danger l'équilibre économique des circuits du livre. »

© Direction de l'information légale et administrative, Paris, 2016.
ISBN : 978-2-11-010282-9

Sommaire

Chapitre 2

La lutte contre les discriminations et la protection des groupes vulnérables

Chapitre 3

La prévention et la répression des crimes internationaux

Chapitre 4

Les nouvelles perspectives

PARTIE II

Avant-propos

Depuis 70 ans, le droit international des droits de l'homme a connu un développement remarquable. Dès 1945, le préambule de la Charte des Nations unies réaffirmait « notre foi dans les droits fondamentaux de l'homme, dans la dignité et la valeur de la personne humaine, dans l'égalité de droits des hommes et des femmes, ainsi que des nations, grandes et petites ». Cette proclamation faite au nom des « peuples des Nations unies » avait une valeur fondatrice au lendemain de deux guerres mondiales qui avaient « infligé à l'humanité d'indicibles souffrances ». Face aux régimes prônant l'inégalité des races et la hiérarchie des peuples, un nouvel ordre international fondé sur l'égalité des États et la dignité de la personne humaine se mettait en place.

La Déclaration universelle des droits de l'homme de 1948 constitue le tronc commun de tout le corpus juridique développé au fil des années, dans le cadre des Nations unies comme sur le plan régional. D'une part, à côté des deux Pactes internationaux adoptés en 1966, il y a maintenant 50 ans, les instruments internationaux se sont multipliés, qu'il s'agisse de traités à vocation universelle ou de grandes déclarations adoptées par les organes des Nations unies. D'autre part, dans le cadre régional, la Déclaration de 1948 est le point de départ de la Convention de sauvegarde des droits de l'homme et des libertés fondamentales (Convention européenne des droits de l'homme), adoptée en 1950 par les États membres du Conseil de l'Europe, pour « prendre les premières mesures propres à assurer la garantie collective de certains des droits énoncés dans la Déclaration universelle ». La Charte des droits fondamentaux de l'Union européenne s'inscrit dans cette dynamique universelle, tout comme les principes de l'Organisation sur la sécurité et la coopération en Europe (OSCE), souvent inspirés par les grands textes des Nations unies.

C'est assez peu dire que cet ensemble foisonnant, diversifié et dispersé rend difficile la recherche des sources pour le juriste et plus encore pour le citoyen. L'objet premier de ce livre, également disponible en format numérique, est de rendre accessibles à tous ces documents de base, sous une forme facile à utiliser, sans négliger les précisions nécessaires pour situer chaque document à sa juste place.

Ce recueil de grands textes internationaux relatifs aux droits de l'homme se veut un outil de référence, le plus complet mais également le plus pratique possible pour le lecteur. Il vise ainsi à combler une lacune car, s'il existe de nombreux ouvrages officiels publiés par des organisations internationales, ceux-ci ne sont guère maniables. Il en va de même des divers codes de source privée. De plus, ces publications ne sont pas particulièrement destinés au public français. À côté de ces volumes exhaustifs, il existe des anthologies utiles, mais spécialisées et incomplètes par nature, et le plus souvent assez anciennes, alors que le droit international des droits de l'homme est en pleine évolution, les principaux instruments ayant désormais un caractère quasi universel.

La première édition de cet ouvrage, en 2008, publiée à l'initiative de la Commission nationale consultative des droits de l'homme (CNCDH), entendait ainsi d'abord combler cette lacune. Cette nouvelle édition permet non seulement une mise à jour des données et une actualisation des documents, mais aussi un choix plus large de textes, tout en restant sélectif afin d'offrir un ensemble maniable et facile à utiliser.

Il s'agissait d'abord, en réunissant une cinquantaine de textes de référence, universels et européens, de faire un état des lieux, le nombre des ratifications et celui des signatures par la France étant à jour au 1er novembre 2015. L'ensemble du corpus du droit international des droits de l'homme est présenté sous une forme ramassée, depuis la Convention sur la prévention et la répression du crime de génocide adoptée le 9 décembre 1948 jusqu'aux plus récents protocoles additionnels à la Convention européenne des droits de l'homme qui ne sont pas encore entrés en vigueur. La plupart des textes sont proposés dans leur intégralité, pour faciliter le travail du chercheur ou du praticien, même si les textes déclaratoires et certains traités – notamment le Statut de Rome de la Cour pénale internationale – ne figurent que sous forme d'extraits. C'était le prix à payer pour aboutir à un ouvrage au volume raisonnable, ce qui justifie également certaines omissions visant des organisations spécialisées, telles l'Organisation internationale du travail (OIT) ou l'UNESCO, mais aussi des domaines voisins, comme le droit international humanitaire, la bioéthique et le droit international pénal, ou encore des thèmes aussi importants que la sécurité humaine et le développement durable.

Ce faisant, le recueil a l'originalité de présenter non seulement tous les traités qui lient la France, mais également des traités non ratifiés, ni même signés – qu'on chercherait de ce fait en vain dans le *Journal officiel* –, et de grands textes déclaratoires également difficiles à consulter pour le profane. Il en va ainsi des conventions sur les minorités nationales ou sur les travailleurs migrants adoptées dans le cadre des Nations unies ou du Conseil de l'Europe, dont la France se tient à l'écart mais qu'il reste important de connaître, dans la mesure où ils sont de manière récurrente au cœur des débats politiques. De même, s'il faut faire une nette différence entre le « droit dur », constitué de traités signés et ratifiés par les États, créant ainsi des obligations juridiques à leur encontre, et le « droit souple » de nature déclaratoire, la portée pratique des documents adoptés au consensus par les organes politiques des Nations unies n'est pas à sous-estimer.

Si le corpus des droits de l'homme est ainsi présenté le plus largement possible, les engagements de la France sont précisés de manière systématique, d'abord en indiquant la date d'entrée en vigueur et, d'autre part, en faisant état des éventuelles réserves et des déclarations interprétatives formulées par elle. C'est dans le même esprit qu'une partie introductive a été réservée au « bloc de constitutionnalité » consacré par la jurisprudence du Conseil constitutionnel et dont l'importance a été renforcée par la réforme de 2008 instituant la question prioritaire de constitutionnalité (QPC). Mais le contrôle de constitutionnalité *a priori* reste essentiel s'agissant des engagements internationaux. Les décisions pertinentes du Conseil constitutionnel, qu'elles entraînent une révision préalable de la Constitution, comme pour l'abolition de la peine de mort, ou qu'elles bloquent une ratification jugée « contraire à la Constitution », sont également mentionnées.

Les textes historiques de nature constitutionnelle sont à la source du droit français et par leur antériorité ont très souvent inspiré le développement du droit international. Parfois, ils se trouvent en contradiction directe avec des évolutions récentes du droit international, privilégiant l'identité collective de groupes spécifiques. Le malentendu est d'autant plus sensible qu'il s'agit souvent de notions ancrées dans notre histoire nationale, difficilement traduisibles et encore moins transposables, sans être dénaturées. Il suffit de penser à des principes comme l'indivisibilité de la République ou la laïcité, qui sont au fondement de l'identité constitutionnelle de la France moderne.

Le lecteur peut donc avoir une double approche des textes, une présentation objective et une lecture subjective du dispositif juridique des droits de l'homme. Nous espérons qu'elle sera utile aux juristes français, mais également francophones, appelés à appliquer ces textes dans l'ordre interne. Au-delà des praticiens du droit, le recueil vise tous les lecteurs intéressés par les droits de l'homme, dans leurs grands principes, comme dans leurs formulations plus techniques. C'est au nom de ce parti pris que nous avons conservé les clauses finales des traités, particulièrement instructives.

Le classement des textes a été réalisé, en recherchant la présentation la plus cohérente possible, à travers un ensemble de plus en plus complexe. Deux grands volets ont été distingués : les textes internationaux, c'est-à-dire universels, d'une part, les textes européens, de caractère régional, d'autre part.

Dans la première partie, consacrée aux textes internationaux, un sort particulier a été réservé à la « Charte internationale des droits de l'homme » qui regroupe la Déclaration universelle de 1948, les deux Pactes internationaux de 1966 et leurs protocoles, notamment le protocole additionnel au Pacte international relatif aux droits économiques, sociaux et culturels, adopté en 2008, qui lie désormais la France. Même si ce bloc est hétérogène, en juxtaposant un texte de portée déclaratoire et des traités à vocation universelle, il sert de fondement à tout le développement du droit international des droits de l'homme, notamment au sein des Nations unies.

À côté de ces textes traduisant l'universalité et l'indivisibilité des droits de l'homme, il faut faire une place à une approche catégorielle, qui vise la lutte contre les discriminations et la protection des groupes vulnérables. De même, le droit international pénal vise à la protection des droits de l'homme face à des violations qui constituent des « crimes internationaux » et sont poursuivies comme tels. La Convention contre la torture de 1984 et la Convention internationale pour la protection de toutes les personnes contre les disparitions forcées de 2006 se trouvent ainsi à la charnière du droit international des droits de l'homme et du droit international pénal. Dans la mesure du possible, les textes sont présentés selon un ordre chronologique. Toutefois, les protocoles additionnels ont été placés à la suite des conventions qu'ils complètent, quelle que soit leur date d'adoption.

Enfin, dans le chapitre « Nouvelles perspectives » est regroupé un ensemble de déclarations qui éclairent l'évolution récente du droit international des droits de l'homme, de la Déclaration sur le droit au développement votée par l'Assemblée générale des Nations unies en 1986 à la Déclaration sur les droits des peuples autochtones votée en septembre 2007.

La seconde partie porte sur les textes européens, dans le cadre des trois systèmes qui se sont mis en place progressivement. D'abord, à tout seigneur tout honneur, celui du Conseil de l'Europe, autour de la Convention européenne des droits de l'homme, dès 1950. L'architecture de la Cour européenne des droits de l'homme a été souvent remaniée, en dernier lieu par les protocoles n° 11 et n° 14. C'est la version en vigueur de la Convention et de ses protocoles visant les droits substantiels qui est donnée ici, en ignorant les strates historiques qui n'intéresseraient guère que le spécialiste, au risque de créer des confusions entre les versions successives.

Nous avons également accordé une place au système trop méconnu de l'Organisation pour la sécurité et la coopération en Europe (OSCE), en incluant des textes déclaratoires qui ont scandé l'évolution des relations internationales à la fin du xxe siècle, notamment lors de la signature de la Charte de Paris pour une nouvelle Europe en 1990.

Enfin, l'Union européenne figure en bonne place, avec la Charte des droits fondamentaux proclamée à Nice en 2000, avant d'être consacrée juridiquement par le traité de Lisbonne de 2007. Nous avons délibérément laissé de côté le projet d'accord visant l'adhésion de l'Union européenne à la Convention européenne des droits de l'homme, d'abord parce que sa complexité technique le rend difficilement intelligible à quiconque, et surtout parce qu'un avis négatif de la Cour de justice de l'Union européenne lui a donné le coup de grâce en décembre 2014.

Tous ces textes sont de nature juridique différente : déclarations, engagements conventionnels, mais aussi normes coutumières, voire principes de *jus cogens*. Ils n'engagent pas tous la France qui tarde à signer certains traités importants et reste « objecteur persistant » à l'égard de textes menaçant une conception universelle et individualiste des droits de l'homme, ancrée dans la Constitution française. Mais il nous a semblé d'autant plus nécessaire de présenter l'ensemble du dossier pour que le lecteur soit lui-même juge, pièces en main.

Emmanuel Decaux
et Noémie Bienvenu

NB : Le nombre d'États parties aux différents instruments, indiqué dans chacune des introductions précédant les textes, est à jour au 1er novembre 2015.

Les réserves et déclarations interprétatives formulées par la France au moment de la ratification ayant parfois été retirées ou plus rarement modifiées, c'est la version en vigueur à la date du 1er novembre 2015 qui est systématiquement mentionnée après chaque traité.

Présentation de la Commission nationale consultative des droits de l'homme

La première édition de cet ouvrage a été publiée en 2008, à l'initiative de la Commission nationale consultative des droits de l'homme (CNCDH), dans le cadre du 60e anniversaire de la Déclaration universelle des droits de l'homme.

La CNCDH a pour mission essentielle d'assurer auprès du gouvernement et de l'ensemble des pouvoirs publics un « rôle de conseil et de proposition » dans tous les domaines concernant les droits de l'homme, notamment à l'égard des projets de loi et des engagements internationaux de la France. Elle exerce sa vigilance sur le respect des libertés publiques et suscite des réflexions de fond sur les « sujets de société », comme l'éthique et l'éducation. Elle exerce ces fonctions, dans le pluralisme et l'indépendance, par ses avis, ses études et ses rapports. Elle assume également un rôle de sensibilisation à l'égard de l'opinion publique et développe une action importante sur le plan international.

La Commission a été créée, dans sa première forme, par un arrêté du ministre des Affaires étrangères du 27 mars 1947, à l'initiative de René Cassin, pour contribuer à l'élaboration de la Déclaration universelle des droits de l'homme. Son mandat a été élargi par un décret du 30 janvier 1984, modifié à plusieurs reprises, pour lui donner une large compétence interne, en particulier depuis 1990 en matière de lutte contre le racisme et l'antisémitisme en France, au même titre qu'une compétence internationale, y compris depuis 1996 dans le domaine de l'action humanitaire. Les textes garantissent aussi son indépendance et son pluralisme et prévoient un pouvoir d'auto-saisine, ainsi que la publicité de ses travaux (les avis étant dorénavant publiés au *Journal officiel*). La dernière étape a été sa consécration législative, par la loi du 5 mars 2007, complétée par le décret du 27 juillet 2007.

Cette évolution interne va de pair avec la reconnaissance d'une légitimité internationale, marquée par l'adoption des « principes de Paris » lors d'une réunion des Institutions nationales de protection des droits de l'homme (INDH), organisée en 1991 par la CNCDH et le Centre des droits de l'homme des Nations unies. En 1993, à la suite de la Conférence mondiale des droits de l'homme de Vienne, au cours de laquelle les INDH ont joué un rôle actif, l'Assemblée générale des Nations unies a entériné les « principes de Paris ». Depuis lors, le réseau des INDH s'est considérablement développé, avec un système strict d'accréditation révisé périodiquement. La CNCDH a été ré-accréditée en 2013 avec le statut A, attribué aux 70 INDH « conformes aux principes de Paris », qui marque une pleine reconnaissance internationale de leur indépendance et de leur effectivité, les autres INDH, se voyant attribuer les statuts A -, B ou C.

Les travaux de la CNCDH, notamment ses avis et ses études, sont présentés de manière exhaustive sur son site internet (www.cncdh.fr). Parallèlement, depuis la loi du 3 juillet 1990, un rapport sur *La lutte contre le racisme, l'antisémitisme et la xénophobie* est publié annuellement à la Documentation française. Dans le domaine du droit international des droits de l'homme, il faut surtout citer la série *Les droits de l'homme en France : regards portés par les instances internationales*, qui paraît tous les deux ans à la Documentation française, depuis 2011. À l'initiative de la présidente de la CNCDH, Christine Lazerges, un recueil des *Grands avis de la CNCDH* est paru chez Dalloz en 2016.

Le mandat de la CNCDH a été renouvelé, pour trois ans, par un arrêté du Premier ministre en date du 24 novembre 2015 relatif à sa composition (*JORF* du 26 novembre 2015, texte n° 45), qui désigne les 60 membres, représentants de la société civile et personnalités qualifiées, et nomme Mme Christine Lazerges comme présidente pour un second mandat. Cette nomination intervient à la suite d'un avis donné par un comité de suivi, composé du vice-président du Conseil d'État et des premiers présidents de la Cour de cassation et de la Cour des comptes, qui a été adopté le 2 octobre 2015 (*JORF* du 28 novembre 2015, texte n° 81).

EN OUVERTURE

LES GRANDS TEXTES CONSTITUTIONNELS FRANÇAIS

Il a semblé opportun de faire figurer dans ce recueil les grands textes de référence français qui font partie du « bloc de constitutionnalité » en vertu du préambule de la Constitution du 4 octobre 1958, adopté à la suite du référendum du 28 septembre 1958. Le premier alinéa du préambule fait le lien avec la tradition républicaine : « Le peuple français proclame solennellement son attachement aux droits de l'homme et aux principes de la souveraineté nationale, tels qu'ils ont été définis par la Déclaration de 1789, confirmée et complétée par le préambule de la Constitution de 1946. »

Une révision intervenue en 2005 a introduit une nouvelle perspective en ajoutant les mots suivants : « ainsi qu'aux droits et devoirs définis dans la Charte de l'environnement de 2004 ». On notera que, dans le premier considérant de sa décision du 20 décembre 2007 sur le traité de Lisbonne, le Conseil constitutionnel s'en tient à la rédaction du préambule telle qu'elle est gravée dans le marbre depuis plus de cinquante ans.

Par ailleurs, l'article premier de la Constitution française rappelle que « La France est une République indivisible, laïque, démocratique et sociale. Elle assure l'égalité devant la loi de tous les citoyens sans distinction d'origine, de race ou de religion. Elle respecte toutes les croyances ». La révision constitutionnelle de 2003 y a précisé : « Son organisation est décentralisée. » Une révision antérieure avait introduit un nouvel alinéa à l'article 2 : « La langue de la République est le français. »

Le rappel de ces textes est utile car, de la Déclaration française de 1789 à la Déclaration universelle de 1948, les textes nationaux et internationaux n'ont cessé de s'influencer et de s'enrichir au fil de l'histoire. Il est nécessaire, dans la mesure où c'est la Constitution qui détermine le cadre normatif des engagements internationaux de la France, en impliquant une révision préalable de la Constitution en cas de contradiction constatée par le Conseil constitutionnel qui considère « qu'au cas où un engagement international contient une clause contraire à la Constitution, met en cause les droits et libertés constitutionnellement garantis ou porte atteinte aux conditions essentielles d'exercice de la souveraineté nationale, l'autorisation de le ratifier appelle une révision constitutionnelle » (décision du 13 octobre 2005).

À cet égard, l'attachement de la France au principe de laïcité, tel que rappelé par le Conseil constitutionnel à l'occasion de l'examen du traité établissant une Constitution pour l'Europe (décision du 19 novembre 2004), trouve son ancrage dans l'article premier de la Constitution. Il en va de même du principe de l'égalité devant la loi dont découle la primauté donnée aux droits individuels, par opposition à des droits collectifs conférés à un groupe en tant que tel, qu'il s'agisse de minorité nationale ou de « communauté d'appartenance ». C'est également le sens politique de l'article 3 de la Constitution : « La souveraineté nationale appartient au peuple [...]. Aucune section du peuple ni aucun individu ne peut s'en approprier l'exercice. » C'est sans doute parce que la France a cette tradition très ancienne en matière de droits de l'homme qu'elle a toujours associé identité nationale et vocation universelle, au risque de se trouver parfois en porte-à-faux dans les enceintes européennes ou onusiennes sur ces questions.

La réforme constitutionnelle de 2008 a instauré la question prioritaire de constitutionnalité (QPC) donnant au Conseil constitutionnel une nouvelle compétence pour contrôler *a posteriori* toute disposition législative portant atteinte « aux droits et libertés garantis par la Constitution ». Ce nouveau contrôle ne peut que renforcer le poids des sources constitutionnelles face au contrôle de conventionnalité, dérivé des engagements internationaux.

Bibliographie

Baecque (de) Antoine, Schmale Wolfgang et Vovelle Michel (dir.), *L'An I des droits de l'homme*, CNRS Éditions, 1988.

Bourderon Roger (dir.), *L'An I et l'apprentissage de la démocratie*, Éditions PSD, 1995.

Colliard Claude-Albert et Conac Gérard (dir), *La Déclaration des droits de l'homme et du citoyen de 1789, ses origines, sa pérennité*, La Documentation française, 1990.

Colloque du Conseil constitutionnel, *La Déclaration des droits de l'homme et du citoyen et la jurisprudence*, PUF, 1989.

Conac Gérard, Debène Marc et Teboul Gérard (dir.), *La Déclaration des droits de l'homme et du citoyen de 1789. Histoire, analyse et commentaires*, Economica, 1993.

Conac Gérard, Prétot Xavier et Teboul Gérard (dir.), *Le préambule de la Constitution de 1946*, Dalloz, 2001.

Fauré Christine, *Les Déclarations des droits de l'homme de 1789*, Payot, 1988.

Favoreu Louis *et al.*, *Droit des libertés fondamentales*, Dalloz, 6e éd., 2012.

Favoreu Louis et Philip Loïc, *Les grandes décisions du Conseil constitutionnel*, Dalloz, 16e éd, 2011.

Letteron Roseline, *Libertés publiques*, Dalloz, 9e éd., 2012.

Levinet Michel, *Théorie générale des droits et libertés*, Bruylant, 4e éd., 2012.

Luchaire François et Conac Gérard (dir.), *La Constitution de la Ve République*, Economica, 2e éd., 1987.

Mathieu Bertrand *et al.*, *Les grandes délibérations du Conseil constitutionnel, 1958-1986*, Dalloz, 2e éd., 2014.

Maus Didier, Favoreu Louis et Parodi Jean-Luc, *L'écriture de la Constitution de 1958*, Economica-PUAM, 1992.

Morange Jean, *Droits de l'homme et libertés publiques*, PUF, 5e éd., 2000.

Rials Stéphane, *La Déclaration des droits de l'homme et du citoyen*, Hachette, 1988.

Wachsmann Patrick, *Libertés publiques*, Dalloz, 7e éd., 2013.

Texte 1 – Déclaration des droits de l'homme et du citoyen, 26 août 1789

Les Représentants du Peuple Français, constitués en Assemblée Nationale, considérant que l'ignorance, l'oubli ou le mépris des droits de l'Homme sont les seules causes des malheurs publics et de la corruption des Gouvernements, ont résolu d'exposer, dans une Déclaration solennelle, les droits naturels, inaliénables et sacrés de l'Homme, afin que cette Déclaration, constamment présente à tous les Membres du corps social, leur rappelle sans cesse leurs droits et leurs devoirs ; afin que les actes du pouvoir législatif, et ceux du pouvoir exécutif, pouvant être à chaque instant comparés avec le but de toute institution politique, en soient plus respectés ; afin que les réclamations des citoyens, fondées désormais sur des principes simples et incontestables, tournent toujours au maintien de la Constitution et au bonheur de tous.
En conséquence, l'Assemblée Nationale reconnaît et déclare, en présence et sous les auspices de l'Être suprême, les droits suivants de l'Homme et du Citoyen.

Article 1er

Les hommes naissent et demeurent libres et égaux en droits. Les distinctions sociales ne peuvent être fondées que sur l'utilité commune.

Article 2

Le but de toute association politique est la conservation des droits naturels et imprescriptibles de l'Homme. Ces droits sont la liberté, la propriété, la sûreté, et la résistance à l'oppression.

Article 3

Le principe de toute Souveraineté réside essentiellement dans la Nation. Nul corps, nul individu ne peut exercer d'autorité qui n'en émane expressément.

Article 4

La liberté consiste à pouvoir faire tout ce qui ne nuit pas à autrui : ainsi, l'exercice des droits naturels de chaque homme n'a de bornes que celles qui assurent aux autres

Membres de la Société la jouissance de ces mêmes droits. Ces bornes ne peuvent être déterminées que par la Loi.

Article 5

La Loi n'a le droit de défendre que les actions nuisibles à la Société. Tout ce qui n'est pas défendu par la Loi ne peut être empêché, et nul ne peut être contraint à faire ce qu'elle n'ordonne pas.

Article 6

La Loi est l'expression de la volonté générale. Tous les Citoyens ont droit de concourir personnellement, ou par leurs Représentants, à sa formation. Elle doit être la même pour tous, soit qu'elle protège, soit qu'elle punisse. Tous les Citoyens étant égaux à ses yeux sont également admissibles à toutes dignités, places et emplois publics, selon leur capacité, et sans autre distinction que celle de leurs vertus et de leurs talents.

Article 7

Nul homme ne peut être accusé, arrêté ni détenu que dans les cas déterminés par la Loi, et selon les formes qu'elle a prescrites. Ceux qui sollicitent, expédient, exécutent ou font exécuter des ordres arbitraires, doivent être punis ; mais tout citoyen appelé ou saisi en vertu de la Loi doit obéir à l'instant : il se rend coupable par la résistance.

Article 8

La Loi ne doit établir que des peines strictement et évidemment nécessaires, et nul ne peut être puni qu'en vertu d'une Loi établie et promulguée antérieurement au délit, et légalement appliquée.

Article 9

Tout homme étant présumé innocent jusqu'à ce qu'il ait été déclaré coupable, s'il est jugé indispensable de l'arrêter, toute rigueur qui ne serait pas nécessaire pour s'assurer de sa personne doit être sévèrement réprimée par la loi.

Article 10

Nul ne doit être inquiété pour ses opinions, même religieuses, pourvu que leur manifestation ne trouble pas l'ordre public établi par la Loi.

Article 11

La libre communication des pensées et des opinions est un des droits les plus précieux de l'Homme : tout Citoyen peut donc parler, écrire, imprimer librement, sauf à répondre de l'abus de cette liberté dans les cas déterminés par la Loi.

Article 12

La garantie des droits de l'Homme et du Citoyen nécessite une force publique : cette force est donc instituée pour l'avantage de tous, et non pour l'utilité particulière de ceux auxquels elle est confiée.

Article 13

Pour l'entretien de la force publique, et pour les dépenses d'administration, une contribution commune est indispensable : elle doit être également répartie entre tous les citoyens, en raison de leurs facultés.

Article 14

Tous les Citoyens ont le droit de constater, par eux-mêmes ou par leurs représentants, la nécessité de la contribution publique, de la consentir librement, d'en suivre l'emploi, et d'en déterminer la quotité, l'assiette, le recouvrement et la durée.

Article 15

La Société a le droit de demander compte à tout Agent public de son administration.

Article 16

Toute Société dans laquelle la garantie des Droits n'est pas assurée, ni la séparation des Pouvoirs déterminée, n'a point de Constitution.

Article 17

La propriété étant un droit inviolable et sacré, nul ne peut en être privé, si ce n'est lorsque la nécessité publique, légalement constatée, l'exige évidemment, et sous la condition d'une juste et préalable indemnité.

Texte 2 – Préambule de la Constitution, 27 octobre 1946

1. Au lendemain de la victoire remportée par les peuples libres sur les régimes qui ont tenté d'asservir et de dégrader la personne humaine, le peuple français proclame à nouveau que tout être humain, sans distinction de race, de religion ni de croyance, possède des droits inaliénables et sacrés. Il réaffirme solennellement les droits et libertés de l'homme et du citoyen consacrés par la Déclaration des droits de 1789 et les principes fondamentaux reconnus par les lois de la République.

2. Il proclame, en outre, comme particulièrement nécessaires à notre temps, les principes politiques, économiques et sociaux ci-après :

3. La loi garantit à la femme, dans tous les domaines, des droits égaux à ceux de l'homme.

4. Tout homme persécuté en raison de son action en faveur de la liberté a droit d'asile sur les territoires de la République.

5. Chacun a le devoir de travailler et le droit d'obtenir un emploi. Nul ne peut être lésé, dans son travail ou son emploi, en raison de ses origines, de ses opinions ou de ses croyances.

6. Tout homme peut défendre ses droits et ses intérêts par l'action syndicale et adhérer au syndicat de son choix.

7. Le droit de grève s'exerce dans le cadre des lois qui le réglementent.

8. Tout travailleur participe, par l'intermédiaire de ses délégués, à la détermination collective des conditions de travail ainsi qu'à la gestion des entreprises.

9. Tout bien, toute entreprise, dont l'exploitation a ou acquiert les caractères d'un service public national ou d'un monopole de fait, doit devenir la propriété de la collectivité.

10. La Nation assure à l'individu et à la famille les conditions nécessaires à leur développement.

11. Elle garantit à tous, notamment à l'enfant, à la mère et aux vieux travailleurs, la protection de la santé, la sécurité

matérielle, le repos et les loisirs. Tout être humain qui, en raison de son âge, de son état physique ou mental, de la situation économique, se trouve dans l'incapacité de travailler a le droit d'obtenir de la collectivité des moyens convenables d'existence.

12. La Nation proclame la solidarité et l'égalité de tous les Français devant les charges qui résultent des calamités nationales.

13. La Nation garantit l'égal accès de l'enfant et de l'adulte à l'instruction, à la formation professionnelle et à la culture. L'organisation de l'enseignement public gratuit et laïque à tous les degrés est un devoir de l'État.

14. La République française, fidèle à ses traditions, se conforme aux règles du droit public international. Elle n'entreprendra aucune guerre dans des vues de conquête et n'emploiera jamais ses forces contre la liberté d'aucun peuple.

15. Sous réserve de réciprocité, la France consent aux limitations de souveraineté nécessaires à l'organisation et à la défense de la paix.

16. La France forme avec les peuples d'outre-mer une Union fondée sur l'égalité des droits et des devoirs, sans distinction de race ni de religion.

17. L'Union française est composée de nations et de peuples qui mettent en commun ou coordonnent leurs ressources et leurs efforts pour développer leurs civilisations respectives, accroître leur bien-être et assurer leur sécurité.

18. Fidèle à sa mission traditionnelle, la France entend conduire les peuples dont elle a pris la charge à la liberté de s'administrer eux-mêmes et de gérer démocratiquement leurs propres affaires ; écartant tout système de colonisation fondé sur l'arbitraire, elle garantit à tous l'égal accès aux fonctions publiques et l'exercice individuel ou collectif des droits et libertés proclamés ou confirmés ci-dessus.

Texte 3 – Charte de l'environnement, 2004

Le peuple français,
Considérant :
Que les ressources et les équilibres naturels ont conditionné l'émergence de l'humanité ;
Que l'avenir et l'existence même de l'humanité sont indissociables de son milieu naturel ;
Que l'environnement est le patrimoine commun des êtres humains ;
Que l'homme exerce une influence croissante sur les conditions de la vie et sur sa propre évolution ;
Que la diversité biologique, l'épanouissement de la personne et le progrès des sociétés humaines sont affectés par certains modes de consommation ou de production et par l'exploitation excessive des ressources naturelles ;
Que la préservation de l'environnement doit être recherchée au même titre que les autres intérêts fondamentaux de la Nation ;
Qu'afin d'assurer un développement durable, les choix destinés à répondre aux besoins du présent ne doivent pas compromettre la capacité des générations futures et des autres peuples à satisfaire leurs propres besoins,
Proclame :

Article 1er

Chacun a le droit de vivre dans un environnement équilibré et respectueux de la santé.

Article 2

Toute personne a le devoir de prendre part à la préservation et à l'amélioration de l'environnement.

Article 3

Toute personne doit, dans les conditions définies par la loi, prévenir les atteintes qu'elle est susceptible de porter à l'environnement ou, à défaut, en limiter les conséquences.

Article 4

Toute personne doit contribuer à la réparation des dommages qu'elle cause à l'environnement, dans les conditions définies par la loi.

Article 5

Lorsque la réalisation d'un dommage, bien qu'incertaine en l'état des connaissances scientifiques, pourrait affecter de manière grave et irréversible l'environnement, les autorités publiques veillent, par application du principe de précaution et dans leurs domaines d'attributions, à la mise en œuvre de procédures d'évaluation des risques et à l'adoption de mesures provisoires et proportionnées afin de parer à la réalisation du dommage.

Article 6

Les politiques publiques doivent promouvoir un développement durable. À cet effet, elles concilient la protection et la mise en valeur de l'environnement, le développement économique et le progrès social.

Article 7

Toute personne a le droit, dans les conditions et les limites définies par la loi, d'accéder aux informations relatives à l'environnement détenues par les autorités publiques et de participer à l'élaboration des décisions publiques ayant une incidence sur l'environnement.

Article 8

L'éducation et la formation à l'environnement doivent contribuer à l'exercice des droits et devoirs définis par la présente Charte.

Article 9

La recherche et l'innovation doivent apporter leur concours à la préservation et à la mise en valeur de l'environnement.

Article 10

La présente Charte inspire l'action européenne et internationale de la France.

PARTIE I

LES TEXTES INTERNATIONAUX

Chapitre 1

La « Charte internationale des droits de l'homme »

Texte 4 – Déclaration universelle des droits de l'homme, 1948

La Déclaration universelle a été adoptée à Paris par l'Assemblée générale des Nations unies dans sa résolution 217 A (III) du 10 décembre 1948. Elle a fait l'objet d'un vote par 48 voix pour, aucune voix contre et 8 abstentions (Arabie Saoudite, Biélorussie, Tchécoslovaquie, Pologne, Ukraine, URSS, Union sud-africaine et Yougoslavie). Elle est l'œuvre de la Commission des droits de l'homme des Nations unies, placée sous la présidence de Eleanor Roosevelt (États-Unis), avec pour vice-président Peng-chun Chang (Chine) et pour rapporteur Charles Malik (Liban), René Cassin (France) jouant un rôle particulièrement actif qui lui vaudra de recevoir le prix Nobel de la paix en 1968, à l'occasion du 20e anniversaire de l'adoption de la Déclaration.

Depuis lors, la Déclaration est devenue la base de tout le système international des droits de l'homme, même si sa nature juridique prête encore à discussion. Sa portée universelle n'a cessé d'être confirmée par les organes des Nations unies, en particulier la Cour internationale de justice (CIJ, aff. du personnel diplomatique et consulaire américain à Téhéran, *1980), comme par les grandes conférences internationales réunies sous les auspices de l'ONU, notamment la Conférence mondiale sur les droits de l'homme de 1993* (cf. infra). *Certaines Constitutions nationales l'ont incorporée dans l'ordre interne mais, en France, le Conseil d'État continue à n'y voir qu'un texte « déclaratoire » sans portée juridique (CE, arrêt* Élections de Nolay, *1951 ; arrêt* Car, *1960 ; arrêt* Roujanski, *1984).*

Bibliographie

Bettati Mario, Duhamel Olivier et Greilsamer Laurent (textes rassemblés par), *La Déclaration universelle des droits de l'homme*, *Le Monde*/Gallimard, 1998.

Colloques de la CNCDH, *La Déclaration universelle des droits de l'homme (1948-1998). L'avenir d'un idéal commun*, La Documentation française, 1998 ; *La Déclaration universelle des droits de l'homme (1948-2008). Réalité d'un idéal commun ? Les droits économiques, sociaux et culturels en question,* La Documentation française, 2009 ; *De La France libre aux droits de l'homme. L'héritage de René Cassin,* La Documentation française, 2009.

Glendon Mary Ann, *A World Made New: Eleanor Roosevelt and the Universal Declaration of Human Rights*, Random House, 2001.

Humphrey John, *Human Rights and the United Nations: A Great Adventure*, Dobbs Ferry, Transnational Publishers, 1984.

Pateyron Éric, *La contribution de la France à la rédaction de la Déclaration universelle des droits de l'homme. René Cassin et la Commission consultative des droits de l'homme*, La Documentation française, 1998.

Schabas William, *The Universal Declaration of Human Rights, The travaux préparatoires*, 3 vol., Cambridge University Press, 2013.

Verdoodt Albert, *Naissance et signification de la Déclaration universelle des droits de l'homme*, Société d'études morales, sociales et juridiques, 1964.

Considérant que la reconnaissance de la dignité inhérente à tous les membres de la famille humaine et de leurs droits égaux et inaliénables constitue le fondement de la liberté, de la justice et de la paix dans le monde,
Considérant que la méconnaissance et le mépris des droits de l'homme ont conduit à des actes de barbarie qui révoltent la conscience de l'humanité et que l'avènement d'un monde où les êtres humains seront libres de parler et de croire, libérés de la terreur et de la misère, a été proclamé comme la plus haute aspiration de l'homme,

Considérant qu'il est essentiel que les droits de l'homme soient protégés par un régime de droit pour que l'homme ne soit pas contraint, en suprême recours, à la révolte contre la tyrannie et l'oppression,

Considérant qu'il est essentiel d'encourager le développement de relations amicales entre nations,

Considérant que dans la Charte les peuples des Nations unies ont proclamé à nouveau leur foi dans les droits fondamentaux de l'homme, dans la dignité et la valeur de la personne humaine, dans l'égalité des droits des hommes et des femmes, et qu'ils se sont déclarés résolus à favoriser le progrès social et à instaurer de meilleures conditions de vie dans une liberté plus grande,

Considérant que les États Membres se sont engagés à assurer, en coopération avec l'Organisation des Nations unies, le respect universel et effectif des droits de l'homme et des libertés fondamentales,

Considérant qu'une conception commune de ces droits et libertés est de la plus haute importance pour remplir pleinement cet engagement,

L'Assemblée générale

Proclame la présente Déclaration universelle des droits de l'homme comme l'idéal commun à atteindre par tous les peuples et toutes les nations afin que tous les individus et tous les organes de la société, ayant cette Déclaration constamment à l'esprit, s'efforcent, par l'enseignement et l'éducation, de développer le respect de ces droits et libertés et d'en assurer, par des mesures progressives d'ordre national et international, la reconnaissance et l'application universelles et effectives, tant parmi les populations des États Membres eux-mêmes que parmi celles des territoires placés sous leur juridiction.

Article premier

Tous les êtres humains naissent libres et égaux en dignité et en droits. Ils sont doués de raison et de conscience et doivent agir les uns envers les autres dans un esprit de fraternité.

Article 2

1. Chacun peut se prévaloir de tous les droits et de toutes les libertés proclamés dans la présente Déclaration, sans distinction aucune, notamment de race, de couleur, de sexe, de langue, de religion, d'opinion politique ou de toute autre opinion, d'origine nationale ou sociale, de fortune, de naissance ou de toute autre situation.
2. De plus, il ne sera fait aucune distinction fondée sur le statut politique, juridique ou international du pays ou du territoire dont une personne est ressortissante, que ce pays ou territoire soit indépendant, sous tutelle, non autonome ou soumis à une limitation quelconque de souveraineté.

Article 3

Tout individu a droit à la vie, à la liberté et à la sûreté de sa personne.

Article 4

Nul ne sera tenu en esclavage ni en servitude ; l'esclavage et la traite des esclaves sont interdits sous toutes leurs formes.

Article 5

Nul ne sera soumis à la torture, ni à des peines ou traitements cruels, inhumains ou dégradants.

Article 6

Chacun a le droit à la reconnaissance en tous lieux de sa personnalité juridique.

Article 7

Tous sont égaux devant la loi et ont droit sans distinction à une égale protection de la loi. Tous ont droit à une protection égale contre toute discrimination qui violerait la présente Déclaration et contre toute provocation à une telle discrimination.

Article 8

Toute personne a droit à un recours effectif devant les juridictions nationales compétentes contre les actes violant les droits fondamentaux qui lui sont reconnus par la constitution ou par la loi.

Article 9

Nul ne peut être arbitrairement arrêté, détenu ni exilé.

Article 10

Toute personne a droit, en pleine égalité, à ce que sa cause soit entendue équitablement et publiquement par un tribunal indépendant et impartial, qui décidera, soit de ses droits et obligations, soit du bien-fondé de toute accusation en matière pénale dirigée contre elle.

Article 11

1. Toute personne accusée d'un acte délictueux est présumée innocente jusqu'à ce que sa culpabilité ait été légalement établie au cours d'un procès public où toutes les garanties nécessaires à sa défense lui auront été assurées.
2. Nul ne sera condamné pour des actions ou omissions qui, au moment où elles ont été commises, ne constituaient pas un acte délictueux d'après le droit national ou international. De même, il ne sera infligé aucune peine plus forte que celle qui était applicable au moment où l'acte délictueux a été commis.

Article 12

Nul ne sera l'objet d'immixtions arbitraires dans sa vie privée, sa famille, son domicile ou sa correspondance, ni d'atteintes à son honneur et à sa réputation. Toute personne a droit à la protection de la loi contre de telles immixtions ou de telles atteintes.

Article 13

1. Toute personne a le droit de circuler librement et de choisir sa résidence à l'intérieur d'un État.
2. Toute personne a le droit de quitter tout pays, y compris le sien, et de revenir dans son pays.

Article 14

1. Devant la persécution, toute personne a le droit de chercher asile et de bénéficier de l'asile en d'autres pays.

2. Ce droit ne peut être invoqué dans le cas de poursuites réellement fondées sur un crime de droit commun ou sur des agissements contraires aux buts et aux principes des Nations unies.

Article 15

1. Tout individu a droit à une nationalité.
2. Nul ne peut être arbitrairement privé de sa nationalité, ni du droit de changer de nationalité.

Article 16

1. À partir de l'âge nubile, l'homme et la femme, sans aucune restriction quant à la race, la nationalité ou la religion, ont le droit de se marier et de fonder une famille. Ils ont des droits égaux au regard du mariage, durant le mariage et lors de sa dissolution.
2. Le mariage ne peut être conclu qu'avec le libre et plein consentement des futurs époux.
3. La famille est l'élément naturel et fondamental de la société et a droit à la protection de la société et de l'État.

Article 17

1. Toute personne, aussi bien seule qu'en collectivité, a droit à la propriété.
2. Nul ne peut être arbitrairement privé de sa propriété.

Article 18

Toute personne a droit à la liberté de pensée, de conscience et de religion ; ce droit implique la liberté de changer de religion ou de conviction ainsi que la liberté de manifester sa religion ou sa conviction, seule ou en commun, tant en public qu'en privé, par l'enseignement, les pratiques, le culte et l'accomplissement des rites.

Article 19

Tout individu a droit à la liberté d'opinion et d'expression, ce qui implique le droit de ne pas être inquiété pour ses opinions et celui de chercher, de recevoir et de répandre, sans considérations de frontières, les informations et les idées par quelque moyen d'expression que ce soit.

Article 20

1. Toute personne a droit à la liberté de réunion et d'association pacifiques.
2. Nul ne peut être obligé de faire partie d'une association.

Article 21

1. Toute personne a le droit de prendre part à la direction des affaires publiques de son pays, soit directement, soit par l'intermédiaire de représentants librement choisis.
2. Toute personne a droit à accéder, dans des conditions d'égalité, aux fonctions publiques de son pays.
3. La volonté du peuple est le fondement de l'autorité des pouvoirs publics ; cette volonté doit s'exprimer par des élections honnêtes qui doivent avoir lieu périodiquement, au suffrage universel égal et au vote secret ou suivant une procédure équivalente assurant la liberté du vote.

Article 22

Toute personne, en tant que membre de la société, a droit à la sécurité sociale ; elle est fondée à obtenir la satisfaction des droits économiques, sociaux et culturels indispensables à sa dignité et au libre développement de sa personnalité, grâce à l'effort national et à la coopération internationale, compte tenu de l'organisation et des ressources de chaque pays.

Article 23

1. Toute personne a droit au travail, au libre choix de son travail, à des conditions équitables et satisfaisantes de travail et à la protection contre le chômage.
2. Tous ont droit, sans aucune discrimination, à un salaire égal pour un travail égal.
3. Quiconque travaille a droit à une rémunération équitable et satisfaisante lui assurant ainsi qu'à sa famille une existence conforme à la dignité humaine et complétée, s'il y a lieu, par tous autres moyens de protection sociale.
4. Toute personne a le droit de fonder avec d'autres des syndicats et de s'affilier à des syndicats pour la défense de ses intérêts.

Article 24

Toute personne a droit au repos et aux loisirs et notamment à une limitation raisonnable de la durée du travail et à des congés payés périodiques.

Article 25

1. Toute personne a droit à un niveau de vie suffisant pour assurer sa santé, son bien-être et ceux de sa famille, notamment pour l'alimentation, l'habillement, le logement, les soins médicaux ainsi que pour les services sociaux nécessaires ; elle a droit à la sécurité en cas de chômage, de maladie, d'invalidité, de veuvage, de vieillesse ou dans les autres cas de perte de ses moyens de subsistance par suite de circonstances indépendantes de sa volonté.
2. La maternité et l'enfance ont droit à une aide et à une assistance spéciales. Tous les enfants, qu'ils soient nés dans le mariage ou hors mariage, jouissent de la même protection sociale.

Article 26

1. Toute personne a droit à l'éducation. L'éducation doit être gratuite, au moins en ce qui concerne l'enseignement élémentaire et fondamental. L'enseignement élémentaire est obligatoire. L'enseignement technique et professionnel doit être généralisé ; l'accès aux études supérieures doit être ouvert en pleine égalité à tous en fonction de leur mérite.
2. L'éducation doit viser au plein épanouissement de la personnalité humaine et au renforcement du respect des droits de l'homme et des libertés fondamentales. Elle doit favoriser la compréhension, la tolérance et l'amitié entre toutes les nations et tous les groupes raciaux ou religieux, ainsi que le développement des activités des Nations unies pour le maintien de la paix.
3. Les parents ont, par priorité, le droit de choisir le genre d'éducation à donner à leurs enfants.

Article 27

1. Toute personne a le droit de prendre part librement à la vie culturelle de la communauté, de jouir des arts et de participer au progrès scientifique et aux bienfaits qui en résultent.
2. Chacun a droit à la protection des intérêts moraux et matériels découlant de toute production scientifique, littéraire ou artistique dont il est l'auteur.

Article 28

Toute personne a droit à ce que règne, sur le plan social et sur le plan international, un ordre tel que les droits et libertés énoncés dans la présente Déclaration puissent y trouver plein effet.

Article 29

1. L'individu a des devoirs envers la communauté dans laquelle seul le libre et plein développement de sa personnalité est possible.
2. Dans l'exercice de ses droits et dans la jouissance de ses libertés, chacun n'est soumis qu'aux limitations établies par la loi exclusivement en vue d'assurer la reconnaissance et le respect des droits et libertés d'autrui et afin de satisfaire aux justes exigences de la morale, de l'ordre public et du bien-être général dans une société démocratique.
3. Ces droits et libertés ne pourront, en aucun cas, s'exercer contrairement aux buts et aux principes des Nations unies.

Article 30

Aucune disposition de la présente Déclaration ne peut être interprétée comme impliquant, pour un État, un groupement ou un individu, un droit quelconque de se livrer à une activité ou d'accomplir un acte visant à la destruction des droits et libertés qui y sont énoncés.

Texte 5 – Pacte international relatif aux droits civils et politiques, 1966

Le Pacte international relatif aux droits civils et politiques a été adopté par l'Assemblée générale des Nations unies le 16 décembre 1966 dans sa résolution 2200 A (XXI). Il est entré en vigueur, après 35 ratifications, le 23 mars 1976. Quarante ans après, il compte 168 États parties. Plusieurs États restent simples signataires, notamment la Chine depuis le 5 octobre 1998.

La France a accédé au Pacte le 4 novembre 1980, pour une entrée en vigueur à son endroit le 4 février 1981. Lors de cette accession, la France a formulé un certain nombre de déclarations interprétatives et de réserves (cf. infra). *Les juridictions françaises, Conseil d'État et Cour de cassation, ont dès l'origine reconnu au Pacte un caractère d'effet direct, lui donnant une valeur supra législative, en vertu de l'article 55 de la Constitution.*

Le Pacte prévoit la mise en place d'un Comité des droits de l'homme de 18 membres qui est compétent pour recevoir des communications individuelles (protocole I, cf. infra*) et des communications étatiques (déclaration de l'article 41). Le premier protocole facultatif est entré en vigueur le même jour que le Pacte, et la France l'a ratifié en 1984, mais elle n'a pas fait la déclaration au titre de l'article 41. Le Comité examine également les rapports périodiques des États et adopte des observations générales précisant l'interprétation des obligations contenues dans le Pacte.*

Bibliographie

Ando Nisuke (ed.), *Towards Implementing Universal Human Rights (Festschrift for the Twenty-Fifth Anniversary of the Human Rights Committee)*, Nijhoff, 2004.

Bossuyt Marc, *Guide to the "travaux préparatoires" of the International Covenant on Civil and Political Rights*, Nijhoff, 1988.

Decaux Emmanuel (dir.), *Le Pacte international relatif aux droits civils et politiques, commentaire article par article*, Economica, 2011.

Henkin Louis, *The International Bill of Rights: The Covenant on Civil and Political Rights*, Columbia University Press, 1981.

Hennebel Ludovic, *La jurisprudence du Comité des droits de l'homme*, Nemesis, 2008.

Joseph Sarah, Castan Melissa, *The International Covenant on Civil and Political Rights: Cases, Materials, and Commentary*, Oxford University Press, 3e éd., 2013.

Nowak Manfred (ed.), *United Nations Covenant on Civil and Political Rights: Commentary*, Engel Verlag, 2e éd., 2005.

Les États parties au présent Pacte,

Considérant que, conformément aux principes énoncés dans la Charte des Nations unies, la reconnaissance de la dignité inhérente à tous les membres de la famille humaine et de leurs droits égaux et inaliénables constitue le fondement de la liberté, de la justice et de la paix dans le monde,

Reconnaissant que ces droits découlent de la dignité inhérente à la personne humaine,

Reconnaissant que, conformément à la Déclaration universelle des droits de l'homme, l'idéal de l'être humain libre, jouissant des libertés civiles et politiques et libéré de la crainte et de la misère, ne peut être réalisé que si des conditions permettant à chacun de jouir de ses droits civils et politiques, aussi bien que de ses droits économiques, sociaux et culturels, sont créées,

Considérant que la Charte des Nations unies impose aux États l'obligation de promouvoir le respect universel et effectif des droits et des libertés de l'homme,

Prenant en considération le fait que l'individu a des devoirs envers autrui et envers la collectivité à laquelle il appartient et est tenu de s'efforcer de promouvoir et de respecter les droits reconnus dans le présent Pacte,

Sont convenus des articles suivants :

Première partie

Article premier

1. Tous les peuples ont le droit de disposer d'eux-mêmes. En vertu de ce droit, ils déterminent librement leur statut politique et assurent librement leur développement économique, social et culturel.
2. Pour atteindre leurs fins, tous les peuples peuvent disposer librement de leurs richesses et de leurs ressources naturelles, sans préjudice des obligations qui découlent de la coopération économique internationale, fondée sur le principe de l'intérêt mutuel, et du droit international. En aucun cas, un peuple ne pourra être privé de ses propres moyens de subsistance.
3. Les États parties au présent Pacte, y compris ceux qui ont la responsabilité d'administrer des territoires non autonomes et des territoires sous tutelle, sont tenus de faciliter la réalisation du droit des peuples à disposer d'eux-mêmes, et de respecter ce droit, conformément aux dispositions de la Charte des Nations unies.

Deuxième partie

Article 2

1. Les États parties au présent Pacte s'engagent à respecter et à garantir à tous les individus se trouvant sur leur territoire et relevant de leur compétence les droits reconnus dans le présent Pacte, sans distinction aucune, notamment de race, de couleur, de sexe, de langue, de religion, d'opinion politique ou de toute autre opinion, d'origine nationale ou sociale, de fortune, de naissance ou de toute autre situation.
2. Les États parties au présent Pacte s'engagent à prendre, en accord avec leurs procédures constitutionnelles et avec les dispositions du présent Pacte, les arrangements devant permettre l'adoption de telles mesures d'ordre législatif ou autre, propres à donner effet aux droits reconnus dans le présent Pacte qui ne seraient pas déjà en vigueur.

3. Les États parties au présent Pacte s'engagent à :
a) Garantir que toute personne dont les droits et libertés reconnus dans le présent Pacte auront été violés disposera d'un recours utile, alors même que la violation aurait été commise par des personnes agissant dans l'exercice de leurs fonctions officielles;
b) Garantir que l'autorité compétente, judiciaire, administrative ou législative, ou toute autre autorité compétente selon la législation de l'État, statuera sur les droits de la personne qui forme le recours et développer les possibilités de recours juridictionnel;
c) Garantir la bonne suite donnée par les autorités compétentes à tout recours qui aura été reconnu justifié.

Article 3

Les États parties au présent Pacte s'engagent à assurer le droit égal des hommes et des femmes de jouir de tous les droits civils et politiques énoncés dans le présent Pacte.

Article 4

1. Dans le cas où un danger public exceptionnel menace l'existence de la nation et est proclamé par un acte officiel, les États parties au présent Pacte peuvent prendre, dans la stricte mesure où la situation l'exige, des mesures dérogeant aux obligations prévues dans le présent Pacte, sous réserve que ces mesures ne soient pas incompatibles avec les autres obligations que leur impose le droit international et qu'elles n'entraînent pas une discrimination fondée uniquement sur la race, la couleur, le sexe, la langue, la religion ou l'origine sociale.
2. La disposition précédente n'autorise aucune dérogation aux articles 6, 7, 8 (par. 1 et 2), 11, 15, 16 et 18.
3. Les États parties au présent Pacte qui usent du droit de dérogation doivent, par l'entremise du Secrétaire général de l'Organisation des Nations unies, signaler aussitôt aux autres États parties les dispositions auxquelles ils ont dérogé ainsi que les motifs qui ont provoqué cette dérogation. Une nouvelle communication sera faite par

la même entremise, à la date à laquelle ils ont mis fin à ces dérogations.

Article 5

1. Aucune disposition du présent Pacte ne peut être interprétée comme impliquant pour un État, un groupement ou un individu un droit quelconque de se livrer à une activité ou d'accomplir un acte visant à la destruction des droits et des libertés reconnus dans le présent Pacte ou à des limitations plus amples que celles prévues audit Pacte.
2. Il ne peut être admis aucune restriction ou dérogation aux droits fondamentaux de l'homme reconnus ou en vigueur dans tout État partie au présent Pacte en application de lois, de conventions, de règlements ou de coutumes, sous prétexte que le présent Pacte ne les reconnaît pas ou les reconnaît à un moindre degré.

Troisième partie

Article 6

1. Le droit à la vie est inhérent à la personne humaine. Ce droit doit être protégé par la loi. Nul ne peut être arbitrairement privé de la vie.
2. Dans les pays où la peine de mort n'a pas été abolie, une sentence de mort ne peut être prononcée que pour les crimes les plus graves, conformément à la législation en vigueur au moment où le crime a été commis et qui ne doit pas être en contradiction avec les dispositions du présent Pacte ni avec la Convention pour la prévention et la répression du crime de génocide. Cette peine ne peut être appliquée qu'en vertu d'un jugement définitif rendu par un tribunal compétent.
3. Lorsque la privation de la vie constitue le crime de génocide, il est entendu qu'aucune disposition du présent article n'autorise un État partie au présent Pacte à déroger d'aucune manière à une obligation quelconque assumée en vertu des dispositions de la Convention pour la prévention et la répression du crime de génocide.

4. Tout condamné à mort a le droit de solliciter la grâce ou la commutation de la peine. L'amnistie, la grâce ou la commutation de la peine de mort peuvent dans tous les cas être accordées.
5. Une sentence de mort ne peut être imposée pour des crimes commis par des personnes âgées de moins de 18 ans et ne peut être exécutée contre des femmes enceintes.
6. Aucune disposition du présent article ne peut être invoquée pour retarder ou empêcher l'abolition de la peine capitale par un État partie au présent Pacte.

Article 7

Nul ne sera soumis à la torture ni à des peines ou traitements cruels, inhumains ou dégradants. En particulier, il est interdit de soumettre une personne sans son libre consentement à une expérience médicale ou scientifique.

Article 8

1. Nul ne sera tenu en esclavage ; l'esclavage et la traite des esclaves, sous toutes leurs formes, sont interdits.
2. Nul ne sera tenu en servitude.
3.
a) Nul ne sera astreint à accomplir un travail forcé ou obligatoire ;
b) L'alinéa a du présent paragraphe ne saurait être interprété comme interdisant, dans les pays où certains crimes peuvent être punis de détention accompagnée de travaux forcés, l'accomplissement d'une peine de travaux forcés, infligée par un tribunal compétent ;
c) N'est pas considéré comme « travail forcé ou obligatoire » au sens du présent paragraphe :
i) Tout travail ou service, non visé à l'alinéa b, normalement requis d'un individu qui est détenu en vertu d'une décision de justice régulière ou qui, ayant fait l'objet d'une telle décision, est libéré conditionnellement,
ii) Tout service de caractère militaire et, dans les pays où l'objection de conscience est admise, tout service national exigé des objecteurs de conscience en vertu de la loi,

iii) Tout service exigé dans les cas de force majeure ou de sinistres qui menacent la vie ou le bien-être de la communauté,
iv) Tout travail ou tout service formant partie des obligations civiques normales.

Article 9

1. Tout individu a droit à la liberté et à la sécurité de sa personne. Nul ne peut faire l'objet d'une arrestation ou d'une détention arbitraire. Nul ne peut être privé de sa liberté, si ce n'est pour des motifs, et conformément à la procédure prévus par la loi.
2. Tout individu arrêté sera informé, au moment de son arrestation, des raisons de cette arrestation et recevra notification, dans le plus court délai, de toute accusation portée contre lui.
3. Tout individu arrêté ou détenu du chef d'une infraction pénale sera traduit dans le plus court délai devant un juge ou une autre autorité habilitée par la loi à exercer des fonctions judiciaires, et devra être jugé dans un délai raisonnable ou libéré. La détention de personnes qui attendent de passer en jugement ne doit pas être de règle, mais la mise en liberté peut être subordonnée à des garanties assurant la comparution de l'intéressé à l'audience, à tous les autres actes de la procédure et, le cas échéant, pour l'exécution du jugement.
4. Quiconque se trouve privé de sa liberté par arrestation ou détention a le droit d'introduire un recours devant un tribunal afin que celui-ci statue sans délai sur la légalité de sa détention et ordonne sa libération si la détention est illégale.
5. Tout individu victime d'arrestation ou de détention illégale a droit à réparation.

Article 10

1. Toute personne privée de sa liberté est traitée avec humanité et avec le respect de la dignité inhérente à la personne humaine.

2.
a) Les prévenus sont, sauf dans des circonstances exceptionnelles, séparés des condamnés et sont soumis à un régime distinct, approprié à leur condition de personnes non condamnées;
b) Les jeunes prévenus sont séparés des adultes et il est décidé de leur cas aussi rapidement que possible.
3. Le régime pénitentiaire comporte un traitement des condamnés dont le but essentiel est leur amendement et leur reclassement social. Les jeunes délinquants sont séparés des adultes et soumis à un régime approprié à leur âge et à leur statut légal.

Article 11

Nul ne peut être emprisonné pour la seule raison qu'il n'est pas en mesure d'exécuter une obligation contractuelle.

Article 12

1. Quiconque se trouve légalement sur le territoire d'un État a le droit d'y circuler librement et d'y choisir librement sa résidence.
2. Toute personne est libre de quitter n'importe quel pays, y compris le sien.
3. Les droits mentionnés ci-dessus ne peuvent être l'objet de restrictions que si celles-ci sont prévues par la loi, nécessaires pour protéger la sécurité nationale, l'ordre public, la santé ou la moralité publiques, ou les droits et libertés d'autrui, et compatibles avec les autres droits reconnus par le présent Pacte.
4. Nul ne peut être arbitrairement privé du droit d'entrer dans son propre pays.

Article 13

Un étranger qui se trouve légalement sur le territoire d'un État partie au présent Pacte ne peut en être expulsé qu'en exécution d'une décision prise conformément à la loi et, à moins que des raisons impérieuses de sécurité nationale ne s'y opposent, il doit avoir la possibilité de faire valoir les raisons qui militent contre son expulsion et de faire examiner son cas par l'autorité compétente, ou par une ou plusieurs personnes spécialement désignées par ladite autorité, en se faisant représenter à cette fin.

Article 14

1. Tous sont égaux devant les tribunaux et les cours de justice. Toute personne a droit à ce que sa cause soit entendue équitablement et publiquement par un tribunal compétent, indépendant et impartial, établi par la loi, qui décidera soit du bien-fondé de toute accusation en matière pénale dirigée contre elle, soit des contestations sur ses droits et obligations de caractère civil. Le huis clos peut être prononcé pendant la totalité ou une partie du procès soit dans l'intérêt des bonnes mœurs, de l'ordre public ou de la sécurité nationale dans une société démocratique, soit lorsque l'intérêt de la vie privée des parties en cause l'exige, soit encore dans la mesure où le tribunal l'estimera absolument nécessaire lorsqu'en raison des circonstances particulières de l'affaire la publicité nuirait aux intérêts de la justice ; cependant, tout jugement rendu en matière pénale ou civile sera public, sauf si l'intérêt de mineurs exige qu'il en soit autrement ou si le procès porte sur des différends matrimoniaux ou sur la tutelle des enfants.
2. Toute personne accusée d'une infraction pénale est présumée innocente jusqu'à ce que sa culpabilité ait été légalement établie.
3. Toute personne accusée d'une infraction pénale a droit, en pleine égalité, au moins aux garanties suivantes :

a) À être informée, dans le plus court délai, dans une langue qu'elle comprend et de façon détaillée, de la nature et des motifs de l'accusation portée contre elle ;

b) À disposer du temps et des facilités nécessaires à la préparation de sa défense et à communiquer avec le conseil de son choix ;

c) À être jugée sans retard excessif ;

d) À être présente au procès et à se défendre elle-même ou à avoir l'assistance d'un défenseur de son choix ; si elle n'a pas de défenseur, à être informée de son droit d'en avoir un, et, chaque fois que l'intérêt de la justice l'exige,

à se voir attribuer d'office un défenseur, sans frais, si elle n'a pas les moyens de le rémunérer;
e) À interroger ou faire interroger les témoins à charge et à obtenir la comparution et l'interrogatoire des témoins à décharge dans les mêmes conditions que les témoins à charge;
f) À se faire assister gratuitement d'un interprète si elle ne comprend pas ou ne parle pas la langue employée à l'audience;
g) À ne pas être forcée de témoigner contre elle-même ou de s'avouer coupable.
4. La procédure applicable aux jeunes gens qui ne sont pas encore majeurs au regard de la loi pénale tiendra compte de leur âge et de l'intérêt que présente leur rééducation.
5. Toute personne déclarée coupable d'une infraction a le droit de faire examiner par une juridiction supérieure la déclaration de culpabilité et la condamnation, conformément à la loi.
6. Lorsqu'une condamnation pénale définitive est ultérieurement annulée ou lorsque la grâce est accordée parce qu'un fait nouveau ou nouvellement révélé prouve qu'il s'est produit une erreur judiciaire, la personne qui a subi une peine en raison de cette condamnation sera indemnisée, conformément à la loi, à moins qu'il ne soit prouvé que la non-révélation en temps utile du fait inconnu lui est imputable en tout ou partie.
7. Nul ne peut être poursuivi ou puni en raison d'une infraction pour laquelle il a déjà été acquitté ou condamné par un jugement définitif conformément à la loi et à la procédure pénale de chaque pays.

Article 15

1. Nul ne sera condamné pour des actions ou omissions qui ne constituaient pas un acte délictueux d'après le droit national ou international au moment où elles ont été commises. De même, il ne sera infligé aucune peine plus forte que celle qui était applicable au moment où l'infraction a été commise. Si, postérieurement à cette

infraction, la loi prévoit l'application d'une peine plus légère, le délinquant doit en bénéficier.
2. Rien dans le présent article ne s'oppose au jugement ou à la condamnation de tout individu en raison d'actes ou omissions qui, au moment où ils ont été commis, étaient tenus pour criminels, d'après les principes généraux de droit reconnus par l'ensemble des nations.

Article 16

Chacun a droit à la reconnaissance en tous lieux de sa personnalité juridique.

Article 17

1. Nul ne sera l'objet d'immixtions arbitraires ou illégales dans sa vie privée, sa famille, son domicile ou sa correspondance, ni d'atteintes illégales à son honneur et à sa réputation.
2. Toute personne a droit à la protection de la loi contre de telles immixtions ou de telles atteintes.

Article 18

1. Toute personne a droit à la liberté de pensée, de conscience et de religion ; ce droit implique la liberté d'avoir ou d'adopter une religion ou une conviction de son choix, ainsi que la liberté de manifester sa religion ou sa conviction, individuellement ou en commun, tant en public qu'en privé, par le culte et l'accomplissement des rites, les pratiques et l'enseignement.
2. Nul ne subira de contrainte pouvant porter atteinte à sa liberté d'avoir ou d'adopter une religion ou une conviction de son choix.
3. La liberté de manifester sa religion ou ses convictions ne peut faire l'objet que des seules restrictions prévues par la loi et qui sont nécessaires à la protection de la sécurité, de l'ordre et de la santé publique, ou de la morale ou des libertés et droits fondamentaux d'autrui.
4. Les États parties au présent Pacte s'engagent à respecter la liberté des parents et, le cas échéant, des tuteurs légaux de faire assurer l'éducation religieuse et morale de leurs enfants conformément à leurs propres convictions.

Article 19

1. Nul ne peut être inquiété pour ses opinions.
2. Toute personne a droit à la liberté d'expression ; ce droit comprend la liberté de rechercher, de recevoir et de répandre des informations et des idées de toute espèce, sans considération de frontières, sous une forme orale, écrite, imprimée ou artistique, ou par tout autre moyen de son choix.
3. L'exercice des libertés prévues au paragraphe 2 du présent article comporte des devoirs spéciaux et des responsabilités spéciales. Il peut en conséquence être soumis à certaines restrictions qui doivent toutefois être expressément fixées par la loi et qui sont nécessaires :

a) Au respect des droits ou de la réputation d'autrui ;
b) À la sauvegarde de la sécurité nationale, de l'ordre public, de la santé ou de la moralité publiques.

Article 20

1. Toute propagande en faveur de la guerre est interdite par la loi.
2. Tout appel à la haine nationale, raciale ou religieuse qui constitue une incitation à la discrimination, à l'hostilité ou à la violence est interdit par la loi.

Article 21

Le droit de réunion pacifique est reconnu. L'exercice de ce droit ne peut faire l'objet que des seules restrictions imposées conformément à la loi et qui sont nécessaires dans une société démocratique, dans l'intérêt de la sécurité nationale, de la sûreté publique, de l'ordre public ou pour protéger la santé ou la moralité publiques, ou les droits et les libertés d'autrui.

Article 22

1. Toute personne a le droit de s'associer librement avec d'autres, y compris le droit de constituer des syndicats et d'y adhérer pour la protection de ses intérêts.
2. L'exercice de ce droit ne peut faire l'objet que des seules restrictions prévues par la loi et qui sont nécessaires dans une société démocratique, dans l'intérêt de la sécurité

nationale, de la sûreté publique, de l'ordre public, ou pour protéger la santé ou la moralité publiques ou les droits et les libertés d'autrui. Le présent article n'empêche pas de soumettre à des restrictions légales l'exercice de ce droit par les membres des forces armées et de la police.
3. Aucune disposition du présent article ne permet aux États parties à la Convention de 1948 de l'Organisation internationale du travail concernant la liberté syndicale et la protection du droit syndical de prendre des mesures législatives portant atteinte – ou d'appliquer la loi de façon à porter atteinte – aux garanties prévues dans ladite convention.

Article 23

1. La famille est l'élément naturel et fondamental de la société et a droit à la protection de la société et de l'État.
2. Le droit de se marier et de fonder une famille est reconnu à l'homme et à la femme à partir de l'âge nubile.
3. Nul mariage ne peut être conclu sans le libre et plein consentement des futurs époux.
4. Les États parties au présent Pacte prendront les mesures appropriées pour assurer l'égalité de droits et de responsabilités des époux au regard du mariage, durant le mariage et lors de sa dissolution. En cas de dissolution, des dispositions seront prises afin d'assurer aux enfants la protection nécessaire.

Article 24

1. Tout enfant, sans discrimination aucune fondée sur la race, la couleur, le sexe, la langue, la religion, l'origine nationale ou sociale, la fortune ou la naissance, a droit, de la part de sa famille, de la société et de l'État, aux mesures de protection qu'exige sa condition de mineur.
2. Tout enfant doit être enregistré immédiatement après sa naissance et avoir un nom.
3. Tout enfant a le droit d'acquérir une nationalité.

Article 25

Tout citoyen a le droit et la possibilité, sans aucune des discriminations visées à l'article 2 et sans restrictions déraisonnables :

a) De prendre part à la direction des affaires publiques, soit directement, soit par l'intermédiaire de représentants librement choisis ;

b) De voter et d'être élu, au cours d'élections périodiques, honnêtes, au suffrage universel et égal et au scrutin secret, assurant l'expression libre de la volonté des électeurs ;

c) D'accéder, dans des conditions générales d'égalité, aux fonctions publiques de son pays.

Article 26

Toutes les personnes sont égales devant la loi et ont droit sans discrimination à une égale protection de la loi. À cet égard, la loi doit interdire toute discrimination et garantir à toutes les personnes une protection égale et efficace contre toute discrimination, notamment de race, de couleur, de sexe, de langue, de religion, d'opinion politique et de toute autre opinion, d'origine nationale ou sociale, de fortune, de naissance ou de toute autre situation.

Article 27

Dans les États où il existe des minorités ethniques, religieuses ou linguistiques, les personnes appartenant à ces minorités ne peuvent être privées du droit d'avoir, en commun avec les autres membres de leur groupe, leur propre vie culturelle, de professer et de pratiquer leur propre religion, ou d'employer leur propre langue.

Quatrième partie

Article 28

1. Il est institué un comité des droits de l'homme (ci-après dénommé le Comité dans le présent Pacte). Ce comité est composé de dix-huit membres et a les fonctions définies ci-après.

2. Le Comité est composé des ressortissants des États parties au présent Pacte, qui doivent être des personnalités

de haute moralité et possédant une compétence reconnue dans le domaine des droits de l'homme. Il sera tenu compte de l'intérêt que présente la participation aux travaux du Comité de quelques personnes ayant une expérience juridique.
3. Les membres du Comité sont élus et siègent à titre individuel.

Article 29

1. Les membres du Comité sont élus au scrutin secret sur une liste de personnes réunissant les conditions prévues à l'article 28, et présentées à cet effet par les États parties au présent Pacte.
2. Chaque État partie au présent Pacte peut présenter deux personnes au plus. Ces personnes doivent être des ressortissants de l'État qui les présente.
3. La même personne peut être présentée à nouveau.

Article 30

1. La première élection aura lieu au plus tard six mois après la date d'entrée en vigueur du présent Pacte.
2. Quatre mois au moins avant la date de toute élection au Comité, autre qu'une élection en vue de pourvoir à une vacance déclarée conformément à l'article 34, le Secrétaire général de l'Organisation des Nations unies invite par écrit les États parties au présent Pacte à désigner, dans un délai de trois mois, les candidats qu'ils proposent comme membres du Comité.
3. Le Secrétaire général de l'Organisation des Nations unies dresse la liste alphabétique de toutes les personnes ainsi présentées en mentionnant les États parties qui les ont présentées et la communique aux États parties au présent Pacte au plus tard un mois avant la date de chaque élection.
4. Les membres du Comité sont élus au cours d'une réunion des États parties au présent Pacte convoquée par le Secrétaire général de l'Organisation des Nations unies au siège de l'Organisation. À cette réunion, où le quorum est constitué par les deux tiers des États parties

au présent Pacte, sont élus membres du Comité les candidats qui obtiennent le plus grand nombre de voix et la majorité absolue des votes des représentants des États parties présents et votants.

Article 31

1. Le Comité ne peut comprendre plus d'un ressortissant d'un même État.
2. Pour les élections au Comité, il est tenu compte d'une répartition géographique équitable et de la représentation des diverses formes de civilisation ainsi que des principaux systèmes juridiques.

Article 32

1. Les membres du Comité sont élus pour quatre ans. Ils sont rééligibles s'ils sont présentés à nouveau. Toutefois, le mandat de neuf des membres élus lors de la première élection prend fin au bout de deux ans ; immédiatement après la première élection, les noms de ces neuf membres sont tirés au sort par le Président de la réunion visée au paragraphe 4 de l'article 30.
2. À l'expiration du mandat, les élections ont lieu conformément aux dispositions des articles précédents de la présente partie du Pacte.

Article 33

1. Si, de l'avis unanime des autres membres, un membre du Comité a cessé de remplir ses fonctions pour toute cause autre qu'une absence de caractère temporaire, le Président du Comité en informe le Secrétaire général de l'Organisation des Nations unies, qui déclare alors vacant le siège qu'occupait ledit membre.
2. En cas de décès ou de démission d'un membre du Comité, le Président en informe immédiatement le Secrétaire général de l'Organisation des Nations unies, qui déclare le siège vacant à compter de la date du décès ou de celle à laquelle la démission prend effet.

Article 34

1. Lorsqu'une vacance est déclarée conformément à l'article 33 et si le mandat du membre à remplacer n'expire pas dans les six mois qui suivent la date à laquelle la vacance a été déclarée, le Secrétaire général de l'Organisation des Nations unies en avise les États parties au présent Pacte qui peuvent, dans un délai de deux mois, désigner des candidats conformément aux dispositions de l'article 29 en vue de pourvoir à la vacance.
2. Le Secrétaire général de l'Organisation des Nations unies dresse la liste alphabétique des personnes ainsi présentées et la communique aux États parties au présent Pacte. L'élection en vue de pourvoir à la vacance a lieu ensuite conformément aux dispositions pertinentes de la présente partie du Pacte.
3. Tout membre du Comité élu à un siège déclaré vacant conformément à l'article 33 fait partie du Comité jusqu'à la date normale d'expiration du mandat du membre dont le siège est devenu vacant au Comité conformément aux dispositions dudit article.

Article 35

Les membres du Comité reçoivent, avec l'approbation de l'Assemblée générale des Nations unies, des émoluments prélevés sur les ressources de l'Organisation des Nations unies dans les conditions fixées par l'Assemblée générale, eu égard à l'importance des fonctions du Comité.

Article 36

Le Secrétaire général de l'Organisation des Nations unies met à la disposition du Comité le personnel et les moyens matériels qui lui sont nécessaires pour s'acquitter efficacement des fonctions qui lui sont confiées en vertu du présent Pacte.

Article 37

1. Le Secrétaire général de l'Organisation des Nations unies convoque les membres du Comité, pour la première réunion, au siège de l'Organisation.

2. Après sa première réunion, le Comité se réunit à toute occasion prévue par son règlement intérieur.
3. Les réunions du Comité ont normalement lieu au siège de l'Organisation des Nations unies ou à l'Office des Nations unies à Genève.

Article 38

Tout membre du Comité doit, avant d'entrer en fonctions, prendre en séance publique l'engagement solennel de s'acquitter de ses fonctions en toute impartialité et en toute conscience.

Article 39

1. Le Comité élit son bureau pour une période de deux ans. Les membres du bureau sont rééligibles.
2. Le Comité établit lui-même son règlement intérieur ; celui-ci doit, toutefois, contenir entre autres les dispositions suivantes :
a) Le quorum est de douze membres ;
b) Les décisions du Comité sont prises à la majorité des membres présents.

Article 40

1. Les États parties au présent Pacte s'engagent à présenter des rapports sur les mesures qu'ils auront arrêtées et qui donnent effet aux droits reconnus dans le présent Pacte et sur les progrès réalisés dans la jouissance de ces droits :
a) Dans un délai d'un an à compter de l'entrée en vigueur du présent Pacte, pour chaque État partie intéressé en ce qui le concerne ;
b) Par la suite, chaque fois que le Comité en fera la demande.
2. Tous les rapports seront adressés au Secrétaire général de l'Organisation des Nations unies qui les transmettra au Comité pour examen. Les rapports devront indiquer, le cas échéant, les facteurs et les difficultés qui affectent la mise en œuvre des dispositions du présent Pacte.
3. Le Secrétaire général de l'Organisation des Nations unies peut, après consultation du Comité, communiquer aux institutions spécialisées intéressées copie de toutes

parties des rapports pouvant avoir trait à leur domaine de compétence.

4. Le Comité étudie les rapports présentés par les États parties au présent Pacte. Il adresse aux États parties ses propres rapports, ainsi que toutes observations générales qu'il jugerait appropriées. Le Comité peut également transmettre au Conseil économique et social ces observations accompagnées de copies des rapports qu'il a reçus d'États parties au présent Pacte.

5. Les États parties au présent Pacte peuvent présenter au Comité des commentaires sur toute observation qui serait faite en vertu du paragraphe 4 du présent article.

Article 41

1. Tout État partie au présent Pacte peut, en vertu du présent article, déclarer à tout moment qu'il reconnaît la compétence du Comité pour recevoir et examiner des communications dans lesquelles un État partie prétend qu'un autre État partie ne s'acquitte pas de ses obligations au titre du présent Pacte. Les communications présentées en vertu du présent article ne peuvent être reçues et examinées que si elles émanent d'un État partie qui a fait une déclaration reconnaissant, en ce qui le concerne, la compétence du Comité. Le Comité ne reçoit aucune communication intéressant un État partie qui n'a pas fait une telle déclaration. La procédure ci-après s'applique à l'égard des communications reçues conformément au présent article :

a) Si un État partie au présent Pacte estime qu'un autre État également partie à ce pacte n'en applique pas les dispositions, il peut appeler, par communication écrite, l'attention de cet État sur la question. Dans un délai de trois mois à compter de la réception de la communication, l'État destinataire fera tenir à l'État qui a adressé la communication des explications ou toutes autres déclarations écrites élucidant la question, qui devront comprendre, dans toute la mesure possible et utile, des indications sur ses règles de procédure et sur les moyens de recours soit déjà utilisés, soit en instance, soit encore ouverts ;

b) Si, dans un délai de six mois à compter de la date de réception de la communication originale par l'État destinataire, la question n'est pas réglée à la satisfaction des deux États parties intéressés, l'un comme l'autre auront le droit de la soumettre au Comité, en adressant une notification au Comité ainsi qu'à l'autre État intéressé ;
c) Le Comité ne peut connaître d'une affaire qui lui est soumise qu'après s'être assuré que tous les recours internes disponibles ont été utilisés et épuisés, conformément aux principes de droit international généralement reconnus. Cette règle ne s'applique pas dans les cas où les procédures de recours excèdent les délais raisonnables ;
d) Le Comité tient ses séances à huis clos lorsqu'il examine les communications prévues au présent article ;
e) Sous réserve des dispositions de l'alinéa c, le Comité met ses bons offices à la disposition des États parties intéressés, afin de parvenir à une solution amiable de la question fondée sur le respect des droits de l'homme et des libertés fondamentales, tels que les reconnaît le présent Pacte ;
f) Dans toute affaire qui lui est soumise, le Comité peut demander aux États parties intéressés visés à l'alinéa b de lui fournir tout renseignement pertinent ;
g) Les États parties intéressés, visés à l'alinéa b, ont le droit de se faire représenter lors de l'examen de l'affaire par le Comité et de présenter des observations oralement ou par écrit, ou sous l'une et l'autre forme ;
h) Le Comité doit présenter un rapport dans un délai de douze mois à compter du jour où il a reçu la notification visée à l'alinéa b :
i) Si une solution a pu être trouvée conformément aux dispositions de l'alinéa e, le Comité se borne, dans son rapport, à un bref exposé des faits et de la solution intervenue,
ii) Si une solution n'a pu être trouvée conformément aux dispositions de l'alinéa e, le Comité se borne, dans son rapport, à un bref exposé des faits ; le texte des observations écrites et le procès-verbal des observations orales

présentées par les États parties intéressés sont joints au rapport.
Pour chaque affaire, le rapport est communiqué aux États parties intéressés.
2. Les dispositions du présent article entreront en vigueur lorsque dix États parties au présent Pacte auront fait la déclaration prévue au paragraphe 1 du présent article. Ladite déclaration est déposée par l'État partie auprès du Secrétaire général de l'Organisation des Nations unies, qui en communique copie aux autres États parties. Une déclaration peut être retirée à tout moment au moyen d'une notification adressée au Secrétaire général. Ce retrait est sans préjudice de l'examen de toute question qui fait l'objet d'une communication déjà transmise en vertu du présent article ; aucune autre communication d'un État partie ne sera reçue après que le Secrétaire général aura reçu notification du retrait de la déclaration, à moins que l'État partie intéressé n'ait fait une nouvelle déclaration.

Article 42

1.
a) Si une question soumise au Comité conformément à l'article 41 n'est pas réglée à la satisfaction des États parties intéressés, le Comité peut, avec l'assentiment préalable des États parties intéressés, désigner une commission de conciliation *ad hoc* (ci-après dénommée la Commission). La Commission met ses bons offices à la disposition des États parties intéressés, afin de parvenir à une solution amiable de la question, fondée sur le respect du présent Pacte ;
b) La Commission est composée de cinq membres nommés avec l'accord des États parties intéressés. Si les États parties intéressés ne parviennent pas à une entente sur tout ou partie de la composition de la Commission dans un délai de trois mois, les membres de la Commission au sujet desquels l'accord ne s'est pas fait sont élus au scrutin secret parmi les membres du Comité, à la majorité des deux tiers des membres du Comité.

2. Les membres de la Commission siègent à titre individuel. Ils ne doivent être ressortissants ni des États parties intéressés, ni d'un État qui n'est pas partie au présent Pacte, ni d'un État partie qui n'a pas fait la déclaration prévue à l'article 41.
3. La Commission élit son président et adopte son règlement intérieur.
4. La Commission tient normalement ses réunions au siège de l'Organisation des Nations unies ou à l'Office des Nations unies à Genève. Toutefois, elle peut se réunir en tout autre lieu approprié que peut déterminer la Commission en consultation avec le Secrétaire général de l'Organisation des Nations unies et les États parties intéressés.
5. Le secrétariat prévu à l'article 36 prête également ses services aux commissions désignées en vertu du présent article.
6. Les renseignements obtenus et dépouillés par le Comité sont mis à la disposition de la Commission, et la Commission peut demander aux États parties intéressés de lui fournir tout renseignement complémentaire pertinent.
7. Après avoir étudié la question sous tous ses aspects, mais en tout cas dans un délai maximum de douze mois après qu'elle en aura été saisie, la Commission soumet un rapport au Président du Comité qui le communique aux États parties intéressés :
a) Si la Commission ne peut achever l'examen de la question dans les douze mois, elle se borne à indiquer brièvement dans son rapport où elle en est de l'examen de la question ;
b) Si l'on est parvenu à un règlement amiable de la question, fondé sur le respect des droits de l'homme reconnus dans le présent Pacte, la Commission se borne à indiquer brièvement dans son rapport les faits et le règlement auquel on est parvenu ;
c) Si l'on n'est pas parvenu à un règlement au sens de l'alinéa b, la Commission fait figurer dans son rapport ses conclusions sur tous les points de fait relatifs à la

question débattue entre les États parties intéressés ainsi que ses constatations sur les possibilités de règlement amiable de l'affaire ; le rapport renferme également les observations écrites et un procès-verbal des observations orales présentées par les États parties intéressés ;
d) Si le rapport de la Commission est soumis conformément à l'alinéa c, les États parties intéressés font savoir au Président du Comité, dans un délai de trois mois après la réception du rapport, s'ils acceptent ou non les termes du rapport de la Commission.
8. Les dispositions du présent article s'entendent sans préjudice des attributions du Comité prévues à l'article 41.
9. Toutes les dépenses des membres de la Commission sont réparties également entre les États parties intéressés, sur la base d'un état estimatif établi par le Secrétaire général de l'Organisation des Nations unies.
10. Le Secrétaire général de l'Organisation des Nations unies est habilité, si besoin est, à défrayer les membres de la Commission de leurs dépenses, avant que le remboursement en ait été effectué par les États parties intéressés, conformément au paragraphe 9 du présent article.

Article 43

Les membres du Comité et les membres des commissions de conciliation *ad hoc* qui pourraient être désignées conformément à l'article 42 ont droit aux facilités, privilèges et immunités reconnus aux experts en mission pour l'Organisation des Nations unies, tels qu'ils sont énoncés dans les sections pertinentes de la Convention sur les privilèges et immunités des Nations unies.

Article 44

Les dispositions de mise en œuvre du présent Pacte s'appliquent sans préjudice des procédures instituées en matière de droits de l'homme aux termes ou en vertu des instruments constitutifs et des conventions de l'Organisation des Nations unies et des institutions spécialisées, et n'empêchent pas les États parties de recourir à d'autres procédures pour le règlement d'un différend conformément aux accords internationaux généraux ou spéciaux qui les lient.

Article 45

Le Comité adresse chaque année à l'Assemblée générale des Nations unies, par l'intermédiaire du Conseil économique et social, un rapport sur ses travaux.

Cinquième partie

Article 46

Aucune disposition du présent Pacte ne doit être interprétée comme portant atteinte aux dispositions de la Charte des Nations unies et des constitutions des institutions spécialisées qui définissent les responsabilités respectives des divers organes de l'Organisation des Nations unies et des institutions spécialisées en ce qui concerne les questions traitées dans le présent Pacte.

Article 47

Aucune disposition du présent Pacte ne sera interprétée comme portant atteinte au droit inhérent de tous les peuples à profiter et à user pleinement et librement de leurs richesses et ressources naturelles.

Sixième partie

Article 48

1. Le présent Pacte est ouvert à la signature de tout État Membre de l'Organisation des Nations unies ou membre de l'une quelconque de ses institutions spécialisées, de tout État partie au Statut de la Cour internationale de justice, ainsi que de tout autre État invité par l'Assemblée générale des Nations unies à devenir partie au présent Pacte.
2. Le présent Pacte est sujet à ratification et les instruments de ratification seront déposés auprès du Secrétaire général de l'Organisation des Nations unies.
3. Le présent Pacte sera ouvert à l'adhésion de tout État visé au paragraphe 1 du présent article.

4. L'adhésion se fera par le dépôt d'un instrument d'adhésion auprès du Secrétaire général de l'Organisation des Nations unies.
5. Le Secrétaire général de l'Organisation des Nations unies informe tous les États qui ont signé le présent Pacte ou qui y ont adhéré du dépôt de chaque instrument de ratification ou d'adhésion.

Article 49

1. Le présent Pacte entrera en vigueur trois mois après la date du dépôt auprès du Secrétaire général de l'Organisation des Nations unies du trente-cinquième instrument de ratification ou d'adhésion.
2. Pour chacun des États qui ratifieront le présent Pacte ou y adhéreront après le dépôt du trente-cinquième instrument de ratification ou d'adhésion, ledit Pacte entrera en vigueur trois mois après la date du dépôt par cet État de son instrument de ratification ou d'adhésion.

Article 50

Les dispositions du présent Pacte s'appliquent, sans limitation ni exception aucune, à toutes les unités constitutives des États fédératifs.

Article 51

1. Tout État partie au présent Pacte peut proposer un amendement et en déposer le texte auprès du Secrétaire général de l'Organisation des Nations unies. Le Secrétaire général transmet alors tous projets d'amendements aux États parties au présent Pacte en leur demandant de lui indiquer s'ils désirent voir convoquer une conférence d'États parties pour examiner ces projets et les mettre aux voix. Si un tiers au moins des États se déclarent en faveur de cette convocation, le Secrétaire général convoque la conférence sous les auspices de l'Organisation des Nations unies. Tout amendement adopté par la majorité des États présents et votants à la conférence est soumis pour approbation à l'Assemblée générale des Nations unies.
2. Ces amendements entrent en vigueur lorsqu'ils ont été approuvés par l'Assemblée générale des Nations unies et

acceptés, conformément à leurs règles constitutionnelles respectives, par une majorité des deux tiers des États parties au présent Pacte.

3. Lorsque ces amendements entrent en vigueur, ils sont obligatoires pour les États parties qui les ont acceptés, les autres États parties restant liés par les dispositions du présent Pacte et par tout amendement antérieur qu'ils ont accepté.

Article 52

Indépendamment des notifications prévues au paragraphe 5 de l'article 48, le Secrétaire général de l'Organisation des Nations unies informera tous les États visés au paragraphe 1 dudit article :

a) Des signatures apposées au présent Pacte et des instruments de ratification et d'adhésion déposés conformément à l'article 48 ;

b) De la date à laquelle le présent Pacte entrera en vigueur conformément à l'article 49 et de la date à laquelle entreront en vigueur les amendements prévus à l'article 51.

Article 53

1. Le présent Pacte, dont les textes anglais, chinois, espagnol, français et russe font également foi, sera déposé aux archives de l'Organisation des Nations unies.

2. Le Secrétaire général de l'Organisation des Nations unies transmettra une copie certifiée conforme du présent Pacte à tous les États visés à l'article 48.

Réserves

1) Le Gouvernement de la République émet une réserve concernant le paragraphe 1 de l'article 4 en ce sens, d'une part, que les circonstances énumérées par l'article 16 de la Constitution pour sa mise en œuvre, par l'article 1er de la loi du 3 avril 1978 et par la Loi du 9 août 1849 pour la déclaration de l'état de siège, par l'article 1er de la loi no 55-385 du 3 avril 1955 pour la déclaration de l'état d'urgence et qui permettent la mise en application

de ces textes, doivent être comprises comme correspondant à l'objet de l'article 4 du Pacte, et, d'autre part, que pour l'interprétation et l'application de l'article 16 de la Constitution de la République française, les termes « dans la stricte mesure où la situation l'exige » ne sauraient limiter le pouvoir du Président de la République de prendre « les mesures exigées par les circonstances ».

2) Le Gouvernement de la République émet une réserve concernant les articles 9 et 14 en ce sens que ces articles ne sauraient faire obstacle à l'application des règles relatives au régime disciplinaire dans les armées.

3) Le Gouvernement de la République déclare que l'article 13 ne doit pas porter atteinte au chapitre IV de l'ordonnance n° 45-2658 du 2 novembre 1945 relative à l'entrée et au séjour des étrangers en France, ni aux autres textes relatifs à l'expulsion des étrangers en vigueur dans les parties du territoire de la République où l'ordonnance du 2 novembre 1945 n'est pas applicable.

4) Le Gouvernement français déclare, compte tenu de l'article 2 de la Constitution de la République française, que l'article 27 n'a pas lieu de s'appliquer en ce qui concerne la République.

Déclarations

1) Le Gouvernement de la République considère que, conformément à l'Article 103 de la Charte des Nations unies, en cas de conflit entre ses obligations en vertu du Pacte et ses obligations en vertu de la Charte (notamment des articles 1er et 2 de celle-ci), ses obligations en vertu de la Charte prévaudront.

2) Le Gouvernement de la République interprète l'article 14 paragraphe 5 comme posant un principe général auquel la loi peut apporter des exceptions limitées. Il en est ainsi, notamment, pour certaines infractions relevant en premier et dernier ressort du Tribunal de police. Au demeurant les décisions rendues en dernier ressort

peuvent faire l'objet d'un recours devant la Cour de cassation qui statue sur la légalité de la décision intervenue.
3) Le Gouvernement de la République déclare que les articles 19, 21 et 22 du Pacte seront appliqués conformément aux articles 10, 11 et 16 de la Convention européenne de sauvegarde des droits de l'homme et des libertés fondamentales en date du 4 novembre 1950.
4) Le Gouvernement de la République déclare que le terme «guerre» qui figure à l'article 20 paragraphe 1 doit s'entendre de la guerre contraire au droit international et estime, en tout cas, que la législation française en ce domaine est adéquate.

Texte 5.1 – Protocole facultatif se rapportant au Pacte international relatif aux droits civils et politiques, 1966

Le premier protocole facultatif a été adopté par l'Assemblée générale des Nations unies en même temps que le Pacte dans sa résolution 2200 A (XXI) du 16 décembre 1966. Il est également entré en vigueur le 23 mars 1976, après 10 ratifications, mais ne lie que 115 États parties.
La France a accédé au protocole le 17 février 1984. Lors de cette accession, elle a formulé une réserve et deux déclarations (cf. infra). *En vertu de ce protocole, le Comité des droits de l'homme peut recevoir et examiner des communications individuelles.*

Les États parties au présent Protocole,
Considérant que, pour mieux assurer l'accomplissement des fins du Pacte international relatif aux droits civils et politiques (ci-après dénommé le Pacte) et l'application de ses dispositions, il conviendrait d'habiliter le Comité des droits de l'homme, constitué aux termes de la quatrième partie du Pacte (ci-après dénommé le Comité), à

recevoir et à examiner, ainsi qu'il est prévu dans le présent Protocole, des communications émanant de particuliers qui prétendent être victimes d'une violation d'un des droits énoncés dans le Pacte,
Sont convenus de ce qui suit :

Article premier

Tout État partie au Pacte qui devient partie au présent Protocole reconnaît que le Comité a compétence pour recevoir et examiner des communications émanant de particuliers relevant de sa juridiction qui prétendent être victimes d'une violation, par cet État partie, de l'un quelconque des droits énoncés dans le Pacte. Le Comité ne reçoit aucune communication intéressant un État partie au Pacte qui n'est pas partie au présent Protocole.

Article 2

Sous réserve des dispositions de l'article premier, tout particulier qui prétend être victime d'une violation de l'un quelconque des droits énoncés dans le Pacte et qui a épuisé tous les recours internes disponibles peut présenter une communication écrite au Comité pour qu'il l'examine.

Article 3

Le Comité déclare irrecevable toute communication présentée en vertu du présent Protocole qui est anonyme ou qu'il considère être un abus du droit de présenter de telles communications ou être incompatible avec les dispositions du Pacte.

Article 4

1. Sous réserve des dispositions de l'article 3, le Comité porte toute communication qui lui est présentée en vertu du présent Protocole à l'attention de l'État partie audit Protocole qui a prétendument violé l'une quelconque des dispositions du Pacte.
2. Dans les six mois qui suivent, ledit État soumet par écrit au Comité des explications ou déclarations éclaircissant la question et indiquant, le cas échéant, les mesures qu'il pourrait avoir prises pour remédier à la situation.

Article 5

1. Le Comité examine les communications reçues en vertu du présent Protocole en tenant compte de toutes les informations écrites qui lui sont soumises par le particulier et par l'État partie intéressé.
2. Le Comité n'examinera aucune communication d'un particulier sans s'être assuré que :
a) La même question n'est pas déjà en cours d'examen devant une autre instance internationale d'enquête ou de règlement ;
b) Le particulier a épuisé tous les recours internes disponibles. Cette règle ne s'applique pas si les procédures de recours excèdent des délais raisonnables.
3. Le Comité tient ses séances à huis clos lorsqu'il examine les communications prévues dans le présent Protocole.
4. Le Comité fait part de ses constatations à l'État partie intéressé et au particulier.

Article 6

Le Comité inclut dans le rapport annuel qu'il établit conformément à l'article 45 du Pacte un résumé de ses activités au titre du présent Protocole.

Article 7

En attendant la réalisation des objectifs de la résolution 1514 (XV) adoptée par l'Assemblée générale des Nations unies le 14 décembre 1960, concernant la Déclaration sur l'octroi de l'indépendance aux pays et aux peuples coloniaux, les dispositions du présent Protocole ne restreignent en rien le droit de pétition accordé à ces peuples par la Charte des Nations unies et d'autres conventions et instruments internationaux conclus sous les auspices de l'Organisation des Nations unies ou de ses institutions spécialisées.

Article 8

1. Le présent Protocole est ouvert à la signature de tout État qui a signé le Pacte.
2. Le présent Protocole est soumis à la ratification de tout État qui a ratifié le Pacte ou qui y a adhéré. Les instruments

de ratification seront déposés auprès du Secrétaire général de l'Organisation des Nations unies.
3. Le présent Protocole sera ouvert à l'adhésion de tout État qui a ratifié le Pacte ou qui y a adhéré.
4. L'adhésion se fera par le dépôt d'un instrument d'adhésion auprès du Secrétaire général de l'Organisation des Nations unies.
5. Le Secrétaire général de l'Organisation des Nations unies informe tous les États qui ont signé le présent Protocole ou qui y ont adhéré du dépôt de chaque instrument de ratification ou d'adhésion.

Article 9

1. Sous réserve de l'entrée en vigueur du Pacte, le présent Protocole entrera en vigueur trois mois après la date du dépôt, auprès du Secrétaire général de l'Organisation des Nations unies du dixième instrument de ratification ou d'adhésion.
2. Pour chacun des États qui ratifieront le présent Protocole ou y adhéreront après le dépôt du dixième instrument de ratification ou d'adhésion, ledit Protocole entrera en vigueur trois mois après la date du dépôt par cet État de son instrument de ratification ou d'adhésion.

Article 10

Les dispositions du présent Protocole s'appliquent, sans limitation ni exception aucune, à toutes les unités constitutives des États fédératifs.

Article 11

1. Tout État partie au présent Protocole peut proposer un amendement et en déposer le texte auprès du Secrétaire général de l'Organisation des Nations unies. Le Secrétaire général transmet alors tous projets d'amendements aux États parties audit Protocole en leur demandant de lui indiquer s'ils désirent voir convoquer une conférence d'États parties pour examiner ces projets et les mettre aux voix. Si le tiers au moins des États se déclarent en faveur de cette convocation, le Secrétaire général convoque la conférence sous les auspices de l'Organisation des

Nations unies. Tout amendement adopté par la majorité des États présents et votants à la conférence est soumis pour approbation à l'Assemblée générale des Nations unies.
2. Ces amendements entrent en vigueur lorsqu'ils ont été approuvés par l'Assemblée générale des Nations unies et acceptés, conformément à leurs règles constitutionnelles respectives, par une majorité des deux tiers des États parties au présent Protocole.
3. Lorsque ces amendements entrent en vigueur, ils sont obligatoires pour les États parties qui les ont acceptés, les autres États parties restant liés par les dispositions du présent Protocole et par tout amendement antérieur qu'ils ont accepté.

Article 12

1. Tout État partie peut, à tout moment, dénoncer le présent Protocole par voie de notification écrite adressée au Secrétaire général de l'Organisation des Nations unies. La dénonciation portera effet trois mois après la date à laquelle le Secrétaire général en aura reçu notification.
2. La dénonciation n'entravera pas l'application des dispositions du présent Protocole à toute communication présentée en vertu de l'article 2 avant la date à laquelle la dénonciation prend effet.

Article 13

Indépendamment des notifications prévues au paragraphe 5 de l'article 8 du présent Protocole, le Secrétaire général de l'Organisation des Nations unies informera tous les États visés au paragraphe 1 de l'article 48 du Pacte :

a) Des signatures apposées au présent Protocole et des instruments de ratification et d'adhésion déposés conformément à l'article 8;

b) De la date à laquelle le présent Protocole entrera en vigueur conformément à l'article 9 et de la date à laquelle entreront en vigueur les amendements prévus à l'article 11;

c) Des dénonciations faites conformément à l'article 12.

Article 14

1. Le présent Protocole, dont les textes, anglais, chinois, espagnol, français et russe font également foi, sera déposé aux archives de l'Organisation des Nations unies.
2. Le Secrétaire général de l'Organisation des Nations unies transmettra une copie certifiée conforme du présent Protocole à tous les États visés à l'article 48 du Pacte.

Réserve

La France fait une réserve à l'alinéa a) du paragraphe 2 de l'article 5 en précisant que le Comité des droits de l'homme ne sera pas compétent pour examiner une communication émanant d'un particulier si la même question est en cours d'examen ou a déjà été examinée par une autre instance internationale d'enquête ou de règlement.

Déclarations

1) La France interprète l'article 1er du Protocole comme donnant compétence au Comité pour recevoir et examiner des communications émanant de particuliers relevant de la juridiction de la République française qui prétendent être victimes d'une violation, par la République, de l'un quelconque des droits énoncés dans le Pacte, résultant soit d'actes, omissions, faits ou événements postérieurs à la date d'entrée en vigueur à son égard du présent Protocole, soit d'une décision portant sur les actes, omissions, faits ou événements postérieurs de cette même date.

2) En ce qui concerne l'article 7, l'adhésion de la France au Protocole facultatif ne peut être interprétée comme impliquant une modification de sa position à l'égard de la résolution visée dans cette disposition.

Texte 5.2 – Deuxième protocole facultatif se rapportant au Pacte international relatif aux droits civils et politiques, visant à abolir la peine de mort, 1989

Le deuxième protocole a été adopté par l'Assemblée générale des Nations unies dans sa résolution 44/128 du 15 décembre 1989. Il est entré en vigueur après 10 ratifications, le 11 juillet 1991. Il lie 81 États parties.

Saisi par le président de la République française, le Conseil constitutionnel a rendu sa décision du 13 octobre 2005 sur la constitutionnalité des engagements internationaux abolissant la peine de mort en toutes circonstances, qui requiert une révision constitutionnelle, préalable à la ratification, en raison du caractère irrévocable du protocole. Cette révision est intervenue le 23 février 2007, avec l'introduction dans la Constitution d'un nouvel article 66-1 : « Nul ne peut être condamné à la peine de mort ». La France a ainsi pu accéder au protocole le 2 octobre de la même année.

Bibliographie

Badinter Robert, *Contre la peine de mort. Écrits 1970-2006*, Fayard, 2006.

Cohen-Jonathan Gérard et Schabas William (dir.), *La peine capitale et le droit international*, Éditions Panthéon-Assas, 2003.

Hodgkinson Peter et Schabas William (ed.), *Capital Punishment, Strategies for Abolition*, Cambridge University Press, 2004.

Schabas William, *The Abolition of the Death Penalty in International Law*, Grotius, 1993.

Les États parties au présent Protocole,
Convaincus que l'abolition de la peine de mort contribue à promouvoir la dignité humaine et le développement progressif des droits de l'homme,
Rappelant l'article 3 de la Déclaration universelle des droits de l'homme adoptée le 10 décembre 1948, ainsi que l'article 6 du Pacte international relatif aux droits civils et politiques adopté le 16 décembre 1966,
Notant que l'article 6 du Pacte international relatif aux droits civils et politiques se réfère à l'abolition de la peine de mort en des termes qui suggèrent sans ambiguïté que l'abolition de cette peine est souhaitable,
Convaincus que toutes les mesures prises touchant l'abolition de la peine de mort doivent être considérées comme un progrès quant à la jouissance du droit à la vie,
Désireux de prendre, par le présent Protocole, l'engagement international d'abolir la peine de mort,
Sont convenus de ce qui suit :

Article premier

1. Aucune personne relevant de la juridiction d'un État partie au présent Protocole ne sera exécutée.
2. Chaque État partie prendra toutes les mesures voulues pour abolir la peine de mort dans le ressort de sa juridiction.

Article 2

1. Il ne sera admis aucune réserve au présent Protocole, en dehors de la réserve formulée lors de la ratification ou de l'adhésion et prévoyant l'application de la peine de mort en temps de guerre à la suite d'une condamnation pour un crime de caractère militaire, d'une gravité extrême, commis en temps de guerre.
2. L'État partie formulant une telle réserve communiquera au Secrétaire général de l'Organisation des Nations unies, lors de la ratification ou de l'adhésion, les dispositions pertinentes de sa législation interne qui s'appliquent en temps de guerre.
3. L'État partie ayant formulé une telle réserve notifiera au Secrétaire général de l'Organisation des Nations unies

la proclamation ou la levée de l'état de guerre sur son territoire.

Article 3

Les États parties au présent Protocole feront état, dans les rapports qu'ils présentent au Comité des droits de l'homme en vertu de l'article 40 du Pacte, des mesures qu'ils auront adoptées pour donner effet au présent Protocole.

Article 4

En ce qui concerne les États parties au Pacte qui ont fait la déclaration prévue à l'article 41, la compétence reconnue au Comité des droits de l'homme pour recevoir et examiner des communications dans lesquelles un État partie prétend qu'un autre État partie ne s'acquitte pas de ses obligations s'étend aux dispositions du présent Protocole, à moins que l'État partie en cause n'ait fait une déclaration en sens contraire lors de la ratification ou de l'adhésion.

Article 5

En ce qui concerne les États parties au premier Protocole facultatif se rapportant au Pacte international relatif aux droits civils et politiques adopté le 16 décembre 1966, la compétence reconnue au Comité des droits de l'homme pour recevoir et examiner des communications émanant de particuliers relevant de leur juridiction s'étend aux dispositions du présent Protocole, à moins que l'État partie en cause n'ait fait une déclaration en sens contraire lors de la ratification ou de l'adhésion.

Article 6

1. Les dispositions du présent Protocole s'appliquent en tant que dispositions additionnelles du Pacte.
2. Sans préjudice de la possibilité de formuler la réserve prévue à l'article 2 du présent Protocole, le droit garanti au paragraphe 1 de l'article premier du présent Protocole ne peut faire l'objet d'aucune des dérogations visées à l'article 4 du Pacte.

Article 7

1. Le présent Protocole est ouvert à la signature de tout État qui a signé le Pacte.
2. Le présent Protocole est soumis à la ratification de tout État qui a ratifié le Pacte ou qui y a adhéré. Les instruments de ratification seront déposés auprès du Secrétaire général de l'Organisation des Nations unies.
3. Le présent Protocole sera ouvert à l'adhésion de tout État qui a ratifié le Pacte ou qui y a adhéré.
4. L'adhésion se fera par le dépôt d'un instrument d'adhésion auprès du Secrétaire général de l'Organisation des Nations unies.
5. Le Secrétaire général de l'Organisation des Nations unies informera tous les États qui ont signé le présent Protocole ou qui y ont adhéré du dépôt de chaque instrument de ratification ou d'adhésion.

Article 8

1. Le présent Protocole entrera en vigueur trois mois après la date du dépôt auprès du Secrétaire général de l'Organisation des Nations unies du dixième instrument de ratification ou d'adhésion.
2. Pour chacun des États qui ratifieront le présent Protocole ou y adhéreront après le dépôt du dixième instrument de ratification ou d'adhésion, ledit Protocole entrera en vigueur trois mois après la date du dépôt par cet État de son instrument de ratification ou d'adhésion.

Article 9

Les dispositions du présent Protocole s'appliquent, sans limitation ni exception aucune, à toutes les unités constitutives des États fédératifs.

Article 10

Le Secrétaire général de l'Organisation des Nations unies informera tous les États visés au paragraphe 1 de l'article 48 du Pacte :

a) Des réserves, communications et notifications reçues au titre de l'article 2 du présent Protocole ;

b) Des déclarations faites en vertu des articles 4 ou 5 du présent Protocole ;
c) Des signatures apposées au présent Protocole et des instruments de ratification et d'adhésion déposés conformément à l'article 7 du présent Protocole ;
d) De la date à laquelle le présent Protocole entrera en vigueur conformément à l'article 8 de celui-ci.

Article 11

1. Le présent Protocole, dont les textes anglais, arabe, chinois, espagnol, français et russe font également foi, sera déposé aux archives de l'Organisation des Nations unies.
2. Le Secrétaire général de l'Organisation des Nations unies transmettra une copie certifiée conforme du présent Protocole à tous les États visés à l'article 48 du Pacte.

Texte 6 – Pacte international relatif aux droits économiques, sociaux et culturels, 1966

Le Pacte international relatif aux droits économiques, sociaux et culturels a été adopté par l'Assemblée générale des Nations unies dans sa résolution 2200 A (XXI) du 16 décembre 1966, en même temps que le Pacte international relatif aux droits civils et politiques. Il est entré en vigueur après 35 ratifications le 3 janvier 1976. Il compte 164 États parties. Plusieurs États demeurent seulement signataires, notamment les États-Unis depuis le 5 octobre 1977. La France a accédé au Pacte le 4 novembre 1980 et a formulé des déclarations interprétatives (cf. infra).

Le Pacte ne prévoyait pas de comité d'experts indépendants chargé du suivi de son application. C'est la résolution 1985/17 du Conseil économique et social qui a servi de base à la création d'un Comité des droits économiques, sociaux et culturels composé de 18 membres. Ce comité examine les rapports périodiques des États et adopte des observations générales précisant l'interprétation des obligations contenues dans le Pacte.

Un protocole facultatif au Pacte qui prévoit la compétence du Comité pour recevoir et examiner des communications individuelles, comme cela est le cas pour le Pacte relatif aux droits civils et politiques, a été adopté par l'Assemblée générale le 10 décembre 2008, rétablissant la symétrie entre les deux Pactes (cf. infra).

Bibliographie

Craven Matthew, *The International Covenant on Economic, Social and Cultural Rights: A Perspective on its Development*, Clarendon Press, 1995.

Decaux Emmanuel, De Schutter Olivier (dir.), *Le Pacte international relatif aux droits économiques, sociaux et culturels, commentaire collectif*, Economica, 2016 (à paraître).

Eide Asbjørn, Krause Catarina, Rosas Allan, *Economic, Social and Cultural Rights: A Textbook*, Nijhoff, 2e éd., 2001.

Riedel Eibe, Giacca Gilles, Golay Christophe (ed.), *Economic, Social and Cultural Rights in International Law: Contemporary Issues and Challenges*, Oxford University Press, 2014.

Saul Ben, Kinley David, Mowbray Jacqueline, *The International Covenant on Economic, Social and Cultural Rights: Commentary, Cases and Materials*, Oxford University Press, 2014.

Sodini Raphaël, *Le Comité des droits économiques, sociaux et culturels*, Montchrestien, 2000.

Les États parties au présent Pacte,

Considérant que, conformément aux principes énoncés dans la Charte des Nations unies, la reconnaissance de la dignité inhérente à tous les membres de la famille humaine et de leurs droits égaux et inaliénables constitue le fondement de la liberté, de la justice et de la paix dans le monde,

Reconnaissant que ces droits découlent de la dignité inhérente à la personne humaine,

Reconnaissant que, conformément à la Déclaration universelle des droits de l'homme, l'idéal de l'être humain libre, libéré de la crainte et de la misère, ne peut être réalisé que si des conditions permettant à chacun de jouir de ses droits économiques, sociaux et culturels, aussi bien que de ses droits civils et politiques, sont créées,

Considérant que la Charte des Nations unies impose aux États l'obligation de promouvoir le respect universel et effectif des droits et des libertés de l'homme,

Prenant en considération le fait que l'individu a des devoirs envers autrui et envers la collectivité à laquelle il appartient et est tenu de s'efforcer de promouvoir et de respecter les droits reconnus dans le présent Pacte,

Sont convenus des articles suivants :

Première partie

Article premier

1. Tous les peuples ont le droit de disposer d'eux-mêmes. En vertu de ce droit, ils déterminent librement leur statut politique et assurent librement leur développement économique, social et culturel.

2. Pour atteindre leurs fins, tous les peuples peuvent disposer librement de leurs richesses et de leurs ressources naturelles, sans préjudice des obligations qui découlent de la coopération économique internationale, fondée sur le principe de l'intérêt mutuel, et du droit international. En aucun cas, un peuple ne pourra être privé de ses propres moyens de subsistance.

3. Les États parties au présent Pacte, y compris ceux qui ont la responsabilité d'administrer des territoires non autonomes et des territoires sous tutelle, sont tenus de faciliter la réalisation du droit des peuples à disposer d'eux-mêmes, et de respecter ce droit, conformément aux dispositions de la Charte des Nations unies.

Deuxième partie

Article 2

1. Chacun des États parties au présent Pacte s'engage à agir, tant par son effort propre que par l'assistance et la coopération internationales, notamment sur les plans économique et technique, au maximum de ses ressources disponibles, en vue d'assurer progressivement le plein exercice des droits reconnus dans le présent Pacte par tous les moyens appropriés, y compris en particulier l'adoption de mesures législatives.
2. Les États parties au présent Pacte s'engagent à garantir que les droits qui y sont énoncés seront exercés sans discrimination aucune fondée sur la race, la couleur, le sexe, la langue, la religion, l'opinion politique ou toute autre opinion, l'origine nationale ou sociale, la fortune, la naissance ou toute autre situation.
3. Les pays en voie de développement, compte dûment tenu des droits de l'homme et de leur économie nationale, peuvent déterminer dans quelle mesure ils garantiront les droits économiques reconnus dans le présent Pacte à des non-ressortissants.

Article 3

Les États parties au présent Pacte s'engagent à assurer le droit égal qu'ont l'homme et la femme au bénéfice de tous les droits économiques, sociaux et culturels qui sont énumérés dans le présent Pacte.

Article 4

Les États parties au présent Pacte reconnaissent que, dans la jouissance des droits assurés par l'État conformément au présent Pacte, l'État ne peut soumettre ces droits qu'aux limitations établies par la loi, dans la seule mesure compatible avec la nature de ces droits et exclusivement en vue de favoriser le bien-être général dans une société démocratique.

Article 5

1. Aucune disposition du présent Pacte ne peut être interprétée comme impliquant pour un État, un groupement ou un individu un droit quelconque de se livrer à une activité ou d'accomplir un acte visant à la destruction des droits ou libertés reconnus dans le présent Pacte ou à des limitations plus amples que celles prévues dans ledit Pacte.
2. Il ne peut être admis aucune restriction ou dérogation aux droits fondamentaux de l'homme reconnus ou en vigueur dans tout pays en vertu de lois, de conventions, de règlements ou de coutumes, sous prétexte que le présent Pacte ne les reconnaît pas ou les reconnaît à un moindre degré.

Troisième partie

Article 6

1. Les États parties au présent Pacte reconnaissent le droit au travail, qui comprend le droit qu'a toute personne d'obtenir la possibilité de gagner sa vie par un travail librement choisi ou accepté, et prendront des mesures appropriées pour sauvegarder ce droit.
2. Les mesures que chacun des États parties au présent Pacte prendra en vue d'assurer le plein exercice de ce droit doivent inclure l'orientation et la formation techniques et professionnelles, l'élaboration de programmes, de politiques et de techniques propres à assurer un développement économique, social et culturel constant et un plein emploi productif dans des conditions qui sauvegardent aux individus la jouissance des libertés politiques et économiques fondamentales.

Article 7

Les États parties au présent Pacte reconnaissent le droit qu'a toute personne de jouir de conditions de travail justes et favorables, qui assurent notamment :

a) La rémunération qui procure, au minimum, à tous les travailleurs :

i) Un salaire équitable et une rémunération égale pour un travail de valeur égale sans distinction aucune ; en particulier, les femmes doivent avoir la garantie que les conditions de travail qui leur sont accordées ne sont pas inférieures à celles dont bénéficient les hommes et recevoir la même rémunération qu'eux pour un même travail,
ii) Une existence décente pour eux et leur famille conformément aux dispositions du présent Pacte ;
b) La sécurité et l'hygiène du travail ;
c) La même possibilité pour tous d'être promus, dans leur travail, à la catégorie supérieure appropriée, sans autre considération que la durée des services accomplis et les aptitudes ;
d) Le repos, les loisirs, la limitation raisonnable de la durée du travail et les congés payés périodiques, ainsi que la rémunération des jours fériés.

Article 8

1. Les États parties au présent Pacte s'engagent à assurer :
a) Le droit qu'a toute personne de former avec d'autres des syndicats et de s'affilier au syndicat de son choix, sous la seule réserve des règles fixées par l'organisation intéressée, en vue de favoriser et de protéger ses intérêts économiques et sociaux. L'exercice de ce droit ne peut faire l'objet que des seules restrictions prévues par la loi et qui constituent des mesures nécessaires, dans une société démocratique, dans l'intérêt de la sécurité nationale ou de l'ordre public, ou pour protéger les droits et les libertés d'autrui ;
b) Le droit qu'ont les syndicats de former des fédérations ou des confédérations nationales et le droit qu'ont celles-ci de former des organisations syndicales internationales ou de s'y affilier ;
c) Le droit qu'ont les syndicats d'exercer librement leur activité, sans limitations autres que celles qui sont prévues par la loi et qui constituent des mesures nécessaires, dans une société démocratique, dans l'intérêt de la sécurité nationale ou de l'ordre public, ou pour protéger les droits et les libertés d'autrui ;

d) Le droit de grève, exercé conformément aux lois de chaque pays.
2. Le présent article n'empêche pas de soumettre à des restrictions légales l'exercice de ces droits par les membres des forces armées, de la police ou de la fonction publique.
3. Aucune disposition du présent article ne permet aux États parties à la Convention de 1948 de l'Organisation internationale du travail concernant la liberté syndicale et la protection du droit syndical de prendre des mesures législatives portant atteinte – ou d'appliquer la loi de façon à porter atteinte – aux garanties prévues dans ladite convention.

Article 9

Les États parties au présent Pacte reconnaissent le droit de toute personne à la sécurité sociale, y compris les assurances sociales.

Article 10

Les États parties au présent Pacte reconnaissent que :
1. Une protection et une assistance aussi larges que possible doivent être accordées à la famille, qui est l'élément naturel et fondamental de la société, en particulier pour sa formation et aussi longtemps qu'elle a la responsabilité de l'entretien et de l'éducation d'enfants à charge. Le mariage doit être librement consenti par les futurs époux.
2. Une protection spéciale doit être accordée aux mères pendant une période de temps raisonnable avant et après la naissance des enfants. Les mères salariées doivent bénéficier, pendant cette même période, d'un congé payé ou d'un congé accompagné de prestations de sécurité sociale adéquates.
3. Des mesures spéciales de protection et d'assistance doivent être prises en faveur de tous les enfants et adolescents, sans discrimination aucune pour des raisons de filiation ou autres. Les enfants et adolescents doivent être protégés contre l'exploitation économique et sociale. Le fait de les employer à des travaux de nature à compromettre leur moralité ou leur santé, à mettre leur vie en danger ou

à nuire à leur développement normal doit être sanctionné par la loi. Les États doivent aussi fixer des limites d'âge au-dessous desquelles l'emploi salarié de la main-d'œuvre enfantine sera interdit et sanctionné par la loi.

Article 11

1. Les États parties au présent Pacte reconnaissent le droit de toute personne à un niveau de vie suffisant pour elle-même et sa famille, y compris une nourriture, un vêtement et un logement suffisants, ainsi qu'à une amélioration constante de ses conditions d'existence. Les États parties prendront des mesures appropriées pour assurer la réalisation de ce droit et ils reconnaissent à cet effet l'importance essentielle d'une coopération internationale librement consentie.
2. Les États parties au présent Pacte, reconnaissant le droit fondamental qu'a toute personne d'être à l'abri de la faim, adopteront, individuellement et au moyen de la coopération internationale, les mesures nécessaires, y compris des programmes concrets :
a) Pour améliorer les méthodes de production, de conservation et de distribution des denrées alimentaires par la pleine utilisation des connaissances techniques et scientifiques, par la diffusion de principes d'éducation nutritionnelle et par le développement ou la réforme des régimes agraires, de manière à assurer au mieux la mise en valeur et l'utilisation des ressources naturelles ;
b) Pour assurer une répartition équitable des ressources alimentaires mondiales par rapport aux besoins, compte tenu des problèmes qui se posent tant aux pays importateurs qu'aux pays exportateurs de denrées alimentaires.

Article 12

1. Les États parties au présent Pacte reconnaissent le droit qu'a toute personne de jouir du meilleur état de santé physique et mentale qu'elle soit capable d'atteindre.
2. Les mesures que les États parties au présent Pacte prendront en vue d'assurer le plein exercice de ce droit devront comprendre les mesures nécessaires pour assurer :

a) La diminution de la mortinatalité et de la mortalité infantile, ainsi que le développement sain de l'enfant;
b) L'amélioration de tous les aspects de l'hygiène du milieu et de l'hygiène industrielle;
c) La prophylaxie et le traitement des maladies épidémiques, endémiques, professionnelles et autres, ainsi que la lutte contre ces maladies;
d) La création de conditions propres à assurer à tous des services médicaux et une aide médicale en cas de maladie.

Article 13

1. Les États parties au présent Pacte reconnaissent le droit de toute personne à l'éducation. Ils conviennent que l'éducation doit viser au plein épanouissement de la personnalité humaine et du sens de sa dignité et renforcer le respect des droits de l'homme et des libertés fondamentales. Ils conviennent en outre que l'éducation doit mettre toute personne en mesure de jouer un rôle utile dans une société libre, favoriser la compréhension, la tolérance et l'amitié entre toutes les nations et tous les groupes raciaux, ethniques ou religieux et encourager le développement des activités des Nations unies pour le maintien de la paix.
2. Les États parties au présent Pacte reconnaissent qu'en vue d'assurer le plein exercice de ce droit:
a) L'enseignement primaire doit être obligatoire et accessible gratuitement à tous;
b) L'enseignement secondaire, sous ses différentes formes, y compris l'enseignement secondaire technique et professionnel, doit être généralisé et rendu accessible à tous par tous les moyens appropriés et notamment par l'instauration progressive de la gratuité;
c) L'enseignement supérieur doit être rendu accessible à tous en pleine égalité, en fonction des capacités de chacun, par tous les moyens appropriés et notamment par l'instauration progressive de la gratuité;
d) L'éducation de base doit être encouragée ou intensifiée, dans toute la mesure possible, pour les personnes qui

n'ont pas reçu d'instruction primaire ou qui ne l'ont pas reçue jusqu'à son terme ;

e) Il faut poursuivre activement le développement d'un réseau scolaire à tous les échelons, établir un système adéquat de bourses et améliorer de façon continue les conditions matérielles du personnel enseignant.

3. Les États parties au présent Pacte s'engagent à respecter la liberté des parents et, le cas échéant, des tuteurs légaux, de choisir pour leurs enfants des établissements autres que ceux des pouvoirs publics, mais conformes aux normes minimales qui peuvent être prescrites ou approuvées par l'État en matière d'éducation, et de faire assurer l'éducation religieuse et morale de leurs enfants, conformément à leurs propres convictions.

4. Aucune disposition du présent article ne doit être interprétée comme portant atteinte à la liberté des individus et des personnes morales de créer et de diriger des établissements d'enseignement, sous réserve que les principes énoncés au paragraphe 1 du présent article soient observés et que l'éducation donnée dans ces établissements soit conforme aux normes minimales qui peuvent être prescrites par l'État.

Article 14

Tout État partie au présent Pacte qui, au moment où il devient partie, n'a pas encore pu assurer dans sa métropole ou dans les territoires placés sous sa juridiction le caractère obligatoire et la gratuité de l'enseignement primaire s'engage à établir et à adopter, dans un délai de deux ans, un plan détaillé des mesures nécessaires pour réaliser progressivement, dans un nombre raisonnable d'années fixé par ce plan, la pleine application du principe de l'enseignement primaire obligatoire et gratuit pour tous.

Article 15

1. Les États parties au présent Pacte reconnaissent à chacun le droit :

a) De participer à la vie culturelle ;

b) De bénéficier du progrès scientifique et de ses applications ;
c) De bénéficier de la protection des intérêts moraux et matériels découlant de toute production scientifique, littéraire ou artistique dont il est l'auteur.
2. Les mesures que les États parties au présent Pacte prendront en vue d'assurer le plein exercice de ce droit devront comprendre celles qui sont nécessaires pour assurer le maintien, le développement et la diffusion de la science et de la culture.
3. Les États parties au présent Pacte s'engagent à respecter la liberté indispensable à la recherche scientifique et aux activités créatrices.
4. Les États parties au présent Pacte reconnaissent les bienfaits qui doivent résulter de l'encouragement et du développement de la coopération et des contacts internationaux dans le domaine de la science et de la culture.

Quatrième partie

Article 16

1. Les États parties au présent Pacte s'engagent à présenter, conformément aux dispositions de la présente partie du Pacte, des rapports sur les mesures qu'ils auront adoptées et sur les progrès accomplis en vue d'assurer le respect des droits reconnus dans le Pacte.
2.
a) Tous les rapports sont adressés au Secrétaire général de l'Organisation des Nations unies, qui en transmet copie au Conseil économique et social, pour examen, conformément aux dispositions du présent Pacte ;
b) le Secrétaire général de l'Organisation des Nations unies transmet également aux institutions spécialisées copie des rapports, ou de toutes parties pertinentes des rapports, envoyés par les États parties au présent Pacte qui sont également membres desdites institutions spécialisées, pour autant que ces rapports, ou parties de rapports, ont trait à des questions relevant de la compétence desdites institutions aux termes de leurs actes constitutifs respectifs.

Article 17

1. Les États parties au présent Pacte présentent leurs rapports par étapes, selon un programme qu'établira le Conseil économique et social dans un délai d'un an à compter de la date d'entrée en vigueur du présent Pacte, après avoir consulté les États parties et les institutions spécialisées intéressées.
2. Les rapports peuvent faire connaître les facteurs et les difficultés empêchant ces États de s'acquitter pleinement des obligations prévues au présent Pacte.
3. Dans le cas où des renseignements à ce sujet ont déjà été adressés à l'Organisation des Nations unies ou à une institution spécialisée par un État partie au Pacte, il ne sera pas nécessaire de reproduire lesdits renseignements et une référence précise à ces renseignements suffira.

Article 18

En vertu des responsabilités qui lui sont conférées par la Charte des Nations unies dans le domaine des droits de l'homme et des libertés fondamentales, le Conseil économique et social pourra conclure des arrangements avec les institutions spécialisées, en vue de la présentation par celles-ci de rapports relatifs aux progrès accomplis quant à l'observation des dispositions du présent Pacte qui entrent dans le cadre de leurs activités. Ces rapports pourront comprendre des données sur les décisions et recommandations adoptées par les organes compétents des institutions spécialisées au sujet de cette mise en œuvre.

Article 19

Le Conseil économique et social peut renvoyer à la Commission des droits de l'homme aux fins d'étude et de recommandations d'ordre général ou pour information, s'il y a lieu, les rapports concernant les droits de l'homme que communiquent les États conformément aux articles 16 et 17 et les rapports concernant les droits de l'homme que communiquent les institutions spécialisées conformément à l'article 18.

Article 20

Les États parties au présent Pacte et les institutions spécialisées intéressées peuvent présenter au Conseil économique et social des observations sur toute recommandation d'ordre général faite en vertu de l'article 19 ou sur toute mention d'une recommandation d'ordre général figurant dans un rapport de la Commission des droits de l'homme ou dans tout document mentionné dans ledit rapport.

Article 21

Le Conseil économique et social peut présenter de temps en temps à l'Assemblée générale des rapports contenant des recommandations de caractère général et un résumé des renseignements reçus des États parties au présent Pacte et des institutions spécialisées sur les mesures prises et les progrès accomplis en vue d'assurer le respect général des droits reconnus dans le présent Pacte.

Article 22

Le Conseil économique et social peut porter à l'attention des autres organes de l'Organisation des Nations unies, de leurs organes subsidiaires et des institutions spécialisées intéressées qui s'occupent de fournir une assistance technique toute question que soulèvent les rapports mentionnés dans la présente partie du présent Pacte et qui peut aider ces organismes à se prononcer, chacun dans sa propre sphère de compétence, sur l'opportunité de mesures internationales propres à contribuer à la mise en œuvre effective et progressive du présent Pacte.

Article 23

Les États parties au présent Pacte conviennent que les mesures d'ordre international destinées à assurer la réalisation des droits reconnus dans ledit Pacte comprennent notamment la conclusion de conventions, l'adoption de recommandations, la fourniture d'une assistance technique et l'organisation, en liaison avec les gouvernements intéressés, de réunions régionales et de réunions techniques aux fins de consultations et d'études.

Article 24

Aucune disposition du présent Pacte ne doit être interprétée comme portant atteinte aux dispositions de la Charte des Nations unies et des constitutions des institutions spécialisées qui définissent les responsabilités respectives des divers organes de l'Organisation des Nations unies et des institutions spécialisées en ce qui concerne les questions traitées dans le présent Pacte.

Article 25

Aucune disposition du présent Pacte ne sera interprétée comme portant atteinte au droit inhérent de tous les peuples à profiter et à user pleinement et librement de leurs richesses et ressources naturelles.

Cinquième partie

Article 26

1. Le présent Pacte est ouvert à la signature de tout État Membre de l'Organisation des Nations unies ou membre de l'une quelconque de ses institutions spécialisées, de tout État partie au Statut de la Cour internationale de justice, ainsi que tout autre État invité par l'Assemblée générale des Nations unies à devenir partie au présent Pacte.
2. Le présent Pacte est sujet à ratification et les instruments de ratification seront déposés auprès du Secrétaire général de l'Organisation des Nations unies.
3. Le présent Pacte sera ouvert à l'adhésion de tout État visé au paragraphe 1 du présent article.
4. L'adhésion se fera par le dépôt d'un instrument d'adhésion auprès du Secrétaire général de l'Organisation des Nations unies.
5. Le Secrétaire général de l'Organisation des Nations unies informe tous les États qui ont signé le présent Pacte ou qui y ont adhéré du dépôt de chaque instrument de ratification ou d'adhésion.

Article 27

1. Le présent Pacte entrera en vigueur trois mois après la date du dépôt auprès du Secrétaire général de

l'Organisation des Nations unies du trente-cinquième instrument de ratification ou d'adhésion.
2. Pour chacun des États qui ratifieront le présent Pacte ou y adhéreront après le dépôt du trente-cinquième instrument de ratification ou d'adhésion, ledit Pacte entrera en vigueur trois mois après la date du dépôt par cet État de son instrument de ratification ou d'adhésion.

Article 28

Les dispositions du présent Pacte s'appliquent, sans limitation ni exception aucune, à toutes les unités constitutives des États fédératifs.

Article 29

1. Tout État partie au présent Pacte peut proposer un amendement et en déposer le texte auprès du Secrétaire général de l'Organisation des Nations unies. Le Secrétaire général transmet alors tous projets d'amendements aux États parties au présent Pacte en leur demandant de lui indiquer s'ils désirent voir convoquer une conférence d'États parties pour examiner ces projets et les mettre aux voix. Si un tiers au moins des États se déclarent en faveur de cette convocation, le Secrétaire général convoque la conférence sous les auspices de l'Organisation des Nations unies. Tout amendement adopté par la majorité des États présents et votants à la conférence est soumis pour approbation à l'Assemblée générale des Nations unies.
2. Ces amendements entrent en vigueur lorsqu'ils ont été approuvés par l'Assemblée générale des Nations unies et acceptés, conformément à leurs règles constitutionnelles respectives, par une majorité des deux tiers des États parties au présent Pacte.
3. Lorsque ces amendements entrent en vigueur, ils sont obligatoires pour les États parties qui les ont acceptés, les autres États parties restant liés par les dispositions du présent Pacte et par tout amendement antérieur qu'ils ont accepté.

Article 30

Indépendamment des notifications prévues au paragraphe 5 de l'article 26, le Secrétaire général de l'Organisation des Nations unies informera tous les États visés au paragraphe 1 dudit article :

a) Des signatures apposées au présent Pacte et des instruments de ratification et d'adhésion déposés conformément à l'article 26 ;

b) De la date à laquelle le présent Pacte entrera en vigueur conformément à l'article 27 et de la date à laquelle entreront en vigueur les amendements prévus à l'article 29.

Article 31

1. Le présent Pacte, dont les textes anglais, chinois, espagnol, français et russe font également foi, sera déposé aux archives de l'Organisation des Nations unies.
2. Le Secrétaire général de l'Organisation des Nations unies transmettra une copie certifiée conforme du présent Pacte à tous les États visés à l'article 26.

Déclarations

1) Le Gouvernement de la République considère que, conformément à l'Article 103 de la Charte des Nations unies, en cas de conflit entre ses obligations en vertu du Pacte et ses obligations en vertu de la Charte (notamment des articles 1er et 2 de celle-ci) ses obligations en vertu de la Charte prévaudront.

2) Le Gouvernement de la République déclare que les articles 6, 9, 11 et 13 ne doivent pas être interprétés comme faisant obstacle à des dispositions réglementant l'accès des étrangers au travail ou fixant des conditions de résidence pour l'attribution de certaines prestations sociales.

3) Le Gouvernement de la République déclare qu'il appliquera les dispositions de l'article 8 qui se rapportent à l'exercice du droit de grève conformément à l'article 6 paragraphe 4 de la Charte sociale européenne selon l'interprétation qui en est donnée à l'annexe de cette Charte.

Texte 6.1 – Protocole facultatif se rapportant au Pacte international relatif aux droits économiques, sociaux et culturels, 2008

Le protocole facultatif se rapportant au Pacte international relatif aux droits économiques, sociaux et culturels a été adopté le 10 décembre 2008 et est entré en vigueur le 5 mai 2013, trois mois après le dépôt du 10e instrument de ratification (article 18 du protocole). Il ne lie encore que 21 États parties. La France a signé ce protocole le 11 décembre 2012 et l'a ratifié le 18 mars 2015.

Les États parties au présent Protocole,

Considérant que, conformément aux principes proclamés dans la Charte des Nations unies, la reconnaissance de la dignité inhérente à tous les membres de la famille humaine et de leurs droits égaux et inaliénables constitue le fondement de la liberté, de la justice et de la paix dans le monde,

Notant que la Déclaration universelle des droits de l'homme proclame que tous les êtres humains naissent libres et égaux en dignité et en droits et que chacun peut se prévaloir de tous les droits et de toutes les libertés proclamés dans la Déclaration, sans distinction aucune, notamment de race, de couleur, de sexe, de langue, de religion, d'opinion politique ou de toute autre opinion, d'origine nationale ou sociale, de fortune, de naissance ou de toute autre situation,

Rappelant que la Déclaration universelle des droits de l'homme et les Pactes internationaux relatifs aux droits de l'homme reconnaissent que l'idéal de l'être humain libre, libéré de la crainte et de la misère, ne peut être réalisé que si sont créées les conditions permettant à chacun de jouir de ses droits civils, culturels, économiques, politiques et sociaux,

Réaffirmant que tous les droits de l'homme et libertés fondamentales sont universels, indissociables, interdépendants et intimement liés,

Rappelant que chacun des États parties au Pacte international relatif aux droits économiques, sociaux et culturels (ci-après dénommé le Pacte), s'engage à agir, tant par son effort propre que par l'assistance et la coopération internationales, notamment sur les plans économique et technique, au maximum de ses ressources disponibles, en vue d'assurer progressivement le plein exercice des droits reconnus dans le Pacte par tous les moyens appropriés, y compris en particulier l'adoption de mesures législatives,

Considérant que, pour mieux assurer l'accomplissement des fins du Pacte et l'application de ses dispositions, il conviendrait d'habiliter le Comité des droits économiques, sociaux et culturels (ci-après dénommé le Comité) à s'acquitter des fonctions prévues dans le présent Protocole,

Sont convenus de ce qui suit :

Article premier – Compétence du Comité pour recevoir et examiner des communications

1. Tout État partie au Pacte qui devient Partie au présent Protocole reconnaît que le Comité a compétence pour recevoir et examiner les communications prévues par les dispositions du présent Protocole.
2. Le Comité ne reçoit aucune communication intéressant un État partie au Pacte qui n'est pas Partie au présent Protocole.

Article 2 – Communications

Des communications peuvent être présentées par des particuliers ou groupes de particuliers ou au nom de particuliers ou groupes de particuliers relevant de la juridiction d'un État partie, qui affirment être victimes d'une violation par cet État partie d'un des droits économiques, sociaux et culturels énoncés dans le Pacte. Une communication ne peut être présentée au nom de particuliers ou groupes de particuliers qu'avec leur consentement à moins que l'auteur ne puisse justifier qu'il agit en leur nom sans un tel consentement.

Article 3 – Recevabilité

1. Le Comité n'examine aucune communication sans avoir vérifié que tous les recours internes ont été épuisés. Cette règle ne s'applique pas dans les cas où la procédure de recours excède des délais raisonnables.

2. Le Comité déclare irrecevable toute communication qui :

a) N'est pas présentée dans les douze mois suivant l'épuisement des recours internes, sauf dans les cas où l'auteur peut démontrer qu'il n'a pas été possible de présenter la communication dans ce délai ;

b) Porte sur des faits antérieurs à la date d'entrée en vigueur du présent Protocole à l'égard de l'État partie intéressé, à moins que ces faits ne persistent après cette date ;

c) A trait à une question qu'il a déjà examinée ou qui a déjà fait l'objet ou qui fait l'objet d'un examen dans le cadre d'une autre procédure d'enquête ou de règlement au niveau international ;

d) Est incompatible avec les dispositions du Pacte ;

e) Est manifestement mal fondée, insuffisamment étayée ou repose exclusivement sur des informations diffusées par les médias ;

f) Constitue un abus du droit de présenter une communication ;

g) Est anonyme ou n'est pas présentée par écrit.

Article 4 – Communications dont il ne ressort pas un désavantage notable

Le Comité peut, si nécessaire, refuser d'examiner une communication dont il ne ressort pas que l'auteur a subi un désavantage notable, à moins que le Comité ne considère que la communication soulève une grave question d'importance générale.

Article 5 – Mesures provisoires

1. Après réception d'une communication et avant de prendre une décision sur le fond, le Comité peut à tout

moment soumettre à l'urgente attention de l'État partie intéressé une demande tendant à ce que l'État partie prenne les mesures provisoires qui peuvent être nécessaires dans des circonstances exceptionnelles pour éviter qu'un éventuel préjudice irréparable ne soit causé à la victime ou aux victimes de la violation présumée.
2. Le Comité ne préjuge pas de sa décision sur la recevabilité ou le fond de la communication du simple fait qu'il exerce la faculté que lui donne le paragraphe 1 du présent article.

Article 6 – Transmission de la communication

1. Sauf s'il la juge d'office irrecevable sans en référer à l'État partie intéressé, le Comité porte confidentiellement à l'attention de cet État partie toute communication qui lui est adressée en vertu du présent Protocole.
2. Dans un délai de six mois, l'État partie intéressé présente par écrit au Comité des explications ou déclarations apportant des précisions sur l'affaire qui fait l'objet de la communication en indiquant, le cas échéant, les mesures correctives qu'il a prises.

Article 7 – Règlement amiable

1. Le Comité met ses bons offices à la disposition des États parties intéressés en vue de parvenir à un règlement amiable de la question fondé sur le respect des obligations énoncées dans le Pacte.
2. Tout accord de règlement amiable met un terme à l'examen de la communication présentée en vertu du présent Protocole.

Article 8 – Examen des communications

1. Le Comité examine les communications qui lui sont adressées en vertu de l'article 2 du présent Protocole en tenant compte de toute la documentation qui lui a été soumise, étant entendu que cette documentation doit être communiquée aux Parties intéressées.
2. Le Comité examine à huis clos les communications qui lui sont adressées en vertu du présent Protocole.

UNIVERSITÉ DE STRASBOURG S.C.D. Bibliothèque juridique

3. Lorsqu'il examine une communication présentée en vertu du présent Protocole, le Comité peut consulter, selon qu'il conviendra, la documentation pertinente émanant d'autres organes ou institutions spécialisées, fonds, programmes et mécanismes des Nations unies et d'autres organisations internationales, y compris des systèmes régionaux des droits de l'homme, et toute observation ou commentaire de l'État partie concerné.
4. Lorsqu'il examine les communications qu'il reçoit en vertu du présent Protocole, le Comité détermine le caractère approprié des mesures prises par l'État partie, conformément aux dispositions de la deuxième partie du Pacte. Ce faisant, il garde à l'esprit le fait que l'État partie peut adopter un éventail de mesures pour mettre en œuvre les droits énoncés dans le Pacte.

Article 9 – Suivi des constatations du Comité

1. Après avoir examiné une communication, le Comité transmet ses constatations sur la communication, accompagnées, le cas échéant, de ses recommandations aux parties intéressées.
2. L'État partie examine dûment les constatations et les éventuelles recommandations du Comité et soumet dans les six mois au Comité une réponse écrite contenant des informations sur toute action menée à la lumière des constatations et recommandations du Comité.
3. Le Comité peut inviter l'État partie à lui soumettre un complément d'information sur les mesures prises en réponse à ses constatations ou à ses éventuelles recommandations, y compris, si le Comité le juge approprié, dans les rapports ultérieurs de l'État partie présentés au titre des articles 16 et 17 du Pacte.

Article 10 – Communications interétatiques

1. Tout État partie au présent Protocole peut déclarer à tout moment, en vertu du présent article, qu'il reconnaît la compétence du Comité pour recevoir et examiner des communications dans lesquelles un État partie affirme qu'un autre État partie ne s'acquitte pas de ses obligations

UNIVERSITÉ DE STRASBOURG · Bibliothèque Alsatique · C.D.

au titre du Pacte. Les communications présentées en vertu du présent article ne peuvent être reçues et examinées que si elles émanent d'un État partie qui a fait une déclaration reconnaissant, en ce qui le concerne, la compétence du Comité. Le Comité ne reçoit aucune communication visant un État partie qui n'a pas fait une telle déclaration. La procédure ci-après s'applique à l'égard des communications reçues conformément au présent article :

a) Si un État partie au présent Protocole estime qu'un autre État partie ne s'acquitte pas de ses obligations au titre du Pacte, il peut appeler, par communication écrite, l'attention de cet État sur la question. L'État partie peut aussi informer le Comité de la question. Dans un délai de trois mois à compter de la réception de la communication, l'État destinataire fera tenir à l'État qui a adressé la communication des explications ou toutes autres déclarations écrites élucidant la question, qui devront comprendre, dans toute la mesure possible et utile, des indications sur ses règles de procédure et sur les moyens de recours exercés, pendants ou encore ouverts ;

b) Si la question n'est pas réglée à la satisfaction des deux États parties intéressés dans un délai de six mois à compter de la date de réception de la communication originale par l'État destinataire, l'un et l'autre auront le droit de la soumettre au Comité, en adressant une notification au Comité ainsi qu'à l'autre État intéressé ;

c) Le Comité ne peut connaître d'une affaire qui lui est soumise qu'après s'être assuré que tous les recours internes disponibles ont été exercés et épuisés. Cette règle ne s'applique pas dans les cas où, de l'avis du Comité, la procédure de recours excède des délais raisonnables ;

d) Sous réserve des dispositions de l'alinéa c) du présent paragraphe, le Comité met ses bons offices à la disposition des États parties intéressés en vue de parvenir à un règlement amiable de la question fondé sur le respect des obligations énoncées dans le Pacte ;

e) Le Comité tient ses séances à huis clos lorsqu'il examine les communications prévues dans le présent article ;

f) Dans toute affaire qui lui est soumise conformément à l'alinéa b) du présent paragraphe, le Comité peut demander aux États parties intéressés visés à l'alinéa b) de lui fournir tout renseignement pertinent ;

g) Les États parties intéressés visés à l'alinéa b) du présent paragraphe ont le droit de se faire représenter lors de l'examen de l'affaire par le Comité et de présenter des observations oralement ou par écrit, ou sous l'une et l'autre forme ;

h) Le Comité doit, avec la célérité voulue à compter du jour où il a reçu la notification visée à l'alinéa b) du présent paragraphe, présenter un rapport comme suit :

i) Si une solution a pu être trouvée conformément aux dispositions de l'alinéa d) du présent paragraphe, le Comité se borne, dans son rapport, à un bref exposé des faits et de la solution intervenue ;

ii) Si une solution n'a pu être trouvée conformément aux dispositions de l'alinéa d) du présent paragraphe, le Comité expose, dans son rapport, les faits pertinents concernant l'objet du différend entre les États parties intéressés. Le texte des observations écrites et le procès-verbal des observations orales présentées par les États parties intéressés sont joints au rapport. Le Comité peut également communiquer aux seuls États parties intéressés toutes vues qu'il peut considérer pertinentes en la matière. Pour chaque affaire, le rapport est communiqué aux États parties intéressés.

2. Les États parties déposent la déclaration qu'ils auront faite conformément au paragraphe 1 du présent article auprès du Secrétaire général de l'Organisation des Nations unies, qui en communique copie aux autres États parties. Une déclaration peut être retirée à tout moment au moyen d'une notification adressée au Secrétaire général. Ce retrait est sans préjudice de l'examen de toute question qui fait l'objet d'une communication déjà transmise en vertu du présent article; aucune autre communication d'un État partie ne sera reçue en vertu du présent article après que le Secrétaire général aura reçu notification du retrait de

la déclaration, à moins que l'État partie intéressé n'ait fait une nouvelle déclaration.

Article 11 – Procédure d'enquête

1 Un État partie au présent Protocole peut déclarer à tout moment qu'il reconnaît la compétence du Comité aux fins du présent article.

2. Si le Comité reçoit des renseignements crédibles indiquant qu'un État partie porte gravement ou systématiquement atteinte à l'un des droits économiques, sociaux et culturels énoncés dans le Pacte, il invite cet État partie à coopérer avec lui aux fins de l'examen des informations ainsi portées à son attention et à présenter ses observations à leur sujet.

3. Se fondant sur les observations éventuellement formulées par l'État partie intéressé, ainsi que sur tout autre renseignement crédible dont il dispose, le Comité peut charger un ou plusieurs de ses membres d'effectuer une enquête et de lui rendre compte d'urgence de ses résultats. Cette enquête peut, lorsque cela se justifie et avec l'accord de l'État partie, comporter une visite sur le territoire de cet État.

4. L'enquête se déroule dans la confidentialité et la coopération de l'État partie est sollicitée à tous les stades de la procédure.

5. Après avoir étudié les résultats de l'enquête, le Comité les communique à l'État partie intéressé, accompagnés, le cas échéant, d'observations et de recommandations.

6. Après avoir été informé des résultats de l'enquête et des observations et recommandations du Comité, l'État partie présente ses observations à celui-ci dans un délai de six mois.

7. Une fois achevée la procédure d'enquête entreprise en vertu du paragraphe 2 du présent article, le Comité peut, après consultations avec l'État partie intéressé, décider de faire figurer un compte rendu succinct des résultats de la procédure dans son rapport annuel prévu à l'article 15 du présent Protocole.

8. Tout État partie ayant fait la déclaration prévue au paragraphe 1 du présent article peut, à tout moment, retirer cette déclaration par voie de notification adressée au Secrétaire général.

Article 12 – Suivi de la procédure d'enquête

1. Le Comité peut inviter l'État partie intéressé à inclure dans le rapport qu'il doit présenter conformément aux articles 16 et 17 du Pacte, des indications détaillées sur les mesures qu'il a prises à la suite d'une enquête effectuée en vertu de l'article 11 du présent Protocole.
2. Au terme du délai de six mois visé au paragraphe 6 de l'article 11, le Comité peut, au besoin, inviter l'État partie intéressé à l'informer des mesures prises à la suite d'une telle enquête.

Article 13 – Mesures de protection

L'État partie prend toutes les mesures nécessaires pour veiller à ce que les personnes relevant de sa juridiction ne fassent l'objet d'aucune forme de mauvais traitements ou d'intimidation du fait qu'elles adressent au Comité des communications au titre du présent Protocole.

Article 14 – Assistance et coopération internationales

1. Le Comité transmet, s'il le juge nécessaire, et avec le consentement de l'État partie intéressé, aux institutions spécialisées, fonds et programmes des Nations unies et aux autres organismes compétents, ses observations ou recommandations concernant des communications et demandes indiquant un besoin de conseils ou d'assistance techniques, accompagnés, le cas échéant, des commentaires et suggestions de l'État partie sur ces observations ou recommandations.
2. Le Comité peut aussi porter à l'attention de ces entités, avec le consentement de l'État partie intéressé, toute question que soulèvent les communications examinées en vertu du présent Protocole qui peut les aider à se prononcer, chacun dans sa propre sphère de compétence, sur l'opportunité de mesures internationales propres à

aider l'État partie à progresser sur la voie de la mise en œuvre des droits reconnus dans le Pacte.

3. Il sera établi, conformément aux procédures pertinentes de l'Assemblée générale, un fonds d'affectation spéciale, qui sera administré conformément au règlement financier et aux règles de gestion financière de l'Organisation des Nations unies, destiné à fournir aux États parties une assistance spécialisée et technique, avec le consentement de l'État partie intéressé, en vue d'une meilleure application des droits reconnus dans le Pacte, de manière à contribuer au renforcement des capacités nationales dans le domaine des droits économiques, sociaux et culturels dans le contexte du présent Protocole.

4. Les dispositions du présent article ne préjugent pas de l'obligation de chaque État partie de s'acquitter des engagements contractés en vertu du Pacte.

Article 15 – Rapport annuel

Dans son rapport annuel, le Comité inclut un récapitulatif de ses activités au titre du présent Protocole.

Article 16 – Diffusion et information

Tout État partie s'engage à faire largement connaître et à diffuser le Pacte et le présent Protocole, ainsi qu'à faciliter l'accès aux informations sur les constatations et recommandations du Comité, en particulier pour les affaires concernant cet État partie, et de le faire selon des modalités accessibles aux personnes handicapées.

Article 17 – Signature, ratification et adhésion

1. Le présent Protocole est ouvert à la signature de tous les États qui ont signé ou ratifié le Pacte, ou qui y ont adhéré.

2. Le présent Protocole est soumis à la ratification de tout État qui a ratifié le Pacte ou qui y a adhéré. Les instruments de ratification seront déposés auprès du Secrétaire général de l'Organisation des Nations unies.

3. Le présent Protocole sera ouvert à l'adhésion de tout État qui a ratifié le Pacte ou qui y a adhéré.

4. L'adhésion se fera par le dépôt d'un instrument d'adhésion auprès du Secrétaire général de l'Organisation des Nations unies.

Article 18 – Entrée en vigueur

1. Le présent Protocole entrera en vigueur trois mois après la date de dépôt auprès du Secrétaire général de l'Organisation des Nations unies du dixième instrument de ratification ou d'adhésion.
2. Pour chaque État qui ratifiera ou adhérera au présent Protocole, après le dépôt du dixième instrument de ratification ou d'adhésion, le Protocole entrera en vigueur trois mois après la date du dépôt par cet État de son instrument de ratification ou d'adhésion.

Article 19 – Amendements

1. Tout État partie peut proposer un amendement au présent Protocole et le soumettre au Secrétaire général de l'Organisation des Nations unies. Le Secrétaire général communique les propositions d'amendement aux États parties, en leur demandant de lui faire savoir s'ils sont favorables à la convocation d'une réunion des États parties en vue d'examiner ces propositions et de se prononcer sur elles. Si, dans les quatre mois qui suivent la date de cette communication, un tiers au moins des États parties se prononcent en faveur de la convocation d'une telle réunion, le Secrétaire général convoque la réunion sous les auspices de l'Organisation des Nations unies. Tout amendement adopté par une majorité des deux tiers des États parties présents et votants est soumis pour approbation à l'Assemblée générale de l'Organisation des Nations unies, puis pour acceptation à tous les États parties.
2. Tout amendement adopté et approuvé conformément au paragraphe 1 du présent article entre en vigueur le trentième jour suivant la date à laquelle le nombre d'instruments d'acceptation atteint les deux tiers du nombre des États parties à la date de son adoption. Par la suite, l'amendement entre en vigueur pour chaque État partie le trentième jour suivant le dépôt par cet État de son

instrument d'acceptation. L'amendement ne lie que les États parties qui l'ont accepté.

Article 20 – Dénonciation

1. Tout État partie peut dénoncer le présent Protocole à tout moment en adressant une notification écrite au Secrétaire général de l'Organisation des Nations unies. La dénonciation prend effet six mois après la date de réception de la notification par le Secrétaire général.
2. Les dispositions du présent Protocole continuent de s'appliquer à toute communication présentée conformément aux articles 2 et 10, ou à toute procédure engagée conformément à l'article 11 avant la date où la dénonciation prend effet.

Article 21 – Notification par le Secrétaire général

Le Secrétaire général de l'Organisation des Nations unies notifiera à tous les États visés au paragraphe 1 de l'article 26 du Pacte :
a) Les signatures, ratifications et adhésions;
b) La date d'entrée en vigueur du présent Protocole et de tout amendement adopté au titre de l'article 19;
c) Toute dénonciation au titre de l'article 20.

Article 22 – Langues officielles

1. Le présent Protocole, dont les textes anglais, arabe, chinois, espagnol, français et russe font également foi, sera déposé aux archives de l'Organisation des Nations unies.
2. Le Secrétaire général de l'Organisation des Nations unies transmettra une copie certifiée conforme du présent Protocole à tous les États visés à l'article 26 du Pacte.

Chapitre 2

La lutte contre les discriminations et la protection des groupes vulnérables

Texte 7 – Convention de Genève relative au statut des réfugiés, 1951

La Convention relative au statut des réfugiés a été adoptée le 28 juillet 1951 par une conférence de plénipotentiaires sur le statut des réfugiés et des apatrides convoquée par l'Organisation des Nations unies en application de la résolution 429 (V) de l'Assemblée générale en date du 14 décembre 1950. Elle est entrée en vigueur le 22 avril 1954, après la sixième ratification. La Convention compte 145 États parties. La France a ratifié la Convention le 23 juin 1954 et a fait au même moment une déclaration interprétative (cf. infra).

La Convention constitue la base du système juridique international moderne pour protéger les réfugiés, auxquels elle confère des droits fondamentaux. Elle ne s'appliquait à l'origine qu'aux personnes ayant fui leur pays à la suite d'événements survenus avant le 1er janvier 1951, mais le protocole de New York est venu corriger cette anomalie (cf. infra).

Bibliographie

Alland Denis, Teitgen-Colly Catherine, *Traité du droit de l'asile*, PUF, 2002.

Chetail Vincent, Flauss Jean-François (dir.), *La Convention de Genève du 28 juillet 1951 relative au statut des réfugiés. Cinquante ans après, bilan et perspectives*, Bruylant, 2001.

Crépeau François, *Droit d'asile : de l'hospitalité aux contrôles migratoires*, Bruylant, 1995.

Jean-Yves Carlier, « Droit d'asile et des réfugiés », *RCADI*, vol. 332, Nijhoff, 2007.

Le Pors Anicet, *Juge de l'asile*, Michel Houdiard Éditeur, 2010.

Teitgen-Colly Catherine, *Textes du droit des étrangers*, PUF, 1999.

Zimmermann Andreas, *The 1951 Convention relating to the Status of Refugees and its 1967 Protocol: A Commentary*, Oxford University Press, 2011.

Les Hautes parties contractantes,
Considérant que la Charte des Nations unies et la Déclaration universelle des droits de l'homme approuvée le 10 décembre 1948 par l'Assemblée générale ont affirmé ce principe que les êtres humains, sans distinction, doivent jouir des droits de l'homme et des libertés fondamentales,
Considérant que l'Organisation des Nations unies a, à plusieurs reprises, manifesté la profonde sollicitude qu'elle éprouve pour les réfugiés et qu'elle s'est préoccupée d'assurer à ceux-ci l'exercice le plus large possible des droits de l'homme et des libertés fondamentales,
Considérant qu'il est désirable de réviser et de codifier les accords internationaux antérieurs relatifs au statut des réfugiés et d'étendre l'application de ces instruments et la protection qu'ils constituent pour les réfugiés au moyen d'un nouvel accord,
Considérant qu'il peut résulter de l'octroi du droit d'asile des charges exceptionnellement lourdes pour certains pays et que la solution satisfaisant des problèmes dont l'Organisation des Nations unies a reconnu la portée et le caractère internationaux, ne saurait, dans cette hypothèse, être obtenue sans une solidarité internationale,
Exprimant le vœu que les États, reconnaissant le caractère social et humanitaire du problème des réfugiés, fassent tout ce qui est en leur pouvoir pour éviter que ce problème ne devienne une cause de tension entre États,
Prenant acte de ce que le Haut Commissaire des Nations unies pour les réfugiés a pour tâche de veiller à l'application des conventions internationales qui assurent la protection des réfugiés, et reconnaissant que la coordination effective des mesures prises pour résoudre ce problème dépendra de la coopération des États avec le Haut Commissaire,

Sont convenues des dispositions ci-après :

Chapitre I – Dispositions générales

Article premier – Définition du terme « réfugié »

A. Aux fins de la présente convention, le terme « réfugié » s'appliquera à toute personne :

1) Qui a été considérée comme réfugiée en application des arrangements du 12 mai 1926 et du 30 juin 1928, ou en application des conventions du 28 octobre 1933 et du 10 février 1938 et du protocole du 14 septembre 1939, ou encore en application de la Constitution de l'Organisation internationale pour les réfugiés ;

Les décisions de non-éligibilité prises par l'Organisation internationale pour les réfugiés pendant la durée de son mandat ne font pas obstacle à ce que la qualité de réfugié soit accordée à des personnes qui remplissent les conditions prévues au paragraphe 2 de la présente section ;

2) Qui, par suite d'événements survenus avant le 1er janvier 1951 et craignant avec raison d'être persécutée du fait de sa race, de sa religion, de sa nationalité, de son appartenance à un certain groupe social ou de ses opinions politiques, se trouve hors du pays dont elle a la nationalité et qui ne peut ou, du fait de cette crainte, ne veut se réclamer de la protection de ce pays ; ou qui, si elle n'a pas de nationalité et se trouve hors du pays dans lequel elle avait sa résidence habituelle à la suite de tels événements, ne peut ou, en raison de ladite crainte, ne veut y retourner.

Dans le cas d'une personne qui a plus d'une nationalité, l'expression « du pays dont elle a la nationalité » vise chacun des pays dont cette personne a la nationalité. Ne sera pas considérée comme privée de la protection du pays dont elle a la nationalité, toute personne qui, sans raison valable fondée sur une crainte justifiée, ne s'est pas réclamée de la protection de l'un des pays dont elle a la nationalité.

B.

1) Aux fins de la présente convention les mots « événements survenus avant le 1er janvier 1951 » figurant à l'article 1, section A, pourront être compris dans le sens de soit :

a) « événements survenus avant le 1er janvier 1951 en Europe »,

soit :

b) « événements survenus avant le 1er janvier 1951 en Europe ou ailleurs »,

et chaque État contractant fera, au moment de la signature, de la ratification ou de l'adhésion, une déclaration précisant la portée qu'il entend donner à cette expression au point de vue des obligations assumées par lui en vertu de la présente convention.

2) Tout État contractant qui a adopté la formule a) pourra à tout moment étendre ses obligations en adoptant la formule b) par notification adressée au Secrétaire général des Nations unies.

C. Cette convention cessera, dans les cas ci-après, d'être applicable à toute personne visée par les dispositions de la section A ci-dessus :

1) Si elle s'est volontairement réclamée à nouveau de la protection du pays dont elle a la nationalité ; ou

2) Si ayant perdu sa nationalité, elle l'a volontairement recouvrée ; ou

3) Si elle a acquis une nouvelle nationalité et jouit de la protection du pays dont elle a acquis la nationalité ; ou

4) Si elle est retournée volontairement s'établir dans le pays qu'elle a quitté ou hors duquel elle est demeurée de crainte d'être persécutée ; ou

5) Si, les circonstances à la suite desquelles elle a été reconnue comme réfugiée ayant cessé d'exister, elle ne peut plus continuer à refuser de se réclamer de la protection du pays dont elle a la nationalité ;

Étant entendu, toutefois, que les dispositions du présent paragraphe ne s'appliqueront pas à tout réfugié visé au paragraphe 1 de la section A du présent article qui peut invoquer, pour refuser de se réclamer de la protection du pays dont il a la nationalité, des raisons impérieuses tenant à des persécutions antérieures ;

6) S'agissant d'une personne qui n'a pas de nationalité, si les circonstances à la suite desquelles elle a été reconnue comme réfugiée ayant cessé d'exister, elle est en mesure de retourner dans le pays dans lequel elle avait sa résidence habituelle ;

Étant entendu, toutefois, que les dispositions du présent paragraphe ne s'appliqueront pas à tout réfugié visé au paragraphe 1 de la section A du présent article qui peut invoquer, pour refuser de retourner dans le pays dans lequel il avait sa résidence habituelle, des raisons impérieuses tenant à des persécutions antérieures.

D. Cette convention ne sera pas applicable aux personnes qui bénéficient actuellement d'une protection ou d'une assistance de la part d'un organisme ou d'une institution des Nations unies autre que le Haut Commissaire des Nations unies pour les réfugiés.

Lorsque cette protection ou cette assistance aura cessé pour une raison quelconque, sans que le sort de ces personnes ait été définitivement réglé, conformément aux résolutions y relatives adoptées par l'Assemblée générale des Nations unies, ces personnes bénéficieront de plein droit du régime de cette convention.

E. Cette convention ne sera pas applicable à une personne considérée par les autorités compétentes du pays dans lequel cette personne a établi sa résidence comme ayant les droits et les obligations attachés à la possession de la nationalité de ce pays.

F. Les dispositions de cette convention ne seront pas applicables aux personnes dont on aura des raisons sérieuses de penser :

a) qu'elles ont commis un crime contre la paix, un crime de guerre ou crime contre l'humanité, au sens des instruments internationaux élaborés pour prévoir des dispositions relatives à ces crimes,

b) qu'elles ont commis un crime grave de droit commun en dehors du pays d'accueil avant d'y être admises comme réfugiées,
c) qu'elles se sont rendues coupables d'agissements contraires aux buts et aux principes des Nations unies.

Article 2 – Obligations générales

Tout réfugié a, à l'égard du pays où il se trouve, des devoirs qui comportent notamment l'obligation de se conformer aux lois et règlements ainsi qu'aux mesures prises pour le maintien de l'ordre public.

Article 3 – Non-discrimination

Les États contractants appliqueront les dispositions de cette convention aux réfugiés sans discrimination quant à sa race, la religion ou le pays d'origine.

Article 4 – Religion

Les États contractants accorderont aux réfugiés sur leur territoire un traitement au moins aussi favorable que celui accordé aux nationaux en ce qui concerne la liberté de pratiquer leur religion et en ce qui concerne la liberté d'instruction religieuse de leurs enfants.

Article 5 – Droits accordés indépendamment de cette convention

Aucune disposition de cette convention ne porte atteinte aux autres droits et avantages accordés, indépendamment de cette convention, aux réfugiés.

Article 6 – L'expression « dans les mêmes circonstances »

Aux fins de cette convention, les termes « dans les mêmes circonstances » impliquent que toutes les conditions (et notamment celles qui ont trait à la durée et aux conditions de séjour ou de résidence) que l'intéressé devrait remplir, pour pouvoir exercer le droit en question, s'il n'était pas un réfugié, doivent être remplies par lui à l'exception des conditions qui, en raison de leur nature, ne peuvent être remplies par un réfugié.

Article 7 – Dispense de réciprocité

1. Sous réserve des dispositions plus favorables prévues par cette convention, tout État contractant accordera aux réfugiés le régime qu'il accorde aux étrangers en général.
2. Après un délai de résidence de trois ans, tous les réfugiés bénéficieront, sur le territoire des États contractants, de la dispense de réciprocité législative.
3. Tout État contractant continuera à accorder aux réfugiés les droits et avantages auxquels ils pouvaient déjà prétendre, en l'absence de réciprocité, à la date d'entrée en vigueur de cette convention pour ledit État.
4. Les États contractants envisageront avec bienveillance la possibilité d'accorder aux réfugiés, en l'absence de réciprocité, des droits et des avantages outre ceux auxquels ils peuvent prétendre en vertu des paragraphes 2 et 3 ainsi que la possibilité de faire bénéficier de la dispense de réciprocité des réfugiés qui ne remplissent pas les conditions visées aux paragraphes 2 et 3.
5. Les dispositions des paragraphes 2 et 3 ci-dessus s'appliquent aussi bien aux droits et avantages visés aux articles 13, 18, 19, 21 et 22 de cette convention qu'aux droits et avantages qui ne sont pas prévus par elle.

Article 8 – Dispense de mesures exceptionnelles

En ce qui concerne les mesures exceptionnelles qui peuvent être prises contre la personne, les biens ou les intérêts des ressortissants d'un État déterminé, les États contractants n'appliqueront pas ces mesures à un réfugié ressortissant formellement dudit État uniquement en raison de sa nationalité. Les États contractants qui, de par leur législation, ne peuvent appliquer le principe général consacré dans cet article accorderont dans des cas appropriés des dispenses en faveur de tels réfugiés.

Article 9 – Mesures provisoires

Aucune des dispositions de la présente convention n'a pour effet d'empêcher un État contractant, en temps de guerre ou dans d'autres circonstances graves et exceptionnelles, de prendre provisoirement, à l'égard d'une personne déterminée, les mesures que cet État estime indispensables à la sécurité nationale, en attendant qu'il soit établi par ledit État contractant que cette personne est effectivement un réfugié et que le maintien desdites mesures est nécessaire à son égard dans l'intérêt de sa sécurité nationale.

Article 10 – Continuité de résidence

1. Lorsqu'un réfugié a été déporté au cours de la deuxième guerre mondiale et transporté sur le territoire de l'un des États contractants et y réside, la durée de ce séjour forcé comptera comme résidence régulière sur ce territoire.
2. Lorsqu'un réfugié a été déporté du territoire d'un État contractant au cours de la deuxième guerre mondiale et y est retourné avant l'entrée en vigueur de cette convention pour y établir sa résidence, la période qui précède et celle qui suit cette déportation seront considérées, à toutes les fins pour lesquelles une résidence ininterrompue est nécessaire, comme ne constituant qu'une seule période ininterrompue.

Article 11 – Gens de mer réfugiés

Dans le cas de réfugiés régulièrement employés comme membres de l'équipage à bord d'un navire battant pavillon d'un État contractant, cet État examinera avec bienveillance la possibilité d'autoriser lesdits réfugiés à s'établir sur son territoire et de leur délivrer des titres de voyage ou de les admettre à titre temporaire sur son territoire, afin, notamment, de faciliter leur établissement dans un autre pays.

Chapitre II – Condition juridique

Article 12 – Statut personnel

1. Le statut personnel de tout réfugié sera régi par la loi du pays de son domicile ou, à défaut de domicile, par la loi du pays de sa résidence.
2. Les droits, précédemment acquis par le réfugié et découlant du statut personnel, et notamment ceux qui résultent du mariage, seront respectés par tout État

contractant, sous réserve, le cas échéant, de l'accomplissement des formalités prévues par la législation dudit État, étant entendu, toutefois, que le droit en cause doit être de ceux qui auraient été reconnus par la législation dudit État si l'intéressé n'était devenu un réfugié.

Article 13 – Propriété mobilière et immobilière

Les États contractants accorderont à tout réfugié un traitement aussi favorable que possible et de toute façon un traitement qui ne soit pas moins favorable que celui qui est accordé, dans les mêmes circonstances, aux étrangers en général en ce qui concerne l'acquisition de la propriété mobilière et immobilière et autres droits s'y rapportant, le louage et les autres contrats relatifs à la propriété mobilière et immobilière.

Article 14 – Propriété intellectuelle et industrielle

En matière de protection de la propriété industrielle notamment d'inventions, dessins, modèles, marques de fabrique, nom commercial, et en matière de protection de la propriété littéraire, artistique et scientifique, tout réfugié bénéficiera dans le pays où il a sa résidence habituelle de la protection qui est accordée aux nationaux du pays dans lequel il a sa résidence habituelle.

Article 15 – Droits d'association

Les États contractants accorderont aux réfugiés qui résident régulièrement sur leur territoire, en ce qui concerne les associations à but non politique et non lucratif et les syndicats professionnels, le traitement le plus favorable accordé aux ressortissants d'un pays étranger, dans les mêmes circonstances.

Article 16 – Droit d'ester en justice

1. Tout réfugié aura, sur le territoire des États contractants, libre et facile accès devant les tribunaux.
2. Dans l'État contractant où il a sa résidence habituelle, tout réfugié jouira du même traitement qu'un ressortissant en ce qui concerne l'accès aux tribunaux, y compris

l'assistance judiciaire et l'exemption de la caution *judicatum solvi.*

3. Dans les États contractants autres que celui où il a sa résidence habituelle, et en ce qui concerne les questions visées au paragraphe 2, tout réfugié jouira du même traitement qu'un national du pays dans lequel il a sa résidence habituelle.

Chapitre III – Emplois lucratifs

Article 17 – Professions salariées

1. Les États contractants accorderont à tout réfugié résidant régulièrement sur leur territoire le traitement le plus favorable accordé, dans les mêmes circonstances, aux ressortissants d'un pays étranger en ce qui concerne l'exercice d'une activité professionnelle salariée.

2. En tout cas, les mesures restrictives imposées aux étrangers ou à l'emploi d'étrangers pour la protection du marché national du travail ne seront pas applicables aux réfugiés qui en étaient déjà dispensés à la date de l'entrée en vigueur de cette convention par l'État contractant intéressé, ou qui remplissent l'une des conditions suivantes :

a) compter trois ans de résidence dans le pays ;

b) avoir pour conjoint une personne possédant la nationalité du pays de résidence. Un réfugié ne pourrait invoquer le bénéfice de cette disposition au cas où il aurait abandonné son conjoint ;

c) avoir un ou plusieurs enfants possédant la nationalité du pays de résidence.

3. Les États contractants envisageront avec bienveillance l'adoption de mesures tendant à assimiler les droits de tous les réfugiés en ce qui concerne l'exercice des professions salariées à ceux de leurs nationaux et ce, notamment pour les réfugiés qui sont entrés sur leur territoire en application d'un programme de recrutement de la main d'œuvre ou d'un plan d'immigration.

Article 18 – Professions non salariées

Les États contractants accorderont aux réfugiés se trouvant régulièrement sur leur territoire le traitement aussi favorable que possible et en tout cas un traitement non moins favorable que celui accordé dans les mêmes circonstances aux étrangers en général, en ce qui concerne l'exercice d'une profession non salariée dans l'agriculture, l'industrie, l'artisanat et le commerce, ainsi que la création de sociétés commerciales et industrielles.

Article 19 – Professions libérales

1. Tout État contractant accordera aux réfugiés résidant régulièrement sur leur territoire, qui sont titulaires de diplômes reconnus par les autorités compétentes dudit État et qui sont désireux d'exercer une profession libérale, un traitement aussi favorable que celui accordé, dans les mêmes circonstances, aux étrangers en général.
2. Les États contractants feront tout ce qui est en leur pouvoir conformément à leurs lois et constitutions, pour assurer l'installation de tels réfugiés dans les territoires, autres que le territoire métropolitain dont ils assument la responsabilité des relations internationales.

Chapitre IV – Bien-être

Article 20 – Rationnement

Dans le cas où il existe un système de rationnement auquel est soumise la population dans son ensemble et qui réglemente la répartition générale de produits dont il y a pénurie, les réfugiés seront traités comme les nationaux.

Article 21 – Logement

En ce qui concerne le logement, les États contractants accorderont, dans la mesure où cette question tombe sous le coup des lois et règlements ou est soumise au contrôle des autorités publiques, aux réfugiés résidant régulièrement sur leur territoire un traitement aussi favorable que possible ; ce traitement ne saurait être, en tout cas, moins favorable que celui qui est accordé, dans les mêmes circonstances, aux étrangers en général.

Article 22 – Éducation publique

1. Les États contractants accorderont aux réfugiés le même traitement qu'aux nationaux en ce qui concerne l'enseignement primaire.

2. Les États contractants accorderont aux réfugiés un traitement aussi favorable que possible, et en tout cas non moins favorable que celui qui est accordé aux étrangers en général dans les mêmes circonstances quant aux catégories d'enseignement autre que l'enseignement primaire et notamment en ce qui concerne l'accès aux études, la reconnaissance de certificats d'études, de diplômes et de titres universitaires délivrés à l'étranger, la remise des droits et taxes et l'attribution de bourses d'études.

Article 23 – Assistance publique

Les États contractants accorderont aux réfugiés résidant régulièrement sur leur territoire le même traitement en matière d'assistance et de secours publics qu'à leurs nationaux.

Article 24 – Législation du travail et sécurité sociale

1. Les États contractants accorderont aux réfugiés résidant régulièrement sur leur territoire le même traitement qu'aux nationaux en ce qui concerne les matières suivantes :

a) Dans la mesure où ces questions sont réglementées par la législation ou dépendent des autorités administratives, la rémunération, y compris les allocations familiales lorsque ces allocations font partie de la rémunération, la durée du travail, les heures supplémentaires, les congés payés, les restrictions au travail à domicile, l'âge d'admission à l'emploi, l'apprentissage et la formation professionnelle, le travail des femmes et des adolescents et la jouissance des avantages offerts par les conventions collectives ;

b) La sécurité sociale (les dispositions légales relatives aux accidents du travail, aux maladies professionnelles, à la maternité, à la maladie, à l'invalidité, à la vieillesse et au décès, au chômage, aux charges de famille, ainsi qu'à tout autre risque qui, conformément à la législation

nationale, est couvert par un système de sécurité sociale), sous réserve :
i) Des arrangements appropriés visant le maintien des droits acquis et des droits en cours d'acquisition,
ii) Des dispositions particulières prescrites par la législation nationale du pays de résidence et visant les prestations ou fractions de prestations payables exclusivement sur les fonds publics, ainsi que les allocations versées aux personnes qui ne réunissent pas les conditions de cotisation exigées pour l'attribution d'une pension normale.
2. Les droits à prestation ouverts par le décès d'un réfugié survenu du fait d'un accident du travail ou d'une maladie professionnelle ne seront pas affectés par le fait que l'ayant droit réside en dehors du territoire de l'État contractant.
3. Les États contractants étendront aux réfugiés le bénéfice des accords qu'ils ont conclus ou viendront à conclure entre eux, concernant le maintien des droits acquis ou en cours d'acquisition en matière de sécurité sociale, pour autant que les réfugiés réunissent les conditions prévues pour les nationaux des pays signataires des accords en question.
4. Les États contractants examineront avec bienveillance la possibilité d'étendre, dans la mesure du possible, aux réfugiés, le bénéfice d'accords similaires qui sont ou seront en vigueur entre ces États contractants et des États non contractants.

Chapitre V – Mesures administratives

Article 25 – Aide administrative

1. Lorsque l'exercice d'un droit par un réfugié nécessiterait normalement le concours d'autorités étrangères auxquelles il ne peut recourir, les États contractants sur le territoire desquels il réside veilleront à ce que ce concours lui soit fourni soit par leurs propres autorités, soit par une autorité internationale.
2. La ou les autorités visées au paragraphe 1 délivreront ou feront délivrer, sous leur contrôle, aux réfugiés les documents ou certificats qui normalement seraient

délivrés à un étranger par ses autorités nationales ou par leur intermédiaire.

3. Les documents ou certificats ainsi délivrés remplaceront les actes officiels délivrés à des étrangers par leurs autorités nationales ou par leur intermédiaire, et feront foi jusqu'à preuve du contraire.

4. Sous réserve des exceptions qui pourraient être admises en faveur des indigents, les services mentionnés dans le présent article pourront être rétribués ; mais ces rétributions seront modérées et en rapport avec les perceptions opérées sur les nationaux à l'occasion de services analogues.

5. Les dispositions de cet article n'affectent en rien les articles 27 et 28.

Article 26 – Liberté de circulation

Tout État contractant accordera aux réfugiés se trouvant régulièrement sur son territoire le droit d'y choisir leur lieu de résidence et d'y circuler librement sous les réserves instituées par la réglementation applicable aux étrangers en général dans les mêmes circonstances.

Article 27 – Pièces d'identité

Les États contractants délivreront des pièces d'identité à tout réfugié se trouvant sur leur territoire et qui ne possède pas un titre de voyage valable.

Article 28 – Titres de voyage

1. Les États contractants délivreront aux réfugiés résidant régulièrement sur leur territoire des titres de voyage destinés à leur permettre de voyager hors de ce territoire à moins que des raisons impérieuses de sécurité nationale ou d'ordre public ne s'y opposent ; les dispositions de l'Annexe à cette Convention s'appliqueront à ces documents. Les États contractants pourront délivrer un tel titre de voyage à tout autre réfugié se trouvant sur leur territoire ; ils accorderont une attention particulière aux cas de réfugiés se trouvant sur leur territoire et qui ne sont pas en mesure d'obtenir un titre de voyage du pays de leur résidence régulière.

2. Les documents de voyage délivrés aux termes d'accords internationaux antérieurs par les Parties à ces accords seront reconnus par les États contractants et traités comme s'ils avaient été délivrés aux réfugiés en vertu du présent article.

Article 29 – Charges fiscales

1. Les États contractants n'assujettiront pas les réfugiés à des droits, taxes, impôts, sous quelque dénomination que ce soit, autres ou plus élevés que ceux qui sont ou qui seront perçus sur leurs nationaux dans des situations analogues.
2. Les dispositions du paragraphe précédent ne s'opposent pas à l'application aux réfugiés des dispositions des lois et règlements concernant les taxes afférentes à la délivrance aux étrangers de documents administratifs, pièces d'identité y comprises.

Article 30 – Transfert des avoirs

1. Tout État contractant permettra aux réfugiés, conformément aux lois et règlements de leur pays, de transférer les avoirs qu'ils ont fait entrer sur son territoire dans le territoire d'un autre pays où ils ont été admis afin de s'y réinstaller.
2. Tout État contractant accordera sa bienveillante attention aux demandes présentées par des réfugiés qui désirent obtenir l'autorisation de transférer tous autres avoirs nécessaires à leur réinstallation dans un autre pays où ils ont été admis afin de s'y réinstaller.

Article 31 – Réfugiés en situation irrégulière dans le pays d'accueil

1. Les États contractants n'appliqueront pas de sanctions pénales, du fait de leur entrée ou de leur séjour irréguliers, aux réfugiés qui, arrivant directement du territoire où leur vie ou leur liberté était menacée au sens prévu par l'article premier, entrent ou se trouvent sur leur territoire sans autorisation, sous la réserve qu'ils se présentent sans délai aux autorités et leur exposent des raisons reconnues valables de leur entrée ou présence irrégulières.

2. Les États contractants n'appliqueront aux déplacements de ces réfugiés d'autres restrictions que celles qui sont nécessaires ; ces restrictions seront appliquées seulement en attendant que le statut de ces réfugiés dans le pays d'accueil ait été régularisé ou qu'ils aient réussi à se faire admettre dans un autre pays. En vue de cette dernière admission les États contractants accorderont à ces réfugiés un délai raisonnable ainsi que toutes facilités nécessaires.

Article 32 – Expulsion

1. Les États contractants n'expulseront un réfugié se trouvant régulièrement sur leur territoire que pour des raisons de sécurité nationale ou d'ordre public.
2. L'expulsion de ce réfugié n'aura lieu qu'en exécution d'une décision rendue conformément à la procédure prévue par la loi. Le réfugié devra, sauf si des raisons impérieuses de sécurité nationale s'y opposent, être admis à fournir des preuves tendant à le disculper, à présenter un recours et à se faire représenter à cet effet devant une autorité compétente ou devant une ou plusieurs personnes spécialement désignées par l'autorité compétente.
3. Les États contractants accorderont à un tel réfugié un délai raisonnable pour lui permettre de chercher à se faire admettre régulièrement dans un autre pays. Les États contractants peuvent appliquer, pendant ce délai, telle mesure d'ordre interne qu'ils jugeront opportune.

Article 33 – Défense d'expulsion et de refoulement

1. Aucun des États contractants n'expulsera ou ne refoulera, de quelque manière que ce soit, un réfugié sur les frontières des territoires où sa vie ou sa liberté serait menacée en raison de sa race, de sa religion, de sa nationalité, de son appartenance à un certain groupe social ou de ses opinions politiques.
2. Le bénéfice de la présente disposition ne pourra toutefois être invoqué par un réfugié qu'il y aura des raisons sérieuses de considérer comme un danger pour la sécurité du pays où il se trouve ou qui, ayant été l'objet d'un condamnation définitive pour un crime ou délit

particulièrement grave, constitue une menace pour la communauté dudit pays.

Article 34 – Naturalisation

Les États contractants faciliteront, dans toute la mesure du possible, l'assimilation et la naturalisation des réfugiés. Ils s'efforceront notamment d'accélérer la procédure de naturalisation et de réduire, dans toute la mesure du possible, les taxes et les frais de cette procédure.

Chapitre VI – Dispositions exécutoires et transitoires

Article 35 – Coopération des autorités nationales avec les Nations unies

1. Les États contractants s'engagent à coopérer avec le Haut-Commissariat des Nations unies pour les réfugiés, ou toute autre institution des Nations unies qui lui succéderait, dans l'exercice de ses fonctions et en particulier à faciliter sa tâche de surveillance de l'application des dispositions de cette convention.

2. Afin de permettre au Haut-Commissariat ou à toute autre institution des Nations unies qui lui succéderait de présenter des rapports aux organes compétents des Nations unies, les États contractants s'engagent à leur fournir dans la forme appropriée les informations et les données statistiques demandées relatives :

a) au statut des réfugiés ;

b) à la mise en œuvre de cette convention ; et

c) aux lois, règlements et décrets, qui sont ou entreront en vigueur en ce qui concerne les réfugiés.

Article 36 – Renseignements portant sur les lois et règlements nationaux

Les États contractants communiqueront au Secrétaire général des Nations unies le texte des lois et des règlements qu'ils pourront promulguer pour assurer l'application de cette convention.

Article 37 – Relations avec les conventions antérieures

Sans préjudice des dispositions du paragraphe 2 de l'article 28, cette convention remplace, entre les Parties à la convention, les accords du 5 juillet 1922, 31 mai 1924, 12 mai 1926, 30 juin 1928 et 30 juillet 1935, ainsi que les conventions des 28 octobre 1933, 10 février 1938, le protocole du 14 septembre 1939 et l'accord du 15 octobre 1946.

Chapitre VII – Clauses finales

Article 38 – Règlement des différends

Tout différend entre les Parties à cette convention relatif à son interprétation ou à son application, qui n'aura pu être réglé par d'autres moyens, sera soumis à la Cour internationale de justice à la demande de l'une des Parties au différend.

Article 39 – Signature, ratification et adhésion

1. Cette convention sera ouverte à la signature à Genève le 28 juillet 1951 et, après cette date, déposée auprès du Secrétaire général des Nations unies. Elle sera ouverte à la signature à l'Office européen des Nations unies du 28 juillet au 31 août 1951, puis ouverte à nouveau à la signature au siège de l'Organisation des Nations unies du 17 septembre 1951 au 31 décembre 1952.
2. Cette convention sera ouverte à la signature de tous les États Membres de l'Organisation des Nations unies ainsi que de tout autre État non membre invité à la conférence de plénipotentiaires sur le statut des réfugiés et des apatrides ou de tout État auquel l'Assemblée générale aura adressé une invitation à signer. Elle devra être ratifiée et les instruments de ratification seront déposés auprès du Secrétaire général des Nations unies.
3. Les États visés au paragraphe 2 du présent article pourront adhérer à cette convention à dater du 28 juillet 1951. L'adhésion se fera par le dépôt d'un instrument d'adhésion auprès du Secrétaire général des Nations unies.

Article 40 – Clause d'application territoriale

1. Tout État pourra, au moment de la signature, ratification ou adhésion, déclarer que cette convention s'étendra à l'ensemble des territoires qu'il représente sur le plan international, ou à l'un ou plusieurs d'entre eux. Une telle déclaration produira ses effets au moment de l'entrée en vigueur de la convention pour ledit État.
2. À tout moment ultérieur cette extension se fera par notification adressée au Secrétaire général des Nations unies et produira ses effets à partir du quatre-vingt-dixième jour qui suivra la date à laquelle le Secrétaire général des Nations unies aura reçu la notification ou à la date d'entrée en vigueur de la convention pour ledit État si cette dernière date est postérieure.
3. En ce qui concerne les territoires auxquels cette convention ne s'appliquerait pas à la date de la signature, ratification ou adhésion, chaque État intéressé examinera la possibilité de prendre aussitôt que possible toutes mesures nécessaires afin d'aboutir à l'application de cette convention auxdits territoires sous réserve, le cas échéant, de l'assentiment des gouvernements de ces territoires qui serait requis pour raisons constitutionnelles.

Article 41 – Clause fédérale

Dans le cas d'un État fédératif ou non unitaire, les dispositions ci-après s'appliqueront :

a) En ce qui concerne les articles de cette convention dont la mise en œuvre relève de l'action législative du pouvoir législatif fédéral, les obligations du gouvernement fédéral seront, dans cette mesure, les mêmes que celles des Parties qui ne sont pas des États fédératifs ;

b) En ce qui concerne les articles de cette convention dont l'application relève de l'action législative de chacun des États, provinces ou cantons constituants, qui ne sont pas, en vertu du système constitutionnel de la fédération, tenus de prendre des mesures législatives, le gouvernement fédéral portera le plus tôt possible, et avec son avis favorable, lesdits articles à la connaissance des autorités compétentes des États, provinces ou cantons ;

c) Un État fédératif partie à cette convention communiquera, à la demande de tout autre État contractant qui lui aura été transmise par le Secrétaire général des Nations unies, un exposé de la législation et des pratiques en vigueur dans la fédération et ses unités constituantes en ce qui concerne telle ou telle disposition de la convention, indiquant la mesure dans laquelle effet a été donné, par une action législative ou autre, à ladite disposition.

Article 42 – Réserves

1. Au moment de la signature, de la ratification ou de l'adhésion, tout État pourra formuler des réserves aux articles de la convention autres que les articles 1, 3, 4, 16 (1), 33, 36 à 46 inclus.
2. Tout État contractant ayant formulé une réserve conformément au paragraphe 1 de cet article pourra à tout moment la retirer par une communication à cet effet adressée au Secrétaire général des Nations unies.

Article 43 – Entrée en vigueur

1. Cette convention entrera en vigueur le quatre-vingt-dixième jour qui suivra la date de dépôt du sixième instrument de ratification ou d'adhésion.
2. Pour chacun des États qui ratifieront la convention ou y adhéreront après le dépôt du sixième instrument de ratification ou d'adhésion, elle entrera en vigueur le quatre-vingt-dixième jour qui suivra la date du dépôt par cet État de son instrument de ratification ou d'adhésion.

Article 44 – Dénonciation

1. Tout État contractant pourra dénoncer la convention à tout moment par notification adressée au Secrétaire général des Nations unies.
2. La dénonciation prendra effet pour l'État intéressé un an après la date à laquelle elle aura été reçue par le Secrétaire général des Nations unies.
3. Tout État qui a fait une déclaration ou une notification conformément à l'article 40 pourra notifier ultérieurement au Secrétaire général des Nations unies que la convention cessera de s'appliquer à tout territoire désigné dans la

notification. La convention cessera alors de s'appliquer au territoire en question un an après la date à laquelle le Secrétaire général aura reçu cette notification.

Article 45 – Révision

1. Tout État contractant pourra en tout temps, par voie de notification adressée au Secrétaire général des Nations unies, demander la révision de cette convention.
2. L'Assemblée générale des Nations unies recommandera les mesures à prendre, le cas échéant, au sujet de cette demande.

Article 46 – Notification par le Secrétaire général des Nations unies

Le Secrétaire général des Nations unies notifiera à tous les États membres des Nations unies et aux États non membres visés à l'article 39 :
a) les déclarations et les notifications visées à la section B de l'article premier ;
b) les signatures, ratifications et adhésions visées à l'article 39 ;
c) les déclarations et les notifications visées à l'article 40 ;
d) les réserves formulées ou retirées visées à l'article 42 ;
e) la date à laquelle cette convention entrera en vigueur, en application de l'article 43 ;
f) les dénonciations et les notifications visées à l'article 44 ;
g) les demandes de révision visées à l'article 45.

En foi de quoi, les soussignés, dûment autorisés, ont signé, au nom de leurs Gouvernements respectifs, la présente convention.

Acte final de la conférence de plénipotentiaires des Nations unies sur le statut des réfugiés et apatrides (extraits)

[...] La conférence a adopté à l'unanimité les recommandations suivantes :

A. « La conférence,

« Considérant que la délivrance et la reconnaissance des titres de voyage sont nécessaires pour faciliter le mouvement des réfugiés et, en particulier, leur réinstallation,

« Demande instamment aux gouvernements parties à l'accord concernant la délivrance d'un titre de voyage à des réfugiés relevant de la compétence du Comité intergouvernemental pour les réfugiés, signé à Londres le 15 octobre 1946, ou qui reconnaissant la validité des titres de voyage délivrés conformément aux dispositions de cet accord, de continuer à délivrer ou à reconnaître lesdits titres de voyage et de délivrer ces titres de voyage à tous les réfugiés répondant à la définition donnée de ce terme à l'article premier de la convention relative au statut des réfugiés ou de reconnaître les titres de voyage ainsi délivrés à ces personnes, jusqu'à ce qu'ils aient assumé les obligations qui découlent de l'article 28 de ladite convention ; »

B. « La conférence,

« Considérant que l'unité de famille, cet élément naturel et fondamental de la société, est un droit essentiel du réfugié, et que cette unité est constamment menacée, et

« Constatant avec satisfaction que, d'après le commentaire officiel du Comité spécial de l'apatridie et des problèmes connexes (E/1618, p. 38) les droits de réfugié sont étendus aux membres de sa famille,

« Recommande aux gouvernements de prendre les mesures nécessaires pour la protection de la famille du réfugié et en particulier pour :

« 1) Assurer le maintien de l'unité de la famille du réfugié, notamment dans le cas où le chef de la famille a réuni les conditions voulues pour son admission dans un pays ;

« 2) Assurer la protection des réfugiés mineurs, notamment des enfants isolés et des jeunes filles, spécialement en ce qui concerne la tutelle et l'adoption. »

C. « La conférence,

« Considérant que le réfugié a besoin, dans les divers domaines moraux, juridiques et matériels, du concours de services sociaux appropriés, notamment de celui des organisations non gouvernementales qualifiées,

« Recommande aux gouvernements et aux organismes intergouvernementaux de faciliter, d'encourager et de soutenir les efforts des organisations dûment qualifiées pour leur tâche. »

D. « La conférence,

« Considérant que nombre de personnes quittent encore leur pays d'origine pour des raisons de persécution et qu'elles ont droit à une protection spéciale à cause de leur condition particulière,

« Recommande aux gouvernements de continuer à recevoir les réfugiés sur leur territoire et d'agir de concert dans un véritable esprit de solidarité internationale, afin que les réfugiés puissent trouver asile et possibilité de réétablissement. »

E. « La conférence,

« Exprime l'espoir que la convention relative au statut des réfugiés aura valeur d'exemple, en plus de sa portée contractuelle, et qu'elle incitera tous les États à accorder dans toute la mesure du possible aux personnes se trouvant sur leur territoire en tant que réfugiés et qui ne seraient pas couvertes par les dispositions de la convention, le traitement prévu par cette convention. »

En foi de quoi, le président, les vice-présidents et le secrétaire exécutif de la conférence ont signé le présent acte final.

Déclaration

En procédant au dépôt de son instrument de ratification, le Gouvernement de la République française, se prévalant des dispositions de l'article 42 de la Convention, fait la déclaration suivante :

a) Il considère que le paragraphe 2 de l'article 29 ne fait pas obstacle à l'application sur le territoire français des dispositions de la Loi du 7 mai 1934 autorisant la perception du droit Nansen au profit des œuvres d'assistance, d'établissement et de secours aux réfugiés ;

b) L'article 17 ne saurait faire obstacle à l'application des lois et règlements qui fixent la proportion de salariés étrangers que les employeurs sont autorisés à occuper en France et aux obligations imposées à ceux-ci lors de l'engagement de la main-d'œuvre étrangère.

Texte 7.1 – Protocole de New York relatif au statut des réfugiés, 1967

Dans sa résolution 2198 (XXI) du 16 décembre 1966, l'Assemblée générale des Nations unies a pris acte du protocole et a prié le Secrétaire général d'en communiquer le texte aux États visés à l'article V dudit protocole en vue de les mettre en mesure d'y adhérer. Le protocole relatif au statut des réfugiés a été ouvert à la signature en janvier 1967. Il est entré en vigueur le 4 octobre 1967 après 6 ratifications. Il compte 146 États parties. La France a accédé au protocole le 3 février 1971.

Le protocole de New York lève les limitations géographiques et temporelles de la Convention relative au statut des réfugiés en stipulant que les États parties s'engagent à appliquer les dispositions de la Convention sans tenir compte de la date limite du 1er janvier 1951.

Les États parties au présent Protocole,
Considérant que la convention relative au statut des réfugiés signée à Genève le 28 juillet 1951 (ci-après dénommée la Convention) ne s'applique qu'aux personnes qui sont devenues réfugiés par suite d'événements survenus avant le 1er janvier 1951,
Considérant que de nouvelles catégories de réfugiés sont apparues depuis que la Convention a été adoptée et que, de ce fait, lesdits réfugiés peuvent ne pas être admis au bénéfice de la Convention,
Considérant qu'il est souhaitable que le même statut s'applique à tous les réfugiés couverts par la définition donnée dans la Convention sans qu'il soit tenu compte de la date limite du 1er janvier 1951,
Sont convenus de ce qui suit :

Article premier – Disposition générale

1. Les États parties au présent Protocole s'engagent à appliquer aux réfugiés, tels qu'ils sont définis ci-après, les articles 2 à 34 inclus de la Convention.
2. Aux fins du présent Protocole, le terme « réfugié », sauf en ce qui concerne l'application du paragraphe 3 du présent article, s'entend de toute personne répondant à la définition donnée à l'article premier de la Convention comme si les mots « par suite d'événements survenus avant le 1er janvier 1951 et… » et les mots « … à la suite de tels événements » ne figuraient pas au paragraphe 2 de la section A de l'article premier.
3. Le présent Protocole sera appliqué par les États qui y sont parties sans aucune limitation géographique ; toutefois, les déclarations déjà faites, en vertu de l'alinéa a) du paragraphe 1 de la section B de l'article premier de la Convention par des États déjà parties à celle-ci, s'appliqueront aussi sous le régime du présent Protocole, à moins que les obligations de l'État déclarant n'aient été entendues conformément au paragraphe 2 de la section B de l'article premier de la Convention.

Article II – Coopération des autorités nationales avec les Nations unies

1. Les États parties au présent Protocole s'engagent à coopérer avec le Haut-Commissariat des Nations unies pour les réfugiés ou toute autre institution des Nations unies qui lui succéderait, dans l'exercice de ses fonctions et, en particulier, à faciliter sa tâche de surveillance de l'application des dispositions du présent Protocole.
2. Afin de permettre au Haut-Commissariat ou à toute autre institution des Nations unies qui lui succéderait de présenter des rapports aux organes compétents des Nations, les États parties au présent Protocole s'engagent à leur fournir, dans la forme appropriée, les informations et les données statistiques demandées relatives :
a) au statut des réfugiés ;
b) à la mise en œuvre du présent Protocole ;
c) aux lois, règlements et décrets qui sont ou entreront en vigueur en ce qui concerne les réfugiés.

Article III – Renseignements portant sur les lois et règlements nationaux

Les États parties au présent Protocole communiqueront au Secrétaire général de l'Organisation des Nations unies le texte des lois et des règlements qu'ils pourront promulguer pour assurer l'application du présent Protocole.

Article IV – Règlements des différends

Tout différend entre les parties au présent Protocole relatif à son interprétation et à son application, qui n'aurait pu être réglé par d'autres moyens, sera soumis à la Cour internationale de justice à la demande de l'une des parties au différend.

Article V – Adhésion

Le présent Protocole sera ouvert à l'adhésion de tous les États parties à la Convention et de tout autre État membre de l'Organisation des Nations unies ou membre de l'une des institutions spécialisées ou de tout État auquel l'Assemblée générale aura adressé une invitation à adhérer au Protocole. L'adhésion se fera par le dépôt d'un instrument d'adhésion auprès du Secrétaire général de l'Organisation des Nations unies.

Article VI – Clause fédérale

Dans le cas d'un État fédératif ou non unitaire, les dispositions ci-après s'appliqueront :

a) En ce qui concerne les articles de la Convention à appliquer conformément au paragraphe 1 de l'article premier du présent Protocole et dont la mise en œuvre relève de l'action législative du pouvoir législatif fédéral, les obligations du gouvernement fédéral seront, dans cette mesure, les mêmes que celles des États parties qui ne sont pas des États fédératifs ;

b) En ce qui concerne les articles de la Convention à appliquer conformément au paragraphe 1 de l'article premier du présent Protocole et dont l'application relève de l'action législative de chacun des États, provinces ou cantons constituants, qui ne sont pas, en vertu du système constitutionnel de la fédération, tenus de prendre des mesures législatives, le gouvernement fédéral portera le plus tôt possible, et avec son avis favorable, lesdits articles à la connaissance des autorités compétentes des États, provinces ou cantons ;

c) Un État fédératif partie au présent Protocole communiquera, à la demande de tout autre État partie au présent Protocole qui lui aura été transmise par le Secrétaire général de l'Organisation des Nations unies, un exposé de la législation et des pratiques en vigueur dans la fédération et ses unités constituantes en ce qui concerne telle ou telle disposition de la Convention à appliquer conformément au paragraphe 1 de l'article premier du présent Protocole, indiquant la mesure dans laquelle effet a été donné, par son action législative ou autre, à ladite disposition.

Article VII – Réserves et déclarations

1. Au moment de son adhésion, tout État pourra formuler des réserves sur l'article IV du présent Protocole, et au sujet de l'application, en vertu de l'article premier du présent Protocole, de toutes dispositions de la Convention

autres que celles des articles premier, 3, 4, 16 (1) et 33, à condition que, dans le cas d'un État partie à la Convention, les réserves faites en vertu du présent article ne s'étendent pas aux réfugiés auxquels s'applique la Convention.
2. Les réserves faites par des États parties à la Convention conformément à l'article 42 de ladite Convention s'appliqueront, à moins qu'elles ne soient retirées, à leurs obligations découlant du présent Protocole.
3. Tout État formulant une réserve en vertu du paragraphe 1 du présent article peut la retirer à tout moment par une communication adressée à cet effet au Secrétaire général de l'Organisation des Nations unies.
4. Les déclarations faites en vertu des paragraphes 1 et 2 de l'article 40 de la Convention, par un État partie à celle-ci, qui adhère au présent Protocole, seront censées s'appliquer sous le régime du présent Protocole, à moins que, au moment de l'adhésion, un avis contraire n'ait été notifié par la partie intéressée au Secrétaire général de l'Organisation des Nations unies. Les dispositions des paragraphes 2 et 3 de l'article 40 et du paragraphe 3 de l'article 44 de la Convention seront censées s'appliquer, *mutatis mutandis*, au présent Protocole.

Article VIII – Entrée en vigueur

1. Le présent Protocole entrera en vigueur à la date du dépôt du sixième instrument d'adhésion.
2. Pour chacun des États adhérant au Protocole après le dépôt du sixième instrument d'adhésion, le Protocole entrera en vigueur à la date où cet État aura déposé son instrument d'adhésion.

Article IX – Dénonciation

1. Tout État partie au présent Protocole pourra le dénoncer à tout moment par notification adressée au Secrétaire général de l'Organisation des Nations unies.
2. La dénonciation prendra effet, pour l'État intéressé, un an après la date à laquelle elle aura été reçue par le Secrétaire général de l'Organisation des Nations unies.

Article X – Notifications par le Secrétaire général de l'Organisation des Nations unies

Le Secrétaire général de l'Organisation des Nations unies notifiera à tous les États visés à l'article V, en ce qui concerne le présent Protocole, les dates d'entrée en vigueur, d'adhésion, de dépôt et de retrait de réserves, de dénonciation et de déclarations et notifications s'y rapportant.

Article XI – Dépôt du Protocole aux archives du Secrétariat de l'Organisation des Nations unies

Un exemplaire du présent Protocole, dont les textes anglais, chinois, espagnol, français et russe font également foi, signé par le président de l'Assemblée générale et par le Secrétaire général de l'Organisation des Nations unies, sera déposé aux archives du Secrétariat de l'Organisation. Le Secrétaire général en transmettra copie certifiée conforme à tous les États membres de l'Organisation des Nations unies et aux autres États visés à l'article V.

Appendice

Résolution 2198 (XXI) de l'Assemblée générale

Protocole relatif au statut des réfugiés

L'Assemblée générale,

Considérant que la Convention relative au statut des réfugiés signée à Genève le 28 juillet 1951 ne s'applique qu'aux personnes qui sont devenues des réfugiés par suite d'événements survenus avant le 1er janvier 1951,

Considérant que de nouvelles catégories de réfugiés sont apparues depuis que la Convention a été adoptée et que, de ce fait, lesdits réfugiés peuvent ne pas être admis au bénéfice de la Convention,

Considérant qu'il est souhaitable que le même statut s'applique à tous les réfugiés couverts par la définition donnée dans la Convention, sans qu'il soit tenu compte de la date limite du 1er janvier 1951,

Prenant note de la recommandation du Comité exécutif du programme du Haut Commissaire des Nations unies pour les réfugiés, tendant à ce que le projet de Protocole

relatif au statut des réfugiés soit présenté à l'Assemblée générale, après examen par le Conseil économique et social, afin que le Secrétaire général de l'Organisation des Nations unies puisse être autorisé à ouvrir le Protocole à l'adhésion des gouvernements dans les meilleurs délais,
Considérant que, par sa résolution 1186 (XLI) du 18 novembre 1966, le Conseil économique et social a pris note avec approbation du projet de Protocole figurant dans l'additif au rapport annuel du Haut Commissaire des Nations unies pour les réfugiés et ayant trait aux mesures propres à élargir la portée de la Convention en ce qui concerne les personnes auxquelles elle s'applique, et a transmis l'additif à l'Assemblée générale,
Prend acte du Protocole relatif au statut des réfugiés dont le texte figure dans l'additif au rapport du Haut Commissaire des Nations unies pour les réfugiés,
Prie le Secrétaire général de communiquer le texte du Protocole aux États visés à l'article V dudit Protocole en vue de les mettre en mesure d'y adhérer.
(1495[e] séance plénière, 16 décembre 1966)

Texte 8 – Convention internationale sur l'élimination de toutes les formes de discrimination raciale, 1965

La Convention internationale sur l'élimination de toutes les formes de discrimination raciale a été adoptée et ouverte à la signature et à la ratification par l'Assemblée générale des Nations unies dans sa résolution 2106 A (XX) du 21 décembre 1965. Elle est entrée en vigueur le 4 janvier 1969, après 27 ratifications. Elle lie 177 États parties. La France a accédé à la Convention le 28 juillet 1971 et a formulé trois déclarations interprétatives (cf. infra).

La Convention prévoit la création d'un Comité pour l'élimination de la discrimination raciale composé de 18 experts indépendants. Il est compétent pour recevoir et examiner des communications individuelles (déclaration de l'article 14). La France a reconnu la compétence du Comité pour recevoir et examiner des requêtes individuelles. Le Comité examine en outre les rapports périodiques des États et adopte des observations générales précisant l'interprétation des obligations contenues dans la Convention. Depuis 1993, le Comité a également développé des procédures d'alerte précoce et d'action urgente pour prévenir le crime de génocide ou toute forme d'épuration ethnique.

Bibliographie

Bidault Mylène, *Le Comité pour l'élimination de la discrimination raciale. Analyse d'une dynamique institutionnelle*, Montchrestien, 1997.

Decaux Emmanuel (dir.), *Le droit face au racisme*, Pedone, 1999.

Fredman Sandra (ed.), *Discrimination and Human Rights: The Case of Racism*, Oxford University Press, 2001.

Lerner Natan, *Group Rights and Discrimination in International Law*, Nijhoff, 2e éd., 2003.

Sicilianos Alexandre (dir.), *Nouvelles formes de discrimination*, Pedone, 1995.

Thornberry Patrick, *The International Convention on the Elimination of All Forms of Racial Discrimination: A Commentary*, Oxford University Press, 2016 (à paraître).

Les États parties à la présente Convention,

Considérant que la Charte des Nations unies est fondée sur les principes de la dignité et de l'égalité de tous les êtres humains, et que tous les États Membres se sont engagés à agir, tant conjointement que séparément, en coopération avec l'Organisation, en vue d'atteindre l'un des buts des Nations unies, à savoir : développer et encourager le respect universel et effectif des droits de l'homme et des

libertés fondamentales pour tous, sans distinction de race, de sexe, de langue ou de religion,
Considérant que la Déclaration universelle des droits de l'homme proclame que tous les êtres humains naissent libres et égaux en dignité et en droit et que chacun peut se prévaloir de tous les droits et de toutes les libertés qui y sont énoncés, sans distinction aucune notamment de race, de couleur ou d'origine nationale,
Considérant que tous les hommes sont égaux devant la loi et ont droit à une égale protection de la loi contre toute discrimination et contre toute incitation à la discrimination,
Considérant que les Nations unies ont condamné le colonialisme et toutes les pratiques de ségrégation et de discrimination dont il s'accompagne, sous quelque forme et en quelque endroit qu'ils existent, et que la Déclaration sur l'octroi de l'indépendance aux pays et aux peuples coloniaux, du 14 décembre 1960 [résolution 1514 (XV) de l'Assemblée générale], a affirmé et solennellement proclamé la nécessité d'y mettre rapidement et inconditionnellement fin,
Considérant que la Déclaration des Nations unies sur l'élimination de toutes les formes de discrimination raciale, du 20 novembre 1963 [résolution 1904 (XVIII) de l'Assemblée générale], affirme solennellement la nécessité d'éliminer rapidement toutes les formes et toutes les manifestations de discrimination raciale dans toutes les parties du monde et d'assurer la compréhension et le respect de la dignité de la personne humaine,
Convaincus que toute doctrine de supériorité fondée sur la différenciation entre les races est scientifiquement fausse, moralement condamnable et socialement injuste et dangereuse et que rien ne saurait justifier, où que ce soit, la discrimination raciale, ni en théorie ni en pratique,
Réaffirmant que la discrimination entre les être humains pour des motifs fondés sur la race, la couleur ou l'origine ethnique est un obstacle aux relations amicales et pacifiques entre les nations et est susceptible de troubler la

paix et la sécurité entre les peuples ainsi que la coexistence harmonieuse des personnes au sein d'un même État,
Convaincus que l'existence de barrières raciales est incompatible avec les idéals de toute société humaine,
Alarmés par les manifestations de discrimination raciale qui existent encore dans certaines régions du monde et par les politiques gouvernementales fondées sur la supériorité ou la haine raciale, telles que les politiques d'apartheid, de ségrégation ou de séparation,
Résolus à adopter toutes les mesures nécessaires pour l'élimination rapide de toutes les formes et de toutes les manifestations de discrimination raciale et à prévenir et combattre les doctrines et pratiques racistes afin de favoriser la bonne entente entre les races et d'édifier une communauté internationale affranchie de toutes les formes de ségrégation et de discrimination raciales,
Ayant présentes à l'esprit la Convention concernant la discrimination en matière d'emploi et de profession adoptée par l'Organisation internationale du travail en 1958 et la Convention concernant la lutte contre la discrimination dans le domaine de l'enseignement adoptée par l'Organisation des Nations unies pour l'éducation, la science et la culture en 1960,
Désireux de donner effet aux principes énoncés dans la Déclaration des Nations unies sur l'élimination de toutes les formes de discrimination raciale et d'assurer le plus rapidement possible l'adoption de mesures pratiques à cette fin,
Sont convenus de ce qui suit :

Première partie

Article premier

1. Dans la présente Convention, l'expression « discrimination raciale » vise toute distinction, exclusion, restriction ou préférence fondée sur la race, la couleur, l'ascendance ou l'origine nationale ou ethnique, qui a pour but ou pour effet de détruire ou de compromettre la reconnaissance, la jouissance ou l'exercice, dans des conditions d'égalité,

des droits de l'homme et des libertés fondamentales dans les domaines politique, économique, social et culturel ou dans tout autre domaine de la vie publique.

2. La présente Convention ne s'applique pas aux distinctions, exclusions, restrictions ou préférences établies par un État partie à la Convention selon qu'il s'agit de ses ressortissants ou de non-ressortissants.

3. Aucune disposition de la présente Convention ne peut être interprétée comme affectant de quelque manière que ce soit les dispositions législatives des États parties à la Convention concernant la nationalité, la citoyenneté ou la naturalisation, à condition que ces dispositions ne soient pas discriminatoires à l'égard d'une nationalité particulière.

4. Les mesures spéciales prises à seule fin d'assurer comme il convient le progrès de certains groupes raciaux ou ethniques ou d'individus ayant besoin de la protection qui peut être nécessaire pour leur garantir la jouissance et l'exercice des droits de l'homme et des libertés fondamentales dans des conditions d'égalité ne sont pas considérées comme des mesures de discrimination raciale, à condition toutefois qu'elles n'aient pas pour effet le maintien de droits distincts pour des groupes raciaux différents et qu'elles ne soient pas maintenues en vigueur une fois atteints les objectifs auxquels elles répondaient.

Article 2

1. Les États parties condamnent la discrimination raciale et s'engagent à poursuivre par tous les moyens appropriés et sans retard une politique tendant à éliminer toute forme de discrimination raciale et à favoriser l'entente entre toutes les races, et, à cette fin :

a) Chaque État partie s'engage à ne se livrer à aucun acte ou pratique de discrimination raciale contre des personnes, groupes de personnes ou institutions et à faire en sorte que toutes les autorités publiques et institutions publiques, nationales et locales, se conforment à cette obligation ;

b) Chaque État partie s'engage à ne pas encourager, défendre ou appuyer la discrimination raciale pratiquée par une personne ou une organisation quelconque ;

c) Chaque État partie doit prendre des mesures efficaces pour revoir les politiques gouvernementales nationales et locales et pour modifier, abroger ou annuler toute loi et toute disposition réglementaire ayant pour effet de créer la discrimination raciale ou de la perpétuer là où elle existe ;
d) Chaque État partie doit, par tous les moyens appropriés, y compris, si les circonstances l'exigent, des mesures législatives, interdire la discrimination raciale pratiquée par des personnes, des groupes ou des organisations et y mettre fin ;
e) Chaque État partie s'engage à favoriser, le cas échéant, les organisations et mouvements intégrationnistes multiraciaux et autres moyens propres à éliminer les barrières entre les races, et à décourager ce qui tend à renforcer la division raciale.
2. Les États parties prendront, si les circonstances l'exigent, dans les domaines social, économique, culturel et autres, des mesures spéciales et concrètes pour assurer comme il convient le développement ou la protection de certains groupes raciaux ou d'individus appartenant à ces groupes en vue de leur garantir, dans des conditions d'égalité, le plein exercice des droits de l'homme et des libertés fondamentales. Ces mesures ne pourront en aucun cas avoir pour effet le maintien de droits inégaux ou distincts pour les divers groupes raciaux, une fois atteints les objectifs auxquels elles répondaient.

Article 3

Les États parties condamnent spécialement la ségrégation raciale et l'apartheid et s'engagent à prévenir, à interdire et à éliminer sur les territoires relevant de leur juridiction toutes les pratiques de cette nature.

Article 4

Les États parties condamnent toute propagande et toutes organisations qui s'inspirent d'idées ou de théories fondées sur la supériorité d'une race ou d'un groupe de personnes d'une certaine couleur ou d'une certaine origine ethnique, ou qui prétendent justifier ou encourager toute forme de haine et de discrimination raciales ; ils s'engagent à adopter immédiatement des mesures positives destinées à éliminer toute incitation à une telle discrimination, ou tous actes de discrimination, et, à cette fin, tenant dûment compte des principes formulés dans la Déclaration universelle des droits de l'homme et des droits expressément énoncés à l'article 5 de la présente Convention, ils s'engagent notamment :

a) À déclarer délits punissables par la loi toute diffusion d'idées fondées sur la supériorité ou la haine raciale, toute incitation à la discrimination raciale, ainsi que tous actes de violence, ou provocation à de tels actes, dirigés contre toute race ou tout groupe de personnes d'une autre couleur ou d'une autre origine ethnique, de même que toute assistance apportée à des activités racistes, y compris leur financement ;

b) À déclarer illégales et à interdire les organisations ainsi que les activités de propagande organisée et tout autre type d'activité de propagande qui incitent à la discrimination raciale et qui l'encouragent et à déclarer délit punissable par la loi la participation à ces organisations ou à ces activités ;

c) À ne pas permettre aux autorités publiques ni aux institutions publiques, nationales ou locales, d'inciter à la discrimination raciale ou de l'encourager.

Article 5

Conformément aux obligations fondamentales énoncées à l'article 2 de la présente Convention, les États parties s'engagent à interdire et à éliminer la discrimination raciale sous toute ses formes et à garantir le droit de chacun à l'égalité devant la loi sans distinction de race, de couleur ou d'origine nationale ou ethnique, notamment dans la jouissance des droits suivants :

a) Droit à un traitement égal devant les tribunaux et tout autre organe administrant la justice ;

b) Droit à la sûreté de la personne et à la protection de l'État contre les voies de fait ou les sévices de la part soit

de fonctionnaires du gouvernement, soit de tout individu, groupe ou institution ;
c) Droits politiques, notamment droit de participer aux élections – de voter et d'être candidat – selon le système du suffrage universel et égal, droit de prendre part au gouvernement ainsi qu'à la direction des affaires publiques, à tous les échelons, et droit d'accéder, dans des conditions d'égalité, aux fonctions publiques ;
d) Autres droits civils, notamment :
i) Droit de circuler librement et de choisir sa résidence à l'intérieur d'un État,
ii) Droit de quitter tout pays, y compris le sien, et de revenir dans son pays,
iii) Droit à une nationalité,
iv) Droit de se marier et de choisir son conjoint,
v) Droit de toute personne, aussi bien seule qu'en association, à la propriété,
vi) Droit d'hériter,
vii) Droit à la liberté de pensée, de conscience et de religion,
viii) Droit à la liberté d'opinion et d'expression,
ix) Droit à la liberté de réunion et d'association pacifiques ;
e) Droits économiques, sociaux et culturels, notamment :
i) Droits au travail, au libre choix de son travail, à des conditions équitables et satisfaisantes de travail, à la protection contre le chômage, à un salaire égal pour un travail égal, à une rémunération équitable et satisfaisante,
ii) Droit de fonder des syndicats et de s'affilier à des syndicats,
iii) Droit au logement,
iv) Droit à la santé, aux soins médicaux, à la sécurité sociale et aux services sociaux,
v) Droit à l'éducation et à la formation professionnelle,
vi) Droit de prendre part, dans des conditions d'égalité, aux activités culturelles ;
f) Droit d'accès à tous lieux et services destinés à l'usage du public, tels que moyens de transport, hôtels, restaurants, cafés, spectacles et parcs.

Article 6

Les États parties assureront à toute personne soumise à leur juridiction une protection et une voie de recours effectives, devant les tribunaux nationaux et autres organismes d'État compétents, contre tous actes de discrimination raciale qui, contrairement à la présente Convention, violeraient ses droits individuels et ses libertés fondamentales, ainsi que le droit de demander à ces tribunaux satisfaction ou réparation juste et adéquate pour tout dommage dont elle pourrait être victime par suite d'une telle discrimination.

Article 7

Les États parties s'engagent à prendre des mesures immédiates et efficaces, notamment dans les domaines de l'enseignement, de l'éducation, de la culture et de l'information, pour lutter contre les préjugés conduisant à la discrimination raciale et favoriser la compréhension, la tolérance et l'amitié entre nations et groupes raciaux ou ethniques, ainsi que pour promouvoir les buts et les principes de la Charte des Nations unies, de la Déclaration universelle des droits de l'homme, de la Déclaration des Nations unies sur l'élimination de toutes les formes de discrimination raciale et de la présente Convention.

Deuxième partie

Article 8

1. Il est constitué un Comité pour l'élimination de la discrimination raciale (ci-après dénommé le Comité) composé de dix-huit experts connus pour leur haute moralité et leur impartialité, qui sont élus par les États parties parmi leurs ressortissants et qui siègent à titre individuel, compte tenu d'une répartition géographique équitable et de la représentation des différentes formes de civilisation ainsi que des principaux systèmes juridiques.
2. Les membres du Comité sont élus au scrutin secret sur une liste de candidats désignés par les États parties. Chaque État partie peut désigner un candidat choisi parmi ses ressortissants.

3. La première élection aura lieu six mois après la date de l'entrée en vigueur de la présente Convention. Trois mois au moins avant la date de chaque élection, le Secrétaire général de l'Organisation des Nations unies envoie une lettre aux États parties pour les inviter à présenter leurs candidatures dans un délai de deux mois. Le Secrétaire général dresse une liste par ordre alphabétique de tous les candidats ainsi désignés, avec indication des États parties qui les ont désignés, et la communique aux États parties.
4. Les membres du Comité sont élus au cours d'une réunion des États parties convoquée par le Secrétaire général au siège de l'Organisation des Nations unies. À cette réunion où le quorum est constitué par les deux tiers des États parties, sont élus membres du Comité les candidats qui obtiennent le plus grand nombre de voix et la majorité absolue des votes des représentants des États parties présents et votants.
5.
a) Les membres du Comité sont élus pour quatre ans. Toutefois, le mandat de neuf des membres élus lors de la première élection prendra fin au bout de deux ans ; immédiatement après la première élection, le nom de ces neuf membres sera tiré au sort par le Président du Comité ;
b) Pour remplir les vacances fortuites, l'État partie dont l'expert a cessé d'exercer ses fonctions de membre du Comité nommera un autre expert parmi ses ressortissants, sous réserve de l'approbation du Comité.
6. Les États parties prennent à leur charge les dépenses des membres du Comité pour la période où ceux-ci s'acquittent de fonctions au Comité.

Article 9

1. Les États parties s'engagent à présenter au Secrétaire général de l'Organisation des Nations unies, pour examen par le Comité, un rapport sur les mesures d'ordre législatif, judiciaire, administratif ou autre qu'ils ont arrêtées et qui donnent effet aux dispositions de la présente Convention :
a) dans un délai d'un an à compter de l'entrée en vigueur

de la Convention, pour chaque État intéressé en ce qui le concerne ;
b) par la suite, tous les deux ans et, en outre, chaque fois que le Comité en fera la demande. Le Comité peut demander des renseignements complémentaires aux États parties.
2. Le Comité soumet chaque année à l'Assemblée générale de l'Organisation des Nations unies, par l'intermédiaire du Secrétaire général, un rapport sur ses activités et peut faire des suggestions et des recommandations d'ordre général fondées sur l'examen des rapports et des renseignements reçus des États parties. Il porte ces suggestions et recommandations d'ordre général à la connaissance de l'Assemblée générale avec, le cas échéant, les observations des États parties.

Article 10

1. Le Comité adopte son règlement intérieur.
2. Le Comité élit son bureau pour une période de deux ans.
3. Le Secrétaire général de l'Organisation des Nations unies assure le secrétariat du Comité.
4. Le Comité tient normalement ses réunions au siège de l'Organisation des Nations unies.

Article 11

1. Si un État partie estime qu'un autre État également partie n'applique pas les dispositions de la présente Convention, il peut appeler l'attention du Comité sur la question. Le Comité transmet alors la communication à l'État partie intéressé. Dans un délai de trois mois, l'État destinataire soumet au Comité des explications ou déclarations écrites éclaircissant la question et indiquant, le cas échéant, les mesures qui peuvent avoir été prises par ledit État pour remédier à la situation.
2. Si, dans un délai de six mois à compter de la date de réception de la communication originale par l'État destinataire, la question n'est pas réglée à la satisfaction des deux États, par voie de négociations bilatérales ou par toute autre procédure qui serait à leur disposition, l'un

comme l'autre auront le droit de la soumettre à nouveau au Comité en adressant une notification au Comité ainsi qu'à l'autre État intéressé.

3. Le Comité ne peut connaître d'une affaire qui lui est soumise conformément au paragraphe 2 du présent article qu'après s'être assuré que tous les recours internes disponibles ont été utilisés ou épuisés, conformément aux principes de droit international généralement reconnus. Cette règle ne s'applique pas si les procédures de recours excèdent des délais raisonnables.

4. Dans toute affaire qui lui est soumise, le Comité peut demander aux États parties en présence de lui fournir tout renseignement complémentaire pertinent.

5. Lorsque le Comité examine une question en application du présent article, les États parties intéressés ont le droit de désigner un représentant qui participera sans droit de vote aux travaux du Comité pendant toute la durée des débats.

Article 12

1.

a) Une fois que le Comité a obtenu et dépouillé tous les renseignements qu'il juge nécessaires, le Président désigne une Commission de conciliation *ad hoc* (ci-après dénommée la Commission) composée de cinq personnes qui peuvent ou non être membres du Comité. Les membres en sont désignés avec l'assentiment entier et unanime des parties au différend et la Commission met ses bons offices à la disposition des États intéressés, afin de parvenir à une solution amiable de la question, fondée sur le respect de la présente Convention ;

b) Si les États parties au différend ne parviennent pas à une entente sur tout ou partie de la composition de la Commission dans un délai de trois mois, les membres de la Commission qui n'ont pas l'assentiment des États parties au différend sont élus au scrutin secret parmi les membres du Comité, à la majorité des deux tiers des membres du Comité.

2. Les membres de la Commission siègent à titre individuel. Ils ne doivent pas être ressortissants de l'un des États parties au différend ni d'un État qui n'est pas partie à la présente Convention.
3. La Commission élit son Président et adopte son règlement intérieur.
4. La Commission tient normalement ses réunions au siège de l'Organisation des Nations unies ou en tout autre lieu approprié que déterminera la Commission.
5. Le secrétariat prévu au paragraphe 3 de l'article 10 de la présente Convention prête également ses services à la Commission chaque fois qu'un différend entre des États parties entraîne la constitution de la Commission.
6. Toutes les dépenses des membres de la Commission sont réparties également entre les États parties au différend, sur la base d'un état estimatif établi par le Secrétaire général de l'Organisation des Nations unies.
7. Le Secrétaire général sera habilité, si besoin est, à défrayer les membres de la Commission de leurs dépenses, avant que le remboursement en ait été effectué par les États parties au différend conformément au paragraphe 6 du présent article.
8. Les renseignements obtenus et dépouillés par le Comité sont mis à la disposition de la Commission, et la Commission peut demander aux États intéressés de lui fournir tout renseignement complémentaire pertinent.

Article 13

1. Après avoir étudié la question sous tous ses aspects, la Commission prépare et soumet au Président du Comité un rapport contenant ses conclusions sur toutes les questions de fait relatives au litige entre les parties et renfermant les recommandations qu'elle juge opportunes en vue de parvenir à un règlement amiable au différend.
2. Le Président du Comité transmet le rapport de la Commission à chacun des États parties au différend. Lesdits États font savoir au Président du Comité, dans un délai de trois mois, s'ils acceptent, ou non, les recommandations contenues dans le rapport de la Commission.

3. Une fois expiré le délai prévu au paragraphe 2 du présent article, le Président du Comité communique le rapport de la Commission et les déclarations des États parties intéressés aux autres États parties à la Convention.

Article 14

1. Tout État partie peut déclarer à tout moment qu'il reconnaît la compétence du Comité pour recevoir et examiner des communications émanant de personnes ou de groupes de personnes relevant de sa juridiction qui se plaignent d'être victimes d'une violation, par ledit État partie, de l'un quelconque des droits énoncés dans la présente Convention. Le Comité ne reçoit aucune communication intéressant un État partie qui n'a pas fait une telle déclaration.
2. Tout État partie qui fait une déclaration conformément au paragraphe 1 du présent article peut créer ou désigner un organisme dans le cadre de son ordre juridique national qui aura compétence pour recevoir et examiner les pétitions émanant de personnes ou de groupes de personnes relevant de la juridiction dudit État qui se plaignent d'être victimes d'une violation de l'un quelconque des droits énoncés dans la présente Convention et qui ont épuisé les autres recours locaux disponibles.
3. La déclaration faite conformément au paragraphe 1 du présent article et le nom de tout organisme créé ou désigné conformément au paragraphe 2 du présent article sont déposés par l'État partie intéressé auprès du Secrétaire général de l'Organisation des Nations unies, qui en communique copie aux autres États parties. La déclaration peut être retirée à tout moment au moyen d'une notification adressée au Secrétaire général, mais ce retrait n'affecte pas les communications dont le Comité est déjà saisi.
4. L'organisme créé ou désigné conformément au paragraphe 2 du présent article devra tenir un registre des pétitions et des copies certifiées conformes du registre seront déposées chaque année auprès du Secrétaire général par les voies appropriées, étant entendu que le contenu desdites copies ne sera pas divulgué au public.

5. S'il n'obtient pas satisfaction de l'organisme créé ou désigné conformément au paragraphe 2 du présent article, le pétitionnaire a le droit d'adresser, dans les six mois, une communication à cet effet au Comité.

6.

a) Le Comité porte, à titre confidentiel, toute communication qui lui est adressée à l'attention de l'État partie qui a prétendument violé l'une quelconque des dispositions de la Convention, mais l'identité de la personne ou des groupes de personnes intéressés ne peut être révélée sans le consentement exprès de ladite personne ou desdits groupes de personnes. Le Comité ne reçoit pas de communications anonymes ;

b) Dans les trois mois qui suivent, ledit État soumet par écrit au Comité des explications ou déclarations éclaircissant la question et indiquant, le cas échéant, les mesures qu'il pourrait avoir prises pour remédier à la situation.

7.

a) Le Comité examine les communications en tenant compte de toutes les informations qui lui sont soumises par l'État partie intéressé et par le pétitionnaire. Le Comité n'examinera aucune communication d'un pétitionnaire sans s'être assuré que celui-ci a épuisé tous les recours internes disponibles. Toutefois, cette règle ne s'applique pas si les procédures de recours excèdent des délais raisonnables ;

b) Le Comité adresse ses suggestions et recommandations éventuelles à l'État partie intéressé et au pétitionnaire.

8. Le Comité inclut dans son rapport annuel un résumé de ces communications et, le cas échéant, un résumé des explications et déclarations des États parties intéressés ainsi que de ses propres suggestions et recommandations.

9. Le Comité n'a compétence pour s'acquitter des fonctions prévues au présent article que si au moins dix États parties à la Convention sont liés par des déclarations faites conformément au paragraphe 1 du présent article.

Article 15

1. En attendant la réalisation des objectifs de la Déclaration sur l'octroi de l'indépendance aux pays et aux

peuples coloniaux, contenue dans la résolution 1514 (XV) de l'Assemblée générale de l'Organisation des Nations unies, en date du 14 décembre 1960, les dispositions de la présente Convention ne restreignent en rien le droit de pétition accordé à ces peuples par d'autres instruments internationaux ou par l'Organisation des Nations unies ou ses institutions spécialisées.

2.

a) Le Comité constitué conformément au paragraphe 1 de l'article 8 de la présente Convention reçoit copie des pétitions venant des organes de l'Organisation des Nations unies qui s'occupent de questions ayant un rapport direct avec les principes et les objectifs de la présente Convention, et exprime une opinion et fait des recommandations au sujet des pétitions reçues lors de l'examen des pétitions émanant des habitants de territoires sous tutelle ou non autonomes ou de tout autre territoire auquel s'applique la résolution 1514 (XV) de l'Assemblée générale, et ayant trait à des questions visées par la présente Convention, dont sont saisis lesdits organes ;

b) Le Comité reçoit des organes compétents de l'Organisation des Nations unies copie des rapports concernant les mesures d'ordre législatif, judiciaire, administratif ou autre intéressant directement les principes et objectifs de la présente Convention que les puissances administrantes ont appliquées dans les territoires mentionnés à l'alinéa a) du présent paragraphe et exprime des avis et fait des recommandations à ces organes.

3. Le Comité inclut dans ses rapports à l'Assemblée générale un résumé des pétitions et des rapports qu'il a reçus d'organes de l'Organisation des Nations unies, ainsi que les expressions d'opinion et les recommandations qu'ont appelées de sa part lesdits pétitions et rapports.

4. Le Comité prie le Secrétaire général de l'Organisation des Nations unies de lui fournir tous renseignements ayant trait aux objectifs de la présente Convention, dont celui-ci dispose au sujet des territoires mentionnés à l'alinéa a) du paragraphe 2 du présent article.

Article 16

Les dispositions de la présente Convention concernant les mesures à prendre pour régler un différend ou liquider une plainte s'appliquent sans préjudice des autres procédures de règlement des différends ou de liquidation des plaintes en matière de discrimination prévues dans des instruments constitutifs de l'Organisation des Nations unies et de ses institutions spécialisées ou dans des conventions adoptées par ces organisations, et n'empêchent pas les États parties de recourir à d'autres procédures pour le règlement d'un différend conformément aux accords internationaux généraux ou spéciaux qui les lient.

Troisième partie

Article 17

1. La présente Convention est ouverte à la signature de tout État Membre de l'Organisation des Nations unies ou membre de l'une quelconque de ses institutions spécialisées, de tout État partie au Statut de la Cour internationale de justice, ainsi que de tout autre État invité par l'Assemblée générale de l'Organisation des Nations unies à devenir partie à la présente Convention.
2. La présente Convention est sujette à ratification et les instruments de ratification seront déposés auprès du Secrétaire général de l'Organisation des Nations unies.

Article 18

1. La présente Convention sera ouverte à l'adhésion de tout État visé au paragraphe 1 de l'article 17 de la Convention.
2. L'adhésion se fera par le dépôt d'un instrument d'adhésion auprès du Secrétaire général de l'Organisation des Nations unies.

Article 19

1. La présente Convention entrera en vigueur le trentième jour qui suivra la date du dépôt auprès du Secrétaire général de l'Organisation des Nations unies du vingt-septième instrument de ratification ou d'adhésion.

2. Pour chacun des États qui ratifieront la présente Convention ou y adhéreront après le dépôt du vingt-septième instrument de ratification ou d'adhésion, ladite Convention entrera en vigueur le trentième jour après la date du dépôt par cet État de son instrument de ratification ou d'adhésion.

Article 20

1. Le Secrétaire général de l'Organisation des Nations unies recevra et communiquera à tous les États qui sont ou qui peuvent devenir parties à la présente Convention le texte des réserves qui auront été faites au moment de la ratification ou de l'adhésion. Tout État qui élève des objections contre la réserve avisera le Secrétaire général, dans un délai de quatre-vingt-dix jours à compter de la date de ladite communication, qu'il n'accepte pas ladite réserve.
2. Aucune réserve incompatible avec l'objet et le but de la présente Convention ne sera autorisée non plus qu'aucune réserve qui aurait pour effet de paralyser le fonctionnement de l'un quelconque des organes créés par la Convention. Une réserve sera considérée comme rentrant dans les catégories définies ci-dessus si les deux tiers au moins des États parties à la Convention élèvent des objections.
3. Les réserves peuvent être retirées à tout moment par voie de notification adressée au Secrétaire général. La notification prendra effet à la date de réception.

Article 21

Tout État partie peut dénoncer la présente Convention par voie de notification adressée au Secrétaire général de l'Organisation des Nations unies. La dénonciation portera effet un an après la date à laquelle le Secrétaire général en aura reçu notification.

Article 22

Tout différend entre deux ou plusieurs États parties touchant l'interprétation ou l'application de la présente Convention qui n'aura pas été réglé par voie de négociation ou au moyen des procédures expressément prévues par ladite Convention sera porté, à la requête de toute partie au différend, devant la Cour internationale de justice pour qu'elle statue à son sujet, à moins que les parties au différend ne conviennent d'un autre mode de règlement.

Article 23

1. Tout État partie peut formuler à tout moment une demande de révision de la présente Convention par voie de notification écrite adressée au Secrétaire général de l'Organisation des Nations unies.
2. L'Assemblée générale de l'Organisation des Nations unies statuera sur les mesures à prendre, le cas échéant, au sujet de cette demande.

Article 24

Le Secrétaire général de l'Organisation des Nations unies informera tous les États visés au paragraphe 1 de l'article 17 de la présente Convention :
a) Des signatures apposées à la présente Convention et des instruments de ratification et d'adhésion déposés conformément aux articles 17 et 18 ;
b) De la date à laquelle la présente Convention entrera en vigueur conformément à l'article 19 ;
c) Des communications et déclarations reçues conformément aux articles 14, 20 et 23 ;
d) Des dénonciations notifiées conformément à l'article 21.

Article 25

La présente Convention, dont les textes anglais, chinois, espagnol, français et russe font également foi, sera déposée aux archives de l'Organisation des Nations unies.
Le Secrétaire général de l'Organisation des Nations unies fera tenir une copie certifiée conforme de la présente Convention à tous les États appartenant à l'une quelconque des catégories mentionnées au paragraphe 1 de l'article 17 de la Convention.

Déclarations

1) En ce qui concerne l'article 4, la France tient à préciser qu'elle interprète la référence qui y est faite aux principes de la Déclaration universelle des droits de l'homme ainsi qu'aux droits énoncés dans l'article 5 de la même Convention comme déliant les États parties de l'obligation d'édicter des dispositions répressives qui ne soient pas compatibles avec les libertés d'opinion et d'expression, de réunion et d'association pacifiques qui sont garanties par ces textes.

2) En ce qui concerne l'article 6, la France déclare que la question du recours devant les tribunaux est réglée, en ce qui la concerne, selon les normes du droit commun.

3) En ce qui concerne l'article 15, l'adhésion de la France à la Convention ne peut être interprétée comme impliquant une modification de sa position à l'égard de la résolution visée dans cette disposition.

Texte 9 – Convention internationale sur l'élimination de toutes les formes de discrimination à l'égard des femmes, 1979

La Convention internationale sur l'élimination de toutes les formes de discrimination à l'égard des femmes a été adoptée et ouverte à la signature, à la ratification et à l'adhésion par l'Assemblée générale des Nations unies dans sa résolution 34/180 du 18 décembre 1979. Elle est entrée en vigueur le 3 septembre 1981 après 20 ratifications. Elle lie 189 États parties. La France a signé la Convention le 17 juillet 1980 et l'a ratifiée le 14 décembre 1983. Elle a formulé des déclarations lors de la signature, et plusieurs déclarations et réserves lors de la ratification (cf. infra).

La Convention prévoit la création d'un Comité pour l'élimination de la discrimination à l'égard des femmes composé de 23 experts depuis la 35e ratification. Le Comité examine les rapports périodiques des États et adopte des recommandations générales concernant la Convention. Ses compétences ont été élargies par un protocole facultatif adopté en 1999 (cf. infra).

Bibliographie

Alfredsson Gudmundur, Tomaševski Katarina (eds), *A Thematic Guide to the Documents on the Rights of Women*, Nijhoff, 1995.

Freeman Marsha A., Chinkin Christine, Rudolf Beate, *The UN Convention on the Elimination of all Forms of Discrimination against Women: A Commentary*, Oxford University Press, 2012.

Rehof Lars Adam, *Guide to the Travaux Préparatoires of the United Nations Convention on the Elimination of All Forms of Discrimination against Women*, Nijhoff, 1993.

Roman Diane (dir.), *La Convention pour l'élimination des discriminations à l'égard des femmes*, Pedone, 2014.

Westendorp Ingrid (ed.), *The Women's Convention Turned 30: Achievements, Setbacks and Prospects*, Intersentia, 2012.

Les États parties à la présente Convention,

Notant que la Charte des Nations unies réaffirme la foi dans les droits fondamentaux de l'homme, dans la dignité et la valeur de la personne humaine et dans l'égalité des droits de l'homme et de la femme,

Notant que la Déclaration universelle des droits de l'homme affirme le principe de la non-discrimination et proclame que tous les êtres humains naissent libres et égaux en dignité et en droit, et que chacun peut se prévaloir de tous les droits et de toutes les libertés qui y sont énoncés, sans distinction aucune, notamment de sexe,

Notant que les États parties aux Pactes internationaux relatifs aux droits de l'homme ont l'obligation d'assurer l'égalité des droits de l'homme et de la femme dans l'exercice de tous les droits économiques, sociaux, culturels, civils et politiques,

Considérant les conventions internationales conclues sous l'égide de l'Organisation des Nations unies et des institutions spécialisées en vue de promouvoir l'égalité des droits de l'homme et de la femme,

Notant également les résolutions, déclarations et recommandations adoptées par l'Organisation des Nations unies et les institutions spécialisées en vue de promouvoir l'égalité des droits de l'homme et de la femme,

Préoccupés toutefois de constater qu'en dépit de ces divers instruments les femmes continuent de faire l'objet d'importantes discriminations,

Rappelant que la discrimination à l'encontre des femmes viole les principes de l'égalité des droits et du respect de la dignité humaine, qu'elle entrave la participation des femmes, dans les mêmes conditions que les hommes, à la vie politique, sociale, économique et culturelle de leur pays, qu'elle fait obstacle à l'accroissement du bien-être de la société et de la famille et qu'elle empêche les femmes de servir leur pays et l'humanité dans toute la mesure de leurs possibilités,

Préoccupés par le fait que, dans les situations de pauvreté, les femmes ont un minimum d'accès à l'alimentation, aux services médicaux, à l'éducation, à la formation, ainsi qu'aux possibilités d'emploi et à la satisfaction d'autres besoins,

Convaincus que l'instauration du nouvel ordre économique international fondé sur l'équité et la justice contribuera de façon significative à promouvoir l'égalité entre l'homme et la femme,

Soulignant que l'élimination de l'apartheid, de toutes les formes de racisme, de discrimination raciale, de colonialisme, de néocolonialisme, d'agression, d'occupation et domination étrangères et d'ingérence dans les affaires intérieures des États est indispensable à la pleine jouissance par l'homme et la femme de leurs droits,

Affirmant que le renforcement de la paix et de la sécurité internationales, le relâchement de la tension internationale, la coopération entre tous les États quels que soient leurs systèmes sociaux et économiques, le désarmement général et complet et, en particulier, le désarmement nucléaire sous contrôle international strict et efficace, l'affirmation des principes de la justice, de l'égalité et de l'avantage mutuel dans les relations entre pays et la réalisation du droit des peuples assujettis à une domination étrangère et coloniale et à une occupation étrangère à l'autodétermination et à l'indépendance, ainsi que le respect de la souveraineté nationale et de l'intégrité territoriale favoriseront le progrès social et le développement et contribueront par conséquent à la réalisation de la pleine égalité entre l'homme et la femme,

Convaincus que le développement complet d'un pays, le bien-être du monde et la cause de la paix demandent la participation maximale des femmes, à égalité avec les hommes, dans tous les domaines,

Ayant à l'esprit l'importance de la contribution des femmes au bien-être de la famille et au progrès de la société, qui jusqu'à présent n'a pas été pleinement reconnue, de l'importance sociale de la maternité et du rôle des parents dans la famille et dans l'éducation des enfants et conscients du fait que le rôle de la femme dans la procréation ne doit pas être une cause de discrimination et que l'éducation des enfants exige le partage des responsabilités entre les hommes, les femmes et la société dans son ensemble,

Conscients que le rôle traditionnel de l'homme dans la famille et dans la société doit évoluer autant que celui de la femme si on veut parvenir à une réelle égalité de l'homme et de la femme,

Résolus à mettre en œuvre les principes énoncés dans la Déclaration sur l'élimination de la discrimination à l'égard des femmes et, pour ce faire, à adopter les mesures nécessaires à la suppression de cette discrimination sous toutes ses formes et dans toutes ses manifestations,

Sont convenus de ce qui suit :

Première partie

Article premier

Aux fins de la présente Convention, l'expression « discrimination à l'égard des femmes » vise toute distinction, exclusion ou restriction fondée sur le sexe qui a pour effet ou pour but de compromettre ou de détruire la reconnaissance, la jouissance ou l'exercice par les femmes, quel que soit leur état matrimonial, sur la base de l'égalité de l'homme et de la femme, des droits de l'homme et des libertés fondamentales dans les domaines politique, économique, social, culturel et civil ou dans tout autre domaine.

Article 2

Les États parties condamnent la discrimination à l'égard des femmes sous toutes ses formes, conviennent de poursuivre par tous les moyens appropriés et sans retard une politique tendant à éliminer la discrimination à l'égard des femmes et, à cette fin, s'engagent à :

a) Inscrire dans leur constitution nationale ou toute autre disposition législative appropriée le principe de l'égalité des hommes et des femmes, si ce n'est déjà fait, et assurer par voie de législation ou par d'autres moyens appropriés l'application effective dudit principe ;

b) Adopter des mesures législatives et d'autres mesures appropriées assorties, y compris des sanctions en cas de besoin, interdisant toute discrimination à l'égard des femmes ;

c) Instaurer une protection juridictionnelle des droits des femmes sur un pied d'égalité avec les hommes et garantir, par le truchement des tribunaux nationaux compétents et d'autres institutions publiques, la protection effective des femmes contre tout acte discriminatoire ;

d) S'abstenir de tout acte ou pratique discriminatoire à l'égard des femmes et faire en sorte que les autorités publiques et les institutions publiques se conforment à cette obligation ;

e) Prendre toutes mesures appropriées pour éliminer la discrimination pratiquée à l'égard des femmes par une personne, une organisation ou une entreprise quelconque ;
f) Prendre toutes les mesures appropriées, y compris des dispositions législatives, pour modifier ou abroger toute loi, disposition réglementaire, coutume ou pratique qui constitue une discrimination à l'égard des femmes ;
g) Abroger toutes les dispositions pénales qui constituent une discrimination à l'égard des femmes.

Article 3

Les États parties prennent dans tous les domaines, notamment dans les domaines politique, social, économique et culturel, toutes les mesures appropriées, y compris des dispositions législatives, pour assurer le plein développement et le progrès des femmes, en vue de leur garantir l'exercice et la jouissance des droits de l'homme et des libertés fondamentales sur la base de l'égalité avec les hommes.

Article 4

1. L'adoption par les États parties de mesures temporaires spéciales visant à accélérer l'instauration d'une égalité de fait entre les hommes et les femmes n'est pas considérée comme un acte de discrimination tel qu'il est défini dans la présente Convention, mais ne doit en aucune façon avoir pour conséquence le maintien de normes inégales ou distinctes ; ces mesures doivent être abrogées dès que les objectifs en matière d'égalité de chances et de traitement ont été atteints.
2. L'adoption par les États parties de mesures spéciales, y compris de mesures prévues dans la présente Convention, qui visent à protéger la maternité n'est pas considérée comme un acte discriminatoire.

Article 5

Les États parties prennent toutes les mesures appropriées pour :
a) Modifier les schémas et modèles de comportement socioculturel de l'homme et de la femme en vue de parvenir

à l'élimination des préjugés et des pratiques coutumières, ou de tout autre type, qui sont fondés sur l'idée de l'infériorité ou de la supériorité de l'un ou l'autre sexe ou d'un rôle stéréotypé des hommes et des femmes ;
b) Faire en sorte que l'éducation familiale contribue à faire bien comprendre que la maternité est une fonction sociale et à faire reconnaître la responsabilité commune de l'homme et de la femme dans le soin d'élever leurs enfants et d'assurer leur développement, étant entendu que l'intérêt des enfants est la condition primordiale dans tous les cas.

Article 6

Les États parties prennent toutes les mesures appropriées, y compris des dispositions législatives, pour supprimer, sous toutes leurs formes, le trafic des femmes et l'exploitation de la prostitution des femmes.

Deuxième partie

Article 7

Les États parties prennent toutes les mesures appropriées pour éliminer la discrimination à l'égard des femmes dans la vie politique et publique du pays et, en particulier, leur assurent, dans des conditions d'égalité avec les hommes, le droit :
a) De voter à toutes les élections et dans tous les référendums publics et être éligibles à tous les organismes publiquement élus ;
b) De prendre part à l'élaboration de la politique de l'État et à son exécution, occuper des emplois publics et exercer toutes les fonctions publiques à tous les échelons du gouvernement ;
c) De participer aux organisations et associations non gouvernementales s'occupant de la vie publique et politique du pays.

Article 8

Les États parties prennent toutes les mesures appropriées pour que les femmes, dans des conditions d'égalité avec les hommes et sans aucune discrimination, aient la possibilité de représenter leur gouvernement à l'échelon international et de participer aux travaux des organisations internationales.

Article 9

1. Les États parties accordent aux femmes des droits égaux à ceux des hommes en ce qui concerne l'acquisition, le changement et la conservation de la nationalité. Ils garantissent en particulier que ni le mariage avec un étranger, ni le changement de nationalité du mari pendant le mariage ne change automatiquement la nationalité de la femme, ni ne la rend apatride, ni ne l'oblige à prendre la nationalité de son mari.
2. Les États parties accordent à la femme des droits égaux à ceux de l'homme en ce qui concerne la nationalité de leurs enfants.

Troisième partie

Article 10

Les États parties prennent toutes les mesures appropriées pour éliminer la discrimination à l'égard des femmes afin de leur assurer des droits égaux à ceux des hommes en ce qui concerne l'éducation et, en particulier, pour assurer, sur la base de l'égalité de l'homme et de la femme :

a) Les mêmes conditions d'orientation professionnelle, d'accès aux études et d'obtention de diplômes dans les établissements d'enseignement de toutes catégories, dans les zones rurales comme dans les zones urbaines, cette égalité devant être assurée dans l'enseignement préscolaire, général, technique, professionnel et technique supérieur, ainsi que dans tout autre moyen de formation professionnelle ;

b) L'accès aux mêmes programmes, aux mêmes examens, à un personnel enseignant possédant les qualifications de même ordre, à des locaux scolaires et à un équipement de même qualité ;

c) L'élimination de toute conception stéréotypée des rôles de l'homme et de la femme à tous les niveaux et dans toutes les formes d'enseignement en encourageant l'éducation mixte et d'autres types d'éducation qui aideront à réaliser cet objectif et, en particulier, en révisant les livres et programmes scolaires et en adaptant les méthodes pédagogiques ;
d) Les mêmes possibilités en ce qui concerne l'octroi de bourses et autres subventions pour les études ;
e) Les mêmes possibilités d'accès aux programmes d'éducation permanente, y compris aux programmes d'alphabétisation pour adultes et d'alphabétisation fonctionnelle, en vue notamment de réduire au plus tôt tout écart d'instruction existant entre les hommes et les femmes ;
f) La réduction des taux d'abandon féminin des études et l'organisation de programmes pour les filles et les femmes qui ont quitté l'école prématurément ;
g) Les mêmes possibilités de participer activement aux sports et à l'éducation physique ;
h) L'accès à des renseignements spécifiques d'ordre éducatif tendant à assurer la santé et le bien-être des familles, y compris l'information et des conseils relatifs à la planification de la famille.

Article 11

1. Les États parties s'engagent à prendre toutes le mesures appropriées pour éliminer la discrimination à l'égard des femmes dans le domaine de l'emploi, afin d'assurer, sur la base de l'égalité de l'homme et de la femme, les mêmes droits, et en particulier :
a) Le droit au travail en tant que droit inaliénable de tous les êtres humains ;
b) Le droit aux mêmes possibilités d'emploi, y compris l'application des mêmes critères de sélection en matière d'emploi ;
c) Le droit au libre choix de la profession et de l'emploi, le droit à la promotion, à la stabilité de l'emploi et à toutes les prestations et conditions de travail, le droit à la formation professionnelle et au recyclage, y compris

l'apprentissage, le perfectionnement professionnel et la formation permanente ;

d) Le droit à l'égalité de rémunération, y compris de prestation, à l'égalité de traitement pour un travail d'égale valeur aussi bien qu'à l'égalité de traitement en ce qui concerne l'évaluation de la qualité du travail ;

e) Le droit à la sécurité sociale, notamment aux prestations de retraite, de chômage, de maladie, d'invalidité et de vieillesse ou pour toute autre perte de capacité de travail, ainsi que le droit à des congés payés ;

f) Le droit à la protection de la santé et à la sécurité des conditions de travail, y compris la sauvegarde de la fonction de reproduction.

2. Afin de prévenir la discrimination à l'égard des femmes en raison de leur mariage ou de leur maternité et de garantir leur droit effectif au travail, les États parties s'engagent à prendre des mesures appropriées ayant pour objet :

a) D'interdire, sous peine de sanctions, le licenciement pour cause de grossesse ou de congé de maternité et la discrimination dans les licenciements fondée sur le statut matrimonial ;

b) D'instituer l'octroi de congés de maternité payés ou ouvrant droit à des prestations sociales comparables, avec la garantie du maintien de l'emploi antérieur, des droits d'ancienneté et des avantages sociaux ;

c) D'encourager la fourniture des services sociaux d'appui nécessaires pour permettre aux parents de combiner les obligations familiales avec les responsabilités professionnelles et la participation à la vie publique, en particulier en favorisant l'établissement et le développement d'un réseau de garderies d'enfants ;

d) D'assurer une protection spéciale aux femmes enceintes dont il est prouvé que le travail est nocif.

3. Les lois visant à protéger les femmes dans les domaines visés par le présent article seront revues périodiquement en fonction des connaissances scientifiques et techniques et seront révisées, abrogées ou étendues, selon les besoins.

Article 12

1. Les États parties prennent toutes les mesures appropriées pour éliminer la discrimination à l'égard des femmes dans le domaine des soins de santé en vue de leur assurer, sur la base de l'égalité de l'homme et de la femme, les moyens d'accéder aux services médicaux, y compris ceux qui concernent la planification de la famille.

2. Nonobstant les dispositions du paragraphe 1 ci-dessus, les États parties fournissent aux femmes pendant la grossesse, pendant l'accouchement et après l'accouchement, des services appropriés et, au besoin, gratuits, ainsi qu'une nutrition adéquate pendant la grossesse et l'allaitement.

Article 13

Les États parties s'engagent à prendre toutes les mesures appropriées pour éliminer la discrimination à l'égard des femmes dans d'autres domaines de la vie économique et sociale, afin d'assurer, sur la base de l'égalité de l'homme et de la femme, les mêmes droits et, en particulier :

a) Le droit aux prestations familiales ;

b) Le droit aux prêts bancaires, prêts hypothécaires et autres formes de crédit financier ;

c) Le droit de participer aux activités récréatives, aux sports et à tous les aspects de la vie culturelle.

Article 14

1. Les États parties tiennent compte des problèmes particuliers qui se posent aux femmes rurales et du rôle important que ces femmes jouent dans la survie économique de leurs familles, notamment par leur travail dans les secteurs non monétaires de l'économie, et prennent toutes les mesures appropriées pour assurer l'application des dispositions de la présente Convention aux femmes des zones rurales.

2. Les États parties prennent toutes les mesures appropriées pour éliminer la discrimination à l'égard des femmes dans les zones rurales afin d'assurer, sur la base de l'égalité de l'homme et de la femme, leur participation au développement rural et à ses avantages et, en particulier, ils leur assurent le droit :

a) De participer pleinement à l'élaboration et à l'exécution des plans de développement à tous les échelons ;
b) D'avoir accès aux services adéquats dans le domaine de la santé, y compris aux informations, conseils et services en matière de planification de la famille ;
c) De bénéficier directement des programmes de sécurité sociale ;
d) De recevoir tout type de formation et d'éducation, scolaires ou non, y compris en matière d'alphabétisation fonctionnelle, et de pouvoir bénéficier de tous les services communautaires et de vulgarisation, notamment pour accroître leurs compétences techniques ;
e) D'organiser des groupes d'entraide et des coopératives afin de permettre l'égalité de chances sur le plan économique, qu'il s'agisse de travail salarié ou de travail indépendant ;
f) De participer à toutes les activités de la communauté ;
g) D'avoir accès au crédit et aux prêts agricoles, ainsi qu'aux services de commercialisation et aux technologies appropriées, et de recevoir un traitement égal dans les réformes foncières et agraires et dans les projets d'aménagement rural ;
h) De bénéficier de conditions de vie convenables, notamment en ce qui concerne le logement, l'assainissement, l'approvisionnement en électricité et en eau, les transports et les communications.

Quatrième partie

Article 15

1. Les États parties reconnaissent à la femme l'égalité avec l'homme devant la loi.
2. Les États parties reconnaissent à la femme, en matière civile, une capacité juridique identique à celle de l'homme et les mêmes possibilités pour exercer cette capacité. Ils lui reconnaissent en particulier des droits égaux en ce qui concerne la conclusion de contrats et l'administration des biens et leur accordent le même traitement à tous les stades de la procédure judiciaire.

3. Les États parties conviennent que tout contrat et tout autre instrument privé, de quelque type que ce soit, ayant un effet juridique visant à limiter la capacité juridique de la femme doivent être considérés comme nuls.
4. Les États parties reconnaissent à l'homme et à la femme les mêmes droits en ce qui concerne la législation relative au droit des personnes à circuler librement et à choisir leur résidence et leur domicile.

Article 16

1. Les États parties prennent toutes les mesures appropriées pour éliminer la discrimination à l'égard des femmes dans toutes les questions découlant du mariage et dans les rapports familiaux et, en particulier, assurent, sur la base de l'égalité de l'homme et de la femme :
a) Le même droit de contracter mariage ;
b) Le même droit de choisir librement son conjoint et de ne contracter mariage que de son libre et plein consentement ;
c) Les mêmes droits et les mêmes responsabilités au cours du mariage et lors de sa dissolution ;
d) Les mêmes droits et les mêmes responsabilités en tant que parents, quel que soit leur état matrimonial, pour les questions se rapportant à leurs enfants ; dans tous les cas, l'intérêt des enfants est la considération primordiale ;
e) Les mêmes droits de décider librement et en toute connaissance de cause du nombre et de l'espacement des naissances et d'avoir accès aux informations, à l'éducation et aux moyens nécessaires pour leur permettre d'exercer ces droits ;
f) Les mêmes droits et responsabilités en matière de tutelle, de curatelle, de garde et d'adoption des enfants, ou d'institutions similaires, lorsque ces concepts existent dans la législation nationale ; dans tous les cas, l'intérêt des enfants est la considération primordiale ;
g) Les mêmes droits personnels au mari et à la femme, y compris en ce qui concerne le choix du nom de famille, d'une profession et d'une occupation ;
h) Les mêmes droits à chacun des époux en matière de propriété, d'acquisition, de gestion, d'administration, de

jouissance et de disposition des biens, tant à titre gratuit qu'à titre onéreux.
2. Les fiançailles et les mariages d'enfants n'ont pas d'effets juridiques et toutes les mesures nécessaires, y compris des dispositions législatives, sont prises afin de fixer un âge minimal pour le mariage et de rendre obligatoire l'inscription du mariage sur un registre officiel.

Cinquième partie

Article 17

1. Aux fins d'examiner les progrès réalisés dans l'application de la présente Convention, il est constitué un Comité pour l'élimination de la discrimination à l'égard des femmes (ci-après dénommé le Comité), qui se compose, au moment de l'entrée en vigueur de la Convention, de dix-huit, et après sa ratification ou l'adhésion du trente-cinquième État partie, de vingt-trois experts d'une haute autorité morale et éminemment compétents dans le domaine auquel s'applique la présente Convention. Ces experts sont élus par les États parties parmi les ressortissants et siègent à titre personnel, compte tenu du principe d'une répartition géographique équitable et de la représentation des différentes formes de civilisation ainsi que des principaux systèmes juridiques.
2. Les membres du Comité sont élus au scrutin secret sur une liste de candidats désignés par les États parties. Chaque État partie peut désigner un candidat choisi parmi ses ressortissants.
3. La première élection a lieu six mois après la date d'entrée en vigueur de la présente Convention. Trois mois au moins avant la date de chaque élection, le Secrétaire général de l'Organisation des Nations unies adresse une lettre aux États parties pour les inviter à soumettre leurs candidatures dans un délai de deux mois. Le Secrétaire général dresse une liste alphabétique de tous les candidats, en indiquant par quel État ils ont été désignés, liste qu'il communique aux États parties.
4. Les membres du Comité sont élus au cours d'une réunion des États parties convoquée par le Secrétaire

général au siège de l'Organisation des Nations unies. À cette réunion, où le quorum est constitué par les deux tiers des États parties, sont élus membres du Comité les candidats ayant obtenu le plus grand nombre de voix et la majorité absolue des votes des représentants des États parties présents et votants.

5. Les membres du Comité sont élus pour quatre ans. Toutefois, le mandat de neuf des membres élus à la première élection prendra fin au bout de deux ans ; le Président du Comité tirera au sort les noms de ces neuf membres immédiatement après la première élection.

6. L'élection des cinq membres additionnels du Comité se fera conformément aux dispositions des paragraphes 2, 3 et 4 du présent article à la suite de la trente-cinquième ratification ou adhésion. Le mandat de deux des membres additionnels élus à cette occasion prendra fin au bout de deux ans ; le nom de ces deux membres sera tiré au sort par le Président du Comité.

7. Pour remplir les vacances fortuites, l'État partie dont l'expert a cessé d'exercer ses fonctions de membre du Comité nommera un autre expert parmi ses ressortissants, sous réserve de l'approbation du Comité.

8. Les membres du Comité reçoivent, avec l'approbation de l'Assemblée générale, des émoluments prélevés sur les ressources de l'Organisation des Nations unies dans les conditions fixées par l'Assemblée eu égard à l'importance des fonctions du Comité.

9. Le Secrétaire général de l'Organisation des Nations unies met à la disposition du Comité le personnel et les moyens matériels qui lui sont nécessaires pour s'acquitter efficacement des fonctions qui lui sont confiées en vertu de la présente Convention.

Article 18

1. Les États parties s'engagent à présenter au Secrétaire général de l'Organisation des Nations unies, pour examen par le Comité, un rapport sur les mesures d'ordre législatif, judiciaire, administratif ou autre qu'ils ont adoptées pour

donner effet aux dispositions de la présente Convention et sur les progrès réalisés à cet égard :

a) Dans l'année suivant l'entrée en vigueur de la Convention dans l'État intéressé ;

b) Puis tous les quatre ans, ainsi qu'à la demande du Comité.

2. Les rapports peuvent indiquer les facteurs et difficultés influant sur la mesure dans laquelle sont remplies les obligations prévues par la présente Convention.

Article 19

1. Le Comité adopte son propre règlement intérieur.
2. Le Comité élit son Bureau pour une période de deux ans.

Article 20

1. Le Comité se réunit normalement pendant une période de deux semaines au plus chaque année pour examiner les rapports présentés conformément à l'article 18 de la présente Convention.
2. Les séances du Comité se tiennent normalement au siège de l'Organisation des Nations unies ou en tout autre lieu adéquat déterminé par le Comité.

Article 21

1. Le Comité rend compte chaque année à l'Assemblée générale de l'Organisation des Nations unies, par l'intermédiaire du Conseil économique et social, de ses activités et peut formuler des suggestions et des recommandations générales fondées sur l'examen des rapports et des renseignements reçus des États parties. Ces suggestions et recommandations sont incluses dans le rapport du Comité, accompagnées, le cas échéant, des observations des États parties.
2. Le Secrétaire général de l'Organisation des Nations unies transmet les rapports du Comité à la Commission de la condition de la femme, pour information.

Article 22

Les institutions spécialisées ont le droit d'être représentées lors de l'examen de la mise en œuvre de toute disposition de la présente Convention qui entre dans le cadre de leurs activités. Le Comité peut inviter les institutions spécialisées à soumettre des rapports sur l'application de la Convention dans les domaines qui entrent dans le cadre de leurs activités.

Sixième partie

Article 23

Aucune des dispositions de la présente Convention ne portera atteinte aux dispositions plus propices à la réalisation de l'égalité de l'homme et de la femme pouvant être contenues :

a) Dans la législation d'un État partie ; ou

b) Dans toute autre convention, tout autre traité ou accord international en vigueur dans cet État.

Article 24

Les États parties s'engagent à adopter toutes les mesures nécessaires au niveau national pour assurer le plein exercice des droits reconnus par la présente Convention.

Article 25

1. La présente Convention est ouverte à la signature de tous les États.
2. Le Secrétaire général de l'Organisation des Nations unies est désigné comme dépositaire de la présente Convention.
3. La présente Convention est sujette à ratification et les instruments de ratification seront déposés auprès du Secrétaire général de l'Organisation des Nations unies.
4. La présente Convention sera ouverte à l'adhésion de tous les États. L'adhésion s'effectuera par le dépôt d'un instrument d'adhésion auprès du Secrétaire général de l'Organisation des Nations unies.

Article 26

1. Tout État partie peut demander à tout moment la révision de la présente Convention en adressant une communication écrite à cet effet au Secrétaire général de l'Organisation des Nations unies.

2. L'Assemblée générale de l'Organisation des Nations unies décide des mesures à prendre, le cas échéant, au sujet d'une demande de cette nature.

Article 27

1. La présente Convention entrera en vigueur le trentième jour qui suivra la date du dépôt auprès du Secrétaire général de l'Organisation des Nations unies du vingtième instrument de ratification ou d'adhésion.
2. Pour chacun des États qui ratifieront la présente Convention ou y adhéreront après le dépôt du vingtième instrument de ratification ou d'adhésion, ladite Convention entrera en vigueur le trentième jour après la date du dépôt par cet État de son instrument de ramification ou d'adhésion.

Article 28

1. Le Secrétaire général de l'Organisation des Nations unies recevra et communiquera à tous les États le texte des réserves qui auront été faites au moment de la ratification ou de l'adhésion.
2. Aucune réserve incompatible avec l'objet et le but de la présente Convention ne sera autorisée.
3. Les réserves peuvent être retirées à tout moment par voie de notification adressée au Secrétaire général de l'Organisation des Nations unies, lequel informe tous les États parties à la Convention. La notification prendra effet à la date de réception.

Article 29

1. Tout différend entre deux ou plusieurs États parties concernant l'interprétation ou l'application de la présente Convention qui n'est pas réglé par voie de négociation est soumis à l'arbitrage, à la demande de l'un d'entre eux. Si, dans les six mois qui suivent la date de la demande d'arbitrage, les parties ne parviennent pas à se mettre d'accord sur l'organisation de l'arbitrage, l'une quelconque d'entre elles peut soumettre le différend à la Cour internationale de justice, en déposant une requête conformément au Statut de la Cour.

2. Tout État partie pourra, au moment où il signera la présente Convention, la ratifiera ou y adhérera, déclarer qu'il ne se considère pas lié par les dispositions du paragraphe 1 du présent article. Les autres États parties ne seront pas liés par lesdites dispositions envers un État partie qui aura formulé une telle réserve.
3. Tout État partie qui aura formulé une réserve conformément aux dispositions du paragraphe 2 du présent article pourra à tout moment lever cette réserve par une notification adressée au Secrétaire général de l'Organisation des Nations unies.

Article 30

La présente Convention, dont les textes en anglais, arabe, chinois, espagnol, français et russe font également foi, sera déposée auprès du Secrétaire général de l'Organisation des Nations unies.
En foi de quoi les soussignés, à ce dûment habilités, ont signé la présente Convention.

Déclarations lors de la signature

Le Gouvernement de la République française déclare que l'article 9 de la Convention ne doit pas être interprété comme faisant obstacle à l'application du deuxième alinéa de l'article 96 du code de la nationalité française.

Déclarations lors de la ratification

1) Le Gouvernement de la République française déclare que le préambule de la Convention contient, notamment en son onzième considérant, des éléments contestables qui n'ont en tout état de cause pas leur place dans ce texte.
2) Le Gouvernement de la République française déclare que l'expression «éducation familiale» qui

figure à l'article 5 b) de la Convention doit être interprétée comme visant l'éducation publique relative à la famille, et qu'en tout état de cause l'article 5 sera appliqué dans le respect de l'article 17 du Pacte international relatif aux droits civils et politiques et de l'article 8 de la Convention européenne de sauvegarde des droits de l'homme et des libertés fondamentales.

3) Le Gouvernement de la République française déclare qu'aucune disposition de la Convention ne doit être interprétée comme faisant obstacle aux dispositions de la législation française qui sont plus favorables aux femmes qu'aux hommes.

Réserve lors de la ratification

Le Gouvernement de la République française déclare, conformément au paragraphe 2 de l'article 29 de la Convention, qu'il ne sera pas lié par les dispositions du paragraphe premier de cet article.

Texte 9.1 – Protocole facultatif à la Convention internationale sur l'élimination de toutes les formes de discrimination à l'égard des femmes, 1999

Le protocole facultatif a été adopté par l'Assemblée générale des Nations unies le 6 octobre 1999 dans sa résolution 54/4 et ouvert à la signature, à la ratification et à l'adhésion le 10 décembre 1999. Il lie 106 États parties. La France a signé le protocole facultatif le 10 décembre 1999 et l'a ratifié le 9 juin 2000.

En vertu du protocole facultatif, le Comité pour l'élimination de la discrimination à l'égard des femmes est compétent pour recevoir des communications individuelles et effectuer une enquête s'il est informé de violations graves et systématiques des droits garantis par la Convention.

Les États parties au présent Protocole,
Notant que la Charte des Nations unies réaffirme la foi dans les droits fondamentaux de l'individu, dans la dignité et la valeur de la personne humaine et dans l'égalité des droits des femmes et des hommes,
Notant également que la Déclaration universelle des droits de l'homme proclame que tous les êtres humains naissent libres et égaux en dignité et en droits et que chacun peut se prévaloir de tous les droits et de toutes les libertés proclamés dans la Déclaration, sans distinction aucune, notamment de sexe,
Rappelant que les Pactes internationaux relatifs aux droits de l'homme et les autres instruments internationaux relatifs aux droits de l'homme interdisent la discrimination fondée sur le sexe,
Rappelant la Convention sur l'élimination de toutes les formes de discrimination à l'égard des femmes (« la Convention »), dans laquelle les États parties condamnent la discrimination à l'égard des femmes sous toutes ses formes et conviennent de poursuivre par tous les moyens appropriés et sans retard une politique tendant à éliminer la discrimination à l'égard des femmes,
Réaffirmant qu'ils sont résolus à assurer le plein exercice par les femmes, dans des conditions d'égalité, de tous les droits fondamentaux et libertés fondamentales et de prendre des mesures efficaces pour prévenir les violations de ces droits et libertés,
Sont convenus de ce qui suit :

Article premier

Tout État partie au présent Protocole (« l'État partie ») reconnaît la compétence du Comité pour l'élimination de la discrimination à l'égard des femmes (« le Comité ») en ce qui concerne la réception et l'examen de communications soumises en application de l'article 2.

Article 2

Des communications peuvent être présentées par des particuliers ou groupes de particuliers ou au nom de particuliers ou groupes de particuliers relevant de la juridiction d'un État partie, qui affirment être victimes d'une violation par cet État partie d'un des droits énoncés dans la Convention. Une communication ne peut être présentée au nom de particuliers ou groupes de particuliers qu'avec leur consentement, à moins que l'auteur ne puisse justifier qu'il agit en leur nom sans un tel consentement.

Article 3

Les communications doivent être présentées par écrit et ne peuvent être anonymes. Une communication concernant un État partie à la Convention qui n'est pas partie au présent Protocole est irrecevable par le Comité.

Article 4

1. Le Comité n'examine aucune communication sans avoir vérifié que tous les recours internes ont été épuisés, à moins que la procédure de recours n'excède des délais raisonnables ou qu'il soit improbable que le requérant obtienne réparation par ce moyen.

2. Le Comité déclare irrecevable toute communication :

a) Ayant trait à une question qu'il a déjà examinée ou qui a déjà fait l'objet ou qui fait l'objet d'un examen dans le cadre d'une autre procédure d'enquête ou de règlement international ;

b) Incompatible avec les dispositions de la Convention ;

c) Manifestement mal fondée ou insuffisamment motivée ;

d) Constituant un abus du droit de présenter de telles communications ;

e) Portant sur des faits antérieurs à la date d'entrée en vigueur du présent Protocole à l'égard des États parties intéressé, à moins que ces faits ne persistent après cette date.

Article 5

1. Après réception d'une communication, et avant de prendre une décision sur le fond, le Comité peut à tout moment soumettre à l'urgente attention de l'État partie intéressé une demande tendant à ce qu'il prenne les mesures conservatoires nécessaires pour éviter qu'un dommage irréparable ne soit causé aux victimes de la violation présumée.
2. Le Comité ne préjuge pas de sa décision sur la recevabilité ou le fond de la communication du simple fait qu'il exerce la faculté que lui donne le paragraphe 1 du présent article.

Article 6

1. Sauf s'il la juge d'office irrecevable sans en référer à l'État partie concerné, et à condition que l'intéressé ou les intéressés consentent à ce que leur identité soit révélée à l'État partie, le Comité porte confidentiellement à l'attention de l'État partie concerné toute communication qui lui est adressée en vertu du présent Protocole.
2. L'État partie intéressé présente par écrit au Comité, dans un délai de six mois, des explications ou déclarations apportant des précisions sur l'affaire qui fait l'objet de la communication, en indiquant le cas échéant les mesures correctives qu'il a prises.

Article 7

1. En examinant les communications qu'il reçoit en vertu du présent Protocole, le Comité tient compte de toutes les indications qui lui sont communiquées par les particuliers ou groupes de particuliers ou en leur nom et par l'État partie intéressé, étant entendu que ces renseignements doivent être communiqués aux parties concernées.
2. Le Comité examine à huit clos les communications qui lui sont adressées en vertu du présent Protocole.
3. Après avoir examiné une communication, le Comité transmet ses constatations à son sujet, éventuellement accompagnées de ses recommandations, aux parties concernées.

4. L'État partie examine dûment les constatations et les éventuelles recommandations du Comité, auquel il soumet, dans un délai de six mois une réponse écrite, l'informant notamment de toute action menée à la lumière de ses constatations et recommandations.
5. Le Comité peut inviter l'État partie à lui soumettre de plus amples renseignements sur les mesures qu'il a prises en réponse à ces constatations et éventuellement recommandations, y compris, si le Comité le juge approprié, dans les rapports ultérieurs que l'État partie doit lui présenter conformément à l'article 18 de la Convention.

Article 8

1. Si le Comité est informé, par des renseignements crédibles, qu'un État partie porte gravement ou systématiquement atteinte aux droits énoncés dans la Convention, il invite cet État à s'entretenir avec lui des éléments ainsi portés à son attention et à présenter ses observations à leur sujet.
2. Le Comité, se fondant sur les observations éventuellement formulées par l'État partie intéressé, ainsi que sur tout autre renseignement crédible dont il dispose, peut charger un ou plusieurs de ses membres d'effectuer une enquête et de lui rendre compte sans tarder des résultats de celle-ci. Cette enquête peut, lorsque cela se justifie et avec l'accord de l'État partie, comporter des visites sur le territoire de cet État.
3. Après avoir étudié les résultats de l'enquête, le Comité les communique à l'État partie intéressé, accompagnés, le cas échéant, d'observations et de recommandations.
4. Après avoir été informé des résultats de l'enquête et des observations et recommandations du Comité, l'État partie présente ses observations à celui-ci dans un délai de six mois.
5. L'enquête conserve un caractère confidentiel et la coopération de l'État partie sera sollicitée à tous les stades de la procédure.

Article 9

1. Le Comité peut inviter l'État partie intéressé à inclure dans le rapport qu'il doit présenter conformément à l'article 18 de la Convention des précisions sur les mesures qu'il a prises à la suite d'une enquête effectuée en vertu de l'article 8 du présent Protocole.
2. À l'expiration du délai de six mois visé au paragraphe 4 de l'article 8, le Comité peut, s'il y a lieu, inviter l'État partie intéressé à l'informer des mesures qu'il a prises à la suite d'une telle enquête.

Article 10

1. Tout État partie peut, au moment où il signe ou ratifie le présent Protocole ou y adhère, déclarer qu'il ne reconnaît pas au Comité la compétence que confèrent à celui-ci les articles 8 et 9.
2. Tout État partie qui a fait la déclaration visée au paragraphe 1 du présent article peut à tout moment retirer cette déclaration par voie de notification au Secrétaire général.

Article 11

L'État partie prend toutes les dispositions nécessaires pour que les personnes relevant de sa juridiction qui communiquent avec le Comité ne fassent pas de ce fait l'objet de mauvais traitements ou d'intimidation.

Article 12

Le Comité résume dans le rapport annuel qu'il établit conformément à l'article 21 de la Convention les activités qu'il a menées au titre du présent Protocole.

Article 13

Tout État partie s'engage à faire largement connaître et à diffuser la Convention ainsi que le présent Protocole, et à faciliter l'accès aux informations relatives aux constatations et aux recommandations du Comité, en particulier pour les affaires concernant cet État partie.

Article 14

Le Comité arrête son propre règlement intérieur et exerce les fonctions que lui confère le présent Protocole conformément à ce règlement.

Article 15

1. Le présent Protocole est ouvert à la signature de tous les États qui ont signé la Convention, l'ont ratifiée ou y ont adhéré.
2. Le présent Protocole est sujet à ratification par tout État qui a ratifié la Convention ou y a adhéré. Les instruments de ratification seront déposés auprès du Secrétaire général de l'Organisation des Nations unies.
3. Le présent Protocole est ouvert à l'adhésion de tout État qui a ratifié la Convention ou y a adhéré.
4. L'adhésion s'effectue par le dépôt d'un instrument d'adhésion auprès du Secrétaire général de l'Organisation des Nations unies.

Article 16

1. Le présent Protocole entrera en vigueur trois mois après la date de dépôt du dixième instrument de ratification ou d'adhésion.
2. Pour chaque État qui ratifiera le présent Protocole ou y adhérera après son entrée en vigueur, le Protocole entrera en vigueur trois mois après la date du dépôt par cet État de son instrument de ratification ou d'adhésion.

Article 17

Le présent Protocole n'admet aucune réserve.

Article 18

1. Tout État partie peut déposer une proposition d'amendement au présent Protocole auprès du Secrétaire général de l'Organisation des Nations unies. Le Secrétaire général communiquera la proposition aux États parties en leur demandant de lui faire savoir s'ils sont favorables à la convocation d'une conférence des États parties aux fins d'examen et de mise aux voix de la proposition. Si un tiers au moins des États parties se déclare favorable à une

telle conférence, le Secrétaire général la convoque sous les auspices de l'Organisation des Nations unies. Tout amendement adopté par la majorité des États parties présents et votants à la conférence est présenté à l'Assemblée générale des Nations unies pour approbation.
2. Les amendements entreront en vigueur lorsqu'ils auront été approuvés par l'Assemblée générale des Nations unies et acceptés par les deux tiers des États parties au présent Protocole, conformément aux procédures prévues par leur constitution respective.
3. Lorsque les amendements entreront en vigueur, ils auront force obligatoire pour les États parties qui les auront acceptés, les autres États parties restant liés par les dispositions du présent Protocole et par tout autre amendement qu'ils auront accepté antérieurement.

Article 19

1. Tout État partie peut dénoncer le présent Protocole à tout moment en adressant une notification écrite au Secrétaire général de l'Organisation des Nations unies. La dénonciation prend effet six mois après la date de réception de la notification par le Secrétaire général.
2. Les dispositions du présent Protocole continuent de s'appliquer à toute communication présentée conformément à l'article 2 ou toute enquête entamée conformément à l'article 8 avant la date où la dénonciation prend effet.

Article 20

Le Secrétaire général de l'Organisation des Nations unies informe tous les États :
a) Des signatures, ratifications et adhésions ;
b) De la date d'entrée en vigueur du présent Protocole et de tout amendement adopté au titre de l'article 18 ;
c) De toute dénonciation au titre de l'article 19.

Article 21

1. Le présent Protocole, dont les textes en anglais, arabe, chinois, espagnol, français et russe font également foi, est versé aux archives de l'Organisation des Nations unies.

2. Le Secrétaire général de l'Organisation des Nations unies transmet une copie certifiée conforme du présent Protocole à tous les États visés à l'article 25 de la Convention.

Texte 10 – Convention internationale relative aux droits de l'enfant, 1989

La Convention internationale relative aux droits de l'enfant a été adoptée et ouverte à la signature, à la ratification et à l'adhésion par l'Assemblée générale des Nations unies dans sa résolution 44/25 du 20 novembre 1989. Elle est entrée en vigueur le 2 septembre 1990 après 20 ratifications. Elle lie 196 États parties depuis la ratification du Soudan du Sud le 23 janvier 2015 et celle de la Somalie le 1er octobre 2015, ce qui fait des États-Unis le seul pays du monde à rester simple signataire de la Convention. La France a signé la Convention le 26 janvier 1990 et l'a ratifiée le 7 août 1990. Elle a fait trois déclarations relatives à la Convention lors de la signature, confirmées lors de la ratification (cf. infra). *La Convention est complétée par trois protocoles facultatifs* (cf. infra).

La Convention prévoit la création d'un Comité des droits de l'enfant composé de 18 experts indépendants. Le Comité contrôle également l'application par les États parties des protocoles facultatifs à la Convention. Il examine les rapports périodiques des États et adopte des observations générales.

Il est également habilité à recevoir des communications individuelles, interétatiques, ainsi qu'à mener des enquêtes en cas de violations graves et systématiques des droits énoncés dans la Convention et les deux premiers protocoles facultatifs.

Bibliographie

Doek Jaap, Cantwell Nigel, Detrick Sharon, *The United Nations Convention on the Rights of the Child: A Guide to the "Travaux Preparatoires"*, Nijhoff, 1992.

Van Bueren Geraldine, *The International Law of the Rights of the Child*, Nijhoff, 1995.

Les États parties à la présente Convention,

Considérant que, conformément aux principes proclamés dans la Charte des Nations unies, la reconnaissance de la dignité inhérente à tous les membres de la famille humaine ainsi que l'égalité et le caractère inaliénable de leurs droits sont le fondement de la liberté, de la justice et de la paix dans le monde,

Ayant à l'esprit le fait que les peuples des Nations unies ont, dans la Charte, proclamé à nouveau leur foi dans les droits fondamentaux de l'homme et dans la dignité et la valeur de la personne humaine, et qu'ils ont résolu de favoriser le progrès social et d'instaurer de meilleures conditions de vie dans une liberté plus grande,

Reconnaissant que les Nations unies, dans la Déclaration universelle des droits de l'homme et dans les pactes internationaux relatifs aux droits de l'homme, ont proclamé et sont convenues que chacun peut se prévaloir de tous les droits et de toutes les libertés qui y sont énoncés, sans distinction aucune, notamment de race, de couleur, de sexe, de langue, de religion, d'opinion politique ou de toute autre opinion, d'origine nationale ou sociale, de fortune, de naissance ou de toute autre situation,

Rappelant que, dans la Déclaration universelle des droits de l'homme, les Nations unies ont proclamé que l'enfance a droit à une aide et à une assistance spéciales,

Convaincus que la famille, unité fondamentale de la société et milieu naturel pour la croissance et le bien-être de tous ses membres et en particulier des enfants, doit recevoir la protection et l'assistance dont elle a besoin pour pouvoir jouer pleinement son rôle dans la communauté,

Reconnaissant que l'enfant, pour l'épanouissement harmonieux de sa personnalité, doit grandir dans le milieu familial, dans un climat de bonheur, d'amour et de compréhension,

Considérant qu'il importe de préparer pleinement l'enfant à avoir une vie individuelle dans la société, et de l'élever dans l'esprit des idéaux proclamés dans la Charte des Nations unies, et en particulier dans un esprit de paix, de dignité, de tolérance, de liberté, d'égalité et de solidarité,

Ayant à l'esprit que la nécessité d'accorder une protection spéciale à l'enfant a été énoncée dans la Déclaration de Genève de 1924 sur les droits de l'enfant et dans la Déclaration des droits de l'enfant adoptée par l'Assemblée générale le 20 novembre 1959, et qu'elle a été reconnue dans la Déclaration universelle des droits de l'homme, dans le Pacte international relatif aux droits civils et politiques (en particulier aux articles 23 et 24), dans le Pacte international relatif aux droits économiques, sociaux et culturels (en particulier à l'article 10) et dans les statuts et instruments pertinents des institutions spécialisées et des organisations internationales qui se préoccupent du bien-être de l'enfant,

Ayant à l'esprit que, comme indiqué dans la Déclaration des droits de l'enfant, « l'enfant, en raison de son manque de maturité physique et intellectuelle, a besoin d'une protection spéciale et de soins spéciaux, notamment d'une protection juridique appropriée, avant comme après la naissance »,

Rappelant les dispositions de la Déclaration sur les principes sociaux et juridiques applicables à la protection et au bien-être des enfants, envisagés surtout sous l'angle des pratiques en matière d'adoption et de placement familial sur les plans national et international, de l'Ensemble de règles *minima* des Nations unies concernant l'administration de la justice pour mineurs (Règles de Beijing) et de la Déclaration sur la protection des femmes et des enfants en période d'urgence et de conflit armé,

Reconnaissant qu'il y a dans tous les pays du monde des enfants qui vivent dans des conditions particulièrement difficiles, et qu'il est nécessaire d'accorder à ces enfants une attention particulière,

Tenant dûment compte de l'importance des traditions et valeurs culturelles de chaque peuple dans la protection et le développement harmonieux de l'enfant,

Reconnaissant l'importance de la coopération internationale pour l'amélioration des conditions de vie des enfants dans tous les pays, en particulier dans les pays en développement,

Sont convenus de ce qui suit :

Première partie

Article premier

Au sens de la présente Convention, un enfant s'entend de tout être humain âgé de moins de dix-huit ans, sauf si la majorité est atteinte plus tôt en vertu de la législation qui lui est applicable.

Article 2

1. Les États parties s'engagent à respecter les droits qui sont énoncés dans la présente Convention et à les garantir à tout enfant relevant de leur juridiction, sans distinction aucune, indépendamment de toute considération de race, de couleur, de sexe, de langue, de religion, d'opinion politique ou autre de l'enfant ou de ses parents ou représentants légaux, de leur origine nationale, ethnique ou sociale, de leur situation de fortune, de leur incapacité, de leur naissance ou de toute autre situation.
2. Les États parties prennent toutes les mesures appropriées pour que l'enfant soit effectivement protégé contre toutes formes de discrimination ou de sanction motivées par la situation juridique, les activités, les opinions déclarées ou les convictions de ses parents, de ses représentants légaux ou des membres de sa famille.

Article 3

1. Dans toutes les décisions qui concernent les enfants, qu'elles soient le fait des institutions publiques ou privées de protection sociale, des tribunaux, des autorités administratives ou des organes législatifs, l'intérêt supérieur de l'enfant doit être une considération primordiale.
2. Les États parties s'engagent à assurer à l'enfant la protection et les soins nécessaires à son bien-être, compte tenu des droits et des devoirs de ses parents, de ses tuteurs ou des autres personnes légalement responsables de lui, et ils prennent à cette fin toutes les mesures législatives et administratives appropriées.
3. Les États parties veillent à ce que le fonctionnement des institutions, services et établissements qui ont la charge des enfants et assurent leur protection soit conforme aux normes fixées par les autorités compétentes, particulièrement dans le domaine de la sécurité et de la santé et en ce qui concerne le nombre et la compétence de leur personnel ainsi que l'existence d'un contrôle approprié.

Article 4

Les États parties s'engagent à prendre toutes les mesures législatives, administratives et autres qui sont nécessaires pour mettre en œuvre les droits reconnus dans la présente Convention. Dans le cas des droits économiques, sociaux et culturels, ils prennent ces mesures dans toutes les limites des ressources dont ils disposent et, s'il y a lieu, dans le cadre de la coopération internationale.

Article 5

Les États parties respectent la responsabilité, le droit et le devoir qu'ont les parents ou, le cas échéant, les membres de la famille élargie ou de la communauté, comme prévu par la coutume locale, les tuteurs ou autres personnes légalement responsables de l'enfant, de donner à celui-ci, d'une manière qui corresponde au développement de ses capacités, l'orientation et les conseils appropriés à l'exercice des droits que lui reconnaît la présente Convention.

Article 6

1. Les États parties reconnaissent que tout enfant a un droit inhérent à la vie.
2. Les États parties assurent dans toute la mesure possible la survie et le développement de l'enfant.

Article 7

1. L'enfant est enregistré aussitôt sa naissance et a dès celle-ci le droit à un nom, le droit d'acquérir une nationalité et, dans la mesure du possible, le droit de connaître ses parents et d'être élevé par eux.
2. Les États parties veillent à mettre ces droits en œuvre conformément à leur législation nationale et aux obligations que leur imposent les instruments internationaux applicables en la matière, en particulier dans les cas où faute de cela l'enfant se trouverait apatride.

Article 8

1. Les États parties s'engagent à respecter le droit de l'enfant de préserver son identité, y compris sa nationalité, son nom et ses relations familiales, tels qu'ils sont reconnus par la loi, sans ingérence illégale.
2. Si un enfant est illégalement privé des éléments constitutifs de son identité ou de certains d'entre eux, les États parties doivent lui accorder une assistance et une protection appropriées, pour que son identité soit rétablie aussi rapidement que possible.

Article 9

1. Les États parties veillent à ce que l'enfant ne soit pas séparé de ses parents contre leur gré, à moins que les autorités compétentes ne décident, sous réserve de révision judiciaire et conformément aux lois et procédures applicables, que cette séparation est nécessaire dans l'intérêt supérieur de l'enfant. Une décision en ce sens peut être nécessaire dans certains cas particuliers, par exemple lorsque les parents maltraitent ou négligent l'enfant, ou lorsqu'ils vivent séparément et qu'une décision doit être prise au sujet du lieu de résidence de l'enfant.

2. Dans tous les cas prévus au paragraphe 1 du présent article, toutes les parties intéressées doivent avoir la possibilité de participer aux délibérations et de faire connaître leurs vues.
3. Les États parties respectent le droit de l'enfant séparé de ses deux parents ou de l'un d'eux d'entretenir régulièrement des relations personnelles et des contacts directs avec ses deux parents, sauf si cela est contraire à l'intérêt supérieur de l'enfant.
4. Lorsque la séparation résulte de mesures prises par un État partie, telles que la détention, l'emprisonnement, l'exil, l'expulsion ou la mort (y compris la mort, quelle qu'en soit la cause, survenue en cours de détention) des deux parents ou de l'un d'eux, ou de l'enfant, l'État partie donne sur demande aux parents, à l'enfant ou, s'il y a lieu, à un autre membre de la famille les renseignements essentiels sur le lieu où se trouvent le membre ou les membres de la famille, à moins que la divulgation de ces renseignements ne soit préjudiciable au bien-être de l'enfant. Les États parties veillent en outre à ce que la présentation d'une telle demande n'entraîne pas en elle-même de conséquences fâcheuses pour la personne ou les personnes intéressées.

Article 10

1. Conformément à l'obligation incombant aux États parties en vertu du paragraphe 1 de l'article 9, toute demande faite par un enfant ou ses parents en vue d'entrer dans un État partie ou de le quitter aux fins de réunification familiale est considérée par les États parties dans un esprit positif, avec humanité et diligence. Les États parties veillent en outre à ce que la présentation d'une telle demande n'entraîne pas de conséquences fâcheuses pour les auteurs de la demande et les membres de leur famille.
2. Un enfant dont les parents résident dans des États différents a le droit d'entretenir, sauf circonstances exceptionnelles, des relations personnelles et des contacts directs réguliers avec ses deux parents. À cette fin, et conformément à l'obligation incombant aux États parties

en vertu du paragraphe 1 de l'article 9, les États parties respectent le droit qu'ont l'enfant et ses parents de quitter tout pays, y compris le leur, et de revenir dans leur propre pays. Le droit de quitter tout pays ne peut faire l'objet que des restrictions prescrites par la loi qui sont nécessaires pour protéger la sécurité nationale, l'ordre public, la santé ou la moralité publiques, ou les droits et libertés d'autrui, et qui sont compatibles avec les autres droits reconnus dans la présente Convention.

Article 11

1. Les États parties prennent des mesures pour lutter contre les déplacements et les non-retours illicites d'enfants à l'étranger.
2. À cette fin, les États parties favorisent la conclusion d'accords bilatéraux ou multilatéraux ou l'adhésion aux accords existants.

Article 12

1. Les États parties garantissent à l'enfant qui est capable de discernement le droit d'exprimer librement son opinion sur toute question l'intéressant, les opinions de l'enfant étant dûment prises en considération eu égard à son âge et à son degré de maturité.
2. À cette fin, on donnera notamment à l'enfant la possibilité d'être entendu dans toute procédure judiciaire ou administrative l'intéressant, soit directement, soit par l'intermédiaire d'un représentant ou d'une organisation approprié, de façon compatible avec les règles de procédure de la législation nationale.

Article 13

1. L'enfant a droit à la liberté d'expression. Ce droit comprend la liberté de rechercher, de recevoir et de répandre des informations et des idées de toute espèce, sans considération de frontières, sous une forme orale, écrite, imprimée ou artistique, ou par tout autre moyen du choix de l'enfant.

2. L'exercice de ce droit ne peut faire l'objet que des seules restrictions qui sont prescrites par la loi et qui sont nécessaires :
a) Au respect des droits ou de la réputation d'autrui ; ou
b) À la sauvegarde de la sécurité nationale, de l'ordre public, de la santé ou de la moralité publiques.

Article 14

1. Les États parties respectent le droit de l'enfant à la liberté de pensée, de conscience et de religion.
2. Les États parties respectent le droit et le devoir des parents ou, le cas échéant, des représentants légaux de l'enfant, de guider celui-ci dans l'exercice du droit susmentionné d'une manière qui corresponde au développement de ses capacités.
3. La liberté de manifester sa religion ou ses convictions ne peut être soumise qu'aux seules restrictions qui sont prescrites par la loi et qui sont nécessaires pour préserver la sûreté publique, l'ordre public, la santé et la moralité publiques, ou les libertés et droits fondamentaux d'autrui.

Article 15

1. Les États parties reconnaissent les droits de l'enfant à la liberté d'association et à la liberté de réunion pacifique.
2. L'exercice de ces droits ne peut faire l'objet que des seules restrictions qui sont prescrites par la loi et qui sont nécessaires dans une société démocratique, dans l'intérêt de la sécurité nationale, de la sûreté publique ou de l'ordre public, ou pour protéger la santé ou la moralité publiques, ou les droits et libertés d'autrui.

Article 16

1. Nul enfant ne fera l'objet d'immixtions arbitraires ou illégales dans sa vie privée, sa famille, son domicile ou sa correspondance, ni d'atteintes illégales à son honneur et à sa réputation.
2. L'enfant a droit à la protection de la loi contre de telles immixtions ou de telles atteintes.

Article 17

Les États parties reconnaissent l'importance de la fonction remplie par les médias et veillent à ce que l'enfant ait accès à une information et à des matériels provenant de sources nationales et internationales diverses, notamment ceux qui visent à promouvoir son bien-être social, spirituel et moral ainsi que sa santé physique et mentale. À cette fin, les États parties :

a) Encouragent les médias à diffuser une information et des matériels qui présentent une utilité sociale et culturelle pour l'enfant et répondent à l'esprit de l'article 29;

b) Encouragent la coopération internationale en vue de produire, d'échanger et de diffuser une information et des matériels de ce type provenant de différentes sources culturelles, nationales et internationales;

c) Encouragent la production et la diffusion de livres pour enfants;

d) Encouragent les médias à tenir particulièrement compte des besoins linguistiques des enfants autochtones ou appartenant à un groupe minoritaire;

e) Favorisent l'élaboration de principes directeurs appropriés destinés à protéger l'enfant contre l'information et les matériels qui nuisent à son bien-être, compte tenu des dispositions des articles 13 et 18.

Article 18

1. Les États parties s'emploient de leur mieux à assurer la reconnaissance du principe selon lequel les deux parents ont une responsabilité commune pour ce qui est d'élever l'enfant et d'assurer son développement. La responsabilité d'élever l'enfant et d'assurer son développement incombe au premier chef aux parents ou, le cas échéant, à ses représentants légaux. Ceux-ci doivent être guidés avant tout par l'intérêt supérieur de l'enfant.

2. Pour garantir et promouvoir les droits énoncés dans la présente Convention, les États parties accordent l'aide appropriée aux parents et aux représentants légaux de l'enfant dans l'exercice de la responsabilité qui leur incombe d'élever l'enfant et assurent la mise en place

d'institutions, d'établissements et de services chargés de veiller au bien-être des enfants.
3. Les États parties prennent toutes les mesures appropriées pour assurer aux enfants dont les parents travaillent le droit de bénéficier des services et établissements de garde d'enfants pour lesquels ils remplissent les conditions requises.

Article 19

1. Les États parties prennent toutes les mesures législatives, administratives, sociales et éducatives appropriées pour protéger l'enfant contre toute forme de violence, d'atteinte ou de brutalités physiques ou mentales, d'abandon ou de négligence, de mauvais traitements ou d'exploitation, y compris la violence sexuelle, pendant qu'il est sous la garde de ses parents ou de l'un d'eux, de son ou ses représentants légaux ou de toute autre personne à qui il est confié.
2. Ces mesures de protection doivent comprendre, selon qu'il conviendra, des procédures efficaces pour l'établissement de programmes sociaux visant à fournir l'appui nécessaire à l'enfant et à ceux à qui il est confié, ainsi que pour d'autres formes de prévention, et aux fins d'identification, de rapport, de renvoi, d'enquête, de traitement et de suivi pour les cas de mauvais traitements de l'enfant décrits ci-dessus, et comprendre également, selon qu'il conviendra, des procédures d'intervention judiciaire.

Article 20

1. Tout enfant qui est temporairement ou définitivement privé de son milieu familial, ou qui dans son propre intérêt ne peut être laissé dans ce milieu, a droit à une protection et une aide spéciales de l'État.
2. Les États parties prévoient pour cet enfant une protection de remplacement conforme à leur législation nationale.
3. Cette protection de remplacement peut notamment avoir la forme du placement dans une famille, de la kafalah de droit islamique, de l'adoption ou, en cas de nécessité, du placement dans un établissement pour enfants approprié.

Dans le choix entre ces solutions, il est dûment tenu compte de la nécessité d'une certaine continuité dans l'éducation de l'enfant, ainsi que de son origine ethnique, religieuse, culturelle et linguistique.

Article 21

Les États parties qui admettent et/ou autorisent l'adoption s'assurent que l'intérêt supérieur de l'enfant est la considération primordiale en la matière, et :

a) Veillent à ce que l'adoption d'un enfant ne soit autorisée que par les autorités compétentes, qui vérifient, conformément à la loi et aux procédures applicables et sur la base de tous les renseignements fiables relatifs au cas considéré, que l'adoption peut avoir lieu eu égard à la situation de l'enfant par rapport à ses père et mère, parents et représentants légaux et que, le cas échéant, les personnes intéressées ont donné leur consentement à l'adoption en connaissance de cause, après s'être entourées des avis nécessaires ;

b) Reconnaissent que l'adoption à l'étranger peut être envisagée comme un autre moyen d'assurer les soins nécessaires à l'enfant, si celui-ci ne peut, dans son pays d'origine, être placé dans une famille nourricière ou adoptive ou être convenablement élevé ;

c) Veillent, en cas d'adoption à l'étranger, à ce que l'enfant ait le bénéfice de garanties et de normes équivalant à celles existant en cas d'adoption nationale ;

d) Prennent toutes les mesures appropriées pour veiller à ce que, en cas d'adoption à l'étranger, le placement de l'enfant ne se traduise pas par un profit matériel indu pour les personnes qui en sont responsables ;

e) Poursuivent les objectifs du présent article en concluant des arrangements ou des accords bilatéraux ou multilatéraux, selon les cas, et s'efforcent dans ce cadre de veiller à ce que les placements d'enfants à l'étranger soient effectués par des autorités ou des organes compétents.

Article 22

1. Les États parties prennent les mesures appropriées pour qu'un enfant qui cherche à obtenir le statut de réfugié ou qui est considéré comme réfugié en vertu des règles et procédures du droit international ou national applicable, qu'il soit seul ou accompagné de ses père et mère ou de toute autre personne, bénéficie de la protection et de l'assistance humanitaire voulues pour lui permettre de jouir des droits que lui reconnaissent la présente Convention et les autres instruments internationaux relatifs aux droits de l'homme ou de caractère humanitaire auxquels lesdits États sont parties.

2. À cette fin, les États parties collaborent, selon qu'ils le jugent nécessaire, à tous les efforts faits par l'Organisation des Nations unies et les autres organisations intergouvernementales ou non gouvernementales compétentes collaborant avec l'Organisation des Nations unies pour protéger et aider les enfants qui se trouvent en pareille situation et pour rechercher les père et mère ou autres membres de la famille de tout enfant réfugié en vue d'obtenir les renseignements nécessaires pour le réunir à sa famille. Lorsque ni le père, ni la mère, ni aucun autre membre de la famille ne peut être retrouvé, l'enfant se voit accorder, selon les principes énoncés dans la présente Convention, la même protection que tout autre enfant définitivement ou temporairement privé de son milieu familial pour quelque raison que ce soit.

Article 23

1. Les États parties reconnaissent que les enfants mentalement ou physiquement handicapés doivent mener une vie pleine et décente, dans des conditions qui garantissent leur dignité, favorisent leur autonomie et facilitent leur participation active à la vie de la collectivité.

2. Les États parties reconnaissent le droit à des enfants handicapés de bénéficier de soins spéciaux et encouragent et assurent, dans la mesure des ressources disponibles, l'octroi, sur demande, aux enfants handicapés remplissant les conditions requises et à ceux qui en ont la charge,

d'une aide adaptée à l'état de l'enfant et à la situation de ses parents ou de ceux à qui il est confié.

3. Eu égard aux besoins particuliers des enfants handicapés, l'aide fournie conformément au paragraphe 2 du présent article est gratuite chaque fois qu'il est possible, compte tenu des ressources financières de leurs parents ou de ceux à qui l'enfant est confié, et elle est conçue de telle sorte que les enfants handicapés aient effectivement accès à l'éducation, à la formation, aux soins de santé, à la rééducation, à la préparation à l'emploi et aux activités récréatives, et bénéficient de ces services de façon propre à assurer une intégration sociale aussi complète que possible et leur épanouissement personnel, y compris dans le domaine culturel et spirituel.

4. Dans un esprit de coopération internationale, les États parties favorisent l'échange d'informations pertinentes dans le domaine des soins de santé préventifs et du traitement médical, psychologique et fonctionnel des enfants handicapés, y compris par la diffusion d'informations concernant les méthodes de rééducation et les services de formation professionnelle, ainsi que l'accès à ces données, en vue de permettre aux États parties d'améliorer leurs capacités et leurs compétences et d'élargir leur expérience dans ces domaines. À cet égard, il est tenu particulièrement compte des besoins des pays en développement.

Article 24

1. Les États parties reconnaissent le droit de l'enfant de jouir du meilleur état de santé possible et de bénéficier de services médicaux et de rééducation. Ils s'efforcent de garantir qu'aucun enfant ne soit privé du droit d'avoir accès à ces services.

2. Les États parties s'efforcent d'assurer la réalisation intégrale du droit susmentionné et, en particulier, prennent les mesures appropriées pour :

a) Réduire la mortalité parmi les nourrissons et les enfants;

b) Assurer à tous les enfants l'assistance médicale et les soins de santé nécessaires, l'accent étant mis sur le développement des soins de santé primaires ;
c) Lutter contre la maladie et la malnutrition, y compris dans le cadre de soins de santé primaires, grâce notamment à l'utilisation de techniques aisément disponibles et à la fourniture d'aliments nutritifs et d'eau potable, compte tenu des dangers et des risques de pollution du milieu naturel ;
d) Assurer aux mères des soins prénatals et postnatals appropriés ;
e) Faire en sorte que tous les groupes de la société, en particulier les parents et les enfants, reçoivent une information sur la santé et la nutrition de l'enfant, les avantages de l'allaitement au sein, l'hygiène et la salubrité de l'environnement et la prévention des accidents, et bénéficient d'une aide leur permettant de mettre à profit cette information ;
f) Développer les soins de santé préventifs, les conseils aux parents et l'éducation et les services en matière de planification familiale.
3. Les États parties prennent toutes les mesures efficaces appropriées en vue d'abolir les pratiques traditionnelles préjudiciables à la santé des enfants.
4. Les États parties s'engagent à favoriser et à encourager la coopération internationale en vue d'assurer progressivement la pleine réalisation du droit reconnu dans le présent article. À cet égard, il est tenu particulièrement compte des besoins des pays en développement.

Article 25

Les États parties reconnaissent à l'enfant qui a été placé par les autorités compétentes pour recevoir des soins, une protection ou un traitement physique ou mental, le droit à un examen périodique dudit traitement et de toute autre circonstance relative à son placement.

Article 26

1. Les États parties reconnaissent à tout enfant le droit de bénéficier de la sécurité sociale, y compris les assurances sociales, et prennent les mesures nécessaires pour assurer la pleine réalisation de ce droit en conformité avec leur législation nationale.
2. Les prestations doivent, lorsqu'il y a lieu, être accordées compte tenu des ressources et de la situation de l'enfant et des personnes responsables de son entretien, ainsi que de toute autre considération applicable à la demande de prestation faite par l'enfant ou en son nom.

Article 27

1. Les États parties reconnaissent le droit de tout enfant à un niveau de vie suffisant pour permettre son développement physique, mental, spirituel, moral et social.
2. C'est aux parents ou autres personnes ayant la charge de l'enfant qu'incombe au premier chef la responsabilité d'assurer, dans les limites de leurs possibilités et de leurs moyens financiers, les conditions de vie nécessaires au développement de l'enfant.
3. Les États parties adoptent les mesures appropriées, compte tenu des conditions nationales et dans la mesure de leurs moyens, pour aider les parents et autres personnes ayant la charge de l'enfant à mettre en œuvre ce droit et offrent, en cas de besoin, une assistance matérielle et des programmes d'appui, notamment en ce qui concerne l'alimentation, le vêtement et le logement.
4. Les États parties prennent toutes les mesures appropriées en vue d'assurer le recouvrement de la pension alimentaire de l'enfant auprès de ses parents ou des autres personnes ayant une responsabilité financière à son égard, que ce soit sur leur territoire ou à l'étranger. En particulier, pour tenir compte des cas où la personne qui a une responsabilité financière à l'égard de l'enfant vit dans un État autre que celui de l'enfant, les États parties favorisent l'adhésion à des accords internationaux ou la conclusion de tels accords ainsi que l'adoption de tous autres arrangements appropriés.

Article 28

1. Les États parties reconnaissent le droit de l'enfant à l'éducation, et en particulier, en vue d'assurer l'exercice de ce droit progressivement et sur la base de l'égalité des chances :

a) Ils rendent l'enseignement primaire obligatoire et gratuit pour tous ;

b) Ils encouragent l'organisation de différentes formes d'enseignement secondaire, tant général que professionnel, les rendent ouvertes et accessibles à tout enfant, et prennent des mesures appropriées, telles que l'instauration de la gratuité de l'enseignement et l'offre d'une aide financière en cas de besoin ;

c) Ils assurent à tous l'accès à l'enseignement supérieur, en fonction des capacités de chacun, par tous les moyens appropriés ;

d) Ils rendent ouvertes et accessibles à tout enfant l'information et l'orientation scolaires et professionnelles ;

e) Ils prennent des mesures pour encourager la régularité de la fréquentation scolaire et la réduction des taux d'abandon scolaire.

2. Les États parties prennent toutes les mesures appropriées pour veiller à ce que la discipline scolaire soit appliquée d'une manière compatible avec la dignité de l'enfant en tant qu'être humain et conformément à la présente Convention.

3. Les États parties favorisent et encouragent la coopération internationale dans le domaine de l'éducation, en vue notamment de contribuer à éliminer l'ignorance et l'analphabétisme dans le monde et de faciliter l'accès aux connaissances scientifiques et techniques et aux méthodes d'enseignement modernes. À cet égard, il est tenu particulièrement compte des besoins des pays en développement.

Article 29

1. Les États parties conviennent que l'éducation de l'enfant doit viser à :

a) Favoriser l'épanouissement de la personnalité de l'enfant et le développement de ses dons et de ses aptitudes mentales et physiques, dans toute la mesure de leurs potentialités ;
b) Inculquer à l'enfant le respect des droits de l'homme et des libertés fondamentales, et des principes consacrés dans la Charte des Nations unies ;
c) Inculquer à l'enfant le respect de ses parents, de son identité, de sa langue et de ses valeurs culturelles, ainsi que le respect des valeurs nationales du pays dans lequel il vit, du pays duquel il peut être originaire et des civilisations différentes de la sienne ;
d) Préparer l'enfant à assumer les responsabilités de la vie dans une société libre, dans un esprit de compréhension, de paix, de tolérance, d'égalité entre les sexes et d'amitié entre tous les peuples et groupes ethniques, nationaux et religieux, et avec les personnes d'origine autochtone ;
e) Inculquer à l'enfant le respect du milieu naturel.
2. Aucune disposition du présent article ou de l'article 28 ne sera interprétée d'une manière qui porte atteinte à la liberté des personnes physiques ou morales de créer et de diriger des établissements d'enseignement, à condition que les principes énoncés au paragraphe 1 du présent article soient respectés et que l'éducation dispensée dans ces établissements soit conforme aux normes minimales que l'État aura prescrites.

Article 30

Dans les États où il existe des minorités ethniques, religieuses ou linguistiques ou des personnes d'origine autochtone, un enfant autochtone ou appartenant à une de ces minorités ne peut être privé du droit d'avoir sa propre vie culturelle, de professer et de pratiquer sa propre religion ou d'employer sa propre langue en commun avec les autres membres de son groupe.

Article 31

1. Les États parties reconnaissent à l'enfant le droit au repos et aux loisirs, de se livrer au jeu et à des activités

récréatives propres à son âge et de participer librement à la vie culturelle et artistique.
2. Les États parties respectent et favorisent le droit de l'enfant de participer pleinement à la vie culturelle et artistique et encouragent l'organisation à son intention de moyens appropriés de loisirs et d'activités récréatives, artistiques et culturelles, dans des conditions d'égalité.

Article 32

1. Les États parties reconnaissent le droit de l'enfant d'être protégé contre l'exploitation économique et de n'être astreint à aucun travail comportant des risques ou susceptible de compromettre son éducation ou de nuire à sa santé ou à son développement physique, mental, spirituel, moral ou social.
2. Les États parties prennent des mesures législatives, administratives, sociales et éducatives pour assurer l'application du présent article. À cette fin, et compte tenu des dispositions pertinentes des autres instruments internationaux, les États parties, en particulier :
a) Fixent un âge minimum ou des âges minimums d'admission à l'emploi ;
b) Prévoient une réglementation appropriée des horaires de travail et des conditions d'emploi ;
c) Prévoient des peines ou autres sanctions appropriées pour assurer l'application effective du présent article.

Article 33

Les États parties prennent toutes les mesures appropriées, y compris des mesures législatives, administratives, sociales et éducatives, pour protéger les enfants contre l'usage illicite de stupéfiants et de substances psychotropes, tels que les définissent les conventions internationales pertinentes, et pour empêcher que des enfants ne soient utilisés pour la production et le trafic illicites de ces substances.

Article 34

Les États parties s'engagent à protéger l'enfant contre toutes les formes d'exploitation sexuelle et de violence sexuelle. À cette fin, les États prennent en particulier

toutes les mesures appropriées sur les plans national, bilatéral et multilatéral pour empêcher :
a) Que des enfants ne soient incités ou contraints à se livrer à une activité sexuelle illégale ;
b) Que des enfants ne soient exploités à des fins de prostitution ou autres pratiques sexuelles illégales ;
c) Que des enfants ne soient exploités aux fins de la production de spectacles ou de matériel de caractère pornographique.

Article 35

Les États parties prennent toutes les mesures appropriées sur les plans national, bilatéral et multilatéral pour empêcher l'enlèvement, la vente ou la traite d'enfants à quelque fin que ce soit et sous quelque forme que ce soit.

Article 36

Les États parties protègent l'enfant contre toutes autres formes d'exploitation préjudiciables à tout aspect de son bien-être.

Article 37

Les États parties veillent à ce que :
a) Nul enfant ne soit soumis à la torture ni à des peines ou traitements cruels, inhumains ou dégradants. Ni la peine capitale ni l'emprisonnement à vie sans possibilité de libération ne doivent être prononcés pour les infractions commises par des personnes âgées de moins de dix-huit ans ;
b) Nul enfant ne soit privé de liberté de façon illégale ou arbitraire. L'arrestation, la détention ou l'emprisonnement d'un enfant doit être en conformité avec la loi, n'être qu'une mesure de dernier ressort, et être d'une durée aussi brève que possible ;
c) Tout enfant privé de liberté soit traité avec humanité et avec le respect dû à la dignité de la personne humaine, et d'une manière tenant compte des besoins des personnes de son âge. En particulier, tout enfant privé de liberté sera séparé des adultes, à moins que l'on estime préférable de ne pas le faire dans l'intérêt supérieur de l'enfant,

et il a le droit de rester en contact avec sa famille par la correspondance et par les visites, sauf circonstances exceptionnelles ;
d) Les enfants privés de liberté aient le droit d'avoir rapidement accès à l'assistance juridique ou à toute autre assistance appropriée, ainsi que le droit de contester la légalité de leur privation de liberté devant un tribunal ou une autre autorité compétente, indépendante et impartiale, et à ce qu'une décision rapide soit prise en la matière.

Article 38

1. Les États parties s'engagent à respecter et à faire respecter les règles du droit humanitaire international qui leur sont applicables en cas de conflit armé et dont la protection s'étend aux enfants.
2. Les États parties prennent toutes les mesures possibles dans la pratique pour veiller à ce que les personnes n'ayant pas atteint l'âge de quinze ans ne participent pas directement aux hostilités.
3. Les États parties s'abstiennent d'enrôler dans leurs forces armées toute personne n'ayant pas atteint l'âge de quinze ans. Lorsqu'ils incorporent des personnes de plus de quinze ans mais de moins de dix-huit ans, les États parties s'efforcent d'enrôler en priorité les plus âgées.
4. Conformément à l'obligation qui leur incombe en vertu du droit humanitaire international de protéger la population civile en cas de conflit armé, les États parties prennent toutes les mesures possibles dans la pratique pour que les enfants qui sont touchés par un conflit armé bénéficient d'une protection et de soins.

Article 39

Les États parties prennent toutes les mesures appropriées pour faciliter la réadaptation physique et psychologique et la réinsertion sociale de tout enfant victime de toute forme de négligence, d'exploitation ou de sévices, de torture ou de toute autre forme de peines ou traitements cruels, inhumains ou dégradants, ou de conflit armé. Cette réadaptation et cette réinsertion se déroulent dans des conditions qui favorisent la santé, le respect de soi et la dignité de l'enfant.

Article 40

1. Les États parties reconnaissent à tout enfant suspecté, accusé ou convaincu d'infraction à la loi pénale le droit à un traitement qui soit de nature à favoriser son sens de la dignité et de la valeur personnelle, qui renforce son respect pour les droits de l'homme et les libertés fondamentales d'autrui, et qui tienne compte de son âge ainsi que de la nécessité de faciliter sa réintégration dans la société et de lui faire assumer un rôle constructif au sein de celle-ci.

2. À cette fin, et compte tenu des dispositions pertinentes des instruments internationaux, les États parties veillent en particulier :

a) À ce qu'aucun enfant ne soit suspecté, accusé ou convaincu d'infraction à la loi pénale en raison d'actions ou d'omissions qui n'étaient pas interdites par le droit national ou international au moment où elles ont été commises ;

b) À ce que tout enfant suspecté ou accusé d'infraction à la loi pénale ait au moins le droit aux garanties suivantes :

i) Être présumé innocent jusqu'à ce que sa culpabilité ait été légalement établie,

ii) Être informé dans le plus court délai et directement des accusations portées contre lui, ou, le cas échéant, par l'intermédiaire de ses parents ou représentants légaux, et bénéficier d'une assistance juridique ou de toute autre assistance appropriée pour la préparation et la présentation de sa défense,

iii) Que sa cause soit entendue sans retard par une autorité ou une instance judiciaire compétentes, indépendantes et impartiales, selon une procédure équitable aux termes de la loi, en présence de son conseil juridique ou autre et, à moins que cela ne soit jugé contraire à l'intérêt supérieur de l'enfant en raison notamment de son âge ou de sa situation, en présence de ses parents ou représentants légaux,

iv) Ne pas être contraint de témoigner ou de s'avouer coupable ; interroger ou faire interroger les témoins à

charge, et obtenir la comparution et l'interrogatoire des témoins à décharge dans des conditions d'égalité,
v) S'il est reconnu avoir enfreint la loi pénale, faire appel de cette décision et de toute mesure arrêtée en conséquence devant une autorité ou une instance judiciaire supérieure compétentes, indépendantes et impartiales, conformément à la loi,
vi) Se faire assister gratuitement d'un interprète s'il ne comprend ou ne parle pas la langue utilisée,
vii) Que sa vie privée soit pleinement respectée à tous les stades de la procédure.
3. Les États parties s'efforcent de promouvoir l'adoption de lois, de procédures, la mise en place d'autorités et d'institutions spécialement conçues pour les enfants suspectés, accusés ou convaincus d'infraction à la loi pénale, et en particulier :
a) D'établir un âge minimum au-dessous duquel les enfants seront présumés n'avoir pas la capacité d'enfreindre la loi pénale ;
b) De prendre des mesures, chaque fois que cela est possible et souhaitable, pour traiter ces enfants sans recourir à la procédure judiciaire, étant cependant entendu que les droits de l'homme et les garanties légales doivent être pleinement respectés.
4. Toute une gamme de dispositions, relatives notamment aux soins, à l'orientation et à la supervision, aux conseils, à la probation, au placement familial, aux programmes d'éducation générale et professionnelle et aux solutions autres qu'institutionnelles seront prévues en vue d'assurer aux enfants un traitement conforme à leur bien-être et proportionné à leur situation et à l'infraction.

Article 41

Aucune des dispositions de la présente Convention ne porte atteinte aux dispositions plus propices à la réalisation des droits de l'enfant qui peuvent figurer :
a) Dans la législation d'un État partie ; ou
b) Dans le droit international en vigueur pour cet État.

Deuxième partie

Article 42

Les États parties s'engagent à faire largement connaître les principes et les dispositions de la présente Convention, par des moyens actifs et appropriés, aux adultes comme aux enfants.

Article 43

1. Aux fins d'examiner les progrès accomplis par les États parties dans l'exécution des obligations contractées par eux en vertu de la présente Convention, il est institué un Comité des droits de l'enfant qui s'acquitte des fonctions définies ci-après.
2. Le Comité se compose de dix-huit experts de haute moralité et possédant une compétence reconnue dans le domaine visé par la présente Convention. Ses membres sont élus par les États parties parmi leurs ressortissants et siègent à titre personnel, compte tenu de la nécessité d'assurer une répartition géographique équitable et eu égard aux principaux systèmes juridiques.
3. Les membres du Comité sont élus au scrutin secret sur une liste de personnes désignées par les États parties. Chaque État partie peut désigner un candidat parmi ses ressortissants.
4. La première élection aura lieu dans les six mois suivant la date d'entrée en vigueur de la présente Convention. Les élections auront lieu ensuite tous les deux ans. Quatre mois au moins avant la date de chaque élection, le Secrétaire général de l'Organisation des Nations unies invitera par écrit les États parties à proposer leurs candidats dans un délai de deux mois. Le Secrétaire général dressera ensuite la liste alphabétique des candidats ainsi désignés, en indiquant les États parties qui les ont désignés, et la communiquera aux États parties à la présente Convention.
5. Les élections ont lieu lors des réunions des États parties, convoquées par le Secrétaire général au siège de l'Organisation des Nations unies. À ces réunions, pour lesquelles le quorum est constitué par les deux tiers des

États parties, les candidats élus au Comité sont ceux qui obtiennent le plus grand nombre de voix et la majorité absolue des voix des représentants des États parties présents et votants.
6. Les membres du Comité sont élus pour quatre ans. Ils sont rééligibles si leur candidature est présentée à nouveau. Le mandat de cinq des membres élus lors de la première élection prend fin au bout de deux ans. Les noms de ces cinq membres seront tirés au sort par le président de la réunion immédiatement après la première élection.
7. En cas de décès ou de démission d'un membre du Comité, ou si, pour toute autre raison, un membre déclare ne plus pouvoir exercer ses fonctions au sein du Comité, l'État partie qui avait présenté sa candidature nomme un autre expert parmi ses ressortissants pour pourvoir le poste ainsi vacant jusqu'à l'expiration du mandat correspondant, sous réserve de l'approbation du Comité.
8. Le Comité adopte son règlement intérieur.
9. Le Comité élit son bureau pour une période de deux ans.
10. Les réunions du Comité se tiennent normalement au siège de l'Organisation des Nations unies, ou en tout autre lieu approprié déterminé par le Comité. Le Comité se réunit normalement chaque année. La durée de ses sessions est déterminée et modifiée, si nécessaire, par une réunion des États parties à la présente Convention, sous réserve de l'approbation de l'Assemblée générale.
11. Le Secrétaire général de l'Organisation des Nations unies met à la disposition du Comité le personnel et les installations qui lui sont nécessaires pour s'acquitter efficacement des fonctions qui lui sont confiées en vertu de la présente Convention.
12. Les membres du Comité institué en vertu de la présente Convention reçoivent, avec l'approbation de l'Assemblée générale, des émoluments prélevés sur les ressources de l'Organisation des Nations unies dans les conditions et selon les modalités fixées par l'Assemblée générale.

Article 44

1. Les États parties s'engagent à soumettre au Comité, par l'entremise du Secrétaire général de l'Organisation des Nations unies, des rapports sur les mesures qu'ils auront adoptées pour donner effet aux droits reconnus dans la présente Convention et sur les progrès réalisés dans la jouissance de ces droits :
a) Dans les deux ans à compter de la date de l'entrée en vigueur de la présente Convention pour les États parties intéressés ;
b) Par la suite, tous les cinq ans.
2. Les rapports établis en application du présent article doivent, le cas échéant, indiquer les facteurs et les difficultés empêchant les États parties de s'acquitter pleinement des obligations prévues dans la présente Convention. Ils doivent également contenir des renseignements suffisants pour donner au Comité une idée précise de l'application de la Convention dans le pays considéré.
3. Les États parties ayant présenté au Comité un rapport initial complet n'ont pas, dans les rapports qu'ils lui présentent ensuite conformément à l'alinéa b du paragraphe 1 du présent article, à répéter les renseignements de base antérieurement communiqués.
4. Le Comité peut demander aux États parties tous renseignements complémentaires relatifs à l'application de la Convention.
5. Le Comité soumet tous les deux ans à l'Assemblée générale, par l'entremise du Conseil économique et social, un rapport sur ses activités.
6. Les États parties assurent à leurs rapports une large diffusion dans leur propre pays.

Article 45

Pour promouvoir l'application effective de la Convention et encourager la coopération internationale dans le domaine visé par la Convention :
a) Les institutions spécialisées, le Fonds des Nations unies pour l'enfance et d'autres organes des Nations unies ont le droit de se faire représenter lors de l'examen de

l'application des dispositions de la présente Convention qui relèvent de leur mandat. Le Comité peut inviter les institutions spécialisées, le Fonds des Nations unies pour l'enfance et tous autres organismes qu'il jugera appropriés à donner des avis spécialisés sur l'application de la Convention dans les domaines qui relèvent de leurs mandats respectifs. Il peut inviter les institutions spécialisées, le Fonds des Nations unies pour l'enfance et d'autres organes des Nations unies à lui présenter des rapports sur l'application de la Convention dans les secteurs qui relèvent de leur domaine d'activité ;
b) Le Comité transmet, s'il le juge nécessaire, aux institutions spécialisées, au Fonds des Nations unies pour l'enfance et aux autres organismes compétents tout rapport des États parties contenant une demande ou indiquant un besoin de conseils ou d'assistance techniques, accompagné, le cas échéant, des observations et suggestions du Comité touchant ladite demande ou indication ;
c) Le Comité peut recommander à l'Assemblée générale de prier le Secrétaire général de procéder pour le Comité à des études sur des questions spécifiques touchant les droits de l'enfant ;
d) Le Comité peut faire des suggestions et des recommandations d'ordre général fondées sur les renseignements reçus en application des articles 44 et 45 de la présente Convention. Ces suggestions et recommandations d'ordre général sont transmises à tout État partie intéressé et portées à l'attention de l'Assemblée générale, accompagnées, le cas échéant, des observations des États parties.

Troisième partie

Article 46

La présente Convention est ouverte à la signature de tous les États.

Article 47

La présente Convention est sujette à ratification. Les instruments de ratification seront déposés auprès du Secrétaire général de l'Organisation des Nations unies.

Article 48

La présente Convention restera ouverte à l'adhésion de tout État. Les instruments d'adhésion seront déposés auprès du Secrétaire général de l'Organisation des Nations unies.

Article 49

1. La présente Convention entrera en vigueur le trentième jour qui suivra la date du dépôt auprès du Secrétaire général de l'Organisation des Nations unies du vingtième instrument de ratification ou d'adhésion.
2. Pour chacun des États qui ratifieront la présente Convention ou y adhéreront après le dépôt du vingtième instrument de ratification ou d'adhésion, la Convention entrera en vigueur le trentième jour qui suivra le dépôt par cet État de son instrument de ratification ou d'adhésion.

Article 50

1. Tout État partie peut proposer un amendement et en déposer le texte auprès du Secrétaire général de l'Organisation des Nations unies. Le Secrétaire général communique alors la proposition d'amendement aux États parties, en leur demandant de lui faire savoir s'ils sont favorables à la convocation d'une conférence des États parties en vue de l'examen de la proposition et de sa mise aux voix. Si, dans les quatre mois qui suivent la date de cette communication, un tiers au moins des États parties se prononcent en faveur de la convocation d'une telle conférence, le Secrétaire général convoque la conférence sous les auspices de l'Organisation des Nations unies. Tout amendement adopté par la majorité des États parties présents et votants à la conférence est soumis pour approbation à l'Assemblée générale de l'Organisation des Nations unies.
2. Tout amendement adopté conformément aux dispositions du paragraphe 1 du présent article entre en vigueur lorsqu'il a été approuvé par l'Assemblée générale des

Nations unies et accepté par une majorité des deux tiers des États parties.
3. Lorsqu'un amendement entre en vigueur, il a force obligatoire pour les États parties qui l'ont accepté, les autres États parties demeurant liés par les dispositions de la présente Convention et par tous amendements antérieurs acceptés par eux.

Article 51

1. Le Secrétaire général de l'Organisation des Nations unies recevra et communiquera à tous les États le texte des réserves qui auront été faites par les États au moment de la ratification ou de l'adhésion.
2. Aucune réserve incompatible avec l'objet et le but de la présente Convention n'est autorisée.
3. Les réserves peuvent être retirées à tout moment par notification adressée au Secrétaire général de l'Organisation des Nations unies, lequel en informe tous les États parties à la Convention. La notification prend effet à la date à laquelle elle est reçue par le Secrétaire général.

Article 52

Tout État partie peut dénoncer la présente Convention par notification écrite adressée au Secrétaire général de l'Organisation des Nations unies. La dénonciation prend effet un an après la date à laquelle la notification a été reçue par le Secrétaire général.

Article 53

Le Secrétaire général de l'Organisation des Nations unies est désigné comme dépositaire de la présente Convention.

Article 54

L'original de la présente Convention, dont les textes anglais, arabe, chinois, espagnol, français et russe font également foi, sera déposé auprès du Secrétaire général de l'Organisation des Nations unies.
En foi de quoi les plénipotentiaires soussignés, dûment habilités par leurs gouvernements respectifs, ont signé la présente Convention.

Déclarations

1) Le Gouvernement de la République déclare que la présente Convention, notamment l'article 6, ne saurait être interprétée comme faisant obstacle à l'application des dispositions de la législation française relative à l'interruption volontaire de la grossesse.

2) Le Gouvernement de la République déclare, compte tenu de l'article 2 de la Constitution de la République française, que l'article 30 n'a pas lieu de s'appliquer en ce qui concerne la République.

3) Le Gouvernement de la République interprète l'article 40 paragraphe 2 b) v), comme posant un principe général auquel la loi peut apporter des exceptions limitées. Il en est ainsi, notamment, pour certaines infractions relevant en premier et dernier ressort du tribunal de police ainsi que pour les infractions de nature criminelle. Au demeurant les décisions rendues en dernier ressort peuvent faire l'objet d'un recours devant la Cour de cassation qui statue sur la légalité de la décision intervenue.

Texte 10.1 – Protocole facultatif à la Convention internationale relative aux droits de l'enfant, concernant l'implication d'enfants dans les conflits armés, 2000

Le protocole facultatif concernant la participation des enfants aux conflits armés a été adopté le 25 mai 2000 par l'Assemblée générale des Nations unies dans sa résolution 54/263. Il est entré en vigueur le 12 février 2002 après 10 ratifications. Il lie 162 États parties dont les États-Unis, pourtant non parties au traité de base. La France l'a signé le 6 septembre 2000 et l'a ratifié le 5 février 2003.

Les États parties au présent Protocole,

Encouragés par l'appui considérable recueilli par la Convention relative aux droits de l'enfant, qui dénote une volonté générale de promouvoir et de protéger les droits de l'enfant,

Réaffirmant que les droits des enfants doivent être spécialement protégés et demandant à ce que la situation des enfants, sans distinction, soit sans cesse améliorée et qu'ils puissent s'épanouir et être éduqués dans des conditions de paix et de sécurité,

Troublés par les effets préjudiciables et étendus des conflits armés sur les enfants et leurs répercussions à long terme sur le maintien d'une paix, d'une sécurité et d'un développement durables,

Condamnant le fait que des enfants soient pris pour cible dans des situations de conflit armé ainsi que les attaques directes de lieux protégés par le droit international, notamment des endroits où se trouvent généralement de nombreux enfants, comme les écoles et les hôpitaux,

Prenant acte de l'adoption du Statut de Rome de la Cour pénale internationale, qui inclut en particulier parmi les crimes de guerre, dans les conflits armés tant internationaux que non internationaux, le fait de procéder à la conscription ou à l'enrôlement d'enfants de moins de quinze ans dans les forces armées nationales ou de les faire participer activement à des hostilités,

Considérant par conséquent que, pour renforcer davantage les droits reconnus dans la Convention relative aux droits de l'enfant, il importe d'accroître la protection des enfants contre toute implication dans les conflits armés,

Notant que l'article premier de la Convention relative aux droits de l'enfant spécifie que, au sens de la Convention, un enfant s'entend de tout être humain âgé de moins de dix-huit ans, sauf si la majorité est atteinte plus tôt en vertu de la législation qui lui est applicable,

Convaincus que l'adoption d'un protocole facultatif se rapportant à la Convention qui relèverait l'âge minimum de l'enrôlement éventuel dans les forces armées et de la participation aux hostilités contribuera effectivement à la mise en œuvre du principe selon lequel l'intérêt supérieur de l'enfant doit primer dans toutes les décisions le concernant,

Notant que la vingt-sixième Conférence internationale de la Croix-Rouge et du Croissant-Rouge tenue en décembre 1995 a recommandé, notamment, que les parties à un conflit prennent toutes les mesures possibles pour éviter que des enfants de moins de dix-huit ans ne prennent part aux hostilités,

Se félicitant de l'adoption par consensus, en juin 1999, de la Convention n° 182 de l'Organisation internationale du travail concernant l'interdiction des pires formes de travail des enfants et l'action immédiate en vue de leur élimination, qui interdit l'enrôlement forcé ou obligatoire des enfants en vue de leur utilisation dans des conflits armés,

Condamnant avec une profonde inquiétude l'enrôlement, l'entraînement et l'utilisation – en deçà et au-delà des frontières nationales – d'enfants dans les hostilités par des groupes armés distincts des forces armées d'un État, et reconnaissant la responsabilité des personnes qui recrutent, forment et utilisent des enfants à cet égard,

Rappelant l'obligation pour toute partie à un conflit armé de se conformer aux dispositions du droit international humanitaire,

Soulignant que le présent Protocole est sans préjudice des buts et principes énoncés dans la Charte des Nations unies, notamment à l'article 51, et des normes pertinentes du droit humanitaire,

Tenant compte du fait que des conditions de paix et de sécurité fondées sur le respect intégral des buts et principes énoncés dans la Charte et le respect des instruments relatifs aux droits de l'homme applicables sont essentiels à la pleine protection des enfants, en particulier pendant les conflits armés et sous une occupation étrangère,

Conscients des besoins particuliers des enfants qui, en raison de leur situation économique et sociale ou de leur sexe, sont particulièrement vulnérables à l'enrôlement ou à l'utilisation dans des hostilités en violation du présent Protocole,

Conscients également de la nécessité de prendre en considération les causes économiques, sociales et politiques profondes de la participation des enfants aux conflits armés,

Convaincus de la nécessité de renforcer la coopération internationale pour assurer la réadaptation physique et psychologique et la réinsertion sociale des enfants qui sont victimes de conflits armés,

Encourageant la participation des communautés et, en particulier, des enfants et des enfants victimes, à la diffusion de l'information et aux programmes d'éducation concernant l'application du présent Protocole,

Sont convenus de ce qui suit :

Article premier

Les États parties prennent toutes les mesures possibles pour veiller à ce que les membres de leurs forces armées qui n'ont pas atteint l'âge de dix-huit ans ne participent pas directement aux hostilités.

Article 2

Les États parties veillent à ce que les personnes n'ayant pas atteint l'âge de dix-huit ans ne fassent pas l'objet d'un enrôlement obligatoire dans leurs forces armées.

Article 3

1. Les États parties relèvent l'âge minimum de l'engagement volontaire dans leurs forces armées nationales par rapport à celui qui est fixé au paragraphe 3 de l'article 38 de la Convention relative aux droits de l'enfant, en tenant compte des principes inscrits dans cet article et en reconnaissant qu'en vertu de la Convention les personnes âgées de moins de dix-huit ans ont droit à une protection spéciale.
2. Chaque État partie dépose, lors de la ratification du présent Protocole ou de l'adhésion à cet instrument, une déclaration contraignante indiquant l'âge minimum à partir duquel il autorise l'engagement volontaire dans ses forces armées nationales et décrivant les garanties qu'il a

prévues pour veiller à ce que cet engagement ne soit pas contracté de force ou sous la contrainte.

3. Les États parties qui autorisent l'engagement volontaire dans leurs forces armées nationales avant l'âge de dix-huit ans mettent en place des garanties assurant, au minimum, que :

a) Cet engagement soit effectivement volontaire ;

b) Cet engagement ait lieu avec le consentement, en connaissance de cause, des parents ou gardiens légaux de l'intéressé ;

c) Les personnes engagées soient pleinement informées des devoirs qui s'attachent au service militaire national ;

d) Ces personnes fournissent une preuve fiable de leur âge avant d'être admises au service militaire.

4. Tout État partie peut, à tout moment, renforcer sa déclaration par voie de notification à cet effet adressée au Secrétaire général de l'Organisation des Nations unies, qui en informe tous les autres États parties. Cette notification prend effet à la date à laquelle elle est reçue par le Secrétaire général.

5. L'obligation de relever l'âge minimum de l'engagement volontaire visée au paragraphe 1 du présent article ne s'applique pas aux établissements scolaires placés sous l'administration ou le contrôle des forces armées des États parties, conformément aux articles 28 et 29 de la Convention relative aux droits de l'enfant.

Article 4

1. Les groupes armés qui sont distincts des forces armées d'un État ne devraient en aucune circonstance enrôler ni utiliser dans les hostilités des personnes âgées de moins de dix-huit ans.

2. Les États parties prennent toutes les mesures possibles pour empêcher l'enrôlement et l'utilisation de ces personnes, notamment les mesures d'ordre juridique nécessaires pour interdire et sanctionner pénalement ces pratiques.

3. L'application du présent article est sans effet sur le statut juridique de toute partie à un conflit armé.

Article 5

Aucune des dispositions du présent Protocole ne peut être interprétée comme empêchant l'application de dispositions de la législation d'un État partie, d'instruments internationaux et du droit international humanitaire plus propices à la réalisation des droits de l'enfant.

Article 6

1. Chaque État partie prend toutes les mesures – d'ordre juridique, administratif et autre – voulues pour assurer l'application et le respect effectifs des dispositions du présent Protocole dans les limites de sa compétence.
2. Les États parties s'engagent à faire largement connaître les principes et dispositions du présent Protocole, aux adultes comme aux enfants, à l'aide de moyens appropriés.
3. Les États parties prennent toutes les mesures possibles pour veiller à ce que les personnes relevant de leur compétence qui sont enrôlées ou utilisées dans des hostilités en violation du présent Protocole soient démobilisées ou de quelque autre manière libérées des obligations militaires. Si nécessaire, les États parties accordent à ces personnes toute l'assistance appropriée en vue de leur réadaptation physique et psychologique et de leur réinsertion sociale.

Article 7

1. Les États parties coopèrent à l'application du présent Protocole, notamment pour la prévention de toute activité contraire à ce dernier et pour la réadaptation et la réinsertion sociale des personnes qui sont victimes d'actes contraires au présent Protocole, y compris par une coopération technique et une assistance financière. Cette assistance et cette coopération se feront en consultation avec les États parties concernés et les organisations internationales compétentes.
2. Les États parties qui sont en mesure de le faire fournissent cette assistance par l'entremise des programmes multilatéraux, bilatéraux ou autres déjà en place ou, le cas échéant, dans le cadre d'un fonds de contributions volontaires constitué conformément aux règles établies par l'Assemblée générale.

Article 8

1. Chaque État partie présente, dans les deux ans à compter de l'entrée en vigueur du présent Protocole à son égard, un rapport au Comité des droits de l'enfant contenant des renseignements détaillés sur les mesures qu'il a prises pour donner effet aux dispositions du Protocole, notamment celles concernant la participation et l'enrôlement.
2. Après la présentation de son rapport détaillé, chaque État partie inclut dans les rapports qu'il présente au Comité des droits de l'enfant, conformément à l'article 44 de la Convention, tout complément d'information concernant l'application du présent Protocole. Les autres États parties au Protocole présentent un rapport tous les cinq ans.
3. Le Comité des droits de l'enfant peut demander aux États parties un complément d'information concernant l'application du présent Protocole.

Article 9

1. Le présent Protocole est ouvert à la signature de tout État qui est partie à la Convention ou qui l'a signée.
2. Le présent Protocole est soumis à la ratification et est ouvert à l'adhésion de tout État. Les instruments de ratification ou d'adhésion sont déposés auprès du Secrétaire général de l'Organisation des Nations unies.
3. Le Secrétaire général, en sa qualité de dépositaire de la Convention et du Protocole, informe tous les États parties à la Convention et tous les États qui ont signé la Convention du dépôt de chaque déclaration en vertu de l'article 3.

Article 10

1. Le présent Protocole entrera en vigueur trois mois après la date de dépôt du dixième instrument de ratification ou d'adhésion.
2. Pour chacun des États qui ratifieront le présent Protocole ou qui y adhéreront après son entrée en vigueur, le Protocole entrera en vigueur un mois après la date du dépôt par cet État de son instrument de ratification ou d'adhésion.

Article 11

1. Tout État partie peut, à tout moment, dénoncer le présent Protocole par voie de notification écrite adressée au Secrétaire général de l'Organisation des Nations unies, qui en informera les autres États parties à la Convention et tous les États qui ont signé la Convention. La dénonciation prendra effet un an après la date à laquelle le Secrétaire général en aura reçu notification. Toutefois, si, à l'expiration de ce délai d'un an, l'État partie auteur de la dénonciation est engagé dans un conflit armé, celle-ci ne prendra pas effet avant la fin du conflit.
2. Cette dénonciation ne saurait dégager l'État partie de ses obligations en vertu du présent Protocole à raison de tout acte accompli avant la date à laquelle la dénonciation prend effet, pas plus qu'elle ne compromet en quelque manière que ce soit la poursuite de l'examen de toute question dont le Comité des droits de l'enfant serait saisi avant la date de prise d'effet de la dénonciation.

Article 12

1. Tout État partie peut proposer un amendement et en déposer le texte auprès du Secrétaire général de l'Organisation des Nations unies. Celui-ci communique alors la proposition d'amendement aux États parties, en leur demandant de lui faire savoir s'ils sont favorables à la convocation d'une conférence des États parties en vue de l'examen de la proposition et de sa mise aux voix. Si, dans les quatre mois qui suivent la date de cette communication, un tiers au moins des États parties se prononcent en faveur de la convocation d'une telle conférence, le Secrétaire général convoque la conférence sous les auspices de l'Organisation des Nations unies. Tout amendement adopté par la majorité des États parties présents et votants à la conférence est soumis à l'Assemblée générale des Nations unies pour approbation.
2. Tout amendement adopté conformément aux dispositions du paragraphe 1 du présent article entre en vigueur lorsqu'il a été approuvé par l'Assemblée générale et accepté par une majorité des deux tiers des États parties.

3. Lorsqu'un amendement entre en vigueur, il a force obligatoire pour les États parties qui l'ont accepté, les autres États parties demeurant liés par les dispositions du présent Protocole et par tous amendements antérieurs acceptés par eux.

Article 13

1. Le présent Protocole, dont les textes anglais, arabe, chinois, espagnol, français et russe font également foi, sera déposé aux archives de l'Organisation des Nations unies.
2. Le Secrétaire général de l'Organisation des Nations unies fera parvenir une copie certifiée conforme du présent Protocole à tous les États parties à la Convention et à tous les États qui ont signé la Convention.

Texte 10.2 – Protocole facultatif à la Convention internationale relative aux droits de l'enfant, concernant la vente d'enfants, la prostitution des enfants et la pornographie mettant en scène des enfants, 2000

Le protocole facultatif concernant la vente d'enfants, la prostitution des enfants et la pornographie mettant en scène des enfants a été adopté, à l'instar du premier protocole, le 25 mai 2000 par l'Assemblée générale dans sa résolution 54/263. Il est entré en vigueur le 18 janvier 2002 après 10 ratifications. Il lie 171 États parties, dont les États-Unis, pourtant non parties au traité de base. Comme le premier protocole, la France l'a signé le 6 septembre 2000 et l'a ratifié le 5 février 2003.

Les États parties au présent Protocole,
Considérant que, pour aller de l'avant dans la réalisation des buts de la Convention relative aux droits de l'enfant et l'application de ses dispositions, en particulier des articles premier, 11, 21, 32, 33, 34, 35 et 36, il serait

approprié d'élargir les mesures que les États parties devraient prendre pour garantir la protection de l'enfant contre la vente d'enfants, la prostitution des enfants et la pornographie mettant en scène des enfants,
Considérant également que la Convention relative aux droits de l'enfant consacre le droit de l'enfant d'être protégé contre l'exploitation économique et de ne pas être astreint à un travail comportant des risques ou susceptible de compromettre son éducation ou de nuire à sa santé ou à son développement physique, mental, spirituel, moral ou social,
Constatant avec une vive préoccupation que la traite internationale d'enfants aux fins de la vente d'enfants, de la prostitution des enfants et de la pornographie mettant en scène des enfants revêt des proportions considérables et croissantes,
Profondément préoccupés par la pratique répandue et persistante du tourisme sexuel auquel les enfants sont particulièrement exposés, dans la mesure où il favorise directement la vente d'enfants, la prostitution des enfants et la pornographie mettant en scène des enfants,
Conscients qu'un certain nombre de groupes particulièrement vulnérables, notamment les fillettes, sont davantage exposés au risque d'exploitation sexuelle, et que l'on recense un nombre anormalement élevé de fillettes parmi les victimes de l'exploitation sexuelle,
Préoccupés par l'offre croissante de matériels pornographiques mettant en scène des enfants sur l'Internet et autres nouveaux supports technologiques, et rappelant que, dans ses conclusions, la Conférence internationale sur la lutte contre la pornographie impliquant des enfants sur l'Internet, tenue à Vienne en 1999, a notamment demandé la criminalisation dans le monde entier de la production, la distribution, l'exportation, l'importation, la transmission, la possession intentionnelle et la publicité de matériels pornographiques impliquant des enfants, et soulignant l'importance d'une coopération et d'un partenariat plus

étroits entre les pouvoirs publics et les professionnels de l'Internet,

Convaincus que l'élimination de la vente d'enfants, de la prostitution des enfants et de la pornographie mettant en scène des enfants sera facilitée par l'adoption d'une approche globale tenant compte des facteurs qui contribuent à ces phénomènes, notamment le sous-développement, la pauvreté, les disparités économiques, l'inéquité des structures socioéconomiques, les dysfonctionnements familiaux, le manque d'éducation, l'exode rural, la discrimination fondée sur le sexe, le comportement sexuel irresponsable des adultes, les pratiques traditionnelles préjudiciables, les conflits armés et la traite des enfants,

Estimant qu'une action de sensibilisation du public est nécessaire pour réduire la demande qui est à l'origine de la vente d'enfants, de la prostitution des enfants et de la pornographie pédophile, et qu'il importe de renforcer le partenariat mondial entre tous les acteurs et d'améliorer l'application de la loi au niveau national,

Prenant note des dispositions des instruments juridiques internationaux pertinents en matière de protection des enfants, notamment la Convention de La Haye sur la protection des enfants et la coopération en matière d'adoption internationale, la Convention de La Haye sur les aspects civils de l'enlèvement international d'enfants, la Convention de La Haye concernant la compétence, la loi applicable, la reconnaissance, l'exécution et la coopération en matière de responsabilité parentale et de mesures de protection des enfants, et la Convention n° 182 de l'Organisation internationale du travail concernant l'interdiction des pires formes de travail des enfants et l'action immédiate en vue de leur élimination,

Encouragés par l'appui considérable recueilli par la Convention relative aux droits de l'enfant, qui dénote une volonté générale de promouvoir et de protéger les droits de l'enfant,

Considérant qu'il importe de mettre en œuvre les dispositions du Programme d'action pour la prévention de la vente d'enfants, de la prostitution des enfants et de la pornographie impliquant des enfants et de la Déclaration et du Programme d'action adoptés en 1996 au Congrès mondial contre l'exploitation sexuelle des enfants à des fins commerciales, tenu à Stockholm du 27 au 31 août 1996, ainsi que les autres décisions et recommandations pertinentes des organismes internationaux concernés,

Tenant dûment compte de l'importance des traditions et des valeurs culturelles de chaque peuple pour la protection de l'enfant et son développement harmonieux,

Sont convenus de ce qui suit :

Article premier

Les États parties interdisent la vente d'enfants, la prostitution des enfants et la pornographie mettant en scène des enfants conformément aux dispositions du présent Protocole.

Article 2

Aux fins du présent Protocole :

a) On entend par vente d'enfants tout acte ou toute transaction en vertu desquels un enfant est remis par toute personne ou tout groupe de personnes à une autre personne ou un autre groupe contre rémunération ou tout autre avantage ;

b) On entend par prostitution des enfants le fait d'utiliser un enfant aux fins d'activités sexuelles contre rémunération ou toute autre forme d'avantage ;

c) On entend par pornographie mettant en scène des enfants toute représentation, par quelque moyen que ce soit, d'un enfant s'adonnant à des activités sexuelles explicites, réelles ou simulées, ou toute représentation des organes sexuels d'un enfant, à des fins principalement sexuelles.

Article 3

1. Chaque État partie veille à ce que, au minimum, les actes et activités suivants soient pleinement couverts par son droit pénal, que ces infractions soient commises

au plan interne ou transnational, par un individu ou de façon organisée :

a) Dans le cadre de la vente d'enfants telle que définie à l'article 2 :

i) Le fait d'offrir, de remettre, ou d'accepter un enfant, quel que soit le moyen utilisé, aux fins :

– d'exploitation sexuelle de l'enfant,

– de transfert d'organe de l'enfant à titre onéreux,

– de soumettre l'enfant au travail forcé,

ii) Le fait d'obtenir indûment, en tant qu'intermédiaire, le consentement à l'adoption d'un enfant, en violation des instruments juridiques internationaux relatifs à l'adoption ;

b) Le fait d'offrir, d'obtenir, de procurer ou de fournir un enfant à des fins de prostitution, telle que définie à l'article 2 ;

c) Le fait de produire, de distribuer, de diffuser, d'importer, d'exporter, d'offrir, de vendre ou de détenir aux fins susmentionnées, des matériels pornographiques mettant en scène des enfants, tels que définis à l'article 2.

2. Sous réserve du droit interne d'un État partie, les mêmes dispositions valent en cas de tentative de commission de l'un quelconque de ces actes, de complicité dans sa commission ou de participation à celle-ci.

3. Tout État partie rend ces infractions passibles de peines appropriées tenant compte de leur gravité.

4. Sous réserve des dispositions de son droit interne, tout État partie prend, s'il y a lieu, les mesures qui s'imposent, afin d'établir la responsabilité des personnes morales pour les infractions visées au paragraphe 1 du présent article. Selon les principes juridiques de l'État partie, cette responsabilité peut être pénale, civile ou administrative.

5. Les États parties prennent toutes les mesures juridiques et administratives appropriées pour s'assurer que toutes les personnes intervenant dans l'adoption d'un enfant agissent conformément aux dispositions des instruments juridiques internationaux applicables.

Article 4

1. Tout État partie prend les mesures nécessaires pour établir sa compétence aux fins de connaître des infractions visées au paragraphe 1 de l'article 3, lorsque ces infractions ont été commises sur son territoire ou à bord de navires ou d'aéronefs immatriculés dans cet État.

2. Tout État partie peut prendre les mesures nécessaires pour établir sa compétence aux fins de connaître des infractions visées au paragraphe 1 de l'article 3, dans les cas suivants :

a) Lorsque l'auteur présumé de l'infraction est un ressortissant dudit État, ou a sa résidence habituelle sur le territoire de celui-ci ;

b) Lorsque la victime est un ressortissant dudit État.

3. Tout État partie prend également les mesures propres à établir sa compétence aux fins de connaître des infractions susmentionnées lorsque l'auteur présumé de l'infraction est présent sur son territoire et qu'il ne l'extrade pas vers un autre État partie au motif que l'infraction a été commise par l'un de ses ressortissants.

4. Le présent Protocole n'exclut aucune compétence pénale exercée conformément aux lois nationales.

Article 5

1. Les infractions visées au paragraphe 1 de l'article 3 sont de plein droit comprises dans tout traité d'extradition en vigueur entre les États parties et sont comprises dans tout traité d'extradition qui sera conclu ultérieurement entre eux, conformément aux conditions énoncées dans lesdits traités.

2. Si un État partie qui subordonne l'extradition à l'existence d'un traité est saisi d'une demande d'extradition par un autre État partie avec lequel il n'est pas lié par un traité d'extradition, il peut considérer le présent Protocole comme constituant la base juridique de l'extradition en ce qui concerne lesdites infractions. L'extradition est subordonnée aux conditions prévues par le droit de l'État requis.

3. Les États parties qui ne subordonnent pas l'extradition à l'existence d'un traité reconnaissent lesdites infractions

comme cas d'extradition entre eux dans les conditions prévues par le droit de l'État requis.
4. Entre États parties, lesdites infractions sont considérées aux fins d'extradition comme ayant été commises non seulement au lieu de leur perpétration, mais aussi sur le territoire placé sous la juridiction des États tenus d'établir leur compétence en vertu de l'article 4.
5. Si une demande d'extradition est présentée au motif d'une infraction visée au paragraphe 1 de l'article 3, et si l'État requis n'extrade pas ou ne veut pas extrader, à raison de la nationalité de l'auteur de l'infraction, cet État prend les mesures voulues pour saisir ses autorités compétentes aux fins de poursuites.

Article 6

1. Les États parties s'accordent l'entraide la plus large possible pour toute enquête, procédure pénale ou procédure d'extradition relative aux infractions visées au paragraphe 1 de l'article 3, y compris pour l'obtention des éléments de preuve dont ils disposent et qui sont nécessaires aux fins de la procédure.
2. Les États parties s'acquittent de leurs obligations en vertu du paragraphe 1 du présent article en conformité avec tout traité ou accord d'entraide judiciaire qui peut exister entre eux. En l'absence d'un tel traité ou accord, les États parties s'accordent cette entraide conformément à leur droit interne.

Article 7

Sous réserve des dispositions de leur droit interne, les États parties :
a) Prennent des mesures appropriées pour permettre la saisie et la confiscation, selon que de besoin :
i) Des biens tels que documents, avoirs et autres moyens matériels utilisés pour commettre les infractions visées dans le présent Protocole ou en faciliter la commission,
ii) Du produit de ces infractions;

b) Donnent effet aux demandes de saisie ou de confiscation des biens ou produits visés au paragraphe a) émanant d'un autre État partie ;
c) Prennent des mesures en vue de fermer provisoirement ou définitivement les locaux utilisés pour commettre lesdites infractions.

Article 8

1. Les États parties adoptent à tous les stades de la procédure pénale les mesures nécessaires pour protéger les droits et les intérêts des enfants victimes des pratiques proscrites par le présent Protocole, en particulier :
a) En reconnaissant la vulnérabilité des enfants victimes et en adaptant les procédures de manière à tenir compte de leurs besoins particuliers, notamment en tant que témoins ;
b) En tenant les enfants victimes informés de leurs droits, de leur rôle ainsi que de la portée, du calendrier et du déroulement de la procédure, et de la décision rendue dans leur affaire ;
c) En permettant que les vues, les besoins ou les préoccupations des enfants victimes soient présentés et examinés au cours de la procédure lorsque leurs intérêts personnels sont en jeu, d'une manière conforme aux règles de procédure du droit interne ;
d) En fournissant une assistance appropriée aux enfants victimes à tous les stades de la procédure judiciaire ;
e) En protégeant, s'il y a lieu, la vie privée et l'identité des enfants victimes et en prenant des mesures conformes au droit interne pour prévenir la diffusion de toute information pouvant conduire à leur identification ;
f) En veillant, le cas échéant, à ce que les enfants victimes, ainsi que leur famille et les témoins à charge, soient à l'abri de l'intimidation et des représailles ;
g) En évitant tout retard indu dans le prononcé du jugement et l'exécution des ordonnances ou des décisions accordant une indemnisation aux enfants victimes.
2. Les États parties veillent à ce qu'une incertitude quant à l'âge réel de la victime n'empêche pas l'ouverture

d'enquêtes pénales, notamment d'enquêtes visant à déterminer cet âge.
3. Les États parties veillent à ce que, dans la manière dont le système de justice pénale traite les enfants victimes des infractions décrites dans le présent Protocole, l'intérêt supérieur de l'enfant soit la considération première.
4. Les États parties prennent des mesures pour dispenser une formation appropriée, en particulier dans les domaines juridique et psychologique, aux personnes qui s'occupent des victimes des infractions visées dans le présent Protocole.
5. S'il y a lieu, les États parties font le nécessaire pour garantir la sécurité et l'intégrité des personnes et/ou des organismes de prévention et/ou de protection et de réadaptation des victimes de telles infractions.
6. Aucune des dispositions du présent article ne porte atteinte au droit de l'accusé à un procès équitable et impartial ou n'est incompatible avec ce droit.

Article 9

1. Les États parties adoptent ou renforcent, appliquent et diffusent des lois, mesures administratives, politiques et programmes sociaux pour prévenir les infractions visées dans le présent Protocole. Une attention spéciale est accordée à la protection des enfants particulièrement exposés à de telles pratiques.
2. Par l'information à l'aide de tous les moyens appropriés, l'éducation et la formation, les États parties sensibilisent le grand public, y compris les enfants, aux mesures propres à prévenir les pratiques proscrites par le présent Protocole et aux effets néfastes de ces dernières. Pour s'acquitter de leurs obligations en vertu du présent article, les États parties encouragent la participation des communautés et, en particulier, des enfants et des enfants victimes, à ces programmes d'information, d'éducation et de formation, y compris au niveau international.
3. Les États parties prennent toutes les mesures possibles pour assurer toute l'assistance appropriée aux victimes des infractions visées dans le présent Protocole, notamment

leur pleine réinsertion sociale et leur plein rétablissement physique et psychologique.
4. Les États parties veillent à ce que tous les enfants victimes des infractions décrites dans le présent Protocole aient accès à des procédures leur permettant, sans discrimination, de réclamer réparation du préjudice subi aux personnes juridiquement responsables.
5. Les États parties prennent des mesures appropriées pour interdire efficacement la production et la diffusion de matériels qui font la publicité des pratiques proscrites dans le présent Protocole.

Article 10

1. Les États parties prennent toutes les mesures nécessaires pour renforcer la coopération internationale par des accords multilatéraux, régionaux et bilatéraux ayant pour objet de prévenir, identifier, poursuivre et punir les responsables d'actes liés à la vente d'enfants, à la prostitution des enfants, à la pornographie et au tourisme pédophiles, ainsi que d'enquêter sur de tels actes. Les États parties favorisent également la coopération et la coordination internationales entre leurs autorités, les organisations non gouvernementales nationales et internationales et les organisations internationales.
2. Les États parties encouragent la coopération internationale pour aider à la réadaptation physique et psychologique des enfants victimes, à leur réinsertion sociale et à leur rapatriement.
3. Les États parties s'attachent à renforcer la coopération internationale pour éliminer les principaux facteurs, notamment la pauvreté et le sous-développement, qui rendent les enfants vulnérables à la vente, à la prostitution, à la pornographie et au tourisme pédophiles.
4. Les États parties qui sont en mesure de le faire fournissent une aide financière, technique ou autre dans le cadre des programmes existants, multilatéraux, régionaux, bilatéraux ou autres.

Article 11

Aucune des dispositions du présent Protocole ne porte atteinte aux dispositions plus propices à la réalisation des droits de l'enfant qui peuvent figurer :

a) Dans la législation d'un État partie ;
b) Dans le droit international en vigueur pour cet État.

Article 12

1. Chaque État partie présente, dans les deux ans à compter de l'entrée en vigueur du présent Protocole à son égard, un rapport au Comité des droits de l'enfant contenant des renseignements détaillés sur les mesures qu'il a prises pour donner effet aux dispositions du Protocole.
2. Après la présentation de son rapport détaillé, chaque État partie inclut dans les rapports qu'il présente au Comité des droits de l'enfant, conformément à l'article 44 de la Convention, tout complément d'information concernant l'application du présent Protocole. Les autres États parties au Protocole présentent un rapport tous les cinq ans.
3. Le Comité des droits de l'enfant peut demander aux États parties un complément d'information concernant l'application du présent Protocole.

Article 13

1. Le présent Protocole est ouvert à la signature de tout État qui est partie à la Convention ou qui l'a signée.
2. Le présent Protocole est soumis à la ratification et est ouvert à l'adhésion de tout État qui est partie à la Convention ou qui l'a signée. Les instruments de ratification ou d'adhésion seront déposés auprès du Secrétaire général de l'Organisation des Nations unies.

Article 14

1. Le présent Protocole entrera en vigueur trois mois après la date du dépôt du dixième instrument de ratification ou d'adhésion.
2. Pour chacun des États qui ratifieront le présent Protocole ou y adhéreront après son entrée en vigueur, le Protocole entrera en vigueur un mois après la date du

dépôt par cet État de son instrument de ratification ou d'adhésion.

Article 15

1. Tout État partie peut, à tout moment, dénoncer le présent Protocole par notification écrite adressée au Secrétaire général de l'Organisation des Nations unies, qui en informe les autres États parties à la Convention et tous les États qui l'ont signée. La dénonciation prend effet un an après la date à laquelle la notification a été reçue par le Secrétaire général.
2. La dénonciation ne dégage pas l'État partie qui en est l'auteur des obligations que lui impose le Protocole au regard de toute infraction survenue avant la date à laquelle la dénonciation prend effet, pas plus qu'elle n'entrave en aucune manière la poursuite de l'examen de toute question dont le Comité des droits de l'enfant serait déjà saisi avant cette date.

Article 16

1. Tout État partie peut proposer un amendement et en déposer le texte auprès du Secrétaire général de l'Organisation des Nations unies. Celui-ci communique alors la proposition d'amendement aux États parties, en leur demandant de lui faire savoir s'ils sont favorables à la convocation d'une conférence des États parties en vue de l'examen de la proposition et de sa mise aux voix. Si, dans les quatre mois qui suivent la date de cette communication, un tiers au moins des États parties se prononcent en faveur de la convocation d'une telle conférence, le Secrétaire général convoque la conférence sous les auspices de l'Organisation des Nations unies. Tout amendement adopté par la majorité des États parties présents et votants à la conférence est soumis à l'Assemblée générale des Nations unies pour approbation.
2. Tout amendement adopté conformément aux dispositions du paragraphe 1 du présent article entre en vigueur lorsqu'il a été approuvé par l'Assemblée générale et accepté par une majorité des deux tiers des États parties.

3. Lorsqu'un amendement entre en vigueur, il a force obligatoire pour les États parties qui l'ont accepté, les autres États parties demeurant liés par les dispositions du présent Protocole et par tous amendements antérieurs acceptés par eux.

Article 17

1. Le présent Protocole, dont les textes anglais, arabe, chinois, espagnol, français et russe font également foi, sera déposé aux archives de l'Organisation des Nations unies.
2. Le Secrétaire général de l'Organisation des Nations unies transmettra une copie certifiée conforme du présent Protocole à tous les États parties à la Convention et à tous les États qui l'ont signée.

Texte 10.3 – Protocole facultatif à la Convention relatif aux droits de l'enfant établissant une procédure de présentation de communications, 2011

Le protocole facultatif à la Convention relative aux droits de l'enfant établissant une procédure de communications individuelles a été adopté par l'Assemblée générale des Nations unies le 19 décembre 2011 et est entré en vigueur le 14 avril 2014 après 10 ratifications. Il ne lie encore que 20 États parties.

La France a signé ce protocole le 20 novembre 2014 et l'a ratifié le 7 janvier 2016.

Les États parties au présent Protocole,
Considérant que, conformément aux principes proclamés dans la Charte des Nations unies, la reconnaissance de la dignité inhérente à tous les membres de la famille humaine et de leurs droits égaux et inaliénables constitue le fondement de la liberté, de la justice et de la paix dans le monde,

Notant que les États parties à la Convention relative aux droits de l'enfant (ci-après dénommée « la Convention ») reconnaissent les droits qui sont énoncés dans celle-ci à tout enfant relevant de leur juridiction, sans distinction aucune, indépendamment de la race, de la couleur, du sexe, de la langue, de la religion, de l'opinion politique ou autre, de l'origine nationale, ethnique ou sociale, de la situation de fortune, du handicap, de la naissance ou de toute autre situation de l'enfant ou de ses parents ou représentants légaux,

Réaffirmant que tous les droits de l'homme et libertés fondamentales sont universels, indissociables, interdépendants et intimement liés,

Réaffirmant également le statut de l'enfant en tant que sujet de droits et en tant qu'être humain dont la dignité doit être reconnue et dont les capacités évoluent,

Reconnaissant que, compte tenu de leur statut spécial et de leur état de dépendance, les enfants peuvent avoir de grandes difficultés à se prévaloir des recours disponibles en cas de violation de leurs droits,

Considérant que le présent Protocole renforcera et complétera les mécanismes nationaux et régionaux permettant aux enfants de présenter des plaintes pour violation de leurs droits,

Reconnaissant que, dans l'exercice des voies de recours en cas de violation des droits de l'enfant, l'intérêt supérieur de l'enfant devrait primer et que les procédures prévues à tous les niveaux dans le cadre de ces recours devraient être adaptées aux enfants,

Encourageant les États parties à mettre au point des mécanismes nationaux appropriés pour permettre à un enfant dont les droits ont été violés d'avoir accès à des recours utiles à l'échelon national,

Rappelant le rôle important que les institutions nationales des droits de l'homme et d'autres institutions spécialisées compétentes chargées de promouvoir et de protéger les droits des enfants peuvent jouer à cet égard,

Considérant que, pour renforcer et compléter ces mécanismes nationaux et améliorer encore la mise en œuvre de la Convention et, s'il y a lieu, des Protocoles facultatifs à la Convention, concernant la vente d'enfants, la prostitution des enfants et la pornographie mettant en scène des enfants, et l'implication d'enfants dans les conflits armés, il conviendrait d'habiliter le Comité des droits de l'enfant (ci-après dénommé « le Comité ») à s'acquitter des fonctions prévues dans le présent Protocole,

Sont convenus de ce qui suit :

Première partie – Dispositions générales

Article premier – Compétence du Comité des droits de l'enfant

1. Tout État partie au présent Protocole reconnaît au Comité la compétence que lui confère le présent Protocole.
2. Le Comité n'exerce pas sa compétence à l'égard d'un État partie au présent Protocole pour des affaires concernant la violation de droits énoncés dans un instrument auquel l'État en question n'est pas partie.
3. Le Comité ne reçoit aucune communication intéressant un État qui n'est pas partie au présent Protocole.

Article 2 – Principes généraux guidant l'exercice des fonctions du Comité

Dans l'exercice des fonctions qui lui sont conférées par le présent Protocole, le Comité est guidé par le principe de l'intérêt supérieur de l'enfant. Il prend aussi en considération les droits et l'opinion de l'enfant, en accordant à celle-ci le poids voulu en fonction de l'âge et du degré de maturité de l'enfant.

Article 3 – Règlement intérieur

1. Le Comité adopte un règlement intérieur relatif à l'exercice des fonctions qui lui sont conférées par le présent Protocole. Ce faisant, il tient compte en particulier de l'article 2 du présent Protocole afin de garantir que les procédures soient adaptées aux enfants.

2. Le Comité inclut dans son règlement intérieur des garanties visant à empêcher que l'enfant ne soit manipulé par ceux qui agissent en son nom et peut refuser d'examiner une communication s'il considère qu'elle ne sert pas l'intérêt supérieur de l'enfant.

Article 4 – Mesures de protection

1. L'État partie prend toutes les mesures nécessaires pour veiller à ce que les personnes relevant de sa juridiction ne subissent aucune violation des droits de l'homme et ne fassent l'objet d'aucune forme de mauvais traitements ou d'intimidation du fait qu'elles communiquent ou coopèrent avec le Comité au titre du présent Protocole.
2. L'identité de la personne ou du groupe de personnes concernées n'est pas révélée publiquement sans le consentement exprès des intéressés.

Deuxième partie – Procédure de présentation de communications

Article 5 – Communications individuelles

1. Des communications peuvent être présentées par des particuliers ou des groupes de particuliers ou au nom de particuliers ou de groupes de particuliers relevant de la juridiction d'un État partie, qui affirment être victimes d'une violation par cet État partie de l'un quelconque des droits énoncés dans l'un quelconque des instruments suivants auquel cet État est partie :
a) La Convention ;
b) Le Protocole facultatif à la Convention, concernant la vente d'enfants, la prostitution des enfants et la pornographie mettant en scène des enfants ;
c) Le Protocole facultatif à la Convention, concernant l'implication d'enfants dans les conflits armés.
2. Une communication ne peut être présentée au nom de particuliers ou de groupes de particuliers qu'avec leur consentement, à moins que l'auteur puisse justifier qu'il agit en leur nom sans un tel consentement.

Article 6 – Mesures provisoires

1. Après réception d'une communication, et avant de prendre une décision sur le fond, le Comité peut à tout moment soumettre à l'urgente attention de l'État partie intéressé une demande tendant à ce qu'il prenne les mesures provisoires qui s'avèrent nécessaires dans des circonstances exceptionnelles pour éviter qu'un préjudice irréparable ne soit causé à la victime ou aux victimes des violations alléguées.

2. L'exercice par le Comité de la faculté que lui donne le paragraphe 1 du présent article ne préjuge pas de sa décision concernant la recevabilité ou le fond de la communication.

Article 7 – Recevabilité

Le Comité déclare irrecevable une communication lorsque :

a) La communication est anonyme ;

b) La communication n'est pas présentée par écrit ;

c) La communication constitue un abus du droit de présenter de telles communications ou est incompatible avec les dispositions de la Convention ou des Protocoles facultatifs s'y rapportant ;

d) La même question a déjà été examinée par le Comité ou a été ou est examinée au titre d'une autre procédure internationale d'enquête ou de règlement ;

e) Tous les recours internes disponibles n'ont pas été épuisés. Cette règle ne s'applique pas si la procédure de recours excède des délais raisonnables ou s'il est peu probable qu'elle permette d'obtenir une réparation effective ;

f) La communication est manifestement mal fondée ou insuffisamment motivée ;

g) Les faits qui font l'objet de la communication sont antérieurs à la date d'entrée en vigueur du présent Protocole à l'égard de l'État partie intéressé, à moins que ces faits ne persistent après cette date ;

h) La communication n'est pas présentée dans les douze mois suivant l'épuisement des recours internes, sauf dans les cas où l'auteur peut démontrer qu'il n'a pas été possible de présenter la communication dans ce délai.

Article 8 – Transmission de la communication

1. Le Comité porte confidentiellement et dans les meilleurs délais à l'attention de l'État partie concerné toute communication qui lui est adressée en vertu du présent Protocole, sauf s'il la juge irrecevable.
2. L'État partie présente par écrit au Comité des explications ou déclarations apportant des précisions sur l'affaire et indiquant, s'il y a lieu, les mesures correctives qu'il a prises. L'État partie soumet sa réponse dès que possible, dans un délai de six mois.

Article 9 – Règlement amiable

1. Le Comité met ses bons offices à la disposition des parties en vue de parvenir à un règlement amiable de la question fondé sur le respect des obligations énoncées dans la Convention ou les Protocoles facultatifs s'y rapportant.
2. Tout accord de règlement amiable conclu sous les auspices du Comité met un terme à l'examen de la communication présentée en vertu du présent Protocole.

Article 10 – Examen des communications

1. Le Comité examine aussi rapidement que possible les communications qui lui sont adressées en vertu du présent Protocole en tenant compte de toute la documentation qui lui a été soumise, étant entendu que cette documentation doit être communiquée aux parties intéressées.
2. Le Comité tient ses séances à huis clos lorsqu'il examine les communications qui lui sont adressées en vertu du présent Protocole.
3. Lorsque le Comité a demandé des mesures provisoires, il procède sans délai à l'examen de la communication.
4. Lorsqu'il examine des communications faisant état de violations des droits économiques, sociaux ou culturels, le Comité évalue le caractère raisonnable des mesures prises par l'État partie conformément à l'article 4 de la Convention. Ce faisant, il garde à l'esprit que l'État partie peut adopter différentes mesures de politique générale pour mettre en œuvre les droits économiques, sociaux et culturels consacrés par la Convention.

5. Après avoir examiné une communication, le Comité transmet sans délai aux parties concernées ses constatations au sujet de cette communication, éventuellement accompagnées de ses recommandations.

Article 11 – Suivi

1. L'État partie prend dûment en considération les constatations et les éventuelles recommandations du Comité et lui soumet une réponse écrite contenant des informations sur toute mesure prise ou envisagée à la lumière de ses constatations et recommandations. L'État partie soumet sa réponse dès que possible, dans un délai de six mois.
2. Le Comité peut inviter l'État partie à lui soumettre un complément d'information sur toute mesure prise pour donner suite à ses constatations ou à ses recommandations ou sur l'application d'un éventuel accord de règlement amiable, y compris, si le Comité le juge approprié, dans les rapports ultérieurs de l'État partie présentés au titre de l'article 44 de la Convention, de l'article 12 du Protocole facultatif à la Convention, concernant la vente d'enfants, la prostitution des enfants et la pornographie mettant en scène des enfants, ou de l'article 8 du Protocole facultatif à la Convention, concernant l'implication d'enfants dans les conflits armés, selon les cas.

Article 12 – Communications interétatiques

1. Tout État partie au présent Protocole peut déclarer à tout moment qu'il reconnaît la compétence du Comité pour recevoir et examiner des communications dans lesquelles un État partie affirme qu'un autre État partie ne s'acquitte pas de ses obligations au titre de l'un quelconque des instruments suivants auquel l'État est partie :
a) La Convention ;
b) Le Protocole facultatif à la Convention, concernant la vente d'enfants, la prostitution des enfants et la pornographie mettant en scène des enfants ;
c) Le Protocole facultatif à la Convention, concernant l'implication d'enfants dans les conflits armés.

2. Le Comité ne reçoit aucune communication visant un État partie qui n'a pas fait une telle déclaration ou émanant d'un État partie qui n'a pas fait une telle déclaration.
3. Le Comité met ses bons offices à la disposition des États parties concernés en vue de parvenir à un règlement amiable de la question fondé sur le respect des obligations énoncées dans la Convention et les Protocoles facultatifs s'y rapportant.
4. Les États parties déposent la déclaration qu'ils auront faite conformément au paragraphe 1 du présent article auprès du Secrétaire général de l'Organisation des Nations unies, qui en communique copie aux autres États parties. Une déclaration peut être retirée à tout moment par voie de notification adressée au Secrétaire général. Ce retrait est sans préjudice de l'examen de toute question qui fait l'objet d'une communication déjà transmise en vertu du présent article ; aucune autre communication d'un État partie ne sera reçue en vertu du présent article après que le Secrétaire général aura reçu notification du retrait de la déclaration, à moins que l'État partie intéressé n'ait fait une nouvelle déclaration.

Troisième partie – Procédure d'enquête

Article 13 – Procédure d'enquête pour les violations graves ou systématiques

1. Si le Comité reçoit des renseignements crédibles indiquant qu'un État partie porte gravement ou systématiquement atteinte aux droits énoncés dans la Convention, le Protocole facultatif à la Convention, concernant la vente d'enfants, la prostitution des enfants et la pornographie mettant en scène des enfants, ou le Protocole facultatif à la Convention, concernant l'implication d'enfants dans les conflits armés, il invite cet État partie à coopérer à l'examen de ces renseignements et, à cette fin, à présenter sans délai ses observations à leur sujet.
2. Compte tenu des observations éventuellement formulées par l'État partie intéressé, ainsi que de tout autre renseignement crédible dont il dispose, le Comité peut charger

un ou plusieurs de ses membres d'effectuer une enquête et de lui rendre compte d'urgence de ses résultats. L'enquête peut, lorsque cela se justifie et que l'État partie donne son accord, comporter une visite sur le territoire de cet État.
3. L'enquête se déroule dans la confidentialité, et la coopération de l'État partie est sollicitée à tous les stades de la procédure.
4. Après avoir étudié les résultats de l'enquête, le Comité les communique sans délai à l'État partie concerné, accompagnés, le cas échéant, d'observations et de recommandations.
5. Le plus tôt possible, et au plus tard six mois après réception des résultats de l'enquête et des observations et recommandations transmis par le Comité, l'État partie concerné présente ses observations au Comité.
6. Une fois achevée la procédure d'enquête entreprise en vertu du paragraphe 2 du présent article, le Comité peut, après consultations avec l'État partie intéressé, décider de faire figurer un compte rendu succinct des résultats de la procédure dans son rapport prévu à l'article 16 du présent Protocole.
7. Tout État partie peut, au moment où il signe le présent Protocole, le ratifie ou y adhère, déclarer qu'il ne reconnaît pas la compétence du Comité aux fins du présent article à l'égard des droits énoncés dans l'un ou dans la totalité des instruments énumérés au paragraphe 1.
8. Tout État partie ayant fait la déclaration prévue au paragraphe 7 du présent article peut, à tout moment, retirer cette déclaration par voie de notification adressée au Secrétaire général de l'Organisation des Nations unies.

Article 14 – Suivi de la procédure d'enquête

1. Le Comité peut, si nécessaire, au terme du délai de six mois visé au paragraphe 5 de l'article 13, inviter l'État partie concerné à l'informer des mesures prises ou envisagées à la suite d'une enquête menée au titre de l'article 13 du présent Protocole.
2. Le Comité peut inviter l'État partie à présenter de nouvelles informations sur toute mesure prise comme suite

à une enquête menée au titre de l'article 13, y compris, si le Comité le juge approprié, dans les rapports ultérieurs de l'État partie présentés au titre de l'article 44 de la Convention, de l'article 12 du Protocole facultatif à la Convention, concernant la vente d'enfants, la prostitution des enfants et la pornographie mettant en scène des enfants, ou de l'article 8 du Protocole facultatif à la Convention, concernant l'implication d'enfants dans les conflits armés, selon les cas.

Quatrième partie – Dispositions finales

Article 15 – Assistance et coopération internationales

1. Le Comité peut, avec le consentement de l'État partie concerné, transmettre aux institutions spécialisées, fonds et programmes des Nations unies et aux autres organismes compétents ses constatations ou recommandations concernant des communications et des demandes faisant état d'un besoin d'assistance ou de conseils techniques, accompagnées, le cas échéant, des commentaires et suggestions de l'État partie sur ces constatations ou recommandations.
2. Le Comité peut aussi porter à l'attention de ces entités, avec le consentement de l'État partie concerné, toute question que soulèvent les communications examinées en vertu du présent Protocole qui peut les aider à se prononcer, chacun dans sa propre sphère de compétence, sur l'opportunité de mesures internationales propres à aider l'État partie à progresser sur la voie de la mise en œuvre des droits reconnus dans la Convention ou les Protocoles facultatifs s'y rapportant.

Article 16 – Rapport à l'Assemblée générale

Le Comité fait figurer dans le rapport qu'il présente tous les deux ans à l'Assemblée générale en application du paragraphe 5 de l'article 44 de la Convention un récapitulatif de ses activités au titre du présent Protocole.

Article 17 – Diffusion et information concernant le Protocole facultatif

Chaque État partie s'emploie à faire largement connaître et à diffuser le présent Protocole, ainsi qu'à faciliter l'accès des adultes comme des enfants, y compris ceux qui sont handicapés, aux informations sur les constatations et les recommandations du Comité, en particulier en ce qui concerne les affaires impliquant l'État partie, par des moyens actifs et appropriés et sous une forme accessible.

Article 18 – Signature, ratification et adhésion

1. Le présent Protocole est ouvert à la signature de tous les États qui ont signé ou ratifié la Convention ou l'un des deux premiers Protocoles facultatifs s'y rapportant, ou qui y ont adhéré.
2. Le présent Protocole est soumis à la ratification de tout État qui a ratifié la Convention ou l'un des deux premiers Protocoles facultatifs s'y rapportant, ou qui y a adhéré. Les instruments de ratification seront déposés auprès du Secrétaire général de l'Organisation des Nations unies.
3. Le présent Protocole est ouvert à l'adhésion de tout État qui a ratifié la Convention ou l'un des deux premiers Protocoles facultatifs s'y rapportant, ou qui y a adhéré.
4. L'adhésion se fait par le dépôt d'un instrument d'adhésion auprès du Secrétaire général.

Article 19 – Entrée en vigueur

1. Le présent Protocole entrera en vigueur trois mois après la date du dépôt du dixième instrument de ratification ou d'adhésion.
2. Pour chaque État qui ratifiera le présent Protocole ou y adhérera après le dépôt du dixième instrument de ratification ou d'adhésion, le Protocole entrera en vigueur trois mois après la date du dépôt par cet État de son instrument de ratification ou d'adhésion.

Article 20 – Violations commises après l'entrée en vigueur

1. Le Comité n'est compétent qu'à l'égard des violations par l'État partie de l'un quelconque des droits énoncés

dans la Convention ou l'un des deux premiers Protocoles facultatifs s'y rapportant commises postérieurement à l'entrée en vigueur du présent Protocole.

2. Si un État devient partie au présent Protocole après l'entrée en vigueur de celui-ci, ses obligations vis-à-vis du Comité ne concernent que les violations des droits énoncés dans la Convention ou l'un des deux premiers Protocoles facultatifs s'y rapportant qui sont commises postérieurement à l'entrée en vigueur du présent Protocole pour l'État concerné.

Article 21 – Amendements

1. Tout État partie peut proposer un amendement au présent Protocole et le soumettre au Secrétaire général de l'Organisation des Nations unies. Le Secrétaire général communique les propositions d'amendement aux États parties, en leur demandant de lui faire savoir s'ils sont favorables à la convocation d'une réunion des États parties en vue d'examiner ces propositions et de se prononcer sur elles. Si, dans les quatre mois qui suivent la date de cette communication, un tiers au moins des États parties se prononcent en faveur de la convocation d'une telle réunion, le Secrétaire général convoque la réunion sous les auspices de l'Organisation des Nations unies. Tout amendement adopté par une majorité des deux tiers des États parties présents et votants est soumis pour approbation à l'Assemblée générale par le Secrétaire général, puis pour acceptation à tous les États parties.

2. Tout amendement adopté et approuvé conformé ment au paragraphe 1 du présent article entre en vigueur le trentième jour suivant la date à laquelle le nombre d'instruments d'acceptation déposés atteint les deux tiers du nombre des États parties à la date de son adoption. Par la suite, l'amendement entre en vigueur pour chaque État partie le trentième jour suivant le dépôt par cet État de son instrument d'acceptation. L'amendement ne lie que les États parties qui l'ont accepté.

Article 22 – Dénonciation

1. Tout État partie peut dénoncer le présent Protocole à tout moment en adressant une notification écrite au Secrétaire général de l'Organisation des Nations unies. La dénonciation prend effet un an après la date de réception de la notification par le Secrétaire général.

2. Les dispositions du présent Protocole continuent de s'appliquer à toute communication présentée conformé ment aux articles 5 ou 12 ou à toute procédure engagée conformé ment à l'article 13 avant la date où la dénonciation prend effet.

Article 23 – Dépositaire et notification par le Secrétaire général

1. Le Secrétaire général de l'Organisation des Nations unies est le dépositaire du présent Protocole.

2. Le Secrétaire général informe tous les États :

a) Des signatures, ratifications et adhésions au présent Protocole ;

b) De la date d'entrée en vigueur du présent Protocole et de tout amendement adopté au titre de l'article 21 ;

c) De toute dénonciation au titre de l'article 22 du présent Protocole.

Article 24 – Langues

1. Le présent Protocole, dont les textes anglais, arabe, chinois, espagnol, français et russe font également foi, sera déposé aux archives de l'Organisation des Nations unies.

2. Le Secrétaire général de l'Organisation des Nations unies transmettra une copie certifiée conforme du présent Protocole à tous les États.

Texte 11 – Convention internationale sur la protection des droits de tous les travailleurs migrants et des membres de leur famille, 1990

La Convention internationale sur la protection des droits de tous les travailleurs migrants et des membres de leur famille a été adoptée et ouverte à la signature, à la ratification et à l'adhésion par l'Assemblée générale des Nations unies dans sa résolution 45/158 du 18 décembre 1990. Elle est entrée en vigueur le 1er juillet 2003 après 20 ratifications. Vingt-cinq ans après son adoption, elle ne lie que 48 États parties. La France n'a pas signé la Convention à l'instar des autres membres de l'Union européenne.

La Convention prévoit la création d'un Comité sur les travailleurs migrants aujourd'hui composé de 14 experts indépendants. Le Comité examine les rapports périodiques des États. Il pourra recevoir et examiner des requêtes individuelles dès lors que 10 États parties auront accepté sa compétence en la matière (article 77). Le Comité pourra également connaître de requêtes interétatiques si les États parties acceptent sa compétence à cet égard (article 76). Ces deux procédures ne sont pas entrées en vigueur.

Bibliographie

Chetail Vincent, *International Migrations Law*, Oxford University Press, 2014.

Colloque de la Société française pour le droit international, *Les travailleurs étrangers et le droit international*, Pedone, 1979.

Touzenis Kristina, Sironi Alice, *Current Challenges in the Implementation of the UN International Convention on the Protection of the Rights of All Migrant Workers and Members of Their Families*, Parlement européen, PE 433.715, 2013.

Les États parties à la présente Convention,
Tenant compte des principes consacrés par les instruments de base des Nations unies relatifs aux droits de l'homme, en particulier la Déclaration universelle des droits de l'homme, le Pacte international relatif aux droits économiques, sociaux et culturels, le Pacte international relatif aux droits civils et politiques, la Convention internationale sur l'élimination de toutes les formes de discrimination raciale, la Convention sur l'élimination de toutes les formes de discrimination à l'égard des femmes et la Convention relative aux droits de l'enfant,
Tenant compte également des principes et normes reconnus dans les instruments pertinents élaborés sous les auspices de l'Organisation internationale du travail, et particulièrement la Convention concernant les travailleurs migrants (N 97), la Convention concernant les migrations dans des conditions abusives et la promotion de l'égalité de chances et de traitement des travailleurs migrants (N 143), les Recommandations concernant les travailleurs migrants (N 86 et N 151), ainsi que la Convention concernant le travail forcé ou obligatoire (N 29) et la Convention concernant l'abolition du travail forcé (N 105),
Réaffirmant l'importance des principes énoncés dans la Convention concernant la lutte contre la discrimination dans le domaine de l'enseignement, de l'Organisation des Nations unies pour l'éducation, la science et la culture,
Rappelant la Convention contre la torture et autres peines ou traitements cruels, inhumains ou dégradants, la Déclaration du quatrième Congrès des Nations unies pour la prévention du crime et le traitement des délinquants, le Code de conduite pour les responsables de l'application des lois et les Conventions relatives à l'esclavage,
Rappelant que l'un des objectifs de l'Organisation internationale du travail, tel que le prévoit sa constitution, est la protection des intérêts des travailleurs lorsqu'ils sont employés dans un pays autre que le leur, et ayant à l'esprit les connaissances spécialisées et l'expérience de ladite

organisation pour les questions concernant les travailleurs migrants et les membres de leur famille,

Reconnaissant l'importance des travaux réalisés au sujet des travailleurs migrants et des membres de leur famille par divers organes de l'Organisation des Nations unies, particulièrement la Commission des droits de l'homme et la Commission du développement social, ainsi que par l'Organisation des Nations unies pour l'alimentation et l'agriculture, l'Organisation des Nations unies pour l'éducation, la science et la culture et l'Organisation mondiale de la santé et d'autres organisations internationales,

Reconnaissant également les progrès accomplis par certains États sur une base régionale ou bilatérale en vue de la protection des droits des travailleurs migrants et des membres de leur famille, ainsi que l'importance et l'utilité des accords bilatéraux et multilatéraux dans ce domaine,

Conscients de l'importance et de l'ampleur du phénomène migratoire, qui met en cause des millions de personnes et affecte un grand nombre de pays de la communauté internationale,

Conscients de l'effet des migrations de travailleurs sur les États et les populations en cause et désireux de fixer des normes permettant aux États d'harmoniser leurs attitudes moyennant acceptation de certains principes fondamentaux pour ce qui est du traitement des travailleurs migrants et des membres de leur famille,

Considérant la situation de vulnérabilité dans laquelle se trouvent fréquemment les travailleurs migrants et les membres de leur famille du fait, entre autres, de leur éloignement de l'État d'origine et d'éventuelles difficultés tenant à leur présence dans l'État d'emploi,

Convaincus que, partout, les droits des travailleurs migrants et des membres de leur famille n'ont pas été suffisamment reconnus et qu'ils doivent donc bénéficier d'une protection internationale appropriée,

Tenant compte du fait que, dans de nombreux cas, les migrations sont la source de graves problèmes pour les membres de la famille des travailleurs migrants ainsi que pour les travailleurs migrants eux-mêmes, en particulier du fait de la dispersion de la famille,

Considérant que les problèmes humains que comportent les migrations sont encore plus graves dans le cas des migrations irrégulières et convaincus par conséquent qu'il convient d'encourager des mesures appropriées en vue de prévenir et d'éliminer les mouvements clandestins ainsi que le trafic de travailleurs migrants, tout en assurant en même temps la protection des droits fondamentaux de ceux-ci,

Considérant que les travailleurs dépourvus de documents ou en situation irrégulière sont fréquemment employés dans des conditions moins favorables que d'autres travailleurs et que certains employeurs sont ainsi amenés à rechercher une telle main-d'œuvre en vue de tirer un bénéfice d'une concurrence déloyale,

Considérant également que l'emploi de travailleurs migrants en situation irrégulière se trouvera découragé si les droits fondamentaux de tous les travailleurs migrants sont plus largement reconnus et, de surcroît, que l'octroi de certains droits supplémentaires aux travailleurs migrants et aux membres de leur famille en situation régulière encouragera tous les migrants et tous les employeurs à respecter les lois et procédures de l'État intéressé et à s'y conformer,

Convaincus pour cette raison de la nécessité d'instituer la protection internationale des droits de tous les travailleurs migrants et des membres de leur famille en réaffirmant et en établissant des normes de base dans le cadre d'une convention générale susceptible d'être universellement appliquée,

Sont convenus de ce qui suit :

Première partie – Champ d'application et définitions

Article premier

1. À moins qu'elle n'en dispose autrement, la présente Convention s'applique à tous les travailleurs migrants et aux membres de leur famille sans distinction aucune,

notamment de sexe, de race, de couleur, de langue, de religion ou de conviction, d'opinion politique ou de toute autre opinion, d'origine nationale, ethnique ou sociale, de nationalité, d'âge, de situation économique, de fortune, de situation matrimoniale, de naissance, ou d'autre situation.

2. La présente Convention s'applique à tout le processus de migration des travailleurs migrants et des membres de leur famille, qui comprend les préparatifs de la migration, le départ, le transit et toute la durée du séjour, l'activité rémunérée dans l'État d'emploi, ainsi que le retour dans l'État d'origine ou dans l'État de résidence habituelle.

Article 2

Aux fins de la présente Convention :

1. L'expression « travailleurs migrants » désigne les personnes qui vont exercer, exercent ou ont exercé une activité rémunérée dans un État dont elles ne sont pas ressortissantes.

2.

a) L'expression « travailleurs frontaliers » désigne les travailleurs migrants qui maintiennent leur résidence habituelle dans un État voisin auquel ils reviennent en principe chaque jour ou au moins une fois par semaine ;

b) L'expression « travailleurs saisonniers » désigne les travailleurs migrants dont l'activité, de par sa nature, dépend des conditions saisonnières et ne peut être exercée que pendant une partie de l'année ;

c) L'expression « gens de mer », qui comprend les pêcheurs, désigne les travailleurs migrants employés à bord d'un navire immatriculé dans un État dont ils ne sont pas ressortissants ;

d) L'expression « travailleurs d'une installation en mer » désigne les travailleurs migrants employés sur une installation en mer qui relève de la juridiction d'un État dont ils ne sont pas ressortissants ;

e) L'expression « travailleurs itinérants » désigne les travailleurs migrants qui, ayant leur résidence habituelle dans un État, doivent, de par la nature de leur activité, se rendre dans d'autres États pour de courtes périodes ;

f) L'expression « travailleurs employés au titre de projets » désigne les travailleurs migrants qui ont été admis dans un État d'emploi pour un temps déterminé pour travailler uniquement à un projet spécifique exécuté dans cet État par leur employeur ;
g) L'expression « travailleurs admis pour un emploi spécifique » désigne les travailleurs migrants :
i) Qui ont été envoyés par leur employeur pour un temps limité et déterminé dans un État d'emploi pour accomplir une mission ou une tâche spécifique, ou
ii) Qui entreprennent pour un temps limité et déterminé un travail exigeant des compétences professionnelles, commerciales, techniques ou autres hautement spécialisées, ou
iii) Qui, à la demande de leur employeur dans l'État d'emploi, entreprennent pour un temps limité et déterminé un travail de caractère provisoire ou de courte durée,
et qui sont tenus de quitter l'État d'emploi soit à l'expiration de leur temps de séjour autorisé, soit plus tôt s'ils n'accomplissent plus la mission ou la tâche spécifique, ou s'ils n'exécutent plus le travail initial ;
h) L'expression « travailleurs indépendants » désigne les travailleurs migrants qui exercent une activité rémunérée autrement que dans le cadre d'un contrat de travail et qui tirent normalement leur subsistance de cette activité en travaillant seuls ou avec les membres de leur famille, et tous autres travailleurs migrants reconnus comme travailleurs indépendants par la législation applicable de l'État d'emploi ou par des accords bilatéraux ou multilatéraux.

Article 3

La présente Convention ne s'applique pas :
a) Aux personnes envoyées ou employées par des organisations et des organismes internationaux ni aux personnes envoyées ou employées par un État en dehors de son territoire pour exercer des fonctions officielles, dont l'admission et le statut sont régis par le droit international général ou par des accords internationaux ou des conventions internationales spécifiques ;

b) Aux personnes envoyées ou employées par un État ou pour le compte de cet État en dehors de son territoire qui participent à des programmes de développement et à d'autres programmes de coopération, dont l'admission et le statut sont régis par un accord spécifique conclu avec l'État d'emploi et qui, conformément à cet accord, ne sont pas considérées comme des travailleurs migrants ;
c) Aux personnes qui deviennent résidentes d'un État autre que leur État d'origine en qualité d'investisseurs ;
d) Aux réfugiés et aux apatrides, sauf disposition contraire de la législation nationale pertinente de l'État partie intéressé ou des instruments internationaux en vigueur pour cet État ;
e) Aux étudiants et aux stagiaires ;
f) Aux gens de mer et travailleurs des installations en mer qui n'ont pas été autorisés à résider ou à exercer une activité rémunérée dans l'État d'emploi.

Article 4

Aux fins de la présente Convention, l'expression « membres de la famille » désigne les personnes mariées aux travailleurs migrants ou ayant avec ceux-ci des relations qui, en vertu de la loi applicable, produisent des effets équivalant au mariage, ainsi que leurs enfants à charge et autres personnes à charge qui sont reconnues comme membres de la famille en vertu de la législation applicable ou d'accords bilatéraux ou multilatéraux applicables entre les États intéressés.

Article 5

Aux fins de la présente Convention, les travailleurs migrants et les membres de leur famille :
a) Sont considérés comme pourvus de documents ou en situation régulière s'ils sont autorisés à entrer, séjourner et exercer une activité rémunérée dans l'État d'emploi conformément à la législation dudit État et aux accords internationaux auxquels cet État est partie ;

b) Sont considérés comme dépourvus de documents ou en situation irrégulière s'ils ne remplissent pas les conditions prévues à l'alinéa a du présent article.

Article 6

Aux fins de la présente Convention :

a) L'expression « État d'origine » s'entend de l'État dont la personne intéressée est ressortissante ;

b) L'expression « État d'emploi » s'entend de l'État où le travailleur migrant va exercer, exerce ou a exercé une activité rémunérée, selon le cas ;

c) L'expression « État de transit » s'entend de tout État par lequel la personne intéressée passe pour se rendre dans l'État d'emploi ou de l'État d'emploi à l'État d'origine ou à l'État de résidence habituelle.

Deuxième partie – Non-discrimination en matière de droits

Article 7

Les États parties s'engagent, conformément aux dispositions des instruments internationaux relatifs aux droits de l'homme, à respecter et à garantir à tous les travailleurs migrants et aux membres de leur famille se trouvant sur leur territoire et relevant de leur juridiction les droits reconnus dans la présente Convention sans distinction aucune, notamment de sexe, de race, de couleur, de langue, de religion ou de conviction, d'opinion politique ou de toute autre opinion, d'origine nationale, ethnique ou sociale, de nationalité, d'âge, de situation économique, de fortune, de situation matrimoniale, de naissance ou de toute autre situation.

Troisième partie – Droits de l'homme de tous les travailleurs migrants et des membres de leur famille

Article 8

1. Les travailleurs migrants et les membres de leur famille sont libres de quitter tout État, y compris leur État d'origine. Ce droit ne peut faire l'objet que de restrictions

prévues par la loi, nécessaires à la protection de la sécurité nationale, de l'ordre public, de la santé ou de la moralité publiques, ou des droits et libertés d'autrui, et compatibles avec les autres droits reconnus par la présente partie de la Convention.

2. Les travailleurs migrants et les membres de leur famille ont le droit à tout moment de rentrer et de demeurer dans leur État d'origine.

Article 9

Le droit à la vie des travailleurs migrants et des membres de leur famille est protégé par la loi.

Article 10

Nul travailleur migrant ou membre de sa famille ne peut être soumis à la torture ni à des peines ou traitements cruels, inhumains ou dégradants.

Article 11

1. Nul travailleur migrant ou membre de sa famille ne peut être tenu en esclavage ou en servitude.
2. Nul travailleur migrant ou membre de sa famille ne peut être astreint à accomplir un travail forcé ou obligatoire.
3. Le paragraphe 2 du présent article ne saurait être interprété comme interdisant, dans les États où certains crimes peuvent être punis de détention accompagnée de travaux forcés, l'accomplissement d'une peine de travaux forcés infligée par un tribunal compétent.
4. N'est pas considéré comme « travail forcé ou obligatoire » au sens du présent article :

a) Tout travail ou service, non visé au paragraphe 3 du présent article, normalement requis d'un individu qui est détenu en vertu d'une décision de justice régulière ou qui, ayant fait l'objet d'une telle décision, est libéré conditionnellement ;

b) Tout service exigé dans les cas de force majeure ou de sinistres qui menacent la vie ou le bien-être de la communauté ;

c) Tout travail ou tout service formant partie des obligations civiques normales dans la mesure où il est également imposé aux nationaux de l'État considéré.

Article 12

1. Les travailleurs migrants et les membres de leur famille ont droit à la liberté de pensée, de conscience et de religion. Ce droit implique la liberté d'avoir ou d'adopter une religion ou une conviction de leur choix, ainsi que la liberté de manifester leur religion ou leur conviction, individuellement ou en commun, tant en public qu'en privé, par le culte et l'accomplissement des rites, les pratiques et l'enseignement.
2. Les travailleurs migrants et les membres de leur famille ne peuvent subir aucune contrainte pouvant porter atteinte à leur liberté d'avoir ou d'adopter une religion ou une conviction de leur choix.
3. La liberté de manifester sa religion ou ses convictions ne peut faire l'objet que des seules restrictions prévues par la loi et qui sont nécessaires à la protection de la sécurité, de l'ordre, de la santé ou de la moralité publics ou des libertés et droits fondamentaux d'autrui.
4. Les États parties à la présente Convention s'engagent à respecter la liberté des parents, dont l'un au moins est un travailleur migrant, et, le cas échéant, des tuteurs légaux de faire assurer l'éducation religieuse et morale de leurs enfants conformément à leurs propres convictions.

Article 13

1. Les travailleurs migrants et les membres de leur famille ne peuvent être inquiétés pour leurs opinions.
2. Les travailleurs migrants et les membres de leur famille ont droit à la liberté d'expression; ce droit comprend la liberté de rechercher, de recevoir et de répandre des informations et des idées de toute espèce, sans considérations de frontières, sous une forme orale, écrite, imprimée ou artistique, ou par tout autre moyen de leur choix.
3. L'exercice du droit prévu au paragraphe 2 du présent article comporte des devoirs spéciaux et des responsabilités

spéciales. Il peut en conséquence être soumis à certaines restrictions qui doivent toutefois être expressément fixées par la loi et qui sont nécessaires :

a) Au respect des droits et de la réputation d'autrui ;

b) À la sauvegarde de la sécurité nationale des États concernés, de l'ordre public, de la santé ou de la moralité publiques ;

c) Afin d'empêcher toute propagande en faveur de la guerre ;

d) Afin d'empêcher tout appel à la haine nationale, raciale ou religieuse, qui constitue une incitation à la discrimination, à l'hostilité ou à la violence.

Article 14

Nul travailleur migrant ou membre de sa famille n'est l'objet d'immixtions arbitraires ou illégales dans sa vie privée, sa famille, son domicile, sa correspondance ou ses autres modes de communication, ni d'atteintes illégales à son honneur et à sa réputation. Chaque travailleur migrant et membre de sa famille a droit à la protection de la loi contre de telles immixtions ou de telles atteintes.

Article 15

Nul travailleur migrant ou membre de sa famille ne peut être privé arbitrairement de ses biens, qu'il en soit propriétaire à titre individuel ou en association avec d'autres personnes. Quand, en vertu de la législation en vigueur dans l'État d'emploi, les biens d'un travailleur migrant ou d'un membre de sa famille font l'objet d'une expropriation totale ou partielle, l'intéressé a droit à une indemnité équitable et adéquate.

Article 16

1. Les travailleurs migrants et les membres de leur famille ont droit à la liberté et à la sécurité de leur personne.
2. Les travailleurs migrants et les membres de leur famille ont droit à la protection effective de l'État contre la violence, les dommages corporels, les menaces et intimidations, que ce soit de la part de fonctionnaires ou de particuliers, de groupes ou d'institutions.

3. Toute vérification de l'identité des travailleurs migrants et des membres de leur famille par les agents de police est effectuée conformément à la procédure prévue par la loi.
4. Les travailleurs migrants et les membres de leur famille ne peuvent faire l'objet, individuellement ou collectivement, d'une arrestation ou d'une détention arbitraire ; ils ne peuvent être privés de leur liberté, si ce n'est pour des motifs et conformément à la procédure prévus par la loi.
5. Les travailleurs migrants et les membres de leur famille qui sont arrêtés sont informés, au moment de leur arrestation, si possible dans une langue qu'ils comprennent, des raisons de cette arrestation et ils sont informés sans tarder, dans une langue qu'ils comprennent, de toute accusation portée contre eux.
6. Les travailleurs migrants et les membres de leur famille qui sont arrêtés ou détenus du chef d'une infraction pénale doivent être traduits dans le plus court délai devant un juge ou une autre autorité habilitée par la loi à exercer des fonctions judiciaires et doivent être jugés dans un délai raisonnable ou libérés. Leur détention en attendant de passer en jugement ne doit pas être de règle, mais leur mise en liberté peut être subordonnée à des garanties assurant leur comparution à l'audience, à tous les autres actes de la procédure et, le cas échéant, pour l'exécution du jugement.
7. Si des travailleurs migrants ou des membres de leur famille sont arrêtés ou sont emprisonnés ou placés en garde à vue en attendant de passer en jugement ou sont détenus de toute autre manière :
a) Les autorités consulaires ou diplomatiques de leur État d'origine ou d'un État représentant les intérêts de cet État sont informées sans délai, à leur demande, de leur arrestation ou de leur détention et des motifs invoqués ;
b) Les intéressés ont le droit de communiquer avec lesdites autorités. Toute communication adressée auxdites autorités par les intéressés leur est transmise sans délai et ils ont aussi le droit de recevoir sans délai des communications desdites autorités ;

c) Les intéressés sont informés sans délai de ce droit et des droits dérivant des traités pertinents liant, le cas échéant, les États concernés, de correspondre et de s'entretenir avec des représentants desdites autorités et de prendre avec eux des dispositions en vue de leur représentation légale.
8. Les travailleurs migrants et les membres de leur famille qui se trouvent privés de leur liberté par arrestation ou détention ont le droit d'introduire un recours devant un tribunal afin que celui-ci statue sans délai sur la légalité de leur détention et ordonne leur libération si la détention est illégale. Lorsqu'ils assistent aux audiences, les intéressés bénéficient gratuitement, en cas de besoin, de l'assistance d'un interprète s'ils ne comprennent pas ou ne parlent pas la langue utilisée.
9. Les travailleurs migrants et les membres de leur famille victimes d'arrestation ou de détention illégale ont droit à réparation.

Article 17

1. Les travailleurs migrants et les membres de leur famille qui sont privés de leur liberté sont traités avec humanité et avec le respect de la dignité inhérente à la personne humaine et de leur identité culturelle.
2. Les travailleurs migrants et les membres de leur famille prévenus sont, sauf dans des circonstances exceptionnelles, séparés des condamnés et soumis à un régime distinct, approprié à leur condition de personnes non condamnées. Les jeunes prévenus sont séparés des adultes et il est décidé de leur cas aussi rapidement que possible.
3. Les travailleurs migrants ou les membres de leur famille qui sont détenus dans un État de transit ou un État d'emploi du chef d'une infraction aux dispositions relatives aux migrations doivent être séparés, dans la mesure du possible, des condamnés ou des prévenus.
4. Durant toute période où des travailleurs migrants ou des membres de leur famille sont emprisonnés en vertu d'une sentence prononcée par un tribunal, le régime pénitentiaire comporte un traitement dont le but essentiel est leur amendement et leur reclassement social. Les jeunes

délinquants sont séparés des adultes et soumis à un régime approprié à leur âge et à leur statut légal.

5. Durant leur détention ou leur emprisonnement, les travailleurs migrants et les membres de leur famille jouissent des mêmes droits de visite de membres de leur famille que les nationaux.

6. Chaque fois que des travailleurs migrants sont privés de leur liberté, les autorités compétentes de l'État intéressé accordent une attention particulière aux problèmes qui pourraient se poser à leur famille, notamment au conjoint et aux enfants mineurs.

7. Les travailleurs migrants et les membres de leur famille qui sont soumis à une forme quelconque de détention ou d'emprisonnement en vertu des lois de l'État d'emploi ou de l'État de transit jouissent des mêmes droits que les ressortissants de cet État qui se trouvent dans la même situation.

8. Si des travailleurs migrants ou des membres de leur famille sont détenus dans le but de vérifier s'il y a eu une infraction aux dispositions relatives aux migrations, aucun des frais qui en résultent n'est à leur charge.

Article 18

1. Les travailleurs migrants et les membres de leur famille ont les mêmes droits devant les tribunaux que les ressortissants de l'État considéré. Ils ont droit à ce que leur cause soit entendue équitablement et publiquement par un tribunal compétent, indépendant et impartial, établi par la loi, qui décidera soit du bien-fondé de toute accusation en matière pénale dirigée contre eux, soit des contestations sur leurs droits et obligations de caractère civil.

2. Les travailleurs migrants et les membres de leur famille accusés d'une infraction pénale sont présumés innocents jusqu'à ce que leur culpabilité ait été légalement établie.

3. Les travailleurs migrants et les membres de leur famille accusés d'une infraction pénale ont droit au moins aux garanties suivantes :

a) Être informés, dans le plus court délai, dans une langue qu'ils comprennent et de façon détaillée, de la nature et des motifs de l'accusation portée contre eux ;
b) Disposer du temps et des facilités nécessaires à la préparation de leur défense et communiquer avec le conseil de leur choix ;
c) Être jugés sans retard excessif ;
d) Être présents au procès et se défendre eux-mêmes ou avoir l'assistance d'un défenseur de leur choix ; s'ils n'ont pas de défenseur, être informés de leur droit d'en avoir un et, chaque fois que l'intérêt de la justice l'exige, se voir attribuer d'office un défenseur, sans frais, s'ils n'ont pas les moyens de le rémunérer ;
e) Interroger ou faire interroger les témoins à charge et obtenir la comparution et l'interrogatoire des témoins à décharge dans les mêmes conditions que les témoins à charge ;
f) Se faire assister gratuitement d'un interprète s'ils ne comprennent pas ou ne parlent pas la langue employée à l'audience ;
g) Ne pas être forcés de témoigner contre eux-mêmes ou de s'avouer coupables.
4. La procédure applicable aux mineurs tiendra compte de leur âge et de l'intérêt que présente leur rééducation.
5. Les travailleurs migrants et les membres de leur famille déclarés coupables d'une infraction ont le droit de faire examiner par une juridiction supérieure la déclaration de culpabilité et la condamnation, conformément à la loi.
6. Lorsqu'une condamnation pénale définitive est ultérieurement annulée ou lorsque la grâce est accordée parce qu'un fait nouveau ou nouvellement révélé prouve qu'il s'est produit une erreur judiciaire, les travailleurs migrants ou les membres de leur famille qui ont subi une peine à raison de cette condamnation sont indemnisés, conformément à la loi, à moins qu'il ne soit prouvé que la non-révélation en temps utile du fait inconnu leur est imputable en tout ou en partie.

7. Nul travailleur migrant ou membre de sa famille ne peut être poursuivi ou puni en raison d'une infraction pour laquelle il a déjà été acquitté ou condamné par un jugement définitif, conformément à la loi et à la procédure pénale de l'État concerné.

Article 19

1. Nul travailleur migrant ou membre de sa famille ne doit être reconnu coupable d'un acte délictueux pour une action ou une omission qui ne constituait pas un acte délictueux d'après le droit national ou international au moment où elle a été commise ; de même, il ne sera infligé aucune peine plus forte que celle qui était applicable au moment où l'infraction a été commise. Si, postérieurement à cette infraction, la loi prévoit l'application d'une peine plus légère, l'intéressé doit en bénéficier.
2. Lors de la détermination d'une peine pour une infraction commise par un travailleur migrant ou un membre de sa famille, il devrait être tenu compte de considérations humanitaires liées à la condition du travailleur migrant, notamment en ce qui concerne son permis de séjour ou son permis de travail.

Article 20

1. Nul travailleur migrant ou membre de sa famille ne peut être emprisonné pour la seule raison qu'il n'a pas exécuté une obligation contractuelle.
2. Nul travailleur migrant ou membre de sa famille ne peut être privé de son autorisation de résidence ou de son permis de travail ni être expulsé pour la seule raison qu'il n'a pas exécuté une obligation résultant d'un contrat de travail, à moins que l'exécution de cette obligation ne constitue une condition de l'octroi de cette autorisation ou de ce permis.

Article 21

Nul, si ce n'est un fonctionnaire dûment autorisé par la loi à cet effet, n'a le droit de confisquer, de détruire ou de tenter de détruire des documents d'identité, des documents autorisant l'entrée, le séjour, la résidence ou l'établissement sur le territoire national, ou des permis de travail. Lorsqu'elle est autorisée, la confiscation de ces documents doit donner lieu à la délivrance d'un reçu détaillé. Il n'est permis en aucun cas de détruire les passeports ou documents équivalents des travailleurs migrants ou des membres de leur famille.

Article 22

1. Les travailleurs migrants et les membres de leur famille ne peuvent faire l'objet de mesures d'expulsion collective. Chaque cas d'expulsion doit être examiné et tranché sur une base individuelle.
2. Les travailleurs migrants et les membres de leur famille ne peuvent être expulsés du territoire d'un État partie qu'en application d'une décision prise par l'autorité compétente conformément à la loi.
3. La décision doit être notifiée aux intéressés dans une langue qu'ils comprennent. Sur leur demande, lorsque ce n'est pas obligatoire, la décision leur est notifiée par écrit et, sauf circonstances exceptionnelles justifiées par la sécurité nationale, elle est également dûment motivée. Les intéressés sont informés de ces droits avant que la décision soit prise, ou au plus tard au moment où elle est prise.
4. En dehors des cas où la décision finale est prononcée par une autorité judiciaire, les intéressés ont le droit de faire valoir les raisons de ne pas les expulser et de faire examiner leur cas par l'autorité compétente, à moins que des raisons impératives de sécurité nationale n'exigent qu'il n'en soit autrement. En attendant cet examen, les intéressés ont le droit de demander la suspension de la décision d'expulsion.
5. Si une décision d'expulsion déjà exécutée est par la suite annulée, les intéressés ont le droit de demander des réparations conformément à la loi et la décision antérieure n'est pas invoquée pour les empêcher de revenir dans l'État concerné.
6. En cas d'expulsion, les intéressés doivent avoir une possibilité raisonnable, avant ou après leur départ, de se

faire verser tous salaires ou autres prestations qui leur sont éventuellement dus et de régler toute obligation en suspens.
7. Sans préjudice de l'exécution d'une décision d'expulsion, les travailleurs migrants ou les membres de leur famille qui font l'objet d'une telle décision peuvent demander à être admis dans un État autre que leur État d'origine.
8. En cas d'expulsion de travailleurs migrants ou de membres de leur famille, les frais d'expulsion ne sont pas à leur charge. Les intéressés peuvent être astreints à payer leurs frais de voyage.
9. En elle-même, l'expulsion de l'État d'emploi ne porte atteinte à aucun des droits acquis, conformément à la législation de cet État, par les travailleurs migrants ou les membres de leur famille, y compris le droit de percevoir les salaires et autres prestations qui leur sont dus.

Article 23

Les travailleurs migrants et les membres de leur famille ont le droit d'avoir recours à la protection et à l'assistance des autorités consulaires ou diplomatiques de leur État d'origine ou de l'État représentant les intérêts de cet État en cas d'atteinte aux droits reconnus par la présente Convention. En particulier, en cas d'expulsion, l'intéressé est informé promptement de ce droit et les autorités de l'État qui l'expulse en facilitent l'exercice.

Article 24

Tout travailleur migrant et tout membre de sa famille a droit à la reconnaissance en tous lieux de leur personnalité juridique.

Article 25

1. Les travailleurs migrants doivent bénéficier d'un traitement non moins favorable que celui dont bénéficient les nationaux de l'État d'emploi en matière de rémunération et :
a) D'autres conditions de travail, c'est-à-dire heures supplémentaires, horaires de travail, repos hebdomadaire, congés payés, sécurité, santé, cessation d'emploi et toutes

autres conditions de travail qui, selon la législation et la pratique nationales, sont couvertes par ce terme ;
b) D'autres conditions d'emploi, c'est-à-dire l'âge minimum d'emploi, les restrictions au travail à domicile et toutes autres questions qui, selon la législation et les usages nationaux, sont considérées comme une condition d'emploi.
2. Il ne peut être dérogé légalement, dans les contrats de travail privés, au principe de l'égalité de traitement auquel se réfère le paragraphe 1 du présent article.
3. Les États parties adoptent toutes les mesures appropriées afin de faire en sorte que les travailleurs migrants ne soient pas privés des droits qui dérivent de ce principe en raison de l'irrégularité de leur situation en matière de séjour ou d'emploi. Une telle irrégularité ne doit notamment pas avoir pour effet de dispenser l'employeur de ses obligations légales ou contractuelles ou de restreindre d'une manière quelconque la portée de ses obligations.

Article 26

1. Les États parties reconnaissent à tous les travailleurs migrants et à tous les membres de leur famille le droit :
a) De participer aux réunions et activités de syndicats et de toutes autres associations créées conformément à la loi, en vue de protéger leurs intérêts économiques, sociaux, culturels et autres, sous la seule réserve des règles fixées par les organisations intéressées ;
b) D'adhérer librement à tous les syndicats et associations susmentionnées, sous la seule réserve des règles fixées par les organisations intéressées ;
c) De demander aide et assistance à tous les syndicats et associations susmentionnées.
2. L'exercice de ces droits ne peut faire l'objet que des seules restrictions prévues par la loi et qui constituent des mesures nécessaires, dans une société démocratique, dans l'intérêt de la sécurité nationale ou de l'ordre public ou pour protéger les droits et libertés d'autrui.

Article 27

1. En matière de sécurité sociale, les travailleurs migrants et les membres de leur famille bénéficient, dans l'État d'emploi, de l'égalité de traitement avec les nationaux dans la mesure où ils remplissent les conditions requises par la législation applicable dans cet État et les traités bilatéraux ou multilatéraux applicables. Les autorités compétentes de l'État d'origine et de l'État d'emploi peuvent à tout moment prendre les dispositions nécessaires pour déterminer les modalités d'application de cette norme.
2. Lorsque la législation applicable prive les travailleurs migrants et les membres de leur famille d'une prestation, les États concernés examinent la possibilité de rembourser aux intéressés les montants des cotisations qu'ils ont versées au titre de cette prestation, sur la base du traitement qui est accordé aux nationaux qui se trouvent dans une situation similaire.

Article 28

Les travailleurs migrants et les membres de leur famille ont le droit de recevoir tous les soins médicaux qui sont nécessaires d'urgence pour préserver leur vie ou éviter un dommage irréparable à leur santé, sur la base de l'égalité de traitement avec les ressortissants de l'État en cause. De tels soins médicaux d'urgence ne leur sont pas refusés en raison d'une quelconque irrégularité en matière de séjour ou d'emploi.

Article 29

Tout enfant d'un travailleur migrant a droit à un nom, à l'enregistrement de sa naissance et à une nationalité.

Article 30

Tout enfant d'un travailleur migrant a le droit fondamental d'accès à l'éducation sur la base de l'égalité de traitement avec les ressortissants de l'État en cause. L'accès aux établissements préscolaires ou scolaires publics ne doit pas être refusé ou limité en raison de la situation irrégulière quant au séjour ou à l'emploi de l'un ou l'autre de ses parents ou quant à l'irrégularité du séjour de l'enfant dans l'État d'emploi.

Article 31

1. Les États parties assurent le respect de l'identité culturelle des travailleurs migrants et des membres de leur famille et ne les empêchent pas de maintenir leurs liens culturels avec leur État d'origine.
2. Les États parties peuvent prendre des mesures appropriées pour soutenir et encourager les efforts à cet égard.

Article 32

À l'expiration de leur séjour dans l'État d'emploi, les travailleurs migrants et les membres de leur famille ont le droit de transférer leurs gains et leurs économies et, conformément à la législation applicable des États concernés, leurs effets personnels et les objets en leur possession.

Article 33

1. Les travailleurs migrants et les membres de leur famille ont le droit d'être informés par l'État d'origine, l'État d'emploi ou l'État de transit, selon le cas, en ce qui concerne :
a) Les droits que leur confère la présente Convention ;
b) Les conditions d'admission, leurs droits et obligations en vertu de la législation et des usages de l'État concerné et toute autre question qui leur permette de se conformer aux formalités administratives ou autres dans cet État.
2. Les États parties prennent toutes les mesures qu'ils jugent appropriées pour diffuser lesdites informations ou pour veiller à ce qu'elles soient fournies par les employeurs, les syndicats ou autres organismes ou institutions appropriés. Selon que de besoin, ils coopèrent à cette fin avec les autres États concernés.
3. Les informations adéquates sont fournies, sur demande, aux travailleurs migrants et aux membres de leur famille, gratuitement et, dans la mesure du possible, dans une langue qu'ils comprennent.

Article 34

Aucune disposition de la présente partie de la Convention n'a pour effet de dispenser les travailleurs migrants et les membres de leur famille de l'obligation de se conformer aux lois et règlements de tout État de transit et de l'État d'emploi, ni de l'obligation de respecter l'identité culturelle des habitants de ces États.

Article 35

Aucune disposition de la présente partie de la Convention ne peut être interprétée comme impliquant la régularisation de la situation des travailleurs migrants ou des membres de leur famille dépourvus de documents ou en situation irrégulière, ni un droit quelconque à cette régularisation de leur situation, ni comme affectant les mesures visant à assurer des conditions saines et équitables pour les migrations internationales, prévues dans la sixième partie de la présente Convention.

Quatrième partie – Autres droits des travailleurs migrants et des membres de leur famille qui sont pourvus de documents ou en situation régulière

Article 36

Les travailleurs migrants et les membres de leur famille qui sont pourvus de documents ou en situation régulière dans l'État d'emploi bénéficient des droits prévus dans la présente partie de la Convention, en sus de ceux énoncés dans la troisième partie.

Article 37

Avant leur départ, ou au plus tard au moment de leur admission dans l'État d'emploi, les travailleurs migrants et les membres de leur famille ont le droit d'être pleinement informés par l'État d'origine ou l'État d'emploi, selon le cas, de toutes les conditions posées à leur admission et spécialement de celles concernant leur séjour et les activités rémunérées auxquelles ils peuvent se livrer ainsi que des exigences auxquelles ils doivent se conformer dans l'État d'emploi et des autorités auxquelles ils doivent s'adresser pour demander que ces conditions soient modifiées.

Article 38

1. Les États d'emploi font tous les efforts possibles pour autoriser les travailleurs migrants et les membres de leur famille à s'absenter temporairement sans que cela n'affecte leur autorisation de séjour ou de travail, selon le cas. Ce faisant, les États d'emploi tiennent compte des obligations et des besoins particuliers des travailleurs migrants et des membres de leur famille, notamment dans leur État d'origine.
2. Les travailleurs migrants et les membres de leur famille ont le droit d'être pleinement informés des conditions dans lesquelles de telles absences temporaires sont autorisées.

Article 39

1. Les travailleurs migrants et les membres de leur famille ont le droit de circuler librement sur le territoire de l'État d'emploi et d'y choisir librement leur résidence.
2. Les droits mentionnés au paragraphe 1 du présent article ne peuvent faire l'objet de restrictions que si celles-ci sont prévues par la loi, nécessaires pour protéger la sécurité nationale, l'ordre public, la santé ou la moralité publiques, ou les droits et libertés d'autrui, et compatibles avec les autres droits reconnus par la présente Convention.

Article 40

1. Les travailleurs migrants et les membres de leur famille ont le droit de former avec d'autres des associations et des syndicats dans l'État d'emploi en vue de favoriser et de protéger leurs intérêts économiques, sociaux, culturels et autres.
2. L'exercice de ce droit ne peut faire l'objet que des seules restrictions prévues par la loi et qui constituent des mesures nécessaires dans une société démocratique, dans l'intérêt de la sécurité nationale, de l'ordre public, ou pour protéger les droits et les libertés d'autrui.

Article 41

1. Les travailleurs migrants et les membres de leur famille ont le droit de prendre part aux affaires publiques de leur État d'origine, de voter et d'être élus au cours d'élections organisées par cet État, conformément à sa législation.
2. Les États intéressés doivent, en tant que de besoin et conformément à leur législation, faciliter l'exercice de ces droits.

Article 42

1. Les États parties envisagent l'établissement de procédures ou d'institutions destinées à permettre de tenir compte, tant dans les États d'origine que dans les États d'emploi, des besoins, aspirations et obligations particuliers des travailleurs migrants et des membres de leur famille, et, le cas échéant, la possibilité pour les travailleurs migrants et les membres de leur famille d'avoir leurs représentants librement choisis dans ces institutions.
2. Les États d'emploi facilitent, conformément à leur législation nationale, la consultation ou la participation des travailleurs migrants et des membres de leur famille aux décisions concernant la vie et l'administration des communautés locales.
3. Les travailleurs migrants peuvent jouir de droits politiques dans l'État d'emploi, si cet État, dans l'exercice de sa souveraineté, leur accorde de tels droits.

Article 43

1. Les travailleurs migrants bénéficient de l'égalité de traitement avec les ressortissants de l'État d'emploi, en ce qui concerne :

a) L'accès aux institutions et aux services d'éducation, sous réserve des conditions d'admission et autres prescriptions fixées par les institutions et services concernés ;

b) L'accès aux services d'orientation professionnelle et de placement ;

c) L'accès aux facilités et institutions de formation professionnelle et de recyclage ;

d) L'accès au logement, y compris les programmes de logements sociaux, et la protection contre l'exploitation en matière de loyers ;
e) L'accès aux services sociaux et sanitaires, sous réserve que les conditions requises pour avoir le droit de bénéficier des divers programmes soient remplies ;
f) L'accès aux coopératives et aux entreprises autogérées, sans que leur statut de migrants s'en trouve modifié et sous réserve des règles et règlements des organes concernés ;
g) L'accès et la participation à la vie culturelle.
2. Les États parties s'efforcent de créer les conditions permettant d'assurer l'égalité effective du traitement des travailleurs migrants en vue de leur permettre de jouir des droits mentionnés au paragraphe 1 du présent article, chaque fois que les conditions mises à leur autorisation de séjour par l'État d'emploi répondent aux prescriptions pertinentes.
3. Les États d'emploi n'empêchent pas les employeurs de travailleurs migrants de créer des logements ou des services sociaux ou culturels à leur intention. Sous réserve de l'article 70 de la présente Convention, un État d'emploi peut subordonner la mise en place desdits services aux conditions généralement appliquées en la matière dans ledit État.

Article 44

1. Les États parties, reconnaissant que la famille est l'élément naturel et fondamental de la société et qu'elle a droit à la protection de la société et de l'État, prennent les mesures appropriées pour assurer la protection de l'unité de la famille du travailleur migrant.
2. Les États parties prennent les mesures qu'ils jugent appropriées et qui relèvent de leur compétence pour faciliter la réunion des travailleurs migrants avec leur conjoint ou avec les personnes ayant avec eux des relations qui, en vertu de la loi applicable, produisent des effets équivalant au mariage, ainsi qu'avec leurs enfants à charge mineurs et célibataires.

3. Pour des raisons humanitaires, les États d'emploi envisagent favorablement d'accorder l'égalité de traitement, aux conditions prévues au paragraphe 2 du présent article, aux autres membres de la famille du travailleur migrant.

Article 45

1. Les membres de la famille des travailleurs migrants bénéficient, dans l'État d'emploi, de l'égalité de traitement avec les nationaux de cet État en ce qui concerne :
a) L'accès aux institutions et aux services d'éducation, sous réserve des conditions d'admission et autres prescriptions fixées par les institutions et services concernés ;
b) L'accès aux institutions et services d'orientation et de formation professionnelles, sous réserve que les conditions pour y participer soient remplies ;
c) L'accès aux services sociaux et sanitaires, sous réserve que les conditions requises pour bénéficier des divers programmes soient remplies ;
d) L'accès et la participation à la vie culturelle.
2. Les États d'emploi mènent, le cas échéant en collaboration avec les pays d'origine, une politique visant à faciliter l'intégration des enfants des travailleurs migrants dans le système d'éducation local, notamment pour ce qui est de l'enseignement de la langue locale.
3. Les États d'emploi s'efforcent de faciliter l'enseignement aux enfants des travailleurs migrants de leur langue maternelle et de leur culture et, à cet égard, les États d'origine collaborent chaque fois selon que de besoin.
4. Les États d'emploi peuvent assurer des programmes spéciaux d'enseignement dans la langue maternelle des enfants des travailleurs migrants, au besoin en collaboration avec les États d'origine.

Article 46

Les travailleurs migrants et les membres de leur famille, sous réserve de la législation applicable dans les États intéressés, ainsi que des accords internationaux pertinents et des obligations incombant aux États intéressés du fait de leur appartenance à des unions douanières, bénéficient d'une exemption des droits et taxes d'importation et d'exportation pour leurs biens personnels et ménagers ainsi que le matériel nécessaire à l'exercice de l'activité rémunérée motivant leur admission dans l'État d'emploi :

a) Au moment du départ de l'État d'origine ou de l'État de résidence habituelle ;
b) Au moment de l'admission initiale dans l'État d'emploi ;
c) Au moment du départ définitif de l'État d'emploi ;
d) Au moment du retour définitif dans l'État d'origine ou dans l'État de résidence habituelle.

Article 47

1. Les travailleurs migrants ont le droit de transférer leurs gains et économies, en particulier les fonds nécessaires à l'entretien de leur famille, de l'État d'emploi à leur État d'origine ou à tout autre État. Ces transferts s'opèrent conformément aux procédures établies par la législation applicable de l'État concerné et conformément aux accords internationaux applicables.
2. Les États concernés prennent les mesures appropriées pour faciliter ces transferts.

Article 48

1. Sans préjudice des accords applicables concernant la double imposition, pour ce qui est des revenus dans l'État d'emploi, les travailleurs migrants et les membres de leur famille :

a) Ne sont pas assujettis à des impôts, droits ou taxes, quels qu'ils soient, plus élevés ou plus onéreux que ceux qui sont exigés des nationaux dans une situation analogue ;
b) Bénéficient des réductions ou exemptions d'impôts quels qu'ils soient et de tous dégrèvements fiscaux accordés aux nationaux dans une situation analogue, y compris les déductions pour charges de famille.

2. Les États parties s'efforcent d'adopter des mesures appropriées visant à éviter la double imposition des revenus et économies des travailleurs migrants et des membres de leur famille.

Article 49

1. Quand des permis de séjour et de travail distincts sont requis par la législation nationale, l'État d'emploi délivre au travailleur migrant une autorisation de séjour pour une durée au moins égale à celle de son permis de travail.
2. Les travailleurs migrants qui, dans l'État d'emploi, sont autorisés à choisir librement leur activité rémunérée ne sont pas considérés comme étant en situation irrégulière et ne perdent pas leur permis de séjour du seul fait que leur activité rémunérée cesse avant l'expiration de leur permis de travail ou autorisation analogue.
3. Dans le souci de laisser aux travailleurs migrants visés au paragraphe 2 du présent article suffisamment de temps pour trouver une autre activité rémunérée, le permis de séjour ne leur est pas retiré, au moins pour la période pendant laquelle ils peuvent avoir droit à des prestations de chômage.

Article 50

1. En cas de décès d'un travailleur migrant ou de dissolution de son mariage, l'État d'emploi envisage favorablement d'accorder aux membres de la famille dudit travailleur migrant qui résident dans cet État dans le cadre du regroupement familial l'autorisation d'y demeurer; l'État d'emploi prend en compte la durée de leur résidence dans cet État.
2. Les membres de la famille auxquels cette autorisation n'est pas accordée disposeront avant leur départ d'un délai raisonnable pour leur permettre de régler leurs affaires dans l'État d'emploi.
3. Les dispositions des paragraphes 1 et 2 du présent article ne seront pas interprétées comme portant atteinte aux droits au séjour et au travail qui sont autrement accordés auxdits membres de la famille par la législation de l'État d'emploi ou par les traités bilatéraux ou multilatéraux applicables à cet État.

Article 51

Les travailleurs migrants qui, dans l'État d'emploi, ne sont pas autorisés à choisir librement leur activité rémunérée ne sont pas considérés comme étant en situation irrégulière ni ne perdent leur permis de séjour du simple fait que leur activité rémunérée prend fin avant l'expiration de leur permis de travail, sauf dans les cas où le permis de séjour est expressément subordonné à l'activité rémunérée spécifique pour laquelle le travailleur a été admis dans l'État d'emploi. Ces travailleurs migrants ont le droit de chercher un autre emploi, de participer à des programmes d'intérêt public et de suivre des stages de reconversion pendant la période de validité restant à courir de leur permis de travail, sous réserve des conditions et restrictions spécifiées dans le permis de travail.

Article 52

1. Les travailleurs migrants jouissent dans l'État d'emploi du droit de choisir librement leur activité rémunérée, sous réserve des restrictions ou conditions suivantes.

2. Pour tout travailleur migrant, l'État d'emploi peut :

a) Restreindre l'accès à des catégories limitées d'emplois, fonctions, services ou activités, lorsque l'intérêt de l'État l'exige et que la législation nationale le prévoit ;

b) Restreindre le libre choix de l'activité rémunérée conformément à sa législation relative à la reconnaissance des qualifications professionnelles acquises en dehors de son territoire. Les États parties concernés s'efforcent toutefois d'assurer la reconnaissance de ces qualifications.

3. Dans le cas des travailleurs migrants titulaires d'un permis de travail de durée limitée, l'État d'emploi peut également :

a) Subordonner l'exercice du droit au libre choix de l'activité rémunérée à la condition que le travailleur migrant ait résidé légalement sur son territoire en vue d'y exercer une activité rémunérée pendant la période prescrite par sa législation nationale, cette période ne devant pas excéder deux ans ;

b) Limiter l'accès d'un travailleur migrant à une activité rémunérée au titre d'une politique consistant à donner la priorité aux nationaux ou aux personnes qui leur sont assimilées à cet effet en vertu de la législation ou d'accords

bilatéraux ou multilatéraux. Une telle limitation cesse d'être applicable à un travailleur migrant qui a résidé légalement sur son territoire en vue d'y exercer une activité rémunérée pendant la période prescrite par sa législation nationale, cette période ne devant pas excéder cinq ans.
4. Les États d'emploi prescrivent les conditions dans lesquelles les travailleurs migrants qui ont été admis dans le pays pour y prendre un emploi peuvent être autorisés à travailler à leur propre compte. Il est tenu compte de la période durant laquelle les travailleurs ont déjà séjourné légalement dans l'État d'emploi.

Article 53

1. Les membres de la famille d'un travailleur migrant qui ont eux-mêmes une autorisation de séjour ou d'admission qui est sans limitation de durée ou est automatiquement renouvelable sont autorisés à choisir librement une activité rémunérée dans les conditions qui sont applicables audit travailleur en vertu des dispositions de l'article 52 de la présente Convention.
2. Dans le cas des membres de la famille d'un travailleur migrant qui ne sont pas autorisés à choisir librement une activité rémunérée, les États parties étudient favorablement la possibilité de leur accorder l'autorisation d'exercer une activité rémunérée en priorité sur les autres travailleurs qui demandent à être admis sur le territoire de l'État d'emploi, sous réserve des accords bilatéraux et multilatéraux applicables.

Article 54

1. Sans préjudice des conditions de leur autorisation de séjour ou de leur permis de travail et des droits prévus aux articles 25 et 27 de la présente Convention, les travailleurs migrants bénéficient de l'égalité de traitement avec les ressortissants de l'État d'emploi en ce qui concerne :
a) La protection contre le licenciement ;
b) Les prestations de chômage ;
c) L'accès à des programmes d'intérêt public destinés à combattre le chômage ;

d) L'accès à un autre emploi en cas de perte d'emploi ou de cessation d'une autre activité rémunérée, sous réserve de l'article 52 de la présente Convention.
2. Si un travailleur migrant estime que les termes de son contrat de travail ont été violés par son employeur, il a le droit de porter son cas devant les autorités compétentes de l'État d'emploi, aux conditions prévues au paragraphe 1 de l'article 18 de la présente Convention.

Article 55

Les travailleurs migrants qui ont reçu l'autorisation d'exercer une activité rémunérée, sous réserve des conditions spécifiées lors de l'octroi de ladite autorisation, bénéficient de l'égalité de traitement avec les nationaux de l'État d'emploi dans l'exercice de cette activité rémunérée.

Article 56

1. Les travailleurs migrants et les membres de leur famille visés dans la présente partie de la Convention ne peuvent être expulsés de l'État d'emploi que pour des raisons définies dans la législation nationale dudit État, et sous réserve des garanties prévues dans la troisième partie.
2. L'expulsion ne doit pas être utilisée dans le but de priver les travailleurs migrants ou des membres de leur famille des droits découlant de l'autorisation de séjour et du permis de travail.
3. Lorsqu'on envisage d'expulser un travailleur migrant ou un membre de sa famille, il faudrait tenir compte de considérations humanitaires et du temps pendant lequel l'intéressé a déjà séjourné dans l'État d'emploi.

Cinquième partie – Dispositions applicables à des catégories particulières de travailleurs migrants et aux membres de leur famille

Article 57

Les catégories particulières de travailleurs migrants spécifiées dans la présente partie de la Convention et les membres de leur famille, qui sont pourvus de documents ou en situation régulière, jouissent des droits énoncés dans la troisième partie et, sous réserve des modifications indiquées ci-après, de ceux énoncés dans la quatrième partie.

Article 58

1. Les travailleurs frontaliers, tels qu'ils sont définis à l'alinéa a du paragraphe 2 de l'article 2 de la présente Convention, bénéficient des droits prévus dans la quatrième partie qui leur sont applicables en raison de leur présence et de leur travail sur le territoire de l'État d'emploi, compte tenu de ce qu'ils n'ont pas leur résidence habituelle dans cet État.
2. Les États d'emploi envisagent favorablement de donner aux travailleurs frontaliers le droit de choisir librement leur activité rémunérée après un laps de temps donné. L'octroi de ce droit ne modifie pas leur statut de travailleurs frontaliers.

Article 59

1. Les travailleurs saisonniers, tels qu'ils sont définis à l'alinéa b du paragraphe 2 de l'article 2 de la présente Convention, bénéficient des droits prévus dans la quatrième partie qui leur sont applicables en raison de leur présence et de leur travail sur le territoire de l'État d'emploi et qui sont compatibles avec leur statut de travailleurs saisonniers, compte tenu de ce qu'ils ne sont présents dans ledit État que pendant une partie de l'année.
2. L'État d'emploi envisage, sous réserve des dispositions du paragraphe 1 du présent article, d'octroyer aux travailleurs saisonniers qui ont été employés sur son territoire pendant une période appréciable la possibilité de se livrer à d'autres activités rémunérées et de leur donner la priorité sur d'autres travailleurs qui demandent à être admis dans ledit État, sous réserve des accords bilatéraux et multilatéraux applicables.

Article 60

Les travailleurs itinérants, tels qu'ils sont définis à l'alinéa e du paragraphe 2 de l'article 2 de la présente Convention, bénéficient des droits prévus dans la quatrième partie qui peuvent leur être accordés en raison de leur présence et de leur travail sur le territoire de l'État d'emploi et qui sont compatibles avec leur statut de travailleurs itinérants dans cet État.

Article 61

1. Les travailleurs employés au titre de projets, tels qu'ils sont définis à l'alinéa f du paragraphe 2 de l'article 2 de la présente Convention, et les membres de leur famille bénéficient des droits prévus à la quatrième partie, exception faite des dispositions des alinéas b et c du paragraphe 1 de l'article 43, de l'alinéa d du paragraphe 1 de l'article 43, pour ce qui est des programmes de logements sociaux, de l'alinéa b du paragraphe 1 de l'article 45 et des articles 52 à 55.
2. Si un travailleur employé au titre d'un projet estime que les termes de son contrat de travail ont été violés par son employeur, il a le droit de porter son cas devant les autorités compétentes de l'État dont cet employeur relève, aux conditions prévues au paragraphe 1 de l'article 18 de la présente Convention.
3. Sous réserve des accords bilatéraux ou multilatéraux en vigueur qui leur sont applicables, les États parties intéressés s'efforcent de faire en sorte que les travailleurs engagés au titre de projets restent dûment protégés par les régimes de sécurité sociale de leur État d'origine ou de résidence habituelle durant leur emploi au titre du projet. Les États parties intéressés prennent à cet égard les mesures appropriées pour éviter que ces travailleurs ne soient privés de leurs droits ou ne soient assujettis à une double cotisation.
4. Sans préjudice des dispositions de l'article 47 de la présente Convention et des accords bilatéraux ou multilatéraux pertinents, les États parties intéressés autorisent le transfert des gains des travailleurs employés au titre de projets dans l'État d'origine ou de résidence habituelle.

Article 62

1. Les travailleurs admis pour un emploi spécifique, tels qu'ils sont définis à l'alinéa g du paragraphe 2 de

l'article 2 de la présente Convention, bénéficient de tous les droits figurant dans la quatrième partie, exception faite des dispositions des alinéas b et c du paragraphe 1 de l'article 43 ; de l'alinéa d du paragraphe 1 de l'article 43, pour ce qui est des programmes de logements sociaux ; de l'article 52 et de l'alinéa d du paragraphe 1 de l'article 54.

2. Les membres de la famille des travailleurs admis pour un emploi spécifique bénéficient des droits relatifs aux membres de la famille des travailleurs migrants, énoncés dans la quatrième partie de la présente Convention, exception faite des dispositions de l'article 53.

Article 63

1. Les travailleurs indépendants, tels qu'ils sont définis à l'alinéa h du paragraphe 2 de l'article 2 de la présente Convention, bénéficient de tous les droits prévus dans la quatrième partie, à l'exception des droits exclusivement applicables aux travailleurs ayant un contrat de travail.

2. Sans préjudice des articles 52 et 79 de la présente Convention, la cessation de l'activité économique des travailleurs indépendants n'implique pas en soi le retrait de l'autorisation qui leur est accordée ainsi qu'aux membres de leur famille de rester dans l'État d'emploi ou d'y exercer une activité rémunérée, sauf si l'autorisation de résidence dépend expressément de l'activité rémunérée particulière pour laquelle ils ont été admis.

Sixième partie – Promotion de conditions saines, équitables, dignes et légales en ce qui concerne les migrations internationales des travailleurs migrants et des membres de leur famille

Article 64

1. Sans préjudice des dispositions de l'article 79 de la présente Convention, les États parties intéressés procèdent si besoin est à des consultations et coopèrent en vue de promouvoir des conditions saines, équitables et dignes en ce qui concerne les migrations internationales des travailleurs et des membres de leur famille.

2. À cet égard, il doit être dûment tenu compte non seulement des besoins et des ressources en main-d'œuvre active, mais également des besoins sociaux, économiques, culturels et autres des travailleurs migrants et des membres de leur famille ainsi que des conséquences de ces migrations pour les communautés concernées.

Article 65

1. Les États parties maintiennent des services appropriés pour s'occuper des questions relatives à la migration internationale des travailleurs et des membres de leur famille. Ils ont notamment pour fonctions :

a) De formuler et de mettre en œuvre des politiques concernant ces migrations ;

b) D'échanger des informations, de procéder à des consultations et de coopérer avec les autorités compétentes d'autres États concernés par ces migrations ;

c) De fournir des renseignements appropriés, en particulier aux employeurs, aux travailleurs et à leurs organisations, sur les politiques, lois et règlements relatifs aux migrations et à l'emploi, sur les accords relatifs aux migrations conclus avec d'autres États et sur d'autres questions pertinentes ;

d) De fournir des renseignements et une aide appropriés aux travailleurs migrants et aux membres de leur famille pour ce qui est des autorisations, des formalités requises et des démarches nécessaires pour leur départ, leur voyage, leur arrivée, leur séjour, leurs activités rémunérées, leur sortie et leur retour, et en ce qui concerne les conditions de travail et de vie dans l'État d'emploi ainsi que les lois et règlements en matière douanière, monétaire, fiscale et autres.

2. Les États parties facilitent, en tant que de besoin, la mise en place des services consulaires adéquats et autres services nécessaires pour répondre aux besoins sociaux, culturels et autres des travailleurs migrants et des membres de leur famille.

Article 66

1. Sous réserve des dispositions du paragraphe 2 du présent article, sont seuls autorisés à effectuer des opérations en vue du recrutement de travailleurs pour un emploi dans un autre pays :

a) Les services ou organismes officiels de l'État où ces opérations ont lieu ;

b) Les services ou organismes officiels de l'État d'emploi sur la base d'un accord entre les États intéressés ;

c) Tout organisme institué au titre d'un accord bilatéral ou multilatéral.

2. Sous réserve de l'autorisation, de l'approbation et du contrôle des organes officiels des États parties intéressés établis conformément à la législation et à la pratique desdits États, des bureaux, des employeurs potentiels ou des personnes agissant en leur nom peuvent également être admis à effectuer de telles opérations.

Article 67

1. Les États parties intéressés coopèrent en tant que de besoin en vue d'adopter des mesures relatives à la bonne organisation du retour des travailleurs migrants et des membres de leur famille dans l'État d'origine, lorsqu'ils décident d'y retourner ou que leur permis de séjour ou d'emploi vient à expiration ou lorsqu'ils se trouvent en situation irrégulière dans l'État d'emploi.

2. En ce qui concerne les travailleurs migrants et les membres de leur famille en situation régulière, les États parties intéressés coopèrent, en tant que de besoin, selon des modalités convenues par ces États, en vue de promouvoir des conditions économiques adéquates pour leur réinstallation et de faciliter leur réintégration sociale et culturelle durable dans l'État d'origine.

Article 68

1. Les États parties, y compris les États de transit, coopèrent afin de prévenir et d'éliminer les mouvements et l'emploi illégaux ou clandestins de travailleurs migrants en situation irrégulière. Les mesures à prendre à cet effet par

chaque État intéressé dans les limites de sa compétence sont notamment les suivantes :

a) Des mesures appropriées contre la diffusion d'informations trompeuses concernant l'émigration et l'immigration;

b) Des mesures visant à détecter et éliminer les mouvements illégaux ou clandestins de travailleurs migrants et de membres de leur famille et à infliger des sanctions efficaces aux personnes et aux groupes ou entités qui les organisent, les assurent ou aident à les organiser ou à les assurer;

c) Des mesures visant à infliger des sanctions efficaces aux personnes, groupes ou entités qui ont recours à la violence, à la menace ou à l'intimidation contre des travailleurs migrants ou des membres de leur famille en situation irrégulière.

2. Les États d'emploi prennent toutes mesures adéquates et efficaces pour éliminer l'emploi sur leur territoire de travailleurs migrants en situation irrégulière, en infligeant notamment, le cas échéant, des sanctions à leurs employeurs. Ces mesures ne portent pas atteinte aux droits qu'ont les travailleurs migrants vis-à-vis de leur employeur du fait de leur emploi.

Article 69

1. Lorsque des travailleurs migrants et des membres de leur famille en situation irrégulière se trouvent sur leur territoire, les États parties prennent des mesures appropriées pour que cette situation ne se prolonge pas.

2. Chaque fois que les États parties intéressés envisagent la possibilité de régulariser la situation de ces personnes conformément aux dispositions de la législation nationale et aux accords bilatéraux ou multilatéraux applicables, ils tiennent dûment compte des circonstances de leur entrée, de la durée de leur séjour dans l'État d'emploi ainsi que d'autres considérations pertinentes, en particulier celles qui ont trait à leur situation familiale.

Article 70

Les États parties prennent des mesures non moins favorables que celles qu'ils appliquent à leurs ressortissants pour faire en sorte que les conditions de travail et de vie des travailleurs migrants et des membres de leur famille en situation régulière soient conformes aux normes de santé, de sécurité et d'hygiène et aux principes inhérents à la dignité humaine.

Article 71

1. Les États parties facilitent, si besoin est, le rapatriement dans l'État d'origine des corps des travailleurs migrants ou des membres de leur famille décédés.
2. En ce qui concerne les questions de dédommagement relatives au décès d'un travailleur migrant ou d'un membre de sa famille, les États parties prêtent assistance, selon qu'il convient, aux personnes concernées en vue d'assurer le prompt règlement de ces questions. Le règlement de ces questions s'effectue sur la base de la législation nationale applicable conformément aux dispositions de la présente Convention, et de tous accords bilatéraux ou multilatéraux pertinents.

Septième partie – Application de la Convention

Article 72

1.
a) Aux fins d'examiner l'application de la présente Convention, il est constitué un Comité pour la protection des droits de tous les travailleurs migrants et des membres de leur famille (ci-après dénommé « le Comité »);
b) Le Comité est composé, au moment de l'entrée en vigueur de la présente Convention, de dix experts et, après l'entrée en vigueur de la Convention pour le quarante et unième État partie, de quatorze experts d'une haute intégrité, impartiaux et dont les compétences sont reconnues dans le domaine couvert par la Convention.

2.
a) Les membres du Comité sont élus au scrutin secret par les États parties sur une liste de candidats désignés par les États parties, compte tenu du principe d'une répartition géographique équitable, en ce qui concerne tant les États d'origine que les États d'emploi, ainsi que de la représentation des principaux systèmes juridiques. Chaque État partie peut désigner un candidat parmi ses propres ressortissants ;
b) Les membres sont élus et siègent à titre individuel.
3. La première élection a lieu au plus tard six mois après la date d'entrée en vigueur de la présente Convention et les élections suivantes ont lieu tous les deux ans. Quatre mois au moins avant la date de chaque élection, le Secrétaire général de l'Organisation des Nations unies adresse une lettre aux États parties pour les inviter à soumettre le nom de leur candidat dans un délai de deux mois. Le Secrétaire général dresse une liste alphabétique de tous les candidats, en indiquant par quel État partie ils ont été désignés, et communique cette liste aux États parties au plus tard un mois avant la date de chaque élection, avec le *curriculum vitae* des intéressés.
4. L'élection des membres du Comité a lieu au cours d'une réunion des États parties convoquée par le Secrétaire général au siège de l'Organisation des Nations unies. À cette réunion, où le quorum est constitué par les deux tiers des États parties, sont élus membres du Comité les candidats ayant obtenu le plus grand nombre de voix et la majorité absolue des voix des représentants des États parties présents et votants.
5.
a) Les membres du Comité ont un mandat de quatre ans. Toutefois, le mandat de cinq des membres élus lors de la première élection prend fin au bout de deux ans ; immédiatement après la première élection, le nom de ces cinq membres est tiré au sort par le Président de la réunion des États parties ;

b) L'élection des quatre membres supplémentaires du Comité a lieu conformément aux dispositions des paragraphes 2, 3 et 4 du présent article, après l'entrée en vigueur de la Convention pour le quarante et unième État partie. Le mandat de deux des membres supplémentaires élus à cette occasion expire au bout de deux ans ; le nom de ces membres est tiré au sort par le Président de la réunion des États parties ;
c) Les membres du Comité sont rééligibles si leur candidature est présentée à nouveau.
6. Si un membre du Comité meurt ou renonce à exercer ses fonctions ou se déclare pour une cause quelconque dans l'impossibilité de les remplir avant l'expiration de son mandat, l'État partie qui a présenté sa candidature nomme un autre expert parmi ses propres ressortissants pour la durée du mandat restant à courir. La nouvelle nomination est soumise à l'approbation du Comité.
7. Le Secrétaire général de l'Organisation des Nations unies met à la disposition du Comité le personnel et les moyens matériels qui lui sont nécessaires pour s'acquitter efficacement de ses fonctions.
8. Les membres du Comité reçoivent des émoluments prélevés sur les ressources de l'Organisation des Nations unies, selon les modalités qui peuvent être arrêtées par l'Assemblée générale.
9. Les membres du Comité bénéficient des facilités, privilèges et immunités accordés aux experts en mission pour l'Organisation des Nations unies, tels qu'ils sont prévus dans les sections pertinentes de la Convention sur les privilèges et les immunités des Nations unies.

Article 73

1. Les États parties s'engagent à soumettre au Secrétaire général de l'Organisation des Nations unies pour examen par le Comité un rapport sur les mesures législatives, judiciaires, administratives et autres qu'ils ont prises pour donner effet aux dispositions de la présente Convention :
a) Dans un délai d'un an à compter de l'entrée en vigueur de la Convention pour l'État intéressé ;

b) Par la suite, tous les cinq ans et chaque fois que le Comité en fait la demande.
2. Les rapports présentés en vertu du présent article devront aussi indiquer les facteurs et les difficultés qui affectent, le cas échéant, la mise en œuvre des dispositions de la Convention et fournir des renseignements sur les caractéristiques des mouvements migratoires concernant l'État partie intéressé.
3. Le Comité décide de toutes nouvelles directives concernant le contenu des rapports.
4. Les États parties mettent largement leurs rapports à la disposition du public dans leur propre pays.

Article 74

1. Le Comité examine les rapports présentés par chaque État partie et transmet à l'État partie intéressé les commentaires qu'il peut juger appropriés. Cet État partie peut soumettre au Comité des observations sur tout commentaire fait par le Comité conformément aux dispositions du présent article. Le Comité, lorsqu'il examine ces rapports, peut demander des renseignements supplémentaires aux États parties.
2. En temps opportun avant l'ouverture de chaque session ordinaire du Comité, le Secrétaire général de l'Organisation des Nations unies transmet au Directeur général du Bureau international du travail des copies des rapports présentés par les États parties intéressés et des informations utiles pour l'examen de ces rapports, afin de permettre au Bureau d'aider le Comité au moyen des connaissances spécialisées qu'il peut fournir en ce qui concerne les questions traitées dans la présente Convention qui entrent dans le domaine de compétence de l'Organisation internationale du travail. Le Comité tiendra compte, dans ses délibérations, de tous commentaires et documents qui pourront être fournis par le Bureau.
3. Le Secrétaire général de l'Organisation des Nations unies peut également, après consultation avec le Comité, transmettre à d'autres institutions spécialisées ainsi qu'aux organisations intergouvernementales des copies

des parties de ces rapports qui entrent dans leur domaine de compétence.
4. Le Comité peut inviter les institutions spécialisées et des organes de l'Organisation des Nations unies, ainsi que des organisations intergouvernementales et d'autres organismes intéressés, à soumettre par écrit, pour examen par le Comité, des informations sur les questions traitées dans la présente Convention qui entrent dans leur champ d'activité.
5. Le Bureau international du travail est invité par le Comité à désigner des représentants pour qu'ils participent, à titre consultatif, aux réunions du Comité.
6. Le Comité peut inviter des représentants d'autres institutions spécialisées et des organes de l'Organisation des Nations unies, ainsi que d'organisations intergouvernementales, à assister et à être entendus à ses réunions lorsqu'il examine des questions qui entrent dans leur domaine de compétence.
7. Le Comité présente un rapport annuel à l'Assemblée générale des Nations unies sur l'application de la présente Convention, contenant ses propres observations et recommandations fondées, en particulier, sur l'examen des rapports et sur toutes les observations présentées par des États parties.
8. Le Secrétaire général de l'Organisation des Nations unies transmet les rapports annuels du Comité aux États parties à la présente Convention, au Conseil économique et social, à la Commission des droits de l'homme de l'Organisation des Nations unies, au Directeur général du Bureau international du travail et aux autres organisations pertinentes.

Article 75

1. Le Comité adopte son propre règlement intérieur.
2. Le Comité élit son bureau pour une période de deux ans.
3. Le Comité se réunit normalement une fois par an.
4. Les réunions du Comité ont normalement lieu au siège de l'Organisation des Nations unies.

Article 76

1. Tout État partie à la présente Convention peut, en vertu du présent article, déclarer à tout moment qu'il reconnaît la compétence du Comité pour recevoir et examiner des communications dans lesquelles un État partie prétend qu'un autre État partie ne s'acquitte pas de ses obligations au titre de la présente Convention. Les communications présentées en vertu du présent article ne peuvent être reçues et examinées que si elles émanent d'un État partie qui a fait une déclaration reconnaissant, en ce qui le concerne, la compétence du Comité. Le Comité ne reçoit aucune communication intéressant un État partie qui n'a pas fait une telle déclaration. La procédure ci-après s'applique à l'égard des communications reçues conformément au présent article :

a) Si un État partie à la présente Convention estime qu'un autre État partie ne s'acquitte pas de ses obligations au titre de la présente Convention, il peut appeler, par communication écrite, l'attention de cet État sur la question. L'État partie peut aussi informer le Comité de la question. Dans un délai de trois mois à compter de la réception de la communication, l'État destinataire fera tenir à l'État qui a adressé la communication des explications ou toutes autres déclarations écrites élucidant la question, qui devront comprendre, dans toute la mesure possible et utile, des indications sur ses règles de procédure et sur les moyens de recours, soit déjà utilisés, soit en instance, soit encore ouverts ;

b) Si, dans un délai de six mois à compter de la date de réception de la communication originale par l'État destinataire, la question n'est pas réglée à la satisfaction des deux États parties intéressés, l'un comme l'autre auront le droit de la soumettre au Comité, en adressant une notification au Comité ainsi qu'à l'autre État intéressé ;

c) Le Comité ne peut connaître d'une affaire qui lui est soumise qu'après s'être assuré que tous les recours internes disponibles ont été utilisés et épuisés, conformément aux principes de droit international généralement reconnus.

Cette règle ne s'applique pas dans les cas où, de l'avis du Comité, les procédures de recours excèdent les délais raisonnables ;

d) Sous réserve des dispositions de l'alinéa c du présent paragraphe, le Comité met ses bons offices à la disposition des États parties intéressés, afin de parvenir à une solution amiable de la question fondée sur le respect des obligations énoncées dans la présente Convention ;

e) Le Comité tient ses séances à huis clos lorsqu'il examine les communications prévues au présent article ;

f) Dans toute affaire qui lui est soumise conformément à l'alinéa b du présent paragraphe, le Comité peut demander aux États parties intéressés visés à l'alinéa b de lui fournir tout renseignement pertinent ;

g) Les États parties intéressés visés à l'alinéa b du présent paragraphe ont le droit de se faire représenter lors de l'examen de l'affaire par le Comité et de présenter des observations oralement ou par écrit, ou sous l'une et l'autre forme ;

h) Le Comité doit présenter un rapport dans un délai de douze mois à compter du jour où il a reçu la notification visée à l'alinéa b du présent paragraphe :

i) Si une solution a pu être trouvée conformément aux dispositions de l'alinéa d du présent paragraphe, le Comité se borne, dans son rapport, à un bref exposé des faits et de la solution intervenue,

ii) Si une solution n'a pu être trouvée conformément aux dispositions de l'alinéa d du présent paragraphe, le Comité expose, dans son rapport, les faits pertinents concernant l'objet du différend entre les États parties intéressés. Le texte des observations écrites et le procès-verbal des observations orales présentées par les États parties intéressés sont joints au rapport. Le Comité peut également communiquer aux États parties intéressés seulement toute vue qu'il peut considérer pertinente en la matière. Pour chaque affaire, le rapport est communiqué aux États parties intéressés.

2. Les dispositions du présent article entreront en vigueur lorsque dix États parties à la présente Convention auront fait la déclaration prévue au paragraphe 1 du présent article. Ladite déclaration est déposée par l'État partie auprès du Secrétaire général de l'Organisation des Nations unies, qui en communique copie aux autres États parties. Une déclaration peut être retirée à tout moment au moyen d'une notification adressée au Secrétaire général. Ce retrait est sans préjudice de l'examen de toute question qui fait l'objet d'une communication déjà transmise en vertu du présent article ; aucune autre communication d'un État partie ne sera reçue en vertu du présent article après que le Secrétaire général aura reçu notification du retrait de la déclaration, à moins que l'État partie intéressé n'ait fait une nouvelle déclaration.

Article 77

1. Tout État partie à la présente Convention peut, en vertu du présent article, déclarer à tout moment qu'il reconnaît la compétence du Comité pour recevoir et examiner des communications présentées par ou pour le compte de particuliers relevant de sa juridiction qui prétendent que leurs droits individuels établis par la présente Convention ont été violés par cet État partie. Le Comité ne reçoit aucune communication intéressant un État partie qui n'a pas fait une telle déclaration.
2. Le Comité déclare irrecevable toute communication soumise en vertu du présent article qui est anonyme ou qu'il considère être un abus du droit de soumettre de telles communications, ou être incompatible avec les dispositions de la présente Convention.
3. Le Comité n'examine aucune communication d'un particulier conformément au présent article sans s'être assuré que :

a) La même question n'a pas été et n'est pas en cours d'examen devant une autre instance internationale d'enquête ou de règlement ;

b) Le particulier a épuisé tous les recours internes disponibles ; cette règle ne s'applique pas si, de l'avis du

Comité, les procédures de recours excèdent des délais raisonnables, ou s'il est peu probable que les voies de recours donneraient une satisfaction effective à ce particulier.
4. Sous réserve des dispositions du paragraphe 2 du présent article, le Comité porte toute communication qui lui est soumise en vertu du présent article à l'attention de l'État partie à la présente Convention qui a fait une déclaration en vertu du paragraphe 1 et a prétendument violé l'une quelconque des dispositions de la Convention. Dans les six mois qui suivent, ledit État soumet par écrit au Comité des explications ou déclarations éclaircissant la question et indiquant, le cas échéant, les mesures qu'il peut avoir prises pour remédier à la situation.
5. Le Comité examine les communications reçues en vertu du présent article en tenant compte de toutes les informations qui lui sont soumises par ou pour le compte du particulier et par l'État partie intéressé.
6. Le Comité tient ses séances à huis clos lorsqu'il examine les communications prévues dans le présent article.
7. Le Comité fait part de ses constatations à l'État partie intéressé et au particulier.
8. Les dispositions du présent article entreront en vigueur lorsque dix États parties à la présente Convention auront fait la déclaration prévue au paragraphe 1 du présent article. Ladite déclaration est déposée par l'État partie auprès du Secrétaire général de l'Organisation des Nations unies, qui en communique copie aux autres États parties. Une déclaration peut être retirée à tout moment au moyen d'une notification adressée au Secrétaire général. Ce retrait est sans préjudice de l'examen de toute question qui fait l'objet d'une communication déjà transmise en vertu du présent article ; aucune autre communication soumise par ou pour le compte d'un particulier ne sera reçue en vertu du présent article après que le Secrétaire général aura reçu notification du retrait de la déclaration, à moins que l'État partie intéressé n'ait fait une nouvelle déclaration.

Article 78

Les dispositions de l'article 76 de la présente Convention s'appliquent sans préjudice de toute procédure de règlement des différends ou des plaintes dans le domaine couvert par la présente Convention prévue par les instruments constitutifs et les conventions de l'Organisation des Nations unies et des institutions spécialisées, et n'empêchent pas les États parties de recourir à l'une quelconque des autres procédures pour le règlement d'un différend conformément aux accords internationaux qui les lient.

Huitième partie – Dispositions générales

Article 79

Aucune disposition de la présente Convention ne porte atteinte au droit de chaque État partie de fixer les critères régissant l'admission des travailleurs migrants et des membres de leur famille. En ce qui concerne les autres questions relatives au statut juridique et au traitement des travailleurs migrants et des membres de leur famille, les États parties sont liés par les limitations imposées par la présente Convention.

Article 80

Aucune disposition de la présente Convention ne doit être interprétée comme portant atteinte aux dispositions de la Charte des Nations unies et des actes constitutifs des institutions spécialisées qui définissent les responsabilités respectives des divers organes de l'Organisation des Nations unies et des institutions spécialisées en ce qui concerne les questions traitées dans la présente Convention.

Article 81

1. Aucune disposition de la présente Convention ne porte atteinte aux droits et libertés plus favorables accordés aux travailleurs migrants et aux membres de leur famille en vertu :

a) Du droit ou de la pratique d'un État partie ; ou

b) De tout traité bilatéral ou multilatéral liant l'État partie considéré.

2. Aucune disposition de la présente Convention ne doit être interprétée comme impliquant, pour un État, un groupe ou une personne, un droit quelconque de se livrer à toute activité ou d'accomplir tout acte portant atteinte à l'un des droits ou à l'une des libertés énoncés dans la présente Convention.

Article 82

Il ne peut être renoncé aux droits des travailleurs migrants et des membres de leur famille prévus dans la présente Convention. Il n'est pas permis d'exercer une forme quelconque de pression sur les travailleurs migrants et les membres de leur famille pour qu'ils renoncent à l'un quelconque de ces droits ou s'abstiennent de l'exercer. Il n'est pas possible de déroger par contrat aux droits reconnus dans la présente Convention. Les États parties prennent des mesures appropriées pour assurer que ces principes soient respectés.

Article 83

Chaque État partie à la présente Convention s'engage :

a) À garantir que toute personne dont les droits et libertés reconnus dans la présente Convention ont été violés dispose d'un recours utile même si la violation a été commise par des personnes agissant dans l'exercice de leurs fonctions officielles ;

b) À garantir que toute personne exerçant un tel recours obtienne que sa plainte soit examinée et qu'il soit statué sur elle par l'autorité judiciaire, administrative ou législative compétente ou par toute autre autorité compétente prévue dans le système juridique de l'État, et à développer les possibilités de recours juridictionnels ;

c) À garantir que les autorités compétentes donnent suite à tout recours qui aura été reconnu justifié.

Article 84

Chaque État partie s'engage à prendre toutes les mesures législatives et autres nécessaires à l'application des dispositions de la présente Convention.

Neuvième partie – Dispositions finales

Article 85

Le Secrétaire général de l'Organisation des Nations unies est désigné comme dépositaire de la présente Convention.

Article 86

1. La présente Convention est ouverte à la signature de tous les États. Elle est sujette à ratification.
2. La présente Convention sera ouverte à l'adhésion de tout État.
3. Les instruments de ratification ou d'adhésion seront déposés auprès du Secrétaire général de l'Organisation des Nations unies.

Article 87

1. La présente Convention entrera en vigueur le premier jour du mois suivant une période de trois mois après la date de dépôt du vingtième instrument de ratification ou d'adhésion.
2. Pour chaque État ratifiant la présente Convention après son entrée en vigueur ou y adhérant, elle entrera en vigueur le premier jour du mois suivant une période de trois mois après la date de dépôt par cet État de son instrument de ratification ou d'adhésion.

Article 88

Un État qui ratifie la présente Convention ou y adhère ne peut exclure l'application d'une partie quelconque de celle-ci ou, sans préjudice de l'article 3, exclure une catégorie quelconque de travailleurs migrants de son application.

Article 89

1. Tout État partie pourra dénoncer la présente Convention, après qu'un délai d'au moins cinq ans se sera écoulé depuis son entrée en vigueur à l'égard dudit État, par

voie de notification écrite adressée au Secrétaire général de l'Organisation des Nations unies.
2. La dénonciation prendra effet le premier jour du mois suivant l'expiration d'une période de douze mois après la date de réception de la notification par le Secrétaire général de l'Organisation des Nations unies.
3. Une telle dénonciation ne libérera pas l'État partie des obligations qui lui incombent en vertu de la présente Convention en ce qui concerne tout acte ou toute omission commis avant la date à laquelle la dénonciation prendra effet ; elle ne fera nullement obstacle à la poursuite de l'examen de toute question dont le Comité était déjà saisi à la date à laquelle la dénonciation a pris effet.
4. Après la date à laquelle la dénonciation par un État partie prend effet, le Comité n'entreprend l'examen d'aucune question nouvelle concernant cet État.

Article 90

1. Au bout de cinq ans à compter de la date d'entrée en vigueur de la présente Convention, chacun des États parties pourra formuler à tout moment une demande de révision de la présente Convention par voie de notification écrite adressée au Secrétaire général de l'Organisation des Nations unies. Le Secrétaire général communiquera alors tout amendement proposé aux États parties à la présente Convention, en leur demandant de lui faire savoir s'ils sont en faveur de la convocation d'une conférence des États parties aux fins d'étudier les propositions et de voter à leur sujet. Au cas où, dans les quatre mois suivant la date de cette communication, au moins un tiers des États parties se prononcerait en faveur de la convocation d'une telle conférence, le Secrétaire général convoquera la conférence sous les auspices de l'Organisation des Nations unies. Tout amendement adopté par une majorité des États parties présents et votants sera présenté à l'Assemblée générale pour approbation.
2. Les amendements entreront en vigueur lorsqu'ils auront été approuvés par l'Assemblée générale de Nations unies et acceptés par une majorité des deux tiers des États

parties, conformément à leurs règles constitutionnelles respectives.
3. Lorsque ces amendements entreront en vigueur, ils seront obligatoires pour les États parties qui les auront acceptés, les autres États parties restant liés par les dispositions de la présente Convention et par tout amendement antérieur qu'ils auront accepté.

Article 91

1. Le Secrétaire général de l'Organisation des Nations unies recevra et communiquera à tous les États le texte des réserves qui auront été faites par des États parties au moment de la signature, de la ratification ou de l'adhésion.
2. Aucune réserve incompatible avec l'objet et le but de la présente Convention ne sera autorisée.
3. Les réserves peuvent être retirées à tout moment par voie de notification adressée au Secrétaire général de l'Organisation des Nations unies, lequel informe tous les États. La notification prendra effet à la date de réception.

Article 92

1. Tout différend entre deux ou plusieurs États parties concernant l'interprétation ou l'application de la présente Convention qui n'est pas réglé par voie de négociation sera soumis à l'arbitrage, à la demande de l'un d'entre eux. Si, dans les six mois qui suivent la date de la demande d'arbitrage, les parties ne parviennent pas à se mettre d'accord sur l'organisation de l'arbitrage, l'une quelconque d'entre elles pourra soumettre le différend à la Cour internationale de justice, en déposant une requête conformément au Statut de la Cour.
2. Tout État partie pourra, au moment où il signera la présente Convention, la ratifiera ou y adhérera, déclarer qu'il ne se considère pas lié par les dispositions du paragraphe 1 du présent article. Les autres États parties ne seront pas liés par lesdites dispositions envers un État partie qui aura formulé une telle déclaration.
3. Tout État partie qui aura formulé une déclaration conformément aux dispositions du paragraphe 2 du présent

article pourra à tout moment retirer cette déclaration par voie de notification adressée au Secrétaire général de l'Organisation des Nations unies.

Article 93

1. La présente Convention, dont les textes anglais, arabe, chinois, espagnol, français et russe font également foi, sera déposée auprès du Secrétaire général de l'Organisation des Nations unies.
2. Le Secrétaire général de l'Organisation des Nations unies transmettra une copie certifiée conforme de la présente Convention à tous les États.

En foi de quoi les plénipotentiaires soussignés, dûment habilités par leurs gouvernements respectifs, ont signé la présente Convention.

Texte 12 – Convention relative aux droits des personnes handicapées, 2006

La Convention relative aux droits des personnes handicapées a été adoptée par l'Assemblée générale des Nations unies dans sa résolution 61/106 du 13 décembre 2006 et ouverte à la signature le 30 mars 2007. Elle est entrée en vigueur le 3 mai 2008 après 20 ratifications et compte 159 États parties. La France a signé la Convention le 30 mars 2007 et l'a ratifiée le 18 février 2010.

La Convention prévoit la création d'un Comité des droits des personnes handicapées composé aujourd'hui de 18 membres. Le Comité examine les rapports périodiques des États et adopte des observations générales sur la Convention. Il est également compétent pour recevoir et examiner des communications individuelles (protocole facultatif, cf. infra*).*

Bibliographie

Quinn Gerard, Degener Theresia, *Human Rights and Disability: The Current Use and Future Potential of United Nations Human Rights Instruments in the Context of Disability*, Nations unies, 2002.

Les États parties à la présente Convention,

a) Rappelant les principes proclamés dans la Charte des Nations unies selon lesquels la reconnaissance de la dignité et de la valeur inhérentes à tous les membres de la famille humaine et de leurs droits égaux et inaliénables constitue le fondement de la liberté, de la justice et de la paix dans le monde,

b) Reconnaissant que les Nations unies, dans la Déclaration universelle des droits de l'homme et dans les Pactes internationaux relatifs aux droits de l'homme, ont proclamé et sont convenues que chacun peut se prévaloir de tous les droits et de toutes les libertés qui y sont énoncés, sans distinction aucune,

c) Réaffirmant le caractère universel, indivisible, interdépendant et indissociable de tous les droits de l'homme et de toutes les libertés fondamentales et la nécessité d'en garantir la pleine jouissance aux personnes handicapées sans discrimination,

d) Rappelant le Pacte international relatif aux droits économiques, sociaux et culturels, le Pacte international relatif aux droits civils et politiques, la Convention internationale sur l'élimination de toutes les formes de discrimination raciale, la Convention sur l'élimination de toutes les formes de discrimination à l'égard des femmes, la Convention contre la torture et autres peines ou traitements cruels, inhumains ou dégradants, la Convention relative aux droits de l'enfant et la Convention internationale sur la protection des droits de tous les travailleurs migrants et des membres de leur famille,

e) Reconnaissant que la notion de handicap évolue et que le handicap résulte de l'interaction entre des personnes présentant des incapacités et les barrières comportementales et environnementales qui font obstacle à leur pleine et effective participation à la société sur la base de l'égalité avec les autres,

f) Reconnaissant l'importance des principes et lignes directrices contenus dans le Programme d'action mondial concernant les personnes handicapées et dans les Règles des Nations unies pour l'égalisation des chances des handicapés et leur influence sur la promotion, l'élaboration et l'évaluation aux niveaux national, régional et international des politiques, plans, programmes et mesures visant la poursuite de l'égalisation des chances des personnes handicapées,

g) Soulignant qu'il importe d'intégrer la condition des personnes handicapées dans les stratégies pertinentes de développement durable,

h) Reconnaissant également que toute discrimination fondée sur le handicap est une négation de la dignité et de la valeur inhérentes à la personne humaine,

i) Reconnaissant en outre la diversité des personnes handicapées,

j) Reconnaissant la nécessité de promouvoir et protéger les droits de l'homme de toutes les personnes handicapées, y compris de celles qui nécessitent un accompagnement plus poussé,

k) Préoccupés par le fait qu'en dépit de ces divers instruments et engagements, les personnes handicapées continuent d'être confrontées à des obstacles à leur participation à la société en tant que membres égaux de celle-ci et de faire l'objet de violations des droits de l'homme dans toutes les parties du monde,

l) Reconnaissant l'importance de la coopération internationale pour l'amélioration des conditions de vie des personnes handicapées dans tous les pays, et en particulier dans les pays en développement,

m) Appréciant les utiles contributions actuelles et potentielles des personnes handicapées au bien-être général et à la diversité de leurs communautés et sachant que la promotion de la pleine jouissance des droits de l'homme et des libertés fondamentales par ces personnes ainsi que celle de leur pleine participation renforceront leur sentiment d'appartenance et feront notablement progresser le développement humain, social et économique de leurs sociétés et l'élimination de la pauvreté,

n) Reconnaissant l'importance pour les personnes handicapées de leur autonomie et de leur indépendance individuelles, y compris la liberté de faire leurs propres choix,

o) Estimant que les personnes handicapées devraient avoir la possibilité de participer activement aux processus de prise de décisions concernant les politiques et programmes, en particulier ceux qui les concernent directement,

p) Préoccupés par les difficultés que rencontrent les personnes handicapées, qui sont exposées à des formes multiples ou aggravées de discrimination fondées sur la race, la couleur, le sexe, la langue, la religion, l'opinion politique ou toute autre opinion, l'origine nationale, ethnique, autochtone ou sociale, la fortune, la naissance, l'âge ou toute autre situation,

q) Reconnaissant que les femmes et les filles handicapées courent souvent, dans leur famille comme à l'extérieur, des risques plus élevés de violence, d'atteinte à l'intégrité physique, d'abus, de délaissement ou de défaut de soins, de maltraitance ou d'exploitation,

r) Reconnaissant que les enfants handicapés doivent jouir pleinement de tous les droits de l'homme et de toutes les libertés fondamentales, sur la base de l'égalité avec les autres enfants, et rappelant les obligations qu'ont contractées à cette fin les États parties à la Convention relative aux droits de l'enfant,

s) Soulignant la nécessité d'intégrer le principe de l'égalité des sexes dans tous les efforts visant à promouvoir la pleine jouissance des droits de l'homme et des libertés fondamentales par les personnes handicapées,

t) Insistant sur le fait que la majorité des personnes handicapées vivent dans la pauvreté et reconnaissant à cet égard qu'il importe au plus haut point de s'attaquer aux effets pernicieux de la pauvreté sur les personnes handicapées,

u) Conscients qu'une protection véritable des personnes handicapées suppose des conditions de paix et de sécurité fondées sur une pleine adhésion aux buts et principes de la Charte des Nations unies et sur le respect des instruments des droits de l'homme applicables, en particulier en cas de conflit armé ou d'occupation étrangère,

v) Reconnaissant qu'il importe que les personnes handicapées aient pleinement accès aux équipements physiques, sociaux, économiques et culturels, à la santé et à l'éducation ainsi qu'à l'information et à la communication pour jouir pleinement de tous les droits de l'homme et de toutes les libertés fondamentales,

w) Conscients que l'individu, étant donné ses obligations envers les autres individus et la société à laquelle il appartient, est tenu de faire son possible pour promouvoir et respecter les droits reconnus dans la Charte internationale des droits de l'homme,

x) Convaincus que la famille est l'élément naturel et fondamental de la société et a droit à la protection de la société et de l'État et que les personnes handicapées et les membres de leur famille devraient recevoir la protection et l'aide nécessaires pour que les familles puissent contribuer à la pleine et égale jouissance de leurs droits par les personnes handicapées,

y) Convaincus qu'une convention internationale globale et intégrée pour la promotion et la protection des droits et de la dignité des personnes handicapées contribuera de façon significative à remédier au profond désavantage social que connaissent les personnes handicapées et qu'elle favorisera leur participation, sur la base de l'égalité des chances, à tous les domaines de la vie civile, politique, économique, sociale et culturelle, dans les pays développés comme dans les pays en développement,

Sont convenus de ce qui suit :

Article premier – Objet

La présente Convention a pour objet de promouvoir, protéger et assurer la pleine et égale jouissance de tous les droits de l'homme et de toutes les libertés fondamentales par les personnes handicapées et de promouvoir le respect de leur dignité intrinsèque.

Par personnes handicapées on entend des personnes qui présentent des incapacités physiques, mentales, intellectuelles ou sensorielles durables dont l'interaction avec diverses barrières peut faire obstacle à leur pleine et effective participation à la société sur la base de l'égalité avec les autres.

Article 2 – Définitions

Aux fins de la présente Convention :

On entend par « communication », entre autres, les langues, l'affichage de texte, le braille, la communication tactile, les gros caractères, les supports multimédias accessibles ainsi que les modes, moyens et formes de communication améliorée et alternative à base de supports écrits, supports audio, langue simplifiée et lecteur humain, y compris les technologies de l'information et de la communication accessibles ;

On entend par « langue », entre autres, les langues parlées et les langues des signes et autres formes de langue non parlée ;

On entend par « discrimination fondée sur le handicap » toute distinction, exclusion ou restriction fondée sur le handicap qui a pour objet ou pour effet de compromettre ou réduire à néant la reconnaissance, la jouissance ou l'exercice, sur la base de l'égalité avec les autres, de tous les droits de l'homme et de toutes les libertés fondamentales dans les domaines politique, économique, social, culturel, civil ou autres. La discrimination fondée sur le handicap comprend toutes les formes de discrimination, y compris le refus d'aménagement raisonnable ;

On entend par « aménagement raisonnable » les modifications et ajustements nécessaires et appropriés n'imposant pas de charge disproportionnée ou indue apportés, en

fonction des besoins dans une situation donnée, pour assurer aux personnes handicapées la jouissance ou l'exercice, sur la base de l'égalité avec les autres, de tous les droits de l'homme et de toutes les libertés fondamentales ;
On entend par « conception universelle » la conception de produits, d'équipements, de programmes et de services qui puissent être utilisés par tous, dans toute la mesure possible, sans nécessiter ni adaptation ni conception spéciale. La « conception universelle » n'exclut pas les appareils et accessoires fonctionnels pour des catégories particulières de personnes handicapées là où ils sont nécessaires.

Article 3 – Principes généraux

Les principes de la présente Convention sont :
a) Le respect de la dignité intrinsèque, de l'autonomie individuelle, y compris la liberté de faire ses propres choix, et de l'indépendance des personnes ;
b) La non-discrimination ;
c) La participation et l'intégration pleines et effectives à la société ;
d) Le respect de la différence et l'acceptation des personnes handicapées comme faisant partie de la diversité humaine et de l'humanité ;
e) L'égalité des chances ;
f) L'accessibilité ;
g) L'égalité entre les hommes et les femmes ;
h) Le respect du développement des capacités de l'enfant handicapé et le respect du droit des enfants handicapés à préserver leur identité.

Article 4 – Obligations générales

1. Les États parties s'engagent à garantir et à promouvoir le plein exercice de tous les droits de l'homme et de toutes les libertés fondamentales de toutes les personnes handicapées sans discrimination d'aucune sorte fondée sur le handicap. À cette fin, ils s'engagent à :

a) Adopter toutes mesures appropriées d'ordre législatif, administratif ou autre pour mettre en œuvre les droits reconnus dans la présente Convention ;
b) Prendre toutes mesures appropriées, y compris des mesures législatives, pour modifier, abroger ou abolir les lois, règlements, coutumes et pratiques qui sont source de discrimination envers les personnes handicapées ;
c) Prendre en compte la protection et la promotion des droits de l'homme des personnes handicapées dans toutes les politiques et dans tous les programmes ;
d) S'abstenir de tout acte et de toute pratique incompatible avec la présente Convention et veiller à ce que les pouvoirs publics et les institutions agissent conformément à la présente Convention ;
e) Prendre toutes mesures appropriées pour éliminer la discrimination fondée sur le handicap pratiquée par toute personne, organisation ou entreprise privée ;
f) Entreprendre ou encourager la recherche et le développement de biens, services, équipements et installations de conception universelle, selon la définition qui en est donnée à l'article 2 de la présente Convention, qui devraient nécessiter le minimum possible d'adaptation et de frais pour répondre aux besoins spécifiques des personnes handicapées, encourager l'offre et l'utilisation de ces biens, services, équipements et installations et encourager l'incorporation de la conception universelle dans le développement des normes et directives ;
g) Entreprendre ou encourager la recherche et le développement et encourager l'offre et l'utilisation de nouvelles technologies – y compris les technologies de l'information et de la communication, les aides à la mobilité, les appareils et accessoires et les technologies d'assistance – qui soient adaptées aux personnes handicapées, en privilégiant les technologies d'un coût abordable ;
h) Fournir aux personnes handicapées des informations accessibles concernant les aides à la mobilité, les appareils et accessoires et les technologies d'assistance, y compris

les nouvelles technologies, ainsi que les autres formes d'assistance, services d'accompagnement et équipements;

i) Encourager la formation aux droits reconnus dans la présente Convention des professionnels et personnels qui travaillent avec des personnes handicapées, de façon à améliorer la prestation des aides et services garantis par ces droits.

2. Dans le cas des droits économiques, sociaux et culturels, chaque État partie s'engage à agir, au maximum des ressources dont il dispose et, s'il y a lieu, dans le cadre de la coopération internationale, en vue d'assurer progressivement le plein exercice de ces droits, sans préjudice des obligations énoncées dans la présente Convention qui sont d'application immédiate en vertu du droit international.

3. Dans l'élaboration et la mise en œuvre des lois et des politiques adoptées aux fins de l'application de la présente Convention, ainsi que dans l'adoption de toute décision sur des questions relatives aux personnes handicapées, les États parties consultent étroitement et font activement participer ces personnes, y compris les enfants handicapés, par l'intermédiaire des organisations qui les représentent.

4. Aucune des dispositions de la présente Convention ne porte atteinte aux dispositions plus favorables à l'exercice des droits des personnes handicapées qui peuvent figurer dans la législation d'un État partie ou dans le droit international en vigueur pour cet État. Il ne peut être admis aucune restriction ou dérogation aux droits de l'homme et aux libertés fondamentales reconnus ou en vigueur dans un État partie à la présente Convention en vertu de lois, de conventions, de règlements ou de coutumes, sous prétexte que la présente Convention ne reconnaît pas ces droits et libertés ou les reconnaît à un moindre degré.

5. Les dispositions de la présente Convention s'appliquent, sans limitation ni exception aucune, à toutes les unités constitutives des États fédératifs.

Article 5 – Égalité et non-discrimination

1. Les États parties reconnaissent que toutes les personnes sont égales devant la loi et en vertu de celle-ci

et ont droit sans discrimination à l'égale protection et à l'égal bénéfice de la loi.

2. Les États parties interdisent toutes les discriminations fondées sur le handicap et garantissent aux personnes handicapées une égale et effective protection juridique contre toute discrimination, quel qu'en soit le fondement.

3. Afin de promouvoir l'égalité et d'éliminer la discrimination, les États parties prennent toutes les mesures appropriées pour faire en sorte que des aménagements raisonnables soient apportés.

4. Les mesures spécifiques qui sont nécessaires pour accélérer ou assurer l'égalité *de facto* des personnes handicapées ne constituent pas une discrimination au sens de la présente Convention.

Article 6 – Femmes handicapées

1. Les États parties reconnaissent que les femmes et les filles handicapées sont exposées à de multiples discriminations, et ils prennent les mesures voulues pour leur permettre de jouir pleinement et dans des conditions d'égalité de tous les droits de l'homme et de toutes les libertés fondamentales.

2. Les États parties prennent toutes mesures appropriées pour assurer le plein épanouissement, la promotion et l'autonomisation des femmes, afin de leur garantir l'exercice et la jouissance des droits de l'homme et des libertés fondamentales énoncés dans la présente Convention.

Article 7 – Enfants handicapés

1. Les États parties prennent toutes mesures nécessaires pour garantir aux enfants handicapés la pleine jouissance de tous les droits de l'homme et de toutes les libertés fondamentales, sur la base de l'égalité avec les autres enfants.

2. Dans toutes les décisions qui concernent les enfants handicapés, l'intérêt supérieur de l'enfant doit être une considération primordiale.

3. Les États parties garantissent à l'enfant handicapé, sur la base de l'égalité avec les autres enfants, le droit d'exprimer librement son opinion sur toute question l'intéressant,

les opinions de l'enfant étant dûment prises en considération eu égard à son âge et à son degré de maturité, et d'obtenir pour l'exercice de ce droit une aide adaptée à son handicap et à son âge.

Article 8 – Sensibilisation

1. Les États parties s'engagent à prendre des mesures immédiates, efficaces et appropriées en vue de :

a) Sensibiliser l'ensemble de la société, y compris au niveau de la famille, à la situation des personnes handicapées et promouvoir le respect des droits et de la dignité des personnes handicapées ;

b) Combattre les stéréotypes, les préjugés et les pratiques dangereuses concernant les personnes handicapées, y compris ceux liés au sexe et à l'âge, dans tous les domaines ;

c) Mieux faire connaître les capacités et les contributions des personnes handicapées.

2. Dans le cadre des mesures qu'ils prennent à cette fin, les États parties :

a) Lancent et mènent des campagnes efficaces de sensibilisation du public en vue de :

i) Favoriser une attitude réceptive à l'égard des droits des personnes handicapées,

ii) Promouvoir une perception positive des personnes handicapées et une conscience sociale plus poussée à leur égard,

iii) Promouvoir la reconnaissance des compétences, mérites et aptitudes des personnes handicapées et de leurs contributions dans leur milieu de travail et sur le marché du travail ;

b) Encouragent à tous les niveaux du système éducatif, notamment chez tous les enfants dès leur plus jeune âge, une attitude de respect pour les droits des personnes handicapées ;

c) Encouragent tous les médias à montrer les personnes handicapées sous un jour conforme à l'objet de la présente Convention ;

d) Encouragent l'organisation de programmes de formation en sensibilisation aux personnes handicapées et aux droits des personnes handicapées.

Article 9 – Accessibilité

1. Afin de permettre aux personnes handicapées de vivre de façon indépendante et de participer pleinement à tous les aspects de la vie, les États parties prennent des mesures appropriées pour leur assurer, sur la base de l'égalité avec les autres, l'accès à l'environnement physique, aux transports, à l'information et à la communication, y compris aux systèmes et technologies de l'information et de la communication, et aux autres équipements et services ouverts ou fournis au public, tant dans les zones urbaines que rurales. Ces mesures, parmi lesquelles figurent l'identification et l'élimination des obstacles et barrières à l'accessibilité, s'appliquent, entre autres :

a) Aux bâtiments, à la voirie, aux transports et autres équipements intérieurs ou extérieurs, y compris les écoles, les logements, les installations médicales et les lieux de travail ;

b) Aux services d'information, de communication et autres services, y compris les services électroniques et les services d'urgence.

2. Les États parties prennent également des mesures appropriées pour :

a) Élaborer et promulguer des normes nationales minimales et des directives relatives à l'accessibilité des installations et services ouverts ou fournis au public et contrôler l'application de ces normes et directives ;

b) Faire en sorte que les organismes privés qui offrent des installations ou des services qui sont ouverts ou fournis au public prennent en compte tous les aspects de l'accessibilité par les personnes handicapées ;

c) Assurer aux parties concernées une formation concernant les problèmes d'accès auxquels les personnes handicapées sont confrontées ;

d) Faire mettre en place dans les bâtiments et autres installations ouverts au public une signalisation en braille et sous des formes faciles à lire et à comprendre ;
e) Mettre à disposition des formes d'aide humaine ou animalière et les services de médiateurs, notamment de guides, de lecteurs et d'interprètes professionnels en langue des signes, afin de faciliter l'accès des bâtiments et autres installations ouverts au public ;
f) Promouvoir d'autres formes appropriées d'aide et d'accompagnement des personnes handicapées afin de leur assurer l'accès à l'information ;
g) Promouvoir l'accès des personnes handicapées aux nouveaux systèmes et technologies de l'information et de la communication, y compris l'Internet ;
h) Promouvoir l'étude, la mise au point, la production et la diffusion de systèmes et technologies de l'information et de la communication à un stade précoce, de façon à en assurer l'accessibilité à un coût minimal.

Article 10 – Droit à la vie

Les États parties réaffirment que le droit à la vie est inhérent à la personne humaine et prennent toutes mesures nécessaires pour en assurer aux personnes handicapées la jouissance effective, sur la base de l'égalité avec les autres.

Article 11 – Situations de risque et situations d'urgence humanitaire

Les États parties prennent, conformément aux obligations qui leur incombent en vertu du droit international, notamment le droit international humanitaire et le droit international des droits de l'homme, toutes mesures nécessaires pour assurer la protection et la sûreté des personnes handicapées dans les situations de risque, y compris les conflits armés, les crises humanitaires et les catastrophes naturelles.

Article 12 – Reconnaissance de la personnalité juridique dans des conditions d'égalité

1. Les États parties réaffirment que les personnes handicapées ont droit à la reconnaissance en tous lieux de leur personnalité juridique.
2. Les États parties reconnaissent que les personnes handicapées jouissent de la capacité juridique dans tous les domaines, sur la base de l'égalité avec les autres.
3. Les États parties prennent des mesures appropriées pour donner aux personnes handicapées accès à l'accompagnement dont elles peuvent avoir besoin pour exercer leur capacité juridique.
4. Les États parties font en sorte que les mesures relatives à l'exercice de la capacité juridique soient assorties de garanties appropriées et effectives pour prévenir les abus, conformément au droit international des droits de l'homme. Ces garanties doivent garantir que les mesures relatives à l'exercice de la capacité juridique respectent les droits, la volonté et les préférences de la personne concernée, soient exemptes de tout conflit d'intérêt et ne donnent lieu à aucun abus d'influence, soient proportionnées et adaptées à la situation de la personne concernée, s'appliquent pendant la période la plus brève possible et soient soumises à un contrôle périodique effectué par un organe indépendant et impartial ou une instance judiciaire. Ces garanties doivent également être proportionnées au degré auquel les mesures devant faciliter l'exercice de la capacité juridique affectent les droits et intérêts de la personne concernée.
5. Sous réserve des dispositions du présent article, les États parties prennent toutes mesures appropriées et effectives pour garantir le droit qu'ont les personnes handicapées, sur la base de l'égalité avec les autres, de posséder des biens ou d'en hériter, de contrôler leurs finances et d'avoir accès aux mêmes conditions que les autres personnes aux prêts bancaires, hypothèques et autres formes de crédit financier; ils veillent à ce que

les personnes handicapées ne soient pas arbitrairement privées de leurs biens.

Article 13 – Accès à la justice

1. Les États parties assurent l'accès effectif des personnes handicapées à la justice, sur la base de l'égalité avec les autres, y compris par le biais d'aménagements procéduraux et d'aménagements en fonction de l'âge, afin de faciliter leur participation effective, directe ou indirecte, notamment en tant que témoins, à toutes les procédures judiciaires, y compris au stade de l'enquête et aux autres stades préliminaires.
2. Afin d'aider à assurer l'accès effectif des personnes handicapées à la justice, les États parties favorisent une formation appropriée des personnels concourant à l'administration de la justice, y compris les personnels de police et les personnels pénitentiaires.

Article 14 – Liberté et sécurité de la personne

1. Les États parties veillent à ce que les personnes handicapées, sur la base de l'égalité avec les autres :
a) Jouissent du droit à la liberté et à la sûreté de leur personne ;
b) Ne soient pas privées de leur liberté de façon illégale ou arbitraire ; ils veillent en outre à ce que toute privation de liberté soit conforme à la loi et à ce qu'en aucun cas l'existence d'un handicap ne justifie une privation de liberté.
2. Les États parties veillent à ce que les personnes handicapées, si elles sont privées de leur liberté à l'issue d'une quelconque procédure, aient droit, sur la base de l'égalité avec les autres, aux garanties prévues par le droit international des droits de l'homme et soient traitées conformément aux buts et principes de la présente Convention, y compris en bénéficiant d'aménagements raisonnables.

Article 15 – Droit de ne pas être soumis à la torture ni à des peines ou traitements cruels, inhumains ou dégradants

1. Nul ne sera soumis à la torture, ni à des peines ou traitements cruels, inhumains ou dégradants. En particulier, il est interdit de soumettre une personne sans son libre consentement à une expérience médicale ou scientifique.
2. Les États parties prennent toutes mesures législatives, administratives, judiciaires et autres mesures efficaces pour empêcher, sur la base de l'égalité avec les autres, que des personnes handicapées ne soient soumises à la torture ou à des peines ou traitements cruels, inhumains ou dégradants.

Article 16 – Droit de ne pas être soumis à l'exploitation, à la violence et à la maltraitance

1. Les États parties prennent toutes mesures législatives, administratives, sociales, éducatives et autres mesures appropriées pour protéger les personnes handicapées, à leur domicile comme à l'extérieur, contre toutes formes d'exploitation, de violence et de maltraitance, y compris leurs aspects fondés sur le sexe.
2. Les États parties prennent également toutes mesures appropriées pour prévenir toutes les formes d'exploitation, de violence et de maltraitance en assurant notamment aux personnes handicapées, à leur famille et à leurs aidants des formes appropriées d'aide et d'accompagnement adaptées au sexe et à l'âge, y compris en mettant à leur disposition des informations et des services éducatifs sur les moyens d'éviter, de reconnaître et de dénoncer les cas d'exploitation, de violence et de maltraitance. Les États parties veillent à ce que les services de protection tiennent compte de l'âge, du sexe et du handicap des intéressés.
3. Afin de prévenir toutes les formes d'exploitation, de violence et de maltraitance, les États parties veillent à ce que tous les établissements et programmes destinés aux personnes handicapées soient effectivement contrôlés par des autorités indépendantes.

4. Les États parties prennent toutes mesures appropriées pour faciliter le rétablissement physique, cognitif et psychologique, la réadaptation et la réinsertion sociale des personnes handicapées qui ont été victimes d'exploitation, de violence ou de maltraitance sous toutes leurs formes, notamment en mettant à leur disposition des services de protection. Le rétablissement et la réinsertion interviennent dans un environnement qui favorise la santé, le bien-être, l'estime de soi, la dignité et l'autonomie de la personne et qui prend en compte les besoins spécifiquement liés au sexe et à l'âge.

5. Les États parties mettent en place une législation et des politiques efficaces, y compris une législation et des politiques axées sur les femmes et les enfants, qui garantissent que les cas d'exploitation, de violence et de maltraitance envers des personnes handicapées sont dépistés, font l'objet d'une enquête et, le cas échéant, donnent lieu à des poursuites.

Article 17 – Protection de l'intégrité de la personne

Toute personne handicapée a droit au respect de son intégrité physique et mentale sur la base de l'égalité avec les autres.

Article 18 – Droit de circuler librement et nationalité

1. Les États parties reconnaissent aux personnes handicapées, sur la base de l'égalité avec les autres, le droit de circuler librement, le droit de choisir librement leur résidence et le droit à une nationalité, et ils veillent notamment à ce que les personnes handicapées :

a) Aient le droit d'acquérir une nationalité et de changer de nationalité et ne soient pas privées de leur nationalité arbitrairement ou en raison de leur handicap ;

b) Ne soient pas privées, en raison de leur handicap, de la capacité d'obtenir, de posséder et d'utiliser des titres attestant leur nationalité ou autres titres d'identité ou d'avoir recours aux procédures pertinentes, telles que les procédures d'immigration, qui peuvent être nécessaires pour faciliter l'exercice du droit de circuler librement ;

c) Aient le droit de quitter n'importe quel pays, y compris le leur ;

d) Ne soient pas privées, arbitrairement ou en raison de leur handicap, du droit d'entrer dans leur propre pays.

2. Les enfants handicapés sont enregistrés aussitôt leur naissance et ont dès celle-ci le droit à un nom, le droit d'acquérir une nationalité et, dans la mesure du possible, le droit de connaître leurs parents et d'être élevés par eux.

Article 19 – Autonomie de vie et inclusion dans la société

Les États parties à la présente Convention reconnaissent à toutes les personnes handicapées le droit de vivre dans la société, avec la même liberté de choix que les autres personnes, et prennent des mesures efficaces et appropriées pour faciliter aux personnes handicapées la pleine jouissance de ce droit ainsi que leur pleine intégration et participation à la société, notamment en veillant à ce que :

a) Les personnes handicapées aient la possibilité de choisir, sur la base de l'égalité avec les autres, leur lieu de résidence et où et avec qui elles vont vivre et qu'elles ne soient pas obligées de vivre dans un milieu de vie particulier ;

b) Les personnes handicapées aient accès à une gamme de services à domicile ou en établissement et autres services sociaux d'accompagnement, y compris l'aide personnelle nécessaire pour leur permettre de vivre dans la société et de s'y insérer et pour empêcher qu'elles ne soient isolées ou victimes de ségrégation ;

c) Les services et équipements sociaux destinés à la population générale soient mis à la disposition des personnes handicapées, sur la base de l'égalité avec les autres, et soient adaptés à leurs besoins.

Article 20 – Mobilité personnelle

Les États parties prennent des mesures efficaces pour assurer la mobilité personnelle des personnes handicapées, dans la plus grande autonomie possible, y compris en :

a) Facilitant la mobilité personnelle des personnes handicapées selon les modalités et au moment que celles-ci choisissent, et à un coût abordable ;
b) Facilitant l'accès des personnes handicapées à des aides à la mobilité, appareils et accessoires, technologies d'assistance, formes d'aide humaine ou animalière et médiateurs de qualité, notamment en faisant en sorte que leur coût soit abordable ;
c) Dispensant aux personnes handicapées et aux personnels spécialisés qui travaillent avec elles une formation aux techniques de mobilité ;
d) Encourageant les organismes qui produisent des aides à la mobilité, des appareils et accessoires et des technologies d'assistance à prendre en compte tous les aspects de la mobilité des personnes handicapées.

Article 21 – Liberté d'expression et d'opinion et accès à l'information

Les États parties prennent toutes mesures appropriées pour que les personnes handicapées puissent exercer le droit à la liberté d'expression et d'opinion, y compris la liberté de demander, recevoir et communiquer des informations et des idées, sur la base de l'égalité avec les autres et en recourant à tous moyens, de communication de leur choix au sens de l'article 2 de la présente Convention. À cette fin, les États parties :
a) Communiquent les informations destinées au grand public aux personnes handicapées, sans tarder et sans frais supplémentaires pour celles-ci, sous des formes accessibles et au moyen de technologies adaptées aux différents types de handicap ;
b) Acceptent et facilitent le recours par les personnes handicapées, pour leurs démarches officielles, à la langue des signes, au braille, à la communication améliorée et alternative et à tous les autres moyens, modes et formes accessibles de communication de leur choix ;
c) Demandent instamment aux organismes privés qui mettent des services à la disposition du public, y compris par le biais de l'Internet, de fournir des informations et

des services sous des formes accessibles aux personnes handicapées et que celles-ci puissent utiliser ;

d) Encouragent les médias, y compris ceux qui communiquent leurs informations par l'Internet, à rendre leurs services accessibles aux personnes handicapées ;

e) Reconnaissent et favorisent l'utilisation des langues des signes.

Article 22 – Respect de la vie privée

1. Aucune personne handicapée, quel que soit son lieu de résidence ou son milieu de vie, ne sera l'objet d'immixtions arbitraires ou illégales dans sa vie privée, sa famille, son domicile ou sa correspondance ou autres types de communication ni d'atteintes illégales à son honneur et à sa réputation. Les personnes handicapées ont droit à la protection de la loi contre de telles immixtions ou de telles atteintes.

2. Les États parties protègent la confidentialité des informations personnelles et des informations relatives à la santé et à la réadaptation des personnes handicapées, sur la base de l'égalité avec les autres.

Article 23 – Respect du domicile et de la famille

1. Les États parties prennent des mesures efficaces et appropriées pour éliminer la discrimination à l'égard des personnes handicapées dans tout ce qui a trait au mariage, à la famille, à la fonction parentale et aux relations personnelles, sur la base de l'égalité avec les autres, et veillent à ce que :

a) Soit reconnu à toutes les personnes handicapées, à partir de l'âge nubile, le droit de se marier et de fonder une famille sur la base du libre et plein consentement des futurs époux ;

b) Soient reconnus aux personnes handicapées le droit de décider librement et en toute connaissance de cause du nombre de leurs enfants et de l'espacement des naissances ainsi que le droit d'avoir accès, de façon appropriée pour leur âge, à l'information et à l'éducation en matière de procréation et de planification familiale ; et à ce que les moyens nécessaires à l'exercice de ces droits leur soient fournis ;

c) Les personnes handicapées, y compris les enfants, conservent leur fertilité, sur la base de l'égalité avec les autres.

2. Les États parties garantissent les droits et responsabilités des personnes handicapées en matière de tutelle, de curatelle, de garde et d'adoption des enfants ou d'institutions similaires, lorsque ces institutions existent dans la législation nationale ; dans tous les cas, l'intérêt supérieur de l'enfant est la considération primordiale. Les États parties apportent une aide appropriée aux personnes handicapées dans l'exercice de leurs responsabilités parentales.

3. Les États parties veillent à ce que les enfants handicapés aient des droits égaux dans leur vie en famille. Aux fins de l'exercice de ces droits et en vue de prévenir la dissimulation, l'abandon, le délaissement et la ségrégation des enfants handicapés, les États parties s'engagent à fournir aux enfants handicapés et à leur famille, à un stade précoce, un large éventail d'informations et de services, dont des services d'accompagnement.

4. Les États parties veillent à ce qu'aucun enfant ne soit séparé de ses parents contre son gré, à moins que les autorités compétentes, sous réserve d'un contrôle juridictionnel, ne décident, conformément au droit et aux procédures applicables, qu'une telle séparation est nécessaire dans l'intérêt supérieur de l'enfant. En aucun cas un enfant ne doit être séparé de ses parents en raison de son handicap ou du handicap de l'un ou des deux parents.

5. Les États parties s'engagent, lorsque la famille immédiate n'est pas en mesure de s'occuper d'un enfant handicapé, à ne négliger aucun effort pour assurer la prise en charge de l'enfant par la famille élargie et, si cela n'est pas possible, dans un cadre familial au sein de la communauté.

Article 24 – Éducation

1. Les États parties reconnaissent le droit des personnes handicapées à l'éducation. En vue d'assurer l'exercice de ce droit sans discrimination et sur la base de l'égalité des chances, les États parties font en sorte que le système éducatif pourvoie à l'insertion scolaire à tous les niveaux et offre, tout au long de la vie, des possibilités d'éducation qui visent :

a) Le plein épanouissement du potentiel humain et du sentiment de dignité et d'estime de soi, ainsi que le renforcement du respect des droits de l'homme, des libertés fondamentales et de la diversité humaine ;

b) L'épanouissement de la personnalité des personnes handicapées, de leurs talents et de leur créativité ainsi que de leurs aptitudes mentales et physiques, dans toute la mesure de leurs potentialités ;

c) La participation effective des personnes handicapées à une société libre.

2. Aux fins de l'exercice de ce droit, les États parties veillent à ce que :

a) Les personnes handicapées ne soient pas exclues, sur le fondement de leur handicap, du système d'enseignement général et à ce que les enfants handicapés ne soient pas exclus, sur le fondement de leur handicap, de l'enseignement primaire gratuit et obligatoire ou de l'enseignement secondaire ;

b) Les personnes handicapées puissent, sur la base de l'égalité avec les autres, avoir accès, dans les communautés où elles vivent, à un enseignement primaire inclusif, de qualité et gratuit, et à l'enseignement secondaire ;

c) Il soit procédé à des aménagements raisonnables en fonction des besoins de chacun ;

d) Les personnes handicapées bénéficient, au sein du système d'enseignement général, de l'accompagnement nécessaire pour faciliter leur éducation effective ;

e) Des mesures d'accompagnement individualisé efficaces soient prises dans des environnements qui optimisent le progrès scolaire et la socialisation, conformément à l'objectif de pleine intégration.

3. Les États parties donnent aux personnes handicapées la possibilité d'acquérir les compétences pratiques et sociales nécessaires de façon à faciliter leur pleine et égale participation au système d'enseignement et à la vie de la communauté. À cette fin, les États parties prennent des mesures appropriées, et notamment :

a) Facilitent l'apprentissage du braille, de l'écriture adaptée et des modes, moyens et formes de communication améliorée et alternative, le développement des capacités d'orientation et de la mobilité, ainsi que le soutien par les pairs et le mentorat;

b) Facilitent l'apprentissage de la langue des signes et la promotion de l'identité linguistique des personnes sourdes;

c) Veillent à ce que les personnes aveugles, sourdes ou sourdes et aveugles – et en particulier les enfants – reçoivent un enseignement dispensé dans la langue et par le biais des modes et moyens de communication qui conviennent le mieux à chacun, et ce, dans des environnements qui optimisent le progrès scolaire et la sociabilisation.

4. Afin de faciliter l'exercice de ce droit, les États parties prennent des mesures appropriées pour employer des enseignants, y compris des enseignants handicapés, qui ont une qualification en langue des signes ou en braille et pour former les cadres et personnels éducatifs à tous les niveaux. Cette formation comprend la sensibilisation aux handicaps et l'utilisation des modes, moyens et formes de communication améliorée et alternative et des techniques et matériels pédagogiques adaptés aux personnes handicapées.

5. Les États parties veillent à ce que les personnes handicapées puissent avoir accès, sans discrimination et sur la base de l'égalité avec les autres, à l'enseignement tertiaire général, à la formation professionnelle, à l'enseignement pour adultes et à la formation continue. À cette fin, ils

veillent à ce que des aménagements raisonnables soient apportés en faveur des personnes handicapées.

Article 25 – Santé

Les États parties reconnaissent que les personnes handicapées ont le droit de jouir du meilleur état de santé possible sans discrimination fondée sur le handicap. Ils prennent toutes les mesures appropriées pour leur assurer l'accès à des services de santé qui prennent en compte les sexospécificités, y compris des services de réadaptation. En particulier, les États parties :

a) Fournissent aux personnes handicapées des services de santé gratuits ou d'un coût abordable couvrant la même gamme et de la même qualité que ceux offerts aux autres personnes, y compris des services de santé sexuelle et génésique et des programmes de santé publique communautaires;

b) Fournissent aux personnes handicapées les services de santé dont celles-ci ont besoin en raison spécifiquement de leur handicap, y compris des services de dépistage précoce et, s'il y a lieu, d'intervention précoce, et des services destinés à réduire au maximum ou à prévenir les nouveaux handicaps, notamment chez les enfants et les personnes âgées;

c) Fournissent ces services aux personnes handicapées aussi près que possible de leur communauté, y compris en milieu rural;

d) Exigent des professionnels de la santé qu'ils dispensent aux personnes handicapées des soins de la même qualité que ceux dispensés aux autres, et notamment qu'ils obtiennent le consentement libre et éclairé des personnes handicapées concernées; à cette fin, les États parties mènent des activités de formation et promulguent des règles déontologiques pour les secteurs public et privé de la santé de façon, entre autres, à sensibiliser les personnels aux droits de l'homme, à la dignité, à l'autonomie et aux besoins des personnes handicapées;

e) Interdisent dans le secteur des assurances la discrimination à l'encontre des personnes handicapées, qui doivent pouvoir obtenir à des conditions équitables et raisonnables une assurance maladie et, dans les pays où elle est autorisée par le droit national, une assurance vie ;

f) Empêchent tout refus discriminatoire de fournir des soins ou services médicaux ou des aliments ou des liquides en raison d'un handicap.

Article 26 – Adaptation et réadaptation

1. Les États parties prennent des mesures efficaces et appropriées, faisant notamment intervenir l'entraide entre pairs, pour permettre aux personnes handicapées d'atteindre et de conserver le maximum d'autonomie, de réaliser pleinement leur potentiel physique, mental, social et professionnel, et de parvenir à la pleine intégration et à la pleine participation à tous les aspects de la vie. À cette fin, les États parties organisent, renforcent et développent des services et programmes diversifiés d'adaptation et de réadaptation, en particulier dans les domaines de la santé, de l'emploi, de l'éducation et des services sociaux, de telle sorte que ces services et programmes :

a) Commencent au stade le plus précoce possible et soient fondés sur une évaluation pluridisciplinaire des besoins et des atouts de chacun ;

b) Facilitent la participation et l'intégration à la communauté et à tous les aspects de la société, soient librement acceptés et soient mis à la disposition des personnes handicapées aussi près que possible de leur communauté, y compris dans les zones rurales.

2. Les États parties favorisent le développement de la formation initiale et continue des professionnels et personnels qui travaillent dans les services d'adaptation et de réadaptation.

3. Les États parties favorisent l'offre, la connaissance et l'utilisation d'appareils et de technologies d'aide, conçus pour les personnes handicapées, qui facilitent l'adaptation et la réadaptation.

Article 27 – Travail et emploi

1. Les États parties reconnaissent aux personnes handicapées, sur la base de l'égalité avec les autres, le droit au travail, notamment à la possibilité de gagner leur vie en accomplissant un travail librement choisi ou accepté sur un marché du travail et dans un milieu de travail ouverts, favorisant l'inclusion et accessibles aux personnes handicapées. Ils garantissent et favorisent l'exercice du droit au travail, y compris pour ceux qui ont acquis un handicap en cours d'emploi, en prenant des mesures appropriées, y compris des mesures législatives, pour notamment :

a) Interdire la discrimination fondée sur le handicap dans tout ce qui a trait à l'emploi sous toutes ses formes, notamment les conditions de recrutement, d'embauche et d'emploi, le maintien dans l'emploi, l'avancement et les conditions de sécurité et d'hygiène au travail ;

b) Protéger le droit des personnes handicapées à bénéficier, sur la base de l'égalité avec les autres, de conditions de travail justes et favorables, y compris l'égalité des chances et l'égalité de rémunération à travail égal, la sécurité et l'hygiène sur les lieux de travail, la protection contre le harcèlement et des procédures de règlement des griefs ;

c) Faire en sorte que les personnes handicapées puissent exercer leurs droits professionnels et syndicaux sur la base de l'égalité avec les autres ;

d) Permettre aux personnes handicapées d'avoir effectivement accès aux programmes d'orientation technique et professionnel, aux services de placement et aux services de formation professionnelle et continue offerts à la population en général ;

e) Promouvoir les possibilités d'emploi et d'avancement des personnes handicapées sur le marché du travail, ainsi que l'aide à la recherche et à l'obtention d'un emploi, au maintien dans l'emploi et au retour à l'emploi ;

f) Promouvoir les possibilités d'exercice d'une activité indépendante, l'esprit d'entreprise, et l'organisation de coopératives et la création d'entreprise ;

g) Employer des personnes handicapées dans le secteur public ;
h) Favoriser l'emploi de personnes handicapées dans le secteur privé en mettant en œuvre des politiques et mesures appropriées, y compris le cas échéant des programmes d'action positive, des incitations et d'autres mesures ;
i) Faire en sorte que des aménagements raisonnables soient apportés aux lieux de travail en faveur des personnes handicapées ;
j) Favoriser l'acquisition par les personnes handicapées d'une expérience professionnelle sur le marché du travail général ;
k) Promouvoir des programmes de réadaptation technique et professionnelle, de maintien dans l'emploi et de retour à l'emploi pour les personnes handicapées.
2. Les États parties veillent à ce que les personnes handicapées ne soient tenues ni en esclavage ni en servitude, et à ce qu'elles soient protégées, sur la base de l'égalité avec les autres, contre le travail forcé ou obligatoire.

Article 28 – Niveau de vie adéquat et protection sociale

1. Les États parties reconnaissent le droit des personnes handicapées à un niveau de vie adéquat pour elles-mêmes et pour leur famille, notamment une alimentation, un habillement et un logement adéquats, et à une amélioration constante de leurs conditions de vie et prennent des mesures appropriées pour protéger et promouvoir l'exercice de ce droit sans discrimination fondée sur le handicap.
2. Les États parties reconnaissent le droit des personnes handicapées à la protection sociale et à la jouissance de ce droit sans discrimination fondée sur le handicap et prennent des mesures appropriées pour protéger et promouvoir l'exercice de ce droit, y compris des mesures destinées à :
a) Assurer aux personnes handicapées l'égalité d'accès aux services d'eau salubre et leur assurer l'accès à des services, appareils et accessoires et autres aides répondant aux besoins créés par leur handicap qui soient appropriés et abordables ;

b) Assurer aux personnes handicapées, en particulier aux femmes et aux filles et aux personnes âgées, l'accès aux programmes de protection sociale et aux programmes de réduction de la pauvreté ;
c) Assurer aux personnes handicapées et à leurs familles, lorsque celles-ci vivent dans la pauvreté, l'accès à l'aide publique pour couvrir les frais liés au handicap, notamment les frais permettant d'assurer adéquatement une formation, un soutien psychologique, une aide financière ou une prise en charge de répit ;
d) Assurer aux personnes handicapées l'accès aux programmes de logements sociaux ;
e) Assurer aux personnes handicapées l'égalité d'accès aux programmes et prestations de retraite.

Article 29 – Participation à la vie politique et à la vie publique

Les États parties garantissent aux personnes handicapées la jouissance des droits politiques et la possibilité de les exercer sur la base de l'égalité avec les autres, et s'engagent :
a) À faire en sorte que les personnes handicapées puissent effectivement et pleinement participer à la vie politique et à la vie publique sur la base de l'égalité avec les autres, que ce soit directement ou par l'intermédiaire de représentants librement choisis, et notamment qu'elles aient le droit et la possibilité de voter et d'être élues, et pour cela les États parties, entre autres mesures :
i) Veillent à ce que les procédures, équipements et matériels électoraux soient appropriés, accessibles et faciles à comprendre et à utiliser,
ii) Protègent le droit qu'ont les personnes handicapées de voter à bulletin secret et sans intimidation aux élections et référendums publics, de se présenter aux élections et d'exercer effectivement un mandat électif ainsi que d'exercer toutes fonctions publiques à tous les niveaux de l'État, et facilitent, s'il y a lieu, le recours aux technologies d'assistance et aux nouvelles technologies,

iii) Garantissent la libre expression de la volonté des personnes handicapées en tant qu'électeurs et à cette fin si nécessaire, et à leur demande, les autorisent à se faire assister d'une personne de leur choix pour voter ;

b) À promouvoir activement un environnement dans lequel les personnes handicapées peuvent effectivement et pleinement participer à la conduite des affaires publiques, sans discrimination et sur la base de l'égalité avec les autres, et à encourager leur participation aux affaires publiques, notamment par le biais :

i) De leur participation aux organisations non gouvernementales et associations qui s'intéressent à la vie publique et politique du pays, et de leur participation aux activités et à l'administration des partis politiques,

ii) De la constitution d'organisations de personnes handicapées pour les représenter aux niveaux international, national, régional et local et de l'adhésion à ces organisations.

Article 30 – Participation à la vie culturelle et récréative, aux loisirs et aux sports

1. Les États parties reconnaissent le droit des personnes handicapées de participer à la vie culturelle, sur la base de l'égalité avec les autres, et prennent toutes mesures appropriées pour faire en sorte qu'elles :

a) Aient accès aux produits culturels dans des formats accessibles ;

b) Aient accès aux émissions de télévision, aux films, aux pièces de théâtre et autres activités culturelles dans des formats accessibles ;

c) Aient accès aux lieux d'activités culturelles tels que les théâtres, les musées, les cinémas, les bibliothèques et les services touristiques, et, dans la mesure du possible, aux monuments et sites importants pour la culture nationale.

2. Les États parties prennent des mesures appropriées pour donner aux personnes handicapées la possibilité de développer et de réaliser leur potentiel créatif, artistique et intellectuel, non seulement dans leur propre intérêt, mais aussi pour l'enrichissement de la société.

3. Les États parties prennent toutes mesures appropriées, conformément au droit international, pour faire en sorte que les lois protégeant les droits de propriété intellectuelle ne constituent pas un obstacle déraisonnable ou discriminatoire à l'accès des personnes handicapées aux produits culturels.
4. Les personnes handicapées ont droit, sur la base de l'égalité avec les autres, à la reconnaissance et au soutien de leur identité culturelle et linguistique spécifique, y compris les langues des signes et la culture des sourds.
5. Afin de permettre aux personnes handicapées de participer, sur la base de l'égalité avec les autres, aux activités récréatives, de loisir et sportives, les États parties prennent des mesures appropriées pour :
a) Encourager et promouvoir la participation, dans toute la mesure possible, de personnes handicapées aux activités sportives ordinaires à tous les niveaux ;
b) Faire en sorte que les personnes handicapées aient la possibilité d'organiser et de mettre au point des activités sportives et récréatives qui leur soient spécifiques et d'y participer, et, à cette fin, encourager la mise à leur disposition, sur la base de l'égalité avec les autres, de moyens d'entraînements, de formations et de ressources appropriés ;
c) Faire en sorte que les personnes handicapées aient accès aux lieux où se déroulent des activités sportives, récréatives et touristiques ;
d) Faire en sorte que les enfants handicapés puissent participer, sur la base de l'égalité avec les autres enfants, aux activités ludiques, récréatives, de loisir et sportives, y compris dans le système scolaire ;
e) Faire en sorte que les personnes handicapées aient accès aux services des personnes et organismes chargés d'organiser des activités récréatives, de tourisme et de loisir et des activités sportives.

Article 31 – Statistiques et collecte des données

1. Les États parties s'engagent à recueillir des informations appropriées, y compris des données statistiques et

résultats de recherches, qui leur permettent de formuler et d'appliquer des politiques visant à donner effet à la présente Convention. Les procédures de collecte et de conservation de ces informations respectent :

a) Les garanties légales, y compris celles qui découlent de la législation sur la protection des données, afin d'assurer la confidentialité et le respect de la vie privée des personnes handicapées ;

b) Les normes internationalement acceptées de protection des droits de l'homme et des libertés fondamentales et les principes éthiques qui régissent la collecte et l'exploitation des statistiques.

2. Les informations recueillies conformément au présent article sont désagrégées, selon qu'il convient, et utilisées pour évaluer la façon dont les États parties s'acquittent des obligations qui leur incombent en vertu de la présente Convention et identifier et lever les obstacles que rencontrent les personnes handicapées dans l'exercice de leurs droits.

3. Les États parties ont la responsabilité de diffuser ces statistiques et veillent à ce qu'elles soient accessibles aux personnes handicapées et autres personnes.

Article 32 – Coopération internationale

1. Les États parties reconnaissent l'importance de la coopération internationale et de sa promotion, à l'appui des efforts déployés au niveau national pour la réalisation de l'objet et des buts de la présente Convention, et prennent des mesures appropriées et efficaces à cet égard, entre eux et, s'il y a lieu, en partenariat avec les organisations internationales et régionales compétentes et la société civile, en particulier les organisations de personnes handicapées. Ils peuvent notamment prendre des mesures destinées à :

a) Faire en sorte que la coopération internationale – y compris les programmes de développement international – prenne en compte les personnes handicapées et leur soit accessible ;

b) Faciliter et appuyer le renforcement des capacités, notamment grâce à l'échange et au partage d'informations, d'expériences, de programmes de formation et de pratiques de référence ;
c) Faciliter la coopération aux fins de la recherche et de l'accès aux connaissances scientifiques et techniques ;
d) Apporter, s'il y a lieu, une assistance technique et une aide économique, y compris en facilitant l'acquisition et la mise en commun de technologies d'accès et d'assistance et en opérant des transferts de technologie.
2. Les dispositions du présent article sont sans préjudice de l'obligation dans laquelle se trouve chaque État partie de s'acquitter des obligations qui lui incombent en vertu de la présente Convention.

Article 33 – Application et suivi au niveau national

1. Les États parties désignent, conformément à leur système de gouvernement, un ou plusieurs points de contact pour les questions relatives à l'application de la présente Convention et envisagent dûment de créer ou désigner, au sein de leur administration, un dispositif de coordination chargé de faciliter les actions liées à cette application dans différents secteurs et à différents niveaux.
2. Les États parties, conformément à leurs systèmes administratif et juridique, maintiennent, renforcent, désignent ou créent, au niveau interne, un dispositif, y compris un ou plusieurs mécanismes indépendants, selon qu'il conviendra, de promotion, de protection et de suivi de l'application de la présente Convention. En désignant ou en créant un tel mécanisme, ils tiennent compte des principes applicables au statut et au fonctionnement des institutions nationales de protection et de promotion des droits de l'homme.
3. La société civile – en particulier les personnes handicapées et les organisations qui les représentent – est associée et participe pleinement à la fonction de suivi.

Article 34 – Comité des droits des personnes handicapées

1. Il est institué un Comité des droits des personnes handicapées (ci-après dénommé « le Comité ») qui s'acquitte des fonctions définies ci-après ;
2. Le Comité se compose, au moment de l'entrée en vigueur de la Convention, de douze experts. Après soixante ratifications et adhésions supplémentaires à la Convention, il sera ajouté six membres au Comité, qui atteindra alors sa composition maximum de dix-huit membres.
3. Les membres du Comité siègent à titre personnel et sont des personnalités d'une haute autorité morale et justifiant d'une compétence et d'une expérience reconnues dans le domaine auquel s'applique la présente Convention. Les États parties sont invités, lorsqu'ils désignent leurs candidats, à tenir dûment compte de la disposition énoncée à l'article 4.3 de la Convention.
4. Les membres du Comité sont élus par les États parties, compte tenu des principes de répartition géographique équitable, de représentation des différentes formes de civilisation et des principaux systèmes juridiques, de représentation équilibrée des sexes et de participation d'experts handicapés.
5. Les membres du Comité sont élus au scrutin secret sur une liste de candidats désignés par les États parties parmi leurs ressortissants, lors de réunions de la conférence des États parties. À ces réunions, où le quorum est constitué par les deux tiers des États parties, sont élus membres du Comité les candidats ayant obtenu le plus grand nombre de voix et la majorité absolue des votes des représentants des États parties présents et votants.
6. La première élection aura lieu dans les six mois suivant la date d'entrée en vigueur de la présente Convention. Quatre mois au moins avant la date de chaque élection, le Secrétaire général de l'Organisation des Nations unies invitera par écrit les États parties à proposer leurs candidats dans un délai de deux mois. Le Secrétaire général dressera ensuite la liste alphabétique des candidats ainsi

désignés, en indiquant les États parties qui les ont désignés, et la communiquera aux États parties à la présente Convention.

7. Les membres du Comité sont élus pour quatre ans. Ils sont rééligibles une fois. Toutefois, le mandat de six des membres élus lors de la première élection prend fin au bout de deux ans ; immédiatement après la première élection, les noms de ces six membres sont tirés au sort par le Président de la réunion visée au paragraphe 5 du présent article.

8. L'élection des six membres additionnels du Comité se fera dans le cadre d'élections ordinaires, conformément aux dispositions du présent article.

9. En cas de décès ou de démission d'un membre du Comité, ou si, pour toute autre raison, un membre déclare ne plus pouvoir exercer ses fonctions, l'État partie qui avait présenté sa candidature nomme un autre expert possédant les qualifications et répondant aux conditions énoncées dans les dispositions pertinentes du présent article pour pourvoir le poste ainsi vacant jusqu'à l'expiration du mandat correspondant.

10. Le Comité adopte son règlement intérieur.

11. Le Secrétaire général de l'Organisation des Nations unies met à la disposition du Comité le personnel et les moyens matériels qui lui sont nécessaires pour s'acquitter efficacement des fonctions qui lui sont confiées en vertu de la présente Convention et convoque sa première réunion.

12. Les membres du Comité reçoivent, avec l'approbation de l'Assemblée générale des Nations unies, des émoluments prélevés sur les ressources de l'Organisation des Nations unies dans les conditions fixées par l'Assemblée générale, eu égard à l'importance des fonctions du Comité.

13. Les membres du Comité bénéficient des facilités, privilèges et immunités accordés aux experts en mission pour l'Organisation des Nations unies, tels qu'ils sont prévus dans les sections pertinentes de la Convention sur les privilèges et les immunités des Nations unies.

Article 35 – Rapports des États parties

1. Chaque État partie présente au Comité, par l'entremise du Secrétaire général de l'Organisation des Nations unies, un rapport détaillé sur les mesures qu'il a prises pour s'acquitter de ses obligations en vertu de la présente Convention et sur les progrès accomplis à cet égard, dans un délai de deux ans à compter de l'entrée en vigueur de la Convention pour l'État partie intéressé.
2. Les États parties présentent ensuite des rapports complémentaires au moins tous les quatre ans, et tous autres rapports demandés par le Comité.
3. Le Comité adopte, le cas échéant, des directives relatives à la teneur des rapports.
4. Les États parties qui ont présenté au Comité un rapport initial détaillé n'ont pas, dans les rapports qu'ils lui présentent ensuite, à répéter les informations déjà communiquées. Les États parties sont invités à établir leurs rapports selon une procédure ouverte et transparente et tenant dûment compte de la disposition énoncée à l'article 4.3 de la présente Convention.
5. Les rapports peuvent indiquer les facteurs et les difficultés qui affectent l'accomplissement des obligations prévues par la présente Convention.

Article 36 – Examen des rapports

1. Chaque rapport est examiné par le Comité, qui formule les suggestions et recommandations d'ordre général sur le rapport qu'il estime appropriées et qui les transmet à l'État partie intéressé. Cet État partie peut communiquer en réponse au Comité toutes informations qu'il juge utiles. Le Comité peut demander aux États parties tous renseignements complémentaires relatifs à l'application de la présente Convention.
2. En cas de retard important d'un État partie dans la présentation d'un rapport, le Comité peut lui notifier qu'il sera réduit à examiner l'application de la présente Convention dans cet État partie à partir des informations fiables dont il peut disposer, à moins que le rapport attendu ne lui soit présenté dans les trois mois de la notification.

Le Comité invitera l'État partie intéressé à participer à cet examen. Si l'État partie répond en présentant son rapport, les dispositions du paragraphe 1 du présent article s'appliqueront.
3. Le Secrétaire général de l'Organisation des Nations unies communique les rapports à tous les États parties.
4. Les États parties mettent largement leurs rapports à la disposition du public dans leur propre pays et facilitent l'accès du public aux suggestions et recommandations d'ordre général auxquelles ils ont donné lieu.
5. Le Comité transmet aux institutions spécialisées, fonds et programmes des Nations unies et aux autres organismes compétents, s'il le juge nécessaire, les rapports des États parties contenant une demande ou indiquant un besoin de conseils ou d'assistance techniques, accompagnés, le cas échéant, de ses observations et suggestions touchant ladite demande ou indication, afin qu'il puisse y être répondu.

Article 37 – Coopération entre les États parties et le Comité

1. Les États parties coopèrent avec le Comité et aident ses membres à s'acquitter de leur mandat.
2. Dans ses rapports avec les États parties, le Comité accordera toute l'attention voulue aux moyens de renforcer les capacités nationales aux fins de l'application de la présente Convention, notamment par le biais de la coopération internationale.

Article 38 – Rapports du Comité avec d'autres organismes et organes

Pour promouvoir l'application effective de la Convention et encourager la coopération internationale dans le domaine qu'elle vise :
a) Les institutions spécialisées et autres organismes des Nations unies ont le droit de se faire représenter lors de l'examen de l'application des dispositions de la présente Convention qui relèvent de leur mandat. Le Comité peut inviter les institutions spécialisées et tous autres organismes qu'il jugera appropriés à donner des

avis spécialisés sur l'application de la Convention dans les domaines qui relèvent de leurs mandats respectifs. Il peut inviter les institutions spécialisées et les autres organismes des Nations unies à lui présenter des rapports sur l'application de la Convention dans les secteurs qui relèvent de leur domaine d'activité ;

b) Dans l'accomplissement de son mandat, le Comité consulte, selon qu'il le juge approprié, les autres organes pertinents créés par les traités internationaux relatifs aux droits de l'homme en vue de garantir la cohérence de leurs directives en matière d'établissement de rapports, de leurs suggestions et de leurs recommandations générales respectives et d'éviter les doublons et les chevauchements dans l'exercice de leurs fonctions.

Article 39 – Rapport du Comité

Le Comité rend compte de ses activités à l'Assemblée générale et au Conseil économique et social tous les deux ans et peut formuler des suggestions et des recommandations générales fondées sur l'examen des rapports et des informations reçus des États parties. Ces suggestions et ces recommandations générales sont incluses dans le rapport du Comité, accompagnées, le cas échéant, des observations des États parties.

Article 40 – Conférence des États parties

1. Les États parties se réunissent régulièrement en conférence des États parties pour examiner toute question concernant l'application de la présente Convention.
2. Au plus tard six mois après l'entrée en vigueur de la présente Convention, la conférence des États parties sera convoquée par le Secrétaire général de l'Organisation des Nations unies. Ses réunions subséquentes seront convoquées par le Secrétaire général de l'Organisation des Nations unies tous les deux ans ou sur décision de la conférence des États parties.

Article 41 – Dépositaire

Le Secrétaire général de l'Organisation des Nations unies est le dépositaire de la présente Convention.

Article 42 – Signature

La présente Convention est ouverte à la signature de tous les États et des organisations d'intégration régionale au siège de l'Organisation des Nations unies à New York à compter du 30 mars 2007.

Article 43 – Consentement à être lié

La présente Convention est soumise à la ratification des États et à la confirmation formelle des organisations d'intégration régionale qui l'ont signée. Elle sera ouverte à l'adhésion de tout État ou organisation d'intégration régionale qui ne l'a pas signée.

Article 44 – Organisations d'intégration régionale

1. Par « organisation d'intégration régionale » on entend toute organisation constituée par des États souverains d'une région donnée, à laquelle ses États membres ont transféré des compétences dans les domaines régis par la Convention. Dans leurs instruments de confirmation formelle ou d'adhésion, ces organisations indiquent l'étendue de leur compétence dans les domaines régis par la Convention. Par la suite, elles notifient au dépositaire toute modification importante de l'étendue de leur compétence.
2. Dans la présente Convention, les références aux « États parties » s'appliquent à ces organisations dans la limite de leur compétence.
3. Aux fins du paragraphe 1 de l'article 45 et des paragraphes 2 et 3 de l'article 47, les instruments déposés par les organisations d'intégration régionale ne sont pas comptés.
4. Les organisations d'intégration régionale disposent, pour exercer leur droit de vote à la conférence des États parties dans les domaines qui relèvent de leur compétence, d'un nombre de voix égal au nombre de leurs États membres parties à la présente Convention. Elles n'exercent pas leur droit de vote si leurs États membres exercent le leur, et inversement.

Article 45 – Entrée en vigueur

1. La présente Convention entrera en vigueur le trentième jour suivant le dépôt du vingtième instrument de ratification ou d'adhésion.

2. Pour chacun des États ou chacune des organisations d'intégration régionale qui ratifieront ou confirmeront formellement la Convention ou y adhéreront après le dépôt du vingtième instrument de ratification ou d'adhésion, la Convention entrera en vigueur le trentième jour suivant le dépôt par cet État ou cette organisation de son instrument de ratification, d'adhésion ou de confirmation formelle.

Article 46 – Réserves

1. Les réserves incompatibles avec l'objet et le but de la présente Convention ne sont pas admises.

2. Les réserves peuvent être retirées à tout moment.

Article 47 – Amendements

1. Tout État partie peut proposer un amendement à la présente Convention et le soumettre au Secrétaire général de l'Organisation des Nations unies. Le Secrétaire général communique les propositions d'amendement aux États parties, en leur demandant de lui faire savoir s'ils sont favorables à la convocation d'une conférence des États parties en vue d'examiner ces propositions et de se prononcer sur elles. Si, dans les quatre mois qui suivent la date de cette communication, un tiers au moins des États parties se prononcent en faveur de la convocation d'une telle conférence, le Secrétaire général convoque la conférence sous les auspices de l'Organisation des Nations unies. Tout amendement adopté par une majorité des deux tiers des États parties présents et votants est soumis pour approbation à l'Assemblée générale de l'Organisation des Nations unies, puis pour acceptation à tous les États parties.

2. Tout amendement adopté et approuvé conformément au paragraphe 1 du présent article entre en vigueur le trentième jour suivant la date à laquelle le nombre d'instruments d'acceptation atteint les deux tiers du nombre

des États parties à la date de son adoption. Par la suite, l'amendement entre en vigueur pour chaque État partie le trentième jour suivant le dépôt par cet État de son instrument d'acceptation. L'amendement ne lie que les États parties qui l'ont accepté.

3. Si la conférence des États parties en décide ainsi par consensus, un amendement adopté et approuvé conformément au paragraphe 1 du présent article et portant exclusivement sur les articles 34, 38, 39 et 40 entre en vigueur pour tous les États parties le trentième jour suivant la date à laquelle le nombre d'instruments d'acceptation atteint les deux tiers du nombres des États parties à la date de son adoption.

Article 48 – Dénonciation

Tout État partie peut dénoncer la présente Convention par voie de notification écrite adressée au Secrétaire général de l'Organisation des Nations unies. La dénonciation prend effet un an après la date à laquelle le Secrétaire général en a reçu notification.

Article 49 – Format accessible

Le texte de la présente Convention sera diffusé en formats accessibles.

Article 50 – Textes faisant foi

Les textes anglais, arabe, chinois, espagnol, français et russe de la présente Convention font également foi.

En foi de quoi les plénipotentiaires soussignés, dûment habilités par leurs gouvernements respectifs, ont signé la présente Convention.

Déclarations

1) La République française déclare qu'elle interprétera le terme «consentement» figurant à l'article 15 de la Convention conformément aux instruments internationaux, en particulier ceux qui touchent aux droits de l'Homme et à la biomédecine, et à sa législation nationale, qui est conforme à ces instruments. Ceci signifie

qu'en ce qui concerne la recherche biomédicale, le terme « consentement » renvoie à deux situations différentes :

a) Le consentement donné par une personne apte à consentir ; et

b) Dans le cas des personnes qui ne sont pas aptes à donner leur consentement, l'autorisation donnée par leur représentant ou par une autorité ou un organe désigné par la loi.

La République française considère qu'il est important que les personnes qui ne sont pas capables de donner leur consentement librement et en connaissance de cause bénéficient d'une protection particulière sans que toute recherche médicale à leur profit soit empêchée. Elle estime qu'outre l'autorisation visée au paragraphe 2 ci-dessus, d'autres mesures de protection, comme celles prévues dans les instruments internationaux susmentionnés, font partie de cette protection.

2) S'agissant de l'article 29 de la Convention, l'exercice du droit de vote est une composante de la capacité juridique qui ne peut connaître de restriction que dans les conditions et selon les modalités prévues à l'article 12 de la Convention.

Texte 12.1 – Protocole facultatif se rapportant à la Convention relative aux droits des personnes handicapées, 2006

Le protocole facultatif se rapportant à la Convention relative aux droits des personnes handicapées a été adopté en même temps que la Convention le 13 décembre 2006 par l'Assemblée générale des Nations unies dans sa résolution 61/106. Il a également été ouvert à la signature le 30 mars 2007. Il est entré en vigueur en même temps que la Convention, le 3 mai 2008 (cf. supra). *Il lie 88 États parties. La France a signé le protocole le 23 septembre 2008 et l'a ratifié le 18 février 2010.*

En vertu du protocole, le Comité des droits des personnes handicapées est compétent pour recevoir et examiner des communications individuelles.

Les États parties au présent Protocole sont convenus de ce qui suit :

Article premier

1. Tout État partie au présent Protocole (« État partie ») reconnaît que le Comité des droits des personnes handicapées (« le Comité ») a compétence pour recevoir et examiner les communications présentées par des particuliers ou groupes de particuliers ou au nom de particuliers ou groupes de particuliers relevant de sa juridiction qui prétendent être victimes d'une violation par cet État partie des dispositions de la Convention.
2. Le Comité ne reçoit aucune communication intéressant un État partie à la Convention qui n'est pas partie au présent Protocole.

Article 2

Le Comité déclare irrecevable toute communication :
a) Qui est anonyme;
b) Qui constitue un abus du droit de présenter de telles communications ou est incompatible avec les dispositions de la Convention;
c) Ayant trait à une question qu'il a déjà examinée ou qui a déjà été examinée ou est en cours d'examen devant une autre instance internationale d'enquête ou de règlement;
d) Concernant laquelle tous les recours internes disponibles n'ont pas été épuisés, à moins que la procédure de recours n'excède des délais raisonnables ou qu'il soit improbable que le requérant obtienne réparation par ce moyen;
e) Qui est manifestement mal fondée ou insuffisamment motivée; ou

f) Qui porte sur des faits antérieurs à la date d'entrée en vigueur du présent Protocole à l'égard de l'État partie intéressé, à moins que ces faits ne persistent après cette date.

Article 3

Sous réserve des dispositions de l'article 2 du présent Protocole, le Comité porte confidentiellement à l'attention de l'État partie intéressé toute communication qui lui est adressée. L'État partie intéressé soumet par écrit au Comité, dans un délai de six mois, des explications ou déclarations éclaircissant la question et indiquant les mesures qu'il pourrait avoir prises pour remédier à la situation.

Article 4

1. Après réception d'une communication et avant de prendre une décision sur le fond, le Comité peut à tout moment soumettre à l'urgente attention de l'État partie intéressé une demande tendant à ce qu'il prenne les mesures conservatoires nécessaires pour éviter qu'un dommage irréparable ne soit causé aux victimes de la violation présumée.
2. Le Comité ne préjuge pas de sa décision sur la recevabilité ou le fond de la communication du simple fait qu'il exerce la faculté que lui donne le paragraphe 1 du présent article.

Article 5

Le Comité examine à huis clos les communications qui lui sont adressées en vertu du présent Protocole. Après avoir examiné une communication, le Comité transmet ses suggestions et recommandations éventuelles à l'État partie intéressé et au pétitionnaire.

Article 6

1. Si le Comité est informé, par des renseignements crédibles, qu'un État partie porte gravement ou systématiquement atteinte aux droits énoncés dans la Convention, il invite cet État à s'entretenir avec lui des renseignements portés à son attention et à présenter ses observations à leur sujet.

2. Le Comité, se fondant sur les observations éventuellement formulées par l'État partie intéressé, ainsi que sur tout autre renseignement crédible dont il dispose, peut charger un ou plusieurs de ses membres d'effectuer une enquête et de lui rendre compte sans tarder des résultats de celle-ci. Cette enquête peut, lorsque cela se justifie et avec l'accord de l'État partie, comporter des visites sur le territoire de cet État.
3. Après avoir étudié les résultats de l'enquête, le Comité les communique à l'État partie intéressé, accompagnés, le cas échéant, d'observations et de recommandations.
4. Après avoir été informé des résultats de l'enquête et des observations et recommandations du Comité, l'État partie présente ses observations à celui-ci dans un délai de six mois.
5. L'enquête conserve un caractère confidentiel et la coopération de l'État partie sera sollicitée à tous les stades de la procédure.

Article 7

1. Le Comité peut inviter l'État partie intéressé à inclure, dans le rapport qu'il doit présenter conformément à l'article 35 de la Convention, des précisions sur les mesures qu'il a prises à la suite d'une enquête effectuée en vertu de l'article 6 du présent Protocole.
2. À l'expiration du délai de six mois visé au paragraphe 4 de l'article 6, le Comité peut, s'il y a lieu, inviter l'État partie intéressé à l'informer des mesures qu'il a prises à la suite de l'enquête.

Article 8

Tout État partie peut, au moment où il signe ou ratifie le présent Protocole ou y adhère, déclarer qu'il ne reconnaît pas au Comité la compétence que lui confèrent les articles 6 et 7.

Article 9

Le Secrétaire général de l'Organisation des Nations unies est le dépositaire du présent Protocole.

Article 10

Le présent Protocole est ouvert à la signature des États et des organisations d'intégration régionale qui ont signé la Convention, au siège de l'Organisation des Nations unies à New York, à compter du 30 mars 2007.

Article 11

Le présent Protocole est soumis à la ratification des États qui l'ont signé et ont ratifié la Convention ou y ont adhéré. Il doit être confirmé formellement par les organisations d'intégration régionale qui l'ont signé et qui ont confirmé formellement la Convention ou y ont adhéré. Il sera ouvert à l'adhésion de tout État ou de toute organisation d'intégration régionale qui a ratifié ou confirmé formellement la Convention ou qui y a adhéré mais qui n'a pas signé le Protocole.

Article 12

1. Par « organisation d'intégration régionale » on entend toute organisation constituée par des États souverains d'une région donnée, à laquelle ses États membres ont transféré des compétences dans les domaines régis par la Convention et le présent Protocole. Dans leurs instruments de confirmation formelle ou d'adhésion, ces organisations indiquent l'étendue de leur compétence dans les domaines régis par la Convention et le présent Protocole. Par la suite, elles notifient au dépositaire toute modification importante de l'étendue de leur compétence.
2. Dans le présent Protocole, les références aux « États parties » s'appliquent à ces organisations dans la limite de leur compétence.
3. Aux fins du paragraphe 1 de l'article 13 et du paragraphe 2 de l'article 15, les instruments déposés par des organisations d'intégration régionale ne sont pas comptés.
4. Les organisations d'intégration régionale disposent, pour exercer leur droit de vote à la réunion des États parties dans les domaines qui relèvent de leur compétence, d'un nombre de voix égal au nombre de leurs États membres parties au présent Protocole. Elles n'exercent pas leur

droit de vote si leurs États membres exercent le leur, et inversement.

Article 13

1. Sous réserve de l'entrée en vigueur de la Convention, le présent Protocole entrera en vigueur le trentième jour suivant le dépôt du dixième instrument de ratification ou d'adhésion.
2. Pour chacun des États ou chacune des organisations d'intégration régionale qui ratifieront ou confirmeront formellement le Protocole ou y adhéreront après le dépôt du dixième instrument de ratification ou d'adhésion, le Protocole entrera en vigueur le trentième jour suivant le dépôt par cet État ou cette organisation de son instrument de ratification, d'adhésion ou de confirmation formelle.

Article 14

1. Les réserves incompatibles avec l'objet et le but du présent Protocole ne sont pas admises.
2. Les réserves peuvent être retirées à tout moment.

Article 15

1. Tout État partie peut proposer un amendement au présent Protocole et le soumettre au Secrétaire général de l'Organisation des Nations unies. Le Secrétaire général communique les propositions d'amendement aux États parties, en leur demandant de lui faire savoir s'ils sont favorables à la convocation d'une réunion des États parties en vue d'examiner ces propositions et de se prononcer sur elles. Si, dans les quatre mois qui suivent la date de cette communication, un tiers au moins des États parties se prononcent en faveur de la convocation d'une telle réunion, le Secrétaire général convoque la réunion sous les auspices de l'Organisation des Nations unies. Tout amendement adopté par une majorité des deux tiers des États parties présents et votants est soumis pour approbation à l'Assemblée générale de l'Organisation des Nations unies, puis pour acceptation à tous les États parties.
2. Tout amendement adopté et approuvé conformément au paragraphe 1 du présent article entre en vigueur le

trentième jour suivant la date à laquelle le nombre d'instruments d'acceptation atteint les deux tiers du nombre des États parties à la date de son adoption. Par la suite, l'amendement entre en vigueur pour chaque État partie le trentième jour suivant le dépôt par cet État de son instrument d'acceptation. L'amendement ne lie que les États parties qui l'ont accepté.

Article 16

Tout État partie peut dénoncer le présent Protocole par voie de notification écrite adressée au Secrétaire général de l'Organisation des Nations unies. La dénonciation prend effet un an après la date à laquelle le Secrétaire général en a reçu notification.

Article 17

Le texte du présent Protocole sera diffusé en formats accessibles.

Article 18

Les textes anglais, arabe, chinois, espagnol, français et russe du présent Protocole font également foi.

En foi de quoi les plénipotentiaires soussignés, dûment habilités par leurs gouvernements respectifs, ont signé le présent Protocole

Chapitre 3

La prévention et la répression des crimes internationaux

Texte 13 – Convention pour la prévention et la répression du crime de génocide, 1948

La Convention pour la prévention et la répression du crime de génocide a été approuvée et soumise à la signature et à la ratification ou à l'adhésion par l'Assemblée générale des Nations unies dans sa résolution 260 A (III) du 9 décembre 1948. Elle est entrée en vigueur le 12 janvier 1951 après 20 ratifications. Elle lie 146 États. La France l'a signée le 11 décembre 1948 et l'a ratifiée le 14 octobre 1950.

Cette convention a donné lieu à un avis de la Cour internationale de justice (Avis du 28 mai 1951, Réserves à la Convention pour la prévention et la répression du crime de génocide*), ainsi qu'à une série d'arrêts de cette Cour depuis les années 1990, à la suite de la guerre en ex-Yougoslavie.*

Bibliographie

Gaeta Paola, *The UN Genocide Convention: A Commentary*, Oxford University Press, 2009.

Schabas William, *Genocide in International Law: The Crime of Crimes*, Cambridge University Press, 2000.

Les Parties contractantes,

Considérant que l'Assemblée générale de l'Organisation des Nations unies, par sa résolution 96 (I) en date du 11 décembre 1946, a déclaré que le génocide est un crime du droit des gens, en contradiction avec l'esprit et les fins des Nations unies et que le monde civilisé condamne.

Reconnaissant qu'à toutes les périodes de l'histoire le génocide a infligé de grandes pertes à l'humanité,

Convaincues que pour libérer l'humanité d'un fléau aussi odieux la coopération internationale est nécessaire,

Conviennent de ce qui suit :

Article premier

Les Parties contractantes confirment que le génocide, qu'il soit commis en temps de paix ou en temps de guerre, est un crime du droit des gens, qu'elles s'engagent à prévenir et à punir.

Article II

Dans la présente Convention, le génocide s'entend de l'un quelconque des actes ci-après, commis dans l'intention de détruire, ou tout ou en partie, un groupe national, ethnique, racial ou religieux, comme tel :

a) Meurtre de membres du groupe ;

b) Atteinte grave à l'intégrité physique ou mentale de membres du groupe ;

c) Soumission intentionnelle du groupe à des conditions d'existence devant entraîner sa destruction physique totale ou partielle ;

d) Mesures visant à entraver les naissances au sein du groupe ;

e) Transfert forcé d'enfants du groupe à un autre groupe.

Article III

Seront punis les actes suivants :

a) Le génocide ;

b) L'entente en vue de commettre le génocide ;

c) L'incitation directe et publique à commettre le génocide ;

d) La tentative de génocide ;

e) La complicité dans le génocide.

Article IV

Les personnes ayant commis le génocide ou l'un quelconque des autres actes énumérés à l'article III seront punies, qu'elles soient des gouvernants, des fonctionnaires ou des particuliers.

Article V

Les Parties contractantes s'engagent à prendre, conformément à leurs constitutions respectives, les mesures législatives nécessaires pour assurer l'application des dispositions de la présente Convention, et notamment à prévoir des sanctions pénales efficaces frappant les personnes coupables de génocide ou de l'un quelconque des autres actes énumérés à l'article III.

Article VI

Les personnes accusées de génocide ou de l'un quelconque des autres actes énumérés à l'article III seront traduites devant les tribunaux compétents de l'État sur le territoire duquel l'acte a été commis, ou devant la cour criminelle internationale qui sera compétente à l'égard de celles des Parties contractantes qui en auront reconnu la juridiction.

Article VII

Le génocide et les autres actes énumérés à l'article III ne seront pas considérés comme des crimes politiques pour ce qui est de l'extradition.
Les Parties contractantes s'engagent en pareil cas à accorder l'extradition conformément à leur législation et aux traités en vigueur.

Article VIII

Toute Partie contractante peut saisir les organes compétents de l'Organisation des Nations unies afin que ceux-ci prennent, conformément à la Charte des Nations unies, les mesures qu'ils jugent appropriées pour la prévention et la répression des actes de génocide ou de l'un quelconque des autres actes énumérés à l'article III.

Article IX

Les différends entre les Parties contractantes relatifs à l'interprétation, l'application ou l'exécution de la présente Convention, y compris ceux relatifs à la responsabilité d'un État en matière de génocide ou de l'un quelconque des autres actes énumérés à l'article III, seront soumis à la Cour internationale de justice, à la requête d'une partie au différend.

Article X

La présente Convention, dont les textes anglais, chinois, espagnol, français et russe feront également foi, portera la date du 9 décembre 1948.

Article XI

La présente Convention sera ouverte jusqu'au 31 décembre 1949 à la signature au nom de tout Membre de l'Organisation des Nations unies et de tout État non membre à qui l'Assemblée générale aura adressé une invitation à cet effet.

La présente Convention sera ratifiée et les instruments de ratification seront déposés auprès du Secrétaire général de l'Organisation des Nations unies.

À partir du 1er janvier 1950, il pourra être adhéré à la présente Convention au nom de tout Membre de l'Organisation des Nations unies et de tout État non membre qui aura reçu l'invitation susmentionnée.

Les instruments d'adhésion seront déposés auprès du Secrétaire général de l'Organisation des Nations unies.

Article XII

Toute Partie contractante pourra, à tout moment, par notification adressée au Secrétaire général de l'Organisation des Nations unies, étendre l'application de la présente Convention à tous les territoires ou à l'un quelconque des territoires dont elle dirige les relations extérieures.

Article XIII

Dès le jour où les vingt premiers instruments de ratification ou d'adhésion auront été déposés, le Secrétaire général en dressera procès-verbal. Il transmettra copie de ce procès-verbal à tous les États Membres de l'Organisation des Nations unies et aux États non membres visés par l'article XI.

La présente Convention entrera en vigueur le quatre-vingt-dixième jour qui suivra la date du dépôt du vingtième instrument de ratification ou d'adhésion.

Toute ratification ou adhésion effectuée ultérieurement à la dernière date prendra effet le quatre-vingt-dixième jour qui suivra le dépôt de l'instrument de ratification ou d'adhésion.

Article XIV

La présente Convention aura une durée de dix ans à partir de la date de son entrée en vigueur.

Elle restera par la suite en vigueur pour une période de cinq ans, et ainsi de suite, vis-à-vis des Parties contractantes qui ne l'auront pas dénoncée six mois au moins avant l'expiration du terme.

La dénonciation se fera par notification écrite adressée au Secrétaire général de l'Organisation des Nations unies.

Article XV

Si, par suite de dénonciations, le nombre des parties à la présente Convention se trouve ramené à moins de seize, la Convention cessera d'être en vigueur à partir de la date à laquelle la dernière de ces dénonciations prendra effet.

Article XVI

Une demande de révision de la présente Convention pourra être formulée en tout temps par toute Partie contractante, par voie de notification écrite adressée au Secrétaire général.

L'Assemblée générale statuera sur les mesures à prendre, s'il y a lieu, au sujet de cette demande.

Article XVII

Le Secrétaire général de l'Organisation des Nations unies notifiera ce qui suit à tous les États Membres de l'Organisation et aux États non membres visés par l'article XI :

a) Les signatures, ratifications et adhésions reçues en application de l'article XI :

b) Les notifications reçues en application de l'article XII ;

c) La date à laquelle la présente Convention entrera en vigueur, en application de l'article XIII ;

d) Les dénonciations reçues en application de l'article XIV ;

e) L'abrogation de la Convention en application de l'article XV ;

f) Les notifications reçues en application de l'article XVI.

Article XVIII

L'original de la présente Convention sera déposé aux archives de l'Organisation des Nations unies.
Une copie certifiée conforme sera adressée à tous les États Membres de l'Organisation des Nations unies et aux États non membres visés par l'article XI.

Article XIX

La présente Convention sera enregistrée par le Secrétaire général de l'Organisation des Nations unies à la date de son entrée en vigueur.

Texte 14 – Convention contre la torture et autres peines ou traitements cruels, inhumains ou dégradants, 1984

La Convention contre la torture et autres peines ou traitements cruels, inhumains ou dégradants a été adoptée et ouverte à la signature, à la ratification et à l'adhésion par l'Assemblée générale des Nations unies dans sa résolution 39/46 du 10 décembre 1984. Elle est entrée en vigueur le 26 juin 1987, après 20 ratifications. Elle lie 158 États. La France l'a signée le 4 février 1985 et ratifiée le 18 février 1986. Elle a formulé une réserve à la Convention (cf. infra).

La Convention prévoit la création d'un Comité contre la torture composé de 10 experts indépendants. Le Comité examine les rapports périodiques des États et adopte des observations générales précisant l'interprétation des obligations contenues dans la Convention. Le Comité est également compétent pour recevoir et examiner des communications individuelles (déclaration de l'article 22) et étatiques (déclaration de l'article 21). La France a accepté la compétence du Comité concernant ces deux types de communications. Le Comité peut aussi procéder à une enquête s'il reçoit des informations faisant état d'une pratique systématique de la torture sur le territoire d'un État partie.

La Convention a été complétée par un protocole facultatif qui établit un mécanisme de prévention (cf. infra).

Bibliographie

Burgers Herman, Danelius Hans, *The United Nations Convention against Torture: A Handbook on the Convention against Torture and Other Cruel, Inhuman, or Degrading Treatment or Punishment*, Nijhoff, 1988.

Nowak Manfred, Mc Arthur Elisabeth, *The United Nations Convention against Torture: A Commentary*, Oxford University Press, 2008.

Les États parties à la présente Convention,

Considérant que, conformément aux principes proclamés dans la Charte des Nations unies, la reconnaissance des droits égaux et inaliénables de tous les membres de la famille humaine est le fondement de la liberté, de la justice et de la paix dans le monde,

Reconnaissant que ces droits procèdent de la dignité inhérente à la personne humaine,

Considérant que les États sont tenus, en vertu de la Charte, en particulier de l'article 55, d'encourager le respect universel et effectif des droits de l'homme et des libertés fondamentales,

Tenant compte de l'article 5 de la Déclaration universelle des droits de l'homme et de l'article 7 du Pacte international relatif aux droits civils et politiques qui prescrivent tous deux que nul ne sera soumis à la torture, ni à des peines ou traitements cruels, inhumains ou dégradants,

Tenant compte également de la Déclaration sur la protection de toutes les personnes contre la torture et autres

peines ou traitements cruels, inhumains ou dégradants, adoptée par l'Assemblée générale le 9 décembre 1975,
Désireux d'accroître l'efficacité de la lutte contre la torture et les autres peines ou traitements cruels, inhumains ou dégradants dans le monde entier,
Sont convenus de ce qui suit :

Première partie

Article premier

1. Aux fins de la présente Convention, le terme « torture » désigne tout acte par lequel une douleur ou des souffrances aiguës, physiques ou mentales, sont intentionnellement infligées à une personne aux fins notamment d'obtenir d'elle ou d'une tierce personne des renseignements ou des aveux, de la punir d'un acte qu'elle ou une tierce personne a commis ou est soupçonnée d'avoir commis, de l'intimider ou de faire pression sur elle ou d'intimider ou de faire pression sur une tierce personne, ou pour tout autre motif fondé sur une forme de discrimination quelle qu'elle soit, lorsqu'une telle douleur ou de telles souffrances sont infligées par un agent de la fonction publique ou toute autre personne agissant à titre officiel ou à son instigation ou avec son consentement exprès ou tacite. Ce terme ne s'étend pas à la douleur ou aux souffrances résultant uniquement de sanctions légitimes, inhérentes à ces sanctions ou occasionnées par elles.
2. Cet article est sans préjudice de tout instrument international ou de toute loi nationale qui contient ou peut contenir des dispositions de portée plus large.

Article 2

1. Tout État partie prend des mesures législatives, administratives, judiciaires et autres mesures efficaces pour empêcher que des actes de torture soient commis dans tout territoire sous sa juridiction.
2. Aucune circonstance exceptionnelle, quelle qu'elle soit, qu'il s'agisse de l'état de guerre ou de menace de guerre, d'instabilité politique intérieure ou de tout autre

état d'exception, ne peut être invoquée pour justifier la torture.
3. L'ordre d'un supérieur ou d'une autorité publique ne peut être invoqué pour justifier la torture.

Article 3

1. Aucun État partie n'expulsera, ne refoulera, ni n'extradera une personne vers un autre État où il y a des motifs sérieux de croire qu'elle risque d'être soumise à la torture.
2. Pour déterminer s'il y a de tels motifs, les autorités compétentes tiendront compte de toutes les considérations pertinentes, y compris, le cas échéant, de l'existence, dans l'État intéressé, d'un ensemble de violations systématiques des droits de l'homme, graves, flagrantes ou massives.

Article 4

1. Tout État partie veille à ce que tous les actes de torture constituent des infractions au regard de son droit pénal. Il en est de même de la tentative de pratiquer la torture ou de tout acte commis par n'importe quelle personne qui constitue une complicité ou une participation à l'acte de torture.
2. Tout État partie rend ces infractions passibles de peines appropriées qui prennent en considération leur gravité.

Article 5

1. Tout État partie prend les mesures nécessaires pour établir sa compétence aux fins de connaître des infractions visées à l'article 4 dans les cas suivants :
a) Quand l'infraction a été commise sur tout territoire sous la juridiction dudit État ou à bord d'aéronefs ou de navires immatriculés dans cet État ;
b) Quand l'auteur présumé de l'infraction est un ressortissant dudit État ;
c) Quand la victime est un ressortissant dudit État et que ce dernier le juge approprié.
2. Tout État partie prend également les mesures nécessaires pour établir sa compétence aux fins de connaître desdites infractions dans le cas où l'auteur présumé de celles-ci se trouve sur tout territoire sous sa juridiction et

où ledit État ne l'extrade pas conformément à l'article 8 vers l'un des États visés au paragraphe 1 du présent article.
3. La présente Convention n'écarte aucune compétence pénale exercée conformément aux lois nationales.

Article 6

1. S'il estime que les circonstances le justifient, après avoir examiné les renseignements dont il dispose, tout État partie sur le territoire duquel se trouve une personne soupçonnée d'avoir commis une infraction visée à l'article 4 assure la détention de cette personne ou prend toutes autres mesures juridiques nécessaires pour assurer sa présence. Cette détention et ces mesures doivent être conformes à la législation dudit État ; elles ne peuvent être maintenues que pendant le délai nécessaire à l'engagement et poursuites pénales ou d'une procédure d'extradition.
2. Ledit État procède immédiatement à une enquête préliminaire en vue d'établir les faits.
3. Toute personne détenue en application du paragraphe 1 du présent article peut communiquer immédiatement avec le plus proche représentant qualifié de l'État dont elle a la nationalité ou, s'il s'agit d'une personne apatride, avec le représentant de l'État où elle réside habituellement.
4. Lorsqu'un État a mis une personne en détention, conformément aux dispositions du présent article, il avise immédiatement de cette détention et des circonstances qui la justifient les États visés au paragraphe 1 de l'article 5. L'État qui procède à l'enquête préliminaire visée au paragraphe 2 du présent article en communique rapidement les conclusions auxdits États et leur indique s'il entend exercer sa compétence.

Article 7

1. L'État partie sur le territoire sous la juridiction duquel l'auteur présumé d'une infraction visée à l'article 4 est découvert, s'il n'extrade pas ce dernier, soumet l'affaire, dans les cas visés à l'article 5, à ses autorités compétentes pour l'exercice de l'action pénale.

2. Ces autorités prennent leur décision dans les mêmes conditions que pour toute infraction de droit commun de caractère grave en vertu du droit de cet État. Dans les cas visés au paragraphe 2 de l'article 5, les règles de preuve qui s'appliquent aux poursuites et à la condamnation ne sont en aucune façon moins rigoureuses que celles qui s'appliquent dans les cas visés au paragraphe 1 de l'article 5.
3. Toute personne poursuivie pour l'une quelconque des infractions visées à l'article 4 bénéficie de la garantie d'un traitement équitable à tous les stades de la procédure.

Article 8

1. Les infractions visées à l'article 4 sont de plein droit comprises dans tout traité d'extradition conclu entre États parties. Les États parties s'engagent à comprendre lesdites infractions dans tout traité d'extradition à conclure entre eux.
2. Si un État partie qui subordonne l'extradition à l'existence d'un traité est saisi d'une demande d'extradition par un autre État partie avec lequel il n'est pas lié par un traité d'extradition, il peut considérer la présente Convention comme constituant la base juridique de l'extradition en ce qui concerne lesdites infractions. L'extradition est subordonnée aux autres conditions prévues par le droit de l'État requis.
3. Les États parties qui ne subordonnent pas l'extradition à l'existence d'un traité reconnaissent lesdites infractions comme cas d'extradition entre eux dans les conditions prévues par le droit de l'État requis.
4. Entre États parties lesdites infractions sont considérées aux fins d'extradition comme ayant été commises tant au lieu de leur perpétration que sur le territoire sous la juridiction des États tenus d'établir leur compétence en vertu du paragraphe 1 de l'article 5.

Article 9

1. Les États parties s'accordent l'entraide judiciaire la plus large possible dans toute procédure pénale relative

aux infractions visées à l'article 4, y compris en ce qui concerne la communication de tous les éléments de preuve dont ils disposent et qui sont nécessaires aux fins de la procédure.

2. Les États parties s'acquittent de leurs obligations en vertu du paragraphe 1 du présent article en conformité avec tout traité d'entraide judiciaire qui peut exister entre eux.

Article 10

1. Tout État partie veille à ce que l'enseignement et l'information concernant l'interdiction de la torture fassent partie intégrante de la formation du personnel civil ou militaire chargé de l'application des lois, du personnel médical, des agents de la fonction publique et des autres personnes qui peuvent intervenir dans la garde, l'interrogatoire ou le traitement de tout individu arrêté, détenu ou emprisonné de quelque façon que ce soit.

2. Tout État partie incorpore ladite interdiction aux règles ou instructions édictées en ce qui concerne les obligations et les attributions de telles personnes.

Article 11

Tout État partie exerce une surveillance systématique sur les règles, instructions, méthodes et pratiques d'interrogatoire et sur les dispositions concernant la garde et le traitement des personnes arrêtées, détenues ou emprisonnées de quelque façon que ce soit sur tout territoire sous sa juridiction, en vue d'éviter tout cas de torture.

Article 12

Tout État partie veille à ce que les autorités compétentes procèdent immédiatement à une enquête impartiale chaque fois qu'il y a des motifs raisonnables de croire qu'un acte de torture a été commis sur tout territoire sous sa juridiction.

Article 13

Tout État partie assure à toute personne qui prétend avoir été soumise à la torture sur tout territoire sous sa juridiction le droit de porter plainte devant les autorités compétentes dudit État qui procéderont immédiatement et impartialement à l'examen de sa cause. Des mesures seront prises pour assurer la protection du plaignant et des témoins contre tout mauvais traitement ou toute intimidation en raison de la plainte déposée ou de toute déposition faite.

Article 14

1. Tout État partie garantit, dans son système juridique, à la victime d'un acte de torture, le droit d'obtenir réparation et d'être indemnisée équitablement et de manière adéquate, y compris les moyens nécessaires à sa réadaptation la plus complète possible. En cas de mort de la victime résultant d'un acte de torture, les ayants cause de celle-ci ont doit à indemnisation.
2. Le présent article n'exclut aucun droit à indemnisation qu'aurait la victime ou toute autre personne en vertu des lois nationales.

Article 15

Tout État partie veille à ce que toute déclaration dont il est établi qu'elle a été obtenue par la torture ne puisse être invoquée comme un élément de preuve dans une procédure, si ce n'est contre la personne accusée de torture pour établir qu'une déclaration a été faite.

Article 16

1. Tout État partie s'engage à interdire dans tout territoire sous sa juridiction d'autres actes constitutifs de peines ou traitements cruels, inhumains ou dégradants qui ne sont pas des actes de torture telle qu'elle est définie à l'article premier lorsque de tels actes sont commis par un agent de la fonction publique ou toute autre personne agissant à titre officiel, ou à son instigation ou avec son consentement exprès ou tacite. En particulier, les obligations énoncées aux articles 10, 11, 12 et 13 sont applicables moyennant le remplacement de la mention de la torture par la mention d'autres formes de peines ou traitements cruels, inhumains ou dégradants.
2. Les dispositions de la présente Convention sont sans préjudice des dispositions de tout autre instrument

international ou de la loi nationale qui interdisent les peines ou traitements cruels, inhumains ou dégradants, ou qui ont trait à l'extradition ou à l'expulsion.

Deuxième partie

Article 17

1. Il est institué un Comité contre la torture (ci-après dénommé le Comité) qui a les fonctions définies ci-après. Le Comité est composé de dix experts de haute moralité et possédant une compétence reconnue dans le domaine des droits de l'homme, qui siègent à titre personnel. Les experts sont élus par les États parties, compte tenu d'une répartition géographique équitable et de l'intérêt que présente la participation aux travaux du Comité de quelques personnes ayant une expérience juridique.
2. Les membres du Comité sont élus au scrutin secret sur une liste de candidats désignés par les États parties. Chaque État partie peut désigner un candidat choisi parmi ses ressortissants. Les États parties tiennent compte de l'intérêt qu'il y a à désigner des candidats qui soient également membres du Comité des droits de l'homme institué en vertu du Pacte international relatif aux droits civils et politiques et qui soient disposés à siéger au Comité contre la torture.
3. Les membres du Comité sont élus au cours de réunions biennales des États parties convoquées par le Secrétaire général de l'Organisation des Nations unies. À ces réunions, où le quorum est constitué par les deux tiers des États parties, sont élus membres du Comité les candidats qui obtiennent le plus grand nombre de voix et la majorité absolue des votes des représentants des États parties présents et votants.
4. La première élection aura lieu au plus tard six mois après la date d'entrée en vigueur de la présente Convention. Quatre mois au moins avant la date de chaque élection, le Secrétaire général de l'Organisation des Nations unies envoie une lettre aux États parties pour les inviter à présenter leurs candidatures dans un délai de trois mois. Le

Secrétaire général dresse une liste par ordre alphabétique de tous les candidats ainsi désignés, avec indication des États parties qui les ont désignés, et la communique aux États parties.

5. Les membres du Comité sont élus pour quatre ans. Ils sont rééligibles s'ils sont présentés à nouveau. Toutefois, le mandat de cinq des membres élus lors de la première élection prendra fin au bout de deux ans ; immédiatement après la première élection, le nom de ces cinq membres sera tiré au sort par le président de la réunion mentionnée au paragraphe 3 du présent article.

6. Si un membre du Comité décède, se démet de ses fonctions ou n'est plus en mesure pour quelque autre raison de s'acquitter de ses attributions au Comité, l'État partie qui l'a désigné nomme parmi ses ressortissants un autre expert qui siège au Comité pour la partie du mandat restant à courir, sous réserve de l'approbation de la majorité des États parties. Cette approbation est considérée comme acquise à moins que la moitié des États parties ou davantage n'émettent une opinion défavorable dans un délai de six semaines à compter du moment où ils ont été informés par le Secrétaire général de l'Organisation des Nations unies de la nomination proposée.

7. Les États parties prennent à leur charge les dépenses des membres du Comité pour la période où ceux-ci s'acquittent de fonctions au Comité.

Article 18

1. Le Comité élit son bureau pour une période de deux ans. Les membres du bureau sont rééligibles.

2. Le Comité établit lui-même son règlement intérieur ; celui-ci doit, toutefois, contenir notamment les dispositions suivantes :

a) Le quorum est de six membres ;

b) Les décisions du Comité sont prises à la majorité des membres présents.

3. Le Secrétaire général de l'Organisation des Nations unies met à la disposition du Comité le personnel et les installations matérielles qui lui sont nécessaires pour

s'acquitter efficacement des fonctions qui lui sont confiées en vertu de la présente Convention.
4. Le Secrétaire général de l'Organisation des Nations unies convoque les membres du Comité pour la première réunion. Après sa première réunion, le Comité se réunit à toute occasion prévue par son règlement intérieur.
5. Les États parties prennent à leur charge les dépenses occasionnées par la tenue de réunions des États parties et du Comité, y compris le remboursement à l'Organisation des Nations unies de tous frais, tels que dépenses de personnel et coût d'installations matérielles, que l'Organisation aura engagés conformément au paragraphe 3 du présent article.

Article 19

1. Les États parties présentent au Comité, par l'entremise du Secrétaire général de l'Organisation des Nations unies, des rapports sur les mesures qu'ils ont prises pour donner effet à leurs engagements en vertu de la présente Convention, dans un délai d'un an à compter de l'entrée en vigueur de la Convention pour l'État partie intéressé. Les États parties présentent ensuite des rapports complémentaires tous les quatre ans sur toutes nouvelles mesures prises, et tous autres rapports demandés par le Comité.
2. Le Secrétaire général de l'Organisation des Nations unies transmet les rapports à tous les États parties.
3. Chaque rapport est étudié par le Comité, qui peut faire les commentaires d'ordre général sur le rapport qu'il estime appropriés et qui transmet lesdits commentaires à l'État partie intéressé. Cet État partie peut communiquer en réponse au Comité toutes observations qu'il juge utiles.
4. Le Comité peut, à sa discrétion, décider de reproduire dans le rapport annuel qu'il établit conformément à l'article 24 tous commentaires formulés par lui en vertu du paragraphe 3 du présent article, accompagnés des observations reçues à ce sujet de l'État partie intéressé. Si l'État partie intéressé le demande, le Comité peut aussi reproduire le rapport présenté au titre du paragraphe 1 du présent article.

Article 20

1. Si le Comité reçoit des renseignements crédibles qui lui semblent contenir des indications bien fondées que la torture est pratiquée systématiquement sur le territoire d'un État partie, il invite ledit État à coopérer dans l'examen des renseignements et, à cette fin, à lui faire part de ses observations à ce sujet.
2. En tenant compte de toutes observations éventuellement présentées par l'État partie intéressé et de tous autres renseignements pertinents dont il dispose, le Comité peut, s'il juge que cela se justifie, charger un ou plusieurs de ses membres de procéder à une enquête confidentielle et de lui faire rapport d'urgence.
3. Si une enquête est faite en vertu du paragraphe 2 du présent article, le Comité recherche la coopération de l'État partie intéressé. En accord avec cet État partie, l'enquête peut comporter une visite sur son territoire.
4. Après avoir examiné les conclusions du membre ou des membres qui lui sont soumises conformément au paragraphe 2 du présent article, le Comité transmet ces conclusions à l'État partie intéressé, avec tous commentaires ou suggestions qu'il juge appropriés compte tenu de la situation.
5. Tous les travaux du Comité dont il est fait mention aux paragraphes 1 à 4 du présent article sont confidentiels et, à toutes les étapes des travaux, on s'efforce d'obtenir la coopération de l'État partie. Une fois achevés ces travaux relatifs à une enquête menée en vertu du paragraphe 2, le Comité peut, après consultations avec l'État partie intéressé, décider de faire figurer un compte rendu succinct des résultats des travaux dans le rapport annuel qu'il établit conformément à l'article 24.

Article 21

1. Tout État partie à la présente Convention peut, en vertu du présent article, déclarer à tout moment qu'il reconnaît la compétence du Comité pour recevoir et examiner des communications dans lesquelles un État partie prétend qu'un autre État partie ne s'acquitte pas de ses obligations

au titre de la présente Convention. Ces communications ne peuvent être reçues et examinées conformément au présent article que si elles émanent d'un État partie qui a fait une déclaration reconnaissant, en ce qui le concerne, la compétence du Comité. Le Comité ne reçoit aucune communication intéressant un État partie qui n'a pas fait une telle déclaration. La procédure ci-après s'applique à l'égard des communications reçues en vertu du présent article :

a) Si un État partie à la présente Convention estime qu'un autre État également partie à la Convention n'en applique pas les dispositions, il peut appeler, par communication écrite, l'attention de cet État sur la question. Dans un délai de trois mois à compter de la date de réception de la communication, l'État destinataire fera tenir à l'État qui a adressé la communication des explications ou toutes autres déclarations écrites élucidant la question, qui devront comprendre, dans toute la mesure possible et utile, des indications sur ses règles de procédure et sur les moyens de recours, soit déjà utilisés, soit en instance, soit encore ouverts ;

b) Si, dans un délai de six mois à compter de la date de réception de la communication originale par l'État destinataire, la question n'est pas réglée à la satisfaction des deux États parties intéressés, l'un comme l'autre auront le droit de la soumettre au Comité, en adressant une notification au Comité, ainsi qu'à l'autre État intéressé ;

c) Le Comité ne peut connaître d'une affaire qui lui est soumise en vertu du présent article qu'après s'être assuré que tous les recours internes disponibles ont été utilisés et épuisés, conformément aux principes de droit international généralement reconnus. Cette règle ne s'applique pas dans les cas où les procédures de recours excèdent des délais raisonnables ni dans les cas où il est peu probable que les procédures de recours donneraient satisfaction à la personne qui est la victime de la violation de la présente Convention ;

d) Le Comité tient ses séances à huis clos lorsqu'il examine les communications prévues au présent article ;
e) Sous réserve des dispositions de l'alinéa c, le Comité met ses bons offices à la disposition des États parties intéressés, afin de parvenir à une solution amiable de la question, fondée sur le respect des obligations prévues par la présente Convention. À cette fin, le Comité peut, s'il l'estime opportun, établir une commission de conciliation *ad hoc* ;
f) Dans toute l'affaire qui lui est soumise en vertu du présent article, le Comité peut demander aux États parties intéressés, visés à l'alinéa b, de lui fournir tout renseignement pertinent ;
g) Les États parties intéressés, visés à l'alinéa b, ont le droit de se faire représenter lors de l'examen de l'affaire par le Comité et de présenter des observations oralement ou par écrit, ou sous l'une et l'autre forme ;
h) Le Comité doit présenter un rapport dans un délai de douze mois à compter du jour où il a reçu la notification visée à l'alinéa b :
i) Si une solution a pu être trouvée conformément aux dispositions de l'alinéa e, le Comité se borne dans son rapport à un bref exposé des faits et de la solution intervenue,
ii) Si une solution n'a pu être trouvée conformément aux dispositions de l'alinéa e, le Comité se borne, dans son rapport, à un bref exposé des faits ; le texte des observations écrites et le procès-verbal des observations orales présentées par les États parties intéressés sont joints au rapport. Pour chaque affaire, le rapport est communiqué aux États parties intéressés.
2. Les dispositions du présent article entreront en vigueur lorsque cinq États parties à la présente Convention auront fait la déclaration prévue au paragraphe 1 du présent article. Ladite déclaration est déposée par l'État partie auprès du Secrétaire général de l'Organisation des Nations unies, qui en communique copie aux autres États parties. Une déclaration peut être retirée à tout moment au moyen d'une notification adressée au Secrétaire général. Ce retrait

est sans préjudice de l'examen de toute question qui fait l'objet d'une communication déjà transmise en vertu du présent article ; aucune autre communication d'un État partie ne sera reçue en vertu du présent article après que le Secrétaire général aura reçu notification du retrait de la déclaration, à moins que l'État partie intéressé ait fait une nouvelle déclaration.

Article 22

1. Tout État partie à la présente Convention peut, en vertu du présent article, déclarer à tout moment qu'il reconnaît la compétence du Comité pour recevoir et examiner des communications présentées par ou pour le compte de particuliers relevant de sa juridiction qui prétendent être victimes d'une violation, par un État partie, des dispositions de la Convention. Le Comité ne reçoit aucune communication intéressant un État partie qui n'a pas fait une telle déclaration.
2. Le Comité déclare irrecevable toute communication soumise en vertu du présent article qui est anonyme ou qu'il considère être un abus du droit de soumettre de telles communications, ou être incompatible avec les dispositions de la présente Convention.
3. Sous réserve des dispositions du paragraphe 2, le Comité porte toute communication qui lui est soumise en vertu du présent article à l'attention de l'État partie à la présente Convention qui a fait une déclaration en vertu du paragraphe 1 et a prétendument violé l'une quelconque des dispositions de la Convention. Dans les six mois qui suivent, ledit État soumet par écrit au Comité des explications ou déclarations éclaircissant la question et indiquant le cas échéant, les mesures qu'il pourrait avoir prises pour remédier à la situation.
4. Le Comité examine les communications reçues en vertu du présent article en tenant compte de toutes les informations qui lui sont soumises par ou pour le compte du particulier et par l'État partie intéressé.

5. Le Comité n'examinera aucune communication d'un particulier conformément au présent article sans s'être assuré que :
a) La même question n'a pas été et n'est pas en cours d'examen devant une autre instance internationale d'enquête ou de règlement ;
b) Le particulier a épuisé tous les recours internes disponibles ; cette règle ne s'applique pas si les procédures de recours excèdent des délais raisonnables ou s'il est peu probable qu'elles donneraient satisfaction au particulier qui est la victime d'une violation de la présente Convention.
6. Le Comité tient ses séances à huis clos lorsqu'il examine les communications prévues dans le présent article.
7. Le Comité fait part de ses constatations à l'État partie intéressé et au particulier.
8. Les dispositions du présent article entreront en vigueur lorsque cinq États parties à la présente Convention auront fait la déclaration prévue au paragraphe 1 du présent article. Ladite déclaration est déposée par l'État partie auprès du Secrétaire général de l'Organisation des Nations unies, qui en communique copie aux autres États parties. Une déclaration peut être retirée à tout moment au moyen d'une notification adressée au Secrétaire général. Ce retrait est sans préjudice de l'examen de toute question qui fait l'objet d'une communication déjà transmise en vertu du présent article ; aucune autre communication soumise par ou pour le compte d'un particulier ne sera reçue en vertu du présent article après que le Secrétaire général aura reçu notification du retrait de la déclaration, à moins que l'État partie intéressé ait fait une nouvelle déclaration.

Article 23

Les membres du Comité et les membres des commissions de conciliation *ad hoc* qui pourraient être nommés conformément à l'alinéa e du paragraphe 1 de l'article 21 ont droit aux facilités, privilèges et immunités reconnus aux experts en mission pour l'Organisation des Nations unies, tels qu'ils sont énoncés dans les sections pertinentes de la Convention sur les privilèges et les immunités des Nations unies.

Article 24

Le Comité présente aux États parties et à l'Assemblée générale de l'Organisation des Nations unies un rapport annuel sur les activités qu'il aura entreprises en application de la présente Convention.

Troisième partie

Article 25

1. La présente Convention est ouverte à la signature de tous les États.
2. La présente Convention est sujette à ratification. Les instruments de ratification seront déposés auprès du Secrétaire général de l'Organisation des Nations unies.

Article 26

Tous les États peuvent adhérer à la présente Convention. L'adhésion se fera par le dépôt d'un instrument d'adhésion auprès du Secrétaire général de l'Organisation des Nations unies.

Article 27

1. La présente Convention entrera en vigueur le trentième jour après la date du dépôt auprès du Secrétaire général de l'Organisation des Nations unies du vingtième instrument de ratification ou d'adhésion.
2. Pour tout État qui ratifiera la présente Convention ou y adhérera après le dépôt du vingtième instrument de ratification ou d'adhésion, la Convention entrera en vigueur le trentième jour après la date du dépôt par cet État de son instrument de ratification ou d'adhésion.

Article 28

1. Chaque État pourra, au moment où il signera ou ratifiera la présente Convention ou y adhérera, déclarer qu'il ne reconnaît pas la compétence accordée au Comité aux termes de l'article 20.

2. Tout État partie qui aura formulé une réserve conformément aux dispositions du paragraphe 1 du présent article pourra à tout moment lever cette réserve par une notification adressée au Secrétaire général de l'Organisation des Nations unies.

Article 29

1. Tout État partie à la présente Convention pourra proposer un amendement et déposer sa proposition auprès du Secrétaire général de l'Organisation des Nations unies. Le Secrétaire général communiquera la proposition d'amendement aux États parties en leur demandant de lui faire savoir s'ils sont favorables à l'organisation d'une conférence d'États parties en vue de l'examen de la proposition et de sa mise aux voix. Si, dans les quatre mois qui suivent la date d'une telle communication, le tiers au moins des États parties se prononcent en faveur de la tenue de ladite conférence, le Secrétaire général organisera la conférence sous les auspices de l'Organisation des Nations unies. Tout amendement adopté par la majorité des États parties présents et votants à la conférence sera soumis par le Secrétaire général à l'acceptation de tous les États parties.
2. Un amendement adopté selon les dispositions du paragraphe 1 du présent article entrera en vigueur lorsque les deux tiers des États parties à la présente Convention auront informé le Secrétaire général de l'Organisation des Nations unies qu'ils l'ont accepté conformément à la procédure prévue par leurs constitutions respectives.
3. Lorsque les amendements entreront en vigueur, ils auront force obligatoire pour les États parties qui les auront acceptés, les autres États parties demeurant liés par les dispositions de la présente Convention et par tous amendements antérieurs qu'ils auront acceptés.

Article 30

1. Tout différend entre deux ou plus des États parties concernant l'interprétation ou l'application de la présente Convention qui ne peut pas être réglé par voie de négociation est soumis à l'arbitrage à la demande de l'un

d'entre eux. Si, dans les six mois qui suivent la date de la demande d'arbitrage, les parties ne parviennent pas à se mettre d'accord sur l'organisation de l'arbitrage, l'une quelconque d'entre elles peut soumettre le différend à la Cour internationale de justice en déposant une requête conformément au Statut de la Cour.
2. Chaque État pourra, au moment où il signera ou ratifiera la présente Convention ou y adhérera, déclarer qu'il ne se considère pas lié par les dispositions du paragraphe 1 du présent article. Les autres États parties ne seront pas liés par lesdites dispositions envers tout État partie qui aura formulé une telle réserve.
3. Tout État partie qui aura formulé une réserve conformément aux dispositions du paragraphe 2 du présent article pourra à tout moment lever cette réserve par une notification adressée au Secrétaire général de l'Organisation des Nations unies.

Article 31

1. Un État partie pourra dénoncer la présente Convention par notification écrite adressée au Secrétaire général de l'Organisation des Nations unies. La dénonciation prend effet un an après la date à laquelle la notification aura été reçue par le Secrétaire général.
2. Une telle dénonciation ne libérera pas l'État partie des obligations qui lui incombent en vertu de la présente Convention en ce qui concerne tout acte ou toute omission commis avant la date à laquelle la dénonciation prendra effet ; elle ne fera nullement obstacle à la poursuite de l'examen de toute question dont le Comité était déjà saisi à la date à laquelle la dénonciation a pris effet.
3. Après la date à laquelle la dénonciation par un État partie prend effet, le Comité n'entreprend l'examen d'aucune question nouvelle concernant cet État.

Article 32

Le Secrétaire général de l'Organisation des Nations unies notifiera à tous les États Membres de l'Organisation des

Nations unies et à tous les États qui auront signé la présente Convention ou y auront adhéré :

a) Les signatures, les ratifications et les adhésions reçues en application des articles 25 et 26;

b) La date d'entrée en vigueur de la Convention en application de l'article 27 et de la date d'entrée en vigueur de tout amendement en application de l'article 9;

c) Les dénonciations reçues en application de l'article 31.

Article 33

1. La présente Convention, dont les textes anglais, arabe, chinois, espagnol, français et russe font également foi, sera déposée auprès du Secrétaire général de l'Organisation des Nations unies.

2. Le Secrétaire général de l'Organisation des Nations unies fera tenir une copie certifiée conforme de la présente Convention à tous les États.

Réserve

Le Gouvernement de la République française déclare, conformément au paragraphe 2 de l'article 30 de la Convention, qu'il ne sera pas lié par les dispositions du paragraphe 1er de cet article.

Texte 14.1 – Protocole facultatif se rapportant à la Convention contre la torture et autres peines ou traitements cruels, inhumains ou dégradants, 2002

Le protocole facultatif se rapportant à la Convention contre la torture et autres peines ou traitements cruels, inhumains ou dégradants a été adopté par l'Assemblée générale des Nations unies dans sa résolution 57/199 du 18 décembre 2002. Il a été ouvert à la signature le 4 février 2003 et est entré en vigueur le 22 juin 2006 après 20 ratifications. Il lie 80 États. La France a signé le protocole le 16 septembre 2005 et l'a ratifié le 11 novembre 2008. Elle a adopté la loi du 30 octobre 2007 instituant un Contrôleur général des lieux de privation de liberté pour répondre aux exigences du protocole.

Le protocole facultatif vise à établir un système de visites régulières des lieux de détention effectuées par des organismes internationaux et nationaux indépendants. Il prévoit la création d'un Sous-Comité des Nations unies pour la prévention de la torture et autres peines ou traitements cruels, inhumains ou dégradants, aujourd'hui composé de 25 membres. Le Sous-Comité (SPT) peut effectuer des visites de tous lieux de privation de liberté dans les États parties au protocole et est également chargé de fournir conseil et assistance aux États dans la mise en place de mécanismes nationaux de prévention de la torture.

Bibliographie

Institut interaméricain pour les droits de l'homme et Association pour la prévention de la torture (dir.), *Le Protocole facultatif à la Convention des Nations unies contre la torture et autres peines ou traitements cruels, inhumains ou dégradants*, 2004.

L'Assemblée générale,

Rappelant l'article 5 de la Déclaration universelle des droits de l'homme, l'article 7 du Pacte international relatif aux droits civils et politiques, la Déclaration sur la protection de toutes les personnes contre la torture et autres peines ou traitements cruels, inhumains ou dégradants et sa résolution 39/46 du 10 décembre 1984, par laquelle elle a adopté et ouvert à la signature, à la ratification et à l'adhésion la Convention contre la torture et autres peines ou traitements cruels, inhumains ou dégradants, ainsi que toutes ses résolutions ultérieures sur la question,

Réaffirmant que le droit d'être à l'abri de la torture est un droit qui doit être protégé en toutes circonstances,

Considérant que la Conférence mondiale sur les droits de l'homme, tenue à Vienne du 14 au 25 juin 1993, a déclaré avec fermeté que les efforts tendant à éliminer la torture devaient avant tout être centrés sur la prévention et a lancé un appel en vue de l'adoption rapide d'un protocole facultatif se rapportant à la Convention contre la torture et autres peines ou traitements cruels, inhumains ou dégradants, visant à mettre en place un système préventif de visites régulières sur les lieux de détention,

Accueillant avec satisfaction l'adoption du projet de protocole facultatif se rapportant à la Convention contre la torture et autres peines ou traitements cruels, inhumains ou dégradants par la Commission des droits de l'homme dans sa résolution 2002/33 du 22 avril 2002 et par le Conseil économique et social dans sa résolution 2002/27 du 24 juillet 2002, où le Conseil a recommandé à l'Assemblée générale d'adopter le projet de Protocole facultatif,

1. Adopte le Protocole facultatif se rapportant à la Convention contre la torture et autres peines ou traitements cruels, inhumains ou dégradants, qui figure en annexe à la présente résolution, et prie le Secrétaire général de l'ouvrir à la signature, à la ratification et à l'adhésion au siège de l'Organisation des Nations unies à New York à partir du 1er janvier 2003 ;

2. Invite tous les États qui ont signé et ratifié la Convention contre la torture et autres peines ou traitements cruels, inhumains ou dégradants ou qui y ont adhéré, à signer et ratifier le Protocole facultatif ou à y adhérer.

Préambule

Les États parties au présent Protocole,

Réaffirmant que la torture et autres peines ou traitements cruels, inhumains ou dégradants sont interdits et constituent des violations graves des droits de l'homme,

Convaincus que d'autres mesures sont nécessaires pour atteindre les objectifs de la Convention contre la torture et autres peines ou traitements cruels, inhumains ou dégradants (ci-après dénommée la Convention) et renforcer la protection des personnes privées de liberté contre la torture et autres peines ou traitements cruels, inhumains ou dégradants,

Rappelant les articles 2 et 16 de la Convention, qui font obligation à tout État partie de prendre des mesures efficaces pour empêcher que des actes de torture et autres peines ou traitements cruels, inhumains ou dégradants soient commis dans tout territoire sous sa juridiction,

Conscients qu'il incombe au premier chef aux États d'appliquer ces articles, que le renforcement de la protection des personnes privées de liberté et le plein respect de leurs droits de l'homme sont une responsabilité commune partagée par tous, et que les organes internationaux chargés de veiller à l'application de ces principes complètent et renforcent les mesures prises à l'échelon national,

Rappelant que la prévention efficace de la torture et autres peines ou traitements cruels, inhumains ou dégradants requiert un programme d'éducation et un ensemble de mesures diverses, législatives, administratives, judiciaires et autres,

Rappelant également que la Conférence mondiale sur les droits de l'homme a déclaré avec fermeté que les efforts tendant à éliminer la torture devaient, avant tout, être centrés sur la prévention et a lancé un appel en vue de l'adoption d'un protocole facultatif se rapportant à la Convention, visant à mettre en place un système préventif de visites régulières sur les lieux de détention,

Convaincus que la protection des personnes privées de liberté contre la torture et autres peines ou traitements cruels, inhumains ou dégradants peut être renforcée par des moyens non judiciaires à caractère préventif, fondés sur des visites régulières sur les lieux de détention,

Sont convenus de ce qui suit :

Première partie – Principes généraux

Article premier

Le présent Protocole a pour objectif l'établissement d'un système de visites régulières, effectuées par des organismes internationaux et nationaux indépendants, sur les lieux où se trouvent des personnes privées de liberté, afin de prévenir la torture et autres peines ou traitements cruels, inhumains ou dégradants.

Article 2

1. Il est constitué un Sous-Comité pour la prévention de la torture et autres peines ou traitements cruels, inhumains ou dégradants du Comité contre la torture (ci-après dénommé le Sous-Comité de la prévention), qui exerce les fonctions définies dans le présent Protocole.
2. Le Sous-Comité de la prévention conduit ses travaux dans le cadre de la Charte des Nations unies et s'inspire des buts et principes qui y sont énoncés, ainsi que des normes de l'Organisation des Nations unies relatives au traitement des personnes privées de liberté.
3. Le Sous-Comité de la prévention s'inspire également des principes de confidentialité, d'impartialité, de non-sélectivité, d'universalité et d'objectivité.
4. Le Sous-Comité de la prévention et les États parties coopèrent en vue de l'application du présent Protocole.

Article 3

Chaque État partie met en place, désigne ou administre, à l'échelon national, un ou plusieurs organes de visite chargés de prévenir la torture et autres peines ou traitements cruels, inhumains ou dégradants (ci-après dénommés mécanisme national de prévention).

Article 4

1. Chaque État partie autorise les mécanismes visés aux articles 2 et 3 à effectuer des visites, conformément au présent Protocole, dans tout lieu placé sous sa juridiction ou sous son contrôle où se trouvent ou pourraient se trouver des personnes privées de liberté sur l'ordre d'une autorité

publique ou à son instigation, ou avec son consentement exprès ou tacite (ci-après dénommé lieu de détention). Ces visites sont effectuées afin de renforcer, s'il y a lieu, la protection desdites personnes contre la torture et autres peines ou traitements cruels, inhumains ou dégradants.
2. Aux fins du présent Protocole, on entend par privation de liberté toute forme de détention ou d'emprisonnement, ou le placement d'une personne dans un établissement public ou privé de surveillance dont elle n'est pas autorisée à sortir à son gré, ordonné par une autorité judiciaire ou administrative ou toute autre autorité publique.

Deuxième partie – Sous-Comité de la prévention

Article 5

1. Le Sous-Comité de la prévention se compose de dix membres. Lorsque le nombre des ratifications ou adhésions au présent Protocole aura atteint cinquante, celui des membres du Sous-Comité de la prévention sera porté à vingt-cinq.
2. Les membres du Sous-Comité de la prévention sont choisis parmi des personnalités de haute moralité ayant une expérience professionnelle reconnue dans le domaine de l'administration de la justice, en particulier en matière de droit pénal et d'administration pénitentiaire ou policière, ou dans les divers domaines ayant un rapport avec le traitement des personnes privées de liberté.
3. Dans la composition du Sous-Comité de la prévention, il est dûment tenu compte de la nécessité d'assurer une répartition géographique équitable ainsi que la représentation des diverses formes de civilisation et systèmes juridiques des États parties.
4. Dans la composition du Sous-Comité de la prévention, il est également tenu compte de la nécessité d'assurer une représentation respectueuse de l'équilibre entre les sexes, sur la base des principes d'égalité et de non-discrimination.
5. Le Sous-Comité de la prévention ne peut comprendre plus d'un ressortissant d'un même État.

6. Les membres du Sous-Comité de la prévention siègent à titre individuel, agissent en toute indépendance et impartialité et doivent être disponibles pour exercer efficacement leurs fonctions au sein du Sous-Comité de la prévention.

Article 6

1. Chaque État partie peut désigner, conformément au paragraphe 2 ci-après, deux candidats au plus, possédant les qualifications et satisfaisant aux exigences énoncées à l'article 5, et fournit à ce titre des informations détaillées sur les qualifications des candidats.

2.

a) Les candidats désignés doivent avoir la nationalité d'un État partie au présent Protocole ;

b) L'un des deux candidats au moins doit avoir la nationalité de l'État partie auteur de la désignation ;

c) Il ne peut être désigné comme candidats plus de deux ressortissants d'un même État partie ;

d) Tout État partie doit, avant de désigner un candidat ressortissant d'un autre État partie, demander et obtenir le consentement dudit État partie.

3. Cinq mois au moins avant la date de la réunion des États parties au cours de laquelle aura lieu l'élection, le Secrétaire général de l'Organisation des Nations unies envoie une lettre aux États parties pour les inviter à présenter leurs candidats dans un délai de trois mois. Le Secrétaire général dresse la liste par ordre alphabétique de tous les candidats ainsi désignés, avec indication des États parties qui les ont désignés.

Article 7

1. Les membres du Sous-Comité de la prévention sont élus selon la procédure suivante :

a) Il est tenu compte au premier chef des exigences et critères énoncés à l'article 5 du présent Protocole ;

b) La première élection aura lieu au plus tard six mois après la date d'entrée en vigueur du présent Protocole ;

c) Les membres du Sous-Comité de la prévention sont élus par les États parties au scrutin secret ;

d) Les membres du Sous-Comité de la prévention sont élus au cours de réunions biennales des États parties, convoquées par le Secrétaire général de l'Organisation des Nations unies. À ces réunions, où le quorum est constitué par les deux tiers des États parties, sont élus membres du Sous-Comité de la prévention les candidats qui obtiennent le plus grand nombre de voix et la majorité absolue des voix des représentants des États parties présents et votants.

2. Si, au cours de l'élection, il s'avère que deux ressortissants d'un État partie remplissent les conditions requises pour être élus membres du Sous-Comité de la prévention, c'est le candidat qui obtient le plus grand nombre de voix qui est élu. Si les deux candidats obtiennent le même nombre de voix, la procédure est la suivante :

a) Si l'un seulement des candidats a été désigné par l'État partie dont il est ressortissant, il est élu membre du Sous-Comité de la prévention ;

b) Si les deux candidats ont été désignés par l'État partie dont ils sont ressortissants, un vote séparé au scrutin secret a lieu pour déterminer celui qui est élu ;

c) Si aucun des deux candidats n'a été désigné par l'État partie dont il est ressortissant, un vote séparé au scrutin secret a lieu pour déterminer celui qui est élu.

Article 8

Si un membre du Sous-Comité de la prévention décède, se démet de ses fonctions ou n'est plus en mesure pour quelque autre raison de s'acquitter de ses attributions au Sous-Comité de la prévention, l'État partie qui l'a désigné propose, en tenant compte de la nécessité d'assurer un équilibre adéquat entre les divers domaines de compétence, un autre candidat possédant les qualifications et satisfaisant aux exigences énoncées à l'article 5, qui siège jusqu'à la réunion suivante des États parties, sous réserve de l'approbation de la majorité des États parties. Cette approbation est considérée comme acquise à moins que la moitié des États parties ou davantage n'émettent une opinion défavorable dans un délai de six semaines à compter du moment où ils ont été informés par le Secrétaire général de l'Organisation des Nations unies de la nomination proposée.

Article 9

Les membres du Sous-Comité de la prévention sont élus pour quatre ans. Ils sont rééligibles une fois si leur candidature est présentée de nouveau. Le mandat de la moitié des membres élus lors de la première élection prend fin au bout de deux ans ; immédiatement après la première élection, le nom de ces membres est tiré au sort par le Président de la réunion visée à l'alinéa d du paragraphe 1 de l'article 7.

Article 10

1. Le Sous-Comité de la prévention élit son bureau pour une période de deux ans. Les membres du bureau sont rééligibles.
2. Le Sous-Comité de la prévention établit son règlement intérieur, qui doit contenir notamment les dispositions suivantes :
a) Le quorum est de la moitié des membres plus un ;
b) Les décisions du Sous-Comité de la prévention sont prises à la majorité des membres présents ;
c) Le Sous-Comité de la prévention se réunit à huis clos.
3. Le Secrétaire général de l'Organisation des Nations unies convoque la première réunion du Sous-Comité de la prévention. Après sa première réunion, le Sous-Comité de la prévention se réunit à toute occasion prévue par son règlement intérieur. Les sessions du Sous-Comité de la prévention et du Comité contre la torture ont lieu simultanément au moins une fois par an.

Troisième partie – Mandat du Sous-Comité de la prévention

Article 11

Le Sous-Comité de la prévention :
a) Effectue les visites mentionnées à l'article 4 et formule, à l'intention des États parties, des recommandations concernant la protection des personnes privées de liberté

contre la torture et autres peines ou traitements cruels, inhumains ou dégradants ;

b) En ce qui concerne les mécanismes nationaux de prévention :

i) Offre des avis et une assistance aux États parties, le cas échéant, aux fins de la mise en place desdits mécanismes,

ii) Entretient avec lesdits mécanismes des contacts directs, confidentiels s'il y a lieu, et leur offre une formation et une assistance technique en vue de renforcer leurs capacités,

iii) Leur offre des avis et une assistance pour évaluer les besoins et les moyens nécessaires afin de renforcer la protection des personnes privées de liberté contre la torture et autres peines ou traitements cruels, inhumains ou dégradants,

iv) Formule des recommandations et observations à l'intention des États parties en vue de renforcer les capacités et le mandat des mécanismes nationaux de prévention de la torture et autres peines ou traitements cruels, inhumains ou dégradants ;

c) Coopère, en vue de prévenir la torture, avec les organes et mécanismes compétents de l'Organisation des Nations unies ainsi qu'avec les organisations ou organismes internationaux, régionaux et nationaux qui œuvrent en faveur du renforcement de la protection de toute les personnes contre la torture et autres peines ou traitements cruels, inhumains ou dégradants.

Article 12

Afin que le Sous-Comité de la prévention puisse s'acquitter du mandat défini à l'article 11, les États parties s'engagent :

a) À recevoir le Sous-Comité de la prévention sur leur territoire et à lui donner accès aux lieux de détention visés à l'article 4 du présent Protocole ;

b) À communiquer au Sous-Comité de la prévention tous les renseignements pertinents qu'il pourrait demander pour évaluer les besoins et les mesures à prendre pour renforcer la protection des personnes privées de liberté contre la torture et autres peines ou traitements cruels, inhumains ou dégradants ;

c) À encourager et à faciliter les contacts entre le Sous-Comité de la prévention et les mécanismes nationaux de prévention ;
d) À examiner les recommandations du Sous-Comité de la prévention et à engager le dialogue avec lui au sujet des mesures qui pourraient être prises pour les mettre en œuvre.

Article 13

1. Le Sous-Comité de la prévention établit, d'abord par tirage au sort, un programme de visites régulières dans les États parties en vue de s'acquitter de son mandat tel qu'il est défini à l'article 11.
2. Après avoir procédé à des consultations, le Sous-Comité de la prévention communique son programme aux États parties afin qu'ils puissent prendre, sans délai, les dispositions d'ordre pratique nécessaires pour que les visites puissent avoir lieu.
3. Les visites sont conduites par au moins deux membres du Sous-Comité de la prévention. Ceux-ci peuvent être accompagnés, si besoin est, d'experts ayant une expérience et des connaissances professionnelles reconnues dans les domaines visés dans le présent Protocole, qui sont choisis sur une liste d'experts établie sur la base des propositions des États parties, du Haut-Commissariat des Nations unies aux droits de l'homme et du Centre des Nations unies pour la prévention internationale du crime. Pour établir la liste d'experts, les États parties intéressés proposent le nom de cinq experts nationaux au plus. L'État partie intéressé peut s'opposer à l'inscription sur la liste d'un expert déterminé, à la suite de quoi le Sous-Comité de la prévention propose le nom d'un autre expert.
4. Le Sous-Comité de la prévention peut, s'il le juge approprié, proposer une brève visite pour faire suite à une visite régulière.

Article 14

1. Pour permettre au Sous-Comité de la prévention de s'acquitter de son mandat, les États parties au présent Protocole s'engagent à lui accorder :

a) L'accès sans restriction à tous les renseignements concernant le nombre de personnes se trouvant privées de liberté dans les lieux de détention visés à l'article 4, ainsi que le nombre de lieux de détention et leur emplacement ;

b) L'accès sans restriction à tous les renseignements relatifs au traitement de ces personnes et à leurs conditions de détention ;

c) Sous réserve du paragraphe 2 ci-après, l'accès sans restriction à tous les lieux de détention et à leurs installations et équipements ;

d) La possibilité de s'entretenir en privé avec les personnes privées de liberté, sans témoins, soit directement, soit par le truchement d'un interprète si cela paraît nécessaire, ainsi qu'avec toute autre personne dont le Sous-Comité de la prévention pense qu'elle pourrait fournir des renseignements pertinents ;

e) La liberté de choisir les lieux qu'il visitera et les personnes qu'il rencontrera.

2. Il ne peut être fait objection à la visite d'un lieu de détention déterminé que pour des raisons pressantes et impérieuses liées à la défense nationale, à la sécurité publique, à des catastrophes naturelles ou à des troubles graves là où la visite doit avoir lieu, qui empêchent provisoirement que la visite ait lieu. Un État partie ne saurait invoquer l'existence d'un état d'urgence pour faire objection à une visite.

Article 15

Aucune autorité publique ni aucun fonctionnaire n'ordonnera, n'appliquera, n'autorisera ou ne tolérera de sanction à l'encontre d'une personne ou d'une organisation qui aura communiqué des renseignements, vrais ou faux, au Sous-Comité de la prévention ou à ses membres, et ladite personne ou organisation ne subira de préjudice d'aucune autre manière.

Article 16

1. Le Sous-Comité de la prévention communique ses recommandations et observations à titre confidentiel à l'État partie et, le cas échéant, au mécanisme national de prévention.
2. Le Sous-Comité de la prévention publie son rapport, accompagné d'éventuelles observations de l'État partie intéressé, à la demande de ce dernier. Si l'État partie rend publique une partie du rapport, le Sous-Comité de la prévention peut le publier, en tout ou en partie. Toutefois, aucune donnée personnelle n'est publiée sans le consentement exprès de la personne concernée.
3. Le Sous-Comité de la prévention présente chaque année au Comité contre la torture un rapport public sur ses activités.
4. Si l'État partie refuse de coopérer avec le Sous-Comité de la prévention conformément aux dispositions des articles 12 et 14, ou de prendre des mesures pour améliorer la situation à la lumière des recommandations du Sous-Comité de la prévention, le Comité contre la torture peut, à la demande du Sous-Comité de la prévention, décider à la majorité de ses membres, après que l'État partie aura eu la possibilité de s'expliquer, de faire une déclaration publique à ce sujet ou de publier le rapport du Sous-Comité de la prévention.

Quatrième partie – Mécanismes nationaux de prévention

Article 17

Chaque État partie administre, désigne ou met en place au plus tard un an après l'entrée en vigueur ou la ratification du présent Protocole, ou son adhésion audit Protocole, un ou plusieurs mécanismes nationaux de prévention indépendants en vue de prévenir la torture à l'échelon national. Les mécanismes mis en place par des entités décentralisées pourront être désignés comme mécanismes nationaux de prévention aux fins du présent Protocole, s'ils sont conformes à ses dispositions.

Article 18

1. Les États parties garantissent l'indépendance des mécanismes nationaux de prévention dans l'exercice de leurs fonctions et l'indépendance de leur personnel.
2. Les États parties prennent les mesures nécessaires pour veiller à ce que les experts du mécanisme national de prévention possèdent les compétences et les connaissances professionnelles requises. Ils s'efforcent d'assurer l'équilibre entre les sexes et une représentation adéquate des groupes ethniques et minoritaires du pays.
3. Les États parties s'engagent à dégager les ressources nécessaires au fonctionnement des mécanismes nationaux de prévention.
4. Lorsqu'ils mettent en place les mécanismes nationaux de prévention, les États parties tiennent dûment compte des Principes concernant le statut des institutions nationales pour la promotion et la protection des droits de l'homme.

Article 19

Les mécanismes nationaux de prévention sont investis à tout le moins des attributions suivantes :

a) Examiner régulièrement la situation des personnes privées de liberté se trouvant dans les lieux de détention visés à l'article 4, en vue de renforcer, le cas échéant, leur protection contre la torture et autres peines ou traitements cruels, inhumains ou dégradants ;

b) Formuler des recommandations à l'intention des autorités compétentes afin d'améliorer le traitement et la situation des personnes privées de liberté et de prévenir la torture et autres peines ou traitements cruels, inhumains ou dégradants, compte tenu des normes pertinentes de l'Organisation des Nations unies ;

c) Présenter des propositions et des observations au sujet de la législation en vigueur ou des projets de loi en la matière.

Article 20

Pour permettre aux mécanismes nationaux de prévention de s'acquitter de leur mandat, les États parties au présent Protocole s'engagent à leur accorder :

a) L'accès à tous les renseignements concernant le nombre de personnes privées de liberté se trouvant dans les lieux de détention visés à l'article 4, ainsi que le nombre de lieux de détention et leur emplacement ;

b) L'accès à tous les renseignements relatifs au traitement de ces personnes et à leurs conditions de détention ;

c) L'accès à tous les lieux de détention et à leurs installations et équipements ;

d) La possibilité de s'entretenir en privé avec les personnes privées de liberté, sans témoins, soit directement, soit par le truchement d'un interprète si cela paraît nécessaire, ainsi qu'avec toute autre personne dont le mécanisme national de prévention pense qu'elle pourrait fournir des renseignements pertinents ;

e) La liberté de choisir les lieux qu'ils visiteront et les personnes qu'ils rencontreront ;

f) Le droit d'avoir des contacts avec le Sous-Comité de la prévention, de lui communiquer des renseignements et de le rencontrer.

Article 21

1. Aucune autorité publique ni aucun fonctionnaire n'ordonnera, n'appliquera, n'autorisera ou ne tolérera de sanction à l'encontre d'une personne ou d'une organisation qui aura communiqué des renseignements, vrais ou faux, au mécanisme national de prévention, et ladite personne ou organisation ne subira de préjudice d'aucune autre manière.

2. Les renseignements confidentiels recueillis par le mécanisme national de prévention seront protégés. Aucune donnée personnelle ne sera publiée sans le consentement exprès de la personne concernée.

Article 22

Les autorités compétentes de l'État partie intéressé examinent les recommandations du mécanisme national de prévention et engagent le dialogue avec lui au sujet des mesures qui pourraient être prises pour les mettre en œuvre.

Article 23

Les États parties au présent Protocole s'engagent à publier et à diffuser les rapports annuels des mécanismes nationaux de prévention.

Cinquième partie – Déclaration

Article 24

1. Au moment de la ratification, les États parties peuvent faire une déclaration indiquant qu'ils ajournent l'exécution des obligations qui leur incombent en vertu de la troisième ou de la quatrième partie du présent Protocole.
2. Cet ajournement vaut pour un maximum de trois ans. À la suite de représentations dûment formulées par l'État partie et après consultation du Sous-Comité de la prévention, le Comité contre la torture peut proroger cette période de deux ans encore.

Sixième partie – Dispositions financières

Article 25

1. Les dépenses résultant des travaux du Sous-Comité de la prévention créé en vertu du présent Protocole sont prises en charge par l'Organisation des Nations unies.
2. Le Secrétaire général de l'Organisation des Nations unies met à la disposition du Sous-Comité de la prévention le personnel et les installations qui lui sont nécessaires pour s'acquitter efficacement des fonctions qui lui sont confiées en vertu du présent Protocole.

Article 26

1. Il est établi, conformément aux procédures pertinentes de l'Assemblée générale, un fonds spécial, qui sera administré conformément au règlement financier et aux règles

de gestion financière de l'Organisation des Nations unies, pour aider à financer l'application des recommandations que le Sous-Comité de la prévention adresse à un État partie à la suite d'une visite, ainsi que les programmes d'éducation des mécanismes nationaux de prévention.
2. Le Fonds spécial peut être financé par des contributions volontaires versées par les gouvernements, les organisations intergouvernementales et non gouvernementales et d'autres entités privées ou publiques.

Septième partie – Dispositions finales

Article 27

1. Le présent Protocole est ouvert à la signature de tout État qui a signé la Convention.
2. Le présent Protocole est soumis à la ratification de tout État qui a ratifié la Convention ou y a adhéré. Les instruments de ratification seront déposés auprès du Secrétaire général de l'Organisation des Nations unies.
3. Le présent Protocole est ouvert à l'adhésion de tout État qui a ratifié la Convention ou qui y a adhéré.
4. L'adhésion se fera par le dépôt d'un instrument d'adhésion auprès du Secrétaire général de l'Organisation des Nations unies.
5. Le Secrétaire général de l'Organisation des Nations unies informera tous les États qui auront signé le présent Protocole ou qui y auront adhéré du dépôt de chaque instrument de ratification ou d'adhésion.

Article 28

1. Le présent Protocole entrera en vigueur le trentième jour suivant la date du dépôt auprès du Secrétaire général de l'Organisation des Nations unies du vingtième instrument de ratification ou d'adhésion.
2. Pour chaque État qui ratifiera le présent Protocole ou y adhérera après le dépôt auprès du Secrétaire général de l'Organisation des Nations unies du vingtième instrument de ratification ou d'adhésion, le présent Protocole entrera

en vigueur le trentième jour suivant la date du dépôt par cet État de son instrument de ratification ou d'adhésion.

Article 29

Les dispositions du présent Protocole s'appliquent, sans limitation ni exception aucune, à toutes les unités constitutives des États fédéraux.

Article 30

Il ne sera admis aucune réserve au présent Protocole.

Article 31

Les dispositions du présent Protocole sont sans effet sur les obligations contractées par les États parties en vertu d'une convention régionale instituant un système de visite des lieux de détention. Le Sous-Comité de la prévention et les organes établis en vertu de telles conventions régionales sont invités à se consulter et à coopérer afin d'éviter les doubles emplois et de promouvoir efficacement la réalisation des objectifs du présent Protocole.

Article 32

Les dispositions du présent Protocole sont sans effet sur les obligations qui incombent aux États parties en vertu des quatre Conventions de Genève du 12 août 1949 et des Protocoles additionnels du 8 juin 1977 s'y rapportant, ou sur la possibilité qu'a tout État partie d'autoriser le Comité international de la Croix-Rouge à se rendre sur des lieux de détention dans des cas non prévus par le droit international humanitaire.

Article 33

1. Tout État partie peut dénoncer le présent Protocole à tout moment, par notification écrite adressée au Secrétaire général de l'Organisation des Nations unies, qui en informe alors les autres États parties au Protocole et à la Convention.
La dénonciation prend effet un an après la date à laquelle la notification est reçue par le Secrétaire général.

2. Une telle dénonciation ne libère pas l'État partie des obligations qui lui incombent en vertu du présent Protocole en ce qui concerne tout acte ou toute situation qui se sera produit avant la date à laquelle la dénonciation prendra effet, ou toute mesure que le Sous-Comité de la prévention aura décidé ou pourra décider d'adopter à l'égard de l'État partie concerné ; elle ne fera nullement obstacle à la poursuite de l'examen de questions dont le Sous-Comité de la prévention était déjà saisi avant la date à laquelle la dénonciation a pris effet.
3. Après la date à laquelle la dénonciation par un État partie prend effet, le Sous-Comité de la prévention n'entreprend l'examen d'aucune question nouvelle concernant cet État.

Article 34

1. Tout État partie au présent Protocole peut proposer un amendement et déposer sa proposition auprès du Secrétaire général de l'Organisation des Nations unies. Le Secrétaire général communique la proposition d'amendement aux États parties au présent Protocole en leur demandant de lui faire savoir s'ils sont favorables à l'organisation d'une conférence d'États parties en vue de l'examen de la proposition et de sa mise aux voix. Si, dans les quatre mois qui suivent la date d'une telle communication, le tiers au moins des États parties se prononcent en faveur de la tenue de ladite conférence, le Secrétaire général organise la conférence sous les auspices de l'Organisation des Nations unies. Tout amendement adopté à la majorité des deux tiers des États parties présents et votants à la conférence est soumis par le Secrétaire général à l'acceptation de tous les États parties.
2. Un amendement adopté selon les dispositions du paragraphe 1 du présent article entre en vigueur lorsque les deux tiers des États parties au présent Protocole l'ont accepté conformément à la procédure prévue par leurs constitutions respectives.
3. Lorsque les amendements entrent en vigueur, ils ont force obligatoire pour les États parties qui les ont acceptés,

les autres États parties demeurant liés par les dispositions du présent Protocole et par tout amendement antérieur qu'ils auraient accepté.

Article 35

Les membres du Sous-Comité de la prévention et des mécanismes nationaux de prévention jouissent des privilèges et immunités qui leur sont nécessaires pour exercer leurs fonctions en toute indépendance. Les membres du Sous-Comité de la prévention jouissent des privilèges et immunités prévus à la section 22 de la Convention sur les privilèges et immunités des Nations unies, du 13 février 1946, sous réserve des dispositions de la section 23 de ladite Convention.

Article 36

Lorsqu'ils se rendent dans un État partie, les membres du Sous-Comité de la prévention doivent, sans préjudice des dispositions et des buts du présent Protocole ni des privilèges et immunités dont ils peuvent jouir :

a) Respecter les lois et règlements en vigueur dans l'État où ils se rendent ;

b) S'abstenir de toute action ou activité incompatible avec le caractère impartial et international de leurs fonctions.

Article 37

1. Le présent Protocole, dont les textes anglais, arabe, chinois, espagnol, français et russe font également foi, sera déposé auprès du Secrétaire général de l'Organisation des Nations unies.

2. Le Secrétaire général de l'Organisation des Nations unies fera tenir une copie certifiée conforme du présent Protocole à tous les États.

Texte 15 – Convention sur la protection de toutes les personnes contre les disparitions forcées, 2006

La Convention pour la protection de toutes les personnes contre les disparitions forcées a été adoptée par l'Assemblée générale des Nations unies dans sa résolution 61/177 du 20 décembre 2006 et ouverte à la signature le 6 février 2007. Elle est entrée en vigueur le 23 décembre 2010 après 20 ratifications. Elle lie 51 États parties. La France l'a signée le 6 février 2007 et ratifiée le 23 septembre 2008.

La Convention prévoit la création d'un Comité des disparitions forcées composé de dix experts. Le Comité examine les rapports que les États doivent présenter dans un délai de moins de deux ans après l'entrée en vigueur de la Convention à leur égard. Il est également compétent pour recevoir et examiner des communications individuelles (déclaration de l'article 31) et étatiques (déclaration de l'article 32), lorsque les États ont accepté ces procédures facultatives. Mais il a une compétence à l'égard de tous les États parties en matière de demandes d'action en urgence présentées afin de chercher et retrouver une personne disparue (article 30). Le Comité peut effectuer une visite s'il est informé qu'un État partie porte gravement atteinte aux dispositions de la Convention (article 33). Il peut aussi saisir l'Assemblée générale des Nations unies par l'intermédiaire du Secrétaire général des Nations unies s'il est informé que la disparition forcée est pratiquée de manière générale ou systématique dans un État partie.

Bibliographie

Decaux Emmanuel et Frouville (de) Olivier (dir.), *La Convention internationale pour la protection de toutes les personnes contre les disparitions forcées*, Bruylant, 2009.

Lot Vermeulen Marthe, *Enforced Disappearance. Determining State Responsibility under the International Convention for the Protection of All Persons from Enforced Disappearance*, Intersentia, 2012.

Scovazzi Tullio, Citroni Gabriella, *The Struggle against Enforced Disappearance and the 2007 United Nations Convention*, Nijhoff, 2007.

Les États parties à la présente Convention,

Considérant que la Charte des Nations unies impose aux États l'obligation de promouvoir le respect universel et effectif des droits de l'homme et des libertés fondamentales,

S'appuyant sur la Déclaration universelle des droits de l'homme,

Rappelant le Pacte international relatif aux droits économiques, sociaux et culturels, le Pacte international relatif aux droits civils et politiques et les autres instruments internationaux pertinents dans les domaines des droits de l'homme, du droit humanitaire et du droit pénal international,

Rappelant également la Déclaration sur la protection de toutes les personnes contre les disparitions forcées, adoptée par l'Assemblée générale des Nations unies dans sa résolution 47/133 du 18 décembre 1992,

Conscients de l'extrême gravité de la disparition forcée, qui constitue un crime et, dans certaines circonstances définies par le droit international, un crime contre l'humanité,

Déterminés à prévenir les disparitions forcées et à lutter contre l'impunité du crime de disparition forcée,

Ayant présents à l'esprit le droit de toute personne de ne pas être soumise à une disparition forcée et le droit des victimes à la justice et à réparation,

Affirmant le droit de toute victime de savoir la vérité sur les circonstances d'une disparition forcée et de connaître le sort de la personne disparue, ainsi que le droit à la liberté de recueillir, de recevoir et de diffuser des informations à cette fin,

Sont convenus des articles suivants :

Première partie

Article premier

1. Nul ne sera soumis à une disparition forcée.
2. Aucune circonstance exceptionnelle, quelle qu'elle soit, qu'il s'agisse de l'état de guerre ou de menace de guerre, d'instabilité politique intérieure ou de tout autre état d'exception, ne peut être invoquée pour justifier la disparition forcée.

Article 2

Aux fins de la présente Convention, on entend par « disparition forcée » l'arrestation, la détention, l'enlèvement ou toute autre forme de privation de liberté par des agents de l'État ou par des personnes ou des groupes de personnes qui agissent avec l'autorisation, l'appui ou l'acquiescement de l'État, suivi du déni de la reconnaissance de la privation de liberté ou de la dissimulation du sort réservé à la personne disparue ou du lieu où elle se trouve, la soustrayant à la protection de la loi.

Article 3

Tout État partie prend les mesures appropriées pour enquêter sur les agissements définis à l'article 2, qui sont l'œuvre de personnes ou de groupes de personnes agissant sans l'autorisation, l'appui ou l'acquiescement de l'État, et pour traduire les responsables en justice.

Article 4

Tout État partie prend les mesures nécessaires pour que la disparition forcée constitue une infraction au regard de son droit pénal.

Article 5

La pratique généralisée ou systématique de la disparition forcée constitue un crime contre l'humanité, tel qu'il est défini dans le droit international applicable, et entraîne les conséquences prévues par ce droit.

Article 6

1. Tout État partie prend les mesures nécessaires pour tenir pénalement responsable au moins :

a) Toute personne qui commet une disparition forcée, l'ordonne ou la commandite, tente de la commettre, en est complice ou y participe ;

b) Le supérieur qui :

i) Savait que des subordonnés placés sous son autorité et son contrôle effectifs commettaient ou allaient commettre un crime de disparition forcée, ou a délibérément négligé de tenir compte d'informations qui l'indiquaient clairement,

ii) Exerçait sa responsabilité et son contrôle effectifs sur les activités auxquelles le crime de disparition forcée était lié, et

iii) N'a pas pris toutes les mesures nécessaires et raisonnables qui étaient en son pouvoir pour empêcher ou réprimer la commission d'une disparition forcée ou pour en référer aux autorités compétentes aux fins d'enquête et de poursuites ;

c) L'alinéa b ci-dessus est sans préjudice des normes pertinentes plus élevées de responsabilité applicables en droit international à un chef militaire ou à une personne faisant effectivement fonction de chef militaire.

2. Aucun ordre ou instruction émanant d'une autorité publique, civile, militaire ou autre, ne peut être invoqué pour justifier un crime de disparition forcée.

Article 7

1. Tout État partie rend le crime de disparition forcée passible de peines appropriées qui prennent en compte son extrême gravité.

2. Tout État partie peut prévoir :
a) Des circonstances atténuantes, notamment en faveur de ceux qui, impliqués dans la commission d'une disparition forcée, auront contribué efficacement à la récupération en vie de la personne disparue ou auront permis d'élucider des cas de disparition forcée ou d'identifier les auteurs d'une disparition forcée ;
b) Sans préjudice d'autres procédures pénales, des circonstances aggravantes, notamment en cas de décès de la personne disparue, ou pour ceux qui se sont rendus coupables de la disparition forcée de femmes enceintes, de mineurs, de personnes handicapées ou d'autres personnes particulièrement vulnérables.

Article 8

Sans préjudice de l'article 5,
1. Tout État partie qui applique un régime de prescription à la disparition forcée prend les mesures nécessaires pour que le délai de prescription de l'action pénale :
a) Soit de longue durée et proportionné à l'extrême gravité de ce crime ;
b) Commence à courir lorsque cesse le crime de disparition forcée, compte tenu de son caractère continu.
2. Tout État partie garantit le droit des victimes de disparition forcée à un recours effectif pendant le délai de prescription.

Article 9

1. Tout État partie prend les mesures nécessaires pour établir sa compétence aux fins de connaître d'un crime de disparition forcée :
a) Quand l'infraction a été commise sur tout territoire sous sa juridiction ou à bord d'aéronefs ou de navires immatriculés dans cet État ;
b) Quand l'auteur présumé de l'infraction est l'un de ses ressortissants ;
c) Quand la personne disparue est l'un de ses ressortissants et que cet État partie le juge approprié.

2. Tout État partie prend également les mesures nécessaires pour établir sa compétence aux fins de connaître d'un crime de disparition forcée quand l'auteur présumé de l'infraction se trouve sur tout territoire sous sa juridiction, sauf si ledit État l'extrade, ou le remet à un autre État conformément à ses obligations internationales ou à une juridiction pénale internationale dont il a reconnu la compétence.
3. La présente Convention n'écarte aucune compétence pénale supplémentaire exercée conformément aux lois nationales.

Article 10

1. S'il estime que les circonstances le justifient, après avoir examiné les renseignements dont il dispose, tout État partic sur le territoire duquel se trouve une personne soupçonnée d'avoir commis un crime de disparition forcée assure la détention de cette personne ou prend toutes autres mesures juridiques nécessaires pour s'assurer de sa présence. Cette détention et ces mesures doivent être conformes à la législation dudit État partie ; elles ne peuvent être maintenues que pendant le délai nécessaire pour s'assurer de sa présence lors des procédures pénales, de remise ou d'extradition.
2. L'État partie qui a pris les mesures visées au paragraphe 1 du présent article procède immédiatement à une enquête préliminaire ou à des investigations en vue d'établir les faits. Il informe les États parties visés au paragraphe 1 de l'article 9 des mesures qu'il a prises en application du paragraphe 1 du présent article, notamment la détention et les circonstances qui la justifient, et des conclusions de son enquête préliminaire ou de ses investigations, en leur indiquant s'il entend exercer sa compétence.
3. Toute personne détenue en application du paragraphe 1 du présent article peut communiquer immédiatement avec le plus proche représentant qualifié de l'État dont elle a la nationalité ou, s'il s'agit d'une personne apatride, avec le représentant de l'État où elle réside habituellement.

Article 11

1. L'État partie sur le territoire sous la juridiction duquel l'auteur présumé d'un crime de disparition forcée est découvert, s'il n'extrade pas ce dernier, ou ne le remet pas à un autre État conformément à ses obligations internationales ou à une juridiction pénale internationale dont il a reconnu la compétence, soumet l'affaire à ses autorités compétentes pour l'exercice de l'action pénale.
2. Ces autorités prennent leur décision dans les mêmes conditions que pour toute infraction de droit commun de caractère grave en vertu du droit de cet État partie. Dans les cas visés au paragraphe 2 de l'article 9, les règles de preuve qui s'appliquent aux poursuites et à la condamnation ne sont en aucune façon moins rigoureuses que celles qui s'appliquent dans les cas visés au paragraphe 1 dudit article.
3. Toute personne poursuivie en relation avec un crime de disparition forcée bénéficie de la garantie d'un traitement équitable à tous les stades de la procédure. Toute personne jugée pour un crime de disparition forcée bénéficie d'un procès équitable devant une cour ou un tribunal compétent, indépendant et impartial, établi par la loi.

Article 12

1. Tout État partie assure à quiconque alléguant qu'une personne a été victime d'une disparition forcée le droit de dénoncer les faits devant les autorités compétentes, lesquelles examinent rapidement et impartialement l'allégation et, le cas échéant, procèdent sans délai à une enquête approfondie et impartiale. Des mesures appropriées sont prises, le cas échéant, pour assurer la protection du plaignant, des témoins, des proches de la personne disparue et de leurs défenseurs ainsi que de ceux qui participent à l'enquête contre tout mauvais traitement ou toute intimidation en raison de la plainte déposée ou de toute déposition faite.
2. Lorsqu'il existe des motifs raisonnables de croire qu'une personne a été victime d'une disparition forcée, les autorités visées au paragraphe 1 du présent article

ouvrent une enquête, même si aucune plainte n'a été officiellement déposée.

3. Tout État partie veille à ce que les autorités visées au paragraphe 1 du présent article :

a) Disposent des pouvoirs et des ressources nécessaires pour mener l'enquête à bien, y compris l'accès à la documentation et à d'autres informations pertinentes pour leur enquête ;

b) Aient accès, si nécessaire avec l'autorisation préalable d'une juridiction qui statue le plus rapidement possible, à tout lieu de détention et à tout autre lieu où il y a des motifs raisonnables de croire que la personne disparue est présente.

4. Tout État partie prend les mesures nécessaires pour prévenir et sanctionner les actes qui entravent le déroulement de l'enquête. Il s'assure notamment que les personnes soupçonnées d'avoir commis un crime de disparition forcée ne sont pas en mesure d'influer sur le cours de l'enquête par des pressions ou des actes d'intimidation ou de représailles exercés sur le plaignant, les témoins, les proches de la personne disparue et leurs défenseurs ainsi que sur ceux qui participent à l'enquête.

Article 13

1. Pour les besoins de l'extradition entre États parties, le crime de disparition forcée n'est pas considéré comme une infraction politique, une infraction connexe à une infraction politique ou une infraction inspirée par des mobiles politiques. En conséquence, une demande d'extradition fondée sur une telle infraction ne peut être refusée pour ce seul motif.

2. Le crime de disparition forcée est de plein droit compris au nombre des infractions donnant lieu à extradition dans tout traité d'extradition conclu entre des États parties avant l'entrée en vigueur de la présente Convention.

3. Les États parties s'engagent à inclure le crime de disparition forcée au nombre des infractions qui justifient l'extradition dans tout traité d'extradition à conclure par la suite entre eux.

4. Tout État partie qui assujettit l'extradition à l'existence d'un traité peut, s'il reçoit une demande d'extradition d'un autre État partie auquel il n'est pas lié par un traité, considérer la présente Convention comme la base juridique de l'extradition en ce qui concerne l'infraction de disparition forcée.
5. Les État parties qui n'assujettissent pas l'extradition à l'existence d'un traité reconnaissent le crime de disparition forcée comme susceptible d'extradition entre eux.
6. L'extradition est, dans tous les cas, subordonnée aux conditions prévues par le droit de l'État partie requis ou par les traités d'extradition applicables, y compris, notamment, aux conditions concernant la peine minimale requise pour extrader et aux motifs pour lesquels l'État partie requis peut refuser l'extradition ou l'assujettir à certaines conditions.
7. Aucune disposition de la présente Convention ne doit être interprétée comme faisant obligation à l'État partie requis d'extrader s'il y a de sérieuses raisons de penser que la demande a été présentée aux fins de poursuivre ou de punir une personne en raison de son sexe, de sa race, de sa religion, de sa nationalité, de son origine ethnique, de ses opinions politiques ou de son appartenance à un certain groupe social, ou que donner suite à cette demande causerait un préjudice à cette personne pour l'une quelconque de ces raisons.

Article 14

1. Les États parties s'accordent l'entraide judiciaire la plus large possible dans toute procédure pénale relative à un crime de disparition forcée, y compris en ce qui concerne la communication de tous les éléments de preuve dont ils disposent et qui sont nécessaires aux fins de la procédure.
2. Cette entraide judiciaire est subordonnée aux conditions prévues par le droit interne de l'État partie requis ou par les traités d'entraide judiciaire applicables, y compris, notamment, concernant les motifs pour lesquels l'État partie requis peut refuser d'accorder l'entraide judiciaire ou la soumettre à des conditions.

Article 15

Les États parties coopèrent entre eux et s'accordent l'entraide la plus large possible pour porter assistance aux victimes de disparition forcée ainsi que dans la recherche, la localisation et la libération des personnes disparues et, en cas de décès, dans l'exhumation, l'identification des personnes disparues et la restitution de leurs restes.

Article 16

1. Aucun État partie n'expulse, ne refoule, ne remet ni n'extrade une personne vers un autre État s'il y a des motifs sérieux de croire qu'elle risque d'être victime d'une disparition forcée.
2. Pour déterminer s'il y a de tels motifs, les autorités compétentes tiennent compte de toutes les considérations pertinentes, y compris, le cas échéant, de l'existence, dans l'État concerné, d'un ensemble de violations systématiques graves, flagrantes ou massives des droits de l'homme ou de violations graves du droit international humanitaire.

Article 17

1. Nul ne sera détenu en secret.
2. Sans préjudice des autres obligations internationales de l'État partie en matière de privation de liberté, tout État partie, dans sa législation :

a) Détermine les conditions dans lesquelles les ordres de privation de liberté peuvent être donnés ;

b) Désigne les autorités habilitées à ordonner des privations de liberté ;

c) Garantit que toute personne privée de liberté sera placée uniquement dans des lieux de privation de liberté officiellement reconnus et contrôlés ;

d) Garantit que toute personne privée de liberté sera autorisée à communiquer avec sa famille, son conseil ou toute autre personne de son choix, et à recevoir leur visite, sous la seule réserve des conditions établies par la loi, et, s'il s'agit d'un étranger, à communiquer avec ses autorités consulaires, conformément au droit international applicable ;

e) Garantit l'accès aux lieux de privation de liberté de toute autorité et institution compétentes habilitées par la loi, si nécessaire avec l'autorisation préalable d'une autorité judiciaire ;
f) Garantit à toute personne privée de liberté et, en cas de soupçon de disparition forcée, la personne privée de liberté se trouvant dans l'incapacité de l'exercer elle-même, à toute personne ayant un intérêt légitime, par exemple les proches de la personne privée de liberté, leurs représentants ou leurs avocats, en toutes circonstances, le droit d'introduire un recours devant un tribunal afin que celui-ci statue à bref délai sur la légalité de la privation de liberté et ordonne la libération si cette privation de liberté est illégale.
3. Tout État partie s'assure de l'établissement et de la tenue à jour d'un ou de plusieurs registres officiels et/ou dossiers officiels des personnes privées de liberté, qui sont, sur demande, rapidement mis à la disposition de toute autorité judiciaire ou de toute autre autorité ou institution compétente habilitée par la législation de l'État partie concerné ou par tout instrument juridique international pertinent auquel l'État concerné est partie. Parmi les informations figurent au moins :
a) L'identité de la personne privée de liberté ;
b) La date, l'heure et l'endroit où la personne a été privée de liberté et l'autorité qui a procédé à la privation de liberté ;
c) L'autorité ayant décidé la privation de liberté et les motifs de la privation de liberté ;
d) L'autorité contrôlant la privation de liberté ;
e) Le lieu de privation de liberté, la date et l'heure de l'admission dans le lieu de privation de liberté et l'autorité responsable du lieu de privation de liberté ;
f) Les éléments relatifs à l'état de santé de la personne privée de liberté ;
g) En cas de décès pendant la privation de liberté, les circonstances et les causes du décès et la destination des restes de la personne décédée ;

h) La date et l'heure de la libération ou du transfert vers un autre lieu de détention, la destination et l'autorité chargée du transfert.

Article 18

1. Sous réserve des articles 19 et 20, tout État partie garantit à toute personne ayant un intérêt légitime pour cette information, par exemple les proches de la personne privée de liberté, leurs représentants ou leurs avocats, un accès au moins aux informations suivantes :
a) L'autorité ayant décidé la privation de liberté ;
b) La date, l'heure et le lieu de la privation de liberté et de l'admission dans le lieu de privation de liberté ;
c) L'autorité contrôlant la privation de liberté ;
d) Le lieu où se trouve la personne privée de liberté, y compris, en cas de transfert vers un autre lieu de privation de liberté, la destination et l'autorité responsable du transfert ;
e) La date, l'heure et le lieu de libération ;
f) Les éléments relatifs à l'état de santé de la personne privée de liberté ;
g) En cas de décès pendant la privation de liberté, les circonstances et causes du décès et la destination des restes de la personne décédée.
2. Des mesures appropriées sont prises, le cas échéant, pour assurer la protection des personnes visées au paragraphe 1 du présent article, ainsi que de celles qui participent à l'enquête, contre tout mauvais traitement, toute intimidation ou toute sanction en raison de la recherche d'informations concernant une personne privée de liberté.

Article 19

1. Les informations personnelles, y compris les données médicales ou génétiques, qui sont collectées et/ou transmises dans le cadre de la recherche d'une personne disparue ne peuvent pas être utilisées ou mises à disposition à d'autres fins que celle de la recherche de la personne disparue. Cela est sans préjudice de l'utilisation de ces informations dans des procédures pénales concernant

un crime de disparition forcée et de l'exercice du droit d'obtenir réparation.
2. La collecte, le traitement, l'utilisation et la conservation d'informations personnelles, y compris les données médicales ou génétiques, ne doivent pas transgresser ou avoir pour effet de transgresser les droits de l'homme, les libertés fondamentales et la dignité de la personne humaine.

Article 20

1. Seulement dans le cas où une personne est sous la protection de la loi et où la privation de liberté est sous contrôle judiciaire, le droit aux informations prévues à l'article 18 peut être limité à titre exceptionnel, dans la stricte mesure où la situation l'exige et où la loi le prévoit, et si la transmission des informations porte atteinte à la vie privée ou à la sécurité de la personne ou entrave le bon déroulement d'une enquête criminelle ou pour d'autres raisons équivalentes prévues par la loi, et conformément au droit international applicable et aux objectifs de la présente Convention. En aucun cas, ces restrictions au droit aux informations prévues à l'article 18 ne peuvent être admises si elles constituent un comportement défini à l'article 2 ou une violation du paragraphe 1 de l'article 17.
2. Sans préjudice de l'examen de la légalité de la privation de liberté d'une personne, l'État partie garantit aux personnes visées au paragraphe 1 de l'article 18 le droit à un recours judiciaire prompt et effectif pour obtenir à bref délai les informations visées dans ce paragraphe. Ce droit à un recours ne peut être suspendu ou limité en aucune circonstance.

Article 21

Tout État partie prend les mesures nécessaires pour que la remise en liberté d'une personne se déroule selon des modalités qui permettent de vérifier avec certitude qu'elle a été effectivement libérée. Tout État partie prend également les mesures nécessaires pour assurer l'intégrité physique et le plein exercice de ses droits à toute personne au moment de sa remise en liberté, sans préjudice des obligations auxquelles elle peut être assujettie en vertu de la loi nationale.

Article 22

Sans préjudice de l'article 6, tout État partie prend les mesures nécessaires pour prévenir et sanctionner les agissements suivants :

a) L'entrave ou l'obstruction aux recours visés à l'alinéa f du paragraphe 2 de l'article 17 et au paragraphe 2 de l'article 20 ;

b) Le manquement à l'obligation d'enregistrement de toute privation de liberté, ainsi que l'enregistrement de toute information dont l'agent responsable du registre officiel connaissait ou aurait dû connaître l'inexactitude ;

c) Le refus de fournir des informations sur une privation de liberté ou la fourniture d'informations inexactes, alors même que les conditions légales pour fournir ces informations sont réunies.

Article 23

1. Tout État partie veille à ce que la formation du personnel militaire ou civil chargé de l'application des lois, du personnel médical, des agents de la fonction publique et des autres personnes qui peuvent intervenir dans la garde ou le traitement de toute personne privée de liberté puisse inclure l'enseignement et l'information nécessaires concernant les dispositions pertinentes de la présente Convention, en vue de :

a) Prévenir l'implication de ces agents dans des disparitions forcées ;

b) Souligner l'importance de la prévention et des enquêtes en matière de disparition forcée ;

c) Veiller à ce que l'urgence de la résolution des cas de disparition forcée soit reconnue.

2. Tout État partie veille à ce que soient interdits les ordres ou instructions prescrivant, autorisant ou encourageant une disparition forcée. Tout État partie garantit qu'une

personne refusant de se conformer à un tel ordre ne sera pas sanctionnée.
3. Tout État partie prend les mesures nécessaires pour que les personnes visées au paragraphe 1 du présent article qui ont des raisons de penser qu'une disparition forcée s'est produite ou est projetée signalent le cas à leurs supérieurs et, au besoin, aux autorités ou instances de contrôle ou de recours compétentes.

Article 24

1. Aux fins de la présente Convention, on entend par « victime » la personne disparue et toute personne physique ayant subi un préjudice direct du fait d'une disparition forcée.
2. Toute victime a le droit de savoir la vérité sur les circonstances de la disparition forcée, le déroulement et les résultats de l'enquête et le sort de la personne disparue. Tout État partie prend les mesures appropriées à cet égard.
3. Tout État partie prend toutes les mesures appropriées pour la recherche, la localisation et la libération des personnes disparues et, en cas de décès, pour la localisation, le respect et la restitution de leurs restes.
4. Tout État partie garantit, dans son système juridique, à la victime d'une disparition forcée le droit d'obtenir réparation et d'être indemnisée rapidement, équitablement et de manière adéquate.
5. Le droit d'obtenir réparation visé au paragraphe 4 du présent article couvre les dommages matériels et moraux ainsi que, le cas échéant, d'autres formes de réparation telles que :
a) La restitution ;
b) La réadaptation ;
c) La satisfaction, y compris le rétablissement de la dignité et de la réputation ;
d) Des garanties de non-répétition.
6. Sans préjudice de l'obligation de poursuivre l'enquête jusqu'à l'élucidation du sort de la personne disparue, tout État partie prend les dispositions appropriées concernant la situation légale des personnes disparues dont le sort

n'est pas élucidé et de leurs proches, notamment dans des domaines tels que la protection sociale, les questions financières, le droit de la famille et les droits de propriété.
7. Tout État partie garantit le droit de former des organisations et des associations ayant pour objet de contribuer à l'établissement des circonstances de disparitions forcées et du sort des personnes disparues ainsi qu'à l'assistance aux victimes de disparition forcée, et de participer librement à de telles organisations ou associations.

Article 25

1. Tout État partie prend les mesures nécessaires pour prévenir et réprimer pénalement :
a) La soustraction d'enfants soumis à une disparition forcée ou dont le père, la mère ou le représentant légal sont soumis à une disparition forcée, ou d'enfants nés pendant la captivité de leur mère soumise à une disparition forcée ;
b) La falsification, la dissimulation ou la destruction de documents attestant la véritable identité des enfants visés à l'alinéa a ci-dessus.
2. Tout État partie prend les mesures nécessaires pour rechercher et identifier les enfants visés à l'alinéa a du paragraphe 1 du présent article et les rendre à leur famille d'origine, conformément aux procédures légales et aux accords internationaux applicables.
3. Les États parties se prêtent mutuellement assistance dans la recherche et l'identification des enfants visés à l'alinéa a du paragraphe 1 du présent article ainsi que la détermination du lieu où ils se trouvent.
4. Compte tenu de la nécessité de préserver l'intérêt supérieur des enfants visés à l'alinéa a du paragraphe 1 du présent article et leur droit à préserver et à voir rétablie leur identité, y compris leur nationalité, leur nom et leurs liens familiaux reconnus par la loi, dans les États parties qui reconnaissent le système d'adoption ou d'autres formes de placement d'enfants, des procédures légales doivent exister, qui visent à réviser la procédure d'adoption ou de placement d'enfants et, le cas échéant, à annuler toute

adoption ou placement d'enfants qui trouve son origine dans une disparition forcée.
5. En toutes circonstances, et en particulier pour tout ce qui a trait au présent article, l'intérêt supérieur de l'enfant est une considération primordiale, et l'enfant qui est capable de discernement a le droit d'exprimer librement son opinion, laquelle est dûment prise en compte eu égard à son âge et à son degré de maturité.

Deuxième partie

Article 26

1. Pour la mise en œuvre des dispositions de la présente Convention, il est institué un Comité des disparitions forcées (ci-après dénommé « le Comité »), composé de dix experts de haute moralité, possédant une compétence reconnue dans le domaine des droits de l'homme, indépendants, siégeant à titre personnel et agissant en toute impartialité. Les membres du Comité seront élus par les États parties selon une répartition géographique équitable. Il sera tenu compte de l'intérêt que présente la participation aux travaux du Comité de personnes ayant une expérience juridique pertinente et d'une répartition équilibrée entre hommes et femmes au sein du Comité.
2. L'élection se fait au scrutin secret sur une liste de candidats désignés par les États parties parmi leurs ressortissants, au cours de réunions biennales des États parties convoquées à cet effet par le Secrétaire général de l'Organisation des Nations unies. À ces réunions, où le quorum est constitué par les deux tiers des États parties, sont élus membres du Comité les candidats qui obtiennent le plus grand nombre de voix et la majorité absolue des votes des représentants des États parties présents et votants.
3. La première élection aura lieu au plus tard six mois après la date d'entrée en vigueur de la présente Convention. Quatre mois avant la date de chaque élection, le Secrétaire général de l'Organisation des Nations unies envoie une lettre aux États parties pour les inviter à présenter des

candidatures dans un délai de trois mois. Le Secrétaire général dresse la liste alphabétique des candidats ainsi désignés, indiquant, pour chaque candidat, l'État partie qui le présente. Il communique cette liste à tous les États parties.

4. Les membres du Comité sont élus pour quatre ans. Ils sont rééligibles une fois. Toutefois, le mandat de cinq des membres élus lors de la première élection prend fin au bout de deux ans ; immédiatement après la première élection, les noms de ces cinq personnes sont tirés au sort par le président de la réunion visée au paragraphe 2 du présent article.

5. Si un membre du Comité décède, se démet de ses fonctions ou n'est plus en mesure pour quelque autre raison de s'acquitter de ses attributions au Comité, l'État partie qui l'a désigné nomme, dans le respect des critères prévus au paragraphe 1 du présent article, un autre candidat parmi ses ressortissants pour siéger au Comité pour la partie du mandat restant à courir, sous réserve de l'approbation de la majorité des États parties. Cette approbation est considérée comme acquise à moins que la moitié des États parties ou davantage n'émettent une opinion défavorable dans un délai de six semaines à compter du moment où ils ont été informés par le Secrétaire général de l'Organisation des Nations unies de la nomination proposée.

6. Le Comité établit son règlement intérieur.

7. Le Secrétaire général de l'Organisation des Nations unies met à la disposition du Comité le personnel et les moyens matériels qui lui sont nécessaires pour s'acquitter efficacement de ses fonctions. Le Secrétaire général convoque les membres du Comité pour la première réunion.

8. Les membres du Comité ont droit aux facilités, privilèges et immunités reconnus aux experts en mission pour l'Organisation des Nations unies, tels qu'ils sont énoncés dans les sections pertinentes de la Convention sur les privilèges et immunités des Nations unies.

9. Tout État partie s'engage à coopérer avec le Comité et à assister ses membres dans l'exercice de leur mandat, dans la limite des fonctions du Comité qu'il a acceptées.

Article 27

Une conférence des États parties se réunira au plus tôt quatre ans et au plus tard six ans après l'entrée en vigueur de la présente Convention pour évaluer le fonctionnement du Comité et décider, selon les modalités prévues au paragraphe 2 de l'article 44, s'il y a lieu de confier à une autre instance – sans exclure aucune éventualité – le suivi de la présente Convention avec les attributions définies aux articles 28 à 36.

Article 28

1. Dans le cadre des compétences que lui confère la présente Convention, le Comité coopère avec tous les organes, bureaux, institutions spécialisées et fonds appropriés des Nations unies, les comités conventionnels institués par des instruments internationaux, les procédures spéciales des Nations unies, les organisations ou institutions régionales intergouvernementales concernées, ainsi qu'avec toutes les institutions, agences et bureaux nationaux pertinents qui travaillent à la protection de toutes les personnes contre les disparitions forcées.
2. Dans le cadre de ses fonctions, le Comité consulte d'autres comités conventionnels institués par les instruments de droits de l'homme pertinents, en particulier le Comité des droits de l'homme institué par le Pacte international relatif aux droits civils et politiques, en vue d'assurer la cohérence de leurs observations et recommandations respectives.

Article 29

1. Tout État partie présente au Comité, par l'entremise du Secrétaire général de l'Organisation des Nations unies, un rapport sur les mesures qu'il a prises pour donner effet à ses obligations au titre de la présente Convention, dans un délai de deux ans à compter de l'entrée en vigueur de la Convention pour l'État partie concerné.

2. Le Secrétaire général de l'Organisation des Nations unies met le rapport à la disposition de tous les États parties.
3. Chaque rapport est étudié par le Comité, qui peut faire les commentaires, observations ou recommandations qu'il estime appropriés. L'État partie concerné reçoit communication des commentaires, observations ou recommandations, auxquels il peut répondre, de sa propre initiative ou à la demande du Comité.
4. Le Comité peut aussi demander aux États parties des renseignements complémentaires sur la mise en application de la présente Convention.

Article 30

1. Le Comité peut être saisi, en urgence, par les proches d'une personne disparue, leurs représentants légaux, leurs avocats ou toute personne mandatée par eux, ainsi que toute autre personne ayant un intérêt légitime, d'une demande visant à chercher et retrouver une personne disparue.
2. Si le Comité estime que la demande d'action en urgence présentée en vertu du paragraphe 1 du présent article :
a) N'est pas manifestement dépourvue de fondement,
b) Ne constitue pas un abus du droit de présenter de telles demandes,
c) A été préalablement et dûment présentée aux organes compétents de l'État partie concerné, tels que les autorités habilitées à procéder à des investigations, quand une telle possibilité existe,
d) N'est pas incompatible avec les dispositions de la présente Convention, et
e) N'est pas déjà en cours d'examen devant une autre instance internationale d'enquête ou de règlement de même nature,
il demande à l'État partie concerné de lui fournir, dans un délai qu'il fixe, des renseignements sur la situation de la personne recherchée.
3. Au vu de l'information fournie par l'État partie concerné conformément au paragraphe 2 du présent article, le Comité peut transmettre des recommandations à l'État

partie incluant une requête lui demandant de prendre toutes les mesures nécessaires, y compris conservatoires, pour localiser et protéger la personne recherchée conformément à la présente Convention et d'informer le Comité, dans un délai déterminé, des mesures qu'il prend, en tenant compte de l'urgence de la situation. Le Comité informe la personne ayant soumis la demande d'action urgente de ses recommandations et des informations qui lui ont été transmises par l'État partie lorsque celles-ci sont disponibles.

4. Le Comité poursuit ses efforts pour travailler avec l'État partie concerné tant que le sort de la personne recherchée n'est pas élucidé. Il tient le requérant informé.

Article 31

1. Tout État partie peut déclarer, au moment de la ratification de la présente Convention ou ultérieurement, qu'il reconnaît la compétence du Comité pour recevoir et examiner des communications présentées par des personnes ou pour le compte de personnes relevant de sa juridiction qui se plaignent d'être victimes d'une violation, par cet État partie, des dispositions de la présente Convention. Le Comité ne reçoit aucune communication intéressant un État partie qui n'a pas fait une telle déclaration.

2. Le Comité déclare irrecevable toute communication si :

a) Elle est anonyme ;

b) Elle constitue un abus du droit de présenter de telles communications ou est incompatible avec les dispositions de la présente Convention ;

c) Elle est en cours d'examen devant une autre instance internationale d'enquête ou de règlement de même nature ; ou si

d) Tous les recours internes efficaces disponibles n'ont pas été épuisés. Cette règle ne s'applique pas si les procédures de recours excèdent des délais raisonnables.

3. Si le Comité considère que la communication répond aux conditions requises au paragraphe 2 du présent article, il transmet la communication à l'État partie concerné,

lui demandant de fournir, dans le délai qu'il fixe, ses observations ou commentaires.

4. Après réception d'une communication, et avant de prendre une décision sur le fond, le Comité peut à tout moment soumettre à l'urgente attention de l'État partie concerné une demande tendant à ce qu'il prenne les mesures conservatoires nécessaires pour éviter qu'un dommage irréparable ne soit causé aux victimes de la violation présumée. L'exercice, par le Comité, de cette faculté ne préjuge pas de la recevabilité ou de l'examen au fond de la communication.

5. Le Comité tient ses séances à huis clos lorsqu'il examine les communications prévues au présent article. Il informe l'auteur de la communication des réponses fournies par l'État partie concerné. Lorsque le Comité décide de finaliser la procédure, il fait part de ses constatations à l'État partie et à l'auteur de la communication.

Article 32

Tout État partie à la présente Convention peut déclarer, à tout moment, qu'il reconnaît la compétence du Comité pour recevoir et examiner des communications par lesquelles un État partie prétend qu'un autre État partie ne s'acquitte pas de ses obligations au titre de la présente Convention. Le Comité ne reçoit aucune communication concernant un État partie qui n'a pas fait une telle déclaration, ni aucune communication émanant d'un État partie qui n'a pas fait une telle déclaration.

Article 33

1. Si le Comité est informé, par des renseignements crédibles, qu'un État partie porte gravement atteinte aux dispositions de la présente Convention, il peut, après consultation de l'État partie concerné, demander à un ou plusieurs de ses membres d'effectuer une visite et de l'informer sans retard.

2. Le Comité informe par écrit l'État partie concerné de son intention de procéder à une visite, indiquant la

composition de la délégation et l'objet de la visite. L'État partie donne sa réponse dans un délai raisonnable.

3. Sur demande motivée de l'État partie, le Comité peut décider de différer ou d'annuler sa visite.

4. Si l'État partie donne son accord à la visite, le Comité et l'État partie concerné coopèrent pour définir les modalités de la visite, et l'État partie fournit au Comité toutes les facilités nécessaires à l'accomplissement de cette visite.

5. À la suite de la visite, le Comité communique à l'État partie concerné ses observations et recommandations.

Article 34

Si le Comité reçoit des informations qui lui semblent contenir des indications fondées selon lesquelles la disparition forcée est pratiquée de manière généralisée ou systématique sur le territoire relevant de la juridiction d'un État partie, et après avoir recherché auprès de l'État partie concerné toute information pertinente sur cette situation, il peut porter la question, en urgence, à l'attention de l'Assemblée générale des Nations unies, par l'intermédiaire du Secrétaire général de l'Organisation des Nations unies.

Article 35

1. Le Comité n'est compétent qu'à l'égard des disparitions forcées ayant débuté postérieurement à l'entrée en vigueur de la présente Convention.

2. Si un État devient partie à la présente Convention après l'entrée en vigueur de celle-ci, ses obligations vis-à-vis du Comité ne concernent que les disparitions forcées ayant débuté postérieurement à l'entrée en vigueur de la présente Convention à son égard.

Article 36

1. Le Comité présente aux États parties et à l'Assemblée générale des Nations unies un rapport annuel sur les activités qu'il aura entreprises en application de la présente Convention.

2. La publication, dans le rapport annuel, d'une observation concernant un État partie doit être préalablement annoncée audit État partie, qui dispose d'un délai

raisonnable de réponse et pourra demander la publication de ses propres commentaires ou observations dans le rapport.

Troisième partie

Article 37

Aucune des dispositions de la présente Convention ne porte atteinte aux dispositions plus favorables à la protection de toutes les personnes contre les disparitions forcées qui peuvent figurer :

a) Dans la législation d'un État partie ; ou
b) Dans le droit international en vigueur pour cet État.

Article 38

1. La présente Convention est ouverte à la signature de tout État Membre de l'Organisation des Nations unies.
2. La présente Convention est soumise à la ratification de tout État Membre de l'Organisation des Nations unies. Les instruments de ratification seront déposés auprès du Secrétaire général de l'Organisation.
3. La présente Convention est ouverte à l'adhésion de tout État Membre de l'Organisation des Nations unies. L'adhésion se fera par le dépôt d'un instrument d'adhésion auprès du Secrétaire général de l'Organisation.

Article 39

1. La présente Convention entrera en vigueur le trentième jour après la date du dépôt auprès du Secrétaire général de l'Organisation des Nations unies du vingtième instrument de ratification ou d'adhésion.
2. Pour tout État qui ratifiera la présente Convention ou y adhérera après le dépôt du vingtième instrument de ratification ou d'adhésion, la présente Convention entrera en vigueur le trentième jour après la date du dépôt par cet État de son instrument de ratification ou d'adhésion.

Article 40

Le Secrétaire général de l'Organisation des Nations unies notifiera à tous les États Membres de l'Organisation et à tous les États qui auront signé la présente Convention ou y auront adhéré :

a) Les signatures, les ratifications et les adhésions reçues en application de l'article 38 ;

b) La date d'entrée en vigueur de la présente Convention en application de l'article 39.

Article 41

Les dispositions de la présente Convention s'appliquent, sans limitation ni exception aucune, à toutes les unités constitutives des États fédéraux.

Article 42

1. Tout différend entre deux ou plusieurs États parties concernant l'interprétation ou l'application de la présente Convention qui n'est pas réglé par voie de négociation ou au moyen des procédures expressément prévues par la présente Convention est soumis à l'arbitrage, à la demande de l'un d'entre eux. Si, dans les six mois qui suivent la date de la demande d'arbitrage, les parties ne parviennent pas à se mettre d'accord sur l'organisation de l'arbitrage, l'une quelconque d'entre elles peut soumettre le différend à la Cour internationale de justice, en déposant une requête conformément au Statut de la Cour.

2. Tout État partie pourra, au moment où il signera la présente Convention, la ratifiera ou y adhérera, déclarer qu'il ne se considère pas lié par les dispositions du paragraphe 1 du présent article. Les autres États parties ne seront pas liés par lesdites dispositions envers un État partie qui aura formulé une telle déclaration.

3. Tout État partie qui aura formulé une déclaration conformément aux dispositions du paragraphe 2 du présent article pourra à tout moment retirer cette déclaration par une notification adressée au Secrétaire général de l'Organisation des Nations unies.

Article 43

La présente Convention est sans préjudice des dispositions du droit international humanitaire, y compris les obligations des Hautes Parties contractantes aux quatre

Conventions de Genève du 12 août 1949 et aux deux Protocoles additionnels du 8 juin 1977 s'y rapportant, ou de la possibilité qu'a tout État d'autoriser le Comité international de la Croix-Rouge à visiter les lieux de détention dans les cas non prévus par le droit international humanitaire.

Article 44

1. Tout État partie à la présente Convention peut proposer un amendement et déposer sa proposition auprès du Secrétaire général de l'Organisation des Nations unies. Le Secrétaire général communique la proposition d'amendement aux États parties à la présente Convention en leur demandant de lui faire savoir s'ils sont favorables à l'organisation d'une conférence d'États parties en vue de l'examen de la proposition et de sa mise aux voix. Si, dans les quatre mois qui suivent la date d'une telle communication, le tiers au moins des États parties se prononce en faveur de la tenue de ladite conférence, le Secrétaire général organise la conférence sous les auspices de l'Organisation des Nations unies.
2. Tout amendement adopté à la majorité des deux tiers des États parties présents et votants à la conférence est soumis par le Secrétaire général de l'Organisation des Nations unies à l'acceptation de tous les États parties.
3. Un amendement adopté selon les dispositions du paragraphe 1 du présent article entre en vigueur lorsque les deux tiers des États parties à la présente Convention l'ont accepté, conformément à la procédure prévue par leurs constitutions respectives.
4. Lorsque les amendements entrent en vigueur, ils ont force obligatoire pour les États parties qui les ont acceptés, les autres États parties demeurant liés par les dispositions de la présente Convention et par tout amendement antérieur qu'ils auraient accepté.

Article 45

1. La présente Convention, dont les textes anglais, arabe, chinois, espagnol, français et russe font également foi, sera

déposée auprès du Secrétaire général de l'Organisation des Nations unies.

2. Le Secrétaire général de l'Organisation des Nations unies fera tenir une copie certifiée conforme de la présente Convention à tous les États visés à l'article 38.

Déclarations

La France a soumis les déclarations en vertu des articles 31 et 32 de la Convention au travers desquelles elle accepte la compétence du Comité des disparitions forcées pour recevoir et examiner les communications individuelles la concernant ainsi que les communications interétatiques.

Texte 16 – Statut de Rome de la Cour pénale internationale, 1998 (extraits)

Le Statut de Rome de la Cour pénale internationale a été adopté le 17 juillet 1998 par la conférence diplomatique de plénipotentiaires des Nations unies sur la création d'une cour criminelle internationale. Il est entré en vigueur le 1er juillet 2002. Il lie 123 États parties, dont la Palestine depuis le 1er janvier 2015. La France l'a signé le 18 juillet 1998 et ratifié le 9 juillet 2000, à la suite de la révision constitutionnelle du 8 juillet 1999.

La Cour pénale internationale (CPI) est compétente à l'égard des crimes de guerre, des crimes de génocide et des crimes contre l'humanité. Elle exercera sa compétence à l'égard du crime d'agression lorsque l'amendement adopté lors de la conférence de révision de Kampala en 2010 sera entré en vigueur. C'est une nouvelle Assemblée des États parties qui devra en décider, à partir du 1er janvier 2017, lorsque

30 ratifications seront intervenues. La Suisse a été le 24e État partie à ratifier l'amendement, le 11 octobre 2015.

La France qui avait formulé la déclaration prévue à l'article 124, ayant pour effet de suspendre la compétence de la Cour pour les crimes de guerre pendant une période de sept ans à compter de l'entrée en vigueur, a levé cette déclaration en 2008. Par ailleurs, si la France a pu adopter, à l'initiative du sénateur Robert Badinter, une loi permettant la coopération avec la CPI, il a fallu attendre la loi d'adaptation du droit pénal à l'institution de la CPI du 9 août 2010 pour voir transposées en droit interne les incriminations du Statut de Rome. Cette loi a été déclarée conforme à la Constitution par une décision du Conseil constitutionnel du 5 août 2010, mais ses limitations pratiques en matière de compétence universelle ont été soulignées par la CNCDH dans de nombreux avis.

Bibliographie

Ascensio Hervé, Emmanuel Decaux et Alain Pellet (dir.), *Droit international pénal*, Pedone, 2e éd., 2012.

Bourdon William et Duverger Emmanuelle, *La Cour pénale internationale. Le statut de Rome*, Éd. du Seuil, 2000.

Cassese Antonio, Gaeta Paola, Jones John(eds), *The Rome Statute of the International Criminal Court: A Commentary*, Oxford University Press, 2002.

Fernandez Julian et Pacreau Xavier (dir.), *Statut de Rome de la Cour pénale internationale. Commentaire article par article*, 2 vol., Pedone, 2012.

Schabas William, *An Introduction to the International Criminal Court*, Cambridge University Press, 4e éd., 2011.

Schabas William, *The International Criminal Court: A Commentary of the Rome Statute*, Oxford University Press, 2010.

Les États parties au présent Statut,
Conscients que tous les peuples sont unis par des liens étroits et que leurs cultures forment un patrimoine commun, et soucieux du fait que cette mosaïque délicate puisse être brisée à tout moment,
Ayant à l'esprit qu'au cours de ce siècle, des millions d'enfants, de femmes et d'hommes ont été victimes d'atrocités qui défient l'imagination et heurtent profondément la conscience humaine,
Reconnaissant que des crimes d'une telle gravité menacent la paix, la sécurité et le bien-être du monde,
Affirmant que les crimes les plus graves qui touchent l'ensemble de la communauté internationale ne sauraient rester impunis et que leur répression doit être effectivement assurée par des mesures prises dans le cadre national et par le renforcement de la coopération internationale,
Déterminés à mettre un terme à l'impunité des auteurs de ces crimes et à concourir ainsi à la prévention de nouveaux crimes,
Rappelant qu'il est du devoir de chaque État de soumettre à sa juridiction criminelle les responsables de crimes internationaux,
Réaffirmant les buts et principes de la Charte des Nations unies et, en particulier, que tous les États doivent s'abstenir de recourir à la menace ou à l'emploi de la force, soit contre l'intégrité territoriale ou l'indépendance politique de tout État, soit de toute autre manière incompatible avec les buts des Nations unies,
Soulignant à cet égard que rien dans le présent Statut ne peut être interprété comme autorisant un État partie à intervenir dans un conflit armé ou dans les affaires intérieures d'un autre État,
Déterminés, à ces fins et dans l'intérêt des générations présentes et futures, à créer une cour pénale internationale permanente et indépendante reliée au système des Nations unies, ayant compétence à l'égard des crimes les plus graves qui touchent l'ensemble de la communauté internationale,

Soulignant que la cour pénale internationale dont le présent Statut porte création est complémentaire des juridictions pénales nationales,
Résolus à garantir durablement le respect de la justice internationale et sa mise en œuvre,
Sont convenus de ce qui suit :

Chapitre premier – Institution de la Cour

Article premier – La Cour

Il est créé une Cour pénale internationale (la Cour) en tant qu'institution permanente, qui peut exercer sa compétence à l'égard des personnes pour les crimes les plus graves ayant une portée internationale, au sens du présent Statut. Elle est complémentaire des juridictions pénales nationales. Sa compétence et son fonctionnement sont régis par les dispositions du présent Statut. […]

Article 5 – Crimes relevant de la compétence de la Cour

1. La compétence de la Cour est limitée aux crimes les plus graves qui touchent l'ensemble de la communauté internationale. En vertu du présent Statut, la Cour a compétence à l'égard des crimes suivants :
a) Le crime de génocide ;
b) Les crimes contre l'humanité ;
c) Les crimes de guerre ;
d) Le crime d'agression.
2. La Cour exercera sa compétence à l'égard du crime d'agression quand une disposition aura été adoptée conformément aux articles 121 et 123, qui définira ce crime et fixera les conditions de l'exercice de la compétence de la Cour à son égard. Cette disposition devra être compatible avec les dispositions pertinentes de la Charte des Nations unies.

Article 6 – Crime de génocide

Aux fins du présent Statut, on entend par crime de génocide l'un quelconque des actes ci-après commis dans l'intention de détruire, en tout ou en partie, un groupe national, ethnique, racial ou religieux, comme tel :

a) Meurtre de membres du groupe ;

b) Atteinte grave à l'intégrité physique ou mentale de membres du groupe ;

c) Soumission intentionnelle du groupe à des conditions d'existence devant entraîner sa destruction physique totale ou partielle ;

d) Mesures visant à entraver les naissances au sein du groupe;

e) Transfert forcé d'enfants du groupe à un autre groupe.

Article 7 – Crimes contre l'humanité

1. Aux fins du présent Statut, on entend par crime contre l'humanité l'un quelconque des actes ci-après lorsqu'il est commis dans le cadre d'une attaque généralisée ou systématique lancée contre toute population civile et en connaissance de cette attaque :

a) Meurtre ;

b) Extermination ;

c) Réduction en esclavage ;

d) Déportation ou transfert forcé de population ;

e) Emprisonnement ou autre forme de privation grave de liberté physique en violation des dispositions fondamentales du droit international ;

f) Torture ;

g) Viol, esclavage sexuel, prostitution forcée, grossesse forcée, stérilisation forcée ou toute autre forme de violence sexuelle de gravité comparable ;

h) Persécution de tout groupe ou de toute collectivité identifiable pour des motifs d'ordre politique, racial, national, ethnique, culturel, religieux ou sexiste au sens du paragraphe 3, ou en fonction d'autres critères universellement reconnus comme inadmissibles en droit international, en corrélation avec tout acte visé dans le présent paragraphe ou tout crime relevant de la compétence de la Cour ;

i) Disparitions forcées de personnes ;

j) Crime d'apartheid ;

k) Autres actes inhumains de caractère analogue causant intentionnellement de grandes souffrances ou des atteintes graves à l'intégrité physique ou à la santé physique ou mentale.

2. Aux fins du paragraphe 1 :

a) Par « attaque lancée contre une population civile », on entend le comportement qui consiste en la commission multiple d'actes visés au paragraphe 1 à l'encontre d'une population civile quelconque, en application ou dans la poursuite de la politique d'un État ou d'une organisation ayant pour but une telle attaque ;

b) Par « extermination », on entend notamment le fait d'imposer intentionnellement des conditions de vie, telles que la privation d'accès à la nourriture et aux médicaments, calculées pour entraîner la destruction d'unc partie de la population ;

c) Par « réduction en esclavage », on entend le fait d'exercer sur une personne l'un quelconque ou l'ensemble des pouvoirs liés au droit de propriété, y compris dans le cadre de la traite des être humains, en particulier des femmes et des enfants ;

d) Par « déportation ou transfert forcé de population », on entend le fait de déplacer de force des personnes, en les expulsant ou par d'autres moyens coercitifs, de la région où elles se trouvent légalement, sans motifs admis en droit international ;

e) Par « torture », on entend le fait d'infliger intentionnellement une douleur ou des souffrances aiguës, physiques ou mentales, à une personne se trouvant sous sa garde ou sous son contrôle ; l'acception de ce terme ne s'étend pas à la douleur ou aux souffrances résultant uniquement de sanctions légales, inhérentes à ces sanctions ou occasionnées par elles ;

f) Par « grossesse forcée », on entend la détention illégale d'une femme mise enceinte de force, dans l'intention de modifier la composition ethnique d'une population ou de commettre d'autres violations graves du droit international. Cette définition ne peut en aucune manière s'interpréter

comme ayant une incidence sur les lois nationales relatives à la grossesse ;
g) Par « persécution », on entend le déni intentionnel et grave de droits fondamentaux en violation du droit international, pour des motifs liés à l'identité du groupe ou de la collectivité qui en fait l'objet ;
h) Par « crime d'apartheid », on entend des actes inhumains analogues à ceux que vise le paragraphe 1, commis dans le cadre d'un régime institutionnalisé d'oppression systématique et de domination d'un groupe racial sur tout autre groupe racial ou tous autres groupes raciaux et dans l'intention de maintenir ce régime ;
i) Par « disparitions forcées de personnes », on entend les cas où des personnes sont arrêtées, détenues ou enlevées par un État ou une organisation politique ou avec l'autorisation, l'appui ou l'assentiment de cet État ou de cette organisation, qui refuse ensuite d'admettre que ces personnes sont privées de liberté ou de révéler le sort qui leur est réservé ou l'endroit où elles se trouvent, dans l'intention de les soustraire à la protection de la loi pendant une période prolongée.
3. Aux fins du présent Statut, le terme « sexe »s'entend de l'un et l'autre sexes, masculin et féminin, suivant le contexte de la société. Il n'implique aucun autre sens.

Article 8 – Crimes de guerre

1. La Cour a compétence à l'égard des crimes de guerre, en particulier lorsque ces crimes s'inscrivent dans un plan ou une politique ou lorsqu'ils font partie d'une série de crimes analogues commis sur une grande échelle.
2. Aux fins du Statut, on entend par « crimes de guerre » :
a) Les infractions graves aux Conventions de Genève du 12 août 1949, à savoir les actes ci-après lorsqu'ils visent des personnes ou des biens protégés par les dispositions des Conventions de Genève :
i) L'homicide intentionnel,
ii) La torture ou les traitements inhumains, y compris les expériences biologiques,

iii) Le fait de causer intentionnellement de grandes souffrances ou de porter gravement atteinte à l'intégrité physique ou à la santé,
iv) La destruction et l'appropriation de biens, non justifiées par des nécessités militaires et exécutées sur une grande échelle de façon illicite et arbitraire,
v) Le fait de contraindre un prisonnier de guerre ou une personne protégée à servir dans les forces d'une puissance ennemie,
vi) Le fait de priver intentionnellement un prisonnier de guerre ou toute autre personne protégée de son droit d'être jugé régulièrement et impartialement,
vii) Les déportations ou transferts illégaux ou les détentions illégales,
viii) Les prises d'otages ;
b) Les autres violations graves des lois et coutumes applicables aux conflits armés internationaux dans le cadre établi du droit international, à savoir les actes ci-après :
i) Le fait de lancer des attaques délibérées contre la population civile en général ou contre des civils qui ne prennent pas directement part aux hostilités,
ii) Le fait de lancer des attaques délibérées contre des biens civils qui ne sont pas des objectifs militaires,
iii) Le fait de lancer des attaques délibérées contre le personnel, les installations, le matériel, les unités ou les véhicules employés dans le cadre d'une mission d'aide humanitaire ou de maintien de la paix conformément à la Charte des Nations unies, pour autant qu'ils aient droit à la protection que le droit international des conflits armés garantit aux civils et aux biens de caractère civil,
iv) Le fait de lancer une attaque délibérée en sachant qu'elle causera incidemment des pertes en vies humaines et des blessures parmi la population civile, des dommages aux biens de caractère civil ou des dommages étendus, durables et graves à l'environnement naturel qui seraient manifestement excessifs par rapport à l'ensemble de l'avantage militaire concret et direct attendu,

v) Le fait d'attaquer ou de bombarder, par quelque moyen que ce soit, des villes, villages, habitations ou bâtiments qui ne sont pas défendus et qui ne sont pas des objectifs militaires,
vi) Le fait de tuer ou de blesser un combattant qui, ayant déposé les armes ou n'ayant plus de moyens de se défendre, s'est rendu à discrétion,
vii) Le fait d'utiliser le pavillon parlementaire, le drapeau ou les insignes militaires et l'uniforme de l'ennemi ou de l'Organisation des Nations unies, ainsi que les signes distinctifs prévus par les Conventions de Genève, et, ce faisant, de causer la perte de vies humaines ou des blessures graves,
viii) Le transfert, direct ou indirect, par une puissance occupante d'une partie de sa population civile, dans le territoire qu'elle occupe, ou la déportation ou le transfert à l'intérieur ou hors du territoire occupé de la totalité ou d'une partie de la population de ce territoire,
ix) Le fait de lancer des attaques délibérées contre des bâtiments consacrés à la religion, à l'enseignement, à l'art, à la science ou à l'action caritative, des monuments historiques, des hôpitaux et des lieux où des malades ou des blessés sont rassemblés, pour autant que ces bâtiments ne soient pas alors utilisés à des fins militaires,
x) Le fait de soumettre des personnes d'une partie adverse tombées en son pouvoir à des mutilations ou à des expériences médicales ou scientifiques quelles qu'elles soient qui ne sont ni motivées par un traitement médical ni effectuées dans l'intérêt de ces personnes, et qui entraînent la mort de celles-ci ou mettent sérieusement en danger leur santé,
xi) Le fait de tuer ou de blesser par traîtrise des individus appartenant à la nation ou à l'armée ennemie,
xii) Le fait de déclarer qu'il ne sera pas fait de quartier,
xiii) Le fait de détruire ou de saisir les biens de l'ennemi, sauf dans les cas où ces destructions ou saisies seraient impérieusement commandées par les nécessités de la guerre,

xiv) Le fait de déclarer éteints, suspendus ou non recevables en justice les droits et actions des nationaux de la partie adverse,
xv) Le fait pour un belligérant de contraindre les nationaux de la partie adverse à prendre part aux opérations de guerre dirigées contre leur pays, même s'ils étaient au service de ce belligérant avant le commencement de la guerre,
xvi) Le pillage d'une ville ou d'une localité, même prise d'assaut,
xvii) Le fait d'utiliser du poison ou des armes empoisonnées,
xviii) Le fait d'utiliser des gaz asphyxiants, toxiques ou assimilés et tous liquides, matières ou engins analogues,
xix) Le fait d'utiliser des balles qui se dilatent ou s'aplatissent facilement dans le corps humain, telles que des balles dont l'enveloppe dure ne recouvre pas entièrement le centre ou est percée d'entailles,
xx) Le fait d'employer les armes, projectiles, matériels et méthodes de combat de nature à causer des maux superflus ou des souffrances inutiles ou à agir sans discrimination en violation du droit international des conflits armés, à condition que ces moyens fassent l'objet d'une interdiction générale et qu'ils soient inscrits dans une annexe au présent Statut, par voie d'amendement adopté selon les dispositions des articles 121 et 123,
xxi) Les atteintes à la dignité de la personne, notamment les traitements humiliants et dégradants,
xxii) Le viol, l'esclavage sexuel, la prostitution forcée, la grossesse forcée, la stérilisation forcée ou toute autre forme de violence sexuelle constituant une infraction grave aux Conventions de Genève,
xxiii) Le fait d'utiliser la présence d'un civil ou d'une autre personne protégée pour éviter que certains points, zones ou forces militaires ne soient la cible d'opérations militaires,
xxiv) Le fait de lancer des attaques délibérées contre les bâtiments, le matériel, les unités et les moyens de transport sanitaires, et le personnel utilisant, conformément

au droit international, les signes distinctifs prévus par les Conventions de Genève,
xxv) Le fait d'affamer délibérément des civils, comme méthode de guerre, en les privant de biens indispensables à leur survie, notamment en empêchant intentionnellement l'arrivée des secours prévus par les Conventions de Genève,
xxvi) Le fait de procéder à la conscription ou à l'enrôlement d'enfants de moins de quinze ans dans les forces armées nationales ou de les faire participer activement à des hostilités ;
c) En cas de conflit armé ne présentant pas un caractère international, les violations graves de l'article 3 commun aux quatre Conventions de Genève du 12 août 1949, à savoir les actes ci-après commis à l'encontre de personnes qui ne participent pas directement aux hostilités, y compris les membres de forces armées qui ont déposé les armes et les personnes qui ont été mises hors de combat par maladie, blessure, détention ou par toute autre cause :
i) Les atteintes à la vie et à l'intégrité corporelle, notamment le meurtre sous toutes ses formes, les mutilations, les traitements cruels et la torture,
ii) Les atteintes à la dignité de la personne, notamment les traitements humiliants et dégradants,
iii) Les prises d'otages,
iv) Les condamnations prononcées et les exécutions effectuées sans un jugement préalable, rendu par un tribunal régulièrement constitué, assorti des garanties judiciaires généralement reconnues comme indispensables ;
d) L'alinéa c) du paragraphe 2 s'applique aux conflits armés ne présentant pas un caractère international et ne s'applique donc pas aux situations de troubles ou tensions internes telles que les émeutes, les actes de violence sporadiques ou isolés et les actes de nature similaire ;
e) Les autres violations graves des lois et coutumes applicables aux conflits armés ne présentant pas un caractère international, dans le cadre établi du droit international, à savoir les actes ci-après :

i) Le fait de lancer des attaques délibérées contre la population civile en général ou contre des civils qui ne prennent pas directement part aux hostilités,
ii) Le fait de lancer des attaques délibérées contre les bâtiments, le matériel, les unités et les moyens de transport sanitaires, et le personnel utilisant, conformément au droit international, les signes distinctifs prévus par les Conventions de Genève,
iii) Le fait de lancer des attaques délibérées contre le personnel, les installations, le matériel, les unités ou les véhicules employés dans le cadre d'une mission d'aide humanitaire ou de maintien de la paix conformément à la Charte des Nations unies, pour autant qu'ils aient droit à la protection que le droit des conflits armés garantit aux civils et aux biens de caractère civil,
iv) Le fait de lancer des attaques délibérées contre des bâtiments consacrés à la religion, à l'enseignement, à l'art, à la science ou à l'action caritative, des monuments historiques, des hôpitaux et des lieux où des malades et des blessés sont rassemblés, pour autant que ces bâtiments ne soient pas alors utilisés à des fins militaires,
v) Le pillage d'une ville ou d'une localité, même prise d'assaut,
vi) Le viol, l'esclavage sexuel, la prostitution forcée, la grossesse forcée, telle que définie à l'article 7, paragraphe 2, alinéa f), la stérilisation forcée, ou toute autre forme de violence sexuelle constituant une infraction grave aux Conventions de Genève,
vii) Le fait de procéder à la conscription ou à l'enrôlement d'enfants de moins de 15 ans dans les forces armées ou de les faire participer activement à des hostilités,
viii) Le fait d'ordonner le déplacement de la population civile pour des raisons ayant trait au conflit, sauf dans les cas où la sécurité des civils ou des impératifs militaires l'exigent,
ix) Le fait de tuer ou de blesser par traîtrise un adversaire combattant,
x) Le fait de déclarer qu'il ne sera pas fait de quartier,

xi) Le fait de soumettre des personnes d'une autre partie au conflit tombées en son pouvoir à des mutilations ou à des expériences médicales ou scientifiques quelles qu'elles soient qui ne sont ni motivées par un traitement médical, ni effectuées dans l'intérêt de ces personnes, et qui entraînent la mort de celles-ci ou mettent sérieusement en danger leur santé,
xii) Le fait de détruire ou de saisir les biens d'un adversaire, sauf si ces destructions ou saisies sont impérieusement commandées par les nécessités du conflit ;
f) L'alinéa e) du paragraphe 2 s'applique aux conflits armés ne présentant pas un caractère international et ne s'applique donc pas aux situations de tensions internes et de troubles intérieurs comme les émeutes, les actes isolés et sporadiques de violence et autres actes analogues. Il s'applique aux conflits armés qui opposent de manière prolongée sur le territoire d'un État les autorités du gouvernement de cet État et des groupes armés organisés ou des groupes armés organisés entre eux.
3. Rien dans le paragraphe 2, alinéas c) et d) n'affecte la responsabilité d'un gouvernement de maintenir ou rétablir l'ordre public dans l'État ou de défendre l'unité et l'intégrité territoriale de l'État par tous les moyens légitimes. [...]

Article 123 – Révision du Statut

1. Sept ans après l'entrée en vigueur du présent Statut, le Secrétaire général de l'Organisation des Nations unies convoquera une conférence de révision pour examiner tout amendement au présent Statut. L'examen pourra porter notamment, mais pas exclusivement, sur la liste des crimes figurant à l'article 5. La conférence sera ouverte aux participants à l'Assemblée des États parties, selon les mêmes conditions.
2. À tout moment par la suite, à la demande d'un État partie et aux fins énoncées au paragraphe 1, le Secrétaire général de l'Organisation des Nations unies, avec l'approbation de la majorité des États parties, convoque une conférence de révision.

3. L'adoption et l'entrée en vigueur de tout amendement au Statut examiné lors d'une conférence de révision sont régies par les dispositions de l'article 121, paragraphes 3 à 7.

Article 124 – Disposition transitoire

Nonobstant les dispositions de l'article 12, paragraphe 1, un État qui devient partie au présent Statut peut déclarer que, pour une période de sept ans à partir de l'entrée en vigueur du Statut à son égard, il n'accepte pas la compétence de la Cour en ce qui concerne la catégorie de crimes visée à l'article 8 lorsqu'il est allégué qu'un crime a été commis sur son territoire ou par ses ressortissants. Il peut à tout moment retirer cette déclaration. Les dispositions du présent article seront réexaminées à la conférence de révision convoquée conformément à l'article 123, paragraphe 1. [...]

Chapitre 4

Les nouvelles perspectives

Texte 17 – Déclaration sur le droit au développement, 1986

La Déclaration sur le droit au développement a été adoptée par la résolution 41/128 du 4 décembre 1986 qui a fait l'objet d'un vote de l'Assemblée générale des Nations unies, avec 146 voix contre une (États-Unis) et 8 abstentions (Allemagne, Danemark, Finlande, Islande, Israël, Japon, Royaume-Uni, Suède).

Trente ans après, on peut constater qu'une série de conférences et de sommets sont venus donner une portée concrète à ces principes, depuis la Conférence de Rio sur l'environnement et le développement (Sommet de la Terre) de 1992. Le Sommet du Millénaire de 2000 a vu l'adoption des huit « Objectifs du Millénaire pour le développement » (OMD), programmés sur 15 ans. La préparation d'un programme de développement pour l'après-2015 (Agenda post-2015) a permis l'adoption des dix-sept « Objectifs du développement durable » (ODD) couvrant la période 2015-2030, lors d'un nouveau Sommet des Nations unies, réuni du 25 au 27 septembre 2015.

Bibliographie

Colloque de la Société française pour le droit international, *Droit international et développement*, Pedone, 2015.

L'Assemblée générale,

Ayant à l'esprit les buts et principes de la Charte des Nations unies relatifs à la réalisation de la coopération internationale en résolvant les problèmes internationaux d'ordre économique, social, culturel ou humanitaire et en développant et encourageant le respect des droits de

l'homme et des libertés fondamentales pour tous sans distinction de race, de sexe, de langue ou de religion,
Consciente que le développement est un processus global, économique, social, culturel et politique, qui vise à améliorer sans cesse le bien-être de l'ensemble de la population et de tous les individus, sur la base de leur participation active, libre et significative au développement et au partage équitable des bienfaits qui en découlent,
Considérant que, conformément aux dispositions de la Déclaration universelle des droits de l'homme, toute personne a droit à ce que règne, sur le plan social et sur le plan international, un ordre tel que les droits et libertés énoncés dans ladite Déclaration puissent y trouver plein effet,
Rappelant les dispositions du Pacte international relatif aux droits économiques, sociaux et culturels et du Pacte international relatif aux droits civils et politiques,
Rappelant en outre les accords, conventions, résolutions, recommandations et autres instruments pertinents de l'Organisation des Nations unies et des institutions spécialisées concernant le développement intégral de l'être humain et le progrès et le développement de tous les peuples dans les domaines économique et social, y compris les instruments concernant la décolonisation, la prévention de la discrimination, le respect des droits de l'homme et des libertés fondamentales, le maintien de la paix et la sécurité internationales et la promotion accrue des relations amicales et de la coopération entre les États conformément à la Charte,
Rappelant le droit des peuples à disposer d'eux-mêmes, en vertu duquel ils ont le droit de déterminer librement leur statut politique et d'assurer librement leur développement économique, social et culturel,
Rappelant également le droit des peuples à exercer, sous réserve des dispositions pertinentes des deux Pactes internationaux relatifs aux droits de l'homme, leur souveraineté pleine et entière sur leurs richesses et leurs ressources naturelles,

Consciente de l'obligation que la Charte impose aux États de promouvoir le respect universel et effectif des droits de l'homme et des libertés fondamentales pour tous sans distinction aucune, notamment de race, de couleur, de sexe, de langue, de religion, d'opinion politique ou de toute autre opinion, d'origine nationale ou sociale, de fortune, de naissance ou de toute autre situation,

Considérant que l'élimination des violations massives et flagrantes des droits fondamentaux des peuples et des individus qui se ressentent de situations telles que celles qui résultent du colonialisme et du néocolonialisme, de l'apartheid, du racisme et de la discrimination raciale sous toutes leurs formes, de la domination et de l'occupation étrangère, de l'agression et des menaces contre la souveraineté nationale, l'unité nationale et l'intégrité territoriale, ainsi que des menaces de guerre, contribuerait à créer des conditions propices au développement pour une grande partie de l'humanité,

Préoccupée par l'existence de graves obstacles au développement, ainsi qu'à l'épanouissement complet de l'être humain et des peuples, obstacles qui sont dus notamment au déni des droits civils, politiques, économiques, sociaux et culturels, et considérant que tous les droits de l'homme et libertés fondamentales sont indivisibles et interdépendants et que, pour promouvoir le développement, il faudrait accorder une attention égale et s'intéresser d'urgence à la mise en œuvre, à la promotion et à la protection des droits civils, politiques, économiques, sociaux et culturels et qu'en conséquence la promotion, le respect et la jouissance de certains droits de l'homme et libertés fondamentales ne sauraient justifier le déni d'autres droits de l'homme et libertés fondamentales,

Considérant que la paix et la sécurité internationales sont des éléments essentiels pour la réalisation du droit au développement,

Réaffirmant qu'il existe une relation étroite entre le désarmement et le développement, que des progrès dans le domaine du désarmement contribueraient dans une mesure considérable à des progrès dans le domaine du développement et que les ressources libérées grâce à des mesures de désarmement devraient être consacrées au développement économique et social et au bien-être de tous les peuples, en particulier ceux des pays en développement,

Considérant que l'être humain est le sujet central du processus de développement et qu'en conséquence il devrait être considéré comme le principal participant à ce processus et son principal bénéficiaire par toute politique de développement,

Considérant que l'être humain est le sujet central du processus de développement et qu'en conséquence il devrait être considéré comme le principal participant à ce processus et son principal bénéficiaire par toute politique de développement,

Considérant que c'est aux États qu'il incombe au premier chef de créer les conditions favorables au développement des peuples et des individus,

Consciente que les efforts déployés au niveau international pour promouvoir et protéger les droits de l'homme devraient s'accompagner d'efforts tendant à instaurer un nouvel ordre économique international,

Réaffirmant que le droit au développement est un droit inaliénable de l'homme et que l'égalité des chances en matière de développement est une prérogative aussi bien des nations que des individus qui les composent,

Proclame la Déclaration sur le droit au développement ci-après :

Article premier

1. Le droit au développement est un droit inaliénable de l'homme en vertu duquel toute personne humaine et tous les peuples ont le droit de participer et de contribuer à un développement économique, social, culturel et politique dans lequel tous les droits de l'homme et toutes les libertés fondamentales puissent être pleinement réalisés, et de bénéficier de ce développement.

2. Le droit de l'homme au développement suppose aussi la pleine réalisation du droit des peuples à disposer

d'eux-mêmes, qui comprend, sous réserve des dispositions pertinentes des deux Pactes internationaux relatifs aux droits de l'homme, l'exercice de leur droit inaliénable à la pleine souveraineté sur toutes leurs richesses et leurs ressources naturelles.

Article 2

1. L'être humain est le sujet central du développement et doit donc être le participant actif et le bénéficiaire du droit au développement.
2. Tous les êtres humains ont la responsabilité du développement individuellement et collectivement, compte tenu des exigences du plein respect de leurs droits de l'homme et de leurs libertés fondamentales et eu égard à leurs devoirs envers la communauté, qui seule peut assurer l'entier et libre épanouissement de l'être humain et qui doit donc promouvoir et protéger un ordre politique, social et économique propre à favoriser le développement.
3. Les États ont le droit et le devoir de formuler des politiques de développement national appropriées ayant pour but l'amélioration constante du bien-être de l'ensemble de la population et de tous les individus, fondée sur leur participation active, libre et utile au développement et à la répartition équitable des avantages qui en résultent.

Article 3

1. Les États ont la responsabilité première de la création des conditions nationales et internationales favorables à la réalisation du droit au développement.
2. La réalisation du droit au développement suppose le plein respect des principes du droit international touchant les relations amicales et la coopération entre les États conformément à la Charte des Nations unies.
3. Les États ont le devoir de coopérer les uns avec les autres pour assurer le développement et éliminer les obstacles au développement. Les États doivent exercer leurs droits et s'acquitter de leurs devoirs de façon à promouvoir un nouvel ordre économique international fondé sur l'égalité souveraine, l'interdépendance, l'intérêt commun

et la coopération entre tous les États et à encourager le respect et la jouissance des droits de l'homme.

Article 4

1. Les États ont le devoir de prendre, séparément et conjointement, des mesures pour formuler des politiques internationales de développement en vue de faciliter la pleine réalisation du droit au développement.
2. Une action soutenue est indispensable pour assurer un développement plus rapide des pays en développement. En complément des efforts que les pays en développement accomplissent, une assistance internationale efficace est essentielle pour donner à ces pays les moyens de soutenir un développement global.

Article 5

Les États prennent des mesures décisives pour éliminer les violations massives et flagrantes des droits fondamentaux des peuples et des êtres humains qui se ressentent de situations telles que celles qui résultent de l'apartheid, de toutes les formes de racisme et de discrimination raciale, du colonialisme, de la domination et de l'occupation étrangères, de l'agression, de l'intervention étrangère et de menaces contre la souveraineté nationale, l'unité nationale et l'intégrité territoriale, de la menace de guerre ainsi que du refus de reconnaître le droit fondamental des peuples à disposer d'eux-mêmes.

Article 6

1. Tous les États doivent coopérer afin de promouvoir, d'encourager et de renforcer le respect universel et effectif de tous les droits de l'homme et des libertés fondamentales au profit de tous, sans distinction de race, de sexe, de langue ou de religion.
2. Tous les droits de l'homme et toutes les libertés fondamentales sont indivisibles et interdépendantes; la réalisation, la promotion et la protection des droits civils, politiques, économiques, sociaux et culturels doivent bénéficier d'une attention égale et être envisagées avec une égale urgence.

3. Les États doivent prendre des mesures pour éliminer les obstacles au développement résultant du non-respect des droits civils et politiques, ainsi que des droits économiques, sociaux et culturels.

Article 7

Tous les États doivent promouvoir l'instauration, le maintien et le renforcement de la paix et de la sécurité internationales et doivent, à cette fin, faire tout leur possible pour réaliser le désarmement général et complet sous un contrôle international effectif et pour assurer que les ressources libérées à la suite de mesures effectives de désarmement soient employées aux fins du développement global, en particulier celui des pays en développement.

Article 8

1. Les États doivent prendre, sur le plan national, toutes les mesures nécessaires pour la réalisation du droit au développement et ils assurent notamment l'égalité des chances de tous dans l'accès aux ressources de base, à l'éducation, aux services de santé, à l'alimentation, au logement, à l'emploi et à une répartition équitable du revenu. Des mesures efficaces doivent être prises pour assurer une participation active des femmes au processus de développement. Il faut procéder à des réformes économiques et sociales appropriées en vue d'éliminer toutes les injustices sociales.
2. Les États doivent encourager dans tous les domaines la participation populaire, qui est un facteur important du développement et de la pleine réalisation de tous les droits de l'homme.

Article 9

1. Tous les aspects du droit au développement énoncés dans la présente Déclaration sont indivisibles et interdépendants et chacun d'eux doit être considéré compte tenu de l'ensemble.
2. Aucune disposition de la présente Déclaration ne peut être interprétée d'une manière qui serait contraire aux buts et aux principes des Nations unies ou qui impliquerait

qu'un État, un groupement ou un individu a le droit de se livrer à une activité ou d'accomplir un acte ayant pour but la violation des droits énoncés dans la Déclaration universelle des droits de l'homme et dans les Pactes internationaux relatifs aux droits de l'homme.

Article 10

Des mesures doivent être prises pour assurer l'exercice intégral et un renforcement progressif du droit au développement, y compris la formulation, l'adoption et la mise en œuvre de mesures politiques, législatives et autres sur les plans national et international.

Texte 18 – Déclaration des droits des personnes appartenant à des minorités nationales ou ethniques, religieuses et linguistiques, 1992

La Déclaration des droits des personnes appartenant à des minorités nationales ou ethniques, religieuses et linguistiques a été adoptée au consensus par l'Assemblée générale des Nations unies dans sa résolution 47/135 du 18 décembre 1992. La France, qui était restée à l'écart des travaux préparatoires, a précisé sa position de principe devant le groupe de travail, à l'occasion de la deuxième lecture du projet. Elle a été très attentive à ce que le titre se réfère aux « droits des personnes appartenant à des minorités » et non aux droits des minorités en tant que groupes. Lors de l'adoption du projet par la Commission des droits de l'homme, la France a formulé une déclaration orale pour rappeler sa position de principe bien connue, fondée sur l'individualisme juridique.

Bibliographie

Fenet Alain, Koubi Geneviève et Schulte-Tenckhoff Isabelle, *Le droit et les minorités*, Bruylant, 2000.

Rouland Norbert, Pierré-Caps Stéphane et Poumarède Jacques, *Droit des minorités et des peuples autochtones*, PUF, 1996.

L'Assemblée générale,

Réaffirmant que l'un des principaux buts des Nations unies, selon la Charte, est de promouvoir et d'encourager le respect des droits de l'homme et des libertés fondamentales pour tous, sans distinction de race, de sexe, de langue ou de religion,

Réaffirmant sa foi dans les droits de l'homme fondamentaux, dans la dignité et la valeur de la personne humaine, dans l'égalité de droits des hommes et des femmes et des nations, grandes et petites,

Désireuse de promouvoir le respect des principes contenus dans la Charte, la Déclaration universelle des droits de l'homme, la Convention pour la prévention et la répression du crime de génocide, la Convention internationale sur l'élimination de toutes les formes de discrimination raciale, le Pacte international relatif aux droits civils et politiques, le Pacte international relatif aux droits économiques, sociaux et culturels, la Déclaration sur l'élimination de toutes les formes d'intolérance et de discrimination fondées sur la religion ou la conviction et la Convention relative aux droits de l'enfant, ainsi que dans d'autres instruments internationaux pertinents qui ont été adoptés sur le plan universel ou régional et dans ceux qui ont été conclus entre différents États Membres de l'Organisation des Nations unies,

S'inspirant des dispositions de l'article 27 du Pacte international relatif aux droits civils et politiques concernant les droits des personnes appartenant à des minorités ethniques, religieuses ou linguistiques,

Considérant que la promotion et la protection des droits des personnes appartenant à des minorités nationales ou ethniques, religieuses et linguistiques contribuent à la stabilité politique et sociale des États dans lesquels elles vivent,

Soulignant que la promotion constante et la réalisation des droits des personnes appartenant à des minorités nationales ou ethniques, religieuses et linguistiques, faisant partie intégrante de l'évolution de la société dans son ensemble et s'inscrivant dans un cadre démocratique fondé sur la légalité, contribueraient au renforcement de l'amitié et de la coopération entre les peuples et les États,

Considérant que l'Organisation des Nations unies a un rôle important à jouer en ce qui concerne la protection des minorités,

Ayant à l'esprit les travaux déjà accomplis au sein du système des Nations unies, notamment par la Commission des droits de l'homme, la Sous-Commission de la lutte contre les mesures discriminatoires et de la protection des minorités et les organes créées en application des Pactes internationaux relatifs aux droits de l'homme et d'autres instruments internationaux pertinents relatifs aux droits de l'homme, en vue de promouvoir et de protéger les droits des personnes appartenant à des minorités nationales ou ethniques, religieuses et linguistiques,

Tenant compte de l'important travail effectué par des organisations intergouvernementales et non gouvernementales pour ce qui est de protéger les minorités et de promouvoir et protéger les droits des personnes appartenant à des minorités nationales ou ethniques, religieuses et linguistiques,

Consciente de la nécessité d'assurer une mise en œuvre encore plus efficace des instruments internationaux relatifs aux droits de l'homme pour ce qui est des droits des personnes appartenant à des minorités nationales ou ethniques, religieuses et linguistiques,

Proclame la présente Déclaration des droits des personnes appartenant à des minorités nationales ou ethniques, religieuses et linguistiques :

Article premier

1. Les États protègent l'existence et l'identité nationale ou ethnique, culturelle, religieuse ou linguistique des minorités, sur leurs territoires respectifs, et favorisent l'instauration des conditions propres à promouvoir cette identité.
2. Les États adoptent les mesures législatives ou autres qui sont nécessaires pour parvenir à ces fins.

Article 2

1. Les personnes appartenant à des minorités nationales ou ethniques, religieuses et linguistiques (ci-après dénommées personnes appartenant à des minorités) ont le droit de jouir de leur propre culture, de professer et de pratiquer leur propre religion et d'utiliser leur propre langue, en privé et en public, librement et sans ingérence ni discrimination quelconque.
2. Les personnes appartenant à des minorités ont le droit de participer pleinement à la vie culturelle, religieuse, sociale, économique et publique.
3. Les personnes appartenant à des minorités ont le droit de prendre une part effective, au niveau national et, le cas échéant, au niveau régional, aux décisions qui concernent la minorité à laquelle elles appartiennent ou les régions dans lesquelles elles vivent, selon des modalités qui ne soient pas incompatibles avec la législation nationale.
4. Les personnes appartenant à des minorités ont le droit de créer et de gérer leurs propres associations.
5. Les personnes appartenant à des minorités ont le droit d'établir et de maintenir, sans aucune discrimination, des contacts libres et pacifiques avec d'autres membres de leur groupe et avec des personnes appartenant à d'autres minorités, ainsi que des contacts au-delà des frontières avec des citoyens d'autres États auxquels elles sont liées

par leur origine nationale ou ethnique ou par leur appartenance religieuse ou linguistique.

Article 3

1. Les personnes appartenant à des minorités peuvent exercer leurs droits, notamment ceux qui sont énoncés dans la présente Déclaration, individuellement aussi bien qu'en communauté avec les autres membres de leur groupe, sans aucune discrimination.
2. Les personnes appartenant à des minorités ne doivent souffrir en aucune façon du fait qu'elles exercent ou n'exercent pas les droits énoncés dans la présente Déclaration.

Article 4

1. Les États prennent, le cas échéant, des mesures pour que les personnes appartenant à des minorités puissent exercer intégralement et effectivement tous les droits de l'homme et toutes les libertés fondamentales, sans aucune discrimination et dans des conditions de pleine égalité devant la loi.
2. Les États prennent des mesures pour créer des conditions propres à permettre aux personnes appartenant à des minorités d'exprimer leurs propres particularités et de développer leur culture, leur langue, leurs traditions et leurs coutumes, sauf dans le cas de pratiques spécifiques qui constituent une infraction à la législation nationale et sont contraires aux normes internationales.
3. Les États devraient prendre des mesures appropriées pour que, dans la mesure du possible, les personnes appartenant à des minorités aient la possibilité d'apprendre leur langue maternelle ou de recevoir une instruction dans leur langue maternelle.
4. Les États devraient, le cas échéant, prendre des mesures dans le domaine de l'éducation afin d'encourager la connaissance de l'histoire, des traditions, de la langue et de la culture des minorités qui vivent sur leurs territoires. Les personnes appartenant à des minorités

devraient avoir la possibilité d'apprendre à connaître la société dans son ensemble.

5. Les États devraient envisager des mesures appropriées pour que les personnes appartenant à des minorités puissent participer pleinement au progrès et au développement économiques de leur pays.

Article 5

1. Les politiques et programmes nationaux sont élaborés et mis en œuvre compte dûment tenu des intérêts légitimes des personnes appartenant à des minorités.

2. Des programmes de coopération et d'assistance entre États devraient être élaborés et mis en œuvre compte dûment tenu des intérêts légitimes des personnes appartenant à des minorités.

Article 6

Les États devraient coopérer sur les questions relatives aux personnes appartenant à des minorités, notamment en échangeant des informations et des données d'expérience afin de promouvoir la compréhension mutuelle et la confiance.

Article 7

Les États devraient coopérer afin de promouvoir le respect des droits énoncés dans la présente Déclaration.

Article 8

1. Aucune disposition de la présente Déclaration ne peut empêcher les États de s'acquitter de leurs obligations internationales à l'égard des personnes appartenant à des minorités. En particulier, les États doivent s'acquitter de bonne foi des obligations et des engagements qu'ils ont assumés au titre des traités ou accords internationaux auxquels ils sont parties.

2. L'exercice des droits énoncés dans la présente Déclaration ne porte pas atteinte à la jouissance par quiconque des droits de l'homme et des libertés fondamentales universellement reconnus.

3. Les mesures prises par les États afin de garantir la jouissance effective des droits énoncés dans la présente Déclaration ne doivent pas *a priori* être considérées comme contraires au principe de l'égalité contenu dans la Déclaration universelle des droits de l'homme.
4. Aucune des dispositions de la présente Déclaration ne peut être interprétée comme autorisant une quelconque activité contraire aux buts et principes des Nations unies, y compris à l'égalité souveraine, à l'intégrité territoriale et à l'indépendance politique des États.

Article 9

Les institutions spécialisées et autres organismes des Nations unies contribuent à la pleine réalisation des droits et des principes énoncés dans la présente Déclaration, dans leurs domaines de compétence respectifs.

Texte 19 – Déclaration et programme d'action de la Conférence mondiale sur les droits de l'homme de Vienne, 1993

La Conférence mondiale sur les droits de l'homme s'est tenue à Vienne du 14 au 25 juin 1993. Il s'agit de la deuxième Conférence mondiale sur les droits de l'homme, après celle de Téhéran, en 1968, qui reflétait l'émergence des États du Tiers-monde, au lendemain de l'adoption des deux Pactes de 1966. La Conférence de Vienne, vingt-cinq ans après, marque la fin du conflit Est-Ouest, en reconnaissant le lien entre démocratie, droits de l'homme et État de droit, tout en prenant pleinement en compte le droit au développement comme un droit de l'homme.

À l'issue de la Conférence, les représentants de 171 États ont adopté au consensus la Déclaration et le Programme d'action de Vienne. Ce document, qui représente un engagement solennel des États participants, constitue un plan commun d'action pour renforcer les activités relatives aux droits de l'homme au niveau universel, à travers la création du poste de Haut-Commissaire aux droits de l'homme dont le mandat sera fixé par l'Assemblée générale des Nations unies dans sa résolution 48/141 du 20 décembre 1993.

Considérant que la promotion et la protection des droits de l'homme est une question prioritaire pour la communauté internationale et que sa tenue offre une occasion unique de procéder à une analyse globale du système international des droits de l'homme et des mécanismes de protection de ces droits, afin d'inciter à les respecter intégralement et donc d'en promouvoir le plein exercice, de manière équitable et équilibrée,

Reconnaissant et affirmant que tous les droits de l'homme découlent de la dignité et de la valeur inhérentes à la personne humaine, que la personne humaine est le sujet même des droits de l'homme et des libertés fondamentales et que, par conséquent, elle doit en être le principal bénéficiaire et participer activement à leur réalisation,

Réaffirmant son attachement aux buts et principes énoncés dans la Charte des Nations unies et la Déclaration universelle des droits de l'homme,

Réaffirmant l'engagement pris à l'Article 56 de la Charte des Nations unies d'agir, tant conjointement que séparément, en accordant l'importance qu'il mérite au développement d'une coopération internationale efficace pour atteindre les buts énoncés à l'Article 55, y compris le respect universel et effectif des droits de l'homme et des libertés fondamentales pour tous,

Soulignant l'obligation qu'ont tous les États, conformément à la Charte des Nations unies, de développer et d'encourager le respect des droits de l'homme et des libertés fondamentales pour tous, sans distinction de race, de sexe, de langue ou de religion,

Rappelant le préambule de la Charte des Nations unies, en particulier la détermination des peuples des Nations unies à proclamer à nouveau leur foi dans les droits fondamentaux de l'homme, dans la dignité et la valeur de la personne humaine, dans l'égalité de droits des hommes et des femmes, ainsi que des nations, grandes et petites,

Rappelant en outre la détermination des peuples des Nations unies, exprimée dans le préambule de la Charte des Nations unies, à préserver les générations futures du fléau de la guerre, à créer les conditions nécessaires au maintien de la justice et du respect des obligations nées des traités et autres sources du droit international, à favoriser le progrès social et instaurer de meilleures conditions de vie dans une liberté plus grande, à pratiquer la tolérance et à vivre en bon voisinage et à recourir aux institutions internationales pour favoriser le progrès économique et social de tous les peuples,

Soulignant que la Déclaration universelle des droits de l'homme, qui constitue un modèle commun à suivre pour tous les peuples et toutes les nations, est la source d'inspiration de l'Organisation des Nations unies et l'assise à partir de laquelle elle a progressivement élaboré les normes énoncées dans les instruments internationaux en vigueur dans le domaine considéré, en particulier dans le Pacte international relatif aux droits civils et politiques et le Pacte international relatif aux droits économiques, sociaux et culturels,

Considérant les importants changements qui se produisent sur la scène internationale et le fait que tous les peuples aspirent à l'instauration d'un ordre international reposant sur les principes énoncés dans la Charte des Nations unies, laquelle souligne notamment la nécessité de promouvoir et d'encourager le respect des droits de l'homme et des libertés fondamentales pour tous ainsi que le respect du principe de l'égalité de droits et du droit des peuples à disposer d'eux-mêmes, et sur la paix, la démocratie, la justice, l'égalité, l'État de droit, le pluralisme, le développement, l'amélioration des conditions de vie et la solidarité,

Profondément préoccupée par les diverses formes de discrimination et de violence auxquelles les femmes continuent d'être exposées dans le monde entier,

Reconnaissant que les activités de l'Organisation des Nations unies dans le domaine des droits de l'homme devraient être rationalisées et améliorées pour renforcer les mécanismes de l'Organisation dans ce domaine et pour contribuer au respect universel et effectif des normes internationales en la matière,

Ayant pris acte des déclarations adoptées par les trois réunions régionales tenues à Tunis, à San José et à Bangkok et des communications faites par les gouvernements, et ayant présentes à l'esprit les suggestions émises par les organisations intergouvernementales et non gouvernementales ainsi que les études établies par des experts indépendants au cours des préparatifs de la Conférence,

Se félicitant de la célébration, en 1993, de l'Année internationale des populations autochtones du monde par laquelle se trouve réaffirmé l'engagement de la communauté internationale d'assurer à ces populations la jouissance de tous les droits de l'homme et de toutes les libertés fondamentales et de respecter la valeur et la diversité de leurs cultures et leur identité,

Reconnaissant également que la communauté internationale devrait concevoir des moyens pour éliminer les obstacles actuels, faire face aux difficultés qui entravent la pleine réalisation de tous les droits de l'homme et mettre fin aux violations continuelles de ces droits qui en résultent dans le monde entier,

Invoquant l'esprit et les réalités de notre temps pour demander aux peuples du monde et à tous les États Membres de l'Organisation des Nations unies de se consacrer à nouveau à la tâche universelle que constitue la promotion et la protection de tous les droits de l'homme et de toutes les libertés fondamentales afin d'en garantir la jouissance intégrale et universelle,

Soucieuse de renforcer la détermination de la communauté internationale en vue de la réalisation de progrès sensibles dans l'action menée en faveur des droits de l'homme, grâce à un effort accru et soutenu de coopération et de solidarité internationales,

Adopte solennellement la Déclaration et le Programme d'action suivants :

I

1. La Conférence mondiale sur les droits de l'homme réaffirme l'engagement solennel pris par tous les États de s'acquitter de l'obligation de promouvoir le respect universel, l'observation et la protection de l'ensemble des droits de l'homme et des libertés fondamentales pour tous, conformément à la Charte des Nations unies, aux autres instruments relatifs aux droits de l'homme et au droit international. Le caractère universel de ces droits et libertés est incontestable.

Dans ce contexte, le renforcement de la coopération internationale dans le domaine des droits de l'homme est essentiel pour que les objectifs de l'Organisation des Nations unies soient pleinement atteints.

Les droits de l'homme et les libertés fondamentales sont inhérents à tous les êtres humains ; leur promotion et leur protection incombent au premier chef aux gouvernements.

2. Tous les peuples ont le droit de disposer d'eux-mêmes. En vertu de ce droit, ils déterminent librement leur statut politique et poursuivent librement leur développement économique, social et culturel.

Compte tenu de la situation particulière des peuples soumis à la domination coloniale ou à d'autres formes de domination ou d'occupation étrangères, la Conférence mondiale sur les droits de l'homme reconnaît que les peuples ont le droit de prendre toute mesure légitime, conformément à la Charte des Nations unies, pour réaliser leur droit inaliénable à l'autodétermination. Elle considère que le déni du droit à l'autodétermination est une violation des droits de l'homme et souligne qu'il importe que ce droit soit effectivement réalisé.

En application de la Déclaration relative aux principes du droit international touchant les relations amicales et la coopération entre les États conformément à la Charte des Nations unies, ce qui précède ne devra pas être interprété comme autorisant ou encourageant toute mesure de nature à démembrer ou compromettre, en totalité ou en partie, l'intégrité territoriale ou l'unité politique d'États souverains et indépendants respectueux du principe de l'égalité de droits et de l'autodétermination des peuples et, partant, dotés d'un gouvernement représentant la totalité de la population appartenant au territoire, sans distinction aucune.

3. Il faudrait prendre des mesures internationales efficaces pour garantir et contrôler l'application des normes relatives aux droits de l'homme à l'égard des populations soumises à une occupation étrangère et leur assurer une protection juridique efficace contre la violation de ces droits conformément aux normes relatives aux droits de l'homme et au droit international, en particulier à la Convention de Genève de 1949 relative à la protection des personnes civiles en temps de guerre et aux autres normes du droit humanitaire applicables.

4. La promotion et la protection de tous les droits de l'homme et de toutes les libertés fondamentales doivent être considérées comme un objectif prioritaire de l'Organisation des Nations unies conformément à ses buts et principes, eu égard en particulier à l'objectif de coopération internationale. Eu égard à ces buts et principes, la promotion et la protection de tous les droits de l'homme est une préoccupation légitime de la communauté internationale. Les organes et les institutions spécialisées s'occupant des droits de l'homme doivent donc renforcer encore la coordination de leurs activités en se fondant sur l'application uniforme et objective des instruments internationaux en la matière.

5. Tous les droits de l'homme sont universels, indissociables, interdépendants et intimement liés. La communauté internationale doit traiter des droits de l'homme globalement, de manière équitable et équilibrée, sur un pied d'égalité et en leur accordant la même importance. S'il convient de ne pas perdre de vue l'importance des particularismes nationaux et régionaux et la diversité historique, culturelle et religieuse, il est du devoir des

États, quel qu'en soit le système politique, économique et culturel, de promouvoir et de protéger tous les droits de l'homme et toutes les libertés fondamentales.

6. Les efforts du système des Nations unies en faveur du respect et de la mise en œuvre universels des droits de l'homme et des libertés fondamentales pour tous contribuent à la stabilité et au bien-être nécessaires à l'établissement de relations pacifiques et amicales entre les nations, ainsi qu'à l'établissement de conditions plus propices à la paix, à la sécurité et au développement social et économique, conformément à la Charte des Nations unies.

7. La promotion et la protection des droits de l'homme devraient se faire conformément aux buts et principes de la Charte des Nations unies et au droit international.

8. La démocratie, le développement et le respect des droits de l'homme et des libertés fondamentales sont interdépendants et se renforcent mutuellement. La démocratie est fondée sur la volonté, librement exprimée, du peuple qui détermine le système politique, économique, social et culturel qui sera le sien et sur sa pleine participation à tous les aspects de la vie de la société. Cela posé, la promotion et la protection des droits de l'homme et des libertés fondamentales, aux niveaux national et international, devraient être universelles et se réaliser sans l'imposition d'aucune condition. La communauté internationale devrait s'employer à renforcer et promouvoir la démocratie, le développement et le respect des droits de l'homme et des libertés fondamentales dans le monde entier.

9. La Conférence mondiale sur les droits de l'homme réaffirme que les pays les moins avancés qui s'attachent à faire progresser la démocratisation et les réformes économiques, dont nombre de pays africains, devraient recevoir l'appui de la communauté internationale de manière à franchir le cap du passage à la démocratie et au développement économique.

10. La Conférence mondiale sur les droits de l'homme réaffirme que le droit au développement, tel qu'il est établi

dans la Déclaration sur le droit au développement, est un droit universel et inaliénable qui fait partie intégrante des droits fondamentaux de la personne humaine.

Ainsi qu'il est dit dans la Déclaration sur le droit au développement, la personne humaine est le sujet central du développement.

Si le développement facilite la jouissance de tous les droits de l'homme, l'insuffisance de développement ne peut être invoquée pour justifier une limitation des droits de l'homme internationalement reconnus.

Les États devraient coopérer pour assurer le développement et éliminer les obstacles qui s'y opposent. La communauté internationale devrait promouvoir une coopération internationale efficace pour éliminer ces obstacles et réaliser le droit au développement.

Pour progresser durablement dans la réalisation du droit au développement, il faut, au niveau national, des politiques de développement efficaces et, au niveau international, des relations économiques équitables et un environnement économique favorable.

11. Le droit au développement devrait se réaliser de manière à satisfaire équitablement les besoins des générations actuelles et futures en matière de développement et d'environnement. La Conférence mondiale sur les droits de l'homme reconnaît que le déversement illicite de substances et de déchets toxiques et nocifs peut constituer une grave menace pour les droits de chacun à la vie et à la santé.

En conséquence, elle engage tous les États à adopter et appliquer énergiquement les conventions en vigueur concernant le déversement de produits et déchets toxiques ou nocifs et à coopérer à la prévention des déversements illicites.

Chacun a le droit de jouir des fruits du progrès scientifique et de ses applications. Notant que certaines avancées, notamment dans les sciences biomédicales et les sciences de la vie ainsi que dans les techniques de l'information, peuvent avoir des conséquences néfastes pour l'intégrité, la dignité de l'individu et l'exercice de ses droits, la Conférence mondiale sur les droits de l'homme appelle les États à coopérer de manière à veiller à ce que les droits et la dignité de la personne humaine soient pleinement respectés dans ce domaine d'intérêt universel.

12. La Conférence mondiale sur les droits de l'homme lance un appel à la communauté internationale pour qu'elle mette tout en œuvre afin d'alléger le fardeau de la dette extérieure des pays en développement de manière à compléter les efforts que déploient les gouvernements de ces pays pour réaliser pleinement les droits économiques, sociaux et culturels de leur population.

13. La nécessité s'impose aux États et aux organisations internationales, agissant en coopération avec les organisations non gouvernementales, de créer, aux niveaux national, régional et international, des conditions propres à assurer la jouissance pleine et effective des droits de l'homme. Les États devraient mettre un terme à toutes les violations des droits de l'homme et en éliminer toutes les causes ainsi que les obstacles à la jouissance de ces droits.

14. L'extrême pauvreté généralisée s'opposant à la jouissance pleine et effective des droits de l'homme, la communauté internationale doit continuer à accorder un rang de priorité élevé aux mesures visant à l'atténuer dans l'immédiat pour, finalement, l'éliminer.

15. Le respect des droits de l'homme et des libertés fondamentales sans distinction aucune est une règle élémentaire du droit international en la matière. Éliminer rapidement et intégralement toutes les formes de racisme et de discrimination raciale, ainsi que de xénophobie, et l'intolérance dont elles s'accompagnent, est pour la communauté internationale une tâche prioritaire. Les gouvernements devraient prendre des mesures efficaces pour les empêcher et les combattre. Les groupes, institutions, organisations intergouvernementales et non gouvernementales et les particuliers sont instamment priés de redoubler d'efforts pour lutter contre ces fléaux en coopérant et coordonnant les activités qu'ils déploient à cette fin.

16. La Conférence mondiale sur les droits de l'homme se félicite des progrès accomplis en vue de démanteler l'apartheid et lance un appel à la communauté internationale et aux organismes des Nations unies pour qu'ils facilitent ce processus.
Elle déplore d'autre part la persistance d'actes de violence visant à compromettre la recherche d'un démantèlement pacifique de l'apartheid.
17. Les actes, méthodes et pratiques de terrorisme sous quelque forme que ce soit et dans toutes ses manifestations et leur lien, dans certains pays, avec le trafic de stupéfiants, visent l'anéantissement des droits de l'homme, des libertés fondamentales et de la démocratie, menacent l'intégrité territoriale et la sécurité des États et déstabilisent des gouvernements légitimement constitués. La communauté internationale doit prendre les mesures qui s'imposent pour renforcer la coopération en vue d'empêcher et de combattre le terrorisme.
18. Les droits fondamentaux des femmes et des fillettes font inaliénablement, intégralement et indissociablement partie des droits universels de la personne. L'égale et pleine participation des femmes à la vie politique, civile, économique, sociale et culturelle, aux niveaux national, régional et international, et l'élimination totale de toutes les formes de discrimination fondées sur le sexe sont des objectifs prioritaires de la communauté internationale.
Les violences qui s'exercent en fonction du sexe et toutes les formes de harcèlement et d'exploitation sexuels, y compris celles qui sont la conséquence de préjugés culturels et d'une traite internationale, sont incompatibles avec la dignité et la valeur de la personne humaine et doivent être éliminées. On peut y parvenir au moyen de mesures juridiques et grâce à une action nationale et à la coopération internationale dans divers domaines comme le développement économique et social, l'éducation, la protection de la maternité, les soins de santé et l'aide sociale.
Les droits fondamentaux des femmes doivent faire partie intégrante des activités de l'Organisation des Nations

unies dans le domaine des droits de l'homme, qui doivent inclure notamment la promotion de tous les instruments en la matière qui concernent les femmes.
La Conférence mondiale sur les droits de l'homme demande instamment aux gouvernements, aux institutions, aux organisations intergouvernementales et non gouvernementales d'intensifier leurs efforts en vue de protéger et de promouvoir les droits fondamentaux des femmes et des fillettes.
19. Considérant l'importance que revêtent la promotion et la protection des droits des personnes appartenant à des minorités et le fait que l'on contribue par ces moyens à la stabilité politique et sociale des États dans lesquels elles vivent,
La Conférence mondiale sur les droits de l'homme réaffirme que les États ont l'obligation de veiller à ce que les personnes appartenant à des minorités puissent exercer intégralement et effectivement tous les droits et toutes les libertés fondamentales de l'homme sans aucune discrimination et en toute égalité devant la loi, conformément à la Déclaration sur les droits des personnes appartenant à des minorités nationales ou ethniques, religieuses et linguistiques.
Les personnes appartenant à des minorités ont le droit de jouir de leur propre culture, de professer et de pratiquer leur propre religion et d'utiliser leur propre langue, en privé et en public, librement et sans immixtion ou ni aucune discrimination que ce soit.
20. La Conférence mondiale sur les droits de l'homme reconnaît la dignité intrinsèque des populations autochtones et la contribution unique qu'elles apportent au développement et à la diversité des sociétés et réaffirme énergiquement l'engagement pris par la communauté internationale d'assurer leur bien-être économique, social et culturel et de les faire bénéficier des fruits d'un développement durable. Les États devraient veiller à la pleine et libre participation de ces populations à tous les aspects de la vie sociale, en particulier dans les domaines qui les

intéressent. Considérant l'importance de la promotion et de la protection des droits des populations autochtones et le fait que l'on contribue, par ces moyens, à la stabilité politique et sociale des États dans lesquels elles vivent, les États devraient, conformément au droit international, prendre des mesures constructives concertées pour leur garantir le respect de tous les droits de l'homme et de toutes les libertés fondamentales, en se fondant sur l'égalité et la non-discrimination, et reconnaître la valeur et la diversité de leurs identités, de leurs cultures et de leur organisation sociale.

21. La Conférence mondiale sur les droits de l'homme, se félicitant de la ratification rapide de la Convention relative aux droits de l'enfant par un grand nombre d'États et notant que les droits de l'enfant ont été reconnus dans la Déclaration mondiale et le Plan d'action en faveur de la survie, de la protection et du développement de l'enfant adoptés par le Sommet mondial pour les enfants, recommande instamment que la Convention soit ratifiée par tous les pays avant 1995 et qu'elle soit effectivement appliquée par les États parties qui devraient adopter toutes les mesures législatives, administratives et autres qui sont nécessaires et affecter un maximum de ressources à cette fin. Dans toutes les actions entreprises, les considérations dominantes devraient être la non-discrimination et l'intérêt supérieur de l'enfant dont les vues devraient être dûment prises en considération. Il conviendrait de renforcer les mécanismes et programmes nationaux et internationaux de défense et de protection des enfants, en particulier des fillettes, des enfants abandonnés, des enfants des rues, des enfants victimes d'une exploitation économique et sexuelle, à des fins notamment de pornographie ou de prostitution ou pour la vente d'organes, des enfants victimes de maladies, dont le Syndrome d'immunodéficience humaine acquise, des enfants réfugiés et déplacés, des enfants en détention, des enfants mêlés à des conflits armés, ainsi que des enfants victimes de la famine et de la sécheresse ou d'autres situations d'urgence. Il faudrait

susciter un surcroît de coopération et de solidarité internationales pour étayer l'application de la Convention et les droits de l'enfant devraient recevoir la priorité dans l'action menée à l'échelle du système des Nations unies dans le domaine des droits de l'homme.

La Conférence mondiale sur les droits de l'homme souligne aussi que, pour que sa personnalité se développe pleinement et harmonieusement, l'enfant doit pouvoir grandir dans un environnement familial qui mérite de ce fait d'être plus largement protégé.

22. Il faut veiller particulièrement à ce que les handicapés ne soient pas victimes de discrimination et puissent exercer dans des conditions d'égalité tous les droits et libertés fondamentales de la personne humaine, y compris en participant activement à tous les aspects de la vie sociale.

23. La Conférence mondiale sur les droits de l'homme réaffirme que chacun, sans distinction d'aucune sorte, a le droit de chercher et de trouver asile dans d'autres pays pour échapper à la persécution, ainsi que celui de retourner dans son propre pays. À cet égard, elle souligne l'importance de la Déclaration universelle des droits de l'homme, de la Convention de 1951 relative au statut des réfugiés, du Protocole de 1967 s'y rapportant et des instruments régionaux. Elle sait gré aux États qui continuent à accueillir un grand nombre de réfugiés sur leur territoire et remercie le Haut-Commissariat des Nations unies pour les réfugiés du dévouement avec lequel il s'acquitte de sa tâche. Elle rend également hommage à l'Office de secours et de travaux des Nations unies pour les réfugiés de Palestine dans le Proche-Orient.

La Conférence mondiale sur les droits de l'homme considère que les violations flagrantes des droits de l'homme, notamment lors de conflits armés, comptent parmi les facteurs multiples et complexes qui entraînent des déplacements de population.

Elle estime qu'étant donné la complexité de la crise mondiale des réfugiés, la communauté internationale, agissant en coordination et en coopération avec les pays concernés ainsi que les organisations compétentes, et tenant compte du mandat du HCR, devrait adopter une démarche globale, conformément à la Charte des Nations unies et aux instruments internationaux pertinents, dans un esprit de solidarité internationale et de partage des charges. Il faudrait mettre au point des stratégies afin de s'attaquer aux causes mêmes du problème et remédier aux conséquences des mouvements de réfugiés et autres déplacements de personnes, renforcer les mécanismes de préparation et de réaction aux situations d'urgence, fournir une protection et une assistance efficaces, compte tenu des besoins particuliers des femmes et des enfants, et trouver des solutions durables en privilégiant le rapatriement volontaire dans la dignité et la sécurité, notamment des solutions analogues à celles préconisées par les conférences internationales sur les réfugiés. La Conférence mondiale sur les droits de l'homme insiste sur les responsabilités des États, en particulier des pays d'origine. Dans cette optique globale, elle souligne la nécessité d'accorder une attention particulière, en faisant notamment appel au concours d'organisations intergouvernementales et humanitaires, aux problèmes des personnes déplacées à l'intérieur de leur propre pays et d'y apporter des solutions durables, notamment en favorisant le retour volontaire dans la sécurité et la réinsertion.

Conformément à la Charte des Nations unies et aux principes du droit humanitaire, elle souligne également combien il est important et nécessaire de fournir une assistance humanitaire aux victimes de toutes les catastrophes, naturelles ou causées par l'homme.

24. Il faut accorder une grande importance à la promotion et à la protection des droits des personnes appartenant à des groupes rendus vulnérables, y compris les travailleurs migrants, à l'élimination de toutes les formes de discrimination à leur égard, ainsi qu'au renforcement et à l'application plus efficace des instruments relatifs aux droits de l'homme. Les États ont l'obligation de prendre au niveau national des mesures appropriées et d'en assurer la

continuité, en particulier dans le domaine de l'éducation, de la santé et de l'aide sociale, pour promouvoir et protéger les droits des personnes appartenant à des secteurs vulnérables de la population, ainsi que de veiller à ce que les intéressés puissent participer à la solution de leurs propres problèmes.

25. La Conférence mondiale sur les droits de l'homme affirme que l'extrême pauvreté et l'exclusion sociale constituent une violation de la dignité humaine et qu'il s'impose de prendre sans attendre des mesures de manière à mieux connaître le phénomène de l'extrême pauvreté et ses causes, notamment celles liées aux problèmes de développement, afin de promouvoir les droits de l'homme des plus démunis, de mettre fin à l'extrême pauvreté et à l'exclusion sociale et de mieux assurer la jouissance des fruits du progrès social. Il est indispensable que les États favorisent la participation des plus démunis à la prise des décisions au sein de la communauté dans laquelle ils vivent, à la promotion des droits de l'homme et à la lutte contre l'extrême pauvreté.

26. La Conférence mondiale sur les droits de l'homme se félicite des progrès réalisés dans la codification des instruments en la matière, processus dynamique en évolution constante, et souhaite vivement que les traités relatifs aux droits de l'homme soient universellement ratifiés. Tous les États sont encouragés à adhérer à ces instruments internationaux ; tous les États sont encouragés à éviter, autant que possible, d'émettre des réserves.

27. Il faudrait qu'il y ait dans chaque État un ensemble de recours efficaces pour remédier aux violations des droits de l'homme. L'administration de la justice, notamment les organes chargés de faire respecter la loi et les organes chargés des poursuites et, surtout, un corps judiciaire et un barreau indépendants, en pleine conformité avec les normes applicables énoncées dans les instruments internationaux relatifs aux droits de l'homme, sont essentiels à la pleine réalisation de ces droits, sans discrimination aucune, et sont indispensables à la démocratisation et à

un développement durable. Il faudrait, à ce sujet, que les institutions chargées de l'administration de la justice puissent compter sur des ressources financières suffisantes et que la communauté internationale accroisse tant son assistance technique que son aide financière. Il incombe à l'Organisation des Nations unies d'utiliser à titre prioritaire les programmes spéciaux de services consultatifs pour mettre en place une administration de la justice efficace et indépendante.

28. La Conférence mondiale sur les droits de l'homme se déclare consternée par les violations massives des droits de l'homme, notamment celles qui prennent la forme de génocide, de « nettoyage ethnique » et de viol systématique des femmes en temps de guerre, violations qui sont à l'origine d'exodes massifs de réfugiés et de déplacements de personnes. Elle condamne énergiquement des pratiques aussi révoltantes et elle demande à son tour que les auteurs de tels crimes soient punis et qu'il soit immédiatement mis fin à ces pratiques.

29. La Conférence mondiale sur les droits de l'homme exprime ses vives inquiétudes devant les violations des droits de l'homme qui continuent de se commettre partout dans toute le monde au mépris des normes énoncées dans les instruments internationaux en la matière et du droit humanitaire international, et devant l'absence de recours suffisants et efficaces pour les victimes.

Elle est profondément préoccupée par les violations des droits de l'homme en période de conflit armé, qui visent la population civile, en particulier les femmes, les enfants, les personnes âgées et les personnes handicapées. En conséquence, elle invite les États et toutes les parties aux conflits armés à respecter scrupuleusement le droit humanitaire international, énoncé dans les Conventions de Genève de 1949 et d'autres règles et principes de droit international, ainsi que les normes *minima* de protection des droits de l'homme, énoncées dans les conventions internationales.

Elle réaffirme le droit des victimes à recevoir l'assistance d'organisations humanitaires, comme prévu dans les Conventions de Genève de 1949 et les autres instruments de droit humanitaire international pertinents, et demande à ce que soit assuré l'accès à cette assistance dans des conditions de sécurité et dans les meilleurs délais.

30. La Conférence mondiale sur les droits de l'homme se déclare consternée que des violations flagrantes et systématiques et des situations faisant gravement obstacle au plein exercice de tous les droits de l'homme continuent à se produire en divers endroits du monde et elle les condamne. Ces violations et obstacles se traduisent, outre par la torture et des peines ou traitements cruels, inhumains et dégradants, par des exécutions sommaires et arbitraires, des disparitions, des détentions arbitraires, toutes les formes de racisme, de discrimination raciale et d'apartheid, par l'occupation et la domination étrangères, par la xénophobie, la pauvreté, la faim, le non-respect des droits économiques, sociaux et culturels, l'intolérance religieuse, le terrorisme, la discrimination à l'égard des femmes et l'absence de légalité.

31. La Conférence mondiale sur les droits de l'homme demande aux États de ne prendre unilatéralement aucune mesure incompatible avec le droit international et la Charte des Nations unies qui fasse obstacle aux relations commerciales internationales et s'oppose à la pleine réalisation des droits énoncés dans la Déclaration universelle des droits de l'homme et les instruments internationaux en la matière, en particulier à la réalisation du droit de toute personne à un niveau de vie suffisant pour assurer sa santé et son bien-être, y compris en ce qui concerne l'alimentation, les soins médicaux et les services sociaux. Elle affirme que l'alimentation ne devrait pas être utilisée comme un instrument de pression politique.

32. La Conférence mondiale sur les droits de l'homme réaffirme qu'il importe d'assurer que l'examen des questions relatives aux droits de l'homme se fasse dans un esprit d'universalité, d'objectivité et de non-sélectivité.

33. La Conférence mondiale sur les droits de l'homme réaffirme que les États sont tenus, comme le stipulent la Déclaration universelle des droits de l'homme, le Pacte international relatif aux droits économiques, sociaux et culturels et d'autres instruments internationaux en la matière, de veiller à ce que l'éducation vise au renforcement du respect des droits de l'homme et des libertés fondamentales. Elle souligne à quel point il importe que la question des droits de l'homme ait sa place dans les programmes d'enseignement et invite les États à y veiller. L'éducation devrait favoriser la compréhension, la tolérance, la paix et les relations amicales entre les nations et entre tous les groupes raciaux ou religieux, et encourager le développement des activités menées par l'ONU pour atteindre ces objectifs. L'éducation en matière de droits de l'homme et la diffusion d'une information appropriée, à la fois théorique et pratique, jouent donc un rôle important dans la promotion et en faveur du respect des droits de tous les individus, sans distinction d'aucune sorte fondée sur la race, le sexe, la langue ou la religion, et cela devrait être pris en considération dans les politiques d'éducation aux niveaux aussi bien national qu'international. La Conférence mondiale sur les droits de l'homme note que le manque de ressources et la faiblesse des institutions peuvent faire obstacle à la réalisation immédiate de ces objectifs.

34. Il faudrait faire davantage d'efforts pour aider les pays qui le demandent à créer les conditions permettant à chacun de jouir des droits universels et des libertés fondamentales de l'homme. Les gouvernements, les organismes des Nations unies ainsi que d'autres organisations multilatérales sont instamment priés d'accroître considérablement les ressources qui sont allouées aux programmes concernant l'élaboration de lois et le renforcement de la législation nationale, la création ou le renforcement d'institutions nationales et d'infrastructures connexes qui maintiennent l'État de droit et la démocratie, l'assistance électorale, la sensibilisation aux droits de l'homme

par la formation, l'enseignement et l'éducation, le développement de la participation populaire et le renforcement de la société civile.

Il faudrait à la fois renforcer les programmes de services consultatifs et de coopération technique exécutés sous les auspices du Centre pour les droits de l'homme et les rendre plus efficaces et transparents pour qu'ils contribuent, de la sorte, dans une large mesure à améliorer le respect des droits de l'homme. Les États sont invités à contribuer plus largement à ces programmes, à la fois en encourageant l'Organisation des Nations unies à leur octroyer une part plus importante des ressources de son budget ordinaire et en versant des contributions volontaires à cette fin.

35. La réalisation intégrale et effective des activités de l'Organisation des Nations unies visant à promouvoir et protéger les droits de l'homme doit être à la hauteur de l'importance que la Charte des Nations unies accorde à ces derniers et de l'ampleur de la tâche incombant à l'Organisation dans le domaine considéré, conformément au mandat donné par des États Membres. Il faudrait pour cela consacrer davantage de ressources aux activités de l'Organisation des Nations unies dans le domaine des droits de l'homme.

36. La Conférence mondiale sur les droits de l'homme réaffirme le rôle important et constructif que jouent les institutions nationales pour la promotion et la protection des droits de l'homme, en particulier en leur qualité de conseillers des autorités compétentes, ainsi que leur rôle dans l'action visant à remédier aux violations dont ces droits font l'objet et celui concernant la diffusion d'informations sur les droits de l'homme et l'éducation en la matière.

La Conférence mondiale sur les droits de l'homme encourage la création et le renforcement d'institutions nationales, compte tenu des Principes concernant le statut des institutions nationales et reconnaissant qu'il appartient à chaque État de choisir le cadre le mieux adapté à ses besoins particuliers au niveau national.

37. Les mécanismes régionaux jouent un rôle fondamental pour la promotion et la protection des droits de l'homme. Ils devraient renforcer les normes universelles en la matière énoncées dans les instruments internationaux pertinents et la protection de ces droits. La Conférence mondiale sur les droits de l'homme appuie les efforts qui sont faits pour renforcer ces mécanismes et en accroître l'efficacité, tout en soulignant l'importance de la coopération avec l'Organisation des Nations unies dans le domaine considéré. Elle réaffirme qu'il est nécessaire d'envisager la possibilité de créer là où il n'en existe pas encore des mécanismes régionaux et sous-régionaux pour la promotion et la protection des droits de l'homme.
38. La Conférence mondiale sur les droits de l'homme reconnaît l'importance du rôle des organisations non gouvernementales dans la promotion de tous les droits de l'homme et dans l'action humanitaire aux niveaux national, régional et international. Elle se félicite de la contribution qu'elles apportent à l'effort de sensibilisation du public aux questions liées aux droits de l'homme, à la réalisation de programmes d'éducation, de formation et de recherche dans ce domaine, ainsi qu'à la promotion et à la protection des droits de l'homme et des libertés fondamentales. Tout en reconnaissant que la responsabilité essentielle de l'élaboration de normes revient aux États, elle se félicite de la contribution apportée en la matière par ces organisations. À cet égard, elle souligne l'importance de la poursuite du dialogue et de la coopération entre gouvernements et organisations non gouvernementales. Les organisations non gouvernementales et leurs membres qui œuvrent véritablement en faveur des droits de l'homme devraient jouir des droits et des libertés reconnus dans la Déclaration universelle des droits de l'homme et de la protection de la loi nationale. Ces droits et libertés ne peuvent pas s'exercer de façon contraire aux buts et aux principes de l'Organisation des Nations unies. Les organisations non gouvernementales devraient être libres d'exercer leurs activités relatives aux droits de l'homme, sans ingérence

aucune, dans le cadre de la législation nationale et de la Déclaration universelle des droits de l'homme.

39. Soulignant l'importance d'une information objective, responsable et impartiale pour ce qui a trait aux droits de l'homme et aux questions humanitaires, la Conférence mondiale sur les droits de l'homme préconise une participation accrue des médias auxquels liberté et protection devraient être garanties dans le cadre de la législation nationale.

II

A. Coordination accrue au sein du système des Nations unies dans le domaine des droits de l'homme

1. La Conférence mondiale sur les droits de l'homme recommande d'accroître la coordination en faveur des droits de l'homme et des libertés fondamentales au sein du système des Nations unies. À cet effet, elle demande instamment à tous les organes, organismes et institutions spécialisées qui s'occupent des droits de l'homme dans le cadre de leurs activités, de coopérer pour renforcer, rationaliser et simplifier celles-ci, compte tenu de la nécessité d'éviter les doubles emplois. Elle recommande également au Secrétaire général de faire en sorte qu'à leur réunion annuelle les hauts responsables des organes et institutions spécialisées compétents des Nations unies non seulement coordonnent leurs activités, mais aussi évaluent l'effet de leurs stratégies et politiques quant à la jouissance de tous les droits de l'homme.

2. La Conférence mondiale sur les droits de l'homme invite par ailleurs les organisations régionales et les principales institutions internationales et régionales de financement et de développement à évaluer elles aussi l'effet de leurs politiques et de leurs programmes quant à la jouissance des droits de l'homme.

3. La Conférence mondiale sur les droits de l'homme estime que les institutions spécialisées et les organes et organismes des Nations unies ainsi que les autres organisations intergouvernementales qui s'occupent des droits

de l'homme dans le cadre de leurs activités jouent, au titre de leur mandat respectif, un rôle vital dans l'élaboration, la promotion et l'application des normes en la matière et qu'ils devraient tenir compte des résultats auxquels elle a abouti dans leur domaine de compétence.

4. La Conférence mondiale sur les droits de l'homme recommande vivement de mener une action concertée en vue d'encourager et de faciliter la ratification des traités internationaux relatifs aux droits de l'homme et des protocoles s'y rapportant adoptés dans le cadre du système des Nations unies, l'adhésion à ces instruments ou la succession en la matière, l'objectif consistant à les faire reconnaître universellement. Le Secrétaire général, agissant en consultation avec les organes créés en vertu de traités, devrait envisager d'ouvrir un dialogue avec les États qui ne sont pas parties à ces instruments, afin de déterminer quels sont les obstacles qui s'y opposent et de voir comment les surmonter.

5. La Conférence mondiale sur les droits de l'homme encourage les États à envisager de limiter la portée des réserves qu'ils formulent à l'égard des instruments internationaux en la matière, à formuler toutes réserves avec autant de précision et de circonspection que possible, à veiller à ce qu'aucune ne soit incompatible avec l'objet et le but du traité en cause et à examiner régulièrement les réserves qu'ils auraient formulées en vue de les retirer.

6. La Conférence mondiale sur les droits de l'homme, reconnaissant qu'il importe de maintenir la haute qualité des normes internationales en vigueur et de prévenir la prolifération des instruments relatifs aux droits de l'homme, rappelle les principes directeurs relatifs à l'élaboration de nouveaux instruments internationaux, énoncés dans la résolution 41/120 de l'Assemblée générale, en date du 4 décembre 1986, et invite les organes des Nations unies s'occupant des droits de l'homme, lorsqu'ils envisagent d'élaborer de nouvelles normes internationales, à garder à l'esprit lesdits principes, à examiner, en consultation avec les organes créés en vertu de traités relatifs aux droits

de l'homme, s'il est nécessaire d'élaborer de nouvelles normes et à demander au Secrétariat de procéder à une étude technique des nouveaux instruments proposés.

7. La Conférence mondiale sur les droits de l'homme recommande d'affecter, lorsque cela est nécessaire, aux bureaux régionaux de l'Organisation des Nations unies, des spécialistes des droits de l'homme chargés de diffuser l'information et d'offrir une formation et d'autres types d'assistance technique dans le domaine considéré à la demande des États Membres intéressés. Il faudrait organiser des programmes de formation à l'intention des fonctionnaires internationaux devant s'occuper des droits de l'homme.

8. La Conférence mondiale sur les droits de l'homme se félicite de ce que la Commission des droits de l'homme se réunisse en sessions d'urgence, initiative qu'elle juge heureuse, et de ce que les organes compétents du système des Nations unies envisagent divers moyens pour répondre aux violations flagrantes des droits de l'homme.

Ressources

9. La Conférence mondiale sur les droits de l'homme, inquiète de la disproportion croissante entre les activités du Centre pour les droits de l'homme et les ressources humaines, financières et autres qui sont dégagées pour les exécuter et cependant consciente que des ressources sont nécessaires pour d'autres programmes importants des Nations unies, demande au Secrétaire général et à l'Assemblée générale de prendre immédiatement des mesures pour accroître substantiellement celles qui sont affectées à ce programme dans le cadre des budgets ordinaires, actuels et futurs, de l'Organisation et pour trouver un surcroît de ressources extrabudgétaires.

10. Une proportion accrue du budget ordinaire devrait être directement allouée au Centre pour les droits de l'homme afin de couvrir ses coûts de fonctionnement et tous les autres frais qu'il prend en charge, notamment ceux qui concernent les autres organes des Nations unies s'occupant des droits de l'homme. Ce budget étoffé devrait

être renforcé grâce aux moyens de financement volontaire des activités de coopération technique du Centre ; la Conférence mondiale sur les droits de l'homme lance un appel pour que des contributions généreuses soient versées aux fonds d'affectation spéciale existants.

11. La Conférence mondiale sur les droits de l'homme demande au Secrétaire général et à l'Assemblée générale d'assurer au Centre pour les droits de l'homme des ressources humaines, financières et autres qui lui soient suffisantes pour exécuter dûment, efficacement et rapidement ses activités.

12. La Conférence mondiale sur les droits de l'homme, notant la nécessité de faire en sorte que des ressources humaines et financières soient disponibles pour mener à bien les activités en matière de droits de l'homme dont l'exécution est demandée par des organismes intergouvernementaux, engage instamment le Secrétaire général, conformément à l'Article 101 de la Charte des Nations unies, et les États Membres à adopter une démarche cohérente afin d'assurer au Secrétariat des ressources qui soient à la mesure de mandats étendus. Elle invite le Secrétaire général à envisager la nécessité ou l'utilité d'ajuster les procédures prévues dans le cycle du budget-programme, de manière à assurer l'exécution effective, en temps voulu, des activités relatives aux droits de l'homme, conformément aux mandats donnés par les États membres.

Centre pour les droits de l'homme

13. La Conférence mondiale sur les droits de l'homme souligne qu'il importe de renforcer le Centre pour les droits de l'homme de l'Organisation des Nations unies.

14. Le Centre pour les droits de l'homme devrait jouer un rôle important dans la coordination des activités en la matière, dans l'ensemble du système. C'est en étant à même de coopérer pleinement avec les autres organes de l'ONU que le Centre s'acquittera le mieux de sa fonction d'animateur. Le rôle coordonnateur du Centre pour les droits de l'homme implique également que son Bureau de New York soit renforcé.

15. Le Centre pour les droits de l'homme devrait être assuré de disposer de moyens suffisants pour faire fonctionner le système de rapporteurs thématiques et par pays, d'experts, de groupes de travail et d'organes créés en vertu de traités. La Commission des droits de l'homme devrait étudier à titre prioritaire comment donner suite à leurs recommandations.
16. Le Centre pour les droits de l'homme devrait jouer un rôle plus important dans la promotion des droits de l'homme. Ce rôle pourrait se concrétiser grâce à la coopération des États Membres et par un renforcement du programme de services consultatifs et d'assistance technique. À cette fin, il faudrait augmenter dans des proportions notables les fonds de contributions volontaires actuels et en coordonner plus efficacement la gestion. Toutes les activités devraient être exécutées dans le respect de règles rigoureuses et transparents de gestion des projets et il faudrait évaluer périodiquement les programmes et les projets. Le résultat des évaluations et tous autres renseignements pertinents devraient être communiqués régulièrement. Le Centre devrait, en particulier, organiser au moins une fois par an des réunions d'information ouvertes à tous les États Membres et à toutes les organisations qui participent directement à ces projets et programmes.

Adaptation et renforcement des mécanismes de l'ONU pour les droits de l'homme, y compris la question de la création d'un Haut-Commissariat des Nations unies aux droits de l'homme

17. La Conférence mondiale sur les droits de l'homme reconnaît la nécessité d'adapter constamment les mécanismes de l'Organisation des Nations unies pour les droits de l'homme aux besoins actuels et futurs qu'impliquent leur promotion et leur protection, dans le sens indiqué par la présente Déclaration et dans la perspective d'un développement équilibré et durable pour tous. Les organes de l'ONU s'occupant des droits de l'homme devraient en particulier améliorer la coordination et l'efficacité de leurs activités.

18. La Conférence mondiale sur les droits de l'homme recommande à l'Assemblée générale, lorsqu'elle examinera son rapport, à sa quarante-huitième session, d'étudier en priorité la question de la création d'un Haut-Commissariat aux droits de l'homme pour promouvoir et protéger l'ensemble de ces droits.

B. Égalité, dignité et tolérance

1. Racisme, discrimination raciale, xénophobie et autres formes d'intolérance

19. La Conférence mondiale sur les droits de l'homme considère que l'élimination du racisme et de la discrimination raciale, en particulier sous une forme institutionnalisée comme l'apartheid ou résultant de doctrines fondées sur la supériorité raciale ou sur l'exclusion, ainsi que d'autres formes et manifestations contemporaines de racisme, constitue un objectif primordial de la communauté internationale et d'un programme mondial de promotion des droits de l'homme. Les organes et organismes du système des Nations unies devraient redoubler d'efforts pour mettre en œuvre le programme d'action lié à la troisième Décennie de la lutte contre le racisme et la discrimination raciale et pour remplir par la suite d'autres mandats ayant le même objet. La Conférence mondiale sur les droits de l'homme engage vivement la communauté internationale à contribuer généreusement au Fonds d'affectation spéciale pour le programme relatif à la Décennie de la lutte contre le racisme et la discrimination raciale.

20. La Conférence mondiale sur les droits de l'homme demande instamment à tous les gouvernements d'agir sans attendre et d'élaborer des politiques vigoureuses pour prévenir et combattre toutes les formes et manifestations de racisme, de xénophobie et d'intolérance, en adoptant, si nécessaire, une législation appropriée prévoyant des mesures pénales et en créant des institutions nationales pour lutter contre ces phénomènes.

21. La Conférence mondiale sur les droits de l'homme se félicite de la décision de la Commission des droits de

l'homme de nommer un rapporteur spécial qui sera chargé d'étudier les formes contemporaines de racisme, de discrimination raciale et de xénophobie et les manifestations d'intolérance connexes. Elle invite instamment aussi tous les États parties à la Convention internationale sur l'élimination de toutes les formes de discrimination raciale à envisager de faire la déclaration prévue à l'article 14 de ladite Convention.

22. La Conférence mondiale sur les droits de l'homme demande instamment à tous les gouvernements de prendre toutes les mesures appropriées en application de leurs obligations internationales et compte dûment tenu de leurs systèmes juridiques respectifs pour contrecarrer l'intolérance fondée sur la religion ou les conviction et la violence dont elle s'accompagne, y compris les pratiques discriminatoires à l'encontre des femmes et la profanation des sites religieux, en reconnaissant que tout individu a le droit à la liberté de pensée, de conscience, d'expression et de religion. Elle invite également tous les États à mettre en pratique les dispositions de la Déclaration sur l'élimination de toutes les formes d'intolérance et de discrimination fondées sur la religion ou les convictions.

23. La Conférence mondiale sur les droits de l'homme souligne que toutes les personnes qui commettent ou autorisent des actes criminels aux fins de nettoyage ethnique sont individuellement responsables de ces violations des droits de l'homme et doivent en rendre compte, et que la communauté internationale doit tout mettre en œuvre pour traduire en justice ceux qui sont responsables en droit de ces violations.

24. La Conférence mondiale sur les droits de l'homme engage tous les États à prendre sur le champ, individuellement et collectivement, des mesures pour combattre le nettoyage ethnique afin d'y mettre rapidement un terme. Les victimes de cette pratique odieuse ont droit à des recours appropriés et efficaces.

2. Personnes appartenant à des minorités nationales ou ethniques, religieuses et linguistiques

25. La Conférence mondiale sur les droits de l'homme demande instamment à la Commission des droits de l'homme d'examiner les moyens de promouvoir et protéger effectivement les droits des personnes appartenant à des minorités énoncés dans la Déclaration des droits des personnes appartenant à des minorités nationales ou ethniques, religieuses et linguistiques. À cet égard, elle prie le Centre pour les droits de l'homme de fournir, à la demande des gouvernements intéressés et dans le cadre de son programme de services consultatifs et d'assistance technique, des services d'experts concernant les problèmes des minorités et les droits de l'homme ainsi que la prévention et le règlement des différends, pour aider à résoudre les problèmes qui se posent ou pourraient se poser à propos des minorités.

26. La Conférence mondiale sur les droits de l'homme demande instamment aux États et à la communauté internationale de promouvoir et de protéger, conformément à ladite Déclaration, les droits des personnes appartenant à des minorités nationales ou ethniques, religieuses et linguistiques.

27. Les mesures à prendre, s'il y a lieu, devraient consister notamment à faciliter la pleine participation de ces personnes à tous les aspects, politique, économique, social, religieux et culturel, de la vie de la société, au progrès économique et au développement de leur pays.

Populations autochtones

28. La Conférence mondiale sur les droits de l'homme invite le Groupe de travail sur les populations autochtones de la Sous-Commission de la lutte contre les mesures discriminatoires et de la protection des minorités à achever, lors de sa onzième session, la rédaction d'une déclaration sur les droits de ces populations.

29. La Conférence mondiale sur les droits de l'homme recommande que la Commission des droits de l'homme envisage le renouvellement et la mise à jour du mandat

du Groupe de travail sur les populations autochtones, une fois achevée la rédaction de ladite déclaration.

30. La Conférence mondiale sur les droits de l'homme recommande aussi que les services consultatifs et les programmes d'assistance technique du système des Nations unies répondent favorablement aux demandes formulées par les États en vue d'une assistance qui présenterait un avantage direct pour les populations autochtones. Elle recommande en outre que des ressources humaines et financières suffisantes soient mises à la disposition du Centre pour les droits de l'homme dans le cadre général du renforcement des activités du Centre qu'envisage la présente Déclaration.

31. La Conférence mondiale sur les droits de l'homme demande instamment aux États d'assurer la libre et pleine participation des populations autochtones à la vie de la société sous tous ses aspects, spécialement s'agissant des questions qui les concernent.

32. La Conférence mondiale sur les droits de l'homme recommande que l'Assemblée générale proclame une Décennie internationale des populations autochtones qui commencerait en janvier 1994 et dans le cadre de laquelle on prévoirait l'exécution de programmes orientés vers l'action, lesquels seraient arrêtés de concert avec les populations concernées. Il faudrait créer à cette fin un fonds d'affectation spéciale alimenté par des contributions volontaires. À l'occasion de cette décennie, il faudrait envisager de créer dans le système des Nations unies un forum permanent des populations autochtones.

Travailleurs migrants

33. La Conférence mondiale sur les droits de l'homme prie instamment tous les États de garantir la protection des droits de tous les travailleurs migrants et des membres de leur famille.

34. La Conférence mondiale sur les droits de l'homme estime qu'il est particulièrement important de créer des conditions propres à susciter plus d'harmonie et de

tolérance entre les travailleurs migrants et le reste de la population de l'État dans lequel ils résident.

35. La Conférence mondiale sur les droits de l'homme invite les États à envisager la possibilité de signer ou de ratifier, dans les plus brefs délais possibles, la Convention internationale sur la protection des droits de tous les travailleurs migrants et des membres de leur famille.

3. Égalité de condition et droits fondamentaux de la femme

36. La Conférence mondiale sur les droits de l'homme demande instamment que les femmes jouissent pleinement et dans des conditions d'égalité de tous leurs droits fondamentaux, et que cela soit une priorité pour les gouvernements et pour l'Organisation des Nations unies. Elle souligne aussi l'importance de l'intégration et de la pleine participation des femmes au développement en tant qu'agents et bénéficiaires de celui-ci et rappelle les objectifs de l'action mondiale en faveur de la participation des femmes à un développement durable et équitable qui sont énoncés dans la Déclaration de Rio sur l'environnement et le développement et au chapitre 24 du programme Action 21, adoptés par la Conférence des Nations unies sur l'environnement et le développement (Rio de Janeiro, Brésil, 3-14 juin 1992).

37. Dans les principales activités du système des Nations unies devrait figurer une composante se rapportant à l'égalité de condition et aux droits fondamentaux de la femme. L'ensemble des organes et mécanismes compétents de l'Organisation des Nations unies devrait examiner régulièrement et systématiquement ces questions. En particulier, des mesures devraient être prises pour accroître la coopération entre la Commission de la condition de la femme, la Commission des droits de l'homme, le Comité pour l'élimination de la discrimination à l'égard des femmes, le Fonds de développement des Nations unies pour la femme, le Programme des Nations unies pour le développement et les autres organismes des Nations unies et pour mieux en intégrer les objectifs. À ce propos, il

faudrait renforcer la coopération et la coordination entre le Centre pour les droits de l'homme et la Division de la promotion de la femme.

38. La Conférence mondiale sur les droits de l'homme souligne, en particulier, à quel point il importe de s'employer à éliminer la violence à laquelle sont exposées les femmes dans la vie publique et privée, toutes les formes de harcèlement sexuel, d'exploitation et de traite dont elles sont victimes ainsi que les préjugés dont elles font l'objet dans l'administration de la justice, et à venir à bout des contradictions qui peuvent exister entre les droits des femmes et les effets nuisibles de certaines pratiques traditionnelles ou coutumières, des préjugés culturels et de l'extrémisme religieux. Elle demande à l'Assemblée générale d'adopter le projet de déclaration sur la violence contre les femmes et invite instamment les États à lutter, conformément aux dispositions prévues, contre la violence dont celles-ci sont victimes. Les violations des droits fondamentaux des femmes dans les situations de conflit armé contreviennent aux principes fondateurs des droits de la personne humaine et du droit humanitaire internationalement reconnus. Toutes les violations de cette nature, y compris et en particulier le meurtre, le viol systématique, l'esclavage sexuel et la grossesse forcée, exigent des mesures particulièrement efficaces.

39. La Conférence mondiale sur les droits de l'homme demande instamment qu'il soit mis fin à toutes les formes de discrimination, occulte ou flagrante, à l'encontre des femmes. L'Organisation des Nations unies devrait encourager tous les États à ratifier la Convention sur l'élimination de toutes les formes de discrimination à l'égard des femmes d'ici à l'an 2000. Il faudrait favoriser la recherche de moyens permettant de remédier au nombre particulièrement élevé de réserves formulées à l'égard de cette Convention. Le Comité pour l'élimination de la discrimination à l'égard des femmes devrait notamment poursuivre l'examen des réserves dont elle fait l'objet. Les États sont invités instamment à retirer les réserves

qui sont contraires à l'objet et au but de la Convention ou qui, de toute autre façon, sont incompatibles avec le droit international des traités.

40. Les organes de surveillance de l'application des traités devraient diffuser l'information nécessaire afin de permettre aux femmes de tirer meilleur parti des procédures en vigueur pour s'assurer la pleine jouissance en toute égalité de leurs droits à l'abri de la discrimination. Il faudrait aussi adopter de nouvelles procédures de manière à ce que l'engagement d'assurer l'égalité et les droits fondamentaux des femmes soit mieux suivi d'effets. La Commission de la condition de la femme et le Comité pour l'élimination de la discrimination à l'égard des femmes devraient étudier sans tarder la possibilité d'introduire un droit de présenter des plaintes en élaborant un protocole facultatif se rapportant à la Convention sur l'élimination de toutes les formes de discrimination à l'égard des femmes. La Conférence mondiale sur les droits de l'homme se félicite de la décision de la Commission des droits de l'homme d'envisager à sa cinquantième session, la nomination d'un rapporteur spécial sur la violence à l'égard des femmes.

41. La Conférence mondiale sur les droits de l'homme reconnaît qu'il importe que les femmes jouissent tout au long de leur vie du niveau de santé physique et mentale le meilleur possible. Ayant à l'esprit la Conférence mondiale sur les femmes, la Convention sur l'élimination de toutes les formes de discrimination à l'égard des femmes, ainsi que la Proclamation de Téhéran de 1968, elle réaffirme, en se fondant sur le principe de l'égalité de l'homme et de la femme, le droit de la femme à des soins de santé accessibles et suffisants et à la gamme la plus large possible de services de planification familiale, ainsi qu'à l'égalité d'accès à l'éducation à tous les niveaux.

42. Les organes de surveillance de l'application des traités devraient consacrer une partie de leurs travaux à la condition et aux droits fondamentaux de la femme, en s'aidant de données spécifiques ventilées par sexe.

Les États devraient être encouragés à fournir, dans leurs rapports à ces organes, des informations sur la situation des femmes, *de jure* et *de facto*. La Conférence mondiale sur les droits de l'homme note avec satisfaction que la Commission des droits de l'homme a adopté à sa quarante-neuvième session la résolution 1993/46, du 8 mars 1993, dans laquelle elle déclarait que les rapporteurs et les groupes de travail qui œuvrent dans le domaine des droits de l'homme devraient être encouragés à faire de même. La Division de la promotion de la femme, en coopération avec d'autres organes des Nations unies, spécialement le Centre pour les droits de l'homme, devrait prendre également des mesures pour veiller à ce que les instances de l'ONU actives dans ce domaine s'intéressent systématiquement aux violations des droits fondamentaux des femmes, y compris aux violences dont celles-ci sont victimes en raison de leur sexe. Il faudrait encourager la formation des fonctionnaires de l'ONU travaillant dans le secteur des droits de l'homme et des secours humanitaires de manière à ce qu'ils puissent reconnaître les violations de droits dont les femmes, en particulier, sont victimes, y remédier et s'acquitter de leur tâche sans parti pris d'ordre sexuel.

43. La Conférence mondiale sur les droits de l'homme invite instamment les gouvernements et les organisations régionales et internationales à faciliter l'accès des postes de responsabilité aux femmes et à leur assurer une plus grande participation au processus de prise des décisions. Elle encourage le Secrétariat de l'Organisation des Nations unies à adopter de nouvelles mesures de manière à nommer et promouvoir des fonctionnaires de sexe féminin, conformément à la Charte des Nations unies, et invite les autres organismes, principaux et subsidiaires, du système à garantir la participation des femmes dans des conditions d'égalité.

44. La Conférence mondiale sur les droits de l'homme se félicite qu'une conférence mondiale sur les femmes se tienne à Beijing en 1995 et demande instamment que l'on

y accorde, dans les délibérations, une place importante à leurs droits fondamentaux, conformément aux thèmes prioritaires de la Conférence qui sont l'égalité, le développement et la paix.

4. Droits de l'enfant

45. La Conférence mondiale sur les droits de l'homme réaffirme le principe de l'action prioritaire en faveur des enfants et, à cet égard, souligne l'importance des efforts déployés à l'échelle nationale et internationale, en particulier par le Fonds des Nations unies pour l'enfance, pour promouvoir le respect des droits de l'enfant à la survie, à la protection, au développement et à la participation.

46. Des mesures devraient être prises de manière à ce que la Convention relative aux droits de l'enfant soit ratifiée par tous les pays avant 1995 et que la Déclaration mondiale en faveur de la survie, de la protection et du développement de l'enfant et le Plan d'action adoptés à l'issue du Sommet mondial pour les enfants soient universellement signés et effectivement mis en œuvre. La Conférence mondiale sur les droits de l'homme prie instamment les États de retirer les réserves qu'ils ont formulées en ratifiant la Convention relative aux droits de l'enfant qui seraient contraires à l'objet et au but de cet instrument ou qui, de toute autre façon, ne seraient pas conformes au droit international des traités.

47. La Conférence mondiale sur les droits de l'homme demande instamment à tous les pays de prendre, dans toute la mesure de leurs moyens et à l'aide de la coopération internationale, des dispositions pour atteindre les objectifs du Plan d'action publié à l'issue du Sommet mondial. Elle prie les États d'intégrer la Convention relative aux droits de l'enfant dans leurs plans d'action nationaux. Grâce à ces plans d'action nationaux et à l'effort international, un rang de priorité particulier devrait être attribué à la réduction des taux de mortalité infantile et maternelle, à la lutte contre la malnutrition et l'analphabétisme, à l'approvisionnement en eau potable salubre et à l'éducation de base. Chaque fois que cela s'impose, les plans

d'action nationaux devraient être conçus pour lutter contre les effets dévastateurs des situations d'urgence résultant de catastrophes naturelles et de conflits armés ainsi que contre le problème également grave de l'extrême pauvreté dans laquelle des enfants se trouvent plongés.

48. La Conférence mondiale sur les droits de l'homme demande instamment à tous les États de venir en aide, en faisant appel à la coopération internationale, aux enfants qui se trouvent dans des situations particulièrement difficiles. Il faudrait lutter activement contre l'exploitation des enfants et contre les mauvais traitements qui leur sont infligés et s'attaquer aux racines du mal. Il faudrait prendre effectivement des mesures pour lutter contre l'infanticide des filles, l'emploi des enfants à des travaux dangereux, la vente d'enfants et d'organes d'enfants, la prostitution enfantine, la pornographie impliquant des enfants et autres formes de sévices sexuels.

49. La Conférence mondiale sur les droits de l'homme appuie toutes les mesures prises par l'Organisation des Nations unies et ses institutions spécialisées en vue d'assurer une protection et une promotion efficaces des droits des enfants de sexe féminin. Elle prie instamment les États d'abroger les lois et règlements en vigueur et d'éliminer les coutumes et pratiques qui sont discriminatoires et néfastes à l'endroit des filles.

50. La Conférence mondiale sur les droits de l'homme soutient sans réserve la proposition visant à ce que le Secrétaire général étudie les moyens d'améliorer la protection des enfants en cas de conflit armé. Les normes humanitaires devraient être appliquées et des mesures devraient être prises pour protéger les enfants dans les zones de guerre et leur venir plus facilement en aide. Il faudrait notamment les protéger contre l'utilisation aveugle de toutes les armes de guerre spécialement des mines antipersonnel. Il faut, de toute urgence, répondre aux besoins de soins et de rééducation des enfants victimes de la guerre. La Conférence prie le Comité des droits

de l'enfant d'étudier la question du relèvement de l'âge minimum de l'enrôlement dans les forces armées.

51. La Conférence mondiale sur les droits de l'homme recommande que les questions relatives aux droits de l'homme et à la situation des enfants soient régulièrement examinées et suivies par tous les organes et mécanismes compétents du système des Nations unies et par les organes de surveillance des institutions spécialisées, conformément à leur mandat.

52. La Conférence mondiale sur les droits de l'homme reconnaît l'importance du rôle joué par les organisations non gouvernementales dans la mise en œuvre effective de tous les instruments internationaux relatifs aux droits de l'homme et, en particulier, de la Convention relative aux droits de l'enfant.

53. La Conférence mondiale sur les droits de l'homme recommande que le Comité des droits de l'enfant, avec le concours du Centre pour les droits de l'homme, soit doté des moyens voulus pour s'acquitter sans retard et efficacement de son mandat, compte tenu en particulier, du fait qu'un nombre sans précédent d'États ont ratifié la Convention et présenté des rapports.

5. Droit de ne pas être torturé

54. La Conférence mondiale sur les droits de l'homme se félicite que de nombreux États Membres aient ratifié la Convention contre la torture et autres peines ou traitements cruels, inhumains ou dégradants, et encourage tous les autres États Membres à ratifier rapidement cet instrument.

55. La Conférence mondiale sur les droits de l'homme souligne que l'une des violations les plus atroces de la dignité humaine est l'acte de torture, qui a pour conséquence d'ôter sa dignité à la victime et de porter atteinte à sa capacité de vivre et de poursuivre ses activités normalement.

56. La Conférence mondiale sur les droits de l'homme réaffirme que, conformément au droit en la matière et au droit humanitaire, le droit de ne pas être soumis à la torture est un droit qui doit être protégé en toutes circonstances,

notamment en temps de troubles internes ou internationaux ou de conflits armés.

57. La Conférence mondiale sur les droits de l'homme demande donc instamment à tous les États de mettre immédiatement fin à la pratique de la torture et d'éliminer à jamais ce fléau en donnant pleinement effet à la Déclaration universelle des droits de l'homme ainsi qu'aux conventions pertinentes, et en renforçant si nécessaire les mécanismes existants. Elle appelle tous les États à coopérer pleinement avec le Rapporteur spécial sur la question de la torture dans l'accomplissement de son mandat.

58. Il faudrait veiller spécialement à assurer le respect universel et l'application effective des « Principes d'éthique médicale applicables au rôle du personnel de santé, en particulier des médecins, dans la protection des prisonniers et des détenus contre la torture et les autres peines ou traitements cruels, inhumains ou dégradants », adoptés par l'Assemblée générale des Nations unies.

59. La Conférence mondiale sur les droits de l'homme souligne qu'il importe de prendre des mesures concrètes supplémentaires, dans le cadre de l'Organisation des Nations unies, en vue de fournir une assistance aux victimes de la torture et de leur assurer des moyens plus efficaces de réadaptation physique, psychologique et sociale. Il faudrait, en toute priorité, fournir les ressources nécessaires à cet effet, notamment grâce à des contributions additionnelles au Fonds de contributions volontaires des Nations unies pour les victimes de la torture.

60. Les États devraient abroger les lois qui assurent, en fait, l'impunité aux personnes responsables de violations graves des droits de l'homme telles que les actes de torture, et ils devraient poursuivre les auteurs de ces violations, asseyant ainsi la légalité sur des bases solides.

61. La Conférence mondiale sur les droits de l'homme réaffirme que les efforts tendant à éliminer la torture devraient, avant tout, être centrés sur la prévention et, en conséquence, elle demande que soit rapidement adopté le Protocole facultatif se rapportant à la Convention contre la

torture et autres peines ou traitements cruels, inhumains ou dégradants, protocole qui vise à mettre en place un système préventif de visites régulières sur les lieux de détention.

Disparitions forcées

62. La Conférence mondiale sur les droits de l'homme, se félicitant de l'adoption par l'Assemblée générale de la Déclaration sur la protection de toutes les personnes contre les disparitions forcées, appelle tous les États à prendre les mesures appropriées, législatives, administratives, judiciaires ou autres, pour prévenir, éliminer et sanctionner les actes conduisant à des disparitions forcées. Elle réaffirme que les États ont le devoir, en toutes circonstances, de faire procéder à des enquêtes dès qu'il y a des raisons de penser qu'une disparition forcée s'est produite dans un territoire placé sous leur juridiction. Si les faits sont vérifiés, les auteurs doivent être poursuivis.

6. *Droits des personnes handicapées*

63. La Conférence mondiale sur les droits de l'homme réaffirme que les droits de l'homme et les libertés fondamentales sont tous universels et, de ce fait, s'appliquent sans réserve aucune aux personnes souffrant d'incapacités. Tous les êtres humains naissent égaux et ont les mêmes droits à la vie et au bien-être, à l'éducation et au travail, à une vie indépendante et à une participation active à tous les aspects de la vie en société. Toute forme de discrimination directe, tout traitement discriminatoire à l'encontre d'une personne handicapée, constitue donc une violation des droits de celle-ci. La Conférence demande aux gouvernements, le cas échéant, d'adopter des lois ou de modifier les textes existants de manière à assurer aux personnes handicapées la jouissance de tous leurs droits.

64. Les personnes handicapées doivent trouver place partout. Il faudrait leur garantir des chances égales en éliminant tous les obstacles qu'ils rencontrent, tant d'ordre physiques ou financier que social ou psychologique, qui restreignent ou empêchent leur pleine participation à la vie en société.

65. Se référant au Programme d'action mondial concernant les personnes handicapées, adopté par l'Assemblée générale à sa trente-septième session, la Conférence mondiale sur les droits de l'homme invite l'Assemblée générale et le Conseil économique et social à adopter, à leurs sessions de 1993, le projet de règles pour l'égalisation des chances des personnes handicapées.

C. Coopération, développement et renforcement des droits de l'homme

66. La Conférence mondiale sur les droits de l'homme recommande de donner la priorité à une action nationale et internationale visant à promouvoir la démocratie, le développement et les droits de l'homme.

67. L'accent devrait être mis spécialement sur les mesures propres à contribuer à la création et au renforcement d'institutions ayant des activités en rapport avec les droits de l'homme, au renforcement d'une société civile pluraliste et à la protection des groupes qui ont été rendus vulnérables. À ce propos, l'assistance apportée aux gouvernements qui le demandent pour la tenue d'élections libres et régulières, notamment l'assistance concernant les aspects des élections touchant les droits de l'homme et l'information du public sur le processus électoral, revêt une importance particulière. Est également importante l'assistance à fournir pour consolider la légalité, promouvoir la liberté d'expression et mieux administrer la justice, et pour assurer véritablement la participation de la population à la prise des décisions.

68. La Conférence mondiale sur les droits de l'homme souligne qu'il est nécessaire que le Centre pour les droits de l'homme mette en œuvre des activités renforcées de services consultatifs et d'assistance technique. Il devrait fournir aux États qui le demandent une assistance portant sur des questions précises en matière de droits de l'homme, notamment en ce qui concerne l'établissement des rapports que ceux-ci sont tenus de présenter en vertu des instruments conventionnels et l'application de plans d'action cohérents et complets visant à promouvoir et protéger

les droits de l'homme. Ces programmes devraient comporter un élément de renforcement des institutions qui défendent les droits de l'homme et la démocratie, de protection juridique des droits de l'homme, de formation des fonctionnaires et autre personnel et d'éducation et d'information du grand public en vue de promouvoir le respect des droits de l'homme.

69. La Conférence mondiale sur les droits de l'homme recommande vivement la mise sur pied, dans le cadre du système des Nations unies, d'un programme global visant à aider les États à établir et renforcer des structures nationales de nature à influer directement sur l'observation générale des droits de l'homme et sur le maintien de la légalité. Ce programme, qui doit être coordonné par le Centre pour les droits de l'homme, devrait permettre de fournir, à la demande des gouvernements intéressés, un appui technique et financier aux projets nationaux portant sur la réforme des établissements pénitentiaires et correctionnels, la formation théorique et pratique des avocats, des juges et des agents des forces de sécurité en matière de droits de l'homme, et dans toute autre sphère d'activités contribuant au bon fonctionnement d'une société de droit. Au titre de ce programme, les États devraient pouvoir bénéficier d'une assistance dans l'application de plans d'action visant à promouvoir et protéger les droits de l'homme.

70. La Conférence mondiale sur les droits de l'homme prie le Secrétaire général de l'Organisation des Nations unies de présenter à l'Assemblée générale des Nations unies diverses options touchant la création, la structure, le mode de fonctionnement et le financement du programme proposé.

71. La Conférence mondiale sur les droits de l'homme recommande que chaque État examine s'il est souhaitable d'élaborer un plan d'action national prévoyant des mesures par lesquelles il améliorerait la promotion et la protection des droits de l'homme.

72. La Conférence mondiale sur les droits de l'homme réaffirme que le droit universel et inaliénable au développement, tel qu'il est établi par la Déclaration sur le droit au développement, doit se concrétiser dans la réalité. À cet égard, elle se félicite de la création par la Commission des droits de l'homme d'un Groupe de travail thématique sur le droit au développement et demande instamment que celui-ci, en consultation et en coopération avec d'autres organes et institutions du système des Nations unies, formule rapidement, pour les soumettre dès que possible à l'examen de l'Assemblée générale, des mesures globales et efficaces visant à éliminer les obstacles à la mise en œuvre et à la concrétisation de la Déclaration sur le droit au développement et recommande des moyens qui favorisent la réalisation de ce droit dans tous les États.
73. La Conférence mondiale sur les droits de l'homme recommande de donner aux organisations non gouvernementales et autres organisations locales, dont le développement ou les droits de l'homme sont le champ d'action, les moyens de jouer un rôle majeur aux échelons national et international dans le débat, et les activités de mise en œuvre du droit au développement et, aux côtés des gouvernements, dans la coopération au service du développement, sous tous les aspects pertinents.
74. La Conférence mondiale sur les droits de l'homme demande instamment aux gouvernements et aux organismes et institutions compétents d'accroître sensiblement les ressources consacrées à la mise en place de systèmes juridiques fonctionnels de protection des droits de l'homme et au renforcement des institutions nationales actives dans ce domaine. Les organismes de coopération pour le développement devraient être conscients des relations d'interdépendance entre développement, démocratie et droits de l'homme, chacun de ces éléments contribuant à renforcer l'autre. La coopération devrait être fondée sur le dialogue et la transparence. La Conférence demande également que soient adoptés des programmes globaux, notamment que soient mises en place des banques de données sur les

ressources et le personnel compétent, en vue de renforcer l'état de droit et les institutions démocratiques.
75. La Conférence mondiale sur les droits de l'homme encourage la Commission des droits de l'homme à poursuivre, en coopération avec le Comité des droits économiques, sociaux et culturels, l'étude de protocoles facultatifs se rapportant au Pacte international relatif aux droits économiques, sociaux et culturels.
76. La Conférence mondiale sur les droits de l'homme recommande d'accroître les ressources consacrées au renforcement ou à l'établissement d'arrangements régionaux pour la promotion et la protection des droits de l'homme, dans le cadre des programmes de services consultatifs et d'assistance technique du Centre pour les droits de l'homme. Les États sont encouragés à demander, à cette fin, une assistance sous forme d'ateliers, séminaires et échanges d'informations, au niveau régional et sous-régional, destinés à renforcer les arrangements régionaux pour la promotion et la protection des droits de l'homme conformément aux normes universelles en la matière énoncées dans les instruments internationaux pertinents.
77. La Conférence mondiale sur les droits de l'homme appuie toutes les mesures prises par l'Organisation des Nations unies et ses institutions spécialisées compétentes pour assurer la protection et la promotion effectives des droits syndicaux, conformément aux dispositions du Pacte international relatif aux droits économiques, sociaux et culturels, et des autres instruments internationaux pertinents. Elle demande à tous les États de s'acquitter pleinement des obligations qui leur incombent à cet égard en vertu des instruments internationaux.

D. Éducation en matière de droits de l'homme

78. La Conférence mondiale sur les droits de l'homme estime que l'éducation, la formation et l'information en la matière sont indispensables à l'instauration et à la promotion de relations intercommunautaires stables et harmonieuses, ainsi qu'à la promotion de la compréhension mutuelle, de la tolérance et de la paix.

79. Les États devraient s'efforcer d'éliminer l'analphabétisme et orienter l'éducation vers le plein épanouissement de la personne et le renforcement du respect des droits de l'homme et des libertés fondamentales. La Conférence mondiale sur les droits de l'homme invite tous les États et institutions à inscrire les droits de l'homme, le droit humanitaire, la démocratie et la primauté du droit au programme de tous les établissements d'enseignement, de type classique et autre.

80. L'éducation en matière de droits de l'homme devrait porter sur la paix, la démocratie, le développement et la justice sociale, comme prévu dans les instruments internationaux et régionaux relatifs aux droits de l'homme, afin de susciter une compréhension et une prise de conscience qui renforcent l'engagement universel en leur faveur.

81. Tenant compte du Plan d'action mondial adopté en mars 1993 par le Congrès international sur l'éducation en matière de droits de l'homme et de démocratie tenu sous les auspices de l'UNESCO et d'autres textes relatifs aux droits de l'homme, la Conférence mondiale sur les droits de l'homme recommande aux États d'élaborer des programmes et des stratégies spécifiques pour assurer le plus largement possible une éducation en la matière et la diffusion de l'information auprès du public, compte tenu en particulier des besoins des femmes à cet égard.

82. Les gouvernements, avec le concours d'organisations intergouvernementales, d'institutions nationales et d'organisations non gouvernementales devraient susciter une prise de conscience accrue des droits de l'homme et de la nécessité d'une tolérance mutuelle. La Conférence mondiale sur les droits de l'homme souligne combien il importe de renforcer la Campagne mondiale d'information sur les droits de l'homme menée par l'Organisation des Nations unies. Les pouvoirs publics devraient lancer des programmes d'éducation aux droits de l'homme, les soutenir et assurer la diffusion de l'information dans ce domaine. Les services consultatifs et les programmes d'assistance technique du système des Nations unies

devraient être en mesure de répondre immédiatement aux demandes des États touchant l'éducation et la formation en la matière, ainsi que l'enseignement spécifique des normes énoncées dans les instruments internationaux relatifs aux droits de l'homme et dans le droit humanitaire et leur application à des groupes donnés tels que les forces armées, les responsables de l'application des lois, le personnel de la police et les spécialistes de la santé. Il faudrait envisager de proclamer une décennie des Nations unies pour l'éducation en matière de droits de l'homme afin de promouvoir, d'encourager et de mettre en relief ce type d'activités.

E. Méthodes de mise en œuvre et de surveillance

83. La Conférence mondiale sur les droits de l'homme prie instamment les gouvernements d'incorporer les normes énoncées dans les instruments internationaux en la matière dans leur législation interne et de renforcer les structures et institutions nationales et les organes de la société qui jouent un rôle dans la promotion et la sauvegarde des droits de l'homme.

84. La Conférence mondiale sur les droits de l'homme recommande le renforcement des activités et des programmes des Nations unies destinés à répondre aux demandes d'assistance des États qui souhaitent créer ou renforcer leurs propres institutions nationales de promotion et de protection des droits de l'homme.

85. La Conférence mondiale sur les droits de l'homme est aussi favorable au renforcement de la coopération entre les institutions nationales de promotion et de protection des droits de l'homme, en particulier au moyen d'échanges d'information et d'expérience, ainsi que de la coopération avec les organisations régionales et l'Organisation des Nations unies.

86. La Conférence mondiale sur les droits de l'homme recommande vivement à cet égard que les représentants des institutions nationales de promotion et de protection des droits de l'homme tiennent périodiquement des réunions sous les auspices du Centre pour les droits de l'homme

afin d'examiner les moyens d'améliorer leurs mécanismes et de partager leur expérience.

87. La Conférence mondiale sur les droits de l'homme recommande aux organes créés en vertu de traités relatifs aux droits de l'homme, aux réunions des présidents de ces organes et aux réunions des États parties de continuer à prendre des mesures pour coordonner les multiples obligations imposées aux États en matière de rapports et harmoniser les directives pour l'établissement des rapports qu'ils doivent soumettre en vertu de chaque instrument et voir si en leur donnant, comme on l'a suggéré, la possibilité de faire rapport en un seul document sur la manière dont ils respectent les obligations auxquelles ils ont souscrit, on n'accroîtrait pas l'efficacité et l'utilité de cette procédure.

88. La Conférence mondiale sur les droits de l'homme recommande aux États parties aux instruments internationaux relatifs aux droits de l'homme, à l'Assemblée générale et au Conseil économique et social d'envisager d'examiner les organes créés en vertu de traités dans le domaine considéré et les différents mécanismes thématiques et procédures en vue d'en accroître l'efficacité et l'utilité grâce à une meilleure coordination en tenant compte de la nécessité d'éviter les doubles emplois et les chevauchements de mandats et de tâches.

89. La Conférence mondiale sur les droits de l'homme recommande de poursuivre l'effort d'amélioration du fonctionnement, notamment des tâches de surveillance, des organes conventionnels en tenant compte des multiples propositions avancées à ce sujet et, en particulier, de celles de ces organes mêmes et de celles des réunions de leurs présidents. Il faudrait encourager aussi l'approche nationale globale adoptée par le Comité des droits de l'enfant.

90. La Conférence mondiale sur les droits de l'homme recommande aux États parties aux instruments créés en vertu de traités en la matière d'envisager d'accepter toutes les procédures facultatives de communication utilisables.

91. La Conférence mondiale sur les droits de l'homme s'inquiète de la question de l'impunité des auteurs de

violations des droits de l'homme et appuie les efforts que déploient la Commission des droits de l'homme et la Sous-Commission de la lutte contre les mesures discriminatoires et de la protection des minorités pour examiner tous les aspects de ce problème.

92. La Conférence mondiale sur les droits de l'homme recommande que la Commission des droits de l'homme examine la possibilité de mieux appliquer, aux plans international et régional, les instruments en vigueur en la matière et encourage la Commission du droit international à poursuivre ses travaux sur la question de la création d'une cour criminelle internationale.

93. La Conférence mondiale sur les droits de l'homme demande instamment aux États qui ne l'ont pas encore fait d'adhérer aux Conventions de Genève de 1949 et aux Protocoles s'y rapportant et de prendre toutes les mesures appropriées au plan national, y compris des mesures législatives, pour en assurer la pleine application.

94. La Conférence mondiale sur les droits de l'homme recommande que soit rapidement achevé et adopté le projet de déclaration sur le droit et la responsabilité des individus, groupes et organes de la société de promouvoir et de protéger les droits de l'homme et les libertés fondamentales universellement reconnus.

95. La Conférence mondiale sur les droits de l'homme souligne qu'il importe de préserver et de renforcer le système de procédures spéciales : rapporteurs, représentants, experts et groupes de travail de la Commission des droits de l'homme et de la Sous-Commission de la lutte contre les mesures discriminatoires et de la protection des minorités, afin de leur permettre de remplir leurs mandats dans tous les pays du monde, en leur fournissant les ressources humaines et financières nécessaires. Des réunions périodiques devraient permettre d'harmoniser et de rationaliser le fonctionnement de ces procédures et mécanismes. L'entière coopération de tous les États est demandée à cet égard.

96. La Conférence mondiale sur les droits de l'homme recommande que l'Organisation des Nations unies joue un rôle plus actif pour ce qui est de promouvoir et de protéger les droits de l'homme et d'assurer le plein respect du droit humanitaire international dans toutes les situations de conflit armé, conformément aux objectifs et principes de la Charte des Nations unies.

97. Reconnaissant l'importance d'une composante droits de l'homme dans certains arrangements concernant les opérations de maintien de la paix de l'ONU, la Conférence mondiale recommande que le Secrétaire général tienne compte de l'expérience et des capacités en matière de présentation de rapports du Centre pour les droits de l'homme et des mécanismes de protection de ces droits, en conformité avec la Charte des Nations unies.

98. Pour renforcer la jouissance des droits économiques, sociaux et culturels, il faudrait envisager de nouvelles approches, par exemple un système d'indicateurs pour évaluer les progrès accomplis dans la réalisation des droits énoncés dans le Pacte international relatif aux droits économiques, sociaux et culturels. Il doit y avoir un effort concerté pour assurer la reconnaissance des droits économiques, sociaux et culturels aux niveaux national, régional et international.

F. Suivi de la Conférence mondiale

99. La Conférence mondiale sur les droits de l'homme recommande à l'Assemblée générale, à la Commission des droits de l'homme et aux autres organes et organismes des Nations unies qui s'occupent des droits de l'homme d'étudier les moyens d'assurer l'application, sans tarder, des recommandations figurant dans la présente Déclaration, y compris la possibilité de proclamer une Décennie des Nations unies pour les droits de l'homme. Elle recommande en outre à la Commission des droits de l'homme d'évaluer chaque année les progrès réalisés en ce sens.

100. La Conférence mondiale sur les droits de l'homme prie le Secrétaire général de l'Organisation des Nations unies d'inviter, à l'occasion du cinquantième anniversaire

de la Déclaration universelle des droits de l'homme, tous les États, tous les organes et organismes des Nations unies qui s'occupent des droits de l'homme à lui rendre compte des progrès réalisés dans l'application de la présente Déclaration et de présenter un rapport à l'Assemblée générale, à sa cinquante-troisième session, par l'intermédiaire de la Commission des droits de l'homme et du Conseil économique et social. Les institutions régionales et, s'il y a lieu, nationales pour les droits de l'homme ainsi que les organisations non gouvernementales peuvent également faire part au Secrétaire général de l'Organisation des Nations unies de leurs vues sur les résultats obtenus quant à l'application de la présente Déclaration. Il faudrait s'attacher, en particulier, à évaluer dans quelle mesure on s'est rapproché de l'objectif de la ratification universelle des traités et protocoles internationaux relatifs aux droits de l'homme, adoptés dans le cadre du système des Nations unies.

Texte 20 – Déclaration de l'OIT relative aux principes et droits fondamentaux au travail, 1998

La Déclaration de l'Organisation internationale du travail (OIT) relative aux principes et droits fondamentaux au travail a été adoptée le 19 juin 1998. Elle est l'expression de l'engagement des gouvernements, des organisations d'employeurs et de celles de travailleurs en faveur des principes et droits fondamentaux au travail qui sont au cœur des conventions internationales du travail. Ces principes et droits sont la liberté d'association et la reconnaissance effective du droit de négociation collective, l'élimination de toute forme de travail forcé ou obligatoire, l'abolition effective du travail des enfants et l'élimination de la discrimination en matière d'emploi et de profession.

Le suivi de la Déclaration (annexe révisée en 2010) comporte deux volets pour promouvoir les principes et droits fondamentaux énoncés dans la Déclaration. Le premier a trait au suivi annuel concernant les conventions fondamentales non ratifiées par les États membres de l'Organisation. Le second volet consiste en un rapport global annuel portant sur l'une des quatre catégories de principes et droits fondamentaux.

Bibliographie

Javillier Jean-Claude (dir.), *Les normes internationales du travail, un patrimoine pour l'avenir. Mélanges en l'honneur de Nicolas Valticos*, OIT, 2004.
Politakis George (ed.), *Protecting Labour Rights as Human Rights: Present and Future of International Supervision*, OIT, 2007.

Attendu que la création de l'OIT procédait de la conviction que la justice sociale est essentielle pour assurer une paix universelle et durable ;
Attendu que la croissance économique est essentielle mais n'est pas suffisante pour assurer l'équité, le progrès social et l'éradication de la pauvreté, et que cela confirme la nécessité pour l'OIT de promouvoir des politiques sociales solides, la justice et des institutions démocratiques ;
Attendu que l'OIT se doit donc plus que jamais de mobiliser l'ensemble de ses moyens d'action normative, de coopération technique et de recherche dans tous les domaines de sa compétence, en particulier l'emploi, la formation professionnelle et les conditions de travail, pour faire en sorte que, dans le cadre d'une stratégie globale de développement économique et social, les politiques économiques et sociales se renforcent mutuellement en vue d'instaurer un développement large et durable ;

Attendu que l'OIT doit porter une attention spéciale aux problèmes des personnes ayant des besoins sociaux particuliers, notamment les chômeurs et les travailleurs migrants, mobiliser et encourager les efforts nationaux, régionaux et internationaux tendant à résoudre leurs problèmes, et promouvoir des politiques efficaces visant à créer des emplois ;

Attendu que, dans le but d'assurer le lien entre progrès social et croissance économique, la garantie des principes et des droits fondamentaux au travail revêt une importance et une signification particulières en donnant aux intéressés eux-mêmes la possibilité de revendiquer librement et avec des chances égales leur juste participation aux richesses qu'ils ont contribué à créer, ainsi que de réaliser pleinement leur potentiel humain ;

Attendu que l'OIT est l'organisation internationale mandatée par sa Constitution, ainsi que l'organe compétent pour établir les normes internationales du travail et s'en occuper, et qu'elle bénéficie d'un appui et d'une reconnaissance universels en matière de promotion des droits fondamentaux au travail, en tant qu'expression de ses principes constitutionnels ;

Attendu que, dans une situation d'interdépendance économique croissante, il est urgent de réaffirmer la permanence des principes et droits fondamentaux inscrits dans la Constitution de l'Organisation ainsi que de promouvoir leur application universelle ;

La Conférence internationale du travail

1. Rappelle :

a) qu'en adhérant librement à l'OIT, l'ensemble de ses Membres ont accepté les principes et droits énoncés dans sa Constitution et dans la Déclaration de Philadelphie, et se sont engagés à travailler à la réalisation des objectifs d'ensemble de l'Organisation, dans toute la mesure de leurs moyens et de leur spécificité ;

b) que ces principes et droits ont été exprimés et développés sous forme de droits et d'obligations spécifiques dans des conventions reconnues comme fondamentales, tant à l'intérieur qu'à l'extérieur de l'Organisation.

2. Déclare que l'ensemble des Membres, même lorsqu'ils n'ont pas ratifié les conventions en question, ont l'obligation, du seul fait de leur appartenance à l'Organisation, de respecter, promouvoir et réaliser, de bonne foi et conformément à la Constitution, les principes concernant les droits fondamentaux qui sont l'objet desdites conventions, à savoir :

a) la liberté d'association et la reconnaissance effective du droit de négociation collective ;

b) l'élimination de toute forme de travail forcé ou obligatoire ;

c) l'abolition effective du travail des enfants ;

d) l'élimination de la discrimination en matière d'emploi et de profession.

3. Reconnaît l'obligation qui incombe à l'Organisation d'aider ses Membres, en réponse à leurs besoins établis et exprimés, de façon à atteindre ces objectifs en faisant pleinement appel à ses moyens constitutionnels, pratiques et budgétaires, y compris par la mobilisation des ressources et l'assistance extérieures, ainsi qu'en encourageant d'autres organisations internationales avec lesquelles l'OIT a établi des relations, en vertu de l'article 12 de sa Constitution, à soutenir ces efforts :

a) en offrant une coopération technique et des services de conseil destinés à promouvoir la ratification et l'application des conventions fondamentales ;

b) en assistant ceux de ses Membres qui ne sont pas encore en mesure de ratifier l'ensemble ou certaines de ces conventions dans leurs efforts pour respecter, promouvoir et réaliser les principes concernant les droits fondamentaux qui sont l'objet desdites conventions ;

c) en aidant ses Membres dans leurs efforts pour instaurer un climat propice au développement économique et social.

4. Décide que, pour donner plein effet à la présente Déclaration, un mécanisme de suivi promotionnel, crédible et efficace sera mis en œuvre conformément aux modalités

précisées dans l'annexe ci-jointe, qui sera considérée comme faisant partie intégrante de la présente Déclaration.
5. Souligne que les normes du travail ne pourront servir à des fins commerciales protectionnistes et que rien dans la présente Déclaration et son suivi ne pourra être invoqué ni servir à pareilles fins; en outre, l'avantage comparatif d'un quelconque pays ne pourra, en aucune façon, être mis en cause du fait de la présente Déclaration et son suivi.

Annexe (révisée) – Suivi de la déclaration

I. Objectif général

1. Le suivi décrit ci-après aura pour objet d'encourager les efforts déployés par les Membres de l'Organisation en vue de promouvoir les principes et droits fondamentaux consacrés par la Constitution de l'OIT ainsi que par la Déclaration de Philadelphie, et réitérés dans la présente Déclaration.
2. Conformément à cet objectif strictement promotionnel, ce suivi devra permettre d'identifier les domaines où l'assistance de l'OIT, à travers ses activités de coopération technique, peut être utile à ses Membres pour les aider à mettre en œuvre ces principes et droits fondamentaux. Il ne pourra se substituer aux mécanismes de contrôle établis ou entraver leur fonctionnement; en conséquence, les situations particulières relevant desdits mécanismes ne pourront être examinées ou réexaminées dans le cadre de ce suivi.
3. Les deux volets de ce suivi, décrits ci-après, feront appel aux procédures existantes; le suivi annuel concernant les conventions non ratifiées impliquera simplement un certain réaménagement des modalités actuelles de mise en œuvre de l'article 19, paragraphe 5 e), de la Constitution; le rapport global sur l'effet donné à la promotion des principes et droits fondamentaux au travail doit permettre d'informer la discussion récurrente à la Conférence des besoins des Membres, de l'action menée par l'Organisation et des résultats obtenus dans la promotion des principes et droits fondamentaux au travail.

II. Suivi annuel concernant les conventions fondamentales non ratifiées

A. Objet et champ d'application

1. L'objet du suivi annuel est de donner l'occasion de suivre chaque année, par un dispositif simplifié, les efforts déployés conformément à la Déclaration par les Membres qui n'ont pas encore ratifié toutes les conventions fondamentales.
2. Le suivi portera sur les quatre catégories de principes et droits fondamentaux énumérés dans la Déclaration.

B. Modalités

1. Le suivi se fera sur la base de rapports demandés aux Membres au titre de l'article 19, paragraphe 5 e), de la Constitution. Les formulaires de ces rapports seront conçus de manière à obtenir des gouvernements qui n'ont pas ratifié une ou plusieurs des conventions fondamentales des informations sur toutes modifications éventuelles apportées à leur législation et à leur pratique, en tenant dûment compte de l'article 23 de la Constitution et de la pratique établie.
2. Ces rapports, tels qu'ils auront été compilés par le Bureau, seront examinés par le Conseil d'administration.
3. Des aménagements devront être envisagés aux procédures en vigueur pour permettre aux Membres non représentés au Conseil d'administration de lui apporter, de la manière la plus appropriée, les éclaircissements qui pourraient s'avérer nécessaires ou utiles pour compléter les informations contenues dans leurs rapports à l'occasion de ses discussions.

III. Rapport global sur les principes et droits fondamentaux au travail

A. Objet et champ d'application

1. L'objet du rapport global est d'offrir une image globale et dynamique relative aux quatre catégories de principes et droits fondamentaux au travail, observée au cours de la période écoulée, et de servir de base pour évaluer

l'efficacité de l'assistance apportée par l'Organisation et déterminer des priorités pour la période suivante, notamment sous forme de plans d'action en matière de coopération technique ayant notamment pour objet de mobiliser les ressources internes et externes nécessaires à leur mise en œuvre.

B. Modalités

1. Le rapport sera établi sous la responsabilité du Directeur général, sur la base d'informations officielles ou recueillies et vérifiées selon les procédures établies. Pour les pays qui n'ont pas ratifié les conventions fondamentales, il s'appuiera, en particulier, sur le résultat du suivi annuel susvisé. Dans le cas des Membres ayant ratifié les conventions correspondantes, il s'appuiera en particulier sur les rapports traités au titre de l'article 22 de la Constitution. Il fera également référence à l'expérience acquise dans le cadre de la coopération technique et d'autres activités pertinentes de l'Organisation.

2. Ce rapport sera soumis à la Conférence en vue d'une discussion récurrente sur l'objectif stratégique des principes et droits fondamentaux au travail, conformément aux modalités arrêtées par le Conseil d'administration. Il appartiendra ensuite à la Conférence de tirer les conséquences de ce débat en ce qui concerne tous les moyens d'action dont dispose l'Organisation, y compris les priorités et plans d'action à mettre en œuvre en matière de coopération technique lors de la période suivante et de guider le Conseil d'administration et le Bureau dans l'exercice de leurs responsabilités.

IV. Il est entendu que

1. La Conférence devra, le moment venu, revoir, à la lumière de l'expérience acquise, le fonctionnement de ce suivi afin de vérifier s'il a convenablement rempli l'objectif général énoncé à la partie I ci-dessus.

Texte 21 – Déclaration sur les défenseurs des droits de l'homme, 1998

La Déclaration sur le droit et la responsabilité des individus, groupes et organes de la société de promouvoir et protéger les droits de l'homme et les libertés fondamentales universellement reconnus – plus connue sous le titre abrégé de Déclaration sur les défenseurs des droits de l'homme – a été adoptée au consensus par l'Assemblée générale des Nations unies dans sa résolution 53/144 du 9 décembre 1998.

La Déclaration vise à protéger les défenseurs des droits de l'homme et, en particulier, leur droit à la liberté d'expression et d'opinion, leur droit à la liberté d'association, leur droit à la liberté de réunion pacifique et leurs droits syndicaux.

Un mandat de représentant spécial du Secrétaire général des Nations unies sur les défenseurs des droits de l'homme a été institué en 2000, pour mettre en œuvre la Déclaration, transformé ultérieurement en mandat de rapporteur spécial sur les défenseurs des droits de l'homme.

L'Assemblée générale,

Réaffirmant l'importance que revêt la réalisation des buts et principes énoncés dans la Charte des Nations unies pour la promotion et la protection de tous les droits de l'homme et de toutes les libertés fondamentales pour tous, dans tous les pays du monde,

Réaffirmant également l'importance de la Déclaration universelle des droits de l'homme et des Pactes internationaux relatifs aux droits de l'homme [résolution 2200 A (XXI), annexe] en tant qu'éléments fondamentaux des efforts internationaux visant à promouvoir le respect universel et effectif des droits de l'homme et des libertés fondamentales, ainsi que l'importance des autres instruments relatifs aux

droits de l'homme adoptés par les organes et organismes des Nations unies, et de ceux adoptés au niveau régional,
Soulignant que tous les membres de la communauté internationale doivent remplir, conjointement et séparément, leur obligation solennelle de promouvoir et encourager le respect des droits de l'homme et des libertés fondamentales pour tous, sans distinction aucune, notamment sans distinction fondée sur la race, la couleur, le sexe, la langue, la religion, l'opinion, politique ou autre, l'origine nationale ou sociale, la fortune, la naissance ou toute autre situation, et réaffirmant qu'il importe en particulier de coopérer à l'échelle internationale pour remplir cette obligation conformément à la Charte,
Reconnaissant le rôle important que joue la coopération internationale et la précieuse contribution qu'apportent les individus, groupes et associations à l'élimination effective de toutes les violations des droits de l'homme et des libertés fondamentales des peuples et des personnes, notamment des violations massives, flagrantes ou systématiques telles que celles qui résultent de l'apartheid, de toutes les formes de discrimination raciale, du colonialisme, de la domination ou de l'occupation étrangère, de l'agression ou des menaces contre la souveraineté nationale, l'unité nationale ou l'intégrité territoriale, ainsi que du refus de reconnaître le droit des peuples à l'autodétermination et le droit de chaque peuple d'exercer sa souveraineté pleine et entière sur ses richesses et ses ressources naturelles,
Considérant les liens qui existent entre la paix et la sécurité internationales, d'une part, et la jouissance des droits de l'homme et des libertés fondamentales, d'autre part, et consciente du fait que l'absence de paix et de sécurité internationales n'excuse pas le non-respect de ces droits et libertés,
Réaffirmant que tous les droits de l'homme et toutes les libertés fondamentales sont universels, indivisibles, interdépendants et indissociables, et qu'il faut les promouvoir et les rendre effectifs en toute équité, sans préjudice de leur mise en œuvre individuelle,

Soulignant que c'est à l'État qu'incombent la responsabilité première et le devoir de promouvoir et protéger les droits de l'homme et les libertés fondamentales,
Reconnaissant que les individus, groupes et associations ont le droit et la responsabilité de promouvoir le respect des droits de l'homme et des libertés fondamentales et de les faire connaître aux niveaux national et international,
Déclare :

Article premier

Chacun a le droit, individuellement ou en association avec d'autres, de promouvoir la protection et la réalisation des droits de l'homme et des libertés fondamentales aux niveaux national et international.

Article 2

1. Chaque État a, au premier chef, la responsabilité et le devoir de protéger, promouvoir et rendre effectifs tous les droits de l'homme et toutes les libertés fondamentales, notamment en adoptant les mesures nécessaires pour instaurer les conditions sociales, économiques, politiques et autres ainsi que les garanties juridiques voulues pour que toutes les personnes relevant de sa juridiction puissent, individuellement ou en association avec d'autres, jouir en pratique de tous ces droits et de toutes ces libertés.
2. Chaque État adopte les mesures législatives, administratives et autres nécessaires pour assurer la garantie effective des droits et libertés visés par la présente Déclaration.

Article 3

Les dispositions du droit interne qui sont conformes à la Charte des Nations unies et aux autres obligations internationales de l'État dans le domaine des droits de l'homme et des libertés fondamentales servent de cadre juridique pour la mise en œuvre et l'exercice des droits de l'homme et des libertés fondamentales ainsi que pour toutes les activités visées dans la présente Déclaration qui ont pour objet la promotion, la protection et la réalisation effective de ces droits et libertés.

Article 4

Aucune disposition de la présente Déclaration ne peut être interprétée comme portant atteinte aux buts et principes énoncés dans la Charte des Nations unies ou allant à leur encontre, ni comme apportant des restrictions aux dispositions de la Déclaration universelle des droits de l'homme [résolution 217 A (III)], des Pactes internationaux relatifs aux droits de l'homme [résolution 2200 I (XXI), annexe] et des autres instruments et engagements internationaux applicables dans ce domaine, ou y dérogeant.

Article 5

Afin de promouvoir et protéger les droits de l'homme et les libertés fondamentales, chacun a le droit, individuellement ou en association avec d'autres, aux niveaux national et international :

a) De se réunir et de se rassembler pacifiquement ;
b) De former des organisations, associations ou groupes non gouvernementaux, de s'y affilier et d'y participer ;
c) De communiquer avec des organisations non gouvernementales ou intergouvernementales.

Article 6

Chacun a le droit, individuellement ou en association avec d'autres :

a) De détenir, rechercher, obtenir, recevoir et conserver des informations sur tous les droits de l'homme et toutes les libertés fondamentales en ayant notamment accès à l'information quant à la manière dont il est donné effet à ces droits et libertés dans le système législatif, judiciaire ou administratif national ;
b) Conformément aux instruments internationaux relatifs aux droits de l'homme et autres instruments internationaux applicables, de publier, communiquer à autrui ou diffuser librement des idées, informations et connaissances sur tous les droits de l'homme et toutes les libertés fondamentales ;
c) D'étudier, discuter, apprécier et évaluer le respect, tant en droit qu'en pratique, de tous les droits de l'homme et de toutes les libertés fondamentales et, par ces moyens et

autres moyens appropriés, d'appeler l'attention du public sur la question.

Article 7

Chacun a le droit, individuellement ou en association avec d'autres, d'élaborer de nouveaux principes et idées dans le domaine des droits de l'homme, d'en discuter et d'en promouvoir la reconnaissance.

Article 8

1. Chacun a le droit, individuellement ou en association avec d'autres, de participer effectivement, sur une base non discriminatoire, au gouvernement de son pays et à la direction des affaires publiques.
2. Ce droit comporte notamment le droit, individuellement ou en association avec d'autres, de soumettre aux organes et institutions de l'État, ainsi qu'aux organismes s'occupant des affaires publiques, des critiques et propositions touchant l'amélioration de leur fonctionnement, et de signaler tout aspect de leur travail qui risque d'entraver ou empêcher la promotion, la protection et la réalisation des droits de l'homme et des libertés fondamentales.

Article 9

1. Dans l'exercice des droits de l'homme et des libertés fondamentales, y compris le droit de promouvoir et protéger les droits de l'homme visés dans la présente Déclaration, chacun a le droit, individuellement ou en association avec d'autres, de disposer d'un recours effectif et de bénéficier d'une protection en cas de violation de ces droits.
2. À cette fin, toute personne dont les droits ou libertés auraient été violés a le droit, en personne ou par l'entremise d'un représentant autorisé par la loi, de porter plainte et de faire examiner rapidement sa plainte en audience publique par une autorité judiciaire ou toute autre autorité instituée par la loi qui soit indépendante, impartiale et compétente, et d'obtenir de cette autorité une décision, prise conformément à la loi, lui accordant réparation, y compris une indemnisation, lorsque ses droits ou libertés

ont été violés, ainsi que l'application de la décision et du jugement éventuel, le tout sans retard excessif.

3. À cette même fin, chacun a le droit, individuellement ou en association avec d'autres, notamment :

a) De se plaindre de la politique et de l'action de fonctionnaires et d'organes de l'État qui auraient commis des violations des droits de l'homme et des libertés fondamentales, au moyen de pétitions ou autres moyens appropriés, auprès des autorités judiciaires, administratives ou législatives nationales compétentes ou de toute autre autorité compétente instituée conformément au système juridique de l'État, qui doit rendre sa décision sans retard excessif ;

b) D'assister aux audiences, procédures et procès publics afin de se faire une opinion sur leur conformité avec la législation nationale et les obligations et engagements internationaux applicables ;

c) D'offrir et prêter une assistance juridique professionnelle qualifiée ou tout autre conseil et appui pertinents pour la défense des droits de l'homme et des libertés fondamentales.

4. À cette même fin et conformément aux procédures et instruments internationaux applicables, chacun a le droit, individuellement ou en association avec d'autres, de s'adresser sans restriction aux organes internationaux compétents de manière générale ou spéciale pour recevoir et examiner des communications relatives aux droits de l'homme, et de communiquer librement avec ces organes.

5. L'État doit mener une enquête rapide et impartiale ou veiller à ce qu'une procédure d'instruction soit engagée lorsqu'il existe des raisons de croire qu'une violation des droits de l'homme et des libertés fondamentales s'est produite dans un territoire relevant de sa juridiction.

Article 10

Nul ne doit participer à la violation des droits de l'homme et des libertés fondamentales en agissant ou en s'abstenant d'agir quand les circonstances l'exigent, et nul ne peut être châtié ou inquiété pour avoir refusé de porter atteinte à ces droits et libertés.

Article 11

Chacun a le droit, individuellement ou en association avec d'autres, d'exercer son occupation ou sa profession conformément à la loi. Quiconque risque, de par sa profession ou son occupation, de porter atteinte à la dignité de la personne humaine, aux droits de l'homme et aux libertés fondamentales d'autrui doit respecter ces droits et libertés et se conformer aux normes nationales ou internationales pertinentes de conduite ou d'éthique professionnelle.

Article 12

1. Chacun a le droit, individuellement ou en association avec d'autres, de participer à des activités pacifiques pour lutter contre les violations des droits de l'homme et des libertés fondamentales.
2. L'État prend toutes les mesures nécessaires pour assurer que les autorités compétentes protègent toute personne, individuellement ou en association avec d'autres, de toute violence, menace, représailles, discrimination *de facto* ou *de jure*, pression ou autre action arbitraire dans le cadre de l'exercice légitime des droits visés dans la présente Déclaration.
3. À cet égard, chacun a le droit, individuellement ou en association avec d'autres, d'être efficacement protégé par la législation nationale quand il réagit par des moyens pacifiques contre des activités et actes, y compris ceux résultant d'omissions, imputables à l'État et ayant entraîné des violations des droits de l'homme et des libertés fondamentales, ainsi que contre des actes de violence perpétrés par des groupes ou individus qui entravent l'exercice des droits de l'homme et des libertés fondamentales.

Article 13

Chacun a le droit, individuellement ou en association avec d'autres, de solliciter, recevoir et utiliser des ressources dans le but exprès de promouvoir et protéger les droits de l'homme et les libertés fondamentales par des moyens pacifiques, conformément à l'article 3 de la présente Déclaration.

Article 14

1. Il incombe à l'État de prendre les mesures appropriées sur les plans législatif, judiciaire, administratif ou autre en vue de mieux faire prendre conscience à toutes les personnes relevant de sa juridiction de leurs droits civils, politiques, économiques, sociaux et culturels.
2. Ces mesures doivent comprendre, notamment :
a) La publication et la large disponibilité des textes de lois et règlements nationaux et des instruments internationaux fondamentaux relatifs aux droits de l'homme ;
b) Le plein accès dans des conditions d'égalité aux documents internationaux dans le domaine des droits de l'homme, y compris les rapports périodiques présentés par l'État aux organes créés en vertu d'instruments internationaux relatifs aux droits de l'homme auxquels il est partie, ainsi que les comptes rendus analytiques de l'examen des rapports et les rapports officiels de ces organes.
3. L'État encourage et appuie, lorsqu'il convient, la création et le développement d'autres institutions nationales indépendantes pour la promotion et la protection des droits de l'homme et des libertés fondamentales dans tout territoire relevant de sa juridiction, qu'il s'agisse d'un médiateur, d'une commission des droits de l'homme ou de tout autre type d'institution nationale.

Article 15

Il incombe à l'État de promouvoir et faciliter l'enseignement des droits de l'homme et des libertés fondamentales à tous les niveaux de l'enseignement et de s'assurer que tous ceux qui sont chargés de la formation des avocats, des responsables de l'application des lois, du personnel des forces armées et des agents de la fonction publique incluent dans leurs programmes de formation des éléments appropriés de l'enseignement des droits de l'homme.

Article 16

Les individus, organisations non gouvernementales et institutions compétentes ont un rôle important à jouer pour ce qui est de sensibiliser davantage le public aux questions relatives à tous les droits de l'homme et à toutes les libertés fondamentales, en particulier dans le cadre d'activités d'éducation, de formation et de recherche dans ces domaines en vue de renforcer encore, notamment, la compréhension, la tolérance, la paix et les relations amicales entre les nations ainsi qu'entre tous les groupes raciaux et religieux, en tenant compte de la diversité des sociétés et des communautés dans lesquelles ils mènent leurs activités.

Article 17

Dans l'exercice des droits et libertés visés dans la présente Déclaration, chacun, agissant individuellement ou en association avec d'autres, n'est soumis qu'aux limitations fixées conformément aux obligations internationales existantes et établies par la loi exclusivement en vue d'assurer la reconnaissance et le respect des droits et libertés d'autrui et afin de satisfaire aux justes exigences de la morale, de l'ordre public et du bien-être général dans une société démocratique.

Article 18

1. Chacun a des devoirs envers la communauté et au sein de celle-ci, seul cadre permettant le libre et plein épanouissement de sa personnalité.
2. Les individus, groupes, institutions et organisations non gouvernementales ont un rôle important à jouer et une responsabilité à assumer en ce qui concerne la sauvegarde de la démocratie, la promotion des droits de l'homme et des libertés fondamentales ainsi que la promotion et le progrès de sociétés, institutions et processus démocratiques.
3. Les individus, groupes, institutions et organisations non gouvernementales ont également un rôle important à jouer et une responsabilité à assumer pour ce qui est de contribuer, selon qu'il convient, à la promotion du

droit de chacun à un ordre social et international grâce auquel les droits et libertés énoncés dans la Déclaration universelle des droits de l'homme et les autres instruments relatifs aux droits de l'homme peuvent être réalisés dans leur intégralité.

Article 19

Aucune disposition de la présente Déclaration ne peut être interprétée comme impliquant pour un individu, groupe ou organe de la société, ou pour un État, le droit de se livrer à une activité ou d'accomplir un acte visant à détruire des droits et libertés visés dans la présente Déclaration.

Article 20

Aucune disposition de la présente Déclaration ne peut être interprétée comme autorisant les États à soutenir ou encourager les activités d'individus, groupes, institutions ou organisations non gouvernementales allant à l'encontre des dispositions de la Charte des Nations unies.

Texte 22 – Déclaration des Nations unies sur les droits des peuples autochtones, 2007

L'Assemblée générale des Nations unies a adopté, le 13 septembre 2007, la Déclaration des Nations unies sur les droits des peuples autochtones, après une vingtaine d'années de travaux préparatoires, d'abord dans le cadre de la Sous-Commission des droits de l'homme, puis dans celui de la Commission des droits de l'homme. Dès sa première session, le Conseil des droits de l'homme, dans sa résolution 1/2 du 29 juin 2006, avait lui-même adopté, par vote, le projet, mais l'Assemblée générale avait rouvert le débat, avant de finir par adopter le texte, non sans difficultés.

De manière tout à fait inhabituelle pour un texte de portée déclaratoire, la résolution 61/295 a fait l'objet d'un vote nominal, avec 143 voix pour, 4 contre – Australie, Canada, États-Unis, Nouvelle-Zélande – et

11 abstentions – dont celle de la Fédération de la Russie. Cette réticence d'États comportant en leur sein de nombreuses populations autochtones ne doit pas éclipser le pas historique qui est franchi en 2007, en reconnaissant les droits des «peuples» autochtones en tant que tels, d'autant que par la suite ces États se sont ralliés aux principes de la Déclaration.

L'Assemblée générale,
Guidée par les buts et principes énoncés dans la Charte des Nations unies et convaincue que les États se conformeront aux obligations que leur impose la Charte,
Affirmant que les peuples autochtones sont égaux à tous les autres peuples, tout en reconnaissant le droit de tous les peuples d'être différents, de s'estimer différents et d'être respectés en tant que tels,
Affirmant également que tous les peuples contribuent à la diversité et à la richesse des civilisations et des cultures, qui constituent le patrimoine commun de l'humanité,
Affirmant en outre que toutes les doctrines, politiques et pratiques qui invoquent ou prônent la supériorité de peuples ou d'individus en se fondant sur des différences d'ordre national, racial, religieux, ethnique ou culturel sont racistes, scientifiquement fausses, juridiquement sans valeur, moralement condamnables et socialement injustes,
Réaffirmant que les peuples autochtones, dans l'exercice de leurs droits, ne doivent faire l'objet d'aucune forme de discrimination,
Préoccupée par le fait que les peuples autochtones ont subi des injustices historiques à cause, entre autres, de la colonisation et de la dépossession de leurs terres, territoires et ressources, ce qui les a empêchés d'exercer, notamment, leur droit au développement conformément à leurs propres besoins et intérêts,
Consciente de la nécessité urgente de respecter et de promouvoir les droits intrinsèques des peuples autochtones, qui découlent de leurs structures politiques, économiques et sociales et de leur culture, de leurs traditions spirituelles,

de leur histoire et de leur philosophie, en particulier leurs droits à leurs terres, territoires et ressources,

Consciente également de la nécessité urgente de respecter et de promouvoir les droits des peuples autochtones affirmés dans les traités, accords et autres arrangements constructifs conclus avec les États,

Se félicitant du fait que les peuples autochtones s'organisent pour améliorer leur situation sur les plans politique, économique, social et culturel et mettre fin à toutes les formes de discrimination et d'oppression partout où elles se produisent,

Convaincue que le contrôle, par les peuples autochtones, des événements qui les concernent, eux et leurs terres, territoires et ressources, leur permettra de perpétuer et de renforcer leurs institutions, leur culture et leurs traditions et de promouvoir leur développement selon leurs aspirations et leurs besoins,

Considérant que le respect des savoirs, des cultures et des pratiques traditionnelles autochtones contribue à une mise en valeur durable et équitable de l'environnement et à sa bonne gestion,

Soulignant la contribution de la démilitarisation des terres et territoires des peuples autochtones à la paix, au progrès économique et social et au développement, à la compréhension et aux relations amicales entre les nations et les peuples du monde,

Considérant en particulier le droit des familles et des communautés autochtones de conserver la responsabilité partagée de l'éducation, de la formation, de l'instruction et du bien-être de leurs enfants, conformément aux droits de l'enfant,

Estimant que les droits affirmés dans les traités, accords et autres arrangements constructifs entre les États et les peuples autochtones sont, dans certaines situations, des sujets de préoccupation, d'intérêt et de responsabilité à l'échelle internationale et présentent un caractère international,

Estimant également que les traités, accords et autres arrangements constructifs, ainsi que les relations qu'ils représentent, sont la base d'un partenariat renforcé entre les peuples autochtones et les États,
Constatant que la Charte des Nations unies, le Pacte international relatif aux droits économiques, sociaux et culturels et le Pacte international relatif aux droits civils et politiques, ainsi que la Déclaration et le Programme d'action de Vienne, affirment l'importance fondamentale du droit de tous les peuples de disposer d'eux-mêmes, droit en vertu duquel ils déterminent librement leur statut politique et assurent librement leur développement économique, social et culturel,
Consciente qu'aucune disposition de la présente Déclaration ne pourra être invoquée pour dénier à un peuple quel qu'il soit son droit à l'autodétermination, exercé conformément au droit international,
Convaincue que la reconnaissance des droits des peuples autochtones dans la présente Déclaration encouragera des relations harmonieuses et de coopération entre les États et les peuples autochtones, fondées sur les principes de justice, de démocratie, de respect des droits de l'homme, de non-discrimination et de bonne foi,
Encourageant les États à respecter et à mettre en œuvre effectivement toutes leurs obligations applicables aux peuples autochtones en vertu des instruments internationaux, en particulier ceux relatifs aux droits de l'homme, en consultation et en coopération avec les peuples concernés,
Soulignant que l'Organisation des Nations unies a un rôle important et continu à jouer dans la promotion et la protection des droits des peuples autochtones,
Convaincue que la présente Déclaration est une nouvelle étape importante sur la voie de la reconnaissance, de la promotion et de la protection des droits et libertés des peuples autochtones et dans le développement des activités pertinentes du système des Nations unies dans ce domaine,
Considérant et réaffirmant que les autochtones sont admis à bénéficier sans aucune discrimination de tous les droits

de l'homme reconnus en droit international, et que les peuples autochtones ont des droits collectifs qui sont indispensables à leur existence, à leur bien-être et à leur développement intégral en tant que peuples,

Considérant que la situation des peuples autochtones n'est pas la même selon les régions et les pays, et qu'il faut tenir compte de l'importance des particularités nationales ou régionales, ainsi que de la variété des contextes historiques et culturels,

Proclame solennellement la Déclaration des Nations unies sur les droits des peuples autochtones, dont le texte figure ci-après, qui constitue un idéal à atteindre dans un esprit de partenariat et de respect mutuel :

Article premier

Les peuples autochtones ont le droit, à titre collectif ou individuel, de jouir pleinement de l'ensemble des droits de l'homme et des libertés fondamentales reconnus par la Charte des Nations unies, la Déclaration universelle des droits de l'homme et le droit international relatif aux droits de l'homme.

Article 2

Les autochtones, peuples et individus, sont libres et égaux à tous les autres et ont le droit de ne faire l'objet, dans l'exercice de leurs droits, d'aucune forme de discrimination fondée, en particulier, sur leur origine ou leur identité autochtones.

Article 3

Les peuples autochtones ont le droit à l'autodétermination. En vertu de ce droit, ils déterminent librement leur statut politique et assurent librement leur développement économique, social et culturel.

Article 4

Les peuples autochtones, dans l'exercice de leur droit à l'autodétermination, ont le droit d'être autonomes et de s'administrer eux-mêmes pour tout ce qui touche à leurs affaires intérieures et locales, ainsi que de disposer des moyens de financer leurs activités autonomes.

Article 5

Les peuples autochtones ont le droit de maintenir et de renforcer leurs institutions politiques, juridiques, économiques, sociales et culturelles distinctes, tout en conservant le droit, si tel est leur choix, de participer pleinement à la vie politique, économique, sociale et culturelle de l'État.

Article 6

Tout autochtone a droit à une nationalité.

Article 7

1. Les autochtones ont droit à la vie, à l'intégrité physique et mentale, à la liberté et à la sécurité de la personne.
2. Les peuples autochtones ont le droit, à titre collectif, de vivre dans la liberté, la paix et la sécurité en tant que peuples distincts et ne font l'objet d'aucun acte de génocide ou autre acte de violence, y compris le transfert forcé d'enfants autochtones d'un groupe à un autre.

Article 8

1. Les autochtones, peuples et individus, ont le droit de ne pas subir d'assimilation forcée ou de destruction de leur culture.
2. Les États mettent en place des mécanismes de prévention et de réparation efficaces visant :
a) Tout acte ayant pour but ou pour effet de priver les autochtones de leur intégrité en tant que peuples distincts, ou de leurs valeurs culturelles ou leur identité ethnique ;
b) Tout acte ayant pour but ou pour effet de les déposséder de leurs terres, territoires ou ressources ;
c) Toute forme de transfert forcé de population ayant pour but ou pour effet de violer ou d'éroder l'un quelconque de leurs droits ;
d) Toute forme d'assimilation ou d'intégration forcée ;

e) Toute forme de propagande dirigée contre eux dans le but d'encourager la discrimination raciale ou ethnique ou d'y inciter.

Article 9

Les autochtones, peuples et individus, ont le droit d'appartenir à une communauté ou à une nation autochtone, conformément aux traditions et coutumes de la communauté ou de la nation considérée. Aucune discrimination quelle qu'elle soit ne saurait résulter de l'exercice de ce droit.

Article 10

Les peuples autochtones ne peuvent être enlevés de force à leurs terres ou territoires. Aucune réinstallation ne peut avoir lieu sans le consentement préalable – donné librement et en connaissance de cause – des peuples autochtones concernés et un accord sur une indemnisation juste et équitable et, lorsque cela est possible, la faculté de retour.

Article 11

1. Les peuples autochtones ont le droit d'observer et de revivifier leurs traditions culturelles et leurs coutumes. Ils ont notamment le droit de conserver, de protéger et de développer les manifestations passées, présentes et futures de leur culture, telles que les sites archéologiques et historiques, l'artisanat, les dessins et modèles, les rites, les techniques, les arts visuels et du spectacle et la littérature.
2. Les États doivent accorder réparation par le biais de mécanismes efficaces – qui peuvent comprendre la restitution – mis au point en concertation avec les peuples autochtones, en ce qui concerne les biens culturels, intellectuels, religieux et spirituels qui leur ont été pris sans leur consentement préalable, donné librement et en connaissance de cause, ou en violation de leurs lois, traditions et coutumes.

Article 12

1. Les peuples autochtones ont le droit de manifester, de pratiquer, de promouvoir et d'enseigner leurs traditions, coutumes et rites religieux et spirituels ; le droit d'entretenir et de protéger leurs sites religieux et culturels et d'y avoir accès en privé ; le droit d'utiliser leurs objets rituels et d'en disposer ; et le droit au rapatriement de leurs restes humains.
2. Les États veillent à permettre l'accès aux objets de culte et aux restes humains en leur possession et/ou leur rapatriement, par le biais de mécanismes justes, transparents et efficaces mis au point en concertation avec les peuples autochtones concernés.

Article 13

1. Les peuples autochtones ont le droit de revivifier, d'utiliser, de développer et de transmettre aux générations futures leur histoire, leur langue, leurs traditions orales, leur philosophie, leur système d'écriture et leur littérature, ainsi que de choisir et de conserver leurs propres noms pour les communautés, les lieux et les personnes.
2. Les États prennent des mesures efficaces pour protéger ce droit et faire en sorte que les peuples autochtones puissent comprendre et être compris dans les procédures politiques, juridiques et administratives, en fournissant, si nécessaire, des services d'interprétation ou d'autres moyens appropriés.

Article 14

1. Les peuples autochtones ont le droit d'établir et de contrôler leurs propres systèmes et établissements scolaires où l'enseignement est dispensé dans leur propre langue, d'une manière adaptée à leurs méthodes culturelles d'enseignement et d'apprentissage.
2. Les autochtones, en particulier les enfants, ont le droit d'accéder à tous les niveaux et à toutes les formes d'enseignement public, sans discrimination aucune.
3. Les États, en concertation avec les peuples autochtones, prennent des mesures efficaces pour que les autochtones,

en particulier les enfants, vivant à l'extérieur de leur communauté, puissent accéder, lorsque cela est possible, à un enseignement dispensé selon leur propre culture et dans leur propre langue.

Article 15

1. Les peuples autochtones ont droit à ce que l'enseignement et les moyens d'information reflètent fidèlement la dignité et la diversité de leurs cultures, de leurs traditions, de leur histoire et de leurs aspirations.
2. Les États prennent des mesures efficaces, en consultation et en coopération avec les peuples autochtones concernés, pour combattre les préjugés et éliminer la discrimination et pour promouvoir la tolérance, la compréhension et de bonnes relations entre les peuples autochtones et toutes les autres composantes de la société.

Article 16

1. Les peuples autochtones ont le droit d'établir leurs propres médias dans leur propre langue et d'accéder à toutes les formes de médias non autochtones sans discrimination aucune.
2. Les États prennent des mesures efficaces pour faire en sorte que les médias publics reflètent dûment la diversité culturelle autochtone. Les États, sans préjudice de l'obligation d'assurer pleinement la liberté d'expression, encouragent les médias privés à refléter de manière adéquate la diversité culturelle autochtone.

Article 17

1. Les autochtones, individus et peuples, ont le droit de jouir pleinement de tous les droits établis par le droit du travail international et national applicable.
2. Les États doivent, en consultation et en coopération avec les peuples autochtones, prendre des mesures visant spécifiquement à protéger les enfants autochtones contre l'exploitation économique et contre tout travail susceptible d'être dangereux ou d'entraver leur éducation ou de nuire à leur santé ou à leur développement physique, mental, spirituel, moral ou social, en tenant compte de leur

vulnérabilité particulière et de l'importance de l'éducation pour leur autonomisation.
3. Les autochtones ont le droit de n'être soumis à aucune condition de travail discriminatoire, notamment en matière d'emploi ou de rémunération.

Article 18

Les peuples autochtones ont le droit de participer à la prise de décisions sur des questions qui peuvent concerner leurs droits, par l'intermédiaire de représentants qu'ils ont eux-mêmes choisis conformément à leurs propres procédures, ainsi que le droit de conserver et de développer leurs propres institutions décisionnelles.

Article 19

Les États se concertent et coopèrent de bonne foi avec les peuples autochtones intéressés – par l'intermédiaire de leurs propres institutions représentatives – avant d'adopter et d'appliquer des mesures législatives ou administratives susceptibles de concerner les peuples autochtones, afin d'obtenir leur consentement préalable, donné librement et en connaissance de cause.

Article 20

1. Les peuples autochtones ont le droit de conserver et de développer leurs systèmes ou institutions politiques, économiques et sociaux, de disposer en toute sécurité de leurs propres moyens de subsistance et de développement et de se livrer librement à toutes leurs activités économiques, traditionnelles et autres.
2. Les peuples autochtones privés de leurs moyens de subsistance et de développement ont droit à une indemnisation juste et équitable.

Article 21

1. Les peuples autochtones ont droit, sans discrimination d'aucune sorte, à l'amélioration de leur situation économique et sociale, notamment dans les domaines de l'éducation, de l'emploi, de la formation et de la reconversion

professionnelles, du logement, de l'assainissement, de la santé et de la sécurité sociale.

2. Les États prennent des mesures efficaces et, selon qu'il conviendra, des mesures spéciales pour assurer une amélioration continue de la situation économique et sociale des peuples autochtones. Une attention particulière est accordée aux droits et aux besoins particuliers des anciens, des femmes, des jeunes, des enfants et des personnes handicapées autochtones.

Article 22

1. Une attention particulière est accordée aux droits et aux besoins spéciaux des anciens, des femmes, des jeunes, des enfants et des personnes handicapées autochtones dans l'application de la présente Déclaration.

2. Les États prennent des mesures, en concertation avec les peuples autochtones, pour veiller à ce que les femmes et les enfants autochtones soient pleinement protégés contre toutes les formes de violence et de discrimination et bénéficient des garanties voulues.

Article 23

Les peuples autochtones ont le droit de définir et d'élaborer des priorités et des stratégies en vue d'exercer leur droit au développement. En particulier, ils ont le droit d'être activement associés à l'élaboration et à la définition des programmes de santé, de logement et d'autres programmes économiques et sociaux les concernant, et, autant que possible, de les administrer par l'intermédiaire de leurs propres institutions.

Article 24

1. Les peuples autochtones ont droit à leur pharmacopée traditionnelle et ils ont le droit de conserver leurs pratiques médicales, notamment de préserver leurs plantes médicinales, animaux et minéraux d'intérêt vital. Les autochtones ont aussi le droit d'avoir accès, sans aucune discrimination, à tous les services sociaux et de santé.

2. Les autochtones ont le droit, en toute égalité, de jouir du meilleur état possible de santé physique et mentale. Les

États prennent les mesures nécessaires en vue d'assurer progressivement la pleine réalisation de ce droit.

Article 25

Les peuples autochtones ont le droit de conserver et de renforcer leurs liens spirituels particuliers avec les terres, territoires, eaux et zones maritimes côtières et autres ressources qu'ils possèdent ou occupent et utilisent traditionnellement, et d'assumer leurs responsabilités en la matière à l'égard des générations futures.

Article 26

1. Les peuples autochtones ont le droit aux terres, territoires et ressources qu'ils possèdent et occupent traditionnellement ou qu'ils ont utilisés ou acquis.
2. Les peuples autochtones ont le droit de posséder, d'utiliser, de mettre en valeur et de contrôler les terres, territoires et ressources qu'ils possèdent parce qu'ils leur appartiennent ou qu'ils les occupent ou les utilisent traditionnellement, ainsi que ceux qu'ils ont acquis.
3. Les États accordent reconnaissance et protection juridiques à ces terres, territoires et ressources. Cette reconnaissance se fait en respectant dûment les coutumes, traditions et régimes fonciers des peuples autochtones concernés.

Article 27

Les États mettront en place et appliqueront, en concertation avec les peuples autochtones concernés, un processus équitable, indépendant, impartial, ouvert et transparent prenant dûment en compte les lois, traditions, coutumes et régimes fonciers des peuples autochtones, afin de reconnaître les droits des peuples autochtones en ce qui concerne leurs terres, territoires et ressources, y compris ceux qu'ils possèdent, occupent ou utilisent traditionnellement, et de statuer sur ces droits. Les peuples autochtones auront le droit de participer à ce processus.

Article 28

1. Les peuples autochtones ont droit à réparation, par le biais, notamment, de la restitution ou, lorsque cela n'est pas possible, d'une indemnisation juste, correcte et équitable pour les terres, territoires et ressources qu'ils possédaient traditionnellement ou occupaient ou utilisaient et qui ont été confisqués, pris, occupés, exploités ou dégradés sans leur consentement préalable, donné librement et en connaissance de cause.
2. Sauf si les peuples concernés en décident librement d'une autre façon, l'indemnisation se fait sous forme de terres, de territoires et de ressources équivalents par leur qualité, leur étendue et leur régime juridique, ou d'une indemnité pécuniaire ou de toute autre réparation appropriée.

Article 29

1. Les peuples autochtones ont droit à la préservation et à la protection de leur environnement et de la capacité de production de leurs terres ou territoires et ressources. À ces fins, les États établissent et mettent en œuvre des programmes d'assistance à l'intention des peuples autochtones, sans discrimination d'aucune sorte.
2. Les États prennent des mesures efficaces pour veiller à ce qu'aucune matière dangereuse ne soit stockée ou déchargée sur les terres ou territoires des peuples autochtones sans leur consentement préalable, donné librement et en connaissance de cause.
3. Les États prennent aussi, selon que de besoin, des mesures efficaces pour veiller à ce que des programmes de surveillance, de prévention et de soins de santé destinés aux peuples autochtones affectés par ces matières, et conçus et exécutés par eux, soient dûment mis en œuvre.

Article 30

1. Il ne peut y avoir d'activités militaires sur les terres ou territoires des peuples autochtones, à moins que ces activités ne soient justifiées par des raisons d'intérêt public ou qu'elles n'aient été librement décidées en accord avec

les peuples autochtones concernés, ou demandées par ces derniers.
2. Les États engagent des consultations effectives avec les peuples autochtones concernés, par le biais de procédures appropriées et, en particulier, par l'intermédiaire de leurs institutions représentatives, avant d'utiliser leurs terres et territoires pour des activités militaires.

Article 31

1. Les peuples autochtones ont le droit de préserver, de contrôler, de protéger et de développer leur patrimoine culturel, leur savoir traditionnel et leurs expressions culturelles traditionnelles ainsi que les manifestations de leurs sciences, techniques et culture, y compris leurs ressources humaines et génétiques, leurs semences, leur pharmacopée, leur connaissance des propriétés de la faune et de la flore, leurs traditions orales, leur littérature, leur esthétique, leurs sports et leurs jeux traditionnels et leurs arts visuels et du spectacle. Ils ont également le droit de préserver, de contrôler, de protéger et de développer leur propriété intellectuelle collective de ce patrimoine culturel, de ce savoir traditionnel et de ces expressions culturelles traditionnelles.
2. En concertation avec les peuples autochtones, les États prennent des mesures efficaces pour reconnaître ces droits et en protéger l'exercice.

Article 32

1. Les peuples autochtones ont le droit de définir et d'établir des priorités et des stratégies pour la mise en valeur et l'utilisation de leurs terres ou territoires et autres ressources.
2. Les États consultent les peuples autochtones concernés et coopèrent avec eux de bonne foi par l'intermédiaire de leurs propres institutions représentatives, en vue d'obtenir leur consentement, donné librement et en connaissance de cause, avant l'approbation de tout projet ayant des incidences sur leurs terres ou territoires et autres ressources, notamment en ce qui concerne la mise en valeur,

l'utilisation ou l'exploitation des ressources minérales, hydriques ou autres.
3. Les États mettent en place des mécanismes efficaces visant à assurer une réparation juste et équitable pour toute activité de cette nature, et des mesures adéquates sont prises pour en atténuer les effets néfastes sur les plans environnemental, économique, social, culturel ou spirituel.

Article 33

1. Les peuples autochtones ont le droit de décider de leur propre identité ou appartenance conformément à leurs coutumes et traditions, sans préjudice du droit des autochtones d'obtenir, à titre individuel, la citoyenneté de l'État dans lequel ils vivent.
2. Les peuples autochtones ont le droit de déterminer les structures de leurs institutions et d'en choisir les membres selon leurs propres procédures.

Article 34

Les peuples autochtones ont le droit de promouvoir, de développer et de conserver leurs structures institutionnelles et leurs coutumes, spiritualité, traditions, procédures ou pratiques particulières et, lorsqu'ils existent, leurs systèmes ou coutumes juridiques, en conformité avec les normes internationales relatives aux droits de l'homme.

Article 35

Les peuples autochtones ont le droit de déterminer les responsabilités des individus envers leur communauté.

Article 36

1. Les peuples autochtones, en particulier ceux qui vivent de part et d'autre de frontières internationales, ont le droit d'entretenir et de développer, à travers ces frontières, des contacts, des relations et des liens de coopération avec leurs propres membres ainsi qu'avec les autres peuples, notamment des activités ayant des buts spirituels, culturels, politiques, économiques et sociaux.

2. Les États prennent, en consultation et en coopération avec les peuples autochtones, des mesures efficaces pour faciliter l'exercice de ce droit et en assurer l'application.

Article 37

1. Les peuples autochtones ont droit à ce que les traités, accords et autres arrangements constructifs conclus avec des États ou leurs successeurs soient reconnus et effectivement appliqués, et à ce que les États honorent et respectent lesdits traités, accords et autres arrangements constructifs.
2. Aucune disposition de la présente Déclaration ne peut être interprétée de manière à diminuer ou à nier les droits des peuples autochtones énoncés dans des traités, accords et autres arrangements constructifs.

Article 38

Les États prennent, en consultation et en coopération avec les peuples autochtones, les mesures appropriées, y compris législatives, pour atteindre les buts de la présente Déclaration.

Article 39

Les peuples autochtones ont le droit d'avoir accès à une assistance financière et technique, de la part des États et dans le cadre de la coopération internationale, pour jouir des droits énoncés dans la présente Déclaration.

Article 40

Les peuples autochtones ont le droit d'avoir accès à des procédures justes et équitables pour le règlement des conflits et des différends avec les États ou d'autres parties et à une décision rapide en la matière, ainsi qu'à des voies de recours efficaces pour toute violation de leurs droits individuels et collectifs. Toute décision en la matière prendra dûment en considération les coutumes, traditions, règles et systèmes juridiques des peuples autochtones concernés et les normes internationales relatives aux droits de l'homme.

Article 41

Les organes et les institutions spécialisées du système des Nations unies et d'autres organisations intergouvernementales contribuent à la pleine mise en œuvre des dispositions de la présente Déclaration par la mobilisation, notamment, de la coopération financière et de l'assistance technique. Les moyens d'assurer la participation des peuples autochtones à l'examen des questions les concernant doivent être mis en place.

Article 42

L'Organisation des Nations unies, ses organes, en particulier l'Instance permanente sur les questions autochtones, les institutions spécialisées, notamment au niveau des pays, et les États favorisent le respect et la pleine application des dispositions de la présente Déclaration et veillent à en assurer l'efficacité.

Article 43

Les droits reconnus dans la présente Déclaration constituent les normes minimales nécessaires à la survie, à la dignité et au bien-être des peuples autochtones du monde.

Article 44

Tous les droits et libertés reconnus dans la présente Déclaration sont garantis de la même façon à tous les autochtones, hommes et femmes.

Article 45

Aucune disposition de la présente Déclaration ne peut être interprétée comme entraînant la diminution ou l'extinction de droits que les peuples autochtones ont déjà ou sont susceptibles d'acquérir à l'avenir.

Article 46

1. Aucune disposition de la présente Déclaration ne peut être interprétée comme impliquant pour un État, un peuple, un groupement ou un individu un droit quelconque de se livrer à une activité ou d'accomplir un acte contraire à la Charte des Nations unies, ni considérée comme autorisant

ou encourageant aucun acte ayant pour effet de détruire ou d'amoindrir, totalement ou partiellement, l'intégrité territoriale ou l'unité politique d'un État souverain et indépendant.

2. Dans l'exercice des droits énoncés dans la présente Déclaration, les droits de l'homme et les libertés fondamentales de tous sont respectés. L'exercice des droits énoncés dans la présente Déclaration est soumis uniquement aux restrictions prévues par la loi et conformes aux obligations internationales relatives aux droits de l'homme. Toute restriction de cette nature sera non discriminatoire et strictement nécessaire à seule fin d'assurer la reconnaissance et le respect des droits et libertés d'autrui et de satisfaire aux justes exigences qui s'imposent dans une société démocratique.

3. Les dispositions énoncées dans la présente Déclaration seront interprétées conformément aux principes de justice, de démocratie, de respect des droits de l'homme, d'égalité, de non-discrimination, de bonne gouvernance et de bonne foi.

Texte 23 – Déclaration des Nations unies sur l'éducation et la formation aux droits de l'homme, 2011

Cette Déclaration trouve son origine dans une initiative de la Suisse et du Maroc, en 2008, pour confier au Comité consultatif du Conseil des droits de l'homme la mission de préparer un projet de Déclaration. Après une série de consultations menées à bien par un groupe de rédaction du Comité consultatif, le projet a été transmis au Conseil des droits de l'homme en janvier 2010 (A/HRC/AC/4/4) et révisé par un groupe de travail intergouvernemental, en vue de l'adoption de la Déclaration par l'Assemblée générale des Nations unies, au consensus, avec la résolution 66/137 du 19 décembre 2011.

La Déclaration s'inscrit dans la continuité des travaux de l'ONU, après la Décennie des Nations unies pour l'éducation dans le domaine des droits de l'homme (1995-2004) et à la suite de la résolution 59/113 du 10 décembre 2004, avec les différentes « phases » d'un Programme mondial, notamment un troisième plan couvrant les années 2015-2019.

L'Assemblée générale,
Réaffirmant les buts et principes de la Charte des Nations unies relatifs à la promotion et à l'encouragement du respect de tous les droits de l'homme et de toutes les libertés fondamentales pour tous sans distinction de race, sexe, langue ou religion,
Réaffirmant également que tous les individus et tous les organes de la société doivent s'efforcer, par l'enseignement et l'éducation, de promouvoir le respect des droits de l'homme et des libertés fondamentales,
Réaffirmant en outre que toute personne a droit à l'éducation et que l'éducation doit viser au plein épanouissement de la personnalité et du sens de la dignité humaine, donner à tous les moyens de jouer un rôle utile dans une société libre, favoriser la compréhension, la tolérance et l'amitié entre toutes les nations et entre tous les groupes raciaux, ethniques ou religieux, et contribuer aux activités des Nations unies pour le maintien de la paix et de la sécurité et la promotion du développement et des droits de l'homme,
Réaffirmant que, conformément à la Déclaration universelle des droits de l'homme, au Pacte international relatif aux droits économiques, sociaux et culturels et à d'autres instruments relatifs aux droits de l'homme, les États sont tenus de veiller à ce que l'éducation vise au renforcement du respect des droits de l'homme et des libertés fondamentales,
Consciente de l'importance fondamentale de l'éducation et de la formation aux droits de l'homme dans la promotion, la protection et la réalisation effective de tous les droits de l'homme,

Renouvelant l'appel de la Conférence mondiale sur les droits de l'homme, tenue à Vienne en 1993, qui a invité tous les États et institutions à inscrire les droits de l'homme, le droit humanitaire, la démocratie et l'état de droit au programme de tous les établissements d'enseignement, et affirmant que l'éducation aux droits de l'homme devrait porter sur la paix, la démocratie, le développement et la justice sociale, comme le prévoient les instruments internationaux et régionaux relatifs aux droits de l'homme, afin de susciter une compréhension et une prise de conscience communes, en vue de renforcer l'adhésion universelle aux droits de l'homme,

Rappelant le Document final du Sommet mondial de 2005, dans lequel les chefs d'État et de gouvernement ont soutenu la promotion de l'éducation et de la vulgarisation en matière de droits de l'homme à tous les niveaux, notamment dans le cadre du Programme mondial d'éducation dans le domaine des droits de l'homme, et ont encouragé tous les États à prendre des initiatives à cet égard,

Animée par la volonté de donner à la communauté internationale un signal fort afin de renforcer tous les efforts en matière d'éducation et de formation aux droits de l'homme à travers l'engagement collectif de toutes les parties prenantes,

Déclare ce qui suit :

Article premier

1. Chacun a le droit de détenir, de rechercher et de recevoir des informations sur l'ensemble des droits de l'homme et des libertés fondamentales et doit avoir accès à l'éducation et à la formation aux droits de l'homme.
2. L'éducation et la formation aux droits de l'homme sont essentielles à la promotion du respect universel et effectif de l'ensemble des droits de l'homme et des libertés fondamentales pour tous, conformément aux principes de l'universalité, de l'indivisibilité et de l'interdépendance des droits de l'homme.
3. La jouissance effective de tous les droits de l'homme, en particulier le droit à l'éducation et le droit d'accès à

l'information, ouvre l'accès à l'éducation et à la formation aux droits de l'homme.

Article 2

1. L'éducation et la formation aux droits de l'homme englobent l'ensemble des activités d'éducation, de formation, d'information, de sensibilisation et d'apprentissage visant à promouvoir le respect universel et effectif de tous les droits de l'homme et de toutes les libertés fondamentales et à contribuer ainsi, entre autres, à la prévention des atteintes aux droits de l'homme en permettant aux personnes de développer leurs connaissances, leurs compétences et leur compréhension de ces droits et en faisant évoluer leurs attitudes et comportements, en vue de leur donner les moyens de contribuer à l'édification et à la promotion d'une culture universelle des droits de l'homme.
2. L'éducation et la formation aux droits de l'homme englobent :
a) L'éducation sur les droits de l'homme, qui consiste à faire connaître et comprendre les normes et les principes relatifs aux droits de l'homme, les valeurs qui les sous-tendent et les mécanismes qui les protègent ;
b) L'éducation par les droits de l'homme, notamment l'apprentissage et l'enseignement dans le respect des droits de ceux qui enseignent comme de ceux qui apprennent ;
c) L'éducation pour les droits de l'homme, qui consiste à donner aux personnes les moyens de jouir de leurs droits et de les exercer et de respecter et de défendre les droits d'autrui.

Article 3

1. L'éducation et la formation aux droits de l'homme sont un processus qui dure toute la vie et concerne les personnes de tous âges.
2. L'éducation et la formation aux droits de l'homme concernent tous les segments de la société, à tous les niveaux, notamment l'enseignement préscolaire, primaire, secondaire et supérieur, tenant compte, s'il y a lieu, de la liberté d'enseignement, et toutes les formes

d'éducation, de formation et d'apprentissage, que ce soit dans le cadre scolaire, extrascolaire ou informel, dans le secteur public comme dans le secteur privé. Elles comprennent notamment la formation professionnelle, en particulier la formation des formateurs, des enseignants et des agents publics, la formation continue, l'éducation populaire et les activités d'information et de sensibilisation du grand public.

3. L'éducation et la formation aux droits de l'homme doivent se faire dans des langues et selon des méthodes adaptées aux publics visés et prendre en compte leurs besoins et leur situation spécifiques.

Article 4

L'éducation et la formation aux droits de l'homme devraient se fonder sur les principes énoncés dans la Déclaration universelle des droits de l'homme et les traités et instruments pertinents et avoir pour but de :

a) Faire connaître, comprendre et accepter les normes et principes universels relatifs aux droits de l'homme, ainsi que les garanties en matière de protection des droits de l'homme et des libertés fondamentales aux niveaux international, régional et national ;

b) Développer une culture universelle des droits de l'homme, où chacun soit conscient de ses propres droits et de ses responsabilités à l'égard des droits d'autrui, et favoriser le développement de la personne en tant que membre responsable d'une société libre et pacifique, pluraliste et solidaire ;

c) Tendre vers la réalisation effective de tous les droits de l'homme et promouvoir la tolérance, la non-discrimination et l'égalité ;

d) Assurer l'égalité des chances en donnant à tous accès à une éducation et à une formation aux droits de l'homme de qualité, sans discrimination aucune ;

e) Contribuer à la prévention des violations des droits de l'homme et à la lutte contre la discrimination, le racisme, les stéréotypes et l'incitation à la haine sous toutes leurs formes, et contre les attitudes et les préjugés néfastes qui les sous-tendent, ainsi qu'à leur élimination.

Article 5

1. L'éducation et la formation aux droits de l'homme, qu'elles soient dispensées par des acteurs publics ou privés, devraient être fondées sur les principes de l'égalité, de la dignité humaine, de l'inclusion et de la non-discrimination, en particulier l'égalité entre les filles et les garçons et entre les femmes et les hommes.
2. L'éducation et la formation aux droits de l'homme devraient être ouvertes et accessibles à tous et prendre en considération les difficultés et les obstacles particuliers auxquels se heurtent les personnes et les groupes vulnérables et défavorisés, notamment les handicapés, ainsi que leurs besoins et leurs attentes, afin de favoriser l'autonomisation et le développement humain, de contribuer à l'élimination des causes d'exclusion ou de marginalisation et de permettre à chacun d'exercer tous ses droits.
3. L'éducation et la formation aux droits de l'homme devraient englober la diversité des civilisations, des religions, des cultures et des traditions des différents pays, telle qu'elle s'exprime dans l'universalité des droits de l'homme, s'en enrichir et s'en inspirer.
4. L'éducation et la formation aux droits de l'homme devraient prendre en considération les diverses situations économiques, sociales et culturelles en favorisant les initiatives locales afin d'encourager l'appropriation de l'objectif commun de la réalisation de tous les droits de l'homme pour tous.

Article 6

1. L'éducation et la formation aux droits de l'homme devraient s'appuyer sur les nouvelles technologies de l'information et de la communication et les médias et en tirer parti pour promouvoir l'ensemble des droits de l'homme et des libertés fondamentales.
2. Les arts devraient être encouragés en tant que moyen de former et de sensibiliser aux droits de l'homme.

Article 7

1. C'est aux États et, s'il y a lieu, aux autorités gouvernementales compétentes, qu'il incombe au premier chef de promouvoir et d'assurer l'éducation et la formation aux droits de l'homme, qui sont élaborées et mises en œuvre dans un esprit de participation, d'inclusion et de responsabilité.
2. Les États devraient créer un environnement sûr et propice à la participation de la société civile, du secteur privé et des autres parties prenantes à l'éducation et à la formation aux droits de l'homme, environnement dans lequel les droits de l'homme et les libertés fondamentales de tous, y compris de ceux qui sont associés au processus, sont pleinement protégés.
3. Les États devraient prendre des mesures, à titre individuel et dans le cadre de l'assistance et de la coopération internationales, pour assurer, au maximum des ressources dont ils disposent, la mise en œuvre progressive de l'éducation et de la formation aux droits de l'homme par les moyens appropriés, notamment l'adoption de mesures et de politiques législatives et administratives.
4. Les États et, selon le cas, les autorités gouvernementales compétentes doivent assurer la formation voulue des représentants de l'État, des fonctionnaires, des juges, des agents de la force publique et des membres des forces armées dans le domaine des droits de l'homme et, selon que de besoin, dans les domaines du droit humanitaire international et du droit pénal international, et promouvoir une formation adéquate en matière de droits de l'homme pour les enseignants, les formateurs, les autres éducateurs et le personnel privé agissant pour le compte de l'État.

Article 8

1. Les États devraient élaborer, au niveau approprié, des stratégies et des politiques et, selon les besoins, des plans d'action et des programmes de mise en œuvre de l'éducation et de la formation aux droits de l'homme ou en promouvoir l'élaboration, en les intégrant par exemple dans les programmes scolaires et les programmes de

formation. Ce faisant, ils devraient prendre en considération le Programme mondial d'éducation dans le domaine des droits de l'homme et tenir compte des besoins et priorités spécifiques aux niveaux national et local.
2. Toutes les parties prenantes concernées, notamment le secteur privé, la société civile et les institutions nationales des droits de l'homme devraient être associées à la conception, à la mise en œuvre, à l'évaluation et au suivi de ces stratégies, plans d'action, politiques et programmes, et il faudrait favoriser, selon les besoins, les initiatives multipartites.

Article 9

Les États devraient promouvoir la création, le développement et le renforcement d'institutions nationales des droits de l'homme efficaces et indépendantes, conformément aux Principes de Paris, en reconnaissant que les institutions nationales des droits de l'homme peuvent jouer un rôle important, y compris, si nécessaire, un rôle de coordination, dans la promotion de l'éducation et de la formation aux droits de l'homme, notamment en sensibilisant et en mobilisant les acteurs publics et privés concernés.

Article 10

1. Divers acteurs au sein de la société, notamment les établissements d'enseignement, les médias, les familles, les communautés locales, les institutions de la société civile, dont les organisations non gouvernementales, les défenseurs des droits de l'homme et le secteur privé ont un rôle important à jouer dans la promotion et la prestation de l'éducation et de la formation aux droits de l'homme.
2. Les institutions de la société civile, le secteur privé et les autres parties prenantes concernées sont encouragés à dispenser à leur personnel l'éducation et la formation aux droits de l'homme voulues.

Article 11

Les organismes des Nations unies et les organisations internationales et régionales devraient dispenser une éducation et une formation aux droits de l'homme à leur personnel civil, militaire et policier servant dans le cadre de leurs mandats.

Article 12

1. La coopération internationale à tous les niveaux devrait soutenir et renforcer les efforts nationaux, visant à mettre en œuvre une éducation et une formation aux droits de l'homme, y compris, s'il y a lieu, à l'échelon local.
2. Des efforts complémentaires et coordonnés aux niveaux international, régional, national et local peuvent contribuer à une mise en œuvre plus efficace de l'éducation et de la formation aux droits de l'homme.
3. Le financement volontaire de projets et d'initiatives dans le domaine de l'éducation et de la formation aux droits de l'homme devrait être encouragé.

Article 13

1. Les mécanismes internationaux et régionaux relatifs aux droits de l'homme devraient, dans le cadre de leurs mandats respectifs, tenir compte de l'éducation et de la formation aux droits de l'homme dans leurs activités.
2. Les États sont encouragés à faire figurer, lorsqu'il y a lieu, des informations sur les mesures qu'ils ont adoptées dans le domaine de l'éducation et de la formation aux droits de l'homme dans les rapports qu'ils soumettent aux mécanismes pertinents des droits de l'homme.

Article 14

Les États devraient prendre les mesures voulues pour assurer la mise en œuvre effective et le suivi de la présente Déclaration et mobiliser les ressources nécessaires pour ce faire.

PARTIE II

LES TEXTES EUROPÉENS

Chapitre 1

Le Conseil de l'Europe

Texte 24 – Convention de sauvegarde des droits de l'homme et des libertés fondamentales, 1950, telle qu'amendée par les protocoles n° 11 et n° 14

La « Convention de sauvegarde des droits de l'homme et des libertés fondamentales » – plus communément appelée Convention européenne des droits de l'homme (CEDH) – a été ouverte à la signature des États membres du Conseil de l'Europe à Rome le 4 novembre 1950. Elle est entrée en vigueur le 3 septembre 1953 après 10 ratifications. Elle lie tous les États membres du Conseil de l'Europe, soit 47 États parties, dont les 28 pays membres de l'Union européenne.

*La France qui avait signé la Convention, dès l'origine, ne l'a ratifiée que le 3 mai 1974 – en acceptant la compétence de la Cour européenne des droits de l'homme. Elle a accepté le droit de recours individuel le 2 octobre 1981, soit plus de trente ans après l'adoption de la Convention. Une des principales raisons du retard français était la compatibilité de l'article 16 de la Constitution de 1958 avec les garanties de la Convention. C'est pour tenter de surmonter cette contradiction que la France a formulé certaines réserves qui sont consignées dans l'instrument de ratification (*cf. infra*).*

La CEDH a été complétée par seize protocoles, les uns sur les mécanismes de protection, les autres sur les droits garantis. Le protocole n° 11, entré en vigueur le 1er novembre 1998, est venu profondément réformer le système de contrôle, en instituant une Cour unique et permanente, pleinement compétente pour recevoir les requêtes individuelles et étatiques, alors que ces procédures étaient facultatives dans le système initial. Une nouvelle réforme a été élaborée, avec le protocole n° 14, entré en vigueur, non sans difficultés politiques, *le 1er juin 2010. Depuis lors, deux nouveaux protocoles (n° 15 et n° 16) ont été adoptés pour améliorer le fonctionnement du système (*cf. infra*), mais ne sont pas encore en vigueur.*

Parallèlement, de nombreux protocoles ponctuels sont venus renforcer les droits garantis, notamment en abolissant la peine de mort. La ratification du protocole n° 6 par la France a donné lieu à la décision du Conseil constitutionnel du 22 mai 1985, et la ratification du protocole n° 13, à la décision du 13 octobre 2005. La France n'a pas encore signé le protocole n° 12 sur le principe de non-discrimination, malgré plusieurs avis de la CNCDH insistant sur l'importance politique et pratique d'une ratification de ce protocole qui est conforme à nos principes constitutionnels et à nos engagements internationaux.

Depuis sa ratification en 1974, la Convention est d'application directe et a donné lieu à une abondante jurisprudence interne, que ce soit devant le juge judiciaire ou devant le juge administratif. Depuis 1981, avec l'acceptation de la compétence de la Cour européenne des droits de l'homme à recevoir des requêtes individuelles, les recours internes ayant été épuisés, une jurisprudence européenne concernant la France s'est également développée, à partir de l'arrêt Bozano c. France *rendu en 1986.*

Bibliographie

Berger Vincent, *Jurisprudence de la Cour européenne des droits de l'homme*, Sirey, 13e éd., 2014.

Costa Jean-Paul, *La Cour européenne des droits de l'homme. Des juges pour la liberté*, Dalloz, 2013.

Pettiti Louis-Edmond, Decaux Emmanuel et Imbert Pierre-Henri (dir.), *La Convention européenne des droits de l'homme : commentaire article par article*, Economica, 2e éd, 1999.

Schabas William, *The European Convention on Human Rights: A Commentary*, Oxford University Press, 2015.

Sudre Frédéric *et al.*, *Les grands arrêts de la Cour européenne des droits de l'homme*, PUF, 7e éd., 2015.

Sudre Frédéric, *Droit européen et international des droits de l'homme*, PUF, 12e éd., 2015.

Teitgen-Colly Catherine (dir.), *La Convention européenne des droits de l'homme, 60 ans et après?*, LGDJ, 2013.

Les gouvernements signataires, membres du Conseil de l'Europe,

Considérant la Déclaration universelle des droits de l'homme, proclamée par l'Assemblée générale des Nations unies le 10 décembre 1948;

Considérant que cette déclaration tend à assurer la reconnaissance et l'application universelles et effectives des droits qui y sont énoncés;

Considérant que le but du Conseil de l'Europe est de réaliser une union plus étroite entre ses membres, et que l'un des moyens d'atteindre ce but est la sauvegarde et le développement des droits de l'homme et des libertés fondamentales;

Réaffirmant leur profond attachement à ces libertés fondamentales qui constituent les assises mêmes de la justice et de la paix dans le monde et dont le maintien repose essentiellement sur un régime politique véritablement démocratique, d'une part, et, d'autre part, sur une conception commune et un commun respect des droits de l'homme dont ils se réclament;

Résolus, en tant que gouvernements d'États européens animés d'un même esprit et possédant un patrimoine commun d'idéal et de traditions politiques, de respect de la liberté et de prééminence du droit, à prendre les premières mesures propres à assurer la garantie collective de certains des droits énoncés dans la Déclaration universelle,

Sont convenus de ce qui suit :

Article 1 – Obligation de respecter les droits de l'homme

Les Hautes Parties contractantes reconnaissent à toute personne relevant de leur juridiction les droits et libertés définis au titre I de la présente Convention :

Titre I – Droits et libertés

Article 2 – Droit à la vie

1. Le droit de toute personne à la vie est protégé par la loi. La mort ne peut être infligée à quiconque intentionnellement, sauf en exécution d'une sentence capitale prononcée par un tribunal au cas où le délit est puni de cette peine par la loi.

2. La mort n'est pas considérée comme infligée en violation de cet article dans les cas où elle résulterait d'un recours à la force rendu absolument nécessaire :

a) pour assurer la défense de toute personne contre la violence illégale ;

b) pour effectuer une arrestation régulière ou pour empêcher l'évasion d'une personne régulièrement détenue ;

c) pour réprimer, conformément à la loi, une émeute ou une insurrection.

Article 3 – Interdiction de la torture

Nul ne peut être soumis à la torture ni à des peines ou traitements inhumains ou dégradants.

Article 4 – Interdiction de l'esclavage et du travail forcé

1. Nul ne peut être tenu en esclavage ni en servitude.

2. Nul ne peut être astreint à accomplir un travail forcé ou obligatoire.

3. N'est pas considéré comme « travail forcé ou obligatoire » au sens du présent article :

a) tout travail requis normalement d'une personne soumise à la détention dans les conditions prévues par l'article 5 de la présente Convention, ou durant sa mise en liberté conditionnelle ;

b) tout service de caractère militaire ou, dans le cas d'objecteurs de conscience dans les pays où l'objection de conscience est reconnue comme légitime, à un autre service à la place du service militaire obligatoire ;
c) tout service requis dans le cas de crises ou de calamités qui menacent la vie ou le bien-être de la communauté ;
d) tout travail ou service formant partie des obligations civiques normales.

Article 5 – Droit à la liberté et à la sûreté

1. Toute personne a droit à la liberté et à la sûreté. Nul ne peut être privé de sa liberté, sauf dans les cas suivants et selon les voies légales :
a) s'il est détenu régulièrement après condamnation par un tribunal compétent ;
b) s'il a fait l'objet d'une arrestation ou d'une détention régulières pour insoumission à une ordonnance rendue, conformément à la loi, par un tribunal ou en vue de garantir l'exécution d'une obligation prescrite par la loi ;
c) s'il a été arrêté et détenu en vue d'être conduit devant l'autorité judiciaire compétente, lorsqu'il y a des raisons plausibles de soupçonner qu'il a commis une infraction ou qu'il y a des motifs raisonnables de croire à la nécessité de l'empêcher de commettre une infraction ou de s'enfuir après l'accomplissement de celle-ci ;
d) s'il s'agit de la détention régulière d'un mineur, décidée pour son éducation surveillée ou de sa détention régulière, afin de le traduire devant l'autorité compétente ;
e) s'il s'agit de la détention régulière d'une personne susceptible de propager une maladie contagieuse, d'un aliéné, d'un alcoolique, d'un toxicomane ou d'un vagabond ;
f) s'il s'agit de l'arrestation ou de la détention régulières d'une personne pour l'empêcher de pénétrer irrégulièrement dans le territoire, ou contre laquelle une procédure d'expulsion ou d'extradition est en cours.

2. Toute personne arrêtée doit être informée, dans le plus court délai et dans une langue qu'elle comprend, des raisons de son arrestation et de toute accusation portée contre elle.

3. Toute personne arrêtée ou détenue, dans les conditions prévues au paragraphe 1 c du présent article, doit être aussitôt traduite devant un juge ou un autre magistrat habilité par la loi à exercer des fonctions judiciaires et a le droit d'être jugée dans un délai raisonnable, ou libérée pendant la procédure. La mise en liberté peut être subordonnée à une garantie assurant la comparution de l'intéressé à l'audience.
4. Toute personne privée de sa liberté par arrestation ou détention a le droit d'introduire un recours devant un tribunal, afin qu'il statue à bref délai sur la légalité de sa détention et ordonne sa libération si la détention est illégale.
5. Toute personne victime d'une arrestation ou d'une détention dans des conditions contraires aux dispositions de cet article a droit à réparation.

Article 6 – Droit à un procès équitable

1. Toute personne a droit à ce que sa cause soit entendue équitablement, publiquement et dans un délai raisonnable, par un tribunal indépendant et impartial, établi par la loi, qui décidera, soit des contestations sur ses droits et obligations de caractère civil, soit du bien-fondé de toute accusation en matière pénale dirigée contre elle. Le jugement doit être rendu publiquement, mais l'accès de la salle d'audience peut être interdit à la presse et au public pendant la totalité ou une partie du procès dans l'intérêt de la moralité, de l'ordre public ou de la sécurité nationale dans une société démocratique, lorsque les intérêts des mineurs ou la protection de la vie privée des parties au procès l'exigent, ou dans la mesure jugée strictement nécessaire par le tribunal, lorsque dans des circonstances spéciales la publicité serait de nature à porter atteinte aux intérêts de la justice.
2. Toute personne accusée d'une infraction est présumée innocente jusqu'à ce que sa culpabilité ait été légalement établie.
3. Tout accusé a droit notamment à :

a) être informé, dans le plus court délai, dans une langue qu'il comprend et d'une manière détaillée, de la nature et de la cause de l'accusation portée contre lui ;
b) disposer du temps et des facilités nécessaires à la préparation de sa défense ;
c) se défendre lui-même ou avoir l'assistance d'un défenseur de son choix et, s'il n'a pas les moyens de rémunérer un défenseur, pouvoir être assisté gratuitement par un avocat d'office, lorsque les intérêts de la justice l'exigent ;
d) interroger ou faire interroger les témoins à charge et obtenir la convocation et l'interrogation des témoins à décharge dans les mêmes conditions que les témoins à charge ;
e) se faire assister gratuitement d'un interprète, s'il ne comprend pas ou ne parle pas la langue employée à l'audience.

Article 7 – Pas de peine sans loi

1. Nul ne peut être condamné pour une action ou une omission qui, au moment où elle a été commise, ne constituait pas une infraction d'après le droit national ou international. De même il n'est infligé aucune peine plus forte que celle qui était applicable au moment où l'infraction a été commise.
2. Le présent article ne portera pas atteinte au jugement et à la punition d'une personne coupable d'une action ou d'une omission qui, au moment où elle a été commise, était criminelle d'après les principes généraux de droit reconnus par les nations civilisées.

Article 8 – Droit au respect de la vie privée et familiale

1. Toute personne a droit au respect de sa vie privée et familiale, de son domicile et de sa correspondance.
2. Il ne peut y avoir ingérence d'une autorité publique dans l'exercice de ce droit que pour autant que cette ingérence est prévue par la loi et qu'elle constitue une mesure qui, dans une société démocratique, est nécessaire à la sécurité nationale, à la sûreté publique, au bien-être économique du pays, à la défense de l'ordre et à la prévention des

infractions pénales, à la protection de la santé ou de la morale, ou à la protection des droits et libertés d'autrui.

Article 9 – Liberté de pensée, de conscience et de religion

1. Toute personne a droit à la liberté de pensée, de conscience et de religion ; ce droit implique la liberté de changer de religion ou de conviction, ainsi que la liberté de manifester sa religion ou sa conviction individuellement ou collectivement, en public ou en privé, par le culte, l'enseignement, les pratiques et l'accomplissement des rites.
2. La liberté de manifester sa religion ou ses convictions ne peut faire l'objet d'autres restrictions que celles qui, prévues par la loi, constituent des mesures nécessaires, dans une société démocratique, à la sécurité publique, à la protection de l'ordre, de la santé ou de la morale publiques, ou à la protection des droits et libertés d'autrui.

Article 10 – Liberté d'expression

1. Toute personne a droit à la liberté d'expression. Ce droit comprend la liberté d'opinion et la liberté de recevoir ou de communiquer des informations ou des idées sans qu'il puisse y avoir ingérence d'autorités publiques et sans considération de frontière. Le présent article n'empêche pas les États de soumettre les entreprises de radiodiffusion, de cinéma ou de télévision à un régime d'autorisations.
2. L'exercice de ces libertés comportant des devoirs et des responsabilités peut être soumis à certaines formalités, conditions, restrictions ou sanctions prévues par la loi, qui constituent des mesures nécessaires, dans une société démocratique, à la sécurité nationale, à l'intégrité territoriale ou à la sûreté publique, à la défense de l'ordre et à la prévention du crime, à la protection de la santé ou de la morale, à la protection de la réputation ou des droits d'autrui, pour empêcher la divulgation d'informations confidentielles ou pour garantir l'autorité et l'impartialité du pouvoir judiciaire.

Article 11 – Liberté de réunion et d'association

1. Toute personne a droit à la liberté de réunion pacifique et à la liberté d'association, y compris le droit de fonder avec d'autres des syndicats et de s'affilier à des syndicats pour la défense de ses intérêts.
2. L'exercice de ces droits ne peut faire l'objet d'autres restrictions que celles qui, prévues par la loi, constituent des mesures nécessaires, dans une société démocratique, à la sécurité nationale, à la sûreté publique, à la défense de l'ordre et à la prévention du crime, à la protection de la santé ou de la morale, ou à la protection des droits et libertés d'autrui. Le présent article n'interdit pas que des restrictions légitimes soient imposées à l'exercice de ces droits par les membres des forces armées, de la police ou de l'administration de l'État.

Article 12 – Droit au mariage

À partir de l'âge nubile, l'homme et la femme ont le droit de se marier et de fonder une famille selon les lois nationales régissant l'exercice de ce droit.

Article 13 – Droit à un recours effectif

Toute personne dont les droits et libertés reconnus dans la présente Convention ont été violés, a droit à l'octroi d'un recours effectif devant une instance nationale, alors même que la violation aurait été commise par des personnes agissant dans l'exercice de leurs fonctions officielles.

Article 14 – Interdiction de discrimination

La jouissance des droits et libertés reconnus dans la présente Convention doit être assurée, sans distinction aucune, fondée notamment sur le sexe, la race, la couleur, la langue, la religion, les opinions politiques ou toutes autres opinions, l'origine nationale ou sociale, l'appartenance à une minorité nationale, la fortune, la naissance ou toute autre situation.

Article 15 – Dérogation en cas d'état d'urgence

1. En cas de guerre ou en cas d'autre danger public menaçant la vie de la nation, toute Haute Partie contractante peut

prendre des mesures dérogeant aux obligations prévues par la présente Convention, dans la stricte mesure où la situation l'exige et à la condition que ces mesures ne soient pas en contradiction avec les autres obligations découlant du droit international.
2. La disposition précédente n'autorise aucune dérogation à l'article 2, sauf pour le cas de décès résultant d'actes licites de guerre, et aux articles 3, 4 (paragraphe 1) et 7.
3. Toute Haute Partie contractante qui exerce ce droit de dérogation tient le Secrétaire général du Conseil de l'Europe pleinement informé des mesures prises et des motifs qui les ont inspirées. Elle doit également informer le Secrétaire général du Conseil de l'Europe de la date à laquelle ces mesures ont cessé d'être en vigueur et les dispositions de la Convention reçoivent de nouveau pleine application.

Article 16 – Restrictions à l'activité politique des étrangers

Aucune des dispositions des articles 10, 11 et 14 ne peut être considérée comme interdisant aux Hautes Parties contractantes d'imposer des restrictions à l'activité politique des étrangers.

Article 17 – Interdiction de l'abus de droit

Aucune des dispositions de la présente Convention ne peut être interprétée comme impliquant pour un État, un groupement ou un individu, un droit quelconque de se livrer à une activité ou d'accomplir un acte visant à la destruction des droits ou libertés reconnus dans la présente Convention ou à des limitations plus amples de ces droits et libertés que celles prévues à ladite Convention.

Article 18 – Limitation de l'usage des restrictions aux droits

Les restrictions qui, aux termes de la présente Convention, sont apportées auxdits droits et libertés ne peuvent être appliquées que dans le but pour lequel elles ont été prévues.

Titre II – Cour européenne des droits de l'homme

Article 19 – Institution de la Cour

Afin d'assurer le respect des engagements résultant pour les Hautes Parties contractantes de la présente Convention et de ses protocoles, il est institué une Cour européenne des droits de l'homme, ci-dessous nommée « la Cour ». Elle fonctionne de façon permanente.

Article 20 – Nombre de juges

La Cour se compose d'un nombre de juges égal à celui des Hautes Parties contractantes.

Article 21 – Conditions d'exercice des fonctions

1. Les juges doivent jouir de la plus haute considération morale et réunir les conditions requises pour l'exercice de hautes fonctions judiciaires ou être des jurisconsultes possédant une compétence notoire.
2. Les juges siègent à la Cour à titre individuel.
3. Pendant la durée de leur mandat, les juges ne peuvent exercer aucune activité incompatible avec les exigences d'indépendance, d'impartialité ou de disponibilité requise par une activité exercée à plein temps ; toute question soulevée en application de ce paragraphe est tranchée par la Cour.

Article 22 – Élection des juges

Les juges sont élus par l'Assemblée parlementaire au titre de chaque Haute Partie contractante, à la majorité des voix exprimées, sur une liste de trois candidats présentés par la Haute Partie contractante.

Article 23 – Durée du mandat et révocation

1. Les juges sont élus pour une durée de neuf ans. Ils ne sont pas rééligibles.
2. Le mandat des juges s'achève dès qu'ils atteignent l'âge de 70 ans.
3. Les juges restent en fonction jusqu'à leur remplacement. Ils continuent toutefois de connaître des affaires dont ils sont déjà saisis.

4. Un juge ne peut être relevé de ses fonctions que si les autres juges décident, à la majorité des deux tiers, que ce juge a cessé de répondre aux conditions requises.

Article 24 – Greffe et rapporteurs

1. La Cour dispose d'un greffe dont les tâches et l'organisation sont fixées par le règlement de la Cour.
2. Lorsqu'elle siège en formation de juge unique, la Cour est assistée de rapporteurs qui exercent leurs fonctions sous l'autorité du président de la Cour. Ils font partie du greffe de la Cour.

Article 25 – Assemblée plénière

La Cour réunie en Assemblée plénière :
a) élit, pour une durée de trois ans, son président et un ou deux vice-présidents ; ils sont rééligibles ;
b) constitue des Chambres pour une période déterminée ;
c) élit les présidents des Chambres de la Cour, qui sont rééligibles ;
d) adopte le règlement de la Cour ;
e) élit le greffier et un ou plusieurs greffiers adjoints ;
f) fait toute demande au titre de l'article 26, paragraphe 2.

Article 26 – Formations de juge unique, comités, Chambres et Grande chambre

1. Pour l'examen des affaires portées devant elle, la Cour siège en formations de juge unique, en comités de trois juges, en Chambres de sept juges et en une Grande Chambre de dix-sept juges. Les Chambres de la Cour constituent les comités pour une période déterminée.
2. À la demande de l'Assemblée plénière de la Cour, le Comité des Ministres peut, par une décision unanime et pour une période déterminée, réduire à cinq le nombre de juges des Chambres.
3. Un juge siégeant en tant que juge unique n'examine aucune requête introduite contre la Haute Partie contractante au titre de laquelle ce juge a été élu.
4. Le juge élu au titre d'une Haute Partie contractante partie au litige est membre de droit de la Chambre et de la Grande Chambre. En cas d'absence de ce juge, ou lorsqu'il

n'est pas en mesure de siéger, une personne choisie par le président de la Cour sur une liste soumise au préalable par cette Partie siège en qualité de juge.
5. Font aussi partie de la Grande Chambre, le président de la Cour, les vice-présidents, les présidents des Chambres et d'autres juges désignés conformément au règlement de la Cour. Quand l'affaire est déférée à la Grande Chambre en vertu de l'article 43, aucun juge de la Chambre qui a rendu l'arrêt ne peut y siéger, à l'exception du président de la Chambre et du juge ayant siégé au titre de la Haute Partie contractante intéressée.

Article 27 – Compétence des juges uniques

1. Un juge unique peut déclarer une requête introduite en vertu de l'article 34 irrecevable ou la rayer du rôle lorsqu'une telle décision peut être prise sans examen complémentaire.
2. La décision est définitive.
3. Si le juge unique ne déclare pas une requête irrecevable ou ne la raye pas du rôle, ce juge la transmet à un comité ou à une Chambre pour examen complémentaire.

Article 28 – Compétence des comités

1. Un comité saisi d'une requête individuelle introduite en vertu de l'article 34 peut, par vote unanime,
a) la déclarer irrecevable ou la rayer du rôle lorsqu'une telle décision peut être prise sans examen complémentaire ; ou
b) la déclarer recevable et rendre conjointement un arrêt sur le fond lorsque la question relative à l'interprétation ou à l'application de la Convention ou de ses Protocoles qui est à l'origine de l'affaire fait l'objet d'une jurisprudence bien établie de la Cour.
2. Les décisions et arrêts prévus au paragraphe 1 sont définitifs.
3. Si le juge élu au titre de la Haute Partie contractante partie au litige n'est pas membre du comité, ce dernier peut, à tout moment de la procédure, l'inviter à siéger en son sein en lieu et place de l'un de ses membres, en

prenant en compte tous facteurs pertinents, y compris la question de savoir si cette Partie a contesté l'application de la procédure du paragraphe 1 b.

Article 29 – Décisions des Chambres sur la recevabilité et le fond

1. Si aucune décision n'a été prise en vertu des articles 27 ou 28, ni aucun arrêt rendu en vertu de l'article 28, une Chambre se prononce sur la recevabilité et le fond des requêtes individuelles introduites en vertu de l'article 34. La décision sur la recevabilité peut être prise de façon séparée.
2. Une Chambre se prononce sur la recevabilité et le fond des requêtes étatiques introduites en vertu de l'article 33. Sauf décision contraire de la Cour dans des cas exceptionnels, la décision sur la recevabilité est prise séparément.

Article 30 – Dessaisissement en faveur de la Grande Chambre

Si l'affaire pendante devant une Chambre soulève une question grave relative à l'interprétation de la Convention ou de ses protocoles, ou si la solution d'une question peut conduire à une contradiction avec un arrêt rendu antérieurement par la Cour, la Chambre peut, tant qu'elle n'a pas rendu son arrêt, se dessaisir au profit de la Grande Chambre, à moins que l'une des parties ne s'y oppose.

Article 31 – Attributions de la Grande Chambre

La Grande Chambre :
a) se prononce sur les requêtes introduites en vertu de l'article 33 ou de l'article 34 lorsque l'affaire lui a été déférée par la Chambre en vertu de l'article 30 ou lorsque l'affaire lui a été déférée en vertu de l'article 43 ;
b) se prononce sur les questions dont la Cour est saisie par le Comité des Ministres en vertu de l'article 46, paragraphe 4 ; et
c) examine les demandes d'avis consultatifs introduites en vertu de l'article 47.

Article 32 – Compétence de la Cour

1. La compétence de la Cour s'étend à toutes les questions concernant l'interprétation et l'application de la Convention et de ses protocoles qui lui seront soumises dans les conditions prévues par les articles 33, 34, 46 et 47.
2. En cas de contestation sur le point de savoir si la Cour est compétente, la Cour décide.

Article 33 – Affaires interétatiques

Toute Haute Partie contractante peut saisir la Cour de tout manquement aux dispositions de la Convention et de ses protocoles qu'elle croira pouvoir être imputé à une autre Haute Partie contractante.

Article 34 – Requêtes individuelles

La Cour peut être saisie d'une requête par toute personne physique, toute organisation non gouvernementale ou tout groupe de particuliers qui se prétend victime d'une violation par l'une des Hautes Parties contractantes des droits reconnus dans la Convention ou ses protocoles. Les Hautes Parties contractantes s'engagent à n'entraver par aucune mesure l'exercice efficace de ce droit.

Article 35 – Conditions de recevabilité

1. La Cour ne peut être saisie qu'après l'épuisement des voies de recours internes, tel qu'il est entendu selon les principes de droit international généralement reconnus, et dans un délai de six mois à partir de la date de la décision interne définitive.
2. La Cour ne retient aucune requête individuelle introduite en application de l'article 34, lorsque
a) elle est anonyme ; ou
b) elle est essentiellement la même qu'une requête précédemment examinée par la Cour ou déjà soumise à une autre instance internationale d'enquête ou de règlement, et si elle ne contient pas de faits nouveaux.
3. La Cour déclare irrecevable toute requête individuelle introduite en application de l'article 34 lorsqu'elle estime :

a) que la requête est incompatible avec les dispositions de la Convention ou de ses Protocoles, manifestement mal fondée ou abusive ; ou
b) que le requérant n'a subi aucun préjudice important, sauf si le respect des droits de l'homme garantis par la Convention et ses Protocoles exige un examen de la requête au fond et à condition de ne rejeter pour ce motif aucune affaire qui n'a pas été dûment examinée par un tribunal interne.
4. La Cour rejette toute requête qu'elle considère comme irrecevable par application du présent article. Elle peut procéder ainsi à tout stade de la procédure.

Article 36 – Tierce intervention

1. Dans toute affaire devant une Chambre ou la Grande Chambre, une Haute Partie contractante dont un ressortissant est requérant a le droit de présenter des observations écrites et de prendre part aux audiences.
2. Dans l'intérêt d'une bonne administration de la justice, le président de la Cour peut inviter toute Haute Partie contractante qui n'est pas partie à l'instance ou toute personne intéressée autre que le requérant à présenter des observations écrites ou à prendre part aux audiences.
3. Dans toute affaire devant une Chambre ou la Grande Chambre, le Commissaire aux droits de l'homme du Conseil de l'Europe peut présenter des observations écrites et prendre part aux audiences.

Article 37 – Radiation

1. À tout moment de la procédure, la Cour peut décider de rayer une requête du rôle lorsque les circonstances permettent de conclure :
a) que le requérant n'entend plus la maintenir ; ou
b) que le litige a été résolu ; ou
c) que, pour tout autre motif dont la Cour constate l'existence, il ne se justifie plus de poursuivre l'examen de la requête.
Toutefois, la Cour poursuit l'examen de la requête si le respect des droits de l'homme garantis par la Convention et ses protocoles l'exige.

2. La Cour peut décider la réinscription au rôle d'une requête lorsqu'elle estime que les circonstances le justifient.

Article 38 – Examen contradictoire de l'affaire

La Cour examine l'affaire de façon contradictoire avec les représentants des parties et, s'il y a lieu, procède à une enquête pour la conduite efficace de laquelle les Hautes Parties contractantes intéressées fourniront toutes facilités nécessaires.

Article 39 – Règlements amiables

1. À tout moment de la procédure, la Cour peut se mettre à la disposition des intéressés en vue de parvenir à un règlement amiable de l'affaire s'inspirant du respect des droits de l'homme tels que les reconnaissent la Convention et ses Protocoles.
2. La procédure décrite au paragraphe 1 est confidentielle.
3. En cas de règlement amiable, la Cour raye l'affaire du rôle par une décision qui se limite à un bref exposé des faits et de la solution adoptée.
4. Cette décision est transmise au Comité des Ministres qui surveille l'exécution des termes du règlement amiable tels qu'ils figurent dans la décision.

Article 40 – Audience publique et accès aux documents

1. L'audience est publique à moins que la Cour n'en décide autrement en raison de circonstances exceptionnelles.
2. Les documents déposés au greffe sont accessibles au public à moins que le président de la Cour n'en décide autrement.

Article 41 – Satisfaction équitable

Si la Cour déclare qu'il y a eu violation de la Convention ou de ses protocoles, et si le droit interne de la Haute Partie contractante ne permet d'effacer qu'imparfaitement les conséquences de cette violation, la Cour accorde à la partie lésée, s'il y a lieu, une satisfaction équitable.

Article 42 – Arrêts des Chambres

Les arrêts des Chambres deviennent définitifs conformément aux dispositions de l'article 44, paragraphe 2.

Article 43 – Renvoi devant la Grande Chambre

1. Dans un délai de trois mois à compter de la date de l'arrêt d'une Chambre, toute partie à l'affaire peut, dans des cas exceptionnels, demander le renvoi de l'affaire devant la Grande Chambre.
2. Un collège de cinq juges de la Grande Chambre accepte la demande si l'affaire soulève une question grave relative à l'interprétation ou à l'application de la Convention ou de ses protocoles, ou encore une question grave de caractère général.
3. Si le collège accepte la demande, la Grande Chambre se prononce sur l'affaire par un arrêt.

Article 44 – Arrêts définitifs

1. L'arrêt de la Grande Chambre est définitif.
2. L'arrêt d'une Chambre devient définitif :
a) lorsque les parties déclarent qu'elles ne demanderont pas le renvoi de l'affaire devant la Grande Chambre ; ou
b) trois mois après la date de l'arrêt, si le renvoi de l'affaire devant la Grande Chambre n'a pas été demandé ; ou
c) lorsque le collège de la Grande Chambre rejette la demande de renvoi formulée en application de l'article 43.
3. L'arrêt définitif est publié.

Article 45 – Motivation des arrêts et décisions

1. Les arrêts, ainsi que les décisions déclarant des requêtes recevables ou irrecevables, sont motivés.
2. Si l'arrêt n'exprime pas en tout ou en partie l'opinion unanime des juges, tout juge a le droit d'y joindre l'exposé de son opinion séparée.

Article 46 – Force obligatoire et exécution des arrêts

1. Les Hautes Parties contractantes s'engagent à se conformer aux arrêts définitifs de la Cour dans les litiges auxquels elles sont parties.

2. L'arrêt définitif de la Cour est transmis au Comité des Ministres qui en surveille l'exécution.
3. Lorsque le Comité des Ministres estime que la surveillance de l'exécution d'un arrêt définitif est entravée par une difficulté d'interprétation de cet arrêt, il peut saisir la Cour afin qu'elle se prononce sur cette question d'interprétation. La décision de saisir la Cour est prise par un vote à la majorité des deux tiers des représentants ayant le droit de siéger au Comité.
4. Lorsque le Comité des Ministres estime qu'une Haute Partie contractante refuse de se conformer à un arrêt définitif dans un litige auquel elle est partie, il peut, après avoir mis en demeure cette Partie et par décision prise par un vote à la majorité des deux tiers des représentants ayant le droit de siéger au Comité, saisir la Cour de la question du respect par cette Partie de son obligation au regard du paragraphe 1.
5. Si la Cour constate une violation du paragraphe 1, elle renvoie l'affaire au Comité des Ministres afin qu'il examine les mesures à prendre. Si la Cour constate qu'il n'y a pas eu violation du paragraphe 1, elle renvoie l'affaire au Comité des Ministres, qui décide de clore son examen.

Article 47 – Avis consultatifs

1. La Cour peut, à la demande du Comité des Ministres, donner des avis consultatifs sur des questions juridiques concernant l'interprétation de la Convention et de ses protocoles.
2. Ces avis ne peuvent porter ni sur les questions ayant trait au contenu ou à l'étendue des droits et libertés définis au titre I de la Convention et dans les protocoles ni sur les autres questions dont la Cour ou le Comité des Ministres pourraient avoir à connaître par suite de l'introduction d'un recours prévu par la Convention.
3. La décision du Comité des Ministres de demander un avis à la Cour est prise par un vote à la majorité des représentants ayant le droit de siéger au Comité.

Article 48 – Compétence consultative de la Cour

La Cour décide si la demande d'avis consultatif présentée par le Comité des Ministres relève de sa compétence telle que définie par l'article 47.

Article 49 – Motivation des avis consultatifs

1. L'avis de la Cour est motivé.
2. Si l'avis n'exprime pas en tout ou en partie l'opinion unanime des juges, tout juge a le droit d'y joindre l'exposé de son opinion séparée.
3. L'avis de la Cour est transmis au Comité des Ministres.

Article 50 – Frais de fonctionnement de la Cour

Les frais de fonctionnement de la Cour sont à la charge du Conseil de l'Europe.

Article 51 – Privilèges et immunités des juges

Les juges jouissent, pendant l'exercice de leurs fonctions, des privilèges et immunités prévus à l'article 40 du Statut du Conseil de l'Europe et dans les accords conclus au titre de cet article.

Titre III – Dispositions diverses

Article 52 – Enquêtes du Secrétaire général

Toute Haute Partie contractante fournira sur demande du Secrétaire général du Conseil de l'Europe les explications requises sur la manière dont son droit interne assure l'application effective de toutes les dispositions de cette Convention.

Article 53 – Sauvegarde des droits de l'homme reconnus

Aucune des dispositions de la présente Convention ne sera interprétée comme limitant ou portant atteinte aux droits de l'homme et aux libertés fondamentales qui pourraient être reconnus conformément aux lois de toute Partie contractante ou à toute autre Convention à laquelle cette Partie contractante est partie.

Article 54 – Pouvoirs du Comité des Ministres

Aucune disposition de la présente Convention ne porte atteinte aux pouvoirs conférés au Comité des Ministres par le Statut du Conseil de l'Europe.

Article 55 – Renonciation à d'autres modes de règlement des différends

Les Hautes Parties contractantes renoncent réciproquement, sauf compromis spécial, à se prévaloir des traités, conventions ou déclarations existant entre elles, en vue de soumettre, par voie de requête, un différend né de l'interprétation ou de l'application de la présente Convention à un mode de règlement autre que ceux prévus par ladite Convention.

Article 56 – Application territoriale

1. Tout État peut, au moment de la ratification ou à tout autre moment par la suite, déclarer, par notification adressée au Secrétaire général du Conseil de l'Europe, que la présente Convention s'appliquera, sous réserve du paragraphe 4 du présent article, à tous les territoires ou à l'un quelconque des territoires dont il assure les relations internationales.
2. La Convention s'appliquera au territoire ou aux territoires désignés dans la notification à partir du trentième jour qui suivra la date à laquelle le Secrétaire général du Conseil de l'Europe aura reçu cette notification.
3. Dans lesdits territoires les dispositions de la présente Convention seront appliquées en tenant compte des nécessités locales.
4. Tout État qui a fait une déclaration conformément au premier paragraphe de cet article, peut, à tout moment par la suite, déclarer relativement à un ou plusieurs des territoires visés dans cette déclaration qu'il accepte la compétence de la Cour pour connaître des requêtes de personnes physiques, d'organisations non gouvernementales ou de groupes de particuliers, comme le prévoit l'article 34 de la Convention.

Article 57 – Réserves

1. Tout État peut, au moment de la signature de la présente Convention ou du dépôt de son instrument de ratification, formuler une réserve au sujet d'une disposition particulière de la Convention, dans la mesure où une loi alors en vigueur sur son territoire n'est pas conforme à cette disposition. Les réserves de caractère général ne sont pas autorisées aux termes du présent article.
2. Toute réserve émise conformément au présent article comporte un bref exposé de la loi en cause.

Article 58 – Dénonciation

1. Une Haute Partie contractante ne peut dénoncer la présente Convention qu'après l'expiration d'un délai de cinq ans à partir de la date d'entrée en vigueur de la Convention à son égard et moyennant un préavis de six mois, donné par une notification adressée au Secrétaire général du Conseil de l'Europe, qui en informe les autres Parties contractantes.
2. Cette dénonciation ne peut avoir pour effet de délier la Haute Partie contractante intéressée des obligations contenues dans la présente Convention en ce qui concerne tout fait qui, pouvant constituer une violation de ces obligations, aurait été accompli par elle antérieurement à la date à laquelle la dénonciation produit effet.
3. Sous la même réserve cesserait d'être Partie à la présente Convention toute Partie contractante qui cesserait d'être membre du Conseil de l'Europe.
4. La Convention peut être dénoncée conformément aux dispositions des paragraphes précédents en ce qui concerne tout territoire auquel elle a été déclarée applicable aux termes de l'article 56.

Article 59 – Signature et ratification

1. La présente Convention est ouverte à la signature des membres du Conseil de l'Europe. Elle sera ratifiée. Les ratifications seront déposées près le Secrétaire général du Conseil de l'Europe.
2. L'Union européenne peut adhérer à la présente Convention.

3. La présente Convention entrera en vigueur après le dépôt de dix instruments de ratification.
4. Pour tout signataire qui la ratifiera ultérieurement, la Convention entrera en vigueur dès le dépôt de l'instrument de ratification.
5. Le Secrétaire général du Conseil de l'Europe notifiera à tous les membres du Conseil de l'Europe l'entrée en vigueur de la Convention, les noms des Hautes Parties contractantes qui l'auront ratifiée, ainsi que le dépôt de tout instrument de ratification intervenu ultérieurement.

Réserves

1) Le Gouvernement de la République, conformément à l'article 64 de la Convention [article 57 de la Convention depuis l'entrée en vigueur du protocole n° 11], émet une réserve concernant les articles 5 et 6 de cette Convention en ce sens que ces articles ne sauraient faire obstacle à l'application des dispositions de l'article 27 de la loi n° 72-662 du 13 juillet 1972 portant statut général des militaires, relatives au régime disciplinaire dans les armées, ainsi qu'à celles de l'article 375 du Code de justice militaire.
2) Le Gouvernement de la République, conformément à l'article 64 de la Convention, émet une réserve concernant le paragraphe 1 de l'article 15 en ce sens, d'une part, que les circonstances énumérées par l'article 16 de la Constitution pour sa mise en œuvre, par l'article 1er de la loi du 3 avril 1878 et par la loi du 9 août 1849 pour la déclaration de l'état de siège, par l'article 1er de la loi n° 55-385 du 3 avril 1955 pour la déclaration de l'état d'urgence, et qui permettent la mise en application des dispositions de ces textes, doivent être comprises comme correspondant à l'objet de l'article 15 de la Convention et, d'autre part, que pour l'interprétation et l'application de l'article 16 de la Constitution de la République, les termes « dans la stricte mesure où la situation l'exige » ne sauraient limiter le pouvoir du Président de la République de prendre les mesures exigées par les circonstances.

Déclaration

Le Gouvernement de la République déclare en outre que la présente Convention s'appliquera à l'ensemble du territoire de la République, compte tenu, en ce qui concerne les territoires d'outre-mer, des nécessités locales auxquelles l'article 63 [article 56 de la Convention depuis l'entrée en vigueur du protocole n° 11] fait référence.

Texte 24.1 – Protocole additionnel à la Convention de sauvegarde des droits de l'homme et des libertés fondamentales, 1952, tel qu'amendé par le protocole n° 11, 1994

Le premier protocole additionnel à la Convention européenne des droits de l'homme a été ouvert à la signature des États membres du Conseil de l'Europe à Paris le 20 mars 1952. Il est entré en vigueur le 18 mai 1954 après 10 ratifications. Il lie 45 États parties, deux États restant simples signataires (Monaco, Suisse). La France l'a ratifié le 3 mai 1974 et a formulé une déclaration relative à son application territoriale à cette même date (cf. infra).

Le protocole énonce trois droits qui complètent ceux qui figurent dans la Convention, à savoir le droit à la protection de la propriété, le droit à l'instruction et le droit à des élections libres.

Des intitulés d'articles ont été ajoutés et le texte amendé conformément aux dispositions du protocole n° 11 (STE n° 155).

Les gouvernements signataires, membres du Conseil de l'Europe,

Résolus à prendre des mesures propres à assurer la garantie collective de droits et libertés autres que ceux qui figurent déjà dans le titre I de la Convention de sauvegarde des droits de l'homme et des libertés fondamentales, signée à Rome le 4 novembre 1950 (ci-après dénommée « la Convention »),

Sont convenus de ce qui suit :

Article 1 – Protection de la propriété

Toute personne physique ou morale a droit au respect de ses biens. Nul ne peut être privé de sa propriété que pour cause d'utilité publique et dans les conditions prévues par la loi et les principes généraux du droit international. Les dispositions précédentes ne portent pas atteinte au droit que possèdent les États de mettre en vigueur les lois qu'ils jugent nécessaires pour réglementer l'usage des biens conformément à l'intérêt général ou pour assurer le paiement des impôts ou d'autres contributions ou des amendes.

Article 2 – Droit à l'instruction

Nul ne peut se voir refuser le droit à l'instruction. L'État, dans l'exercice des fonctions qu'il assumera dans le domaine de l'éducation et de l'enseignement, respectera le droit des parents d'assurer cette éducation et cet enseignement conformément à leurs convictions religieuses et philosophiques.

Article 3 – Droit à des élections libres

Les Hautes Parties contractantes s'engagent à organiser, à des intervalles raisonnables, des élections libres au scrutin secret, dans les conditions qui assurent la libre expression de l'opinion du peuple sur le choix du corps législatif.

Article 4 – Application territoriale

Toute Haute Partie contractante peut, au moment de la signature ou de la ratification du présent protocole ou à tout moment par la suite, communiquer au Secrétaire général du Conseil de l'Europe une déclaration indiquant la mesure dans laquelle elle s'engage à ce que les dispositions du présent protocole s'appliquent à tels territoires qui sont

désignés dans ladite déclaration et dont elle assure les relations internationales.
Toute Haute Partie contractante qui a communiqué une déclaration en vertu du paragraphe précédent peut, de temps à autre, communiquer une nouvelle déclaration modifiant les termes de toute déclaration antérieure ou mettant fin à l'application des dispositions du présent protocole sur un territoire quelconque.
Une déclaration faite conformément au présent article sera considérée comme ayant été faite conformément au paragraphe 1 de l'article 56 de la Convention.

Article 5 – Relations avec la Convention

Les Hautes Parties contractantes considéreront les articles 1, 2, 3 et 4 de ce protocole comme des articles additionnels à la Convention et toutes les dispositions de la Convention s'appliqueront en conséquence.

Article 6 – Signature et ratification

Le présent protocole est ouvert à la signature des membres du Conseil de l'Europe, signataires de la Convention ; il sera ratifié en même temps que la Convention ou après la ratification de celle-ci. Il entrera en vigueur après le dépôt de dix instruments de ratification. Pour tout signataire qui le ratifiera ultérieurement, le protocole entrera en vigueur dès le dépôt de l'instrument de ratification.
Les instruments de ratification seront déposés près le Secrétaire général du Conseil de l'Europe qui notifiera à tous les membres les noms de ceux qui l'auront ratifié.
Fait à Paris, le 20 mars 1952, en français et en anglais, les deux textes faisant également foi, en un seul exemplaire qui sera déposé dans les archives du Conseil de l'Europe. Le Secrétaire général du Conseil de l'Europe en communiquera copie certifiée conforme à chacun des gouvernements signataires.

Déclaration

En déposant cet instrument de ratification le Gouvernement de la République déclare que le présent Protocole s'appliquera à l'ensemble du territoire de la République, compte tenu, en ce qui concerne les territoires d'outre-mer, des nécessités locales auxquelles l'article 63 [56 depuis l'entrée en vigueur du protocole n° 11] de la Convention de sauvegarde des droits de l'homme et des libertés fondamentales fait référence.

Texte 24.2 – Protocole n° 4 à la Convention de sauvegarde des droits de l'homme et des libertés fondamentales, 1963, tel qu'amendé par le protocole n° 11, 1994

Le protocole n° 4 a été ouvert à la signature des États membres du Conseil de l'Europe à Strasbourg le 16 septembre 1963. Il est entré en vigueur le 2 mai 1968 après 5 ratifications. Il lie 43 États parties, 4 États restant simples signataires (Grèce, Royaume-Uni, Suisse, Turquie). La France l'a ratifié le 3 mai 1974 et a formulé une déclaration relative à son application territoriale à cette même date (cf. infra).

Le protocole n° 4 reconnaît certains droits et libertés non encore inclus dans les textes, tels que l'interdiction d'emprisonnement pour inexécution d'une obligation contractuelle, le droit de liberté de circulation et de choisir sa résidence, l'interdiction d'expulser un ressortissant et l'interdiction des expulsions collectives d'étrangers.

*Des intitulés d'articles ont été ajoutés et le texte amendé conformément aux dispositions du protocole n° 11 (*STE *n° 155).*

Les gouvernements signataires, membres du Conseil de l'Europe,
Résolus à prendre des mesures propres à assurer la garantie collective de droits et libertés autres que ceux qui figurent déjà dans le titre I de la Convention de sauvegarde des droits de l'homme et des libertés fondamentales, signée à Rome le 4 novembre 1950 (ci-après dénommée « la Convention ») et dans les articles 1 à 3 du premier Protocole additionnel à la Convention, signé à Paris le 20 mars 1952,
Sont convenus de ce qui suit :

Article 1 – Interdiction de l'emprisonnement pour dette

Nul ne peut être privé de sa liberté pour la seule raison qu'il n'est pas en mesure d'exécuter une obligation contractuelle.

Article 2 – Liberté de circulation

1. Quiconque se trouve régulièrement sur le territoire d'un État a le droit d'y circuler librement et d'y choisir librement sa résidence.
2. Toute personne est libre de quitter n'importe quel pays, y compris le sien.
3. L'exercice de ces droits ne peut faire l'objet d'autres restrictions que celles qui, prévues par la loi, constituent des mesures nécessaires, dans une société démocratique, à la sécurité nationale, à la sûreté publique, au maintien de l'ordre public, à la prévention des infractions pénales, à la protection de la santé ou de la morale, ou à la protection des droits et libertés d'autrui.
4. Les droits reconnus au paragraphe 1 peuvent également, dans certaines zones déterminées, faire l'objet de restrictions qui, prévues par la loi, sont justifiées par l'intérêt public dans une société démocratique.

Article 3 – Interdiction de l'expulsion des nationaux

1. Nul ne peut être expulsé, par voie de mesure individuelle ou collective, du territoire de l'État dont il est le ressortissant.
2. Nul ne peut être privé du droit d'entrer sur le territoire de l'État dont il est le ressortissant.

Article 4 – Interdiction des expulsions collectives d'étrangers

Les expulsions collectives d'étrangers sont interdites.

Article 5 – Application territoriale

1. Toute Haute Partie contractante peut, au moment de la signature ou de la ratification du présent Protocole ou à tout moment par la suite, communiquer au Secrétaire général du Conseil de l'Europe une déclaration indiquant la mesure dans laquelle elle s'engage à ce que les dispositions du présent Protocole s'appliquent à tels territoires qui sont désignés dans ladite déclaration et dont elle assure les relations internationales.
2. Toute Haute Partie contractante qui a communiqué une déclaration en vertu du paragraphe précédent peut, de temps à autre, communiquer une nouvelle déclaration modifiant les termes de toute déclaration antérieure ou mettant fin à l'application des dispositions du présent Protocole sur un territoire quelconque.
3. Une déclaration faite conformément au présent article sera considérée comme ayant été faite conformément au paragraphe 1 de l'article 56 de la Convention.
4. Le territoire de tout État auquel le présent Protocole s'applique en vertu de sa ratification ou de son acceptation par ledit État, et chacun des territoires auxquels le Protocole s'applique en vertu d'une déclaration souscrite par ledit État conformément au présent article, seront considérés comme des territoires distincts aux fins des références au territoire d'un État faites par les articles 2 et 3.
5. Tout État qui a fait une déclaration conformément au paragraphe 1 ou 2 du présent article peut, à tout moment par la suite, déclarer relativement à un ou plusieurs des territoires visés dans cette déclaration qu'il accepte la compétence de la Cour pour connaître des requêtes de personnes physiques, d'organisations non gouvernementales ou de groupes de particuliers, comme le prévoit l'article 34 de la Convention, au titre des articles 1 à 4 du présent Protocole ou de certains d'entre eux.

Article 6 – Relations avec la Convention

Les Hautes Parties contractantes considéreront les articles 1 à 5 de ce Protocole comme des articles additionnels à la Convention et toutes les dispositions de la Convention s'appliqueront en conséquence.

Article 7 – Signature et ratification

1. Le présent Protocole est ouvert à la signature des membres du Conseil de l'Europe, signataires de la Convention ; il sera ratifié en même temps que la Convention ou après la ratification de celle-ci. Il entrera en vigueur après le dépôt de cinq instruments de ratification. Pour tout signataire qui le ratifiera ultérieurement, le Protocole entrera en vigueur dès le dépôt de l'instrument de ratification.
2. Les instruments de ratification seront déposés près le Secrétaire général du Conseil de l'Europe qui notifiera à tous les membres les noms de ceux qui l'auront ratifié.

En foi de quoi, les soussignés, dûment autorisés à cet effet, ont signé le présent Protocole.

Fait à Strasbourg, le 16 septembre 1963, en français et en anglais, les deux textes faisant également foi, en un seul exemplaire qui sera déposé dans les archives du Conseil de l'Europe. Le Secrétaire général du Conseil de l'Europe en communiquera copie certifiée conforme à chacun des États signataires.

Déclaration

Le présent Protocole s'appliquera à l'ensemble du territoire de la République, compte tenu, en ce qui concerne les territoires d'outre-mer, des nécessités locales auxquelles l'article 63 [article 56 depuis l'entrée en vigueur du protocole n° 11] de la Convention de sauvegarde des droits de l'homme et des libertés fondamentales fait référence.

Texte 24.3 – Protocole n° 6 à la Convention de sauvegarde des droits de l'homme et des libertés fondamentales, 1983, tel qu'amendé par le protocole n° 11, 1994

Le protocole n° 6 concernant l'abolition de la peine de mort a été ouvert à la signature des États membres du Conseil de l'Europe à Strasbourg le 28 avril 1983. Il est entré en vigueur le 1er mars 1985 après 5 ratifications. Il lie 46 États parties. La Fédération de Russie qui reste le dernier signataire du protocole n° 6 applique un moratoire sur l'application de la peine de mort. La France l'a ratifié le 17 février 1986.

*Des intitulés d'articles ont été ajoutés et le texte amendé conformément aux dispositions du protocole n° 11 (*STE *n° 155).*

Les États membres du Conseil de l'Europe, signataires du présent Protocole à la Convention de sauvegarde des droits de l'homme et des libertés fondamentales, signée à Rome le 4 novembre 1950 (ci-après dénommée « la Convention »),

Considérant que les développements intervenus dans plusieurs États membres du Conseil de l'Europe expriment une tendance générale en faveur de l'abolition de la peine de mort,

Sont convenus de ce qui suit :

Article 1 – Abolition de la peine de mort

La peine de mort est abolie. Nul ne peut être condamné à une telle peine ni exécuté.

Article 2 – Peine de mort en temps de guerre

Un État peut prévoir dans sa législation la peine de mort pour des actes commis en temps de guerre ou de danger imminent de guerre ; une telle peine ne sera appliquée que dans les cas prévus par cette législation et conformément à ses dispositions. Cet État communiquera au Secrétaire général du Conseil de l'Europe les dispositions afférentes de la législation en cause.

Article 3 – Interdiction de dérogations

Aucune dérogation n'est autorisée aux dispositions du présent Protocole au titre de l'article 15 de la Convention.

Article 4 – Interdiction de réserves

Aucune réserve n'est admise aux dispositions du présent Protocole en vertu de l'article 57 de la Convention.

Article 5 – Application territoriale

1. Tout État peut, au moment de la signature ou au moment du dépôt de son instrument de ratification, d'acceptation ou d'approbation, désigner le ou les territoires auxquels s'appliquera le présent Protocole.
2. Tout État peut, à tout autre moment par la suite, par une déclaration adressée au Secrétaire général du Conseil de l'Europe, étendre l'application du présent Protocole à tout autre territoire désigné dans la déclaration. Le Protocole entrera en vigueur à l'égard de ce territoire le premier jour du mois qui suit la date de réception de la déclaration par le Secrétaire général.
3. Toute déclaration faite en vertu des deux paragraphes précédents pourra être retirée, en ce qui concerne tout territoire désigné dans cette déclaration, par notification adressée au Secrétaire général. Le retrait prendra effet le premier jour du mois qui suit la date de réception de la notification par le Secrétaire général.

Article 6 – Relations avec la Convention

Les États parties considèrent les articles 1 à 5 du présent Protocole comme des articles additionnels à la Convention et toutes les dispositions de la Convention s'appliquent en conséquence.

Article 7 – Signature et ratification

Le présent Protocole est ouvert à la signature des États membres du Conseil de l'Europe, signataires de la Convention. Il sera soumis à ratification, acceptation ou approbation. Un État membre du Conseil de l'Europe ne pourra ratifier, accepter ou approuver le présent Protocole sans avoir simultanément ou antérieurement ratifié la Convention. Les instruments de ratification, d'acceptation ou d'approbation seront déposés près le Secrétaire général du Conseil de l'Europe.

Article 8 – Entrée en vigueur

1. Le présent Protocole entrera en vigueur le premier jour du mois qui suit la date à laquelle cinq États membres du Conseil de l'Europe auront exprimé leur consentement à être liés par le Protocole conformément aux dispositions de l'article 7.

2. Pour tout État membre qui exprimera ultérieurement son consentement à être lié par le Protocole, celui-ci entrera en vigueur le premier jour du mois qui suit la date du dépôt de l'instrument de ratification, d'acceptation ou d'approbation.

Article 9 – Fonctions du dépositaire

Le Secrétaire général du Conseil de l'Europe notifiera aux États membres du Conseil :

a) toute signature ;

b) le dépôt de tout instrument de ratification, d'acceptation ou d'approbation ;

c) toute date d'entrée en vigueur du présent Protocole conformément à ses articles 5 et 8 ;

d) tout autre acte, notification ou communication ayant trait au présent Protocole.

En foi de quoi, les soussignés, dûment autorisés à cet effet, ont signé le présent Protocole.

Fait à Strasbourg, le 28 avril 1983, en français et en anglais, les deux textes faisant également foi, en un seul exemplaire, qui sera déposé dans les archives du Conseil de l'Europe. Le Secrétaire général du Conseil de l'Europe en communiquera copie certifiée conforme à chacun des États membres du Conseil de l'Europe.

Texte 24.4 – Protocole nº 7 à la Convention de sauvegarde des droits de l'homme et des libertés fondamentales, 1984, tel qu'amendé par le protocole nº 11, 1994

Le protocole nº 7 a été ouvert à la signature des États membres du Conseil de l'Europe à Strasbourg le 22 novembre 1984. Il est entré en vigueur le 1er novembre 1988 après 7 ratifications. Il lie 43 États parties, tandis que 3 autres États n'en sont encore que signataires (Allemagne, Pays-Bas, Turquie). La France l'a ratifié le 17 février 1986 et a formulé quatre réserves et une déclaration à cette occasion (cf. infra).

Le protocole nº 7 reconnaît certains droits non encore garantis par la Convention ou ses protocoles. Il s'agit du droit à des garanties procédurales en cas d'expulsion d'un étranger du territoire d'un État, du droit à un double degré de juridiction en matière pénale, du droit à une indemnisation en cas d'erreur judiciaire, du droit de ne pas être jugé ou puni deux fois à raison des mêmes faits (ne bis in idem) *et de l'égalité entre époux.*

*Des intitulés d'articles ont été ajoutés et le texte amendé conformément aux dispositions du protocole nº 11 (*STE *nº 155).*

Les États membres du Conseil de l'Europe, signataires du présent Protocole,
Résolus à prendre de nouvelles mesures propres à assurer la garantie collective de certains droits et libertés par la Convention de sauvegarde des droits de l'homme et des libertés fondamentales, signée à Rome le 4 novembre 1950 (ci-après dénommée « la Convention »),
Sont convenus de ce qui suit :

Article 1 – Garanties procédurales en cas d'expulsion d'étrangers

1. Un étranger résidant régulièrement sur le territoire d'un État ne peut en être expulsé qu'en exécution d'une décision prise conformément à la loi et doit pouvoir :
a) faire valoir les raisons qui militent contre son expulsion,
b) faire examiner son cas ; et
c) se faire représenter à ces fins devant l'autorité compétente ou une ou plusieurs personnes désignées par cette autorité.
2. Un étranger peut être expulsé avant l'exercice des droits énumérés au paragraphe 1 a, b et c de cet article lorsque cette expulsion est nécessaire dans l'intérêt de l'ordre public ou est basée sur des motifs de sécurité nationale.

Article 2 – Droit à un double degré de juridiction en matière pénale

1. Toute personne déclarée coupable d'une infraction pénale par un tribunal a le droit de faire examiner par une juridiction supérieure la déclaration de culpabilité ou la condamnation. L'exercice de ce droit, y compris les motifs pour lesquels il peut être exercé, sont régis par la loi.
2. Ce droit peut faire l'objet d'exceptions pour des infractions mineures telles qu'elles sont définies par la loi ou lorsque l'intéressé a été jugé en première instance par la plus haute juridiction ou a été déclaré coupable et condamné à la suite d'un recours contre son acquittement.

Article 3 – Droit d'indemnisation en cas d'erreur judiciaire

Lorsqu'une condamnation pénale définitive est ultérieurement annulée, ou lorsque la grâce est accordée, parce qu'un fait nouveau ou nouvellement révélé prouve qu'il s'est produit une erreur judiciaire, la personne qui a subi une peine en raison de cette condamnation est indemnisée, conformément à la loi ou à l'usage en vigueur dans l'État concerné, à moins qu'il ne soit prouvé que la non-révélation en temps utile du fait inconnu lui est imputable en tout ou en partie.

Article 4 – Droit à ne pas être jugé ou puni deux fois

1. Nul ne peut être poursuivi ou puni pénalement par les juridictions du même État en raison d'une infraction pour laquelle il a déjà été acquitté ou condamné par un jugement définitif conformément à la loi et à la procédure pénale de cet État.
2. Les dispositions du paragraphe précédent n'empêchent pas la réouverture du procès, conformément à la loi et à la procédure pénale de l'État concerné, si des faits nouveaux ou nouvellement révélés ou un vice fondamental dans la procédure précédente sont de nature à affecter le jugement intervenu.
3. Aucune dérogation n'est autorisée au présent article au titre de l'article 15 de la Convention.

Article 5 – Égalité entre époux

Les époux jouissent de l'égalité de droits et de responsabilités de caractère civil entre eux et dans leurs relations avec leurs enfants au regard du mariage, durant le mariage et lors de sa dissolution. Le présent article n'empêche pas les États de prendre les mesures nécessaires dans l'intérêt des enfants.

Article 6 – Application territoriale

1. Tout État peut, au moment de la signature ou au moment du dépôt de son instrument de ratification, d'acceptation ou d'approbation, désigner le ou les territoires auxquels s'appliquera le présent Protocole, en indiquant la mesure dans laquelle il s'engage à ce que les dispositions du présent Protocole s'appliquent à ce ou ces territoires.
2. Tout État peut, à tout autre moment par la suite, par une déclaration adressée au Secrétaire général du Conseil de l'Europe, étendre l'application du présent Protocole à tout autre territoire désigné dans la déclaration. Le Protocole entrera en vigueur à l'égard de ce territoire le premier jour du mois qui suit l'expiration d'une période de deux mois après la date de réception de la déclaration par le Secrétaire général.

3. Toute déclaration faite en vertu des deux paragraphes précédents pourra être retirée ou modifiée en ce qui concerne tout territoire désigné dans cette déclaration, par notification adressée au Secrétaire général. Le retrait ou la modification prendra effet le premier jour du mois qui suit l'expiration d'une période de deux mois après la date de réception de la notification par le Secrétaire général.
4. Une déclaration faite conformément au présent article sera considérée comme ayant été faite conformément au paragraphe 1 de l'article 56 de la Convention.
5. Le territoire de tout État auquel le présent Protocole s'applique en vertu de sa ratification, de son acceptation ou de son approbation par ledit État, et chacun des territoires auxquels le Protocole s'applique en vertu d'une déclaration souscrite par le dit État conformément au présent article, peuvent être considérés comme des territoires distincts aux fins de la référence au territoire d'un État faite par l'article 1.
6. Tout État ayant fait une déclaration conformément au paragraphe 1 ou 2 du présent article peut, à tout moment par la suite, déclarer relativement à un ou plusieurs des territoires visés dans cette déclaration qu'il accepte la compétence de la Cour pour connaître des requêtes de personnes physiques, d'organisations non gouvernementales ou de groupes de particuliers, comme le prévoit l'article 34 de la Convention, au titre des articles 1 à 5 du présent Protocole.

Article 7 – Relations avec la Convention

Les États parties considèrent les articles 1 à 6 du présent Protocole comme des articles additionnels à la Convention et toutes les dispositions de la Convention s'appliquent en conséquence.

Article 8 – Signature et ratification

Le présent Protocole est ouvert à la signature des États membres du Conseil de l'Europe qui ont signé la Convention. Il sera soumis à ratification, acceptation ou approbation. Un État membre du Conseil de l'Europe ne peut ratifier, accepter ou approuver le présent Protocole sans avoir simultanément ou antérieurement ratifié la Convention. Les instruments de ratification, d'acceptation ou d'approbation seront déposés près le Secrétaire général du Conseil de l'Europe.

Article 9 – Entrée en vigueur

1. Le présent Protocole entrera en vigueur le premier jour du mois qui suit l'expiration d'une période de deux mois après la date à laquelle sept États membres du Conseil de l'Europe auront exprimé leur consentement à être liés par le Protocole conformément aux dispositions de l'article 8.
2. Pour tout État membre qui exprimera ultérieurement son consentement à être lié par le Protocole, celui-ci entrera en vigueur le premier jour du mois qui suit l'expiration d'une période de deux mois après la date du dépôt de l'instrument de ratification, d'acceptation ou d'approbation.

Article 10 – Fonctions du dépositaire

Le Secrétaire général du Conseil de l'Europe notifiera à tous les États membres du Conseil de l'Europe:
a) toute signature ;
b) le dépôt de tout instrument de ratification, d'acceptation ou d'approbation ;
c) toute date d'entrée en vigueur du présent Protocole conformément à ses articles 6 et 9 ;
d) tout autre acte, notification ou déclaration ayant trait au présent Protocole.

En foi de quoi, les soussignés dûment autorisés à cet effet, ont signé le présent Protocole.

Fait à Strasbourg, le 22 novembre 1984, en français et en anglais, les deux textes faisant également foi, en un seul exemplaire, qui sera déposé dans les archives du Conseil de l'Europe. Le Secrétaire général du Conseil de l'Europe en communiquera copie certifiée conforme à chacun des États membres du Conseil de l'Europe.

Réserves

1) Le Gouvernement de la République française déclare que seules les infractions relevant en droit français de la compétence des tribunaux statuant en matière pénale doivent être regardées comme des infractions au sens des articles 2 à 4 du présent Protocole.

2) Le Gouvernement de la République française déclare que l'article 5 ne doit pas faire obstacle à l'application des règles de l'ordre juridique français concernant la transmission du nom patronymique.

L'article 5 ne doit pas faire obstacle à l'application des dispositions de droit local dans la collectivité territoriale de Mayotte et les territoires de Nouvelle-Calédonie et des îles Wallis et Futuna.

3) Le Protocole nº 7 à la Convention de sauvegarde des droits de l'homme et des libertés fondamentales s'appliquera à l'ensemble du territoire de la République, compte tenu, en ce qui concerne les territoires d'outre-mer et la collectivité territoriale de Mayotte, des nécessités locales auxquelles l'article 63 [article 56 depuis l'entrée en vigueur du protocole nº 11] de la Convention européenne des droits de l'homme et libertés fondamentales fait référence.

Déclaration

Le Gouvernement de la République française déclare qu'au sens de l'article 2, paragraphe 1, l'examen par une juridiction supérieure peut se limiter à un contrôle de l'application de la loi, tel que le recours en cassation.

Texte 24.5 – Protocole nº 12 à la Convention de sauvegarde des droits de l'homme et des libertés fondamentales, 2000

Le protocole nº 12 a été ouvert à la signature des États membres du Conseil de l'Europe à Rome le 4 novembre 2000. Il est entré en vigueur le 1er avril 2005 après 10 ratifications. Il lie 18 États parties et comporte 19 autres signataires. La France ne l'a pas encore signé.

Le protocole nº 12 est d'application plus large que l'article 14 de la Convention en ce qu'il interdit de manière générale toute forme de discrimination sans qu'il soit nécessaire de l'appliquer à l'un des droits reconnus par la Convention.

Les États membres du Conseil de l'Europe, signataires du présent Protocole,

Prenant en compte le principe fondamental selon lequel toutes les personnes sont égales devant la loi et ont droit à une égale protection de la loi ;

Résolus à prendre de nouvelles mesures pour promouvoir l'égalité de tous par la garantie collective d'une interdiction générale de discrimination par la Convention de sauvegarde des droits de l'homme et des libertés fondamentales, signée à Rome le 4 novembre 1950 (ci-après dénommée « la Convention ») ;

Réaffirmant que le principe de non-discrimination n'empêche pas les États parties de prendre des mesures afin de promouvoir une égalité pleine et effective, à la condition qu'elles répondent à une justification objective et raisonnable,

Sont convenus de ce qui suit :

Article 1 – Interdiction générale de la discrimination

1. La jouissance de tout droit prévu par la loi doit être assurée, sans discrimination aucune, fondée notamment sur le sexe, la race, la couleur, la langue, la religion, les

opinions politiques ou toutes autres opinions, l'origine nationale ou sociale, l'appartenance à une minorité nationale, la fortune, la naissance ou toute autre situation.
2. Nul ne peut faire l'objet d'une discrimination de la part d'une autorité publique quelle qu'elle soit fondée notamment sur les motifs mentionnés au paragraphe 1.

Article 2 – Application territoriale

1. Tout État peut, au moment de la signature ou au moment du dépôt de son instrument de ratification, d'acceptation ou d'approbation, désigner le ou les territoires auxquels s'appliquera le présent Protocole.
2. Tout État peut, à tout autre moment par la suite, par une déclaration adressée au Secrétaire général du Conseil de l'Europe, étendre l'application du présent Protocole à tout autre territoire désigné dans la déclaration. Le Protocole entrera en vigueur à l'égard de ce territoire le premier jour du mois qui suit l'expiration d'une période de trois mois après la date de réception de la déclaration par le Secrétaire général.
3. Toute déclaration faite en vertu des deux paragraphes précédents pourra être retirée ou modifiée, en ce qui concerne tout territoire désigné dans cette déclaration, par notification adressée au Secrétaire général du Conseil de l'Europe. Le retrait ou la modification prendra effet le premier jour du mois qui suit l'expiration d'une période de trois mois après la date de réception de la notification par le Secrétaire général.
4. Une déclaration faite conformément au présent article sera considérée comme ayant été faite conformément au paragraphe 1 de l'article 56 de la Convention.
5. Tout État ayant fait une déclaration conformément au paragraphe 1 ou 2 du présent article peut, à tout moment par la suite, déclarer relativement à un ou plusieurs des territoires visés dans cette déclaration qu'il accepte la compétence de la Cour pour connaître des requêtes de personnes physiques, d'organisations non gouvernementales ou de groupes de particuliers, comme le prévoit

l'article 34 de la Convention, au titre de l'article 1 du présent Protocole.

Article 3 – Relations avec la Convention

Les États parties considèrent les articles 1 et 2 du présent Protocole comme des articles additionnels à la Convention et toutes les dispositions de la Convention s'appliquent en conséquence.

Article 4 – Signature et ratification

Le présent Protocole est ouvert à la signature des États membres du Conseil de l'Europe qui ont signé la Convention. Il sera soumis à ratification, acceptation ou approbation. Un État membre du Conseil de l'Europe ne peut ratifier, accepter ou approuver le présent Protocole sans avoir simultanément ou antérieurement ratifié la Convention. Les instruments de ratification, d'acceptation ou d'approbation seront déposés près le Secrétaire général du Conseil de l'Europe.

Article 5 – Entrée en vigueur

1. Le présent Protocole entrera en vigueur le premier jour du mois qui suit l'expiration d'une période de trois mois après la date à laquelle dix États membres du Conseil de l'Europe auront exprimé leur consentement à être liés par le présent Protocole conformément aux dispositions de son article 4.
2. Pour tout État membre qui exprimera ultérieurement son consentement à être lié par le présent Protocole, celui-ci entrera en vigueur le premier jour du mois qui suit l'expiration d'une période de trois mois après la date du dépôt de l'instrument de ratification, d'acceptation ou d'approbation.

Article 6 – Fonctions du dépositaire

Le Secrétaire général du Conseil de l'Europe notifiera à tous les États membres du Conseil de l'Europe :
a) toute signature ;
b) le dépôt de tout instrument de ratification, d'acceptation ou d'approbation ;

c) toute date d'entrée en vigueur du présent Protocole conformément à ses articles 2 et 5;
d) tout autre acte, notification ou communication, ayant trait au présent Protocole.
En foi de quoi, les soussignés, dûment autorisés à cet effet, ont signé le présent Protocole.
Fait à Rome, le 4 novembre 2000, en français et en anglais, les deux textes faisant également foi, en un seul exemplaire qui sera déposé dans les archives du Conseil de l'Europe. Le Secrétaire général du Conseil de l'Europe en communiquera copie certifiée conforme à chacun des États membres du Conseil de l'Europe.

Texte 24.6 – Protocole n° 13 à la Convention de sauvegarde des droits de l'homme et des libertés fondamentales, 2002

Le protocole n° 13 relatif à l'abolition de la peine de mort en toutes circonstances a été ouvert à la signature des États membres du Conseil de l'Europe à Vilnius le 3 mai 2002. Il est entré en vigueur le 1er juillet 2003 après 10 ratifications. Il lie 44 États. L'Arménie reste simple signataire, tandis que l'Azerbaïdjan et la Russie ne l'ont pas signé. La France l'a ratifié le 10 octobre 2007 après la décision du Conseil constitutionnel du 13 octobre 2005 (cf. supra).

Les États membres du Conseil de l'Europe, signataires du présent Protocole,
Convaincus que le droit de toute personne à la vie est une valeur fondamentale dans une société démocratique, et que l'abolition de la peine de mort est essentielle à la protection de ce droit et à la pleine reconnaissance de la dignité inhérente à tous les êtres humains;
Souhaitant renforcer la protection du droit à la vie garanti par la Convention de sauvegarde des droits de l'homme et

des libertés fondamentales signée à Rome le 4 novembre 1950 (ci-après dénommée « la Convention ») ;
Notant que le Protocole n° 6 à la Convention concernant l'abolition de la peine de mort, signé à Strasbourg le 28 avril 1983, n'exclut pas la peine de mort pour des actes commis en temps de guerre ou de danger imminent de guerre ;
Résolus à faire le pas ultime afin d'abolir la peine de mort en toutes circonstances,
Sont convenus de ce qui suit :

Article 1 – Abolition de la peine de mort

La peine de mort est abolie. Nul ne peut être condamné à une telle peine ni exécuté.

Article 2 – Interdiction de dérogations

Aucune dérogation n'est autorisée aux dispositions du présent Protocole au titre de l'article 15 de la Convention.

Article 3 – Interdiction de réserves

Aucune réserve n'est admise aux dispositions du présent Protocole au titre de l'article 57 de la Convention.

Article 4 – Application territoriale

1. Tout État peut, au moment de la signature ou au moment du dépôt de son instrument de ratification, d'acceptation ou d'approbation, désigner le ou les territoires auxquels s'appliquera le présent Protocole.
2. Tout État peut, à tout autre moment par la suite, par une déclaration adressée au Secrétaire général du Conseil de l'Europe, étendre l'application du présent Protocole à tout autre territoire désigné dans la déclaration. Le Protocole entrera en vigueur à l'égard de ce territoire le premier jour du mois qui suit l'expiration d'une période de trois mois après la date de réception de la déclaration par le Secrétaire général.
3. Toute déclaration faite en vertu des deux paragraphes précédents pourra être retirée ou modifiée, en ce qui concerne tout territoire désigné dans cette déclaration, par notification adressée au Secrétaire général. Le retrait ou

la modification prendra effet le premier jour du mois qui suit l'expiration d'une période de trois mois après la date de réception de la notification par le Secrétaire général.

Article 5 – Relations avec la Convention

Les États parties considèrent les articles 1 à 4 du présent Protocole comme des articles additionnels à la Convention, et toutes les dispositions de la Convention s'appliquent en conséquence.

Article 6 – Signature et ratification

Le présent Protocole est ouvert à la signature des États membres du Conseil de l'Europe qui ont signé la Convention. Il sera soumis à ratification, acceptation ou approbation. Un État membre du Conseil de l'Europe ne peut ratifier, accepter ou approuver le présent Protocole sans avoir simultanément ou antérieurement ratifié la Convention. Les instruments de ratification, d'acceptation ou d'approbation seront déposés près le Secrétaire général du Conseil de l'Europe.

Article 7 – Entrée en vigueur

1. Le présent Protocole entrera en vigueur le premier jour du mois qui suit l'expiration d'une période de trois mois après la date à laquelle dix États membres du Conseil de l'Europe auront exprimé leur consentement à être liés par le présent Protocole conformément aux dispositions de son article 6.
2. Pour tout État membre qui exprimera ultérieurement son consentement à être lié par le présent Protocole, celui-ci entrera en vigueur le premier jour du mois qui suit l'expiration d'une période de trois mois après la date du dépôt de l'instrument de ratification, d'acceptation ou d'approbation.

Article 8 – Fonctions du dépositaire

Le Secrétaire général du Conseil de l'Europe notifiera à tous les États membres du Conseil de l'Europe :
a) toute signature ;

b) le dépôt de tout instrument de ratification, d'acceptation ou d'approbation ;
c) toute date d'entrée en vigueur du présent Protocole conformément à ses articles 4 et 7 ;
d) tout autre acte, notification ou communication, ayant trait au présent Protocole.
En foi de quoi, les soussignés, dûment autorisés à cet effet, ont signé le présent Protocole.
Fait à Vilnius, le 3 mai 2002, en français et en anglais, les deux textes faisant également foi, en un seul exemplaire qui sera déposé dans les archives du Conseil de l'Europe. Le Secrétaire général du Conseil de l'Europe en communiquera copie certifiée conforme à chacun des États membres du Conseil de l'Europe.

Texte 24.7 – Protocole nº 15 portant amendement à la Convention européenne de sauvegarde des droits de l'homme et des libertés fondamentales, 2013

Le protocole nº 15 a été ouvert à la signature à Strasbourg le 24 juin 2013. Il s'agit d'un protocole d'amendement qui devra être ratifié par tous les États parties pour entrer en vigueur, dans la mesure où il modifie l'organisation et la procédure de la Cour. Il ajoute aussi un considérant de nature essentiellement politique au préambule de 1950, pour mettre l'accent, à la suite de la Conférence de Brighton, sur le principe de subsidiarité que la Cour a elle-même dégagé dans sa jurisprudence. Le protocole a déjà réuni 22 ratifications et 19 signatures, mais une demi-douzaine d'États ne l'ont pas encore signé, parmi lesquels la Russie, la Grèce, la Croatie et la Bosnie-Herzégovine. La France a signé le protocole dès le premier jour. La loi nº 2015-1714 du 22 décembre 2015 a autorisé la ratification du protocole, la dernière étape à accomplir restant le dépôt de l'instrument de ratification et la publication au Journal officiel.

Les États membres du Conseil de l'Europe et les autres Hautes Parties contractantes à la Convention de sauvegarde des Droits de l'Homme et des Libertés fondamentales, signée à Rome le 4 novembre 1950 (ci-après dénommée « la Convention »), signataires du présent Protocole,

Vu la Déclaration adoptée lors de la Conférence de haut niveau sur l'avenir de la Cour européenne des Droits de l'Homme, tenue à Brighton les 19 et 20 avril 2012, ainsi que les Déclarations adoptées lors des Conférences tenues à Interlaken les 18 et 19 février 2010 et à İzmir les 26 et 27 avril 2011 ;

Vu l'Avis n° 283 (2013) adopté par l'Assemblée parlementaire du Conseil de l'Europe le 26 avril 2013 ;

Considérant qu'il est nécessaire de veiller à ce que la Cour européenne des Droits de l'Homme (ci-après dénommée « la Cour ») continue de jouer son rôle prééminent dans la protection des droits de l'homme en Europe,

Sont convenus de ce qui suit :

Article 1

À la fin du préambule de la Convention, un nouveau considérant est ajouté et se lit comme suit :

« Affirmant qu'il incombe au premier chef aux Hautes Parties contractantes, conformément au principe de subsidiarité, de garantir le respect des droits et libertés définis dans la présente Convention et ses protocoles, et que, ce faisant, elles jouissent d'une marge d'appréciation, sous le contrôle de la Cour européenne des Droits de l'Homme instituée par la présente Convention, »

Article 2

1) À l'article 21 de la Convention, un nouveau paragraphe 2 est inséré et se lit comme suit :

« Les candidats doivent être âgés de moins de 65 ans à la date à laquelle la liste de trois candidats est attendue par l'Assemblée parlementaire, en vertu de l'article 22. »

2) Les paragraphes 2 et 3 de l'article 21 de la Convention deviennent respectivement les paragraphes 3 et 4 de l'article 21.
3) Le paragraphe 2 de l'article 23 de la Convention est supprimé. Les paragraphes 3 et 4 de l'article 23 deviennent respectivement les paragraphes 2 et 3 de l'article 23.

Article 3

À l'article 30 de la Convention, les mots « à moins que l'une des parties ne s'y oppose » sont supprimés.

Article 4

À l'article 35, paragraphe 1, de la Convention, les mots « dans un délai de six mois » sont remplacés par les mots « dans un délai de quatre mois ».

Article 5

À l'article 35, paragraphe 3, alinéa b, de la Convention, les mots « et à condition de ne rejeter pour ce motif aucune affaire qui n'a pas été dûment examinée par un tribunal interne » sont supprimés.

Dispositions finales et transitoires

Article 6

1) Le présent Protocole est ouvert à la signature des Hautes Parties contractantes à la Convention, qui peuvent exprimer leur consentement à être liées par :
a – la signature sans réserve de ratification, d'acceptation ou d'approbation ; ou
b – la signature sous réserve de ratification, d'acceptation ou d'approbation, suivie de ratification, d'acceptation ou d'approbation.
2) Les instruments de ratification, d'acceptation ou d'approbation seront déposés près le Secrétaire Général du Conseil de l'Europe.

Article 7

Le présent Protocole entrera en vigueur le premier jour du mois qui suit l'expiration d'une période de trois mois après la date à laquelle toutes les Hautes Parties contractantes à la Convention auront exprimé leur consentement à être liées par le Protocole, conformément aux dispositions de l'article 6.

Article 8

1) Les amendements introduits par l'article 2 du présent Protocole s'appliquent uniquement aux candidats figurant sur les listes soumises à l'Assemblée parlementaire par les Hautes Parties contractantes, en vertu de l'article 22 de la Convention, après l'entrée en vigueur du présent Protocole.
2) L'amendement introduit par l'article 3 du présent Protocole ne s'applique pas aux affaires pendantes dans lesquelles l'une des parties s'est opposée, avant l'entrée en vigueur du présent Protocole, à une proposition d'une chambre de la Cour de se dessaisir au profit de la Grande Chambre.
3) L'article 4 du présent Protocole entrera en vigueur à l'expiration d'une période de six mois après la date d'entrée en vigueur du présent Protocole. L'article 4 du présent Protocole ne s'applique pas aux requêtes au regard desquelles la décision définitive au sens de l'article 35, paragraphe 1, de la Convention a été prise avant la date d'entrée en vigueur de l'article 4 du présent Protocole.
4) Toutes les autres dispositions du présent Protocole s'appliquent à la date de son entrée en vigueur, conformément aux dispositions de l'article 7.

Article 9

Le Secrétaire Général du Conseil de l'Europe notifiera aux États membres du Conseil de l'Europe et aux autres Hautes Parties contractantes à la Convention :
a – toute signature;
b – le dépôt de tout instrument de ratification, d'acceptation ou d'approbation;
c – la date d'entrée en vigueur du présent Protocole, conformément à l'article 7; et
d – tout autre acte, notification ou communication ayant trait au présent Protocole.

Texte 24.8 – Protocole nº 16 à la Convention de sauvegarde des droits de l'homme et des libertés fondamentales, 2013

Le protocole nº 16 a été ouvert à la signature à Strasbourg le 2 octobre 2013. Il vise à permettre des avis consultatifs à la demande des plus hautes juridictions nationales des États parties qui auront accepté cette procédure et déterminé la liste des juridictions concernées. L'entrée en vigueur aura lieu après 10 ratifications. Les États ayant ratifié ce protocole ne sont encore que 5, auxquels s'ajoutent 11 signataires, dont la France qui a signé dès le premier jour.

Les États membres du Conseil de l'Europe et les autres Hautes Parties contractantes à la Convention de sauvegarde des droits de l'homme et des libertés fondamentales, signée à Rome le 4 novembre 1950 (ci-après dénommée « la Convention »), signataires du présent Protocole,

Vu les dispositions de la Convention, notamment l'article 19 établissant la Cour européenne des droits de l'homme (ci-après dénommée « la Cour ») ;

Considérant que l'extension de la compétence de la Cour pour donner des avis consultatifs renforcera l'interaction entre la Cour et les autorités nationales, et consolidera ainsi la mise en œuvre de la Convention, conformément au principe de subsidiarité ;

Vu l'Avis nº 285 (2013), adopté par l'Assemblée parlementaire du Conseil de l'Europe le 28 juin 2013,

Sont convenus de ce qui suit :

Article 1

1) Les plus hautes juridictions d'une Haute Partie contractante, telles que désignées conformément à l'article 10, peuvent adresser à la Cour des demandes d'avis consultatifs sur des questions de principe relatives à l'interprétation ou à l'application des droits et libertés dé-finis par la Convention ou ses protocoles.

2) La juridiction qui procède à la demande ne peut solliciter un avis consultatif que dans le cadre d'une affaire pendante devant elle.
3) La juridiction qui procède à la demande motive sa demande d'avis et produit les éléments pertinents du con-texte juridique et factuel de l'affaire pendante.

Article 2

1) Un collège de cinq juges de la Grande Chambre se prononce sur l'acceptation de la demande d'avis consultatif au regard de l'article 1. Tout refus du collège d'accepter la demande est motivé.
2) Lorsque le collège accepte la demande, la Grande Chambre rend un avis consultatif.
3) Le collège et la Grande Chambre, visés aux paragraphes précédents, comprennent de plein droit le juge élu au titre de la Haute Partie contractante dont relève la juridiction qui a procédé à la demande. En cas d'absence de ce juge, ou lorsqu'il n'est pas en mesure de siéger, une personne choisie par le Président de la Cour sur une liste soumise au préalable par cette Partie siège en qualité de juge.

Article 3

Le Commissaire aux droits de l'homme du Conseil de l'Europe et la Haute Partie contractante dont relève la juridiction qui a procédé à la demande ont le droit de présenter des observations écrites et de prendre part aux audiences. Le Président de la Cour peut, dans l'intérêt d'une bonne administration de la justice, inviter toute autre Haute Partie contractante ou personne à présenter également des observations écrites ou à prendre part aux audiences.

Article 4

1) Les avis consultatifs sont motivés.
2) Si l'avis consultatif n'exprime pas, en tout ou en partie, l'opinion unanime des juges, tout juge a le droit d'y joindre l'exposé de son opinion séparée.

3) Les avis consultatifs sont transmis à la juridiction qui a procédé à la demande et à la Haute Partie contractante dont cette juridiction relève.
4) Les avis consultatifs sont publiés.

Article 5

Les avis consultatifs ne sont pas contraignants.

Article 6

Les Hautes Parties contractantes considèrent les articles 1 à 5 du présent Protocole comme des articles additionnels à la Convention, et toutes les dispositions de la Convention s'appliquent en conséquence.

Article 7

1) Le présent Protocole est ouvert à la signature des Hautes Parties contractantes à la Convention, qui peuvent exprimer leur consentement à être liées par :
a – la signature sans réserve de ratification, d'acceptation ou d'approbation ; ou
b – la signature sous réserve de ratification, d'acceptation ou d'approbation, suivie de ratification, d'acceptation ou d'approbation.
2) Les instruments de ratification, d'acceptation ou d'approbation seront déposés près le Secrétaire Général du Conseil de l'Europe.

Article 8

1) Le présent Protocole entrera en vigueur le premier jour du mois qui suit l'expiration d'une période de trois mois après la date à laquelle dix Hautes Parties contractantes à la Convention auront exprimé leur consentement à être liées par le Protocole conformément aux dispositions de l'article 7.
2) Pour toute Haute Partie contractante à la Convention qui exprimera ultérieurement son consentement à être liée par le présent Protocole, celui-ci entrera en vigueur le premier jour du mois qui suit l'expiration d'une période de trois mois après la date de l'expression de son consentement à

être liée par le Protocole conformément aux dispositions de l'article 7.

Article 9

Aucune réserve n'est admise aux dispositions du présent Protocole au titre de l'article 57 de la Convention.

Article 10

Chaque Haute Partie contractante à la Convention indique, au moment de la signature ou du dépôt de son instrument de ratification, d'acceptation ou d'approbation, au moyen d'une déclaration adressée au Secrétaire Général du Conseil de l'Europe, quelles juridictions elle désigne aux fins de l'article 1, paragraphe 1, du présent Protocole. Cette déclaration peut être modifiée à tout moment de la même manière.

Article 11

Le Secrétaire Général du Conseil de l'Europe notifiera aux États membres du Conseil de l'Europe et aux autres Hautes Parties contractantes à la Convention :

a – toute signature ;

b – le dépôt de tout instrument de ratification, d'acceptation ou d'approbation ;

c – toute date d'entrée en vigueur du présent Protocole, conformément à l'article 8 ;

d – toute déclaration faite en vertu de l'article 10 ; et

e – tout autre acte, notification ou communication ayant trait au présent Protocole.

Texte 25 – Charte sociale européenne révisée, 1996

La Charte sociale européenne a été ouverte à la signature à Turin en 1961. Une Charte révisée, actualisant et renforçant les droits garantis, a été ouverte à la signature des États membres du Conseil de l'Europe à Strasbourg le 3 mai 1996. Elle est entrée en vigueur le 1er juillet 1999 après 3 ratifications. Elle lie 33 États parties, dont la France qui l'a ratifiée le 7 mai 1999. Les autres États continuent à être liés par la Charte sociale européenne de Turin.

La Charte sociale européenne révisée réunit en un seul instrument les droits garantis par la Charte de 1961, son protocole additionnel de 1988 et les nouveaux droits et amendements adoptés par les États parties. La Charte sociale est soumise à un contrôle original, sur la base de cycles de rapports nationaux examinés par les experts indépendants du Comité des droits sociaux avant de faire l'objet de recommandations du Comité des ministres du Conseil de l'Europe. Ce système de contrôle est renforcé par l'amendement de 1991 et par son protocole additionnel de 1995 prévoyant un système de réclamations collectives (cf. infra).

Bibliographie

Akandji-Kombé Jean-François (dir.), *La Charte sociale européenne*, Bruylant, 2001.

Benelhocine Carole, *La Charte sociale européenne*, Éditions du Conseil de l'Europe, 2011.

Harris David, Darcy J., *The European Social Charter: The Protection of Economic and Social Rights in Europe*, 2e éd., New York Transnational Publishers, 2001.

Les gouvernements signataires, membres du Conseil de l'Europe,

Considérant que le but du Conseil de l'Europe est de réaliser une union plus étroite entre ses membres afin de sauvegarder et de promouvoir les idéaux et les principes qui sont leur patrimoine commun et de favoriser leur progrès économique et social, notamment par la défense et le développement des droits de l'homme et des libertés fondamentales ;

Considérant qu'aux termes de la Convention de sauvegarde des droits de l'homme et des libertés fondamentales, signée à Rome le 4 novembre 1950, et de ses Protocoles, les États membres du Conseil de l'Europe sont convenus d'assurer à leurs populations les droits civils et politiques et les libertés spécifiés dans ces instruments ;

Considérant que, par la Charte sociale européenne ouverte à la signature à Turin le 18 octobre 1961 et ses Protocoles, les États membres du Conseil de l'Europe sont convenus d'assurer à leurs populations les droits sociaux spécifiés dans ces instruments afin d'améliorer leur niveau de vie et de promouvoir leur bien-être ;

Rappelant que la Conférence ministérielle sur les droits de l'homme, tenue à Rome le 5 novembre 1990, a souligné la nécessité, d'une part, de préserver le caractère indivisible de tous les droits de l'homme, qu'ils soient civils, politiques, économiques, sociaux ou culturels et, d'autre part, de donner à la Charte sociale européenne une nouvelle impulsion ;

Résolus, comme décidé lors de la Conférence ministérielle réunie à Turin les 21 et 22 octobre 1991, de mettre à jour et d'adapter le contenu matériel de la Charte, afin de tenir compte en particulier des changements sociaux fondamentaux intervenus depuis son adoption ;

Reconnaissant l'utilité d'inscrire dans une Charte révisée, destinée à se substituer progressivement à la Charte sociale européenne, les droits garantis par la Charte tels qu'amendés, les droits garantis par le Protocole additionnel de 1988 et d'ajouter de nouveaux droits,

Sont convenus de ce qui suit :

Partie I

Les Parties reconnaissent comme objectif d'une politique qu'elles poursuivront par tous les moyens utiles, sur les plans national et international, la réalisation de conditions propres à assurer l'exercice effectif des droits et principes suivants :

1. Toute personne doit avoir la possibilité de gagner sa vie par un travail librement entrepris.
2. Tous les travailleurs ont droit à des conditions de travail équitables.
3. Tous les travailleurs ont droit à la sécurité et à l'hygiène dans le travail.
4. Tous les travailleurs ont droit à une rémunération équitable leur assurant, ainsi qu'à leurs familles, un niveau de vie satisfaisant.
5. Tous les travailleurs et employeurs ont le droit de s'associer librement au sein d'organisations nationales ou internationales pour la protection de leurs intérêts économiques et sociaux.
6. Tous les travailleurs et employeurs ont le droit de négocier collectivement.
7. Les enfants et les adolescents ont droit à une protection spéciale contre les dangers physiques et moraux auxquels ils sont exposés.
8. Les travailleuses, en cas de maternité, ont droit à une protection spéciale.
9. Toute personne a droit à des moyens appropriés d'orientation professionnelle, en vue de l'aider à choisir une profession conformément à ses aptitudes personnelles et à ses intérêts.
10. Toute personne a droit à des moyens appropriés de formation professionnelle.
11. Toute personne a le droit de bénéficier de toutes les mesures lui permettant de jouir du meilleur état de santé qu'elle puisse atteindre.
12. Tous les travailleurs et leurs ayants droit ont droit à la sécurité sociale.
13. Toute personne démunie de ressources suffisantes a droit à l'assistance sociale et médicale.
14. Toute personne a le droit de bénéficier de services sociaux qualifiés.
15. Toute personne handicapée a droit à l'autonomie, à l'intégration sociale et à la participation à la vie de la communauté.

16. La famille, en tant que cellule fondamentale de la société, a droit à une protection sociale, juridique et économique appropriée pour assurer son plein développement.
17. Les enfants et les adolescents ont droit à une protection sociale, juridique et économique appropriée.
18. Les ressortissants de l'une des Parties ont le droit d'exercer sur le territoire d'une autre Partie toute activité lucrative, sur un pied d'égalité avec les nationaux de cette dernière, sous réserve des restrictions fondées sur des raisons sérieuses de caractère économique ou social.
19. Les travailleurs migrants ressortissants de l'une des Parties et leurs familles ont droit à la protection et à l'assistance sur le territoire de toute autre Partie.
20. Tous les travailleurs ont droit à l'égalité de chances et de traitement en matière d'emploi et de profession, sans discrimination fondée sur le sexe.
21. Les travailleurs ont droit à l'information et à la consultation au sein de l'entreprise.
22. Les travailleurs ont le droit de prendre part à la détermination et à l'amélioration des conditions de travail et du milieu du travail dans l'entreprise.
23. Toute personne âgée a droit à une protection sociale.
24. Tous les travailleurs ont droit à une protection en cas de licenciement.
25. Tous les travailleurs ont droit à la protection de leurs créances en cas d'insolvabilité de leur employeur.
26. Tous les travailleurs ont droit à la dignité dans le travail.
27. Toutes les personnes ayant des responsabilités familiales et occupant ou souhaitant occuper un emploi sont en droit de le faire sans être soumises à des discriminations et autant que possible sans qu'il y ait conflit entre leur emploi et leurs responsabilités familiales.
28. Les représentants des travailleurs dans l'entreprise ont droit à la protection contre les actes susceptibles de leur porter préjudice et doivent avoir les facilités appropriées pour remplir leurs fonctions.

29. Tous les travailleurs ont le droit d'être informés et consultés dans les procédures de licenciements collectifs.
30. Toute personne a droit à la protection contre la pauvreté et l'exclusion sociale.
31. Toute personne a droit au logement.

Partie II

Les Parties s'engagent à se considérer comme liées, ainsi que prévu à la partie III, par les obligations résultant des articles et des paragraphes ci-après.

Article 1 – Droit au travail

En vue d'assurer l'exercice effectif du droit au travail, les Parties s'engagent :
1. à reconnaître comme l'un de leurs principaux objectifs et responsabilités la réalisation et le maintien du niveau le plus élevé et le plus stable possible de l'emploi en vue de la réalisation du plein emploi ;
2. à protéger de façon efficace le droit pour le travailleur de gagner sa vie par un travail librement entrepris ;
3. à établir ou à maintenir des services gratuits de l'emploi pour tous les travailleurs ;
4. à assurer ou à favoriser une orientation, une formation et une réadaptation professionnelles appropriées.

Article 2 – Droit à des conditions de travail équitables

En vue d'assurer l'exercice effectif du droit à des conditions de travail équitables, les Parties s'engagent :
1. à fixer une durée raisonnable au travail journalier et hebdomadaire, la semaine de travail devant être progressivement réduite pour autant que l'augmentation de la productivité et les autres facteurs entrant en jeu le permettent ;
2. à prévoir des jours fériés payés ;
3. à assurer l'octroi d'un congé payé annuel de quatre semaines au minimum ;
4. à éliminer les risques inhérents aux occupations dangereuses ou insalubres et, lorsque ces risques n'ont pas encore pu être éliminés ou suffisamment réduits, à assurer

aux travailleurs employés à de telles occupations soit une réduction de la durée du travail, soit des congés payés supplémentaires ;

5. à assurer un repos hebdomadaire qui coïncide autant que possible avec le jour de la semaine reconnu comme jour de repos par la tradition ou les usages du pays ou de la région ;

6. à veiller à ce que les travailleurs soient informés par écrit aussitôt que possible et en tout état de cause au plus tard deux mois après le début de leur emploi des aspects essentiels du contrat ou de la relation de travail ;

7. à faire en sorte que les travailleurs effectuant un travail de nuit bénéficient de mesures qui tiennent compte de la nature spéciale de ce travail.

Article 3 – Droit à la sécurité et à l'hygiène dans le travail

En vue d'assurer l'exercice effectif du droit à la sécurité et à l'hygiène dans le travail, les Parties s'engagent, en consultation avec les organisations d'employeurs et de travailleurs :

1. à définir, mettre en œuvre et réexaminer périodiquement une politique nationale cohérente en matière de sécurité, de santé des travailleurs et de milieu de travail. Cette politique aura pour objet primordial d'améliorer la sécurité et l'hygiène professionnelles et de prévenir les accidents et les atteintes à la santé qui résultent du travail, sont liés au travail ou surviennent au cours du travail, notamment en réduisant au minimum les causes des risques inhérents au milieu de travail ;

2. à édicter des règlements de sécurité et d'hygiène ;

3. à édicter des mesures de contrôle de l'application de ces règlements ;

4. à promouvoir l'institution progressive des services de santé au travail pour tous les travailleurs, avec des fonctions essentiellement préventives et de conseil.

Article 4 – Droit à une rémunération équitable

En vue d'assurer l'exercice effectif du droit à une rémunération équitable, les Parties s'engagent :

1. à reconnaître le droit des travailleurs à une rémunération suffisante pour leur assurer, ainsi qu'à leurs familles, un niveau de vie décent ;
2. à reconnaître le droit des travailleurs à un taux de rémunération majoré pour les heures de travail supplémentaires, exception faite de certains cas particuliers ;
3. à reconnaître le droit des travailleurs masculins et féminins à une rémunération égale pour un travail de valeur égale ;
4. à reconnaître le droit de tous les travailleurs à un délai de préavis raisonnable dans le cas de cessation de l'emploi ;
5. à n'autoriser des retenues sur les salaires que dans les conditions et limites prescrites par la législation ou la réglementation nationale, ou fixées par des conventions collectives ou des sentences arbitrales.

L'exercice de ces droits doit être assuré soit par voie de conventions collectives librement conclues, soit par des méthodes légales de fixation des salaires, soit de toute autre manière appropriée aux conditions nationales.

Article 5 – Droit syndical

En vue de garantir ou de promouvoir la liberté pour les travailleurs et les employeurs de constituer des organisations locales, nationales ou internationales, pour la protection de leurs intérêts économiques et sociaux et d'adhérer à ces organisations, les Parties s'engagent à ce que la législation nationale ne porte pas atteinte, ni ne soit appliquée de manière à porter atteinte à cette liberté. La mesure dans laquelle les garanties prévues au présent article s'appliqueront à la police sera déterminée par la législation ou la réglementation nationale. Le principe de l'application de ces garanties aux membres des forces armées et la mesure dans laquelle elles s'appliqueraient à cette catégorie de personnes sont également déterminés par la législation ou la réglementation nationale.

Article 6 – Droit de négociation collective

En vue d'assurer l'exercice effectif du droit de négociation collective, les Parties s'engagent :

1. à favoriser la consultation paritaire entre travailleurs et employeurs ;
2. à promouvoir, lorsque cela est nécessaire et utile, l'institution de procédures de négociation volontaire entre les employeurs ou les organisations d'employeurs, d'une part, et les organisations de travailleurs, d'autre part, en vue de régler les conditions d'emploi par des conventions collectives ;
3. à favoriser l'institution et l'utilisation de procédures appropriées de conciliation et d'arbitrage volontaire pour le règlement des conflits du travail ;

et reconnaissent :

4. le droit des travailleurs et des employeurs à des actions collectives en cas de conflits d'intérêt, y compris le droit de grève, sous réserve des obligations qui pourraient résulter des conventions collectives en vigueur.

Article 7 – Droit des enfants et des adolescents à la protection

En vue d'assurer l'exercice effectif du droit des enfants et des adolescents à la protection, les Parties s'engagent :

1. à fixer à quinze ans l'âge minimum d'admission à l'emploi, des dérogations étant toutefois admises pour les enfants employés à des travaux légers déterminés qui ne risquent pas de porter atteinte à leur santé, à leur moralité ou à leur éducation ;
2. à fixer à dix-huit ans l'âge minimum d'admission à l'emploi pour certaines occupations déterminées, considérées comme dangereuses ou insalubres ;
3. à interdire que les enfants encore soumis à l'instruction obligatoire soient employés à des travaux qui les privent du plein bénéfice de cette instruction ;
4. à limiter la durée du travail des travailleurs de moins de dix-huit ans pour qu'elle corresponde aux exigences de leur développement et, plus particulièrement, aux besoins de leur formation professionnelle ;

5. à reconnaître le droit des jeunes travailleurs et apprentis à une rémunération équitable ou à une allocation appropriée ;
6. à prévoir que les heures que les adolescents consacrent à la formation professionnelle pendant la durée normale du travail avec le consentement de l'employeur seront considérées comme comprises dans la journée de travail ;
7. à fixer à quatre semaines au minimum la durée des congés payés annuels des travailleurs de moins de dix-huit ans ;
8. à interdire l'emploi des travailleurs de moins de dix-huit ans à des travaux de nuit, exception faite pour certains emplois déterminés par la législation ou la réglementation nationale ;
9. à prévoir que les travailleurs de moins de dix-huit ans occupés dans certains emplois déterminés par la législation ou la réglementation nationale doivent être soumis à un contrôle médical régulier ;
10. à assurer une protection spéciale contre les dangers physiques et moraux auxquels les enfants et les adolescents sont exposés, et notamment contre ceux qui résultent d'une façon directe ou indirecte de leur travail.

Article 8 – Droit des travailleuses à la protection de la maternité

En vue d'assurer l'exercice effectif du droit des travailleuses à la protection de la maternité, les Parties s'engagent :
1. à assurer aux travailleuses, avant et après l'accouchement, un repos d'une durée totale de quatorze semaines au minimum, soit par un congé payé, soit par des prestations appropriées de sécurité sociale ou par des fonds publics ;
2. à considérer comme illégal pour un employeur de signifier son licenciement à une femme pendant la période comprise entre le moment où elle notifie sa grossesse à son employeur et la fin de son congé de maternité, ou à une date telle que le délai de préavis expire pendant cette période ;

3. à assurer aux mères qui allaitent leurs enfants des pauses suffisantes à cette fin ;
4. à réglementer le travail de nuit des femmes enceintes, ayant récemment accouché ou allaitant leurs enfants ;
5. à interdire l'emploi des femmes enceintes, ayant récemment accouché ou allaitant leurs enfants à des travaux souterrains dans les mines et à tous autres travaux de caractère dangereux, insalubre ou pénible, et à prendre des mesures appropriées pour protéger les droits de ces femmes en matière d'emploi.

Article 9 – Droit à l'orientation professionnelle

En vue d'assurer l'exercice effectif du droit à l'orientation professionnelle, les Parties s'engagent à procurer ou promouvoir, en tant que de besoin, un service qui aidera toutes les personnes, y compris celles qui sont handicapées, à résoudre les problèmes relatifs au choix d'une profession ou à l'avancement professionnel, compte tenu des caractéristiques de l'intéressé et de la relation entre celles-ci et les possibilités du marché de l'emploi ; cette aide devra être fournie, gratuitement, tant aux jeunes, y compris les enfants d'âge scolaire, qu'aux adultes.

Article 10 – Droit à la formation professionnelle

En vue d'assurer l'exercice effectif du droit à la formation professionnelle, les Parties s'engagent :
1. à assurer ou à favoriser, en tant que de besoin, la formation technique et professionnelle de toutes les personnes, y compris celles qui sont handicapées, en consultation avec les organisations professionnelles d'employeurs et de travailleurs, et à accorder des moyens permettant l'accès à l'enseignement technique supérieur et à l'enseignement universitaire d'après le seul critère de l'aptitude individuelle ;
2. à assurer ou à favoriser un système d'apprentissage et d'autres systèmes de formation des jeunes garçons et filles, dans leurs divers emplois ;
3. à assurer ou à favoriser, en tant que de besoin :

a) des mesures appropriées et facilement accessibles en vue de la formation des travailleurs adultes,
b) des mesures spéciales en vue de la rééducation professionnelle des travailleurs adultes, rendue nécessaire par l'évolution technique ou par une orientation nouvelle du marché du travail ;
4. à assurer ou à favoriser, en tant que de besoin, des mesures particulières de recyclage et de réinsertion des chômeurs de longue durée ;
5. à encourager la pleine utilisation des moyens prévus par des dispositions appropriées telles que :
a) la réduction ou l'abolition de tous droits et charges,
b) l'octroi d'une assistance financière dans les cas appropriés,
c) l'inclusion dans les heures normales de travail du temps consacré aux cours supplémentaires de formation suivis pendant l'emploi par le travailleur à la demande de son employeur,
d) la garantie, au moyen d'un contrôle approprié, en consultation avec les organisations professionnelles d'employeurs et de travailleurs, de l'efficacité du système d'apprentissage et de tout autre système de formation pour jeunes travailleurs, et, d'une manière générale, de la protection adéquate des jeunes travailleurs.

Article 11 – Droit à la protection de la santé

En vue d'assurer l'exercice effectif du droit à la protection de la santé, les Parties s'engagent à prendre, soit directement, soit en coopération avec les organisations publiques et privées, des mesures appropriées tendant notamment :
1. à éliminer, dans la mesure du possible, les causes d'une santé déficiente ;
2. à prévoir des services de consultation et d'éducation pour ce qui concerne l'amélioration de la santé et le développement du sens de la responsabilité individuelle en matière de santé ;
3. à prévenir, dans la mesure du possible, les maladies épidémiques, endémiques et autres, ainsi que les accidents.

Article 12 – Droit à la sécurité sociale

En vue d'assurer l'exercice effectif du droit à la sécurité sociale, les Parties s'engagent :

1. à établir ou à maintenir un régime de sécurité sociale ;
2. à maintenir le régime de sécurité sociale à un niveau satisfaisant, au moins égal à celui nécessaire pour la ratification du Code européen de sécurité sociale ;
3. à s'efforcer de porter progressivement le régime de sécurité sociale à un niveau plus haut ;
4. à prendre des mesures, par la conclusion d'accords bilatéraux ou multilatéraux appropriés ou par d'autres moyens, et sous réserve des conditions arrêtées dans ces accords, pour assurer :

a) l'égalité de traitement entre les nationaux de chacune des Parties et les ressortissants des autres Parties en ce qui concerne les droits à la sécurité sociale, y compris la conservation des avantages accordés par les législations de sécurité sociale, quels que puissent être les déplacements que les personnes protégées pourraient effectuer entre les territoires des Parties,

b) l'octroi, le maintien et le rétablissement des droits à la sécurité sociale par des moyens tels que la totalisation des périodes d'assurance ou d'emploi accomplies conformément à la législation de chacune des Parties.

Article 13 – Droit à l'assistance sociale et médicale

En vue d'assurer l'exercice effectif du droit à l'assistance sociale et médicale, les Parties s'engagent :

1. à veiller à ce que toute personne qui ne dispose pas de ressources suffisantes et qui n'est pas en mesure de se procurer celles-ci par ses propres moyens ou de les recevoir d'une autre source, notamment par des prestations résultant d'un régime de sécurité sociale, puisse obtenir une assistance appropriée et, en cas de maladie, les soins nécessités par son état ;
2. à veiller à ce que les personnes bénéficiant d'une telle assistance ne souffrent pas, pour cette raison, d'une diminution de leurs droits politiques ou sociaux ;

3. à prévoir que chacun puisse obtenir, par des services compétents de caractère public ou privé, tous conseils et toute aide personnelle nécessaires pour prévenir, abolir ou alléger l'état de besoin d'ordre personnel et d'ordre familial ;
4. à appliquer les dispositions visées aux paragraphes 1, 2 et 3 du présent article, sur un pied d'égalité avec leurs nationaux, aux ressortissants des autres Parties se trouvant légalement sur leur territoire, conformément aux obligations qu'elles assument en vertu de la Convention européenne d'assistance sociale et médicale, signée à Paris le 11 décembre 1953.

Article 14 – Droit au bénéfice des services sociaux

En vue d'assurer l'exercice effectif du droit à bénéficier des services sociaux, les Parties s'engagent :
1. à encourager ou organiser les services utilisant les méthodes propres au service social et qui contribuent au bien-être et au développement des individus et des groupes dans la communauté ainsi qu'à leur adaptation au milieu social ;
2. à encourager la participation des individus et des organisations bénévoles ou autres à la création ou au maintien de ces services.

Article 15 – Droit des personnes handicapées à l'autonomie, à l'intégration sociale et à la participation à la vie de la communauté

En vue de garantir aux personnes handicapées, quel que soit leur âge, la nature et l'origine de leur handicap, l'exercice effectif du droit à l'autonomie, à l'intégration sociale et à la participation à la vie de la communauté, les Parties s'engagent notamment :
1. à prendre les mesures nécessaires pour fournir aux personnes handicapées une orientation, une éducation et une formation professionnelle dans le cadre du droit commun chaque fois que possible ou, si tel n'est pas le cas, par le biais d'institutions spécialisées publiques ou privées ;

2. à favoriser leur accès à l'emploi par toute mesure susceptible d'encourager les employeurs à embaucher et à maintenir en activité des personnes handicapées dans le milieu ordinaire de travail et à adapter les conditions de travail aux besoins de ces personnes ou, en cas d'impossibilité en raison du handicap, par l'aménagement ou la création d'emplois protégés en fonction du degré d'incapacité. Ces mesures peuvent justifier, le cas échéant, le recours à des services spécialisés de placement et d'accompagnement ;
3. à favoriser leur pleine intégration et participation à la vie sociale, notamment par des mesures, y compris des aides techniques, visant à surmonter des obstacles à la communication et à la mobilité et à leur permettre d'accéder aux transports, au logement, aux activités culturelles et aux loisirs.

Article 16 – Droit de la famille à une protection sociale, juridique et économique

En vue de réaliser les conditions de vie indispensables au plein épanouissement de la famille, cellule fondamentale de la société, les Parties s'engagent à promouvoir la protection économique, juridique et sociale de la vie de famille, notamment par le moyen de prestations sociales et familiales, de dispositions fiscales, d'encouragement à la construction de logements adaptés aux besoins des familles, d'aide aux jeunes foyers, ou de toutes autres mesures appropriées.

Article 17 – Droit des enfants et des adolescents à une protection sociale, juridique et économique

En vue d'assurer aux enfants et aux adolescents l'exercice effectif du droit de grandir dans un milieu favorable à l'épanouissement de leur personnalité et au développement de leurs aptitudes physiques et mentales, les Parties s'engagent à prendre, soit directement, soit en coopération avec les organisations publiques ou privées, toutes les mesures nécessaires et appropriées tendant :

1.
a) à assurer aux enfants et aux adolescents, compte tenu des droits et des devoirs des parents, les soins, l'assistance, l'éducation et la formation dont ils ont besoin, notamment en prévoyant la création ou le maintien d'institutions ou de services adéquats et suffisants à cette fin,
b) à protéger les enfants et les adolescents contre la négligence, la violence ou l'exploitation,
c) à assurer une protection et une aide spéciale de l'État vis-à-vis de l'enfant ou de l'adolescent temporairement ou définitivement privé de son soutien familial ;
2. à assurer aux enfants et aux adolescents un enseignement primaire et secondaire gratuit, ainsi qu'à favoriser la régularité de la fréquentation scolaire.

Article 18 – Droit à l'exercice d'une activité lucrative sur le territoire des autres Parties

En vue d'assurer l'exercice effectif du droit à l'exercice d'une activité lucrative sur le territoire de toute autre Partie, les Parties s'engagent :
1. à appliquer les règlements existants dans un esprit libéral ;
2. à simplifier les formalités en vigueur et à réduire ou supprimer les droits de chancellerie et autres taxes payables par les travailleurs étrangers ou par leurs employeurs ;
3. à assouplir, individuellement ou collectivement, les réglementations régissant l'emploi des travailleurs étrangers ;
et reconnaissent :
4. le droit de sortie de leurs nationaux désireux d'exercer une activité lucrative sur le territoire des autres Parties.

Article 19 – Droit des travailleurs migrants et de leurs familles à la protection et à l'assistance

En vue d'assurer l'exercice effectif du droit des travailleurs migrants et de leurs familles à la protection et à l'assistance sur le territoire de toute autre Partie, les Parties s'engagent :

1. à maintenir ou à s'assurer qu'il existe des services gratuits appropriés chargés d'aider ces travailleurs et, notamment, de leur fournir des informations exactes, et à prendre toutes mesures utiles, pour autant que la législation et la réglementation nationales le permettent, contre toute propagande trompeuse concernant l'émigration et l'immigration ;
2. à adopter, dans les limites de leur juridiction, des mesures appropriées pour faciliter le départ, le voyage et l'accueil de ces travailleurs et de leurs familles, et à leur assurer, dans les limites de leur juridiction, pendant le voyage, les services sanitaires et médicaux nécessaires, ainsi que de bonnes conditions d'hygiène ;
3. à promouvoir la collaboration, suivant les cas, entre les services sociaux, publics ou privés, des pays d'émigration et d'immigration ;
4. à garantir à ces travailleurs se trouvant légalement sur leur territoire, pour autant que ces matières sont régies par la législation ou la réglementation ou sont soumises au contrôle des autorités administratives, un traitement non moins favorable qu'à leurs nationaux en ce qui concerne les matières suivantes :
a) la rémunération et les autres conditions d'emploi et de travail,
b) l'affiliation aux organisations syndicales et la jouissance des avantages offerts par les conventions collectives,
c) le logement ;
5. à assurer à ces travailleurs se trouvant légalement sur leur territoire un traitement non moins favorable qu'à leurs propres nationaux en ce qui concerne les impôts, taxes et contributions afférents au travail, perçus au titre du travailleur ;
6. à faciliter autant que possible le regroupement de la famille du travailleur migrant autorisé à s'établir lui-même sur le territoire ;
7. à assurer à ces travailleurs se trouvant légalement sur leur territoire un traitement non moins favorable qu'à

leurs nationaux pour les actions en justice concernant les questions mentionnées dans le présent article ;
8. à garantir à ces travailleurs résidant régulièrement sur leur territoire qu'ils ne pourront être expulsés que s'ils menacent la sécurité de l'État ou contreviennent à l'ordre public ou aux bonnes mœurs ;
9. à permettre, dans le cadre des limites fixées par la législation, le transfert de toute partie des gains et des économies des travailleurs migrants que ceux-ci désirent transférer ;
10. à étendre la protection et l'assistance prévues par le présent article aux travailleurs migrants travaillant pour leur propre compte, pour autant que les mesures en question sont applicables à cette catégorie ;
11. à favoriser et à faciliter l'enseignement de la langue nationale de l'État d'accueil ou, s'il y en a plusieurs, de l'une d'entre elles aux travailleurs migrants et aux membres de leurs familles ;
12. à favoriser et à faciliter, dans la mesure du possible, l'enseignement de la langue maternelle du travailleur migrant à ses enfants.

Article 20 – Droit à l'égalité de chances et de traitement en matière d'emploi et de profession, sans discrimination fondée sur le sexe

En vue d'assurer l'exercice effectif du droit à l'égalité de chances et de traitement en matière d'emploi et de profession sans discrimination fondée sur le sexe, les Parties s'engagent à reconnaître ce droit et à prendre les mesures appropriées pour en assurer ou en promouvoir l'application dans les domaines suivants :
a) accès à l'emploi, protection contre le licenciement et réinsertion professionnelle,
b) orientation et formation professionnelles, recyclage, réadaptation professionnelle,
c) conditions d'emploi et de travail, y compris la rémunération,
d) déroulement de la carrière, y compris la promotion.

Article 21 – Droit à l'information et à la consultation

En vue d'assurer l'exercice effectif du droit des travailleurs à l'information et à la consultation au sein de l'entreprise, les Parties s'engagent à prendre ou à promouvoir des mesures permettant aux travailleurs ou à leurs représentants, conformément à la législation et la pratique nationales :

a) d'être informés régulièrement ou en temps opportun et d'une manière compréhensible de la situation économique et financière de l'entreprise qui les emploie, étant entendu que la divulgation de certaines informations pouvant porter préjudice à l'entreprise pourra être refusée ou qu'il pourra être exigé que celles-ci soient tenues confidentielles, et

b) d'être consultés en temps utile sur les décisions envisagées qui sont susceptibles d'affecter substantiellement les intérêts des travailleurs et notamment sur celles qui auraient des conséquences importantes sur la situation de l'emploi dans l'entreprise.

Article 22 – Droit de prendre part à la détermination et à l'amélioration des conditions de travail et du milieu du travail

En vue d'assurer l'exercice effectif du droit des travailleurs de prendre part à la détermination et à l'amélioration des conditions de travail et du milieu du travail dans l'entreprise, les Parties s'engagent à prendre ou à promouvoir des mesures permettant aux travailleurs ou à leurs représentants, conformément à la législation et à la pratique nationales, de contribuer :

a) à la détermination et à l'amélioration des conditions de travail, de l'organisation du travail et du milieu du travail,

b) à la protection de la santé et de la sécurité au sein de l'entreprise,

c) à l'organisation de services et facilités sociaux et socioculturels de l'entreprise,

d) au contrôle du respect de la réglementation en ces matières.

Article 23 – Droit des personnes âgées à une protection sociale

En vue d'assurer l'exercice effectif du droit des personnes âgées à une protection sociale, les Parties s'engagent à prendre ou à promouvoir, soit directement soit en coopération avec les organisations publiques ou privées, des mesures appropriées tendant notamment :

– à permettre aux personnes âgées de demeurer le plus longtemps possible des membres à part entière de la société, moyennant :

a) des ressources suffisantes pour leur permettre de mener une existence décente et de participer activement à la vie publique, sociale et culturelle ;

b) la diffusion des informations concernant les services et les facilités existant en faveur des personnes âgées et les possibilités pour celles-ci d'y recourir ;

– à permettre aux personnes âgées de choisir librement leur mode de vie et de mener une existence indépendante dans leur environnement habituel aussi longtemps qu'elles le souhaitent et que cela est possible, moyennant :

a) la mise à disposition de logements appropriés à leurs besoins et à leur état de santé ou d'aides adéquates en vue de l'aménagement du logement,

b) les soins de santé et les services que nécessiterait leur état ;

– à garantir aux personnes âgées vivant en institution l'assistance appropriée dans le respect de la vie privée, et la participation à la détermination des conditions de vie dans l'institution.

Article 24 – Droit à la protection en cas de licenciement

En vue d'assurer l'exercice effectif du droit à la protection en cas de licenciement, les Parties s'engagent à reconnaître :

a) le droit des travailleurs à ne pas être licenciés sans motif valable lié à leur aptitude ou conduite, ou fondé sur les nécessités de fonctionnement de l'entreprise, de l'établissement ou du service,

b) le droit des travailleurs licenciés sans motif valable à une indemnité adéquate ou à une autre réparation appropriée.

À cette fin les Parties s'engagent à assurer qu'un travailleur qui estime avoir fait l'objet d'une mesure de licenciement sans motif valable ait un droit de recours contre cette mesure devant un organe impartial.

Article 25 – Droit des travailleurs à la protection de leurs créances en cas d'insolvabilité de leur employeur

En vue d'assurer l'exercice effectif du droit des travailleurs à la protection de leurs créances en cas d'insolvabilité de leur employeur, les Parties s'engagent à prévoir que les créances des travailleurs résultant de contrats de travail ou de relations d'emploi soient garanties par une institution de garantie ou par toute autre forme effective de protection.

Article 26 – Droit à la dignité au travail

En vue d'assurer l'exercice effectif du droit de tous les travailleurs à la protection de leur dignité au travail, les Parties s'engagent, en consultation avec les organisations d'employeurs et de travailleurs :

1. à promouvoir la sensibilisation, l'information et la prévention en matière de harcèlement sexuel sur le lieu de travail ou en relation avec le travail, et à prendre toute mesure appropriée pour protéger les travailleurs contre de tels comportements ;

2. à promouvoir la sensibilisation, l'information et la prévention en matière d'actes condamnables ou explicitement hostiles et offensifs dirigés de façon répétée contre tout salarié sur le lieu de travail ou en relation avec le travail, et à prendre toute mesure appropriée pour protéger les travailleurs contre de tels comportements.

Article 27 – Droit des travailleurs ayant des responsabilités familiales à l'égalité des chances et de traitement

En vue d'assurer l'exercice effectif du droit à l'égalité des chances et de traitement entre les travailleurs des deux sexes ayant des responsabilités familiales et entre ces travailleurs et les autres travailleurs, les Parties s'engagent :

1. à prendre des mesures appropriées :

a) pour permettre aux travailleurs ayant des responsabilités familiales d'entrer et de rester dans la vie active ou d'y retourner après une absence due à ces responsabilités, y compris des mesures dans le domaine de l'orientation et la formation professionnelles,

b) pour tenir compte de leurs besoins en ce qui concerne les conditions d'emploi et la sécurité sociale,

c) pour développer ou promouvoir des services, publics ou privés, en particulier les services de garde de jour d'enfants et d'autres modes de garde ;

2. à prévoir la possibilité pour chaque parent, au cours d'une période après le congé de maternité, d'obtenir un congé parental pour s'occuper d'un enfant, dont la durée et les conditions seront fixées par la législation nationale, les conventions collectives ou la pratique ;

3. à assurer que les responsabilités familiales ne puissent, en tant que telles, constituer un motif valable de licenciement.

Article 28 – Droit des représentants des travailleurs à la protection dans l'entreprise et facilités à leur accorder

Afin d'assurer l'exercice effectif du droit des représentants des travailleurs de remplir leurs fonctions de représentants, les Parties s'engagent à assurer que dans l'entreprise :

a) ils bénéficient d'une protection effective contre les actes qui pourraient leur porter préjudice, y compris le licenciement, et qui seraient motivés par leur qualité ou leurs activités de représentants des travailleurs dans l'entreprise,

b) ils aient les facilités appropriées afin de leur permettre de remplir rapidement et efficacement leurs fonctions en tenant compte du système de relations professionnelles prévalant dans le pays ainsi que des besoins, de l'importance et des possibilités de l'entreprise intéressée.

Article 29 – Droit à l'information et à la consultation dans les procédures de licenciements collectifs

Afin d'assurer l'exercice effectif du droit des travailleurs à être informés et consultés en cas de licenciements collectifs, les Parties s'engagent à assurer que les employeurs informent et consultent les représentants des travailleurs en temps utile, avant ces licenciements collectifs, sur les possibilités d'éviter les licenciements collectifs ou de limiter leur nombre et d'atténuer leurs conséquences, par exemple par le recours à des mesures sociales d'accompagnement visant notamment l'aide au reclassement ou à la réinsertion des travailleurs concernés.

Article 30 – Droit à la protection contre la pauvreté et l'exclusion sociale

En vue d'assurer l'exercice effectif du droit à la protection contre la pauvreté et l'exclusion sociale, les Parties s'engagent :

a) à prendre des mesures dans le cadre d'une approche globale et coordonnée pour promouvoir l'accès effectif notamment à l'emploi, au logement, à la formation, à l'enseignement, à la culture, à l'assistance sociale et médicale des personnes se trouvant ou risquant de se trouver en situation d'exclusion sociale ou de pauvreté, et de leur famille,

b) à réexaminer ces mesures en vue de leur adaptation si nécessaire.

Article 31 – Droit au logement

En vue d'assurer l'exercice effectif du droit au logement, les Parties s'engagent à prendre des mesures destinées :

1. à favoriser l'accès au logement d'un niveau suffisant ;
2. à prévenir et à réduire l'état de sans-abri en vue de son élimination progressive ;

3. à rendre le coût du logement accessible aux personnes qui ne disposent pas de ressources suffisantes.

Partie III

Article A – Engagements

1. Sous réserve des dispositions de l'article B ci-dessous, chacune des Parties s'engage :
a) à considérer la partie I de la présente Charte comme une déclaration déterminant les objectifs dont elle poursuivra par tous les moyens utiles la réalisation, conformément aux dispositions du paragraphe introductif de ladite partie ;
b) à se considérer comme liée par six au moins des neuf articles suivants de la partie II de la Charte : articles 1, 5, 6, 7, 12, 13, 16, 19 et 20 ;
c) à se considérer comme liée par un nombre supplémentaire d'articles ou de paragraphes numérotés de la partie II de la Charte, qu'elle choisira, pourvu que le nombre total des articles et des paragraphes numérotés qui la lient ne soit pas inférieur à seize articles ou à soixante-trois paragraphes numérotés.

2. Les articles ou paragraphes choisis conformément aux dispositions des alinéas b et c du paragraphe 1 du présent article seront notifiés au Secrétaire général du Conseil de l'Europe lors du dépôt de l'instrument de ratification, d'acceptation ou d'approbation.

3. Chacune des Parties pourra, à tout moment ultérieur, déclarer par notification adressée au Secrétaire général qu'elle se considère comme liée par tout autre article ou paragraphe numéroté figurant dans la partie II de la Charte et qu'elle n'avait pas encore accepté conformément aux dispositions du paragraphe 1 du présent article. Ces engagements ultérieurs seront réputés partie intégrante de la ratification, de l'acceptation ou de l'approbation et porteront les mêmes effets dès le premier jour du mois suivant l'expiration d'une période d'un mois après la date de la notification.

4. Chaque Partie disposera d'un système d'inspection du travail approprié à ses conditions nationales.

Article B – Liens avec la Charte sociale européenne et le Protocole additionnel de 1988.

1. Aucune Partie contractante à la Charte sociale européenne ou Partie au Protocole additionnel du 5 mai 1988 ne peut ratifier, accepter ou approuver la présente Charte sans se considérer liée au moins par les dispositions correspondant aux dispositions de la Charte sociale européenne et, le cas échéant, du Protocole additionnel, auxquelles elle était liée.
2. L'acceptation des obligations de toute disposition de la présente Charte aura pour effet que, à partir de la date d'entrée en vigueur de ces obligations à l'égard de la Partie concernée, la disposition correspondante de la Charte sociale européenne et, le cas échéant, de son Protocole additionnel de 1988 cessera de s'appliquer à la Partie concernée au cas où cette Partie serait liée par le premier des deux instruments précités ou par les deux instruments.

Partie IV

Article C – Contrôle de l'application des engagements contenus dans la présente Charte

L'application des engagements juridiques contenus dans la présente Charte sera soumise au même contrôle que celui de la Charte sociale européenne.

Article D – Réclamations collectives

1. Les dispositions du Protocole additionnel à la Charte sociale européenne prévoyant un système de réclamations collectives s'appliqueront aux dispositions souscrites en application de la présente Charte pour les États qui ont ratifié ledit Protocole.
2. Tout État qui n'est pas lié par le Protocole additionnel à la Charte sociale européenne prévoyant un système de réclamations collectives pourra, lors du dépôt de son instrument de ratification, d'acceptation ou d'approbation de la présente Charte ou à tout autre moment par la suite, déclarer par notification adressée au Secrétaire

général du Conseil de l'Europe qu'il accepte le contrôle des obligations souscrites au titre de la présente Charte selon la procédure prévue par ledit Protocole.

Partie V

Article E – Non-discrimination

La jouissance des droits reconnus dans la présente Charte doit être assurée sans distinction aucune fondée notamment sur la race, la couleur, le sexe, la langue, la religion, les opinions politiques ou toutes autres opinions, l'ascendance nationale ou l'origine sociale, la santé, l'appartenance à une minorité nationale, la naissance ou toute autre situation.

Article F – Dérogations en cas de guerre ou de danger public

1. En cas de guerre ou en cas d'autre danger public menaçant la vie de la nation, toute Partie peut prendre des mesures dérogeant aux obligations prévues par la présente Charte, dans la stricte mesure où la situation l'exige et à la condition que ces mesures ne soient pas en contradiction avec les autres obligations découlant du droit international.

2. Toute Partie ayant exercé ce droit de dérogation tient, dans un délai raisonnable, le Secrétaire général du Conseil de l'Europe pleinement informé des mesures prises et des motifs qui les ont inspirées. Elle doit également informer le Secrétaire général de la date à laquelle ces mesures ont cessé d'être en vigueur et à laquelle les dispositions de la Charte qu'elle a acceptées reçoivent de nouveau pleine application.

Article G – Restrictions

1. Les droits et principes énoncés dans la partie I, lorsqu'ils seront effectivement mis en œuvre, et l'exercice effectif de ces droits et principes, tel qu'il est prévu dans la partie II, ne pourront faire l'objet de restrictions ou limitations non spécifiées dans les parties I et II, à l'exception de celles prescrites par la loi et qui sont nécessaires, dans une société démocratique, pour garantir le

respect des droits et des libertés d'autrui ou pour protéger l'ordre public, la sécurité nationale, la santé publique ou les bonnes mœurs.

2. Les restrictions apportées en vertu de la présente Charte aux droits et obligations reconnus dans celle-ci ne peuvent être appliquées que dans le but pour lequel elles ont été prévues.

Article H – Relations entre la Charte et le droit interne ou les accords internationaux

Les dispositions de la présente Charte ne portent pas atteinte aux dispositions de droit interne et des traités, conventions ou accords bilatéraux ou multilatéraux qui sont ou entreront en vigueur et qui seraient plus favorables aux personnes protégées.

Article I – Mise en œuvre des engagements souscrits

1. Sans préjudice des moyens de mise en œuvre énoncés par ces articles, les dispositions pertinentes des articles 1 à 31 de la partie II de la présente Charte sont mises en œuvre par :

a) la législation ou la réglementation ;

b) des conventions conclues entre employeurs ou organisations d'employeurs et organisations de travailleurs ;

c) une combinaison de ces deux méthodes ;

d) d'autres moyens appropriés.

2. Les engagements découlant des paragraphes 1, 2, 3, 4, 5 et 7 de l'article 2, des paragraphes 4, 6 et 7 de l'article 7, des paragraphes 1, 2, 3 et 5 de l'article 10 et des articles 21 et 22 de la partie II de la présente Charte seront considérés comme remplis dès lors que ces dispositions seront appliquées, conformément au paragraphe 1 du présent article, à la grande majorité des travailleurs intéressés.

Article J – Amendements

1. Tout amendement aux parties I et II de la présente Charte destiné à étendre les droits garantis par la présente Charte et tout amendement aux parties III à VI, proposé par une Partie ou par le Comité gouvernemental,

est communiqué au Secrétaire général du Conseil de l'Europe et transmis par le Secrétaire général aux Parties à la présente Charte.

2. Tout amendement proposé conformément aux dispositions du paragraphe précédent est examiné par le Comité gouvernemental qui soumet le texte adopté à l'approbation du Comité des Ministres après consultation de l'Assemblée parlementaire. Après son approbation par le Comité des Ministres, ce texte est communiqué aux Parties en vue de son acceptation.

3. Tout amendement à la partie I et à la partie II de la présente Charte entrera en vigueur, à l'égard des Parties qui l'ont accepté, le premier jour du mois qui suit l'expiration d'une période d'un mois après la date à laquelle trois Parties auront informé le Secrétaire général qu'elles l'ont accepté.

Pour toute Partie qui l'aura accepté ultérieurement, l'amendement entrera en vigueur le premier jour du mois qui suit l'expiration d'une période d'un mois après la date à laquelle ladite Partie aura informé le Secrétaire général de son acceptation.

4. Tout amendement aux parties III à VI de la présente Charte entrera en vigueur le premier jour du mois qui suit l'expiration d'une période d'un mois après la date à laquelle toutes les Parties auront informé le Secrétaire général qu'elles l'ont accepté.

Partie VI

Article K – Signature, ratification et entrée en vigueur

1. La présente Charte est ouverte à la signature des États membres du Conseil de l'Europe. Elle sera soumise à ratification, acceptation ou approbation. Les instruments de ratification, d'acceptation ou d'approbation seront déposés près le Secrétaire général du Conseil de l'Europe.

2. La présente Charte entrera en vigueur le premier jour du mois qui suit l'expiration d'une période d'un mois après la date à laquelle trois États membres du Conseil de l'Europe auront exprimé leur consentement à être liés

par la présente Charte, conformément aux dispositions du paragraphe précédent.

3. Pour tout État membre qui exprimera ultérieurement son consentement à être lié par la présente Charte, celle-ci entrera en vigueur le premier jour du mois qui suit l'expiration d'une période d'un mois après la date du dépôt de l'instrument de ratification, d'acceptation ou d'approbation.

Article L – Application territoriale

1. La présente Charte s'applique au territoire métropolitain de chaque Partie. Tout signataire peut, au moment de la signature ou au moment du dépôt de son instrument de ratification, d'acceptation ou d'approbation, préciser, par déclaration faite au Secrétaire général du Conseil de l'Europe, le territoire qui est considéré à cette fin comme son territoire métropolitain.

2. Tout signataire peut, au moment de la signature ou au moment du dépôt de l'instrument de ratification, d'acceptation ou d'approbation, ou à tout autre moment par la suite, déclarer, par notification adressée au Secrétaire général du Conseil de l'Europe, que la Charte, en tout ou en partie, s'appliquera à celui ou à ceux des territoires non métropolitains désignés dans ladite déclaration et dont il assure les relations internationales ou dont il assume la responsabilité internationale. Il spécifiera dans cette déclaration les articles ou paragraphes de la partie II de la Charte qu'il accepte comme obligatoires en ce qui concerne chacun des territoires désignés dans la déclaration.

3. La Charte s'appliquera au territoire ou aux territoires désignés dans la déclaration visée au paragraphe précédent à partir du premier jour du mois suivant l'expiration d'une période d'un mois après la date de réception de la notification de cette déclaration par le Secrétaire général.

4. Toute Partie pourra, à tout moment ultérieur, déclarer, par notification adressée au Secrétaire général du Conseil de l'Europe, que, en ce qui concerne un ou plusieurs des territoires auxquels la Charte s'applique en vertu du paragraphe 2 du présent article, elle accepte comme

obligatoire tout article ou paragraphe numéroté qu'elle n'avait pas encore accepté en ce qui concerne ce ou ces territoires. Ces engagements ultérieurs seront réputés partie intégrante de la déclaration originale en ce qui concerne le territoire en question et porteront les mêmes effets à partir du premier jour du mois suivant l'expiration d'une période d'un mois après la date de réception de la notification par le Secrétaire général.

Article M – Dénonciation

1. Aucune Partie ne peut dénoncer la présente Charte avant l'expiration d'une période de cinq ans après la date à laquelle la Charte est entrée en vigueur en ce qui la concerne, ou avant l'expiration de toute autre période ultérieure de deux ans et, dans tous les cas, un préavis de six mois sera notifié au Secrétaire général du Conseil de l'Europe, qui en informera les autres Parties.
2. Toute Partie peut, aux termes des dispositions énoncées dans le paragraphe précédent, dénoncer tout article ou paragraphe de la partie II de la Charte qu'elle a accepté, sous réserve que le nombre des articles ou paragraphes auxquels cette Partie est tenue ne soit jamais inférieur à seize dans le premier cas et à soixante-trois dans le second et que ce nombre d'articles ou paragraphes continue de comprendre les articles choisis par cette Partie parmi ceux auxquels une référence spéciale est faite dans l'article A, paragraphe 1, alinéa b.
3. Toute Partie peut dénoncer la présente Charte ou tout article ou paragraphe de la partie II de la Charte aux conditions prévues au paragraphe 1 du présent article, en ce qui concerne tout territoire auquel s'applique la Charte en vertu d'une déclaration faite conformément au paragraphe 2 de l'article L.

Article N – Annexe

L'annexe à la présente Charte fait partie intégrante de celle-ci.

Article O – Notifications

Le Secrétaire général du Conseil de l'Europe notifiera aux États membres du Conseil et au Directeur général du Bureau international du travail :

a) toute signature ;

b) le dépôt de tout instrument de ratification, d'acceptation ou d'approbation ;

c) toute date d'entrée en vigueur de la présente Charte conformément à son article K ;

d) toute déclaration en application des articles A, paragraphes 2 et 3, D, paragraphes 1 et 2, F, paragraphe 2, et L, paragraphes 1, 2, 3 et 4 ;

e) tout amendement conformément à l'article J ;

f) toute dénonciation conformément à l'article M ;

g) tout autre acte, notification ou communication ayant trait à la présente Charte.

En foi de quoi, les soussignés, dûment autorisés à cet effet, ont signé la présente Charte révisée.

Fait à Strasbourg, le 3 mai 1996, en français et en anglais, les deux textes faisant également foi, en un seul exemplaire qui sera déposé dans les archives du Conseil de l'Europe. Le Secrétaire général du Conseil de l'Europe en communiquera copie certifiée conforme à chacun des États membres du Conseil de l'Europe et au Directeur général du Bureau international du travail.

Annexe à la Charte sociale européenne révisée

Portée de la Charte sociale européenne révisée en ce qui concerne les personnes protégées

1. Sous réserve des dispositions de l'article 12, paragraphe 4, et de l'article 13, paragraphe 4, les personnes visées aux articles 1 à 17 et 20 à 31 ne comprennent les étrangers que dans la mesure où ils sont des ressortissants des autres Parties résidant légalement ou travaillant régulièrement sur le territoire de la Partie intéressée, étant entendu que les articles susvisés seront interprétés à la lumière des dispositions des articles 18 et 19.

La présente interprétation n'exclut pas l'extension de droits analogues à d'autres personnes par l'une quelconque des Parties.
2. Chaque Partie accordera aux réfugiés répondant à la définition de la Convention de Genève du 28 juillet 1951 relative au statut des réfugiés et du Protocole du 31 janvier 1967, et résidant régulièrement sur son territoire, un traitement aussi favorable que possible et en tout cas non moins favorable que celui auquel elle s'est engagée en vertu de la convention de 1951, ainsi que de tous autres accords internationaux existants et applicables aux réfugiés mentionnés ci-dessus.
3. Chaque Partie accordera aux apatrides répondant à la définition de la Convention de New York du 28 septembre 1954 relative au statut des apatrides et résidant régulièrement sur son territoire un traitement aussi favorable que possible et en tout cas non moins favorable que celui auquel elle s'est engagée en vertu de cet instrument ainsi que de tous autres accords internationaux existants et applicables aux apatrides mentionnés ci-dessus.

Partie I, paragraphe 18, et partie II, article 18, paragraphe 1

Il est entendu que ces dispositions ne concernent pas l'entrée sur le territoire des Parties et ne portent pas atteinte à celles de la Convention européenne d'établissement signée à Paris le 13 décembre 1955.

Partie II

Article 1, paragraphe 2

Cette disposition ne saurait être interprétée ni comme interdisant ni comme autorisant les clauses ou pratiques de sécurité syndicale.

Article 2, paragraphe 6

Les Parties pourront prévoir que cette disposition ne s'applique pas :

a) aux travailleurs ayant un contrat ou une relation de travail dont la durée totale n'excède pas un mois et/ou dont la durée de travail hebdomadaire n'excède pas huit heures ;
b) lorsque le contrat ou la relation de travail a un caractère occasionnel et/ou particulier, à condition, dans ces cas, que des raisons objectives justifient la non-application.

Article 3, paragraphe 4

Il est entendu qu'aux fins d'application de cette disposition les fonctions, l'organisation et les conditions de fonctionnement de ces services doivent être déterminées par la législation ou la réglementation nationale, des conventions collectives ou de toute autre manière appropriée aux conditions nationales.

Article 4, paragraphe 4

Cette disposition sera interprétée de manière à ne pas interdire un licenciement immédiat en cas de faute grave.

Article 4, paragraphe 5

Il est entendu qu'une Partie peut prendre l'engagement requis dans ce paragraphe si les retenues sur salaires sont interdites pour la grande majorité des travailleurs, soit par la loi, soit par les conventions collectives ou les sentences arbitrales, les seules exceptions étant constituées par les personnes non visées par ces instruments.

Article 6, paragraphe 4

Il est entendu que chaque Partie peut, en ce qui la concerne, réglementer l'exercice du droit de grève par la loi, pourvu que toute autre restriction éventuelle à ce droit puisse être justifiée aux termes de l'article G.

Article 7, paragraphe 2

La présente disposition n'empêche pas les Parties de prévoir dans la loi la possibilité, pour des adolescents n'ayant pas atteint l'âge minimum prévu, de réaliser des travaux strictement nécessaires à leur formation professionnelle lorsque le travail est réalisé sous le contrôle du personnel compétent autorisé et que la sécurité et la protection de la santé des adolescents au travail sont garanties.

Article 7, paragraphe 8

Il est entendu qu'une Partie aura rempli l'engagement requis dans ce paragraphe si elle se conforme à l'esprit de cet engagement en prévoyant dans sa législation que la grande majorité des personnes de moins de dix-huit ans ne sera pas employée à des travaux de nuit.

Article 8, paragraphe 2

Cette disposition ne saurait être interprétée comme consacrant une interdiction de caractère absolu. Des exceptions pourront intervenir, par exemple, dans les cas suivants :

a) si la travailleuse a commis une faute justifiant la rupture du rapport de travail ;

b) si l'entreprise en question cesse son activité ;

c) si le terme prévu par le contrat de travail est échu.

Article 12, paragraphe 4

Les mots « et sous réserve des conditions arrêtées dans ces accords » figurant dans l'introduction à ce paragraphe sont considérés comme signifiant que, en ce qui concerne les prestations existant indépendamment d'un système contributif, une Partie peut requérir l'accomplissement d'une période de résidence prescrite avant d'octroyer ces prestations aux ressortissants d'autres Parties.

Article 13, paragraphe 4

Les gouvernements qui ne sont pas Parties à la Convention européenne d'assistance sociale et médicale peuvent ratifier la Charte en ce qui concerne ce paragraphe, sous réserve qu'ils accordent aux ressortissants des autres Parties un traitement conforme aux dispositions de ladite convention.

Article 16

Il est entendu que la protection accordée par cette disposition couvre les familles monoparentales.

Article 17

Il est entendu que cette disposition couvre toutes les personnes âgées de moins de dix-huit ans, sauf si la majorité est atteinte plus tôt en vertu de la législation qui leur est applicable, sans préjudice des autres dispositions spécifiques prévues par la Charte, notamment l'article 7. Cela n'implique pas une obligation d'assurer l'enseignement obligatoire jusqu'à l'âge mentionné ci-dessus.

Article 19, paragraphe 6

Aux fins d'application de la présente disposition, on entend par « famille du travailleur migrant » au moins le conjoint du travailleur et ses enfants non mariés, aussi longtemps qu'ils sont considérés comme mineurs par la législation pertinente de l'État d'accueil et sont à la charge du travailleur.

Article 20

1. Il est entendu que les matières relevant de la sécurité sociale, ainsi que les dispositions relatives aux prestations de chômage, aux prestations de vieillesse et aux prestations de survivants, peuvent être exclues du champ d'application de cet article.
2. Ne seront pas considérées comme des discriminations au sens du présent article les dispositions relatives à la protection de la femme, notamment en ce qui concerne la grossesse, l'accouchement et la période postnatale.
3. Le présent article ne fait pas obstacle à l'adoption de mesures spécifiques visant à remédier à des inégalités de fait.
4. Pourront être exclues du champ d'application du présent article, ou de certaines de ses dispositions, les activités professionnelles qui, en raison de leur nature ou des conditions de leur exercice, ne peuvent être confiées qu'à des personnes d'un sexe donné. Cette disposition ne saurait être interprétée comme obligeant les Parties à arrêter par la voie législative ou réglementaire la liste des activités professionnelles qui, en raison de leur nature ou

des conditions de leur exercice, peuvent être réservées à des travailleurs d'un sexe déterminé.

Articles 21 et 22

1. Aux fins d'application de ces articles, les termes « représentants des travailleurs » désignent des personnes reconnues comme telles par la législation ou la pratique nationales.
2. Les termes « la législation et la pratique nationales » visent, selon le cas, outre les lois et les règlements, les conventions collectives, d'autres accords entre les employeurs et les représentants des travailleurs, les usages et les décisions judiciaires pertinentes.
3. Aux fins d'application de ces articles, le terme « entreprise » est interprété comme visant un ensemble d'éléments matériels et immatériels, ayant ou non la personnalité juridique, destiné à la production de biens ou à la prestation de services, dans un but économique, et disposant du pouvoir de décision quant à son comportement sur le marché.
4. Il est entendu que les communautés religieuses et leurs institutions peuvent être exclues de l'application de ces articles même lorsque ces institutions sont des « entreprises » au sens du paragraphe 3. Les établissements poursuivant des activités inspirées par certains idéaux ou guidées par certains concepts moraux, idéaux et concepts protégés par la législation nationale, peuvent être exclus de l'application de ces articles dans la mesure nécessaire pour protéger l'orientation de l'entreprise.
5. Il est entendu que, lorsque dans un État les droits énoncés dans les présents articles sont exercés dans les divers établissements de l'entreprise, la Partie concernée doit être considérée comme satisfaisant aux obligations découlant de ces dispositions.
6. Les Parties pourront exclure du champ d'application des présents articles les entreprises dont les effectifs n'atteignent pas un seuil déterminé par la législation ou la pratique nationales.

Article 22

1. Cette disposition n'affecte ni les pouvoirs et obligations des États en matière d'adoption de règlements concernant l'hygiène et la sécurité sur les lieux de travail, ni les compétences et responsabilités des organes chargés de surveiller le respect de leur application.

2. Les termes « services et facilités sociaux et socioculturels » visent les services et facilités de nature sociale et/ou culturelle qu'offrent certaines entreprises aux travailleurs tels qu'une assistance sociale, des terrains de sport, des salles d'allaitement, des bibliothèques, des colonies de vacances, etc.

Article 23, paragraphe 1

Aux fins d'application de ce paragraphe, l'expression « le plus longtemps possible » se réfère aux capacités physiques, psychologiques et intellectuelles de la personne âgée.

Article 24

1. Il est entendu qu'aux fins de cet article le terme « licenciement » signifie la cessation de la relation de travail à l'initiative de l'employeur.

2. Il est entendu que cet article couvre tous les travailleurs mais qu'une Partie peut soustraire entièrement ou partiellement de sa protection les catégories suivantes de travailleurs salariés :

a) les travailleurs engagés aux termes d'un contrat de travail portant sur une période déterminée ou une tâche déterminée ;

b) les travailleurs effectuant une période d'essai ou n'ayant pas la période d'ancienneté requise, à condition que la durée de celle-ci soit fixée d'avance et qu'elle soit raisonnable ;

c) les travailleurs engagés à titre occasionnel pour une courte période.

3. Aux fins de cet article, ne constituent pas des motifs valables de licenciement notamment :

a) l'affiliation syndicale ou la participation à des activités syndicales en dehors des heures de travail ou, avec le consentement de l'employeur, durant les heures de travail ;
b) le fait de solliciter, d'exercer ou d'avoir un mandat de représentation des travailleurs ;
c) le fait d'avoir déposé une plainte ou participé à des procédures engagées contre un employeur en raison de violations alléguées de la législation, ou présenté un recours devant les autorités administratives compétentes ;
d) la race, la couleur, le sexe, l'état matrimonial, les responsabilités familiales, la grossesse, la religion, l'opinion politique, l'ascendance nationale ou l'origine sociale ;
e) le congé de maternité ou le congé parental ;
f) l'absence temporaire du travail en raison de maladie ou d'accident.
4. Il est entendu que l'indemnité ou toute autre réparation appropriée en cas de licenciement sans motif valable doit être déterminée par la législation ou la réglementation nationales, par des conventions collectives ou de toute autre manière appropriée aux conditions nationales.

Article 25

1. L'autorité compétente peut à titre exceptionnel et après consultation des organisations d'employeurs et de travailleurs exclure des catégories déterminées de travailleurs de la protection prévue dans cette disposition en raison de la nature particulière de leur relation d'emploi.
2. Il est entendu que le terme « insolvabilité » sera défini par la loi et la pratique nationales.
3. Les créances des travailleurs sur lesquelles porte cette disposition devront au moins comprendre :
a) les créances des travailleurs au titre des salaires afférents à une période déterminée, qui ne doit pas être inférieure à trois mois dans un système de privilège et à huit semaines dans un système de garantie, précédant l'insolvabilité ou la cessation de la relation d'emploi ;
b) les créances des travailleurs au titre des congés payés dus en raison du travail effectué dans le courant de l'année

dans laquelle est survenue l'insolvabilité ou la cessation de la relation d'emploi ;
c) les créances des travailleurs au titre des montants dus pour d'autres absences rémunérées afférentes à une période déterminée, qui ne doit pas être inférieure à trois mois dans un système de privilège et à huit semaines dans un système de garantie, précédant l'insolvabilité ou la cessation de la relation d'emploi.
4. Les législations et réglementations nationales peuvent limiter la protection des créances des travailleurs à un montant déterminé qui devra être d'un niveau socialement acceptable.

Article 26

Il est entendu que cet article n'oblige pas les Parties à promulguer une législation.
Il est entendu que le paragraphe 2 ne couvre pas le harcèlement sexuel.

Article 27

Il est entendu que cet article s'applique aux travailleurs des deux sexes ayant des responsabilités familiales à l'égard de leurs enfants à charge ainsi qu'à l'égard d'autres membres de leur famille directe qui ont manifestement besoin de leurs soins ou de leur soutien, lorsque ces responsabilités limitent leurs possibilités de se préparer à l'activité économique, d'y accéder, d'y participer ou d'y progresser. Les termes « enfants à charge » et « autre membre de la famille directe qui a manifestement besoin de soins et de soutien » s'entendent au sens défini par la législation nationale des Parties.

Articles 28 et 29

Aux fins d'application de ces articles, le terme « représentants des travailleurs » désigne des personnes reconnues comme telles par la législation ou la pratique nationales.

Partie III

Il est entendu que la Charte contient des engagements juridiques de caractère international dont l'application est soumise au seul contrôle visé par la partie IV.

Article A, paragraphe 1

Il est entendu que les paragraphes numérotés peuvent comprendre des articles ne contenant qu'un seul paragraphe.

Article B, paragraphe 2

Aux fins du paragraphe 2 de l'article B, les dispositions de la Charte révisée correspondent aux dispositions de la Charte qui portent le même numéro d'article ou de paragraphe, à l'exception :

a) de l'article 3, paragraphe 2, de la Charte révisée qui correspond à l'article 3, paragraphes 1 et 3, de la Charte ;
b) de l'article 3, paragraphe 3, de la Charte révisée qui correspond à l'article 3, paragraphes 2 et 3, de la Charte ;
c) de l'article 10, paragraphe 5, de la Charte révisée qui correspond à l'article 10, paragraphe 4, de la Charte ;
d) de l'article 17, paragraphe 1, de la Charte révisée qui correspond à l'article 17 de la Charte.

Partie V

Article E

Une différence de traitement fondée sur un motif objectif et raisonnable n'est pas considérée comme discriminatoire.

Article F

Les termes « en cas de guerre ou en cas d'autre danger public » seront interprétés de manière à couvrir également la menace de guerre.

Article I

Il est entendu que les travailleurs exclus conformément à l'annexe des articles 21 et 22 ne sont pas pris en compte lors de l'établissement du nombre des travailleurs intéressés.

Article J

Le terme « amendement » sera entendu de manière à couvrir également l'inclusion de nouveaux articles dans la Charte.

Texte 25.1 – Protocole additionnel à la Charte sociale européenne, 1995

Le protocole additionnel à la Charte sociale européenne prévoyant un système de réclamations collectives a été ouvert à la signature à Strasbourg le 9 novembre 1995. Il est entré en vigueur le 1er juillet 1998 après 5 ratifications. Il lie 15 États parties et a fait l'objet de 4 autres signatures. La France l'a ratifié en même temps que la Charte sociale européenne révisée, le 7 mai 1999.

Le protocole permet aux partenaires sociaux et aux organisations non gouvernementales de saisir le Comité européen des droits sociaux.

Les États membres du Conseil de l'Europe, signataires du présent Protocole à la Charte sociale européenne, ouverte à la signature à Turin le 18 octobre 1961 (ci-après dénommée « la Charte ») ;
Résolus à prendre de nouvelles mesures propres à améliorer la mise en œuvre effective des droits sociaux garantis par la Charte ;
Considérant que ce but pourrait être atteint en particulier par l'établissement d'une procédure de réclamations collectives qui, entre autres, renforcerait la participation des partenaires sociaux et des organisations non gouvernementales,
Sont convenus de ce qui suit :

Article 1

Les Parties contractantes au présent Protocole reconnaissent aux organisations suivantes le droit de faire des

réclamations alléguant une application non satisfaisante de la Charte :
a) les organisations internationales d'employeurs et de travailleurs, visées au paragraphe 2 de l'article 27 de la Charte ;
b) les autres organisations internationales non gouvernementales dotées du statut consultatif auprès du Conseil de l'Europe et inscrites sur la liste établie à cet effet par le Comité gouvernemental ;
c) les organisations nationales représentatives d'employeurs et de travailleurs relevant de la juridiction de la Partie contractante mise en cause par la réclamation.

Article 2

1. Tout État contractant peut, en outre, lorsqu'il exprime son consentement à être lié par le présent Protocole, conformément aux dispositions de l'article 13, ou à tout autre moment par la suite, déclarer reconnaître le droit de faire à son encontre des réclamations aux autres organisations nationales non gouvernementales représentatives relevant de sa juridiction et qui sont particulièrement qualifiées dans les matières régies par la Charte.
2. Ces déclarations peuvent être faites pour une durée déterminée.
3. Les déclarations sont remises au Secrétaire général du Conseil de l'Europe qui en transmet copies aux Parties contractantes, et qui en assure la publication.

Article 3

Les organisations internationales non gouvernementales et les organisations nationales non gouvernementales, mentionnées respectivement à l'article 1 b et à l'article 2, ne peuvent présenter des réclamations selon la procédure prévue auxdits articles que dans les domaines pour lesquels elles ont été reconnues particulièrement qualifiées.

Article 4

La réclamation doit être présentée sous forme écrite, porter sur une disposition de la Charte acceptée par la Partie contractante mise en cause et indiquer dans quelle mesure cette dernière n'aurait pas assuré d'une manière satisfaisante l'application de cette disposition.

Article 5

Toute réclamation est adressée au Secrétaire général qui en accuse réception, en informe la Partie contractante mise en cause et la transmet immédiatement au Comité d'experts indépendants.

Article 6

Le Comité d'experts indépendants peut demander à la Partie contractante mise en cause et à l'organisation auteur de la réclamation de lui soumettre par écrit, dans un délai qu'il aura fixé, des renseignements et des observations sur la recevabilité de la réclamation.

Article 7

1. S'il décide qu'une réclamation est recevable, le Comité d'experts indépendants en informe, par l'intermédiaire du Secrétaire général, les Parties contractantes à la Charte. Il demande à la Partie contractante mise en cause et à l'organisation auteur de la réclamation de lui soumettre par écrit, dans un délai qu'il aura fixé, toutes explications ou informations appropriées, et aux autres Parties contractantes au présent Protocole les observations qu'elles souhaiteraient lui transmettre dans le même délai.
2. Dans le cas où la réclamation est présentée par une organisation nationale d'employeurs ou de travailleurs, ou par une autre organisation non gouvernementale, nationale ou internationale, le Comité d'experts indépendants en informe, par l'intermédiaire du Secrétaire général, les organisations internationales d'employeurs ou de travailleurs visées au paragraphe 2 de l'article 27 de la Charte, en les invitant à formuler des observations dans un délai qu'il aura fixé.
3. Sur la base des explications, informations ou observations soumises en application des paragraphes 1 et 2 ci-dessus, la Partie contractante mise en cause et l'organisation auteur de la réclamation peuvent soumettre par

écrit tous renseignements ou observations supplémentaires dans un délai fixé par le Comité d'experts indépendants.
4. Dans le cadre de l'examen de la réclamation, le Comité d'experts indépendants peut organiser une audition avec les représentants des parties.

Article 8

1. Le Comité d'experts indépendants rédige un rapport dans lequel il décrit les mesures qu'il a prises pour examiner la réclamation et présente ses conclusions sur le point de savoir si la Partie contractante mise en cause a ou non assuré d'une manière satisfaisante l'application de la disposition de la Charte visée par la réclamation.
2. Le rapport est transmis au Comité des Ministres. Il est également communiqué à l'organisation qui a introduit la réclamation et aux Parties contractantes à la Charte, sans qu'elles aient la faculté de le publier.
Il est transmis à l'Assemblée parlementaire et rendu public en même temps que la résolution prévue à l'article 9 ou au plus tard dans un délai de quatre mois après sa transmission au Comité des Ministres.

Article 9

1. Sur la base du rapport du Comité d'experts indépendants, le Comité des Ministres adopte une résolution à la majorité des votants. En cas de constat, par le Comité d'experts indépendants, d'une application non satisfaisante de la Charte, le Comité des Ministres adopte, à la majorité des deux tiers des votants, une recommandation à l'adresse de la Partie contractante mise en cause. Dans les deux cas, seules les Parties contractantes à la Charte peuvent prendre part au vote.
2. À la demande de la Partie contractante mise en cause, le Comité des Ministres peut, lorsque le rapport du Comité d'experts indépendants soulève des questions nouvelles, décider à la majorité des deux tiers des Parties contractantes à la Charte de consulter le Comité gouvernemental.

Article 10

La Partie contractante mise en cause donnera des indications sur les mesures qu'elle aura prises pour donner effet à la recommandation du Comité des Ministres dans le prochain rapport qu'elle adressera au Secrétaire général en application de l'article 21 de la Charte.

Article 11

Les articles 1 à 10 du présent Protocole s'appliquent aussi aux articles de la partie II du premier Protocole additionnel à la Charte, à l'égard des États parties à ce Protocole, dans la mesure où ces articles ont été acceptés.

Article 12

Les États parties au présent Protocole considèrent que le premier paragraphe de l'annexe à la Charte, relatif à la partie III, se lit ainsi :
« Il est entendu que la Charte contient des engagements juridiques de caractère international dont l'application est soumise au seul contrôle visé par la partie IV de la Charte et par les dispositions du présent Protocole. »

Article 13

1. Le présent Protocole est ouvert à la signature des États membres du Conseil de l'Europe signataires de la Charte, qui peuvent exprimer leur consentement à être liés par :
a) signature sans réserve de ratification, d'acceptation ou d'approbation ; ou
b) signature sous réserve de ratification, d'acceptation ou d'approbation, suivie de ratification, d'acceptation ou d'approbation.
2. Un État membre du Conseil de l'Europe ne peut exprimer son consentement à être lié par le présent Protocole sans avoir antérieurement ou simultanément ratifié la Charte.
3. Les instruments de ratification, d'acceptation ou d'approbation seront déposés près le Secrétaire général du Conseil de l'Europe.

Article 14

1. Le présent Protocole entrera en vigueur le premier jour du mois qui suit l'expiration d'une période d'un mois après la date à laquelle cinq États membres du Conseil de l'Europe auront exprimé leur consentement à être liés par le Protocole, conformément aux dispositions de l'article 13.
2. Pour tout État membre qui exprimera ultérieurement son consentement à être lié par le Protocole, celui-ci entrera en vigueur le premier jour du mois qui suit l'expiration d'une période d'un mois après la date du dépôt de l'instrument de ratification, d'acceptation ou d'approbation.

Article 15

1. Toute Partie contractante peut, à tout moment, dénoncer le présent Protocole en adressant une notification au Secrétaire général du Conseil de l'Europe.
2. La dénonciation prendra effet le premier jour du mois qui suit l'expiration d'une période de douze mois après la date de réception de la notification par le Secrétaire général.

Article 16

Le Secrétaire général du Conseil de l'Europe notifiera à tous les États membres du Conseil :
a) toute signature ;
b) le dépôt de tout instrument de ratification, d'acceptation ou d'approbation ;
c) la date d'entrée en vigueur du présent Protocole, conformément à l'article 14 ;
d) tout autre acte, notification ou déclaration ayant trait au présent Protocole.

En foi de quoi, les soussignés, dûment autorisés à cet effet, ont signé le présent Protocole.

Fait à Strasbourg, le 9 novembre 1995, en français et en anglais, les deux textes faisant également foi, en un seul exemplaire qui sera déposé dans les archives du Conseil de l'Europe. Le Secrétaire général du Conseil de l'Europe en communiquera copie certifiée conforme à chacun des États membres du Conseil de l'Europe.

Texte 26 – Convention européenne pour la prévention de la torture et des peines ou traitements inhumains ou dégradants, 1987

La Convention européenne pour la prévention de la torture et des peines ou traitements inhumains ou dégradants a été ouverte à la signature à Strasbourg le 26 novembre 1987. Elle est entrée en vigueur le 1er février 1989 après 7 ratifications. Elle lie l'ensemble des 47 États membres du Conseil de l'Europe depuis 2006. La France l'a ratifiée le 9 janvier 1989.

La Convention institue le Comité européen pour la prévention de la torture et des peines ou traitements inhumains ou dégradants (CPT), composé d'experts indépendants. Le travail du CPT repose sur l'organisation de visites périodiques dans les lieux de privation de liberté. Les rapports du CPT sont désormais rendus publics, selon une pratique bien établie.

Les États membres du Conseil de l'Europe, signataires de la présente Convention,
Vu les dispositions de la Convention de sauvegarde des droits de l'homme et des libertés fondamentales ;
Rappelant qu'aux termes de l'article 3 de la même Convention, « nul ne peut être soumis à la torture ni à des peines ou traitements inhumains ou dégradants » ;
Constatant que les personnes qui se prétendent victimes de violations de l'article 3 peuvent se prévaloir du mécanisme prévu par cette Convention ;
Convaincus que la protection des personnes privées de liberté contre la torture et les peines ou traitements inhumains ou dégradants pourrait être renforcée par un mécanisme non judiciaire, à caractère préventif, fondé sur des visites.
Sont convenus de ce qui suit :

Chapitre I

Article 1er

Il est institué un Comité européen pour la prévention de la torture et des peines ou traitements inhumains ou dégradants (ci-après dénommé : « le Comité »). Par le moyen de visites, le Comité examine le traitement des personnes privées de liberté en vue de renforcer, le cas échéant, leur protection contre la torture et les peines ou traitements inhumains ou dégradants.

Article 2

Chaque Partie autorise la visite, conformément à la présente Convention, de tout lieu relevant de sa juridiction où des personnes sont privées de liberté par une autorité publique.

Article 3

Le Comité et les autorités nationales compétentes de la Partie concernée coopèrent en vue de l'application de la présente Convention.

Chapitre II

Article 4

1. Le Comité se compose d'un nombre de membres égal à celui des Parties.
2. Les membres du Comité sont choisis parmi des personnalités de haute moralité, connues pour leur compétence en matière de droits de l'homme ou ayant une expérience professionnelle dans les domaines dont traite la présente Convention.
3. Le Comité ne peut comprendre plus d'un national du même État.
4. Les membres siègent à titre individuel, sont indépendants et impartiaux dans l'exercice de leurs mandats et se rendent disponibles pour remplir leurs fonctions de manière effective.

Article 5

1. Les membres du Comité sont élus par le Comité des Ministres du Conseil de l'Europe à la majorité absolue des voix, sur une liste de noms dressée par le Bureau de l'Assemblée consultative du Conseil de l'Europe ; la délégation nationale à l'Assemblée consultative de chaque Partie présente trois candidats dont deux au moins sont de sa nationalité.

En cas d'élection d'un membre du Comité au titre d'un État non membre du Conseil de l'Europe, le Bureau de l'Assemblée consultative invite le parlement de l'État concerné à présenter trois candidats, dont deux au moins seront de sa nationalité. L'élection par le Comité des Ministres aura lieu après consultation de la Partie concernée.

2. La même procédure est suivie pour pourvoir les sièges devenus vacants.

3. Les membres du Comité sont élus pour une durée de quatre ans. Ils sont rééligibles deux fois. Toutefois, en ce qui concerne les membres désignés à la première élection, les fonctions de trois membres prendront fin à l'issue d'une période de deux ans. Les membres dont les fonctions prendront fin au terme de la période initiale de deux ans sont désignés par tirage au sort effectué par le Secrétaire général du Conseil de l'Europe immédiatement après qu'il aura été procédé à la première élection.

4. Afin d'assurer dans la mesure du possible le renouvellement d'une moitié du Comité tous les deux ans, le Comité des Ministres peut, avant de procéder à toute élection ultérieure, décider qu'un ou plusieurs mandats de membres à élire auront une durée autre que quatre ans sans que cette durée toutefois puisse excéder six ans ou être inférieure à deux ans.

5. Dans le cas où il y a lieu de conférer plusieurs mandats et lorsque le Comité des Ministres fait application du paragraphe précédent, la répartition des mandats s'opère suivant un tirage au sort effectué par le Secrétaire général du Conseil de l'Europe, immédiatement après l'élection.

Article 6

1. Le Comité siège à huis clos. Le quorum est constitué par la majorité de ses membres. Les décisions du Comité sont prises à la majorité des membres présents, sous réserve des dispositions de l'article 10, paragraphe 2.
2. Le Comité établit son règlement intérieur.
3. Le Secrétariat du Comité est assuré par le Secrétaire général du Conseil de l'Europe.

Chapitre III

Article 7

1. Le Comité organise la visite des lieux visés à l'article 2. Outre des visites périodiques, le Comité peut organiser toute autre visite lui paraissant exigée par les circonstances.
2. Les visites sont effectuées en règle générale par au moins deux membres du Comité. Ce dernier peut, s'il l'estime nécessaire, être assisté par des experts et des interprètes.

Article 8

1. Le Comité notifie au gouvernement de la Partie concernée son intention d'effectuer une visite. À la suite d'une telle notification, le Comité est habilité à visiter, à tout moment, les lieux visés à l'article 2.
2. Une Partie doit fournir au Comité les facilités suivantes pour l'accomplissement de sa tâche :

a) l'accès à son territoire et le droit de s'y déplacer sans restrictions ;
b) tous renseignements sur les lieux où se trouvent des personnes privées de liberté ;
c) la possibilité de se rendre à son gré dans tout lieu où se trouvent des personnes privées de liberté, y compris le droit de se déplacer sans entrave à l'intérieur de ces lieux ;
d) toute autre information dont dispose la Partie et qui est nécessaire au Comité pour l'accomplissement de sa tâche. En recherchant cette information, le Comité tient

compte des règles de droit et de déontologie applicables au niveau national.
3. Le Comité peut s'entretenir sans témoin avec les personnes privées de liberté.
4. Le Comité peut entrer en contact librement avec toute personne dont il pense qu'elle peut lui fournir des informations utiles.
5. S'il y a lieu, le Comité communique sur-le-champ des observations aux autorités compétentes de la Partie concernée.

Article 9

1. Dans des circonstances exceptionnelles, les autorités compétentes de la Partie concernée peuvent faire connaître au Comité leurs objections à la visite au moment envisagé par le Comité ou au lieu déterminé que ce Comité a l'intention de visiter. De telles objections ne peuvent être faites que pour des motifs de défense nationale ou de sûreté publique ou en raison de troubles graves dans les lieux où des personnes sont privées de liberté, de l'état de santé d'une personne ou d'un interrogatoire urgent, dans une enquête en cours, en relation avec une infraction pénale grave.
2. Suite à de telles objections, le Comité et la Partie se consultent immédiatement afin de clarifier la situation et pour parvenir à un accord sur des dispositions permettant au Comité d'exercer ses fonctions aussi rapidement que possible. Ces dispositions peuvent comprendre le transfert dans un autre endroit de toute personne que le Comité a l'intention de visiter. En attendant que la visite puisse avoir lieu, la Partie fournit au Comité des informations sur toute personne concernée.

Article 10

1. Après chaque visite, le Comité établit un rapport sur les faits constatés à l'occasion de celle-ci en tenant compte de toutes observations éventuellement présentées par la Partie concernée. Il transmet à cette dernière son rapport qui contient les recommandations qu'il juge nécessaires.

Le Comité peut entrer en consultation avec la Partie en vue de suggérer, s'il y a lieu, des améliorations dans la protection des personnes privées de liberté.
2. Si la Partie ne coopère pas ou refuse d'améliorer la situation à la lumière des recommandations du Comité, celui-ci peut décider, à la majorité des deux tiers de ses membres, après que la Partie aura eu la possibilité de s'expliquer, de faire une déclaration publique à ce sujet.

Article 11

1. Les informations recueillies par le Comité à l'occasion d'une visite, son rapport et ses consultations avec la Partie concernée sont confidentiels.
2. Le Comité publie son rapport ainsi que tout commentaire de la Partie concernée, lorsque celle-ci le demande.
3. Toutefois, aucune donnée à caractère personnel ne doit être rendue publique sans le consentement explicite de la personne concernée.

Article 12

Chaque année, le Comité soumet au Comité des Ministres, en tenant compte des règles de confidentialité prévues à l'article 11, un rapport général sur ses activités, qui est transmis à l'Assemblée Consultative, ainsi qu'à tout État non membre du Conseil de l'Europe partie à la Convention, et rendu public.

Article 13

Les membres du Comité, les experts et les autres personnes qui l'assistent sont soumis, durant leur mandat et après son expiration, à l'obligation de garder secrets les faits ou informations dont ils ont connaissance dans l'accomplissement de leurs fonctions.

Article 14

1. Les noms des personnes qui assistent le Comité sont indiqués dans la notification faite en vertu de l'article 8, paragraphe 1.
2. Les experts agissent sur les instructions et sous la responsabilité du Comité. Ils doivent posséder une

compétence et une expérience propres aux matières relevant de la présente Convention et sont liés par les mêmes obligations d'indépendance, d'impartialité et de disponibilité que les membres du Comité.
3. Exceptionnellement, une Partie peut déclarer qu'un expert ou une autre personne qui assiste le Comité ne peut pas être admis à participer à la visite d'un lieu relevant de sa juridiction.

Chapitre IV

Article 15

Chaque Partie communique au Comité le nom et l'adresse de l'autorité compétente pour recevoir les notifications adressées à son gouvernement et ceux de tout agent de liaison qu'elle peut avoir désigné.

Article 16

Le Comité, ses membres et les experts mentionnés à l'article 7, paragraphe 2, jouissent des privilèges et immunités prévus par l'annexe à la présente Convention.

Article 17

1. La présente Convention ne porte pas atteinte aux dispositions de droit interne ou des accords internationaux qui assurent une plus grande protection aux personnes privées de liberté.
2. Aucune disposition de la présente Convention ne peut être interprétée comme une limite ou une dérogation aux compétences des organes de la Convention européenne des droits de l'homme ou aux obligations assumées par les Parties en vertu de cette Convention.
3. Le Comité ne visitera pas les lieux que des représentants ou délégués de puissances protectrices ou du Comité international de la Croix-Rouge visitent effectivement et régulièrement en vertu des Conventions de Genève du 12 août 1949 et de leurs Protocoles additionnels du 8 juin 1977.

Chapitre V

Article 18

1. La présente Convention est ouverte à la signature des États membres du Conseil de l'Europe. Elle sera soumise à ratification, acceptation ou approbation. Les instruments de ratification, d'acceptation ou d'approbation seront déposés près le Secrétaire général du Conseil de l'Europe.
2. Le Comité des Ministres du Conseil de l'Europe peut inviter tout État non membre du Conseil de l'Europe à adhérer à la Convention.

Article 19

1. La présente Convention entrera en vigueur le premier jour du mois qui suit l'expiration d'une période de trois mois après la date à laquelle sept États membres du Conseil de l'Europe auront exprimé leur consentement à être liés par la Convention conformément aux dispositions de l'article 18.
2. Pour tout État qui exprimera ultérieurement son consentement à être lié par la Convention, celle-ci entrera en vigueur le premier jour du mois qui suit l'expiration d'une période de trois mois après la date du dépôt de l'instrument de ratification, d'acceptation, d'approbation ou d'adhésion.

Article 20

1. Tout État peut, au moment de la signature ou au moment du dépôt de son instrument de ratification, d'acceptation, d'approbation ou d'adhésion, désigner le ou les territoires auxquels s'appliquera la présente Convention.
2. Tout État peut, à tout autre moment par la suite, par une déclaration adressée au Secrétaire général du Conseil de l'Europe, étendre l'application de la présente Convention à tout autre territoire désigné dans la déclaration. La Convention entrera en vigueur à l'égard de ce territoire le premier jour du mois qui suit l'expiration d'une période de trois mois après la date de réception de la déclaration par le Secrétaire général.

3. Toute déclaration faite en vertu des deux paragraphes précédents pourra être retirée, en ce qui concerne tout territoire désigné dans cette déclaration, par notification adressée au Secrétaire général. Le retrait prendra effet le premier jour du mois qui suit l'expiration d'une période de trois mois après la date de réception de la notification par le Secrétaire général.

Article 21

Aucune réserve n'est admise aux dispositions de la présente Convention.

Article 22

1. Toute Partie peut, à tout moment, dénoncer la présente Convention en adressant une notification au Secrétaire général du Conseil de l'Europe.
2. La dénonciation prendra effet le premier jour du mois qui suit l'expiration d'une période de douze mois après la date de réception de la notification par le Secrétaire général.

Article 23

Le Secrétaire général du Conseil de l'Europe notifiera aux États membres ainsi qu'à tout État non membre du Conseil de l'Europe partie à la Convention :
a) toute signature ;
b) le dépôt de tout instrument de ratification, d'acceptation, d'approbation ou d'adhésion ;
c) toute date d'entrée en vigueur de la présente Convention conformément à ses articles 19 et 20 ;
d) tout autre acte, notification ou communication ayant trait à la présente Convention, à l'exception des mesures prévues aux articles 8 et 10.

En foi de quoi, les soussignés, dûment autorisés à cet effet, ont signé la présente Convention.

Fait à Strasbourg, le 26 novembre 1987, en français et en anglais, les deux textes faisant également foi, en un seul exemplaire qui sera déposé dans les archives du Conseil de l'Europe. Le Secrétaire général du Conseil de l'Europe en communiquera copie certifiée conforme à chacun des États membres du Conseil de l'Europe.

Texte 27 – Charte européenne des langues régionales ou minoritaires, 1992

La Charte européenne des langues régionales ou minoritaires a été ouverte à la signature le 5 novembre 1992. Elle est entrée en vigueur le 1er mars 1998 après 5 ratifications. Elle lie 25 États parties et a fait l'objet de 8 signatures. La France l'a signée le 7 mai 1999 et a formulé deux déclarations à cette occasion (cf. infra), *mais le Conseil constitutionnel, saisi par le président de la République sur la base de l'article 54, a déclaré que la Charte n'était pas conforme à la Constitution dans une décision du 15 juin 1999 qui a mis fin à la procédure. En 2015, la question est revenue devant le Parlement, mais sans majorité suffisante pour l'adoption d'une révision constitutionnelle.*

La Charte vise la promotion et la protection des langues régionales et minoritaires historiques. Elle prévoit une série de mesures à prendre pour favoriser l'emploi de ces langues dans la vie publique y compris dans les actes administratifs et devant les tribunaux. L'application de la Charte est contrôlée par un comité d'experts chargé d'examiner des rapports périodiques présentés par les États parties.

Bibliographie

Vespérini Paul, *Les politiques culturelles en Europe. Régions et décentralisation culturelle*, Éditions du Conseil de l'Europe, 2000.

Les États membres du Conseil de l'Europe, signataires de la présente Charte,

Considérant que le but du Conseil de l'Europe est de réaliser une union plus étroite entre ses membres, notamment afin de sauvegarder et de promouvoir les idéaux et les principes qui sont leur patrimoine commun ;

Considérant que la protection des langues régionales ou minoritaires historiques de l'Europe, dont certaines risquent, au fil du temps, de disparaître, contribue à maintenir et à développer les traditions et la richesse culturelles de l'Europe ;

Considérant que le droit de pratiquer une langue régionale ou minoritaire dans la vie privée et publique constitue un droit imprescriptible, conformément aux principes contenus dans le Pacte international relatif aux droits civils et politiques des Nations unies, et conformément à l'esprit de la Convention de sauvegarde des droits de l'homme et des libertés fondamentales du Conseil de l'Europe ;

Prenant en compte le travail réalisé dans le cadre de la CSCE, et en particulier l'Acte final de Helsinki de 1975 et le document de la réunion de Copenhague de 1990 ;

Soulignant la valeur de l'interculturel et du plurilinguisme, et considérant que la protection et l'encouragement des langues régionales ou minoritaires ne devraient pas se faire au détriment des langues officielles et de la nécessité de les apprendre ;

Conscients du fait que la protection et la promotion des langues régionales ou minoritaires dans les différents pays et régions d'Europe représentent une contribution importante à la construction d'une Europe fondée sur les principes de la démocratie et de la diversité culturelle, dans le cadre de la souveraineté nationale et de l'intégrité territoriale ;

Compte tenu des conditions spécifiques et des traditions historiques propres à chaque région des pays d'Europe,

Sont convenus de ce qui suit :

Partie I – Dispositions générales

Article 1 – Définitions

Au sens de la présente Charte :

a) par l'expression « langues régionales ou minoritaires », on entend les langues :

i) pratiquées traditionnellement sur un territoire d'un État par des ressortissants de cet État qui constituent un groupe numériquement inférieur au reste de la population de l'État, et

ii) différentes de la (des) langue(s) officielle(s) de cet État, elle n'inclut ni les dialectes de la (des) langue(s) officielle(s) de l'État ni les langues des migrants ;

b) par « territoire dans lequel une langue régionale ou minoritaire est pratiquée », on entend l'aire géographique dans laquelle cette langue est le mode d'expression d'un nombre de personnes justifiant l'adoption des différentes mesures de protection et de promotion prévues par la présente Charte ;

c) par « langues dépourvues de territoire », on entend les langues pratiquées par des ressortissants de l'État qui sont différentes de la (des) langue(s) pratiquée(s) par le reste de la population de l'État, mais qui, bien que traditionnellement pratiquées sur le territoire de l'État, ne peuvent pas être rattachées à une aire géographique particulière de celui-ci.

Article 2 – Engagements

1. Chaque Partie s'engage à appliquer les dispositions de la partie II à l'ensemble des langues régionales ou minoritaires pratiquées sur son territoire, qui répondent aux définitions de l'article 1.

2. En ce qui concerne toute langue indiquée au moment de la ratification, de l'acceptation ou de l'approbation, conformément à l'article 3, chaque Partie s'engage à appliquer un minimum de trente-cinq paragraphes ou alinéas choisis parmi les dispositions de la partie III de la présente Charte, dont au moins trois choisis dans chacun

des articles 8 et 12 et un dans chacun des articles 9, 10, 11 et 13.

Article 3 – Modalités

1. Chaque État contractant doit spécifier dans son instrument de ratification, d'acceptation ou d'approbation chaque langue régionale ou minoritaire, ou chaque langue officielle moins répandue sur l'ensemble ou une partie de son territoire, à laquelle s'appliquent les paragraphes choisis conformément au paragraphe 2 de l'article 2.

2. Toute Partie peut, à tout moment ultérieur, notifier au Secrétaire général qu'elle accepte les obligations découlant des dispositions de tout autre paragraphe de la Charte qui n'avait pas été spécifié dans son instrument de ratification, d'acceptation ou d'approbation, ou qu'elle appliquera le paragraphe 1 du présent article à d'autres langues régionales ou minoritaires, ou à d'autres langues officielles moins répandues sur l'ensemble ou une partie de son territoire.

3. Les engagements prévus au paragraphe précédent seront réputés partie intégrante de la ratification, de l'acceptation ou de l'approbation et porteront les mêmes effets dès la date de leur notification.

Article 4 – Statuts de protection existants

1. Aucune des dispositions de la présente Charte ne peut être interprétée comme limitant ou dérogeant aux droits garantis par la Convention européenne des droits de l'homme.

2. Les dispositions de la présente Charte ne portent pas atteinte aux dispositions plus favorables régissant la situation des langues régionales ou minoritaires, ou le statut juridique des personnes appartenant à des minorités, qui existent déjà dans une Partie ou sont prévues par des accords internationaux bilatéraux ou multilatéraux pertinents.

Article 5 – Obligations existantes

Rien dans la présente Charte ne pourra être interprété comme impliquant le droit d'engager une quelconque activité ou d'accomplir une quelconque action contrevenant aux buts de la Charte des Nations unies ou à d'autres obligations du droit international, y compris le principe de la souveraineté et de l'intégrité territoriale des États.

Article 6 – Information

Les Parties s'engagent à veiller à ce que les autorités, organisations et personnes concernées soient informées des droits et devoirs établis par la présente Charte.

Partie II – Objectifs et principes poursuivis conformément au paragraphe 1 de l'article 2

Article 7 – Objectifs et principes

1. En matière de langues régionales ou minoritaires, dans les territoires dans lesquels ces langues sont pratiquées et selon la situation de chaque langue, les Parties fondent leur politique, leur législation et leur pratique sur les objectifs et principes suivants :

a) la reconnaissance des langues régionales ou minoritaires en tant qu'expression de la richesse culturelle ;

b) le respect de l'aire géographique de chaque langue régionale ou minoritaire, en faisant en sorte que les divisions administratives existant déjà ou nouvelles ne constituent pas un obstacle à la promotion de cette langue régionale ou minoritaire ;

c) la nécessité d'une action résolue de promotion des langues régionales ou minoritaires, afin de les sauvegarder ;

d) la facilitation et/ou l'encouragement de l'usage oral et écrit des langues régionales ou minoritaires dans la vie publique et dans la vie privée ;

e) le maintien et le développement de relations, dans les domaines couverts par la présente Charte, entre les groupes pratiquant une langue régionale ou minoritaire et d'autres groupes du même État parlant une langue pratiquée sous une forme identique ou proche, ainsi que l'établissement de relations culturelles avec d'autres groupes de l'État pratiquant des langues différentes ;

f) la mise à disposition de formes et de moyens adéquats d'enseignement et d'étude des langues régionales ou minoritaires à tous les stades appropriés ;
g) la mise à disposition de moyens permettant aux non-locuteurs d'une langue régionale ou minoritaire habitant l'aire où cette langue est pratiquée de l'apprendre s'ils le souhaitent ;
h) la promotion des études et de la recherche sur les langues régionales ou minoritaires dans les universités ou les établissements équivalents ;
i) la promotion des formes appropriées d'échanges transnationaux, dans les domaines couverts par la présente Charte, pour les langues régionales ou minoritaires pratiquées sous une forme identique ou proche dans deux ou plusieurs États.

2. Les Parties s'engagent à éliminer, si elles ne l'ont pas encore fait, toute distinction, exclusion, restriction ou préférence injustifiées portant sur la pratique d'une langue régionale ou minoritaire et ayant pour but de décourager ou de mettre en danger le maintien ou le développement de celle-ci. L'adoption de mesures spéciales en faveur des langues régionales ou minoritaires, destinées à promouvoir une égalité entre les locuteurs de ces langues et le reste de la population ou visant à tenir compte de leurs situations particulières, n'est pas considérée comme un acte de discrimination envers les locuteurs des langues plus répandues.

3. Les Parties s'engagent à promouvoir, au moyen de mesures appropriées, la compréhension mutuelle entre tous les groupes linguistiques du pays, en faisant notamment en sorte que le respect, la compréhension et la tolérance à l'égard des langues régionales ou minoritaires figurent parmi les objectifs de l'éducation et de la formation dispensées dans le pays, et à encourager les moyens de communication de masse à poursuivre le même objectif.

4. En définissant leur politique à l'égard des langues régionales ou minoritaires, les Parties s'engagent à prendre en considération les besoins et les vœux exprimés par les

groupes pratiquant ces langues. Elles sont encouragées à créer, si nécessaire, des organes chargés de conseiller les autorités sur toutes les questions ayant trait aux langues régionales ou minoritaires.

5. Les Parties s'engagent à appliquer, *mutatis mutandis*, les principes énumérés aux paragraphes 1 à 4 ci-dessus aux langues dépourvues de territoire. Cependant, dans le cas de ces langues, la nature et la portée des mesures à prendre pour donner effet à la présente Charte seront déterminées de manière souple, en tenant compte des besoins et des vœux, et en respectant les traditions et les caractéristiques des groupes qui pratiquent les langues en question.

Partie III – Mesures en faveur de l'emploi des langues régionales ou minoritaires dans la vie publique, à prendre en conformité avec les engagements souscrits en vertu du paragraphe 2 de l'article 2

Article 8 – Enseignement

1. En matière d'enseignement, les Parties s'engagent, en ce qui concerne le territoire sur lequel ces langues sont pratiquées, selon la situation de chacune de ces langues et sans préjudice de l'enseignement de la (des) langue(s) officielle(s) de l'État :

a) i) à prévoir une éducation préscolaire assurée dans les langues régionales ou minoritaires concernées, ou

ii) à prévoir qu'une partie substantielle de l'éducation préscolaire soit assurée dans les langues régionales ou minoritaires concernées, ou

iii) à appliquer l'une des mesures visées sous i et ii ci-dessus au moins aux élèves dont les familles le souhaitent et dont le nombre est jugé suffisant, ou

iv) si les pouvoirs publics n'ont pas de compétence directe dans le domaine de l'éducation préscolaire, à favoriser et/ou à encourager l'application des mesures visées sous i à iii ci-dessus ;

b) i) à prévoir un enseignement primaire assuré dans les langues régionales ou minoritaires concernées, ou

ii) à prévoir qu'une partie substantielle de l'enseignement primaire soit assurée dans les langues régionales ou minoritaires concernées, ou
iii) à prévoir, dans le cadre de l'éducation primaire, que l'enseignement des langues régionales ou minoritaires concernées fasse partie intégrante du *curriculum*, ou
iv) à appliquer l'une des mesures visées sous i à iii ci-dessus au moins aux élèves dont les familles le souhaitent et dont le nombre est jugé suffisant ;
c) i) à prévoir un enseignement secondaire assuré dans les langues régionales ou minoritaires concernées, ou
ii) à prévoir qu'une partie substantielle de l'enseignement secondaire soit assurée dans les langues régionales ou minoritaires, ou
iii) à prévoir, dans le cadre de l'éducation secondaire, l'enseignement des langues régionales ou minoritaires comme partie intégrante du *curriculum*, ou
iv) à appliquer l'une des mesures visées sous i à iii ci-dessus au moins aux élèves qui le souhaitent – ou, le cas échéant, dont les familles le souhaitent – en nombre jugé suffisant ;
d) i) à prévoir un enseignement technique et professionnel qui soit assuré dans les langues régionales ou minoritaires concernées, ou
ii) à prévoir qu'une partie substantielle de l'enseignement technique et professionnel soit assurée dans les langues régionales ou minoritaires concernées, ou
iii) à prévoir, dans le cadre de l'éducation technique et professionnelle, l'enseignement des langues régionales ou minoritaires concernées comme partie intégrante du *curriculum*, ou
iv) à appliquer l'une des mesures visées sous i à iii ci-dessus au moins aux élèves qui le souhaitent – ou, le cas échéant, dont les familles le souhaitent – en nombre jugé suffisant ;
e) i) à prévoir un enseignement universitaire et d'autres formes d'enseignement supérieur dans les langues régionales ou minoritaires, ou

ii) à prévoir l'étude de ces langues, comme disciplines de l'enseignement universitaire et supérieur, ou
iii) si, en raison du rôle de l'État vis-à-vis des établissements d'enseignement supérieur, les alinéas i et ii ne peuvent pas être appliqués, à encourager et/ou à autoriser la mise en place d'un enseignement universitaire ou d'autres formes d'enseignement supérieur dans les langues régionales ou minoritaires, ou de moyens permettant d'étudier ces langues à l'université ou dans d'autres établissements d'enseignement supérieur ;
f) i) à prendre des dispositions pour que soient donnés des cours d'éducation des adultes ou d'éducation permanente assurés principalement ou totalement dans les langues régionales ou minoritaires, ou
ii) à proposer ces langues comme disciplines de l'éducation des adultes et de l'éducation permanente, ou
iii) si les pouvoirs publics n'ont pas de compétence directe dans le domaine de l'éducation des adultes, à favoriser et/ou à encourager l'enseignement de ces langues dans le cadre de l'éducation des adultes et de l'éducation permanente ;
g) à prendre des dispositions pour assurer l'enseignement de l'histoire et de la culture dont la langue régionale ou minoritaire est l'expression ;
h) à assurer la formation initiale et permanente des enseignants nécessaire à la mise en œuvre de ceux des paragraphes a à g acceptés par la Partie ;
i) à créer un ou plusieurs organe(s) de contrôle chargé(s) de suivre les mesures prises et les progrès réalisés dans l'établissement ou le développement de l'enseignement des langues régionales ou minoritaires, et à établir sur ces points des rapports périodiques qui seront rendus publics.
2. En matière d'enseignement et en ce qui concerne les territoires autres que ceux sur lesquels les langues régionales ou minoritaires sont traditionnellement pratiquées, les Parties s'engagent à autoriser, à encourager ou à mettre en place, si le nombre des locuteurs d'une langue régionale ou minoritaire le justifie, un enseignement dans ou de la

langue régionale ou minoritaire aux stades appropriés de l'enseignement.

Article 9 – Justice

1. Les Parties s'engagent, en ce qui concerne les circonscriptions des autorités judiciaires dans lesquelles réside un nombre de personnes pratiquant les langues régionales ou minoritaires qui justifie les mesures spécifiées ci-après, selon la situation de chacune de ces langues et à la condition que l'utilisation des possibilités offertes par le présent paragraphe ne soit pas considérée par le juge comme faisant obstacle à la bonne administration de la justice :

a) dans les procédures pénales :

i) à prévoir que les juridictions, à la demande d'une des parties, mènent la procédure dans les langues régionales ou minoritaires, et/ou

ii) à garantir à l'accusé le droit de s'exprimer dans sa langue régionale ou minoritaire, et/ou

iii) à prévoir que les requêtes et les preuves, écrites ou orales, ne soient pas considérées comme irrecevables au seul motif qu'elles sont formulées dans une langue régionale ou minoritaire, et/ou

iv) à établir dans ces langues régionales ou minoritaires, sur demande, les actes liés à une procédure judiciaire, si nécessaire par un recours à des interprètes et à des traductions n'entraînant pas de frais additionnels pour les intéressés ;

b) dans les procédures civiles :

i) à prévoir que les juridictions, à la demande d'une des parties, mènent la procédure dans les langues régionales ou minoritaires, et/ou

ii) à permettre, lorsqu'une partie à un litige doit comparaître en personne devant un tribunal, qu'elle s'exprime dans sa langue régionale ou minoritaire sans pour autant encourir des frais additionnels, et/ou

iii) à permettre la production de documents et de preuves dans les langues régionales ou minoritaires, si nécessaire par un recours à des interprètes et à des traductions ;

c) dans les procédures devant les juridictions compétentes en matière administrative :

i) à prévoir que les juridictions, à la demande d'une des parties, mènent la procédure dans les langues régionales ou minoritaires, et/ou

ii) à permettre, lorsqu'une partie à un litige doit comparaître en personne devant un tribunal, qu'elle s'exprime dans sa langue régionale ou minoritaire sans pour autant encourir des frais additionnels, et/ou

iii) à permettre la production de documents et de preuves dans les langues régionales ou minoritaires,

si nécessaire par un recours à des interprètes et à des traductions ;

d) à prendre des mesures afin que l'application des alinéas i et iii des paragraphes b et c ci-dessus et l'emploi éventuel d'interprètes et de traductions n'entraînent pas de frais additionnels pour les intéressés.

2. Les Parties s'engagent :

a) à ne pas refuser la validité des actes juridiques établis dans l'État du seul fait qu'ils sont rédigés dans une langue régionale ou minoritaire ; ou

b) à ne pas refuser la validité, entre les parties, des actes juridiques établis dans l'État du seul fait qu'ils sont rédigés dans une langue régionale ou minoritaire, et à prévoir qu'ils seront opposables aux tiers intéressés non locuteurs de ces langues, à la condition que le contenu de l'acte soit porté à leur connaissance par celui qui le fait valoir ; ou

c) à ne pas refuser la validité, entre les parties, des actes juridiques établis dans l'État du seul fait qu'ils sont rédigés dans une langue régionale ou minoritaire.

3. Les Parties s'engagent à rendre accessibles, dans les langues régionales ou minoritaires, les textes législatifs nationaux les plus importants et ceux qui concernent particulièrement les utilisateurs de ces langues, à moins que ces textes ne soient déjà disponibles autrement.

Article 10 – Autorités administratives et services publics

1. Dans les circonscriptions des autorités administratives de l'État dans lesquelles réside un nombre de locuteurs de langues régionales ou minoritaires qui justifie les mesures ci-après et selon la situation de chaque langue, les Parties s'engagent, dans la mesure où cela est raisonnablement possible :

a) i) à veiller à ce que ces autorités administratives utilisent les langues régionales ou minoritaires, ou

ii) à veiller à ce que ceux de leurs agents qui sont en contact avec le public emploient les langues régionales ou minoritaires dans leurs relations avec les personnes qui s'adressent à eux dans ces langues, ou

iii) à veiller à ce que les locuteurs de langues régionales ou minoritaires puissent présenter des demandes orales ou écrites et recevoir une réponse dans ces langues, ou

iv) à veiller à ce que les locuteurs de langues régionales ou minoritaires puissent présenter des demandes orales ou écrites dans ces langues, ou

v) à veiller à ce que les locuteurs des langues régionales ou minoritaires puissent soumettre valablement un document rédigé dans ces langues ;

b) à mettre à disposition des formulaires et des textes administratifs d'usage courant pour la population dans les langues régionales ou minoritaires, ou dans des versions bilingues ;

c) à permettre aux autorités administratives de rédiger des documents dans une langue régionale ou minoritaire.

2. En ce qui concerne les autorités locales et régionales sur les territoires desquels réside un nombre de locuteurs de langues régionales ou minoritaires qui justifie les mesures ci-après, les Parties s'engagent à permettre et/ou à encourager :

a) l'emploi des langues régionales ou minoritaires dans le cadre de l'administration régionale ou locale ;

b) la possibilité pour les locuteurs de langues régionales ou minoritaires de présenter des demandes orales ou écrites dans ces langues ;

c) la publication par les collectivités régionales des textes officiels dont elles sont à l'origine également dans les langues régionales ou minoritaires ;
d) la publication par les collectivités locales de leurs textes officiels également dans les langues régionales ou minoritaires ;
e) l'emploi par les collectivités régionales des langues régionales ou minoritaires dans les débats de leurs assemblées, sans exclure, cependant, l'emploi de la (des) langue(s) officielle(s) de l'État ;
f) l'emploi par les collectivités locales de langues régionales ou minoritaires dans les débats de leurs assemblées, sans exclure, cependant, l'emploi de la (des) langue(s) officielle(s) de l'État ;
g) l'emploi ou l'adoption, le cas échéant conjointement avec la dénomination dans la (les) langue(s) officielle(s), des formes traditionnelles et correctes de la toponymie dans les langues régionales ou minoritaires.

3. En ce qui concerne les services publics assurés par les autorités administratives ou d'autres personnes agissant pour le compte de celles-ci, les Parties contractantes s'engagent, sur les territoires dans lesquels les langues régionales ou minoritaires sont pratiquées, en fonction de la situation de chaque langue et dans la mesure où cela est raisonnablement possible :
a) à veiller à ce que les langues régionales ou minoritaires soient employées à l'occasion de la prestation de service ; ou
b) à permettre aux locuteurs de langues régionales ou minoritaires de formuler une demande et à recevoir une réponse dans ces langues ; ou
c) à permettre aux locuteurs de langues régionales ou minoritaires de formuler une demande dans ces langues.

4. Aux fins de la mise en œuvre des dispositions des paragraphes 1, 2 et 3 qu'elles ont acceptées, les Parties s'engagent à prendre une ou plusieurs des mesures suivantes :
a) la traduction ou l'interprétation éventuellement requises ;

b) le recrutement et, le cas échéant, la formation des fonctionnaires et autres agents publics en nombre suffisant ;
c) la satisfaction, dans la mesure du possible, des demandes des agents publics connaissant une langue régionale ou minoritaire d'être affectés dans le territoire sur lequel cette langue est pratiquée.
5. Les Parties s'engagent à permettre, à la demande des intéressés, l'emploi ou l'adoption de patronymes dans les langues régionales ou minoritaires.

Article 11 – Médias

1. Les Parties s'engagent, pour les locuteurs des langues régionales ou minoritaires, sur les territoires où ces langues sont pratiquées, selon la situation de chaque langue, dans la mesure où les autorités publiques ont, de façon directe ou indirecte, une compétence, des pouvoirs ou un rôle dans ce domaine, en respectant les principes d'indépendance et d'autonomie des médias :
a) dans la mesure où la radio et la télévision ont une mission de service public :
i) à assurer la création d'au moins une station de radio et une chaîne de télévision dans les langues régionales ou minoritaires, ou
ii) à encourager et/ou à faciliter la création d'au moins une station de radio et une chaîne de télévision dans les langues régionales ou minoritaires, ou
iii) à prendre les dispositions appropriées pour que les diffuseurs programment des émissions dans les langues régionales ou minoritaires ;
b) i) à encourager et/ou à faciliter la création d'au moins une station de radio dans les langues régionales ou minoritaires, ou
ii) à encourager et/ou à faciliter l'émission de programmes de radio dans les langues régionales ou minoritaires, de façon régulière ;
c) i) à encourager et/ou à faciliter la création d'au moins une chaîne de télévision dans les langues régionales ou minoritaires, ou

ii) à encourager et/ou à faciliter la diffusion de programmes de télévision dans les langues régionales ou minoritaires, de façon régulière ;
d) à encourager et/ou à faciliter la production et la diffusion d'œuvres audio et audiovisuelles dans les langues régionales ou minoritaires ;
e) i) à encourager et/ou à faciliter la création et/ou le maintien d'au moins un organe de presse dans les langues régionales ou minoritaires, ou
ii) à encourager et/ou à faciliter la publication d'articles de presse dans les langues régionales ou minoritaires, de façon régulière ;
f) i) à couvrir les coûts supplémentaires des médias employant les langues régionales ou minoritaires, lorsque la loi prévoit une assistance financière, en général, pour les médias, ou
ii) à étendre les mesures existantes d'assistance financière aux productions audiovisuelles en langues régionales ou minoritaires ;
g) à soutenir la formation de journalistes et autres personnels pour les médias employant les langues régionales ou minoritaires.
2. Les Parties s'engagent à garantir la liberté de réception directe des émissions de radio et de télévision des pays voisins dans une langue pratiquée sous une forme identique ou proche d'une langue régionale ou minoritaire, et à ne pas s'opposer à la retransmission d'émissions de radio et de télévision des pays voisins dans une telle langue. Elles s'engagent en outre à veiller à ce qu'aucune restriction à la liberté d'expression et à la libre circulation de l'information dans une langue pratiquée sous une forme identique ou proche d'une langue régionale ou minoritaire ne soit imposée à la presse écrite. L'exercice des libertés mentionnées ci-dessus, comportant des devoirs et des responsabilités, peut être soumis à certaines formalités, conditions, restrictions ou sanctions prévues par la loi, qui constituent des mesures nécessaires, dans une société démocratique, à la sécurité nationale, à l'intégrité

territoriale ou à la sûreté publique, à la défense de l'ordre et à la prévention du crime, à la protection de la santé ou de la morale, à la protection de la réputation ou des droits d'autrui, pour empêcher la divulgation d'informations confidentielles, ou pour garantir l'autorité et l'impartialité du pouvoir judiciaire.

3. Les Parties s'engagent à veiller à ce que les intérêts des locuteurs de langues régionales ou minoritaires soient représentés ou pris en considération dans le cadre des structures éventuellement créées conformément à la loi, ayant pour tâche de garantir la liberté et la pluralité des médias.

Article 12 – Activités et équipements culturels

1. En matière d'activités et d'équipements culturels – en particulier de bibliothèques, de vidéothèques, de centres culturels, de musées, d'archives, d'académies, de théâtres et de cinémas, ainsi que de travaux littéraires et de production cinématographique, d'expression culturelle populaire, de festivals, d'industries culturelles, incluant notamment l'utilisation des technologies nouvelles – les Parties s'engagent, en ce qui concerne le territoire sur lequel de telles langues sont pratiquées et dans la mesure où les autorités publiques ont une compétence, des pouvoirs ou un rôle dans ce domaine :

a) à encourager l'expression et les initiatives propres aux langues régionales ou minoritaires, et à favoriser les différents moyens d'accès aux œuvres produites dans ces langues ;

b) à favoriser les différents moyens d'accès dans d'autres langues aux œuvres produites dans les langues régionales ou minoritaires, en aidant et en développant les activités de traduction, de doublage, de post-synchronisation et de sous-titrage ;

c) à favoriser l'accès dans des langues régionales ou minoritaires à des œuvres produites dans d'autres langues, en aidant et en développant les activités de traduction, de doublage, de postsynchronisation et de sous-titrage ;

d) à veiller à ce que les organismes chargés d'entreprendre ou de soutenir diverses formes d'activités culturelles intègrent dans une mesure appropriée la connaissance et la pratique des langues et des cultures régionales ou minoritaires dans les opérations dont ils ont l'initiative ou auxquelles ils apportent un soutien ;
e) à favoriser la mise à la disposition des organismes chargés d'entreprendre ou de soutenir des activités culturelles d'un personnel maîtrisant la langue régionale ou minoritaire, en plus de la (des) langue(s) du reste de la population ;
f) à favoriser la participation directe, en ce qui concerne les équipements et les programmes d'activités culturelles, de représentants des locuteurs de la langue régionale ou minoritaire ;
g) à encourager et/ou à faciliter la création d'un ou de plusieurs organismes chargés de collecter, de recevoir en dépôt et de présenter ou publier les œuvres produites dans les langues régionales ou minoritaires ;
h) le cas échéant, à créer et/ou à promouvoir et financer des services de traduction et de recherche terminologique en vue, notamment, de maintenir et de développer dans chaque langue régionale ou minoritaire une terminologie administrative, commerciale, économique, sociale, technologique ou juridique adéquate.
2. En ce qui concerne les territoires autres que ceux sur lesquels les langues régionales ou minoritaires sont traditionnellement pratiquées, les Parties s'engagent à autoriser, à encourager et/ou à prévoir, si le nombre des locuteurs d'une langue régionale ou minoritaire le justifie, des activités ou équipements culturels appropriés, conformément au paragraphe précédent.
3. Les Parties s'engagent, dans leur politique culturelle à l'étranger, à donner une place appropriée aux langues régionales ou minoritaires et à la culture dont elles sont l'expression.

Article 13 – Vie économique et sociale

1. En ce qui concerne les activités économiques et sociales, les Parties s'engagent, pour l'ensemble du pays :

a) à exclure de leur législation toute disposition interdisant ou limitant sans raisons justifiables le recours à des langues régionales ou minoritaires dans les documents relatifs à la vie économique ou sociale, et notamment dans les contrats de travail et dans les documents techniques tels que les modes d'emploi de produits ou d'équipements ;

b) à interdire l'insertion, dans les règlements internes des entreprises et les actes privés, de clauses excluant ou limitant l'usage des langues régionales ou minoritaires, tout au moins entre les locuteurs de la même langue ;

c) à s'opposer aux pratiques tendant à décourager l'usage des langues régionales ou minoritaires dans le cadre des activités économiques ou sociales ;

d) à faciliter et/ou à encourager par d'autres moyens que ceux visés aux alinéas ci-dessus l'usage des langues régionales ou minoritaires.

2. En matière d'activités économiques et sociales, les Parties s'engagent, dans la mesure où les autorités publiques ont une compétence, dans le territoire sur lequel les langues régionales ou minoritaires sont pratiquées, et dans la mesure où cela est raisonnablement possible :

a) à définir, par leurs réglementations financières et bancaires, des modalités permettant, dans des conditions compatibles avec les usages commerciaux, l'emploi des langues régionales ou minoritaires dans la rédaction d'ordres de paiement (chèques, traites, etc.) ou d'autres documents financiers, ou, le cas échéant, à veiller à la mise en œuvre d'un tel processus ;

b) dans les secteurs économiques et sociaux relevant directement de leur contrôle (secteur public), à réaliser des actions encourageant l'emploi des langues régionales ou minoritaires ;

c) à veiller à ce que les équipements sociaux tels que les hôpitaux, les maisons de retraite, les foyers offrent la possibilité de recevoir et de soigner dans leur langue les

locuteurs d'une langue régionale ou minoritaire nécessitant des soins pour des raisons de santé, d'âge ou pour d'autres raisons ;
d) à veiller, selon des modalités appropriées, à ce que les consignes de sécurité soient également rédigées dans les langues régionales ou minoritaires ;
e) à rendre accessibles dans les langues régionales ou minoritaires les informations fournies par les autorités compétentes concernant les droits des consommateurs.

Article 14 – Échanges transfrontaliers

Les Parties s'engagent :
a) à appliquer les accords bilatéraux et multilatéraux existants qui les lient aux États où la même langue est pratiquée de façon identique ou proche, ou à s'efforcer d'en conclure, si nécessaire, de façon à favoriser les contacts entre les locuteurs de la même langue dans les États concernés, dans les domaines de la culture, de l'enseignement, de l'information, de la formation professionnelle et de l'éducation permanente ;
b) dans l'intérêt des langues régionales ou minoritaires, à faciliter et/ou à promouvoir la coopération à travers les frontières, notamment entre collectivités régionales ou locales sur le territoire desquelles la même langue est pratiquée de façon identique ou proche.

Partie IV – Application de la Charte

Article 15 – Rapports périodiques

1. Les Parties présenteront périodiquement au Secrétaire général du Conseil de l'Europe, sous une forme à déterminer par le Comité des Ministres, un rapport sur la politique suivie, conformément à la partie II de la présente Charte, et sur les mesures prises en application des dispositions de la partie III qu'elles ont acceptées. Le premier rapport doit être présenté dans l'année qui suit l'entrée en vigueur de la Charte à l'égard de la Partie en question, les autres rapports à des intervalles de trois ans après le premier rapport.

2. Les Parties rendront leurs rapports publics.

Article 16 – Examen des rapports

1. Les rapports présentés au Secrétaire général du Conseil de l'Europe en application de l'article 15 seront examinés par un comité d'experts constitué conformément à l'article 17.
2. Des organismes ou associations légalement établis dans une Partie pourront attirer l'attention du comité d'experts sur des questions relatives aux engagements pris par cette Partie en vertu de la partie III de la présente Charte. Après avoir consulté la Partie intéressée, le comité d'experts pourra tenir compte de ces informations dans la préparation du rapport visé au paragraphe 3 du présent article. Ces organismes ou associations pourront en outre soumettre des déclarations quant à la politique suivie par une Partie, conformément à la partie II.
3. Sur la base des rapports visés au paragraphe 1 et des informations visées au paragraphe 2, le comité d'experts préparera un rapport à l'attention du Comité des Ministres. Ce rapport sera accompagné des observations que les Parties seront invitées à formuler et pourra être rendu public par le Comité des Ministres.
4. Le rapport visé au paragraphe 3 contiendra en particulier les propositions du comité d'experts au Comité des Ministres en vue de la préparation, le cas échéant, de toute recommandation de ce dernier à une ou plusieurs Parties.
5. Le Secrétaire général du Conseil de l'Europe fera un rapport biennal détaillé à l'Assemblée parlementaire sur l'application de la Charte.

Article 17 – Comité d'experts

1. Le comité d'experts sera composé d'un membre pour chaque Partie, désigné par le Comité des Ministres sur une liste de personnes de la plus haute intégrité, d'une compétence reconnue dans les matières traitées par la Charte, qui seront proposées par la Partie concernée.
2. Les membres du comité seront nommés pour une période de six ans et leur mandat sera renouvelable. Si

un membre ne peut remplir son mandat, il sera remplacé conformément à la procédure prévue au paragraphe 1, et le membre nommé en remplacement achèvera le terme du mandat de son prédécesseur.
3. Le comité d'experts adoptera son règlement intérieur. Son secrétariat sera assuré par le Secrétaire général du Conseil de l'Europe.

Partie V – Dispositions finales

Article 18

La présente Charte est ouverte à la signature des États membres du Conseil de l'Europe. Elle sera soumise à ratification, acceptation ou approbation. Les instruments de ratification, d'acceptation ou d'approbation seront déposés près le Secrétaire général du Conseil de l'Europe.

Article 19

1. La présente Charte entrera en vigueur le premier jour du mois qui suit l'expiration d'une période de trois mois après la date à laquelle cinq États membres du Conseil de l'Europe auront exprimé leur consentement à être liés par la Charte, conformément aux dispositions de l'article 18.
2. Pour tout État membre qui exprimera ultérieurement son consentement à être lié par la Charte, celle-ci entrera en vigueur le premier jour du mois qui suit l'expiration d'une période de trois mois après la date du dépôt de l'instrument de ratification, d'acceptation ou d'approbation.

Article 20

1. Après l'entrée en vigueur de la présente Charte, le Comité des Ministres du Conseil de l'Europe pourra inviter tout État non membre du Conseil de l'Europe à adhérer à la Charte.
2. Pour tout État adhérent, la Charte entrera en vigueur le premier jour du mois qui suit l'expiration d'une période de trois mois après la date de dépôt de l'instrument d'adhésion près le Secrétaire général du Conseil de l'Europe.

Article 21

1. Tout État peut, au moment de la signature ou au moment du dépôt de son instrument de ratification, d'acceptation, d'approbation ou d'adhésion, formuler une ou plusieurs réserve(s) aux paragraphes 2 à 5 de l'article 7 de la présente Charte. Aucune autre réserve n'est admise.

2. Tout État contractant qui a formulé une réserve en vertu du paragraphe précédent peut la retirer en tout ou en partie en adressant une notification au Secrétaire général du Conseil de l'Europe. Le retrait prendra effet à la date de réception de la notification par le Secrétaire général.

Article 22

1. Toute Partie peut, à tout moment, dénoncer la présente Charte en adressant une notification au Secrétaire général du Conseil de l'Europe.

2. La dénonciation prendra effet le premier jour du mois qui suit l'expiration d'une période de six mois après la date de réception de la notification par le Secrétaire général.

Article 23

Le Secrétaire général du Conseil de l'Europe notifiera aux États membres du Conseil et à tout État ayant adhéré à la présente Charte :

a) toute signature ;

b) le dépôt de tout instrument de ratification, d'acceptation, d'approbation ou d'adhésion ;

c) toute date d'entrée en vigueur de la présente Charte, conformément à ses articles 19 et 20 ;

d) toute notification reçue en application des dispositions de l'article 3, paragraphe 2 ;

e) tout autre acte, notification ou communication ayant trait à la présente Charte.

En foi de quoi, les soussignés, dûment autorisés à cet effet, ont signé la présente Charte.

Fait à Strasbourg, le 5 novembre 1992, en français et en anglais, les deux textes faisant également foi, en un seul exemplaire qui sera déposé dans les archives du Conseil de l'Europe. Le Secrétaire général du Conseil de l'Europe en communiquera copie certifiée conforme à chacun des États membres du Conseil de l'Europe et à tout État invité à adhérer à la présente Charte.

Déclarations formulées lors de la signature

1) La République française envisage de formuler dans son instrument de ratification de la Charte européenne des langues régionales ou minoritaires la déclaration suivante :

1. Dans la mesure où elle ne vise pas à la reconnaissance et la protection de minorités, mais à promouvoir le patrimoine linguistique européen, et que l'emploi du terme de « groupes » de locuteurs ne confère pas de droits collectifs pour les locuteurs des langues régionales ou minoritaires, le Gouvernement de la République interprète la Charte dans un sens compatible avec le Préambule de la Constitution, qui assure l'égalité de tous les citoyens devant la loi et ne connaît que le peuple français, composé de tous les citoyens sans distinction d'origine, de race ou de religion.

2. Le Gouvernement de la République interprète l'article 7-1, paragraphe d, et les articles 9 et 10 comme posant un principe général n'allant pas à l'encontre de l'article 2 de la Constitution selon lequel l'usage du français s'impose aux personnes morales de droit public et aux personnes de droit privé dans l'exercice d'une mission de service public, ainsi qu'aux usagers dans leurs relations avec les administrations et services publics.

3. Le Gouvernement de la République interprète l'article 7-1, paragraphe f, et l'article 8 en ce sens qu'ils préservent le caractère facultatif de l'enseignement et de l'étude des langues régionales ou minoritaires, ainsi que de l'histoire et de la culture dont elles sont l'expression, et que cet enseignement n'a pas pour objet de soustraire les élèves scolarisés dans les établissements du territoire aux droits et obligations applicables à l'ensemble des usagers des établissements qui assurent le service public de l'enseignement ou sont associés à celui-ci.

4. Le Gouvernement de la République interprète l'article 9-3 comme ne s'opposant pas à ce que seule la version officielle en langue française, qui fait juridiquement foi, des textes législatifs qui sont rendus accessibles dans les langues régionales ou minoritaires puisse être utilisée par les personnes morales de droit public et les personnes privées dans l'exercice d'une mission de service public, ainsi que par les usagers dans leurs relations avec les administrations et services publics.

2) La République française indiquera dans son instrument de ratification de la Charte européenne des langues régionales ou minoritaires, conformément à son article 3-1, les langues régionales auxquelles s'appliqueront les mesures qui seront choisies en application de l'article 2-2. La République française envisage, conformément à l'article 2-2, de s'engager à appliquer certains ou tous les paragraphes ou alinéas suivants de la partie III de la Charte :

Article 8 : alinéas 1 a iii), 1 b iv), 1 c iv), 1 d iv), 1 e i), 1 e ii), 1 f ii), 1 g, 1 h, 1 i
paragraphe 2

Article 9 : paragraphe 3

Article 10 : alinéas 2 c, 2 d, 2 g

Article 11 : alinéas 1 a iii), 1 b ii), 1 c ii), 1 d, 1 e ii), 1 f ii), 1 g ; paragraphe 2 ; paragraphe 3

Article 12 : alinéas 1 a, 1 b, 1 c, 1 d, 1 e, 1 g ; paragraphe 2 ; paragraphe 3

Article 13 : alinéas 1 b, 1 c, 1 d ; alinéas 2 b, 2 e

Article 14 : paragraphe a ; paragraphe b.

Texte 28 – Convention-cadre pour la protection des minorités nationales, 1995

La Convention-cadre pour la protection des minorités nationales a été ouverte à la signature à Strasbourg le 1er février 1995. Elle est entrée en vigueur le 1er février 1998 après 12 ratifications. Elle lie 39 États parties et a fait l'objet de 4 signatures, dont la Belgique et la Grèce. La France ne l'a pas signée, en vertu de ses principes constitutionnels, tout comme la Turquie.

La Convention a pour but de protéger l'existence des minorités nationales sur le territoire des États parties. Elle vise à promouvoir l'application du principe d'égalité à l'égard des minorités nationales en assurant les conditions propres à conserver et développer leur culture et à préserver leur identité.

Bibliographie

Weller Marc, *The Rights of Minorities: A Commentary of the European Framework Convention for the Protection of National Minorities*, Oxford University Press, 2015.

Les États membres du Conseil de l'Europe et les autres États, signataires de la présente Convention-cadre,

Considérant que le but du Conseil de l'Europe est de réaliser une union plus étroite entre ses membres afin de sauvegarder et de promouvoir les idéaux et les principes qui sont leur patrimoine commun ;

Considérant que l'un des moyens d'atteindre ce but est la sauvegarde et le développement des droits de l'homme et des libertés fondamentales ;

Souhaitant donner suite à la Déclaration des chefs d'État et de gouvernement des États membres du Conseil de l'Europe adoptée à Vienne le 9 octobre 1993 ;

Résolus à protéger l'existence des minorités nationales sur leur territoire respectif ;
Considérant que les bouleversements de l'histoire européenne ont montré que la protection des minorités nationales est essentielle à la stabilité, à la sécurité démocratique et à la paix du continent ;
Considérant qu'une société pluraliste et véritablement démocratique doit non seulement respecter l'identité ethnique, culturelle, linguistique et religieuse de toute personne appartenant à une minorité nationale, mais également créer des conditions propres à permettre d'exprimer, de préserver et de développer cette identité ;
Considérant que la création d'un climat de tolérance et de dialogue est nécessaire pour permettre à la diversité culturelle d'être une source, ainsi qu'un facteur, non de division, mais d'enrichissement pour chaque société ;
Considérant que l'épanouissement d'une Europe tolérante et prospère ne dépend pas seulement de la coopération entre États mais se fonde aussi sur une coopération transfrontalière entre collectivités locales et régionales respectueuse de la constitution et de l'intégrité territoriale de chaque État ;
Prenant en compte la Convention de sauvegarde des droits de l'homme et des libertés fondamentales et ses Protocoles ;
Prenant en compte les engagements relatifs à la protection des minorités nationales contenus dans les conventions et déclarations des Nations unies ainsi que dans les documents de la Conférence sur la sécurité et la coopération en Europe, notamment celui de Copenhague du 29 juin 1990 ;
Résolus à définir les principes qu'il convient de respecter et les obligations qui en découlent pour assurer, au sein des États membres et des autres États qui deviendront Parties au présent instrument, la protection effective des minorités nationales et des droits et libertés des personnes appartenant à ces dernières dans le respect de la prééminence du droit, de l'intégrité territoriale et de la souveraineté nationale ;

Étant décidés à mettre en œuvre les principes énoncés dans la présente Convention-cadre au moyen de législations nationales et de politiques gouvernementales appropriées,
Sont convenus de ce qui suit :

Titre I

Article 1

La protection des minorités nationales et des droits et libertés des personnes appartenant à ces minorités fait partie intégrante de la protection internationale des droits de l'homme et, comme telle, constitue un domaine de la coopération internationale.

Article 2

Les dispositions de la présente Convention-cadre seront appliquées de bonne foi, dans un esprit de compréhension et de tolérance ainsi que dans le respect des principes de bon voisinage, de relations amicales et de coopération entre les États.

Article 3

1. Toute personne appartenant à une minorité nationale a le droit de choisir librement d'être traitée ou ne pas être traitée comme telle et aucun désavantage ne doit résulter de ce choix ou de l'exercice des droits qui y sont liés.
2. Les personnes appartenant à des minorités nationales peuvent individuellement ainsi qu'en commun avec d'autres exercer les droits et libertés découlant des principes énoncés dans la présente Convention-cadre.

Titre II

Article 4

1. Les Parties s'engagent à garantir à toute personne appartenant à une minorité nationale le droit à l'égalité devant la loi et à une égale protection de la loi. À cet égard, toute discrimination fondée sur l'appartenance à une minorité nationale est interdite.
2. Les Parties s'engagent à adopter, s'il y a lieu, des mesures adéquates en vue de promouvoir, dans tous les

domaines de la vie économique, sociale, politique et culturelle, une égalité pleine et effective entre les personnes appartenant à une minorité nationale et celles appartenant à la majorité. Elles tiennent dûment compte, à cet égard, des conditions spécifiques des personnes appartenant à des minorités nationales.
3. Les mesures adoptées conformément au paragraphe 2 ne sont pas considérées comme un acte de discrimination.

Article 5

1. Les Parties s'engagent à promouvoir les conditions propres à permettre aux personnes appartenant à des minorités nationales de conserver et développer leur culture, ainsi que de préserver les éléments essentiels de leur identité que sont leur religion, leur langue, leurs traditions et leur patrimoine culturel.
2. Sans préjudice des mesures prises dans le cadre de leur politique générale d'intégration, les Parties s'abstiennent de toute politique ou pratique tendant à une assimilation contre leur volonté des personnes appartenant à des minorités nationales et protègent ces personnes contre toute action destinée à une telle assimilation.

Article 6

1. Les Parties veilleront à promouvoir l'esprit de tolérance et le dialogue interculturel, ainsi qu'à prendre des mesures efficaces pour favoriser le respect et la compréhension mutuels et la coopération entre toutes les personnes vivant sur leur territoire, quelle que soit leur identité ethnique, culturelle, linguistique ou religieuse, notamment dans les domaines de l'éducation, de la culture et des médias.
2. Les Parties s'engagent à prendre toutes mesures appropriées pour protéger les personnes qui pourraient être victimes de menaces ou d'actes de discrimination, d'hostilité ou de violence en raison de leur identité ethnique, culturelle, linguistique ou religieuse.

Article 7

Les Parties veilleront à assurer à toute personne appartenant à une minorité nationale le respect des droits à la liberté de réunion pacifique et à la liberté d'association, à la liberté d'expression et à la liberté de pensée, de conscience et de religion.

Article 8

Les Parties s'engagent à reconnaître à toute personne appartenant à une minorité nationale le droit de manifester sa religion ou sa conviction, ainsi que le droit de créer des institutions religieuses, organisations et associations.

Article 9

1. Les Parties s'engagent à reconnaître que le droit à la liberté d'expression de toute personne appartenant à une minorité nationale comprend la liberté d'opinion et la liberté de recevoir ou de communiquer des informations ou des idées dans la langue minoritaire, sans ingérence d'autorités publiques et sans considération de frontières. Dans l'accès aux médias, les Parties veilleront, dans le cadre de leur système législatif, à ce que les personnes appartenant à une minorité nationale ne soient pas discriminées.
2. Le premier paragraphe n'empêche pas les Parties de soumettre à un régime d'autorisation, non discriminatoire et fondé sur des critères objectifs, les entreprises de radio sonore, télévision ou cinéma.
3. Les Parties n'entraveront pas la création et l'utilisation de médias écrits par les personnes appartenant à des minorités nationales. Dans le cadre légal de la radio sonore et de la télévision, elles veilleront, dans la mesure du possible et compte tenu des dispositions du premier paragraphe, à accorder aux personnes appartenant à des minorités nationales la possibilité de créer et d'utiliser leurs propres médias.
4. Dans le cadre de leur système législatif, les Parties adopteront des mesures adéquates pour faciliter l'accès des personnes appartenant à des minorités nationales aux médias, pour promouvoir la tolérance et permettre le pluralisme culturel.

Article 10

1. Les Parties s'engagent à reconnaître à toute personne appartenant à une minorité nationale le droit d'utiliser librement et sans entrave sa langue minoritaire en privé comme en public, oralement et par écrit.
2. Dans les aires géographiques d'implantation substantielle ou traditionnelle des personnes appartenant à des minorités nationales, lorsque ces personnes en font la demande et que celle-ci répond à un besoin réel, les Parties s'efforceront d'assurer, dans la mesure du possible, des conditions qui permettent d'utiliser la langue minoritaire dans les rapports entre ces personnes et les autorités administratives.
3. Les Parties s'engagent à garantir le droit de toute personne appartenant à une minorité nationale d'être informée, dans le plus court délai, et dans une langue qu'elle comprend, des raisons de son arrestation, de la nature et de la cause de l'accusation portée contre elle, ainsi que de se défendre dans cette langue, si nécessaire avec l'assistance gratuite d'un interprète.

Article 11

1. Les Parties s'engagent à reconnaître à toute personne appartenant à une minorité nationale le droit d'utiliser son nom (son patronyme) et ses prénoms dans la langue minoritaire ainsi que le droit à leur reconnaissance officielle, selon les modalités prévues par leur système juridique.
2. Les Parties s'engagent à reconnaître à toute personne appartenant à une minorité nationale le droit de présenter dans sa langue minoritaire des enseignes, inscriptions et autres informations de caractère privé exposées à la vue du public.
3. Dans les régions traditionnellement habitées par un nombre substantiel de personnes appartenant à une minorité nationale, les Parties, dans le cadre de leur système législatif, y compris, le cas échéant, d'accords avec d'autres États, s'efforceront, en tenant compte de leurs conditions spécifiques, de présenter les dénominations traditionnelles locales, les noms de rues et autres

indications topographiques destinées au public, dans la langue minoritaire également, lorsqu'il y a une demande suffisante pour de telles indications.

Article 12

1. Les Parties prendront, si nécessaire, des mesures dans le domaine de l'éducation et de la recherche pour promouvoir la connaissance de la culture, de l'histoire, de la langue et de la religion de leurs minorités nationales aussi bien que de la majorité.
2. Dans ce contexte, les Parties offriront notamment des possibilités de formation pour les enseignants et d'accès aux manuels scolaires, et faciliteront les contacts entre élèves et enseignants de communautés différentes.
3. Les Parties s'engagent à promouvoir l'égalité des chances dans l'accès à l'éducation à tous les niveaux pour les personnes appartenant à des minorités nationales.

Article 13

1. Dans le cadre de leur système éducatif, les Parties reconnaissent aux personnes appartenant à une minorité nationale le droit de créer et de gérer leurs propres établissements privés d'enseignement et de formation.
2. L'exercice de ce droit n'implique aucune obligation financière pour les Parties.

Article 14

1. Les Parties s'engagent à reconnaître à toute personne appartenant à une minorité nationale le droit d'apprendre sa langue minoritaire.
2. Dans les aires géographiques d'implantation substantielle ou traditionnelle des personnes appartenant à des minorités nationales, s'il existe une demande suffisante, les Parties s'efforceront d'assurer, dans la mesure du possible et dans le cadre de leur système éducatif, que les personnes appartenant à ces minorités aient la possibilité d'apprendre la langue minoritaire ou de recevoir un enseignement dans cette langue.

3. Le paragraphe 2 du présent article sera mis en œuvre sans préjudice de l'apprentissage de la langue officielle ou de l'enseignement dans cette langue.

Article 15

Les Parties s'engagent à créer les conditions nécessaires à la participation effective des personnes appartenant à des minorités nationales à la vie culturelle, sociale et économique, ainsi qu'aux affaires publiques, en particulier celles les concernant.

Article 16

Les Parties s'abstiennent de prendre des mesures qui, en modifiant les proportions de la population dans une aire géographique où résident des personnes appartenant à des minorités nationales, ont pour but de porter atteinte aux droits et libertés découlant des principes énoncés dans la présente Convention-cadre.

Article 17

1. Les Parties s'engagent à ne pas entraver le droit des personnes appartenant à des minorités nationales d'établir et de maintenir, librement et pacifiquement, des contacts au-delà des frontières avec des personnes se trouvant régulièrement dans d'autres États, notamment celles avec lesquelles elles ont en commun une identité ethnique, culturelle, linguistique ou religieuse, ou un patrimoine culturel.
2. Les Parties s'engagent à ne pas entraver le droit des personnes appartenant à des minorités nationales de participer aux travaux des organisations non gouvernementales tant au plan national qu'international.

Article 18

1. Les Parties s'efforceront de conclure, si nécessaire, des accords bilatéraux et multilatéraux avec d'autres États, notamment les États voisins, pour assurer la protection des personnes appartenant aux minorités nationales concernées.

2. Le cas échéant, les Parties prendront des mesures propres à encourager la coopération transfrontalière.

Article 19

Les Parties s'engagent à respecter et à mettre en œuvre les principes contenus dans la présente Convention-cadre en y apportant, si nécessaire, les seules limitations, restrictions ou dérogations prévues dans les instruments juridiques internationaux, notamment dans la Convention de sauvegarde des droits de l'homme et des libertés fondamentales et ses Protocoles, dans la mesure où elles sont pertinentes pour les droits et libertés qui découlent desdits principes.

Titre III

Article 20

Dans l'exercice des droits et des libertés découlant des principes énoncés dans la présente Convention-cadre, les personnes appartenant à des minorités nationales respectent la législation nationale et les droits d'autrui, en particulier ceux des personnes appartenant à la majorité ou aux autres minorités nationales.

Article 21

Aucune des dispositions de la présente Convention-cadre ne sera interprétée comme impliquant pour un individu un droit quelconque de se livrer à une activité ou d'accomplir un acte contraires aux principes fondamentaux du droit international et notamment à l'égalité souveraine, à l'intégrité territoriale et à l'indépendance politique des États.

Article 22

Aucune des dispositions de la présente Convention-cadre ne sera interprétée comme limitant ou portant atteinte aux droits de l'homme et aux libertés fondamentales qui pourraient être reconnus conformément aux lois de toute Partie ou de toute autre convention à laquelle cette Partie contractante est partie.

Article 23

Les droits et libertés découlant des principes énoncés dans la présente Convention-cadre, dans la mesure où ils ont leur pendant dans la Convention de sauvegarde des droits de l'homme et des libertés fondamentales et ses Protocoles, seront entendus conformément à ces derniers.

Titre IV

Article 24

1. Le Comité des Ministres du Conseil de l'Europe est chargé de veiller à la mise en œuvre de la présente Convention-cadre par les Parties contractantes.
2. Les Parties qui ne sont pas membres du Conseil de l'Europe participeront au mécanisme de mise en œuvre selon des modalités à déterminer.

Article 25

1. Dans un délai d'un an à compter de l'entrée en vigueur de la présente Convention-cadre à l'égard d'une Partie contractante, cette dernière transmet au Secrétaire général du Conseil de l'Europe des informations complètes sur les mesures législatives et autres qu'elle aura prises pour donner effet aux principes énoncés dans la présente Convention-cadre.
2. Ultérieurement, chaque Partie transmettra au Secrétaire général, périodiquement et chaque fois que le Comité des Ministres en fera la demande, toute autre information relevant de la mise en œuvre de la présente Convention-cadre.
3. Le Secrétaire général transmet au Comité des Ministres toute information communiquée conformément aux dispositions du présent article.

Article 26

1. Lorsqu'il évalue l'adéquation des mesures prises par une Partie pour donner effet aux principes énoncés par la présente Convention-cadre, le Comité des Ministres se fait assister par un comité consultatif dont les membres possèdent une compétence reconnue dans le domaine de la protection des minorités nationales.

2. La composition de ce comité consultatif ainsi que ses procédures sont fixées par le Comité des Ministres dans un délai d'un an à compter de l'entrée en vigueur de la présente Convention-cadre.

Titre V

Article 27

La présente Convention-cadre est ouverte à la signature des États membres du Conseil de l'Europe. Jusqu'à la date de son entrée en vigueur, elle est aussi ouverte à la signature de tout autre État invité à la signer par le Comité des Ministres. Elle sera soumise à ratification, acceptation ou approbation. Les instruments de ratification, d'acceptation ou d'approbation seront déposés près le Secrétaire général du Conseil de l'Europe.

Article 28

1. La présente Convention-cadre entrera en vigueur le premier jour du mois qui suit l'expiration d'une période de trois mois après la date à laquelle douze États membres du Conseil de l'Europe auront exprimé leur consentement à être liés par la Convention-cadre conformément aux dispositions de l'article 27.
2. Pour tout État membre qui exprimera ultérieurement son consentement à être lié par la Convention-cadre, celle-ci entrera en vigueur le premier jour du mois qui suit l'expiration d'une période de trois mois après la date du dépôt de l'instrument de ratification, d'acceptation ou d'approbation.

Article 29

1. Après l'entrée en vigueur de la présente Convention-cadre et après consultation des États contractants, le Comité des Ministres du Conseil de l'Europe pourra inviter à adhérer à la présente Convention-cadre, par une décision prise à la majorité prévue à l'article 20 d du Statut du Conseil de l'Europe, tout État non membre du Conseil de l'Europe qui, invité à la signer conformément aux

dispositions de l'article 27, ne l'aura pas encore fait, et tout autre État non membre.
2. Pour tout État adhérant, la Convention-cadre entrera en vigueur le premier jour du mois qui suit l'expiration d'une période de trois mois après la date de dépôt de l'instrument d'adhésion près le Secrétaire général du Conseil de l'Europe.

Article 30

1. Tout État peut, au moment de la signature ou au moment du dépôt de son instrument de ratification, d'acceptation, d'approbation ou d'adhésion, désigner le ou les territoires pour lesquels il assure les relations internationales auxquels s'appliquera la présente Convention-cadre.
2. Tout État peut, à tout autre moment par la suite, par une déclaration adressée au Secrétaire général du Conseil de l'Europe, étendre l'application de la présente Convention-cadre à tout autre territoire désigné dans la déclaration. La Convention-cadre entrera en vigueur à l'égard de ce territoire le premier jour du mois qui suit l'expiration d'une période de trois mois après la date de réception de la déclaration par le Secrétaire général.
3. Toute déclaration faite en vertu des deux paragraphes précédents pourra être retirée, en ce qui concerne tout territoire désigné dans cette déclaration, par notification adressée au Secrétaire général. Le retrait prendra effet le premier jour du mois qui suit l'expiration d'une période de trois mois après la date de réception de la notification par le Secrétaire général.

Article 31

1. Toute Partie peut, à tout moment, dénoncer la présente Convention-cadre en adressant une notification au Secrétaire général du Conseil de l'Europe.
2. La dénonciation prendra effet le premier jour du mois qui suit l'expiration d'une période de six mois après la date de réception de la notification par le Secrétaire général.

Article 32

Le Secrétaire général du Conseil de l'Europe notifiera aux États membres du Conseil, aux autres États signataires et à tout État ayant adhéré à la présente Convention-cadre :

a) toute signature ;

b) le dépôt de tout instrument de ratification, d'acceptation, d'approbation ou d'adhésion ;

c) toute date d'entrée en vigueur de la présente Convention-cadre conformément à ses articles 28, 29 et 30 ;

d) tout autre acte, notification ou communication ayant trait à la présente Convention-cadre.

En foi de quoi, les soussignés, dûment autorisés à cet effet, ont signé la présente Convention-cadre.

Fait à Strasbourg, le 1er février 1995, en français et en anglais, les deux textes faisant également foi, en un seul exemplaire qui sera déposé dans les archives du Conseil de l'Europe. Le Secrétaire général du Conseil de l'Europe en communiquera copie certifiée conforme à chacun des États membres du Conseil de l'Europe et à tout État invité à signer ou à adhérer à la présente Convention-cadre.

Texte 29 – Convention pour la protection des droits de l'homme et de la dignité de l'être humain à l'égard des applications de la biologie et de la médecine : Convention sur les droits de l'homme et la biomédecine, 1997

La Convention sur les droits de l'homme et la biomédecine a été ouverte à la signature à Oviedo le 4 avril 1997. Elle est entrée en vigueur le 1er décembre 1999 après 5 ratifications dont 4 États membres du Conseil de l'Europe. Elle lie 29 États parties et a fait l'objet de 6 signatures. La France, qui l'a signée le 4 avril 1997, l'a ratifiée, en faisant plusieurs réserves, avec une entrée en vigueur le 1er avril 2012.

La Convention d'Oviedo est le premier instrument juridique international contraignant concernant la protection de la dignité et des droits et libertés de l'être humain contre toute application abusive des progrès biologiques et médicaux. La Convention énonce une série de principes et d'interdictions concernant notamment la génétique, la recherche médicale, le consentement de la personne concernée, le respect de la vie privée et le droit à l'information ou encore la transplantation d'organes.

Le Comité directeur pour la bioéthique (CDBI), ou tout autre comité désigné par le Comité des ministres du Conseil de l'Europe, ainsi que les États parties peuvent saisir la Cour européenne des droits de l'homme d'avis consultatifs sur des questions juridiques concernant l'interprétation de la Convention.

La Convention prévoit des protocoles additionnels destinés à clarifier, renforcer et compléter les dispositions générales de la Convention.

Bibliographie

Gross Espiell Héctor, Michaud Jean et Teboul Gérard (dir.), *Convention sur les droits de l'homme et la biomédecine. Analyses et commentaires*, Economica, 2010.

Les États membres du Conseil de l'Europe, les autres États et la Communauté européenne signataires de la présente Convention,

Considérant la Déclaration universelle des droits de l'homme, proclamée par l'Assemblée générale des Nations unies le 10 décembre 1948 ;

Considérant la Convention de sauvegarde des droits de l'homme et des libertés fondamentales du 4 novembre 1950 ;

Considérant la Charte sociale européenne du 18 octobre 1961 ;

Considérant le Pacte international sur les droits civils et politiques et le Pacte international relatif aux droits économiques, sociaux et culturels du 16 décembre 1966 ;

Considérant la Convention pour la protection des personnes à l'égard du traitement automatisé des données à caractère personnel du 28 janvier 1981 ;

Considérant également la Convention relative aux droits de l'enfant du 20 novembre 1989 ;

Considérant que le but du Conseil de l'Europe est de réaliser une union plus étroite entre ses membres, et que l'un des moyens d'atteindre ce but est la sauvegarde et le développement des droits de l'homme et des libertés fondamentales ;

Conscients des rapides développements de la biologie et de la médecine ;

Convaincus de la nécessité de respecter l'être humain à la fois comme individu et dans son appartenance à l'espèce humaine et reconnaissant l'importance d'assurer sa dignité ;

Conscients des actes qui pourraient mettre en danger la dignité humaine par un usage impropre de la biologie et de la médecine ;

Affirmant que les progrès de la biologie et de la médecine doivent être utilisés pour le bénéfice des générations présentes et futures ;

Soulignant la nécessité d'une coopération internationale pour que l'Humanité tout entière bénéficie de l'apport de la biologie et de la médecine ;

Reconnaissant l'importance de promouvoir un débat public sur les questions posées par l'application de la biologie et de la médecine, et sur les réponses à y apporter ;

Désireux de rappeler à chaque membre du corps social ses droits et ses responsabilités ;

Prenant en considération les travaux de l'Assemblée parlementaire dans ce domaine, y compris la recommandation 1160 (1991) sur l'élaboration d'une convention de bioéthique ;

Résolus à prendre, dans le domaine des applications de la biologie et de la médecine, les mesures propres à garantir la dignité de l'être humain et les droits et libertés fondamentaux de la personne,

Sont convenus de ce qui suit :

Chapitre I – Dispositions générales

Article 1 – Objet et finalité

Les Parties à la présente Convention protègent l'être humain dans sa dignité et son identité et garantissent à toute personne, sans discrimination, le respect de son intégrité et de ses autres droits et libertés fondamentales à l'égard des applications de la biologie et de la médecine.

Chaque Partie prend dans son droit interne les mesures nécessaires pour donner effet aux dispositions de la présente Convention.

Article 2 – Primauté de l'être humain

L'intérêt et le bien de l'être humain doivent prévaloir sur le seul intérêt de la société ou de la science.

Article 3 – Accès équitable aux soins de santé

Les Parties prennent, compte tenu des besoins de santé et des ressources disponibles, les mesures appropriées en vue d'assurer, dans leur sphère de juridiction, un accès équitable à des soins de santé de qualité appropriée.

Article 4 – Obligations professionnelles et règles de conduite

Toute intervention dans le domaine de la santé, y compris la recherche, doit être effectuée dans le respect des normes et obligations professionnelles, ainsi que des règles de conduite applicables en l'espèce.

Chapitre II – Consentement

Article 5 – Règle générale

Une intervention dans le domaine de la santé ne peut être effectuée qu'après que la personne concernée y a donné son consentement libre et éclairé.

Cette personne reçoit préalablement une information adéquate quant au but et à la nature de l'intervention ainsi que quant à ses conséquences et ses risques.
La personne concernée peut, à tout moment, librement retirer son consentement.

Article 6 – Protection des personnes n'ayant pas la capacité de consentir

1. Sous réserve des articles 17 et 20, une intervention ne peut être effectuée sur une personne n'ayant pas la capacité de consentir, que pour son bénéfice direct.
2. Lorsque, selon la loi, un mineur n'a pas la capacité de consentir à une intervention, celle-ci ne peut être effectuée sans l'autorisation de son représentant, d'une autorité ou d'une personne ou instance désignée par la loi.
L'avis du mineur est pris en considération comme un facteur de plus en plus déterminant, en fonction de son âge et de son degré de maturité.
3. Lorsque, selon la loi, un majeur n'a pas, en raison d'un handicap mental, d'une maladie ou pour un motif similaire, la capacité de consentir à une intervention, celle-ci ne peut être effectuée sans l'autorisation de son représentant, d'une autorité ou d'une personne ou instance désignée par la loi.
La personne concernée doit dans la mesure du possible être associée à la procédure d'autorisation.
4. Le représentant, l'autorité, la personne ou l'instance mentionnés aux paragraphes 2 et 3 reçoivent, dans les mêmes conditions, l'information visée à l'article 5.
5. L'autorisation visée aux paragraphes 2 et 3 peut, à tout moment, être retirée dans l'intérêt de la personne concernée.

Article 7 – Protection des personnes souffrant d'un trouble mental

La personne qui souffre d'un trouble mental grave ne peut être soumise, sans son consentement, à une intervention ayant pour objet de traiter ce trouble que lorsque l'absence d'un tel traitement risque d'être gravement préjudiciable à sa santé et sous réserve des conditions de protection prévues par la loi comprenant des procédures de surveillance et de contrôle ainsi que des voies de recours.

Article 8 – Situations d'urgence

Lorsqu'en raison d'une situation d'urgence le consentement approprié ne peut être obtenu, il pourra être procédé immédiatement à toute intervention médicalement indispensable pour le bénéfice de la santé de la personne concernée.

Article 9 – Souhaits précédemment exprimés

Les souhaits précédemment exprimés au sujet d'une intervention médicale par un patient qui, au moment de l'intervention, n'est pas en état d'exprimer sa volonté seront pris en compte.

Chapitre III – Vie privée et droit à l'information

Article 10 – Vie privée et droit à l'information

1. Toute personne a droit au respect de sa vie privée s'agissant des informations relatives à sa santé.
2. Toute personne a le droit de connaître toute information recueillie sur sa santé. Cependant, la volonté d'une personne de ne pas être informée doit être respectée.
3. À titre exceptionnel, la loi peut prévoir, dans l'intérêt du patient, des restrictions à l'exercice des droits mentionnés au paragraphe 2.

Chapitre IV – Génome humain

Article 11 – Non-discrimination

Toute forme de discrimination à l'encontre d'une personne en raison de son patrimoine génétique est interdite.

Article 12 – Tests génétiques prédictifs

Il ne pourra être procédé à des tests prédictifs de maladies génétiques ou permettant soit d'identifier le sujet comme porteur d'un gène responsable d'une maladie soit de détecter une prédisposition ou une susceptibilité génétique à une maladie qu'à des fins médicales ou de recherche médicale, et sous réserve d'un conseil génétique approprié.

Article 13 – Interventions sur le génome humain

Une intervention ayant pour objet de modifier le génome humain ne peut être entreprise que pour des raisons préventives, diagnostiques ou thérapeutiques et seulement si elle n'a pas pour but d'introduire une modification dans le génome de la descendance.

Article 14 – Non-sélection du sexe

L'utilisation des techniques d'assistance médicale à la procréation n'est pas admise pour choisir le sexe de l'enfant à naître, sauf en vue d'éviter une maladie héréditaire grave liée au sexe.

Chapitre V – Recherche scientifique

Article 15 – Règle générale

La recherche scientifique dans le domaine de la biologie et de la médecine s'exerce librement sous réserve des dispositions de la présente Convention et des autres dispositions juridiques qui assurent la protection de l'être humain.

Article 16 – Protection des personnes se prêtant à une recherche

Aucune recherche ne peut être entreprise sur une personne à moins que les conditions suivantes ne soient réunies :

i) il n'existe pas de méthode alternative à la recherche sur des êtres humains, d'efficacité comparable ;

ii) les risques qui peuvent être encourus par la personne ne sont pas disproportionnés par rapport aux bénéfices potentiels de la recherche ;

iii) le projet de recherche a été approuvé par l'instance compétente, après avoir fait l'objet d'un examen indépendant sur le plan de sa pertinence scientifique, y compris une évaluation de l'importance de l'objectif de la recherche, ainsi que d'un examen pluridisciplinaire de son acceptabilité sur le plan éthique ;

iv) la personne se prêtant à une recherche est informée de ses droits et des garanties prévues par la loi pour sa protection ;

v) le consentement visé à l'article 5 a été donné expressément, spécifiquement et est consigné par écrit. Ce consentement peut, à tout moment, être librement retiré.

Article 17 – Protection des personnes qui n'ont pas la capacité de consentir à une recherche

1. Une recherche ne peut être entreprise sur une personne n'ayant pas, conformément à l'article 5, la capacité d'y consentir que si les conditions suivantes sont réunies :
i) les conditions énoncées à l'article 16, alinéas i à iv, sont remplies ;
ii) les résultats attendus de la recherche comportent un bénéfice réel et direct pour sa santé ;
iii) la recherche ne peut s'effectuer avec une efficacité comparable sur des sujets capables d'y consentir ;
iv) l'autorisation prévue à l'article 6 a été donnée spécifiquement et par écrit ; et
v) la personne n'y oppose pas de refus.
2. À titre exceptionnel et dans les conditions de protection prévues par la loi, une recherche dont les résultats attendus ne comportent pas de bénéfice direct pour la santé de la personne peut être autorisée si les conditions énoncées aux alinéas i, iii, iv et v du paragraphe 1 ci-dessus ainsi que les conditions supplémentaires suivantes sont réunies :
i) la recherche a pour objet de contribuer, par une amélioration significative de la connaissance scientifique de l'état de la personne, de sa maladie ou de son trouble, à l'obtention, à terme, de résultats permettant un bénéfice pour la personne concernée ou pour d'autres personnes dans la même catégorie d'âge ou souffrant de la même maladie ou trouble ou présentant les mêmes caractéristiques ;
ii) la recherche ne présente pour la personne qu'un risque minimal et une contrainte minimale.

Article 18 – Recherche sur les embryons in vitro

1. Lorsque la recherche sur les embryons *in vitro* est admise par la loi, celle-ci assure une protection adéquate de l'embryon.

2. La constitution d'embryons humains aux fins de recherche est interdite.

Chapitre VI – Prélèvement d'organes et de tissus sur des donneurs vivants à des fins de transplantation

Article 19 – Règle générale

1. Le prélèvement d'organes ou de tissus aux fins de transplantation ne peut être effectué sur un donneur vivant que dans l'intérêt thérapeutique du receveur et lorsque l'on ne dispose pas d'organe ou de tissu appropriés d'une personne décédée ni de méthode thérapeutique alternative d'efficacité comparable.
2. Le consentement visé à l'article 5 doit avoir été donné expressément et spécifiquement, soit par écrit soit devant une instance officielle.

Article 20 – Protection des personnes qui n'ont pas la capacité de consentir au prélèvement d'organe

1. Aucun prélèvement d'organe ou de tissu ne peut être effectué sur une personne n'ayant pas la capacité de consentir conformément à l'article 5.
2. À titre exceptionnel et dans les conditions de protection prévues par la loi, le prélèvement de tissus régénérables sur une personne qui n'a pas la capacité de consentir peut être autorisé si les conditions suivantes sont réunies :
i) on ne dispose pas d'un donneur compatible jouissant de la capacité de consentir;
ii) le receveur est un frère ou une sœur du donneur;
iii) le don doit être de nature à préserver la vie du receveur;
iv) l'autorisation prévue aux paragraphes 2 et 3 de l'article 6 a été donnée spécifiquement et par écrit, selon la loi et en accord avec l'instance compétente;
v) le donneur potentiel n'y oppose pas de refus.

Chapitre VII – Interdiction du profit et utilisation d'une partie du corps humain

Article 21 – Interdiction du profit

Le corps humain et ses parties ne doivent pas être, en tant que tels, source de profit.

Article 22 – Utilisation d'une partie du corps humain prélevée

Lorsqu'une partie du corps humain a été prélevée au cours d'une intervention, elle ne peut être conservée et utilisée dans un but autre que celui pour lequel elle a été prélevée que conformément aux procédures d'information et de consentement appropriées.

Chapitre VIII – Atteinte aux dispositions de la Convention

Article 23 – Atteinte aux droits ou principes

Les Parties assurent une protection juridictionnelle appropriée afin d'empêcher ou faire cesser à bref délai une atteinte illicite aux droits et principes reconnus dans la présente Convention.

Article 24 – Réparation d'un dommage injustifié

La personne ayant subi un dommage injustifié résultant d'une intervention a droit à une réparation équitable dans les conditions et selon les modalités prévues par la loi.

Article 25 – Sanctions

Les Parties prévoient des sanctions appropriées dans les cas de manquement aux dispositions de la présente Convention.

Chapitre IX – Relation de la présente Convention avec d'autres dispositions

Article 26 – Restrictions à l'exercice des droits

1. L'exercice des droits et les dispositions de protection contenus dans la présente Convention ne peuvent faire l'objet d'autres restrictions que celles qui, prévues par la loi, constituent des mesures nécessaires, dans une société

démocratique, à la sûreté publique, à la prévention des infractions pénales, à la protection de la santé publique ou à la protection des droits et libertés d'autrui.

2. Les restrictions visées à l'alinéa précédent ne peuvent être appliquées aux articles 11, 13, 14, 16, 17, 19, 20 et 21.

Article 27 – Protection plus étendue

Aucune des dispositions de la présente Convention ne sera interprétée comme limitant ou portant atteinte à la faculté pour chaque Partie d'accorder une protection plus étendue à l'égard des applications de la biologie et de la médecine que celle prévue par la présente Convention.

Chapitre X – Débat public

Article 28 – Débat public

Les Parties à la présente Convention veillent à ce que les questions fondamentales posées par les développements de la biologie et de la médecine fassent l'objet d'un débat public approprié à la lumière, en particulier, des implications médicales, sociales, économiques, éthiques et juridiques pertinentes, et que leurs possibles applications fassent l'objet de consultations appropriées.

Chapitre XI – Interprétation et suivi de la Convention

Article 29 – Interprétation de la Convention

La Cour européenne des droits de l'homme peut donner, en dehors de tout litige concret se déroulant devant une juridiction, des avis consultatifs sur des questions juridiques concernant l'interprétation de la présente Convention à la demande :

– du Gouvernement d'une Partie, après en avoir informé les autres Parties ;

– du Comité institué par l'article 32, dans sa composition restreinte aux Représentants des Parties à la présente Convention, par décision prise à la majorité des deux tiers des voix exprimées.

Article 30 – Rapports sur l'application de la Convention

Toute Partie fournira, sur demande du Secrétaire général du Conseil de l'Europe, les explications requises sur la manière dont son droit interne assure l'application effective de toutes les dispositions de cette Convention.

Chapitre XII – Protocoles

Article 31 – Protocoles

Des protocoles peuvent être élaborés conformément aux dispositions de l'article 32, en vue de développer, dans des domaines spécifiques, les principes contenus dans la présente Convention.

Les protocoles sont ouverts à la signature des signataires de la Convention. Ils seront soumis à ratification, acceptation ou approbation. Un signataire ne peut ratifier, accepter ou approuver les protocoles sans avoir antérieurement ou simultanément ratifié, accepté ou approuvé la Convention.

Chapitre XIII – Amendements à la Convention

Article 32 – Amendements à la Convention

1. Les tâches confiées au « comité » dans le présent article et dans l'article 29 sont effectuées par le Comité directeur pour la bioéthique (CDBI), ou par tout autre comité désigné à cette fin par le Comité des Ministres.
2. Sans préjudice des dispositions spécifiques de l'article 29, tout État membre du Conseil de l'Europe ainsi que toute Partie à la présente Convention qui n'est pas membre du Conseil de l'Europe peut se faire représenter au sein du comité, lorsque celui-ci accomplit les tâches confiées par la présente Convention, et y dispose d'une voix.
3. Tout État visé à l'article 33 ou invité à adhérer à la Convention conformément aux dispositions de l'article 34, qui n'est pas Partie à la présente Convention, peut désigner un observateur auprès du comité. Si la Communauté européenne n'est pas Partie, elle peut désigner un observateur auprès du comité.

4. Afin de tenir compte des évolutions scientifiques, la présente Convention fera l'objet d'un examen au sein du comité dans un délai maximum de cinq ans après son entrée en vigueur, et par la suite à des intervalles que le comité pourra déterminer.
5. Toute proposition d'amendement à la présente Convention ainsi que toute proposition de protocole ou d'amendement à un protocole, présentée par une Partie, par le comité ou le Comité des Ministres, est communiquée au Secrétaire général du Conseil de l'Europe et transmise par ses soins aux États membres du Conseil de l'Europe, à la Communauté européenne, à tout signataire, à toute Partie, à tout État invité à signer la présente Convention conformément aux dispositions de l'article 33, et à tout État invité à y adhérer conformément aux dispositions de l'article 34.
6. Le comité examine la proposition au plus tôt deux mois après qu'elle a été transmise par le Secrétaire général conformément au paragraphe 5. Le Comité soumet le texte adopté à la majorité des deux tiers des voix exprimées à l'approbation du Comité des Ministres. Après son approbation, ce texte est communiqué aux Parties en vue de sa ratification, son acceptation ou son approbation.
7. Tout amendement entrera en vigueur, à l'égard des Parties qui l'ont accepté, le premier jour du mois qui suit l'expiration d'une période d'un mois après la date à laquelle cinq Parties, y compris au moins quatre États membres du Conseil de l'Europe, auront informé le Secrétaire général qu'elles l'ont accepté.
Pour toute Partie qui l'aura accepté ultérieurement, l'amendement entrera en vigueur le premier jour du mois qui suit l'expiration d'une période d'un mois après la date à laquelle ladite Partie aura informé le Secrétaire général de son acceptation.

Chapitre XIV – Clauses finales

Article 33 – Signature, ratification et entrée en vigueur

1. La présente Convention est ouverte à la signature des États membres du Conseil de l'Europe, des États non membres qui ont participé à son élaboration et de la Communauté européenne.
2. La présente Convention sera soumise à ratification, acceptation ou approbation. Les instruments de ratification, d'acceptation ou d'approbation seront déposés près le Secrétaire général du Conseil de l'Europe.
3. La présente Convention entrera en vigueur le premier jour du mois qui suit l'expiration d'une période de trois mois après la date à laquelle cinq États, incluant au moins quatre États membres du Conseil de l'Europe, auront exprimé leur consentement à être liés par la Convention, conformément aux dispositions du paragraphe précédent.
4. Pour tout Signataire qui exprimera ultérieurement son consentement à être lié par la Convention, celle-ci entrera en vigueur le premier jour du mois qui suit l'expiration d'une période de trois mois après la date du dépôt de son instrument de ratification, d'acceptation ou d'approbation.

Article 34 – États non membres

1. Après l'entrée en vigueur de la présente Convention, le Comité des Ministres du Conseil de l'Europe pourra, après consultation des Parties, inviter tout État non membre du Conseil de l'Europe à adhérer à la présente Convention par une décision prise à la majorité prévue à l'article 20, alinéa d, du Statut du Conseil de l'Europe et à l'unanimité des voix des représentants des États contractants ayant le droit de siéger au Comité des Ministres.
2. Pour tout État adhérent, la Convention entrera en vigueur le premier jour du mois qui suit l'expiration d'une période de trois mois après la date du dépôt de l'instrument d'adhésion près le Secrétaire général du Conseil de l'Europe.

Article 35 – Application territoriale

1. Tout Signataire peut, au moment de la signature ou au moment du dépôt de son instrument de ratification, d'acceptation ou d'approbation, désigner le territoire ou les territoires auxquels s'appliquera la présente Convention. Tout autre État peut formuler la même déclaration au moment du dépôt de son instrument d'adhésion.
2. Toute Partie peut, à tout moment par la suite, par une déclaration adressée au Secrétaire général du Conseil de l'Europe, étendre l'application de la présente Convention à tout autre territoire désigné dans la déclaration et dont elle assure les relations internationales ou pour lequel elle est habilitée à stipuler. La Convention entrera en vigueur à l'égard de ce territoire le premier jour du mois qui suit l'expiration d'une période de trois mois après la date de réception de la déclaration par le Secrétaire général.
3. Toute déclaration faite en vertu des deux paragraphes précédents pourra être retirée, en ce qui concerne tout territoire désigné dans cette déclaration, par notification adressée au Secrétaire général. Le retrait prendra effet le premier jour du mois qui suit l'expiration d'une période de trois mois après la date de réception de la notification par le Secrétaire général.

Article 36 – Réserves

1. Tout État et la Communauté européenne peuvent, au moment de la signature de la présente Convention ou du dépôt de l'instrument de ratification, d'acceptation, d'approbation ou d'adhésion, formuler une réserve au sujet d'une disposition particulière de la Convention, dans la mesure où une loi alors en vigueur sur son territoire n'est pas conforme à cette disposition. Les réserves de caractère général ne sont pas autorisées aux termes du présent article.
2. Toute réserve émise conformément au présent article comporte un bref exposé de la loi pertinente.
3. Toute Partie qui étend l'application de la présente Convention à un territoire désigné par une déclaration prévue en application du paragraphe 2 de l'article 35 peut,

pour le territoire concerné, formuler une réserve, conformément aux dispositions des paragraphes précédents.
4. Toute Partie qui a formulé la réserve visée dans le présent article peut la retirer au moyen d'une déclaration adressée au Secrétaire général du Conseil de l'Europe. Le retrait prendra effet le premier jour du mois qui suit l'expiration d'une période d'un mois après la date de réception par le Secrétaire général.

Article 37 – Dénonciation

1. Toute Partie peut, à tout moment, dénoncer la présente Convention en adressant une notification au Secrétaire général du Conseil de l'Europe.
2. La dénonciation prendra effet le premier jour du mois qui suit l'expiration d'une période de trois mois après la date de réception de la notification par le Secrétaire général.

Article 38 – Notifications

Le Secrétaire général du Conseil de l'Europe notifiera aux États membres du Conseil, à la Communauté européenne, à tout Signataire, à toute Partie et à tout autre État qui a été invité à adhérer à la présente Convention :
a) toute signature ;
b) le dépôt de tout instrument de ratification, d'acceptation, d'approbation ou d'adhésion ;
c) toute date d'entrée en vigueur de la présente Convention, conformément à ses articles 33 ou 34 ;
d) tout amendement ou protocole adopté conformément à l'article 32, et la date à laquelle cet amendement ou protocole entre en vigueur ;
e) toute déclaration formulée en vertu des dispositions de l'article 35 ;
f) toute réserve et tout retrait de réserve formulés conformément aux dispositions de l'article 36 ;
g) tout autre acte, notification ou communication ayant trait à la présente Convention.
En foi de quoi, les soussignés, dûment autorisés à cet effet, ont signé la présente Convention.

Fait à Oviedo (Asturies), le 4 avril 1997, en français et en anglais, les deux textes faisant également foi, en un seul exemplaire qui sera déposé dans les archives du Conseil de l'Europe. Le Secrétaire général du Conseil de l'Europe en communiquera copie certifiée conforme à chacun des États membres du Conseil de l'Europe, à la Communauté européenne, aux États non membres qui ont participé à l'élaboration de la présente Convention, et à tout État invité à adhérer à la présente Convention.

Texte 30 – Convention du Conseil de l'Europe sur la lutte contre la traite des êtres humains, 2005

Cette Convention a été ouverte à la signature le 16 mai 2005, à Varsovie. 10 ratifications étaient nécessaires pour l'entrée en vigueur qui est intervenue le 1er février 2008. La Convention a fait l'objet de 43 ratifications et d'une signature, la Russie et Monaco restant à l'écart. La France a ratifié la Convention, en faisant des réserves et une déclaration (cf. infra) *avec une entrée en vigueur à son égard le 1er mai 2008.*

La Convention de Varsovie est un traité global axé essentiellement sur la protection des victimes de la traite et la sauvegarde de leurs droits. Elle vise également la prévention de la traite, ainsi que la poursuite des auteurs. Elle s'applique à toutes les formes de traite.

La Convention prévoit la mise en place d'un mécanisme de suivi indépendant (le « GRETA ») garantissant le respect de ses dispositions par les États parties.

Les États membres du Conseil de l'Europe et les autres Signataires de la présente Convention,

Considérant que le but du Conseil de l'Europe est de réaliser une union plus étroite entre ses membres ;

Considérant que la traite des êtres humains constitue une violation des droits de la personne humaine et une atteinte à la dignité et à l'intégrité de l'être humain;
Considérant que la traite des êtres humains peut conduire à une situation d'esclavage pour les victimes;
Considérant que le respect des droits des victimes et leur protection, ainsi que la lutte contre la traite des êtres humains doivent être les objectifs primordiaux;
Considérant que toute action ou initiative dans le domaine de la lutte contre la traite des êtres humains doit être non-discriminatoire et prendre en considération l'égalité entre les femmes et les hommes, ainsi qu'une approche fondée sur les droits de l'enfant;
Rappelant les déclarations des Ministres des Affaires étrangères des États membres lors des 112e (14 et 15 mai 2003) et 114e (12 et 13 mai 2004) Sessions du Comité des Ministres, appelant à une action renforcée du Conseil de l'Europe dans le domaine de la traite des êtres humains;
Gardant présente à l'esprit la Convention de sauvegarde des Droits de l'Homme et des Libertés fondamentales (1950) et ses Protocoles;
Gardant à l'esprit les recommandations suivantes du Comité des Ministres aux États membres du Conseil de l'Europe : Recommandation no R (91) 11 sur l'exploitation sexuelle, la pornographie, la prostitution ainsi que la traite d'enfants et de jeunes adultes; Recommandation no R (97) 13 sur l'intimidation des témoins et les droits de la défense; Recommandation no R (2000) 11 sur la lutte contre la traite des êtres humains aux fins d'exploitation sexuelle; Recommandation Rec (2001) 16 sur la protection des enfants contre l'exploitation sexuelle; Recommandation Rec (2002) 5 sur la protection des femmes contre la violence;
Gardant à l'esprit les recommandations suivantes de l'Assemblée parlementaire du Conseil de l'Europe : Recommandation 1325 (1997) relative à la traite des femmes et à la prostitution forcée dans les États membres du Conseil de l'Europe; Recommandation 1450 (2000)

sur la violence à l'encontre des femmes en Europe; Recommandation 1545 (2002) campagne contre la traite des femmes; Recommandation 1610 (2003) migrations liées à la traite des femmes et à la prostitution; Recommandation 1611 (2003) trafic d'organes en Europe; Recommandation 1663 (2004) esclavage domestique : servitude, personnes au pair et épouses achetées par correspondance;

Gardant à l'esprit la Décision-cadre du Conseil de l'Union européenne du 19 juillet 2002 relative à la lutte contre la traite des êtres humains; la Décision-cadre du Conseil de l'Union européenne du 15 mars 2001 relative au statut des victimes dans le cadre des procédures pénales et la Directive du Conseil de l'Union européenne du 29 avril 2004 relative au titre de séjour délivré aux ressortissants des Pays tiers qui sont victimes de la traite des êtres humains ou ont fait l'objet d'une aide à l'immigration clandestine et qui coopèrent avec les autorités compétentes;

Tenant dûment compte de la Convention des Nations unies contre la criminalité transnationale organisée et son Protocole visant à prévenir, réprimer et punir la traite des personnes, en particulier des femmes et des enfants, afin de renforcer la protection assurée par ces instruments et de développer les normes qu'ils énoncent;

Tenant dûment compte des autres instruments juridiques internationaux pertinents dans le domaine de la lutte contre la traite des êtres humains;

Tenant compte du besoin d'élaborer un instrument juridique international global qui soit centré sur les droits de la personne humaine des victimes de la traite et qui mette en place un mécanisme de suivi spécifique,

Sont convenus de ce qui suit :

Chapitre I – Objet, champ d'application, principe de non-discrimination et définitions

Article 1 – Objet de la Convention

1) La présente Convention a pour objet :

a. de prévenir et combattre la traite des êtres humains, en garantissant l'égalité entre les femmes et les hommes;

b. de protéger les droits de la personne humaine des victimes de la traite, de concevoir un cadre complet de protection et d'assistance aux victimes et aux témoins, en garantissant l'égalité entre les femmes et les hommes, ainsi que d'assurer des enquêtes et des poursuites efficaces ;
c. de promouvoir la coopération internationale dans le domaine de la lutte contre la traite des êtres humains.
2) Afin d'assurer une mise en œuvre efficace de ses dispositions par les Parties, la présente Convention met en place un mécanisme de suivi spécifique.

Article 2 – Champ d'application

La présente Convention s'applique à toutes les formes de traite des êtres humains, qu'elles soient nationales ou transnationales et liées ou non à la criminalité organisée.

Article 3 – Principe de non-discrimination

La mise en œuvre de la présente Convention par les Parties, en particulier la jouissance des mesures visant à protéger et promouvoir les droits des victimes, doit être assurée sans discrimination aucune, fondée notamment sur le sexe, la race, la couleur, la langue, la religion, les opinions politiques ou toutes autres opinions, l'origine nationale ou sociale, l'appartenance à une minorité nationale, la fortune, la naissance ou toute autre situation.

Article 4 – Définitions

Aux fins de la présente Convention :
a. L'expression « traite des êtres humains » désigne le recrutement, le transport, le transfert, l'hébergement ou l'accueil de personnes, par la menace de recours ou le recours à la force ou d'autres formes de contrainte, par enlèvement, fraude, tromperie, abus d'autorité ou d'une situation de vulnérabilité, ou par l'offre ou l'acceptation de paiements ou d'avantages pour obtenir le consentement d'une personne ayant autorité sur une autre aux fins d'exploitation. L'exploitation comprend, au minimum, l'exploitation de la prostitution d'autrui ou d'autres formes d'exploitation sexuelle, le travail ou les services forcés,

l'esclavage ou les pratiques analogues à l'esclavage, la servitude ou le prélèvement d'organes ;

b. Le consentement d'une victime de la « traite d'êtres humains » à l'exploitation envisagée, telle qu'énoncée à l'alinéa (a) du présent article, est indifférent lorsque l'un quelconque des moyens énoncés à l'alinéa (a) a été utilisé ;

c. le recrutement, le transport, le transfert, l'hébergement ou l'accueil d'un enfant aux fins d'exploitation sont considérés comme une « traite des êtres humains » même s'ils ne font appel à aucun des moyens énoncés à l'alinéa (a) du présent article ;

d. le terme « enfant » désigne toute personne âgée de moins de dix-huit ans ;

e. le terme « victime » désigne toute personne physique qui est soumise à la traite des êtres humains telle que définie au présent article.

Chapitre II – Prévention, coopération et autres mesures

Article 5 – Prévention de la traite des êtres humains

1) Chaque Partie prend des mesures pour établir ou renforcer la coordination au plan national entre les différentes instances chargées de la prévention et de la lutte contre la traite des êtres humains.

2) Chaque Partie établit et/ou soutient des politiques et programmes efficaces afin de prévenir la traite des êtres humains par des moyens tels que : des recherches; des campagnes d'information, de sensibilisation et d'éducation; des initiatives sociales et économiques et des programmes de formation, en particulier à l'intention des personnes vulnérables à la traite et des professionnels concernés par la traite des êtres humains.

3) Chaque Partie promeut une approche fondée sur les droits de la personne humaine et utilise l'approche intégrée de l'égalité entre les femmes et les hommes, ainsi qu'une approche respectueuse des enfants, dans le développement, la mise en œuvre et l'évaluation de l'ensemble des politiques et programmes mentionnés au paragraphe 2.

4) Chaque Partie prend les mesures appropriées qui sont nécessaires afin de faire en sorte que les migrations se fassent de manière légale, notamment par la diffusion d'informations exactes par les services concernés, sur les conditions permettant l'entrée et le séjour légaux sur son territoire.
5) Chaque Partie prend des mesures spécifiques afin de réduire la vulnérabilité des enfants à la traite, notamment en créant un environnement protecteur pour ces derniers.
6) Les mesures établies conformément au présent article impliquent, le cas échéant, les organisations non gouvernementales, d'autres organisations compétentes et d'autres éléments de la société civile, engagés dans la prévention de la traite des êtres humains, la protection ou l'aide aux victimes.

Article 6 – Mesures pour décourager la demande

Afin de décourager la demande qui favorise toutes les formes d'exploitation des personnes, en particulier des femmes et des enfants, aboutissant à la traite, chaque Partie adopte ou renforce des mesures législatives, administratives, éducatives, sociales, culturelles ou autres, y compris :
a. des recherches sur les meilleures pratiques, méthodes et stratégies ;
b. des mesures visant à faire prendre conscience de la responsabilité et du rôle important des médias et de la société civile pour identifier la demande comme une des causes profondes de la traite des êtres humains ;
c. des campagnes d'information ciblées, impliquant, lorsque cela est approprié, entre autres, les autorités publiques et les décideurs politiques ;
d. des mesures préventives comprenant des programmes éducatifs à destination des filles et des garçons au cours de leur scolarité, qui soulignent le caractère inacceptable de la discrimination fondée sur le sexe, et ses conséquences néfastes, l'importance de l'égalité entre les femmes et les hommes, ainsi que la dignité et l'intégrité de chaque être humain.

Article 7 – Mesures aux frontières

1) Sans préjudice des engagements internationaux relatifs à la libre circulation des personnes, les Parties renforcent, dans la mesure du possible, les contrôles aux frontières nécessaires pour prévenir et détecter la traite des êtres humains.
2) Chaque Partie adopte les mesures législatives ou sation autres appropriées pour prévenir, dans la mesure du possible, l'utilisation des moyens de transport exploités par des transporteurs commerciaux pour la commission des infractions établies conformément à la présente Convention.
3) Lorsqu'il y a lieu, et sans préjudice des conventions internationales applicables, ces mesures consistent notamment à prévoir l'obligation pour les transporteurs commerciaux, y compris toute compagnie de transport ou tout propriétaire ou exploitant d'un quelconque moyen de transport, de vérifier que tous les passagers sont en possession des documents de voyage requis pour l'entrée dans l'État d'accueil.
4) Chaque Partie prend les mesures nécessaires, conformément à son droit interne, pour assortir de sanctions l'obligation énoncée au paragraphe 3 du présent article.
5) Chaque Partie adopte les mesures législatives ou autres nécessaires pour permettre, conformément à son droit interne, de refuser l'entrée de personnes impliquées dans la commission des infractions établies conformément à la présente Convention ou d'annuler leur visa.
6) Les Parties renforcent la coopération entre leurs services de contrôle aux frontières, notamment par l'établissement et le maintien de voies de communication directes.

Article 8 – Sécurité et contrôle des documents

Chaque Partie prend les mesures nécessaires :
a. pour faire en sorte que les documents de voyage ou d'identité qu'elle délivre soient d'une qualité telle qu'on ne puisse facilement en faire un usage impropre ni les falsifier ou les modifier, les reproduire ou les délivrer illicitement ; et

b. pour assurer l'intégrité et la sécurité des documents de voyage ou d'identité délivrés par elle ou en son nom et pour empêcher qu'ils ne soient créés et délivrés illicitement.

Article 9 – Légitimité et validité des documents

À la demande d'une autre Partie, une Partie vérifie, conformément à son droit interne et dans un délai raisonnable, la légitimité et la validité des documents de voyage ou d'identité délivrés ou censés avoir été délivrés en son nom et dont on soupçonne qu'ils sont utilisés pour la traite des êtres humains.

Chapitre III – Mesures visant à protéger et promouvoir les droits des victimes, en garantissant l'égalité entre les femmes et les hommes

Article 10 – Identification des victimes

1) Chaque Partie s'assure que ses autorités compétentes disposent de personnes formées et qualifiées dans la prévention et la lutte contre la traite des êtres humains et dans l'identification des victimes, notamment des enfants, et dans le soutien à ces dernières et que les différentes autorités concernées collaborent entre elles ainsi qu'avec les organisations ayant un rôle de soutien, afin de permettre d'identifier les victimes dans un processus prenant en compte la situation spécifique des femmes et des enfants victimes et, dans les cas appropriés, de délivrer des permis de séjour suivant les conditions de l'article 14 de la présente Convention.

2) Chaque Partie adopte les mesures législatives ou autres nécessaires pour identifier les victimes, le cas échéant, en collaboration avec d'autres Parties et avec des organisations ayant un rôle de soutien. Chaque Partie s'assure que, si les autorités compétentes estiment qu'il existe des motifs raisonnables de croire qu'une personne a été victime de la traite des êtres humains, elle ne soit pas éloignée de son territoire jusqu'à la fin du processus d'identification en tant que victime de l'infraction prévue à l'article 18 de la présente Convention par les autorités compétentes et bénéficie de l'assistance prévue à l'article 12, paragraphes 1 et 2.

3) En cas d'incertitude sur l'âge de la victime et lorsqu'il existe des raisons de croire qu'elle est un enfant, elle est présumée être un enfant et il lui est accordé des mesures de protection spécifiques dans l'attente que son âge soit vérifié.
4) Dès qu'un enfant est identifié en tant que victime et qu'il est non accompagné, chaque Partie :
a. prévoit sa représentation par le biais de la tutelle légale, d'une organisation ou d'une autorité chargée d'agir conformément à son intérêt supérieur ;
b. prend les mesures nécessaires pour établir son identité et sa nationalité ;
c. déploie tous les efforts pour retrouver sa famille lorsque cela est dans son intérêt supérieur.

Article 11 – Protection de la vie privée

1) Chaque Partie protège la vie privée et l'identité des victimes. Les données à caractère personnel les concernant sont enregistrées et utilisées dans les conditions prévues par la Convention pour la protection des personnes à l'égard du traitement automatisé des données à caractère personnel (STE n° 108).
2) En particulier, chaque Partie adopte des mesures afin d'assurer que l'identité, ou les éléments permettant l'identification, d'un enfant victime de la traite ne soient pas rendus publics, que ce soit par les médias ou par d'autres moyens, sauf circonstances exceptionnelles afin de permettre de retrouver des membres de la famille de l'enfant ou d'assurer autrement son bien-être et sa protection.
3) Chaque Partie envisage de prendre, dans le respect de l'article 10 de la Convention de sauvegarde des Droits de l'Homme et des Libertés fondamentales tel qu'interprété par la Cour européenne des Droits de l'Homme, des mesures en vue d'encourager les médias à sauvegarder la vie privée et l'identité des victimes, à travers l'autorégulation ou par le biais de mesures de régulation ou de co-régulation.

Article 12 – Assistance aux victimes

1) Chaque Partie prend les mesures législatives ou autres nécessaires pour assister les victimes dans leur rétablissement physique, psychologique et social. Une telle assistance comprend au minimum :

a. des conditions de vie susceptibles d'assurer leur subsistance, par des mesures telles qu'un hébergement convenable et sûr, une assistance psychologique et matérielle ;

b. l'accès aux soins médicaux d'urgence ;

c. une aide en matière de traduction et d'interprétation, le cas échéant ;

d. des conseils et des informations, concernant notamment les droits que la loi leur reconnaît, ainsi que les services mis à leur disposition, dans une langue qu'elles peuvent comprendre ;

e. une assistance pour faire en sorte que leurs droits et intérêts soient présentés et pris en compte aux étapes appropriées de la procédure pénale engagée contre les auteurs d'infractions ;

f. l'accès à l'éducation pour les enfants.

2) Chaque Partie tient dûment compte des besoins en matière de sécurité et de protection des victimes.

3) En outre, chaque Partie fournit l'assistance médicale nécessaire ou tout autre type d'assistance aux victimes résidant légalement sur son territoire qui ne disposent pas de ressources adéquates et en ont besoin.

4) Chaque Partie adopte les règles par lesquelles les victimes résidant légalement sur son territoire sont autorisées à accéder au marché du travail, à la formation professionnelle et à l'enseignement.

5) Chaque Partie prend des mesures, le cas échéant et aux conditions prévues par son droit interne, afin de coopérer avec les organisations non gouvernementales, d'autres organisations compétentes ou d'autres éléments de la société civile, engagés dans l'assistance aux victimes.

6) Chaque Partie adopte les mesures législatives ou autres nécessaires pour s'assurer que l'assistance à une victime n'est pas subordonnée à sa volonté de témoigner.

7) Pour la mise en œuvre des dispositions prévues au présent article, chaque Partie s'assure que les services sont fournis sur une base consensuelle et informée, prenant dûment en compte les besoins spécifiques des personnes en situation vulnérable et les droits des enfants en matière d'hébergement, d'éducation et de soins convenables.

Article 13 – Délai de rétablissement et de réflexion

1) Chaque Partie prévoit dans son droit interne un délai de rétablissement et de réflexion d'au moins 30 jours lorsqu'il existe des motifs raisonnables de croire que la personne concernée est une victime. Ce délai doit être d'une durée suffisante pour que la personne concernée puisse se rétablir et échapper à l'influence des trafiquants et/ou prenne, en connaissance de cause, une décision quant à sa coopération avec les autorités compétentes. Pendant ce délai, aucune mesure d'éloignement ne peut être exécutée à son égard. Cette disposition est sans préjudice des activités réalisées par les autorités compétentes dans chacune des phases de la procédure nationale applicable, en particulier pendant l'enquête et la poursuite des faits incriminés. Pendant ce délai, les Parties autorisent le séjour de la personne concernée sur leur territoire.

3) Pendant ce délai, les personnes visées au paragraphe 1 du présent article ont droit au bénéfice des mesures prévues à l'article 12, paragraphes 1 et 2.

4) Les Parties ne sont pas tenues au respect de ce délai pour des motifs d'ordre public, ou lorsqu'il apparaît que la qualité de victime est invoquée indûment.

Article 14 – Permis de séjour

1) Chaque Partie délivre un permis de séjour renouvelable aux victimes, soit dans l'une des deux hypothèses suivantes, soit dans les deux :

a. l'autorité compétente estime que leur séjour s'avère nécessaire en raison de leur situation personnelle ;

b. l'autorité compétente estime que leur séjour s'avère nécessaire en raison de leur coopération avec les autorités

compétentes aux fins d'une enquête ou d'une procédure pénale.
2) Lorsqu'il est juridiquement nécessaire, le permis de séjour des enfants victimes est délivré conformément à leur intérêt supérieur et, le cas échéant, renouvelé dans les mêmes conditions.
3) Le non-renouvellement ou le retrait d'un permis de séjour est soumis aux conditions prévues par le droit interne de la Partie.
5) Si une victime dépose une demande de titre de séjour d'une autre catégorie, la Partie concernée tient compte du fait que la victime a bénéficié ou bénéficie d'un permis de séjour en vertu du paragraphe 1.
6) Eu égard aux obligations des Parties visées à l'article 40 de la présente Convention, chaque Partie s'assure que la délivrance d'un permis, conformément à la présente disposition, est sans préjudice du droit de chercher l'asile et d'en bénéficier.

Article 15 – Indemnisation et recours

1) Chaque Partie garantit aux victimes, dès leur premier contact avec les autorités compétentes, l'accès aux informations sur les procédures judiciaires et administratives pertinentes dans une langue qu'elles peuvent comprendre.
2) Chaque Partie prévoit, dans son droit interne, le droit à l'assistance d'un défenseur et à une assistance juridique gratuite pour les victimes, selon les conditions prévues par son droit interne.
3) Chaque Partie prévoit, dans son droit interne, le droit pour les victimes à être indemnisées par les auteurs d'infractions.
4) Chaque Partie adopte les mesures législatives ou autres nécessaires pour faire en sorte que l'indemnisation des victimes soit garantie, dans les conditions prévues dans son droit interne, par exemple par l'établissement d'un fonds pour l'indemnisation des victimes ou d'autres mesures ou programmes destinés à l'assistance et l'intégration sociales des victimes qui pourraient être financés par les

avoirs provenant de l'application des mesures prévues à l'article 23.

Article 16 – Rapatriement et retour des victimes

1) La Partie dont une victime est ressortissante ou dans laquelle elle avait le droit de résider à titre permanent au moment de son entrée sur le territoire de la Partie d'accueil facilite et accepte, en tenant dûment compte des droits, de la sécurité et de la dignité de cette personne, le retour de celle-ci sans retard injustifié ou déraisonnable.

2) Lorsqu'une Partie renvoie une victime dans un autre État, ce retour est assuré compte dûment tenu des droits, de la sécurité et de la dignité de la personne et de l'état de toute procédure judiciaire liée au fait qu'elle est une victime et est de préférence volontaire.

3) À la demande d'une Partie d'accueil, une Partie requise vérifie si une personne est son ressortissant ou avait le droit de résider à titre permanent sur son territoire au moment de son entrée sur le territoire de la Partie d'accueil.

4) Afin de faciliter le retour d'une victime qui ne possède pas les documents requis, la Partie dont cette personne est ressortissante ou dans laquelle elle avait le droit de résider à titre permanent au moment de son entrée sur le territoire de la Partie d'accueil accepte de délivrer, à la demande de la Partie d'accueil, les documents de voyage ou toute autre autorisation nécessaire pour permettre à la personne de se rendre et d'être réadmise sur son territoire.

5) Chaque Partie prend les mesures législatives ou autres nécessaires pour mettre en place des programmes de rapatriement avec la participation des institutions nationales ou internationales et des organisations non gouvernementales concernées. Ces programmes visent à éviter la re-victimisation. Chaque Partie devrait déployer tous les efforts pour favoriser la réinsertion des victimes dans la société de l'État de retour, y compris la réinsertion dans le système éducatif et le marché du travail, notamment par l'acquisition et l'amélioration de compétences professionnelles. En ce qui concerne les enfants, ces programmes devraient inclure la jouissance du droit à l'éducation,

ainsi que des mesures visant à leur assurer le bénéfice d'une prise en charge ou d'un accueil adéquats par leur famille ou des structures d'accueil appropriées.
6) Chaque Partie prend les mesures législatives ou autres nécessaires pour mettre à la disposition des victimes, le cas échéant en collaboration avec toute Partie concernée, des renseignements sur les instances susceptibles de les aider dans le pays où ces victimes sont retournées ou rapatriées, telles que les services de détection et de répression, les organisations non gouvernementales, les professions juridiques susceptibles de leur donner des conseils et les organismes sociaux.
7) Les enfants victimes ne sont pas rapatriés dans un État, si, à la suite d'une évaluation portant sur les risques et la sécurité, il apparaît que le retour n'est pas dans l'intérêt supérieur de l'enfant.

Article 17 – Égalité entre les femmes et les hommes

Lorsqu'elle applique les mesures prévues au présent chapitre, chaque Partie vise à promouvoir l'égalité entre les femmes et les hommes et a recours à l'approche intégrée de l'égalité dans le développement, la mise en œuvre et l'évaluation de ces mesures.

Chapitre IV – Droit pénal matériel

Article 18 – Incrimination de la traite des êtres humains

Chaque Partie adopte les mesures législatives et autres nécessaires pour conférer le caractère d'infraction pénale aux actes énoncés à l'article 4 de la présente Convention, lorsqu'ils ont été commis intentionnellement.

Article 19 – Incrimination de l'utilisation des services d'une victime

Chaque Partie envisage d'adopter les mesures législatives et autres nécessaires pour conférer le caractère d'infraction pénale, conformément à son droit interne, au fait d'utiliser les services qui font l'objet de l'exploitation visée à l'article 4 paragraphe a de la présente Convention, en sachant que la personne concernée est victime de la traite d'êtres humains.

Article 20 – Incrimination des actes relatifs aux documents de voyage ou d'identité

Chaque Partie adopte les mesures législatives et autres nécessaires pour conférer le caractère d'infraction pénale, aux actes ci-après lorsqu'ils ont été commis intentionnellement afin de permettre la traite des êtres humains :

a. fabriquer un document de voyage ou d'identité frauduleux ;

b. procurer ou fournir un tel document ;

c. retenir, soustraire, altérer, endommager ou détruire un document de voyage ou d'identité d'une autre personne.

Article 21 – Complicité et tentative

1) Chaque Partie adopte les mesures législatives et autres qui se révèlent nécessaires pour ériger en infraction pénale toute complicité lorsqu'elle est commise intentionnellement en vue de la perpétration d'une des infractions établies en application des articles 18 et 20 de la présente Convention.

2) Chaque Partie adopte les mesures législatives et autres qui se révèlent nécessaires pour ériger en infraction pénale toute tentative intentionnelle de commettre l'une des infractions établies en application des articles 18 et 20, paragraphe a, de la présente Convention.

Article 22 – Responsabilité des personnes morales

1) Chaque Partie adopte les mesures législatives et autres qui se révèlent nécessaires pour faire en sorte que les personnes morales puissent être tenues pour responsables des infractions établies en application de la présente Convention, lorsqu'elles sont commises pour leur compte par toute personne physique, agissant soit individuellement, soit en tant que membre d'un organe de la personne morale, qui exerce un pouvoir de direction en son sein, sur les bases suivantes :

a. un pouvoir de représentation de la personne morale ;

b. une autorité pour prendre des décisions au nom de la personne morale ;

c. une autorité pour exercer un contrôle au sein de la personne morale.

2) Outre les cas déjà prévus au paragraphe 1, chaque Partie adopte les mesures nécessaires pour s'assurer qu'une personne morale puisse être tenue pour responsable lorsque l'absence de surveillance ou de contrôle de la part d'une personne physique mentionnée au paragraphe 1 a rendu possible la commission d'une infraction établie conformément à la présente Convention pour le compte de ladite personne morale par une personne physique agissant sous son autorité.

3) Selon les principes juridiques de la Partie, la responsabilité d'une personne morale peut être pénale, civile ou administrative.

4) Cette responsabilité est établie sans préjudice de la responsabilité pénale des personnes physiques ayant commis l'infraction.

Article 23 – Sanctions et mesures

1) Chaque Partie adopte les mesures législatives et autres qui se révèlent nécessaires pour faire en sorte que les infractions pénales établies en application des articles 18 à 21 soient passibles de sanctions effectives, proportionnées et dissuasives. Celles-ci incluent, pour les infractions établies conformément à l'article 18 lorsqu'elles sont commises par des personnes physiques, des sanctions privatives de liberté pouvant donner lieu à l'extradition.

2) Chaque Partie veille à ce que les personnes morales tenues pour responsables en application de l'article 22 fassent l'objet de sanctions ou mesures pénales ou non pénales effectives, proportionnées et dissuasives, y compris des sanctions pécuniaires.

3) Chaque Partie adopte les mesures législatives et autres qui se révèlent nécessaires pour lui permettre de confisquer ou de priver autrement des instruments et des produits des infractions pénales établies en vertu des articles 18 et 20, paragraphe a, de la présente Convention, ou des biens dont la valeur correspond à ces produits.

4) Chaque Partie adopte les mesures législatives ou autres qui se révèlent nécessaires pour permettre la fermeture temporaire ou définitive de tout établissement utilisé pour commettre la traite des êtres humains, sans préjudice des droits des tiers de bonne foi, ou pour interdire à l'auteur de cet infraction, à titre temporaire ou définitif, l'exercice de l'activité à l'occasion de laquelle celle-ci a été commise.

Article 24 – Circonstances aggravantes

Chaque Partie fait en sorte que les circonstances suivantes soient considérées comme des circonstances aggravantes dans la détermination de la sanction appliquée aux infractions établies conformément à l'article 18 de la présente Convention :

a. l'infraction a mis en danger la vie de la victime délibérément ou par négligence grave ;

b. l'infraction a été commise à l'encontre d'un enfant ;

c. l'infraction a été commise par un agent public dans l'exercice de ses fonctions ;

d. l'infraction a été commise dans le cadre d'une organisation criminelle.

Article 25 – Condamnations antérieures

Chaque Partie adopte les mesures législatives et autres pour prévoir la possibilité de prendre en compte, dans le cadre de l'appréciation de la peine, les condamnations définitives prononcées dans une autre Partie pour des infractions établies conformément à la présente Convention.

Article 26 – Disposition de non-sanction

Chaque Partie prévoit, conformément aux principes fondamentaux de son système juridique, la possibilité de ne pas imposer de sanctions aux victimes pour avoir pris part à des activités illicites lorsqu'elles y ont été contraintes.

Chapitre V – Enquêtes, poursuites et droit procédural

Article 27 – Requêtes ex parte *et* ex officio

1) Chaque Partie s'assure que les enquêtes ou les poursuites concernant les infractions établies conformément

à la présente Convention ne soient pas subordonnées à la déclaration ou à l'accusation émanant d'une victime, du moins quand l'infraction a été commise, en tout ou en partie, sur son territoire.
2) Chaque Partie veille à ce que les victimes d'une infraction commise sur le territoire d'une Partie autre que celle dans laquelle elles résident puissent porter plainte auprès des autorités compétentes de leur État de résidence. L'autorité compétente auprès de laquelle la plainte a été déposée, dans la mesure où elle n'exerce pas elle-même sa compétence à cet égard, la transmet sans délai à l'autorité compétente de la Partie sur le territoire de laquelle l'infraction a été commise. Cette plainte est traitée selon le droit interne de la Partie où l'infraction a été commise.
3) Chaque Partie assure, au moyen de mesures législatives ou autres, aux conditions prévues par son droit interne, aux groupes, fondations, associations ou organisations non gouvernementale qui ont pour objectif de lutter contre la traite des êtres humains ou de protéger les droits de la personne humaine, la possibilité d'assister et/ou de soutenir la victime qui y consent au cours des procédures pénales concernant l'infraction établie conformément à l'article 18 de la présente Convention.

Article 28 – Protection des victimes, témoins et personnes collaborant avec les autorités judiciaires

1) Chaque Partie adopte les mesures législatives ou autres nécessaires pour assurer une protection effective et appropriée face aux représailles ou intimidations possibles, notamment au cours des enquêtes et des poursuites à l'encontre des auteurs ou après celles-ci, au profit :
a. des victimes ;
b. lorsque cela est approprié, des personnes qui fournissent des informations concernant des infractions pénales établies en vertu de l'article 18 de la présente Convention ou qui collaborent d'une autre manière avec les autorités chargées des investigations ou des poursuites ;

c. des témoins qui font une déposition concernant des infractions pénales établies en vertu de l'article 18 de la présente Convention ;
d. si nécessaire, des membres de la famille des personnes visées aux alinéas a et c.
2) Chaque Partie adopte les mesures législatives ou autres nécessaires pour assurer et pour offrir divers types de protection. De telles mesures peuvent inclure la protection physique, l'attribution d'un nouveau lieu de résidence, le changement d'identité et l'aide dans l'obtention d'un emploi.
3) Tout enfant bénéficie de mesures de protection spéciales prenant en compte son intérêt supérieur.
4) Chaque Partie adopte les mesures législatives ou autres nécessaires pour assurer, si nécessaire, une protection appropriée face aux représailles ou intimidations possibles, notamment au cours des enquêtes et des poursuites à l'encontre des auteurs ou après celles-ci, aux membres des groupes, fondations, associations ou organisations non gouvernementales qui exercent une ou plusieurs des activités énoncées à l'article 27, paragraphe 3.
5) Chaque Partie envisage la conclusion d'accords ou d'arrangements avec d'autres États afin de mettre en œuvre le présent article.

Article 29 – Autorités spécialisées et instances de coordination

1) Chaque Partie adopte les mesures nécessaires pour que des personnes ou des entités soient spécialisées dans la lutte contre la traite des êtres humains et dans la protection des victimes. Ces personnes ou entités disposent de l'indépendance nécessaire, dans le cadre des principes fondamentaux du système juridique de cette Partie, pour pouvoir exercer leurs fonctions efficacement et sont libres de toute pression illicite. Lesdites personnes ou le personnel desdites entités doivent disposer d'une formation et des ressources financières adaptées aux fonctions qu'ils exercent.

2) Chaque Partie adopte les mesures nécessaires pour assurer la coordination de la politique et de l'action des services de son administration et des autres organismes publics luttant contre la traite des êtres humains, le cas échéant en mettant sur pied des instances de coordination.
3) Chaque Partie dispense ou renforce la formation des agents responsables de la prévention et de la lutte contre la traite des êtres humains, y compris la formation aux droits de la personne humaine. Cette formation peut être adaptée aux différents services et est axée, le cas échéant, sur les méthodes utilisées pour empêcher la traite, en poursuivre les auteurs et protéger les droits des victimes, y compris la protection des victimes contre les trafiquants.
4) Chaque Partie envisage de nommer des rapporteurs nationaux ou d'autres mécanismes chargés du suivi des activités de lutte contre la traite menées par les institutions de l'État et de la mise en œuvre des obligations prévues par la législation nationale.

Article 30 – Procédures judiciaires

Dans le respect de la Convention de Sauvegarde des Droits de l'Homme et des Libertés fondamentales, notamment son article 6, chaque Partie adopte les mesures législatives ou autres nécessaires pour garantir au cours de la procédure judiciaire :
a. la protection de la vie privée des victimes et, lorsqu'il y a lieu, de leur identité ;
b. la sécurité des victimes et leur protection contre l'intimidation, selon les conditions prévues par son droit interne et, lorsqu'il s'agit d'enfants victimes, en ayant égard tout particulièrement aux besoins des enfants et en garantissant leur droit à des mesures de protection spécifiques.

Article 31 – Compétence

1) Chaque Partie adopte les mesures législatives et autres qui se révèlent nécessaires pour établir sa compétence à l'égard de toute infraction pénale établie conformément à la présente Convention, lorsque l'infraction est commise :
a. sur son territoire; ou

b. à bord d'un navire battant pavillon de cette Partie ; ou
c. à bord d'un aéronef immatriculé selon les lois de cette Partie ; ou
d. par un de ses ressortissants, ou par un apatride ayant sa résidence habituelle sur son territoire, si l'infraction est punissable pénalement là où elle a été commise ou si elle ne relève de la compétence territoriale d'aucun État ;
e. à l'encontre de l'un de ses ressortissants.

2) Chaque Partie peut, au moment de la signature ou du dépôt de son instrument de ratification, d'acceptation, d'approbation ou d'adhésion, dans une déclaration adressée au Secrétaire Général du Conseil de l'Europe, préciser qu'il se réserve le droit de ne pas appliquer, ou de n'appliquer que dans des cas ou conditions spécifiques, les règles de compétence définies au paragraphes 1(d) et (e) du présent article ou dans une partie quelconque de ces paragraphes.

3) Chaque Partie adopte les mesures nécessaires pour établir sa compétence à l'égard de toute infraction visées par la présente Convention, lorsque l'auteur présumé de l'infraction est présent sur son territoire et ne peut être extradé vers une autre Partie au seul titre de sa nationalité, après une demande d'extradition.

5) Lorsque plusieurs Parties revendiquent leur compétence à l'égard d'une infraction présumée établie conformément à la présente Convention, les Parties concernées se concertent, lorsque cela est opportun, afin de déterminer la mieux à même d'exercer les poursuites.

6) Sans préjudice des règles générales de droit international, la présente Convention n'exclut aucune compétence pénale exercée par une Partie conformément à son droit interne.

Chapitre VI – Coopération internationale et coopération avec la société civile

Article 32 – Principes généraux et mesures de coopération internationale

Les Parties coopèrent, conformément aux dispositions de la présente Convention, en application des instruments internationaux et régionaux pertinents applicables, des arrangements reposant sur des législations uniformes ou réciproques et de leur droit interne, dans la mesure la plus large possible, aux fins :
– de prévenir et de combattre la traite des êtres humains;
– de protéger et d'assister les victimes;
– de mener des investigations ou des procédures concernant les infractions pénales établies conformément à la présente Convention.

Article 33 – Mesures relatives aux personnes menacées ou disparues

1) Si une Partie, sur la foi d'informations dont elle dispose, a des motifs raisonnables de croire que la vie, la liberté ou l'intégrité physique d'une personne visée à l'article 28, paragraphe 1, est en danger immédiat sur le territoire d'une autre Partie, elle doit, dans un tel cas d'urgence, les transmettre sans délai à cette autre Partie afin qu'elle prenne les mesures de protection appropriées.
2) Les Parties à la présente Convention peuvent envisager de renforcer leur coopération dans la recherche des personnes disparues, en particulier des enfants, si des informations disponibles peuvent laisser penser qu'elles sont victimes de la traite des êtres humains. À cette fin, les Parties peuvent conclure entre elles des traités bilatéraux ou multilatéraux.

Article 34 – Informations

1) La Partie requise informe sans délai la Partie requérante du résultat définitif concernant les mesures entreprises au titre du présent chapitre. La Partie requise informe également sans délai la Partie requérante de toutes circonstances

qui rendent impossible l'exécution des mesures sollicitées ou risquent de la retarder considérablement.

2) Une Partie peut, dans les limites de son droit in-terne et en l'absence de demande préalable, com-muniquer à une autre Partie des informations obtenues dans le cadre de ses propres enquêtes lorsqu'elle estime que cela pourrait aider la Partie destinataire à engager ou à mener à bien des enquêtes ou des procédures au sujet d'infractions pénales établies conformément à la présente Convention, ou lorsque ces informations pourraient aboutir à une demande de coopération formulée par cette Partie au titre du présent chapitre.

3) Avant de communiquer de telles informations, la Partie qui les fournit peut demander qu'elles restent confidentielles ou qu'elles ne soient utilisées qu'à certaines conditions. Si la Partie destinataire ne peut faire droit à cette demande, elle doit en informer l'autre Partie, qui devra alors déterminer si les informations en question devraient néanmoins être fournies. Si la Partie destinataire accepte les informations aux conditions prescrites, elle sera liée par ces dernières.

4) L'ensemble des informations requises concernant les articles 13, 14 et 16 et qui sont nécessaires à l'attribution des droits qui y sont conférés par ces articles, sont transmises sans délai à la demande de la Partie concernée, dans le respect de l'article 11 de la présente Convention.

Article 35 – Coopération avec la société civile

Chaque Partie encourage les autorités de l'État, ainsi que les agents publics, à coopérer avec les organisations non-gouvernementales, les autres organisations pertinentes et les membres de la société civile, afin d'établir des partenariats stratégiques pour atteindre les buts de la présente Convention.

Chapitre VII – Mécanisme de suivi

Article 36 – Groupe d'experts sur la lutte contre la traite des êtres humains

1) Le Groupe d'experts sur la lutte contre la traite des êtres humains (ci-après dénommé « GRETA ») est chargé de veiller à la mise en œuvre de la présente Convention par les Parties.

2) Le GRETA est composé de 10 membres au minimum et de 15 membres au maximum. La composition du GRETA tient compte d'une participation équilibrée entres les femmes et les hommes et d'une participation géographiquement équilibrée, ainsi que d'une expertise multidisciplinaire. Ses membres sont élus par le Comité des Parties pour un mandat de 4 ans, renouvelable une fois, parmi les ressortissants des États Parties à la présente Convention.

3) L'élection des membres du GRETA se fonde sur les principes suivants :

a. ils sont choisis parmi des personnalités de haute moralité connues pour leur compétence en matière de droits de la personne humaine, assistance et protection des victimes et lutte contre la traite des êtres humains ou ayant une expérience professionnelle dans les domaines dont traite la présente Convention ;

b. ils siègent à titre individuel, sont indépendants et impartiaux dans l'exercice de leurs mandats et se rendent disponibles pour remplir leurs fonctions de manière effective ;

c. le GRETA ne peut comprendre plus d'un national du même État ;

d. ils devraient représenter les principaux systèmes ju-ridiques.

4) La procédure d'élection des membres du GRETA est fixée par le Comité des Ministres, après consultation des Parties à la Convention et en avoir obtenu l'assentiment unanime, dans un délai d'un an à compter de l'entrée en vigueur de la présente Convention. Le GRETA adopte ses propres règles de procédure.

Article 37 – Comité des Parties

1) Le Comité des Parties est composé des représentants au Comité des Ministres du Conseil de l'Europe des États membres Parties à la Convention et des représentants des Parties à la Convention qui ne sont pas membres du Conseil de l'Europe.

2) Le Comité des Parties est convoqué par le Secrétaire général du Conseil de l'Europe. Sa première réunion doit se tenir dans un délai d'un an suivant l'entrée en vigueur de la présente Convention afin d'élire les membres du GRETA. Il se réunira par la suite à la demande d'un tiers des Parties, du Président du GRETA ou du Secrétaire général.

3) Le Comité des Parties adopte ses propres règles de procédure.

Article 38 – Procédure

1) La procédure d'évaluation porte sur les Parties à la Convention et est divisée en cycles dont la durée est déterminée par le GRETA. Au début de chaque cycle, le GRETA sélectionne les dispositions particulières sur lesquelles va porter la procédure d'évaluation.

2) Le GRETA détermine les moyens les plus appropriés pour procéder à cette évaluation. Le GRETA peut, en particulier, adopter un questionnaire pour chacun des cycles qui peut servir de base à l'évaluation de la mise en œuvre par les Parties à la présente Convention. Ce questionnaire est adressé à toutes les Parties. Les Parties répondent à ce questionnaire ainsi qu'à toute autre demande d'information du GRETA.

3) Le GRETA peut solliciter des informations auprès de la société civile.

4) Subsidiairement, le GRETA peut organiser, en coopération avec les autorités nationales et la « personne de contact » désignée par ces dernières, si nécessaire, avec l'assistance d'experts nationaux indépendants, des visites dans les pays concernés. Lors de ces visites, le GRETA peut se faire assister par des spécialistes dans des domaines spécifiques.

5) Le GRETA établit un projet de rapport contenant ses analyses concernant la mise en œuvre des dispositions sur lesquelles portent la procédure d'évaluation, ainsi que ses suggestions et propositions relatives à la manière dont la Partie concernée peut traiter les problèmes identifiés. Le projet de rapport est transmis pour commentaire à la Partie faisant l'objet de l'évaluation. Ses commentaires sont pris en compte par le GRETA lorsqu'il établit son rapport.
6) Sur cette base, le GRETA adopte son rapport et ses conclusions concernant les mesures prises par la Partie concernée pour mettre en œuvre les dispositions de la présente Convention. Ce rapport et ces conclusions sont envoyés à la Partie concernée et au Comité des Parties. Le rapport et les conclusions du GRETA sont rendus publics dès leur adoption avec les commentaires éventuels de la Partie concernée.
7) Sans préjudice de la procédure prévue aux paragraphes 1 à 6 du présent article, le Comité des Parties peut adopter, sur base du rapport et des conclusions du GRETA, des recommandations adressées à cette Partie, (a) concernant les mesures à prendre pour mettre en œuvre les conclusions du GRETA, si nécessaire en fixant une date pour la soumission d'informations sur leur mise en œuvre et (b) ayant pour objectif de promouvoir la coopération avec cette Partie afin de mettre en œuvre la présente Convention.

Chapitre VIII – Relation avec d'autres instruments internationaux

Article 39 – Relation avec le Protocole additionnel à la Convention des Nations unies contre la criminalité transnationale organisée visant à prévenir, réprimer et punir la traite des personnes, en particulier des femmes et des enfants

La présente Convention ne porte pas atteinte aux droits et obligations découlant des dispositions du Protocole additionnel à la Convention des Nations unies contre la criminalité transnationale organisée visant à prévenir, réprimer et punir la traite des personnes, en particulier des femmes et des enfants. La présente Convention a pour but de renforcer la protection instaurée par le Protocole et de développer les normes qu'il énonce.

Article 40 – Relation avec d'autres instruments internationaux

1) La présente Convention ne porte pas atteinte aux droits et obligations découlant des dispositions d'autres instruments internationaux auxquels les Parties à cette Convention sont Parties ou le deviendront et qui contiennent des dispositions relatives aux matières régies par la présente Convention et qui assure une plus grande protection et assistance aux victimes de la traite.
2) Les Parties à la Convention pourront conclure entre elles des accords bilatéraux ou multilatéraux relatifs aux questions réglées par la présente Convention, aux fins de compléter ou de renforcer les dispositions de celle-ci ou pour faciliter l'application des principes qu'elle consacre.
3) Les Parties qui sont membres de l'Union européenne appliquent, dans leurs relations mutuelles, les règles de la Communauté et de l'Union européenne dans la mesure où il existe des règles de la Communauté ou de l'Union européenne régissant le sujet particulier concerné et applicables au cas d'espèce, sans préjudice de l'objet et du but de la présente Convention et sans préjudice de son entière application à l'égard des autres Parties.
4) Aucune disposition de la présente Convention n'a d'incidences sur les droits, obligations et responsabilités des États et des particuliers en vertu du droit international, y compris du droit international humanitaire et du droit international relatif aux droits de l'homme et en particulier, lorsqu'ils s'appliquent, de la Convention de 1951 et du Protocole de 1967 relatifs au statut des réfugiés ainsi que du principe de non-refoulement qui y est énoncé.

Chapitre IX – Amendements à la Convention

Article 41 – Amendements

1) Tout amendement à la présente Convention proposé par une Partie devra être communiqué au Secrétaire Général du Conseil de l'Europe et être transmis par ce dernier aux États membres du Conseil de l'Europe, à tout autre État signataire, à tout État Partie, à la Communauté européenne et à tout État invité à signer la présente Convention, conformément aux dispositions de l'article 42, ainsi qu'à tout État qui a été invité à adhérer à la présente Convention conformément aux dispositions de l'article 43.

2) Tout amendement proposé par une Partie sera communiqué au GRETA, qui transmettra au Comité des Ministres son avis sur l'amendement proposé.

3) Le Comité des Ministres examinera l'amendement proposé et l'avis formulé sur celui-ci par le GRETA ; il pourra alors, après consultation des Parties à la Convention et en avoir obtenu l'assentiment unanime, adopter cet amendement.

4) Le texte de tout amendement adopté par le Comité des Ministres conformément au paragraphe 3 du présent article sera communiqué aux Parties, en vue de son acceptation.

5) Tout amendement adopté conformément au paragraphe 3 du présent article entrera en vigueur le premier jour du mois suivant l'expiration d'une période d'un mois après la date à laquelle toutes les Parties auront informé le Secrétaire Général qu'elles l'ont accepté.

Chapitre X – Clauses finales

Article 42 – Signature et entrée en vigueur

1) La présente Convention est ouverte à la signature des États membres du Conseil de l'Europe, des États non membres ayant participé à son élaboration, ainsi que de la Communauté européenne.

2) La présente Convention est soumise à ratification, acceptation ou approbation. Les instruments de ratification,

d'acceptation ou d'approbation sont déposés près le Secrétaire Général du Conseil de l'Europe.
3) La présente Convention entrera en vigueur le premier jour du mois suivant l'expiration d'une période de trois mois après la date à laquelle 10 signataires, dont au moins 8 États membres du Conseil de l'Europe, auront exprimé leur consentement à être liés par la Convention, conformément aux dispositions du paragraphe précédent.
4) Si un État visé au paragraphe 1, ou la Communauté européenne, exprime ultérieurement son consentement à être lié par la Convention, cette dernière entrera en vigueur, à son égard, le premier jour du mois suivant l'expiration d'une période de trois mois après la date du dépôt de l'instrument de ratification, d'acceptation ou d'approbation.

Article 43 – Adhésion à la Convention

1) Après l'entrée en vigueur de la présente Convention, le Comité des Ministres du Conseil de l'Europe pourra, après consultation des Parties à la Convention et en avoir obtenu l'assentiment unanime, inviter tout État non membre du Conseil de l'Europe n'ayant pas participé à l'élaboration de la Convention à adhérer à la présente Convention par une décision prise à la majorité prévue à l'article 20 d. du Statut du Conseil de l'Europe, et à l'unanimité des voix des représentants des États contractants ayant le droit de siéger au Comité des Ministres.
2) Pour tout État adhérent, la Convention entrera en vigueur le premier jour du mois suivant l'expiration d'une période de trois mois après la date du dépôt de l'instrument d'adhésion près le Secrétaire Général du Conseil de l'Europe.

Article 44 – Application territoriale

1) Tout État, ou la Communauté européenne, peut, au moment de la signature ou au moment du dépôt de son instrument de ratification, d'acceptation, d'approbation ou d'adhésion, désigner le ou les territoires auxquels s'appliquera la présente Convention.

2) Toute Partie peut, à tout autre moment par la suite, par une déclaration adressée au Secrétaire Général du Conseil de l'Europe, étendre l'application de la présente Convention à tout autre territoire désigné dans cette déclaration et dont il assure les relations internationales ou au nom duquel il est autorisé à prendre des engagements. La Convention entrera en vigueur à l'égard de ce territoire le premier jour du mois suivant l'expiration d'une période de trois mois après la date de réception de la déclaration par le Secrétaire Général.
3) Toute déclaration faite en vertu des deux paragraphes précédents pourra, à l'égard de tout territoire désigné dans cette déclaration, être retirée par notification adressée au Secrétaire Général du Conseil de l'Europe. Ce retrait prendra effet le premier jour du mois suivant l'expiration d'une période de trois mois après la date de réception de la notification par le Secrétaire Général.

Article 45 – Réserves

Aucune réserve n'est admise aux dispositions de la présente Convention, à l'exception de celle prévue à l'article 31, paragraphe 2.

Article 46 – Dénonciation

1) Toute Partie peut, à tout moment, dénoncer la présente Convention en adressant une notification au Secrétaire Général du Conseil de l'Europe.
2) Cette dénonciation prendra effet le premier jour du mois suivant l'expiration d'une période de trois mois après la date de réception de la notification par le Secrétaire Général.

Article 47 – Notification

Le Secrétaire Général du Conseil de l'Europe notifiera aux États membres du Conseil de l'Europe, à tout État signataire, à tout État Partie, à la Communauté européenne, à tout État ayant été invité à signer la présente Convention conformément à l'article 42, et à tout État invité à adhérer à la Convention, conformément à l'article 43 :
a. toute signature ;

b. le dépôt de tout instrument de ratification, d'acceptation, d'approbation ou d'adhésion ;
c. toute date d'entrée en vigueur de la présente Convention, conformément aux articles 42 et 43 ;
d. tout amendement adopté conformément à l'article 41, ainsi que la date d'entrée en vigueur dudit amendement ;
e. toute dénonciation faite en vertu des dispositions de l'article 46 ;
f. tout autre acte, notification ou communication ayant trait à la présente Convention ;
g. toute réserve en vertu de l'article 45.

Réserve

Conformément à l'article 31, paragraphe 2, de la Convention, le Gouvernement français déclare qu'il n'exercera sa compétence s'agissant des infractions établies à l'article 20 de la présente Convention et commises par ses ressortissants hors du territoire de la République française qu'à la condition que les faits soient également punis par la législation du pays où ils ont été commis, et que ceux-ci aient donné lieu soit à une plainte de la victime ou de ses ayants droit, soit à une dénonciation officielle de la part des autorités du pays où ils ont été commis.

Texte 31 – Convention du Conseil de l'Europe sur la prévention et la lutte contre la violence à l'égard des femmes et la violence domestique, 2011

Cette Convention a été ouverte à la signature le 11 mai 2011, à Istanbul. Dix ratifications étaient nécessaires pour son entrée en vigueur qui est intervenue le 1er août 2014. Elle a fait l'objet de 18 ratifications et de 20 signatures. La France a ratifié en formulant des réserves et une déclaration (cf. infra), *avec une entrée en vigueur à son égard le 1er novembre 2014.*

La Convention d'Istanbul offre un cadre juridique au niveau paneuropéen pour protéger les femmes contre toutes les formes de violence et prévenir, réprimer et éliminer la violence contre les femmes et la violence domestique. Elle établit également un mécanisme de suivi spécifique (le « GREVIO ») afin d'assurer la mise en œuvre effective de ses dispositions par les États parties.

Les États membres du Conseil de l'Europe et les autres signataires de la présente Convention,
Rappelant la Convention de sauvegarde des droits de l'homme et des libertés fondamentales (STE nº 5, 1950) et ses Protocoles, la Charte sociale européenne (STE nº 35, 1961, révisée en 1996, STE nº 163), la Convention du Conseil de l'Europe sur la lutte contre la traite des êtres humains (STCE nº 197, 2005) et la Convention du Conseil de l'Europe sur la protection des enfants contre l'exploitation et les abus sexuels (STCE nº 201, 2007);
Rappelant les recommandations suivantes du Comité des Ministres aux États membres du Conseil de l'Europe : la Recommandation Rec(2002)5 sur la protection des femmes contre la violence, la Recommandation CM/Rec(2007)17 sur les normes et mécanismes d'égalité entre les femmes et les hommes, la Recommandation CM/Rec(2010)10 sur le rôle des femmes et des hommes dans la prévention et la résolution des conflits et la consolidation de la paix, et les autres recommandations pertinentes;
Tenant compte du volume croissant de la jurisprudence de la Cour européenne des droits de l'homme qui établit des normes importantes en matière de violence à l'égard des femmes;
Ayant à l'esprit le Pacte international relatif aux droits civils et politiques (1966), le Pacte international relatif aux droits économiques, sociaux et culturels (1966),

la Convention des Nations unies sur l'élimination de toutes les formes de discrimination à l'égard des femmes (« CEDEF », 1979) et son Protocole facultatif (1999), ainsi que la Recommandation générale n° 19 du Comité de la CEDEF sur la violence à l'égard des femmes, la Convention des Nations unies relative aux droits de l'enfant (1989) et ses Protocoles facultatifs (2000) et la Convention des Nations unies relative aux droits des personnes handicapées (2006);
Ayant à l'esprit le Statut de Rome de la Cour pénale internationale (2002);
Rappelant les principes de base du droit humanitaire international, et en particulier la Convention (IV) de Genève relative à la protection des personnes civiles en temps de guerre (1949) et ses Protocoles additionnels I et II (1977);
Condamnant toutes les formes de violence à l'égard des femmes et de violence domestique;
Reconnaissant que la réalisation de jure et de facto de l'égalité entre les femmes et les hommes est un élément clé dans la prévention de la violence à l'égard des femmes;
Reconnaissant que la violence à l'égard des femmes est une manifestation des rapports de force historiquement inégaux entre les femmes et les hommes ayant conduit à la domination et à la discrimination des femmes par les hommes, privant ainsi les femmes de leur pleine émancipation;
Reconnaissant que la nature structurelle de la violence à l'égard des femmes est fondée sur le genre, et que la violence à l'égard des femmes est un des mécanismes sociaux cruciaux par lesquels les femmes sont maintenues dans une position de subordination par rapport aux hommes;
Reconnaissant avec une profonde préoccupation que les femmes et les filles sont souvent exposées à des formes graves de violence telles que la violence domestique, le harcèlement sexuel, le viol, le mariage forcé, les crimes commis au nom du prétendu « honneur » et les mutilations génitales, lesquelles constituent une violation grave des

droits humains des femmes et des filles et un obstacle majeur à la réalisation de l'égalité entre les femmes et les hommes ;
Reconnaissant les violations constantes des droits de l'homme en situation de conflits armés affectant la population civile, et en particulier les femmes, sous la forme de viols et de violences sexuelles généralisés ou systématiques, et la potentialité d'une augmentation de la violence fondée sur le genre aussi bien pendant qu'après les conflits ;
Reconnaissant que les femmes et les filles sont exposées à un risque plus élevé de violence fondée sur le genre que ne le sont les hommes ;
Reconnaissant que la violence domestique affecte les femmes de manière disproportionnée et que les hommes peuvent également être victimes de violence domestique ;
Reconnaissant que les enfants sont des victimes de la violence domestique, y compris en tant que témoins de violence au sein de la famille ;
Aspirant à créer une Europe libre de violence à l'égard des femmes et de violence domestique,
Sont convenus de ce qui suit :

Chapitre I – Buts, définitions, égalité et non-discrimination, obligations générales

Article 1 – Buts de la Convention

1) La présente Convention a pour buts :
a. de protéger les femmes contre toutes les formes de violence, et de prévenir, poursuivre et éliminer la violence à l'égard des femmes et la violence domestique ;
b. de contribuer à éliminer toutes les formes de discrimination à l'égard des femmes et de promouvoir l'égalité réelle entre les femmes et les hommes, y compris par l'autonomisation des femmes ;
c. de concevoir un cadre global, des politiques et des mesures de protection et d'assistance pour toutes les victimes de violence à l'égard des femmes et de violence domestique ;

d. de promouvoir la coopération internationale en vue d'éliminer la violence à l'égard des femmes et la violence domestique ;
e. de soutenir et d'assister les organisations et services répressifs pour coopérer de manière effective afin d'adopter une approche intégrée visant à éliminer la violence à l'égard des femmes et la violence domestique.
2) Afin d'assurer une mise en œuvre effective de ses dispositions par les Parties, la présente Convention établit un mécanisme de suivi spécifique.

Article 2 – Champ d'application de la Convention

1) La présente Convention s'applique à toutes les formes de violence à l'égard des femmes, y compris la violence domestique, qui affecte les femmes de manière disproportionnée.
2) Les Parties sont encouragées à appliquer la présente Convention à toutes les victimes de violence domestique. Les Parties portent une attention particulière aux femmes victimes de violence fondée sur le genre dans la mise en œuvre des dispositions de la présente Convention.
3) La présente Convention s'applique en temps de paix et en situation de conflit armé.

Article 3 – Définitions

Aux fins de la présente Convention :
a. le terme « violence à l'égard des femmes » doit être compris comme une violation des droits de l'homme et une forme de discrimination à l'égard des femmes, et désigne tous les actes de violence fondés sur le genre qui entraînent, ou sont susceptibles d'entraîner pour les femmes, des dommages ou souffrances de nature physique, sexuelle, psychologique ou économique, y compris la menace de se livrer à de tels actes, la contrainte ou la privation arbitraire de liberté, que ce soit dans la vie publique ou privée ;
b. le terme « violence domestique » désigne tous les actes de violence physique, sexuelle, psychologique ou économique qui surviennent au sein de la famille ou du foyer

ou entre des anciens ou actuels conjoints ou partenaires, indépendamment du fait que l'auteur de l'infraction partage ou a partagé le même domicile que la victime ;
c. le terme « genre » désigne les rôles, les comportements, les activités et les attributions socialement construits, qu'une société donnée considère comme appropriés pour les femmes et les hommes ;
d. le terme « violence à l'égard des femmes fondée sur le genre » désigne toute violence faite à l'égard d'une femme parce qu'elle est une femme ou affectant les femmes de manière disproportionnée ;
e. le terme « victime » désigne toute personne physique qui est soumise aux comportements spécifiés aux points a et b;
f. le terme « femme » inclut les filles de moins de 18 ans.

Article 4 – Droits fondamentaux, égalité et non-discrimination

1) Les Parties prennent les mesures législatives et autres nécessaires pour promouvoir et protéger le droit de chacun, en particulier des femmes, de vivre à l'abri de la violence aussi bien dans la sphère publique que dans la sphère privée.
2) Les Parties condamnent toutes les formes de discrimination à l'égard des femmes et prennent, sans retard, les mesures législatives et autres nécessaires pour la prévenir, en particulier :
– en inscrivant dans leurs constitutions nationales, ou toute autre disposition législative appropriée, le principe de l'égalité entre les femmes et les hommes, et en assurant l'application effective dudit principe ;
– en interdisant la discrimination à l'égard des femmes, y compris le cas échéant par le recours à des sanctions ;
– en abrogeant toutes les lois et pratiques qui discriminent les femmes.
3) La mise en œuvre des dispositions de la présente Convention par les Parties, en particulier les mesures visant à protéger les droits des victimes, doit être assurée sans discrimination aucune, fondée notamment sur le sexe, le genre, la race, la couleur, la langue, la religion, les opinions

politiques ou toute autre opinion, l'origine nationale ou sociale, l'appartenance à une minorité nationale, la fortune, la naissance, l'orientation sexuelle, l'identité de genre, l'âge, l'état de santé, le handicap, le statut marital, le statut de migrant ou de réfugié, ou toute autre situation.
4) Les mesures spécifiques qui sont nécessaires pour prévenir et protéger les femmes contre la violence fondée sur le genre ne sont pas considérées comme discriminatoires en vertu de la présente Convention.

Article 5 – Obligations de l'État et diligence voulue

1) Les Parties s'abstiennent de commettre tout acte de violence à l'égard des femmes et s'assurent que les autorités, les fonctionnaires, les agents et les institutions étatiques, ainsi que les autres acteurs qui agissent au nom de l'État se comportent conformément à cette obligation
2) Les Parties prennent les mesures législatives et autres nécessaires pour agir avec la diligence voulue afin de prévenir, enquêter sur, punir, et accorder une réparation pour les actes de violence couverts par le champ d'application de la présente Convention commis par des acteurs non étatiques.

Article 6 – Politiques sensibles au genre

Les Parties s'engagent à inclure une perspective de genre dans la mise en œuvre et l'évaluation de l'impact des dispositions de la présente Convention et à promouvoir et mettre en œuvre de manière effective des politiques d'égalité entre les femmes et les hommes, et d'autonomisation des femmes.

Chapitre II – Politiques intégrées et collecte des données

Article 7 – Politiques globales et coordonnées

1) Les Parties prennent les mesures législatives et autres nécessaires pour adopter et mettre en œuvre des politiques nationales effectives, globales et coordonnées, incluant toutes les mesures pertinentes pour prévenir et combattre toutes les formes de violence couvertes par le

champ d'application de la présente Convention, et offrir une réponse globale à la violence à l'égard des femmes.

2) Les Parties veillent à ce que les politiques mentionnées au paragraphe 1 placent les droits de la victime au centre de toutes les mesures et soient mises en œuvre par le biais d'une coopération effective entre toutes les agences, institutions et organisations pertinentes.

3) Les mesures prises conformément au présent article doivent impliquer, le cas échéant, tous les acteurs pertinents tels que les agences gouvernementales, les parlements et les autorités nationales, régionales et locales, les institutions nationales des droits de l'homme et les organisations de la société civile.

Article 8 – Ressources financières

Les Parties allouent des ressources financières et humaines appropriées pour la mise en œuvre adéquate des politiques intégrées, mesures et programmes visant à prévenir et combattre toutes les formes de violence couvertes par le champ d'application de la présente Convention, y compris ceux réalisés par les organisations non gouvernementales et la société civile.

Article 9 – Organisations non gouvernementales et société civile

Les Parties reconnaissent, encouragent et soutiennent, à tous les niveaux, le travail des organisations non gouvernementales pertinentes et de la société civile qui sont actives dans la lutte contre la violence à l'égard des femmes et établissent une coopération effective avec ces organisations.

Article 10 – Organe de coordination

1) Les Parties désignent ou établissent un ou plusieurs organes officiels responsables pour la coordination, la mise en œuvre, le suivi et l'évaluation des politiques et des mesures prises afin de prévenir et combattre toutes les formes de violence couvertes par la présente Convention. Ces organes coordonnent la collecte des données mentionnées à l'article 11, analysent et en diffusent les résultats.

2) Les Parties veillent à ce que les organes désignés ou établis conformément au présent article reçoivent des informations de nature générale portant sur les mesures prises conformément au chapitre VIII.
3) Les Parties veillent à ce que les organes désignés ou établis conformément au présent article aient la capacité de communiquer directement et d'encourager des relations avec leurs homologues dans les autres Parties.

Article 11 – Collecte des données et recherche

1) Aux fins de la mise en œuvre de la présente Convention, les Parties s'engagent :
a. à collecter les données statistiques désagrégées pertinentes, à intervalle régulier, sur les affaires relatives à toutes les formes de violence couvertes par le champ d'application de la présente Convention ;
b. à soutenir la recherche dans les domaines relatifs à toutes les formes de violence couvertes par le champ d'application de la présente Convention, afin d'étudier leurs causes profondes et leurs effets, leur fréquence et les taux de condamnation, ainsi que l'efficacité des mesures prises pour mettre en œuvre la présente Convention.
2) Les Parties s'efforcent d'effectuer des enquêtes basées sur la population, à intervalle régulier, afin d'évaluer l'étendue et les tendances de toutes les formes de violence couvertes par le champ d'application de la présente Convention.
3) Les Parties fournissent les informations collectées conformément au présent article au groupe d'experts, mentionné à l'article 66 de la présente Convention, afin de stimuler la coopération internationale et de permettre une comparaison internationale.
4) Les Parties veillent à ce que les informations collectées conformément au présent article soient mises à la disposition du public.

Chapitre III – Prévention

Article 12 – Obligations générales

1) Les Parties prennent les mesures nécessaires pour promouvoir les changements dans les modes de comportement socioculturels des femmes et des hommes en vue d'éradiquer les préjugés, les coutumes, les traditions et toute autre pratique fondés sur l'idée de l'infériorité des femmes ou sur un rôle stéréotypé des femmes et des hommes.

2) Les Parties prennent les mesures législatives et autres nécessaires afin de prévenir toutes les formes de violence couvertes par le champ d'application de la présente Convention par toute personne physique ou morale.

3) Toutes les mesures prises conformément au présent chapitre tiennent compte et traitent des besoins spécifiques des personnes rendues vulnérables du fait de circonstances particulières, et placent les droits de l'homme de toutes les victimes en leur centre.

4) Les Parties prennent les mesures nécessaires afin d'encourager tous les membres de la société, en particulier les hommes et les garçons, à contribuer activement à la prévention de toutes les formes de violence couvertes par le champ d'application de la présente Convention.

5) Les Parties veillent à ce que la culture, la coutume, la religion, la tradition ou le prétendu « honneur » ne soient pas considérés comme justifiant des actes de violence couverts par le champ d'application de la présente Convention.

6) Les Parties prennent les mesures nécessaires pour promouvoir des programmes et des activités visant l'autonomisation des femmes.

Article 13 – Sensibilisation

1) Les Parties promeuvent ou conduisent, régulièrement et à tous les niveaux, des campagnes ou des programmes de sensibilisation y compris en coopération avec les institutions nationales des droits de l'homme et les organes compétents en matière d'égalité, la société civile et les

organisations non gouvernementales, notamment les organisations de femmes, le cas échéant, pour accroître la prise de conscience et la compréhension par le grand public des différentes manifestations de toutes les formes de violence couvertes par le champ d'application de la présente Convention et leurs conséquences sur les enfants, et de la nécessité de les prévenir.

2) Les Parties assurent une large diffusion parmi le grand public d'informations sur les mesures disponibles pour prévenir les actes de violence couverts par le champ d'application de la présente Convention.

Article 14 – Éducation

1) Les Parties entreprennent, le cas échéant, les actions nécessaires pour inclure dans les programmes d'étude officiels et à tous les niveaux d'enseignement du matériel d'enseignement sur des sujets tels que l'égalité entre les femmes et les hommes, les rôles non stéréotypés des genres, le respect mutuel, la résolution non violente des conflits dans les relations interpersonnelles, la violence à l'égard des femmes fondée sur le genre, et le droit à l'intégrité personnelle, adapté au stade de développement des apprenants.

2) Les Parties entreprennent les actions nécessaires pour promouvoir les principes mentionnés au paragraphe 1 dans les structures éducatives informelles ainsi que dans les structures sportives, culturelles et de loisirs, et les médias.

Article 15 – Formation des professionnels

1) Les Parties dispensent ou renforcent la formation adéquate des professionnels pertinents ayant affaire aux victimes ou aux auteurs de tous les actes de violence couverts par le champ d'application de la présente Convention, sur la prévention et la détection de cette violence, l'égalité entre les femmes et les hommes, les besoins et les droits des victimes, ainsi que sur la manière de prévenir la victimisation secondaire.

2) Les Parties encouragent l'inclusion dans la formation mentionnée au paragraphe 1, d'une formation sur

la coopération coordonnée interinstitutionnelle afin de permettre une gestion globale et adéquate des orientations dans les affaires de violence couverte par le champ d'application de la présente Convention.

Article 16 – Programmes préventifs d'intervention et de traitement

1) Les Parties prennent les mesures législatives ou autres nécessaires pour établir ou soutenir des programmes visant à apprendre aux auteurs de violence domestique à adopter un comportement non violent dans les relations interpersonnelles en vue de prévenir de nouvelles violences et de changer les schémas comportementaux violents.
2) Les Parties prennent les mesures législatives ou autres nécessaires pour établir ou soutenir des programmes de traitement destinés à prévenir la récidive des auteurs d'infractions, en particulier des auteurs d'infractions à caractère sexuel.
3) En prenant les mesures mentionnées aux paragraphes 1 et 2, les Parties veillent à ce que la sécurité, le soutien et les droits de l'homme des victimes soient une priorité et que, le cas échéant, ces programmes soient établis et mis en œuvre en étroite coordination avec les services spécialisés dans le soutien aux victimes.

Article 17 – Participation du secteur privé et des médias

1) Les Parties encouragent le secteur privé, le secteur des technologies de l'information et de la communication et les médias, dans le respect de la liberté d'expression et de leur indépendance, à participer à l'élaboration et à la mise en œuvre des politiques, ainsi qu'à mettre en place des lignes directrices et des normes d'autorégulation pour prévenir la violence à l'égard des femmes et renforcer le respect de leur dignité.
2) Les Parties développent et promeuvent, en coopération avec les acteurs du secteur privé, les capacités des enfants, parents et éducateurs à faire face à un environnement des technologies de l'information et de la communication qui

donne accès à des contenus dégradants à caractère sexuel ou violent qui peuvent être nuisibles.

Chapitre IV – Protection et soutien

Article 18 – Obligations générales

1) Les Parties prennent les mesures législatives ou autres nécessaires pour protéger toutes les victimes contre tout nouvel acte de violence.

2) Les Parties prennent les mesures législatives ou autres nécessaires, conformément à leur droit interne, pour veiller à ce qu'il existe des mécanismes adéquats pour mettre en œuvre une coopération effective entre toutes les agences étatiques pertinentes, y compris les autorités judiciaires, les procureurs, les services répressifs, les autorités locales et régionales, ainsi que les organisations non gouvernementales et les autres organisations ou entités pertinentes pour la protection et le soutien des victimes et des témoins de toutes les formes de violence couvertes par le champ d'application de la présente Convention, y compris en se référant aux services de soutien généraux et spécialisés visés aux articles 20 et 22 de la présente Convention.

3) Les Parties veillent à ce que les mesures prises conformément à ce chapitre :

– soient fondées sur une compréhension fondée sur le genre de la violence à l'égard des femmes et de la violence domestique, et se concentrent sur les droits de l'homme et la sécurité de la victime ;

– soient fondées sur une approche intégrée qui prenne en considération la relation entre les victimes, les auteurs des infractions, les enfants et leur environnement social plus large ;

– visent à éviter la victimisation secondaire ;

– visent l'autonomisation et l'indépendance économique des femmes victimes de violence ;

– permettent, le cas échéant, la mise en place d'un ensemble de services de protection et de soutien dans les mêmes locaux ;

– répondent aux besoins spécifiques des personnes vulnérables, y compris les enfants victimes, et leur soient accessibles.

4) La fourniture de services ne doit pas dépendre de la volonté des victimes d'engager des poursuites ou de témoigner contre tout auteur d'infraction.

5) Les Parties prennent les mesures adéquates pour garantir une protection consulaire ou autre, et un soutien à leurs ressortissants et aux autres victimes ayant droit à cette protection conformément à leurs obligations découlant du droit international.

Article 19 – Information

Les Parties prennent les mesures législatives ou autres nécessaires pour que les victimes reçoivent une information adéquate et en temps opportun sur les services de soutien et les mesures légales disponibles, dans une langue qu'elles comprennent.

Article 20 – Services de soutien généraux

1) Les Parties prennent les mesures législatives ou autres nécessaires pour que les victimes aient accès à des services facilitant leur rétablissement. Ces mesures devraient inclure, si nécessaire, des services tels que le conseil juridique et psychologique, l'assistance financière, les services de logement, l'éducation, la formation et l'assistance en matière de recherche d'emploi.

2) Les Parties prennent les mesures législatives ou autres nécessaires pour que les victimes aient accès à des services de santé et des services sociaux, que les services disposent des ressources adéquates et que les professionnels soient formés afin de fournir une assistance aux victimes et de les orienter vers les services adéquats.

Article 21 – Soutien en matière de plaintes individuelles/collectives

Les Parties veillent à ce que les victimes bénéficient d'informations sur les mécanismes régionaux et internationaux de plaintes individuelles/collectives applicables et de l'accès à ces mécanismes. Les Parties promeuvent la mise à disposition d'un soutien sensible et avisé aux victimes dans la présentation de leurs plaintes.

Article 22 – Services de soutien spécialisés

1) Les Parties prennent les mesures législatives ou autres nécessaires pour fournir ou aménager, selon une répartition géographique adéquate, des services de soutien spécialisés immédiats, à court et à long terme, à toute victime ayant fait l'objet de tout acte de violence couvert par le champ d'application de la présente Convention.
2) Les Parties fournissent ou aménagent des services de soutien spécialisés pour toutes les femmes victimes de violence et leurs enfants.

Article 23 – Refuges

Les Parties prennent les mesures législatives ou autres nécessaires pour permettre la mise en place de refuges appropriés, facilement accessibles et en nombre suffisant, afin d'offrir des logements sûrs pour les victimes, en particulier les femmes et leurs enfants, et pour les aider de manière proactive.

Article 24 – Permanences téléphoniques

Les Parties prennent les mesures législatives ou autres nécessaires pour mettre en place à l'échelle nationale des permanences téléphoniques gratuites, accessibles vingt-quatre heures sur vingt-quatre, sept jours sur sept, pour fournir aux personnes qui appellent, de manière confidentielle ou dans le respect de leur anonymat, des conseils concernant toutes les formes de violence couvertes par le champ d'application de la présente Convention.

Article 25 – Soutien aux victimes de violence sexuelle

Les Parties prennent les mesures législatives ou autres nécessaires pour permettre la mise en place de centres d'aide d'urgence pour les victimes de viols et de violences sexuelles, appropriés, facilement accessibles et en nombre suffisant, afin de leur dispenser un examen médical et médico-légal, un soutien lié au traumatisme et des conseils.

Article 26 – Protection et soutien des enfants témoins

1) Les Parties prennent les mesures législatives ou autres nécessaires pour que, dans l'offre des services de protection et de soutien aux victimes, les droits et les besoins des enfants témoins de toutes les formes de violence couvertes par le champ d'application de la présente Convention soient dûment pris en compte.

2) Les mesures prises conformément au présent article incluent les conseils psychosociaux adaptés à l'âge des enfants témoins de toutes les formes de violence couvertes par le champ d'application de la présente Convention et tiennent dûment compte de l'intérêt supérieur de l'enfant.

Article 27 – Signalement

Les Parties prennent les mesures nécessaires pour encourager toute personne témoin de la commission de tout acte de violence couvert par le champ d'application de la présente Convention, ou qui a de sérieuses raisons de croire qu'un tel acte pourrait être commis ou que des nouveaux actes de violence sont à craindre, à les signaler aux organisations ou autorités compétentes.

Article 28 – Signalement par les professionnels

Les Parties prennent les mesures nécessaires pour que les règles de confidentialité imposées par leur droit interne à certains professionnels ne constituent pas un obstacle à la possibilité, dans les conditions appropriées, d'adresser un signalement aux organisations ou autorités compétentes s'ils ont de sérieuses raisons de croire qu'un acte grave de violence couvert par le champ d'application de la présente Convention a été commis et que de nouveaux actes graves de violence sont à craindre.

Chapitre V – Droit matériel

Article 29 – Procès civil et voies de droit

1) Les Parties prennent les mesures législatives ou autres nécessaires pour fournir aux victimes des recours civils adéquats à l'encontre de l'auteur de l'infraction.

2) Conformément aux principes généraux du droit international, les Parties prennent les mesures législatives ou autres nécessaires pour fournir aux victimes des réparations civiles adéquates à l'encontre des autorités étatiques ayant manqué à leur devoir de prendre des mesures de prévention ou de protection nécessaires dans la limite de leurs pouvoirs.

Article 30 – Indemnisation

1) Les Parties prennent les mesures législatives ou autres nécessaires pour que les victimes aient le droit de demander une indemnisation de la part des auteurs de toute infraction établie conformément à la présente Convention.
2) Une indemnisation adéquate par État devrait être octroyée à ceux qui ont subi des atteintes graves à l'intégrité corporelle ou à la santé, dans la mesure où le préjudice n'est pas couvert par d'autres sources, notamment par l'auteur de l'infraction, par les assurances ou par les services sociaux et médicaux financés par l'État. Cela n'empêche pas les Parties de demander à l'auteur de l'infraction le remboursement de l'indemnisation octroyée, à condition que la sécurité de la victime soit dûment prise en compte.
3) Les mesures prises conformément au paragraphe 2 doivent garantir l'octroi de l'indemnisation dans un délai raisonnable.

Article 31 – Garde, droit de visite et sécurité

1) Les Parties prennent les mesures législatives ou autres nécessaires pour que, lors de la détermination des droits de garde et de visite concernant les enfants, les incidents de violence couverts par le champ d'application de la présente Convention soient pris en compte.
2) Les Parties prennent les mesures législatives ou autres nécessaires pour que l'exercice de tout droit de visite ou de garde ne compromette pas les droits et la sécurité de la victime ou des enfants.

Article 32 – Conséquences civiles des mariages forcés

Les Parties prennent les mesures législatives ou autres nécessaires pour que les mariages contractés en ayant recours à la force puissent être annulables, annulés ou dissous sans faire peser sur la victime une charge financière ou administrative excessive.

Article 33 – Violence psychologique

Les Parties prennent les mesures législatives ou autres nécessaires pour ériger en infraction pénale le fait, lorsqu'il est commis intentionnellement, de porter gravement atteinte à l'intégrité psychologique d'une personne par la contrainte ou les menaces.

Article 34 – Harcèlement

Les Parties prennent les mesures législatives ou autres nécessaires pour ériger en infraction pénale le fait, lorsqu'il est commis intentionnellement, d'adopter, à plusieurs reprises, un comportement menaçant dirigé envers une autre personne, conduisant celle-ci à craindre pour sa sécurité.

Article 35 – Violence physique

Les Parties prennent les mesures législatives ou autres nécessaires pour ériger en infraction pénale le fait, lorsqu'il est commis intentionnellement, de commettre des actes de violence physique à l'égard d'une autre personne.

Article 36 – Violence sexuelle, y compris le viol

1) Les Parties prennent les mesures législatives ou autres nécessaires pour ériger en infraction pénale, lorsqu'ils sont commis intentionnellement :

a. la pénétration vaginale, anale ou orale non consentie, à caractère sexuel, du corps d'autrui avec toute partie du corps ou avec un objet ;

b. les autres actes à caractère sexuel non consentis sur autrui ;

c. le fait de contraindre autrui à se livrer à des actes à caractère sexuel non consentis avec un tiers.

2) Le consentement doit être donné volontairement comme résultat de la volonté libre de la personne considérée dans le contexte des circonstances environnantes.

3) Les Parties prennent les mesures législatives ou autres nécessaires pour que les dispositions du paragraphe 1 s'appliquent également à des actes commis contre les anciens ou actuels conjoints ou partenaires, conformément à leur droit interne.

Article 37 – Mariages forcés

1) Les Parties prennent les mesures législatives ou autres nécessaires pour ériger en infraction pénale le fait, lorsqu'il est commis intentionnellement, de forcer un adulte ou un enfant à contracter un mariage.

2) Les Parties prennent les mesures législatives ou autres nécessaires pour ériger en infraction pénale le fait, lorsqu'il est commis intentionnellement, de tromper un adulte ou un enfant afin de l'emmener sur le territoire d'une Partie ou d'un État autre que celui où il réside avec l'intention de le forcer à contracter un mariage.

Article 38 – Mutilations génitales féminines

Les Parties prennent les mesures législatives ou autres nécessaires pour ériger en infractions pénales, lorsqu'ils sont commis intentionnellement :

a. l'excision, l'infibulation ou toute autre mutilation de la totalité ou partie des *labia majora*, *labia minora* ou clitoris d'une femme ;

b. le fait de contraindre une femme à subir tout acte énuméré au point a ou de lui fournir les moyens à cette fin ;

c. le fait d'inciter ou de contraindre une fille à subir tout acte énuméré au point a ou de lui fournir les moyens à cette fin.

Article 39 – Avortement et stérilisation forcés

Les Parties prennent les mesures législatives ou autres nécessaires pour ériger en infractions pénales, lorsqu'ils sont commis intentionnellement :

a. le fait de pratiquer un avortement chez une femme sans son accord préalable et éclairé ;

b. le fait de pratiquer une intervention chirurgicale qui a pour objet ou pour effet de mettre fin à la capacité d'une femme de se reproduire naturellement sans son accord préalable et éclairé ou sans sa compréhension de la procédure.

Article 40 – Harcèlement sexuel

Les Parties prennent les mesures législatives ou autres nécessaires pour que toute forme de comportement non désiré, verbal, non-verbal ou physique, à caractère sexuel, ayant pour objet ou pour effet de violer la dignité d'une personne, en particulier lorsque ce comportement crée un environnement intimidant, hostile, dégradant, humiliant ou offensant, soit soumise à des sanctions pénales ou autres sanctions légales.

Article 41 – Aide ou complicité et tentative

1) Les Parties prennent les mesures législatives ou autres nécessaires pour ériger en infractions pénales, lorsqu'elles sont commises intentionnellement, l'aide ou la complicité dans la commission des infractions établies conformément aux articles 33, 34, 35, 36, 37, 38a et 39 de la présente Convention.

2) Les Parties prennent les mesures législatives ou autres nécessaires pour ériger en infractions pénales, lorsqu'elles sont commises intentionnellement, les tentatives de commission des infractions établies conformément aux articles 5, 36, 37, 38a et 39 de la présente Convention.

Article 42 – Justification inacceptable des infractions pénales, y compris les crimes commis au nom du prétendu « honneur »

1) Les Parties prennent les mesures législatives ou autres nécessaires pour s'assurer que, dans les procédures pénales diligentées à la suite de la commission de l'un des actes de violence couverts par le champ d'application de la présente Convention, la culture, la coutume, la religion, la tradition ou le prétendu « honneur » ne soient pas considérés comme justifiant de tels actes. Cela couvre, en particulier, les allégations selon lesquelles la victime aurait transgressé des normes ou coutumes culturelles, religieuses, sociales ou traditionnelles relatives à un comportement approprié.

2) Les Parties prennent les mesures législatives ou autres nécessaires pour que l'incitation faite par toute personne à un enfant de commettre tout acte mentionné au paragraphe 1 ne diminue pas la responsabilité pénale de cette personne pour les actes commis.

Article 43 – Application des infractions pénales

Les infractions établies conformément à la présente Convention s'appliquent indépendamment de la nature de la relation entre la victime et l'auteur de l'infraction.

Article 44 – Compétence

1) Les Parties prennent les mesures législatives ou autres nécessaires pour établir leur compétence à l'égard de toute infraction établie conformément à la présente Convention, lorsque l'infraction est commise :

a. sur leur territoire ; ou
b. à bord d'un navire battant leur pavillon ; ou
c. à bord d'un aéronef immatriculé selon leurs lois internes ; ou
d. par un de leurs ressortissants ; ou
e. par une personne ayant sa résidence habituelle sur leur territoire.

2) Les Parties s'efforcent de prendre les mesures législatives ou autres nécessaires pour établir leur compétence à l'égard de toute infraction établie conformément à la présente Convention, lorsque l'infraction est commise contre l'un de leurs ressortissants ou contre une personne ayant sa résidence habituelle sur leur territoire.

3) Pour la poursuite des infractions établies conformément aux articles 36, 37, 38 et 39 de la présente Convention, les Parties prennent les mesures législatives ou autres nécessaires pour que l'établissement de leur compétence ne soit pas subordonné à la condition que les faits soient également incriminés sur le territoire où ils ont été commis.

4) Pour la poursuite des infractions établies conformément aux articles 36, 37, 38 et 39 de la présente Convention, les Parties prennent les mesures législatives ou autres nécessaires pour que l'établissement de leur compétence

au titre des points d et e du paragraphe 1 ne soit pas subordonné à la condition que la poursuite soit précédée d'une plainte de la victime ou d'une dénonciation de l'État du lieu où l'infraction a été commise.
5) Les Parties prennent les mesures législatives ou autres nécessaires pour établir leur compétence à l'égard de toute infraction établie conformément à la présente Convention, dans les cas où l'auteur présumé est présent sur leur territoire et ne peut être extradé vers une autre Partie uniquement en raison de sa nationalité.
6) Lorsque plusieurs Parties revendiquent leur compétence à l'égard d'une infraction présumée établie conformément à la présente Convention, les Parties concernées se concertent, le cas échéant, afin de déterminer la mieux à même d'exercer les poursuites.
7) Sans préjudice des règles générales de droit international, la présente Convention n'exclut aucune compétence pénale exercée par une Partie conformément à son droit interne.

Article 45 – Sanctions et mesures

1) Les Parties prennent les mesures législatives ou autres nécessaires pour que les infractions établies conformément à la présente Convention soient passibles de sanctions effectives, proportionnées et dissuasives, au regard de leur gravité. Celles-ci incluent, le cas échéant, des peines privatives de liberté pouvant donner lieu à l'extradition.
2) Les Parties peuvent adopter d'autres mesures à l'égard des auteurs d'infractions, telles que :
– le suivi ou la surveillance de la personne condamnée ;
– la déchéance des droits parentaux si l'intérêt supérieur de l'enfant, qui peut inclure la sécurité de la victime, ne peut être garanti d'aucune autre façon.

Article 46 – Circonstances aggravantes

Les Parties prennent les mesures législatives ou autres nécessaires afin que les circonstances suivantes, pour autant qu'elles ne relèvent pas déjà des éléments constitutifs de l'infraction, puissent, conformément aux dispositions pertinentes de leur droit interne, être prises en compte en tant que circonstances aggravantes lors de la détermination des peines relatives aux infractions établies conformément à la présente Convention :

a. l'infraction a été commise à l'encontre d'un ancien ou actuel conjoint ou partenaire, conformément au droit interne, par un membre de la famille, une personne cohabitant avec la victime, ou une personne ayant abusé de son autorité ;

b. l'infraction, ou les infractions apparentées, ont été commises de manière répétée ;

c. l'infraction a été commise à l'encontre d'une personne rendue vulnérable du fait de circonstances particulières ;

d. l'infraction a été commise à l'encontre ou en présence d'un enfant ;

e. l'infraction a été commise par deux ou plusieurs personnes agissant ensemble ;

f. l'infraction a été précédée ou accompagnée d'une violence d'une extrême gravité ;

g. l'infraction a été commise avec l'utilisation ou la menace d'une arme ;

h. l'infraction a entraîné de graves dommages physiques ou psychologiques pour la victime ;

i. l'auteur a été condamné antérieurement pour des faits de nature similaire.

Article 47 – Condamnations dans une autre Partie

Les Parties prennent les mesures législatives ou autres nécessaires pour prévoir la possibilité de prendre en compte, dans le cadre de l'appréciation de la peine, les condamnations définitives prononcées dans une autre Partie pour les infractions établies conformément à la présente Convention.

Article 48 – Interdiction des modes alternatifs de résolution des conflits ou des condamnations obligatoires

1) Les Parties prennent les mesures législatives ou autres nécessaires pour interdire les modes alternatifs de

résolution des conflits obligatoires, y compris la médiation et la conciliation, en ce qui concerne toutes les formes de violence couvertes par le champ d'application de la présente Convention.

2) Les Parties prennent les mesures législatives ou autres nécessaires pour que, si le paiement d'une amende est ordonné, la capacité de l'auteur de l'infraction à faire face aux obligations financières qu'il a envers la victime soit dûment prise en compte.

Chapitre VI – Enquêtes, poursuites, droit procédural et mesures de protection

Article 49 – Obligations générales

1) Les Parties prennent les mesures législatives ou autres nécessaires pour que les enquêtes et les procédures judiciaires relatives à toutes les formes de violence couvertes par le champ d'application de la présente Convention soient traitées sans retard injustifié tout en prenant en considération les droits de la victime à toutes les étapes des procédures pénales.

2) Les Parties prennent les mesures législatives ou autres nécessaires, conformément aux principes fondamentaux des droits de l'homme et en prenant en considération la compréhension de la violence fondée sur le genre, pour garantir une enquête et une poursuite effectives des infractions établies conformément à la présente Convention.

Article 50 – Réponse immédiate, prévention et protection

1) Les Parties prennent les mesures législatives ou autres nécessaires pour que les services répressifs responsables répondent rapidement et de manière appropriée à toutes les formes de violence couvertes par le champ d'application de la présente Convention en offrant une protection adéquate et immédiate aux victimes.

2) Les Parties prennent les mesures législatives ou autres nécessaires pour que les services répressifs responsables engagent rapidement et de manière appropriée la prévention et la protection contre toutes les formes de violence

couvertes par le champ d'application de la présente Convention, y compris l'emploi de mesures opérationnelles préventives et la collecte des preuves.

Article 51 – Appréciation et gestion des risques

1) Les Parties prennent les mesures législatives ou autres nécessaires pour qu'une appréciation du risque de létalité, de la gravité de la situation et du risque de réitération de la violence soit faite par toutes les autorités pertinentes afin de gérer le risque et garantir, si nécessaire, une sécurité et un soutien coordonnés.

2) Les Parties prennent les mesures législatives ou autres nécessaires pour que l'appréciation mentionnée au paragraphe 1 prenne dûment en compte, à tous les stades de l'enquête et de l'application des mesures de protection, le fait que l'auteur d'actes de violence couverts par le champ d'application de la présente Convention possède ou ait accès à des armes à feu.

Article 52 – Ordonnances d'urgence d'interdiction

Les Parties prennent les mesures législatives ou autres nécessaires pour que les autorités compétentes se voient reconnaître le pouvoir d'ordonner, dans des situations de danger immédiat, à l'auteur de violence domestique de quitter la résidence de la victime ou de la personne en danger pour une période de temps suffisante et d'interdire à l'auteur d'entrer dans le domicile de la victime ou de la personne en danger ou de la contacter. Les mesures prises conformément au présent article doivent donner la priorité à la sécurité des victimes ou des personnes en danger.

Article 53 – Ordonnances d'injonction ou de protection

1) Les Parties prennent les mesures législatives ou autres nécessaires pour que des ordonnances d'injonction ou de protection appropriées soient disponibles pour les victimes de toutes les formes de violence couvertes par le champ d'application de la présente Convention.

2) Les Parties prennent les mesures législatives ou autres nécessaires pour que les ordonnances d'injonction ou de protection mentionnées au paragraphe 1 soient :

– disponibles pour une protection immédiate et sans charge financière ou administrative excessive pesant sur la victime ;
– émises pour une période spécifiée, ou jusqu'à modification ou révocation ;
– le cas échéant, émises ex parte avec effet immédiat ;
– disponibles indépendamment ou cumulativement à d'autres procédures judiciaires ;
– autorisées à être introduites dans les procédures judiciaires subséquentes.

3) Les Parties prennent les mesures législatives ou autres nécessaires pour que la violation des ordonnances d'injonction ou de protection émises conformément au paragraphe 1 fasse l'objet de sanctions pénales, ou d'autres sanctions légales, effectives, proportionnées et dissuasives.

Article 54 – Enquêtes et preuves

Les Parties prennent les mesures législatives ou autres nécessaires pour que, dans toute procédure civile ou pénale, les preuves relatives aux antécédents sexuels et à la conduite de la victime ne soient recevables que lorsque cela est pertinent et nécessaire.

Article 55 – Procédures ex parte *et* ex officio

1) Les Parties veillent à ce que les enquêtes ou les poursuites d'infractions établies conformément aux articles 35, 36, 37, 38 et 39 de la présente Convention ne dépendent pas entièrement d'une dénonciation ou d'une plainte de la victime lorsque l'infraction a été commise, en partie ou en totalité, sur leur territoire, et à ce que la procédure puisse se poursuivre même si la victime se rétracte ou retire sa plainte.

2) Les Parties prennent les mesures législatives ou autres nécessaires pour garantir, conformément aux conditions prévues par leur droit interne, la possibilité pour les organisations gouvernementales et non gouvernementales et les conseillers spécialisés dans la violence domestique, d'assister et/ou de soutenir les victimes, sur demande de leur part, au cours des enquêtes et des procédures

judiciaires relatives aux infractions établies conformément à la présente Convention.

Article 56 – Mesures de protection

1) Les Parties prennent les mesures législatives ou autres nécessaires pour protéger les droits et les intérêts des victimes, y compris leurs besoins spécifiques en tant que témoins, à tous les stades des enquêtes et des procédures judiciaires, en particulier :

a. en veillant à ce qu'elles soient, ainsi que leurs familles et les témoins à charge, à l'abri des risques d'intimidation, de représailles et de nouvelle victimisation ;

b. en veillant à ce que les victimes soient informées, au moins dans les cas où les victimes et la famille pourraient être en danger, lorsque l'auteur de l'infraction s'évade ou est libéré temporairement ou définitivement ;

c. en les tenant informées, selon les conditions prévues par leur droit interne, de leurs droits et des services à leur disposition, et des suites données à leur plainte, des chefs d'accusation retenus, du déroulement général de l'enquête ou de la procédure, et de leur rôle au sein de celle-ci ainsi que de la décision rendue ;

d. en donnant aux victimes, conformément aux règles de procédure de leur droit interne, la possibilité d'être entendues, de fournir des éléments de preuve et de présenter leurs vues, besoins et préoccupations, directement ou par le recours à un intermédiaire, et que ceux-ci soient examinés ;

e. en fournissant aux victimes une assistance appropriée pour que leurs droits et intérêts soient dûment présentés et pris en compte ;

f. en veillant à ce que des mesures pour protéger la vie privée et l'image de la victime puissent être prises ;

g. en veillant, lorsque cela est possible, à ce que les contacts entre les victimes et les auteurs d'infractions à l'intérieur des tribunaux et des locaux des services répressifs soient évités ;

h. en fournissant aux victimes des interprètes indépendants et compétents, lorsque les victimes sont parties

aux procédures ou lorsqu'elles fournissent des éléments de preuve ;
i. en permettant aux victimes de témoigner en salle d'audience, conformément aux règles prévues par leur droit interne, sans être présentes, ou du moins sans que l'auteur présumé de l'infraction ne soit présent, notamment par le recours aux technologies de communication appropriées, si elles sont disponibles.
2) Un enfant victime et témoin de violence à l'égard des femmes et de violence domestique doit, le cas échéant, se voir accorder des mesures de protection spécifiques prenant en compte l'intérêt supérieur de l'enfant.

Article 57 – Aide juridique

Les Parties veillent à ce que les victimes aient droit à une assistance juridique et à une aide juridique gratuite selon les conditions prévues par leur droit interne.

Article 58 – Prescription

Les Parties prennent les mesures législatives et autres nécessaires pour que le délai de prescription pour engager toute poursuite du chef des infractions établies conformément aux articles 36, 37, 38 et 39 de la présente Convention, continue de courir pour une durée suffisante et proportionnelle à la gravité de l'infraction en question, afin de permettre la mise en œuvre efficace des poursuites, après que la victime a atteint l'âge de la majorité.

Chapitre VII – Migration et asile

Article 59 – Statut de résident

1) Les Parties prennent les mesures législatives ou autres nécessaires pour garantir que les victimes, dont le statut de résident dépend de celui de leur conjoint ou de leur partenaire, conformément à leur droit interne, se voient accorder, sur demande, dans l'éventualité de la dissolution du mariage ou de la relation, en cas de situations particulièrement difficiles, un permis de résidence autonome, indépendamment de la durée du mariage ou de la relation. Les conditions relatives à l'octroi et à la durée du permis

de résidence autonome sont établies conformément au droit interne.

2) Les Parties prennent les mesures législatives ou autres nécessaires pour que les victimes puissent obtenir la suspension des procédures d'expulsion initiées du fait que leur statut de résident dépend de celui de leur conjoint ou de leur partenaire, conformément à leur droit interne, pour leur permettre de demander un permis de résidence autonome.

3) Les Parties délivrent un permis de résidence renouvelable aux victimes, dans l'une ou les deux situations suivantes :

a. lorsque l'autorité compétente considère que leur séjour est nécessaire au regard de leur situation personnelle ;

b. lorsque l'autorité compétente considère que leur séjour est nécessaire aux fins de leur coopération avec les autorités compétentes dans le cadre d'une enquête ou de procédures pénales.

4) Les Parties prennent les mesures législatives ou autres nécessaires pour que les victimes de mariages forcés amenées dans un autre pays aux fins de ce mariage, et qui perdent en conséquence leur statut de résident dans le pays où elles résident habituellement, puissent récupérer ce statut.

Article 60 – Demandes d'asile fondées sur le genre

1) Les Parties prennent les mesures législatives ou autres nécessaires pour que la violence à l'égard des femmes fondée sur le genre puisse être reconnue comme une forme de persécution au sens de l'article 1, A (2), de la Convention relative au statut des réfugiés de 1951 et comme une forme de préjudice grave donnant lieu à une protection complémentaire/subsidiaire.

2) Les Parties veillent à ce qu'une interprétation sensible au genre soit appliquée à chacun des motifs de la Convention et à ce que les demandeurs d'asile se voient octroyer le statut de réfugié dans les cas où il a été établi que la crainte de persécution est fondée sur l'un ou

plusieurs de ces motifs, conformément aux instruments pertinents applicables.

3) Les Parties prennent les mesures législatives ou autres nécessaires pour développer des procédures d'accueil sensibles au genre et des services de soutien pour les demandeurs d'asile, ainsi que des lignes directrices fondées sur le genre et des procédures d'asile sensibles au genre, y compris pour l'octroi du statut de réfugié et pour la demande de protection internationale.

Article 61 – Non-refoulement

1) Les Parties prennent les mesures législatives ou autres nécessaires pour respecter le principe de non-refoulement, conformément aux obligations existantes découlant du droit international.

2) Les Parties prennent les mesures législatives ou autres nécessaires pour que les victimes de violence à l'égard des femmes nécessitant une protection, indépendamment de leur statut ou lieu de résidence, ne puissent en aucune circonstance être refoulées vers un pays où leur vie serait en péril ou dans lequel elles pourraient être victimes de torture ou de peines ou traitements inhumains ou dégradants.

Chapitre VIII – Coopération internationale

Article 62 – Principes généraux

1) Les Parties coopèrent, conformément aux dispositions de la présente Convention, et en application des instruments internationaux et régionaux pertinents, relatifs à la coopération en matière civile et pénale, des arrangements reposant sur des législations uniformes ou réciproques et de leur droit interne, dans la mesure la plus large possible, aux fins :

a. de prévenir, combattre, et poursuivre toutes les formes de violence couvertes par le champ d'application de la présente Convention ;

b. de protéger et assister les victimes ;

c. de mener des enquêtes ou des procédures concernant les infractions établies conformément à la présente Convention;
d. d'appliquer les jugements civils et pénaux pertinents rendus par les autorités judiciaires des Parties, y compris les ordonnances de protection.
2) Les Parties prennent les mesures législatives ou autres nécessaires pour que les victimes d'une infraction établie conformément à la présente Convention et commise sur le territoire d'une Partie autre que celui sur lequel elles résident puissent porter plainte auprès des autorités compétentes de leur État de résidence.
3) Si une Partie qui subordonne l'entraide judiciaire en matière pénale, l'extradition ou l'exécution de jugements civils ou pénaux prononcés par une autre Partie à la présente Convention à l'existence d'un traité reçoit une demande concernant cette coopération en matière judiciaire d'une Partie avec laquelle elle n'a pas conclu pareil traité, elle peut considérer la présente Convention comme la base légale de l'entraide judiciaire en matière pénale, de l'extradition ou de l'exécution de jugements civils ou pénaux prononcés par une autre Partie à la présente Convention à l'égard des infractions établies conformément à la présente Convention.
4) Les Parties s'efforcent d'intégrer, le cas échéant, la prévention et la lutte contre la violence à l'égard des femmes et la violence domestique dans les programmes d'assistance au développement conduits au profit d'États tiers, y compris la conclusion d'accords bilatéraux et multilatéraux avec des États tiers dans le but de faciliter la protection des victimes, conformément à l'article 18, paragraphe 5.

Article 63 – Mesures relatives aux personnes en danger

Lorsqu'une Partie a, sur la base d'informations à sa disposition, de sérieuses raisons de penser qu'une personne risque d'être soumise de manière immédiate à l'un des actes de violence visés par les articles 36, 37, 38 et 39 de la présente Convention sur le territoire d'une autre

Partie, la Partie disposant de l'information est encouragée à la transmettre sans délai à l'autre Partie dans le but d'assurer que les mesures de protection appropriées soient prises. Cette information doit contenir, le cas échéant, des indications sur des dispositions de protection existantes établies au bénéfice de la personne en danger.

Article 64 – Information

1) La Partie requise doit rapidement informer la Partie requérante du résultat final de l'action exercée conformément au présent chapitre. La Partie requise doit également informer rapidement la Partie requérante de toutes les circonstances qui rendent impossible l'exécution de l'action envisagée ou qui sont susceptibles de la retarder de manière significative.

2) Une Partie peut, dans la limite des règles de son droit interne, sans demande préalable, transférer à une autre Partie les informations obtenues dans le cadre de ses propres investigations lorsqu'elle considère que la divulgation de telles informations pourrait aider la Partie qui les reçoit à prévenir les infractions pénales établies conformément à la présente Convention, ou à entamer ou poursuivre les investigations ou les procédures relatives à de telles infractions pénales, ou qu'elle pourrait aboutir à une demande de coopération formulée par cette Partie conformément au présent chapitre.

3) La Partie qui reçoit toute information conformément au paragraphe 2 doit la communiquer à ses autorités compétentes de manière à ce que des procédures puissent être engagées si elles sont considérées comme étant appropriées, ou que cette information puisse être prise en compte dans les procédures civiles et pénales pertinentes.

Article 65 – Protection des données

Les données personnelles sont conservées et utilisées conformément aux obligations contractées par les Parties à la Convention pour la protection des personnes à l'égard du traitement automatisé des données à caractère personnel (STE n° 108).

Chapitre IX – Mécanisme de suivi

Article 66 – Groupe d'experts sur la lutte contre la violence à l'égard des femmes et la violence domestique

1) Le Groupe d'experts sur la lutte contre la violence à l'égard des femmes et la violence domestique (ci-après dénommé « GREVIO ») est chargé de veiller à la mise en œuvre de la présente Convention par les Parties.

2) Le GREVIO est composé de 10 membres au minimum et de 15 membres au maximum, en tenant compte d'une participation équilibrée entre les femmes et les hommes, et d'une participation géographiquement équilibrée, ainsi que d'une expertise multidisciplinaire. Ses membres sont élus par le Comité des Parties parmi des candidats désignés par les Parties, pour un mandat de quatre ans, renouvelable une fois, et choisis parmi des ressortissants des Parties.

3) L'élection initiale de 10 membres est organisée dans un délai d'un an suivant la date d'entrée en vigueur de la présente Convention. L'élection de cinq membres additionnels est organisée après la vingt-cinquième ratification ou adhésion.

4) L'élection des membres du GREVIO se fonde sur les principes suivants :

a. ils sont choisis selon une procédure transparente parmi des personnalités de haute moralité connues pour leur compétence en matière de droits de l'homme, d'égalité entre les femmes et les hommes, de violence à l'égard des femmes et de violence domestique ou d'assistance et protection des victimes, ou ayant une expérience professionnelle reconnue dans les domaines couverts par la présente Convention;

b. le GREVIO ne peut comprendre plus d'un ressortissant du même État;

c. ils devraient représenter les principaux systèmes juridiques;

d. ils devraient représenter les acteurs et instances pertinents dans le domaine de la violence à l'égard des femmes et la violence domestique ;
e. ils siègent à titre individuel, sont indépendants et impartiaux dans l'exercice de leurs mandats et se rendent disponibles pour remplir leurs fonctions de manière effective.
5) La procédure d'élection des membres du GREVIO est fixée par le Comité des Ministres du Conseil de l'Europe, après consultation et assentiment unanime des Parties, dans un délai de six mois à compter de l'entrée en vigueur de la présente Convention.
6) Le GREVIO adopte son propre règlement intérieur.
7) Les membres du GREVIO et les autres membres des délégations chargées d'effectuer les visites dans les pays, tel qu'établi dans l'article 68, paragraphes 9 et 14, bénéficient des privilèges et immunités prévus par l'annexe à la présente Convention.

Article 67 – Comité des Parties

1) Le Comité des Parties est composé des représentants des Parties à la Convention.
2) Le Comité des Parties est convoqué par le Secrétaire Général du Conseil de l'Europe. Sa première réunion doit se tenir dans un délai d'un an suivant l'entrée en vigueur de la présente Convention afin d'élire les membres du GREVIO. Il se réunira par la suite à la demande d'un tiers des Parties, du Président du Comité des Parties ou du Secrétaire Général.
3) Le Comité des Parties adopte son propre règlement intérieur.

Article 68 – Procédure

1) Les Parties présentent au Secrétaire Général du Conseil de l'Europe, sur la base d'un questionnaire préparé par le GREVIO, un rapport sur les mesures d'ordre législatif et autres donnant effet aux dispositions de la présente Convention, pour examen par le GREVIO.

2) Le GREVIO examine le rapport soumis conformément au paragraphe 1 avec les représentants de la Partie concernée.
3) La procédure d'évaluation ultérieure est divisée en cycles dont la durée est déterminée par le GREVIO. Au début de chaque cycle, le GREVIO sélectionne les dispositions particulières sur lesquelles va porter la procédure d'évaluation et envoie un questionnaire.
4) Le GREVIO détermine les moyens appropriés pour procéder à cette évaluation. Il peut, en particulier, adopter un questionnaire pour chacun des cycles qui sert de base à l'évaluation de la mise en œuvre par les Parties. Ce questionnaire est adressé à toutes les Parties. Les Parties répondent à ce questionnaire ainsi qu'à toute autre demande d'information du GREVIO.
5) Le GREVIO peut recevoir des informations concernant la mise en œuvre de la Convention des organisations non gouvernementales et de la société civile, ainsi que des institutions nationales de protection des droits de l'homme.
6) Le GREVIO prend dûment en considération les informations existantes disponibles dans d'autres instruments et organisations régionaux et internationaux dans les domaines entrant dans le champ d'application de la présente Convention.
7) Lorsqu'il adopte le questionnaire pour chaque cycle d'évaluation, le GREVIO prend dûment en considération la collecte des données et les recherches existantes dans les Parties, telles que mentionnées à l'article 11 de la présente Convention.
8) Le GREVIO peut recevoir des informations relatives à la mise en œuvre de la Convention de la part du Commissaire aux droits de l'homme du Conseil de l'Europe, de l'Assemblée parlementaire et d'autres organes spécialisés pertinents du Conseil de l'Europe ainsi que ceux établis par d'autres instruments internationaux. Les plaintes présentées devant ces organes et les suites qui leur sont données seront mises à la disposition du GREVIO.

9) Le GREVIO peut organiser, de manière subsidiaire, en coopération avec les autorités nationales et avec l'assistance d'experts nationaux indépendants, des visites dans les pays concernés, si les informations reçues sont insuffisantes ou dans les cas prévus au paragraphe 14. Lors de ces visites, le GREVIO peut se faire assister par des spécialistes dans des domaines spécifiques.

10) Le GREVIO établit un projet de rapport contenant ses analyses concernant la mise en œuvre des dispositions sur lesquelles porte la procédure d'évaluation, ainsi que ses suggestions et propositions relatives à la manière dont la Partie concernée peut traiter les problèmes identifiés. Le projet de rapport est transmis pour commentaire à la Partie faisant l'objet de l'évaluation. Ses commentaires sont pris en compte par le GREVIO lorsqu'il adopte son rapport.

11) Sur la base de toutes les informations reçues et des commentaires des Parties, le GREVIO adopte son rapport et ses conclusions concernant les mesures prises par la Partie concernée pour mettre en œuvre les dispositions de la présente Convention. Ce rapport et les conclusions sont envoyés à la Partie concernée et au Comité des Parties. Le rapport et les conclusions du GREVIO sont rendus publics dès leur adoption, avec les commentaires éventuels de la Partie concernée.

12) Sans préjudice de la procédure prévue aux paragraphes 1 à 8, le Comité des Parties peut adopter, sur la base du rapport et des conclusions du GREVIO, des recommandations adressées à cette Partie, (a) concernant les mesures à prendre pour mettre en œuvre les conclusions du GREVIO, si nécessaire en fixant une date pour la soumission d'informations sur leur mise en œuvre, et (b) ayant pour objectif de promouvoir la coopération avec cette Partie afin de mettre en œuvre la présente Convention de manière satisfaisante.

13) Si le GREVIO reçoit des informations fiables indiquant une situation dans laquelle des problèmes nécessitent une attention immédiate afin de prévenir ou de limiter l'ampleur ou le nombre de violations graves de la

Convention, il peut demander la soumission urgente d'un rapport spécial relatif aux mesures prises pour prévenir un type de violence grave, répandu ou récurrent à l'égard des femmes.

14) Le GREVIO peut, en tenant compte des informations soumises par la Partie concernée ainsi que de toute autre information fiable disponible, désigner un ou plusieurs de ses membres pour conduire une enquête et présenter de manière urgente un rapport au GREVIO. Lorsque cela est nécessaire et avec l'accord de la Partie, l'enquête peut comprendre une visite sur son territoire.

15) Après avoir examiné les conclusions relatives à l'enquête mentionnée au paragraphe 14, le GREVIO transmet ces conclusions à la Partie concernée et, le cas échéant, au Comité des Parties et au Comité des Ministres du Conseil de l'Europe avec tout autre commentaire et recommandation.

Article 69 – Recommandations générales

Le GREVIO peut adopter, le cas échéant, des recommandations générales sur la mise en œuvre de la présente Convention.

Article 70 – Participation des parlements au suivi

1) Les parlements nationaux sont invités à participer au suivi des mesures prises pour la mise en œuvre de la présente Convention.

2) Les Parties soumettent les rapports du GREVIO à leurs parlements nationaux.

3) L'Assemblée parlementaire du Conseil de l'Europe est invitée à faire le bilan, de manière régulière, de la mise en œuvre de la présente Convention.

Chapitre X – Relations avec d'autres instruments internationaux

Article 71 – Relations avec d'autres instruments internationaux

1) La présente Convention ne porte pas atteinte aux obligations découlant d'autres instruments internationaux

auxquels les Parties à la présente Convention sont Parties ou le deviendront, et qui contiennent des dispositions relatives aux matières régies par la présente Convention.
2) Les Parties à la présente Convention peuvent conclure entre elles des accords bilatéraux ou multilatéraux relatifs aux questions réglées par la présente Convention, aux fins de compléter ou de renforcer les dispositions de celle-ci ou pour faciliter l'application des principes qu'elle consacre.

Chapitre XI – Amendements à la Convention

Article 72 – Amendements

1) Tout amendement à la présente Convention proposé par une Partie devra être communiqué au Secrétaire Général du Conseil de l'Europe et être transmis par ce dernier aux États membres du Conseil de l'Europe, à tout signataire, à toute Partie, à l'Union européenne, à tout État ayant été invité à signer la présente Convention conformément aux dispositions de l'article 75 et à tout État invité à adhérer à la présente Convention conformément aux dispositions de l'article 76.
2) Le Comité des Ministres du Conseil de l'Europe examine l'amendement proposé et, après consultation des Parties à la Convention qui ne sont pas membres du Conseil de l'Europe, peut adopter l'amendement à la majorité prévue à l'article 20.d du Statut du Conseil de l'Europe.
3) Le texte de tout amendement adopté par le Comité des Ministres conformément au paragraphe 2 sera communiqué aux Parties, en vue de son acceptation.
4) Tout amendement adopté conformément au paragraphe 2 entrera en vigueur le premier jour du mois suivant l'expiration d'une période d'un mois après la date à laquelle toutes les Parties auront informé le Secrétaire Général de leur acceptation.

Chapitre XII – Clauses finales

Article 73 – Effets de la Convention

Les dispositions de la présente Convention ne portent pas atteinte aux dispositions du droit interne et d'autres instruments internationaux contraignants déjà en vigueur ou pouvant entrer en vigueur, et en application desquels des droits plus favorables sont ou seraient reconnus aux personnes en matière de prévention et de lutte contre la violence à l'égard des femmes et la violence domestique.

Article 74 – Règlement de différends

1) Les Parties à tout litige qui surgit au sujet de l'application ou de l'interprétation des dispositions de la présente Convention devront en rechercher la solution, avant tout par voie de négociation, de conciliation, d'arbitrage, ou par tout autre mode de règlement pacifique accepté d'un commun accord par elles.

2) Le Comité des Ministres du Conseil de l'Europe pourra établir des procédures de règlement qui pourraient être utilisées par les Parties à un litige, si elles y consentent.

Article 75 – Signature et entrée en vigueur

1) La présente Convention est ouverte à la signature des États membres du Conseil de l'Europe, des États non membres ayant participé à son élaboration ainsi que de l'Union européenne.

2) La présente Convention est soumise à ratification, acceptation ou approbation. Les instruments de ratification, d'acceptation ou d'approbation sont déposés près le Secrétaire Général du Conseil de l'Europe.

3) La présente Convention entrera en vigueur le premier jour du mois suivant l'expiration d'une période de trois mois après la date à laquelle 10 signataires, dont au moins huit États membres du Conseil de l'Europe, auront exprimé leur consentement à être liés par la Convention, conformément aux dispositions du paragraphe 2.

4) Si un État visé au paragraphe 1 ou l'Union européenne exprime ultérieurement son consentement à être lié par la Convention, cette dernière entrera en vigueur, à son égard, le premier jour du mois suivant l'expiration d'une période de trois mois après la date du dépôt de l'instrument de ratification, d'acceptation ou d'approbation.

Article 76 – Adhésion à la Convention

1) Après l'entrée en vigueur de la présente Convention, le Comité des Ministres du Conseil de l'Europe pourra, après consultation des Parties à la présente Convention et en avoir obtenu l'assentiment unanime, inviter tout État non membre du Conseil de l'Europe n'ayant pas participé à l'élaboration de la Convention à adhérer à la présente Convention par une décision prise à la majorité prévue à l'article 20.d du Statut du Conseil de l'Europe, et à l'unanimité des voix des représentants des États contractants ayant le droit de siéger au Comité des Ministres.
2) Pour tout État adhérent, la Convention entrera en vigueur le premier jour du mois suivant l'expiration d'une période de trois mois après la date du dépôt de l'instrument d'adhésion près le Secrétaire Général du Conseil de l'Europe.

Article 77 – Application territoriale

1) Tout État ou l'Union européenne peut, au moment de la signature ou au moment du dépôt de son instrument de ratification, d'acceptation, d'approbation ou d'adhésion, désigner le ou les territoires auxquels s'appliquera la présente Convention.
2) Toute Partie peut, à tout autre moment par la suite, par une déclaration adressée au Secrétaire Général du Conseil de l'Europe, étendre l'application de la présente Convention à tout autre territoire désigné dans cette déclaration dont elle assure les relations internationales ou au nom duquel elle est autorisée à prendre des engagements. La Convention entrera en vigueur à l'égard de ce territoire le premier jour du mois suivant l'expiration d'une période de trois mois après la date de réception de la déclaration par le Secrétaire Général.
3) Toute déclaration faite en vertu des deux paragraphes précédents pourra, à l'égard de tout territoire désigné dans cette déclaration, être retirée par notification adressée au Secrétaire Général du Conseil de l'Europe. Ce retrait prendra effet le premier jour du mois suivant l'expiration

d'une période de trois mois après la date de réception de la notification par le Secrétaire Général.

Article 78 – Réserves

1) Aucune réserve n'est admise à l'égard des dispositions de la présente Convention, à l'exception de celles prévues aux paragraphes 2 et 3.
2) Tout État ou l'Union européenne peut, au moment de la signature ou au moment du dépôt de son instrument de ratification, d'acceptation, d'approbation ou d'adhésion, dans une déclaration adressée au Secrétaire Général du Conseil de l'Europe, préciser qu'il se réserve le droit de ne pas appliquer, ou de n'appliquer que dans des cas ou conditions spécifiques, les dispositions établies à :
– l'article 30, paragraphe 2 ;
– l'article 44, paragraphes 1.e, 3 et 4 ;
– l'article 55, paragraphe 1 en ce qui concerne l'article 35 à l'égard des infractions mineures ;
– l'article 58 en ce qui concerne les articles 37, 38 et 39 ;
– l'article 59.
3) Tout État ou l'Union européenne peut, au moment de la signature ou au moment du dépôt de son instrument de ratification, d'acceptation, d'approbation ou d'adhésion, dans une déclaration adressée au Secrétaire Général du Conseil de l'Europe, préciser qu'il se réserve le droit de prévoir des sanctions non pénales, au lieu de sanctions pénales, pour les comportements mentionnés aux articles 33 et 34.
4) Toute Partie peut retirer en tout ou en partie une réserve au moyen d'une déclaration adressée au Secrétaire Général du Conseil de l'Europe. Cette déclaration prendra effet à la date de sa réception par le Secrétaire Général.

Article 79 – Validité et examen des réserves

1) Les réserves prévues à l'article 78, paragraphes 2 et 3, sont valables cinq ans à compter du premier jour de l'entrée en vigueur de la Convention pour la Partie concernée. Toutefois, ces réserves peuvent être renouvelées pour des périodes de la même durée.

2) Dix-huit mois avant l'expiration de la réserve, le Secrétaire Général du Conseil de l'Europe informe la Partie concernée de cette expiration. Trois mois avant la date d'expiration, la Partie notifie au Secrétaire Général son intention de maintenir, de modifier ou de retirer la réserve. Dans le cas contraire, le Secrétaire Général informe cette Partie que sa réserve est automatiquement prolongée pour une période de six mois. Si la Partie concernée ne notifie pas sa décision de maintenir ou modifier ses réserves avant l'expiration de cette période, la ou les réserves tombent.
3) Lorsqu'une Partie formule une réserve conformément à l'article 78, paragraphes 2 et 3, elle fournit, avant son renouvellement ou sur demande, des explications au GREVIO quant aux motifs justifiant son maintien.

Article 80 – Dénonciation

1) Toute Partie peut, à tout moment, dénoncer la présente Convention en adressant une notification au Secrétaire Général du Conseil de l'Europe.
2) Cette dénonciation prendra effet le premier jour du mois suivant l'expiration d'une période de trois mois après la date de réception de la notification par le Secrétaire Général.

Article 81 – Notification

Le Secrétaire Général du Conseil de l'Europe notifiera aux États membres du Conseil de l'Europe, aux États non membres du Conseil de l'Europe ayant participé à l'élaboration de la présente Convention, à tout signataire, à toute Partie, à l'Union européenne, et à tout État invité à adhérer à la présente Convention :
a. toute signature ;
b. le dépôt de tout instrument de ratification, d'acceptation, d'approbation ou d'adhésion ;
c. toute date d'entrée en vigueur de la présente Convention, conformément aux articles 75 et 76 ;
d. tout amendement adopté conformément à l'article 72, ainsi que la date d'entrée en vigueur dudit amendement ;

e. toute réserve et tout retrait de réserve faits en application de l'article 78 ;
f. toute dénonciation faite en vertu des dispositions de l'article 80 ;
g. tout autre acte, notification ou communication ayant trait à la présente Convention.

Réserve

Conformément à l'article 78, paragraphe 2, de la Convention, la France déclare qu'elle appliquera les stipulations de l'article 44, paragraphes 1.e, 3 et 4, dans des cas ou des conditions spécifiques.
[Période de validité de la réserve (article 79 de la Convention) : du 1er novembre 2014 au 1er novembre 2019.]

Chapitre 2

L'Organisation pour la sécurité et la coopération en Europe (OSCE)

Texte 32 – Acte final de Helsinki, 1975 (extraits)

L'Acte final de la Conférence sur la sécurité et la coopération en Europe (CSCE) a été signé à Helsinki le 1er août 1975 par les chefs d'État et de gouvernement des 35 États participants à la CSCE, dont la France. Il s'agit d'une étape importante dans les relations entre les blocs Est et Ouest, sur la base de dix principes visant à régir les relations entre les États participants, y compris le principe VII sur les droits de l'homme.

L'Acte final ouvre un processus politique continu de négociations menées simultanément dans le cadre de « trois corbeilles » : les questions de sécurité, notamment les mesures de confiance ; la coopération technique dans les domaines de l'économie et de l'environnement ; les questions humanitaires et autres, aujourd'hui plus couramment appelée dimension humaine.

Bibliographie

Andréani Jacques, *Le Piège. Helsinki et la chute du communisme*, Odile Jacob, 2005.

Decaux Emmanuel et Sur Serge (dir.), *L'OSCE, trente ans après l'Acte de Helsinki. Sécurité coopérative et dimension humaine*, Pedone, 2008.

Decaux Emmanuel, *La CSCE*, PUF, 1992.

Decaux Emmanuel, *Sécurité et coopération en Europe*, La Documentation française, 1992.

Ghebali Victor-Yves, *L'OSCE dans l'Europe post-communiste, 1990-1996*, Bruylant, 1996.

Ghebali Victor-Yves, *La diplomatie de la détente. La CSCE 1973-1989*, Bruylant, 1989.

La Conférence sur la sécurité et la coopération en Europe, ouverte le 3 juillet 1973 à Helsinki et poursuivie à Genève du 18 septembre 1973 au 21 juillet 1975, a été menée à son terme à Helsinki le 1er août 1975 par les Hauts Représentants de la République fédérale d'Allemagne, de la République démocratique allemande, des États-Unis d'Amérique, d'Autriche, de Belgique, de Bulgarie, du Canada, de Chypre, du Danemark, de l'Espagne, de la Finlande, de la France, de la Grèce, de la Hongrie, de l'Irlande, de l'Islande, de l'Italie, du Liechtenstein, du Luxembourg, de Malte, de Monaco, de la Norvège, des Pays-Bas, de la Pologne, du Portugal, de la Roumanie, du Royaume-Uni, de Saint-Marin, du Saint-Siège, de la Suède, de la Suisse, de la Tchécoslovaquie, de la Turquie, de l'Union des Républiques socialistes soviétiques et de la Yougoslavie. [...]

Les États participant à la Conférence sur la sécurité et la coopération en Europe,

Réaffirmant que leur objectif est de contribuer à l'amélioration de leurs relations mutuelles et d'assurer des conditions dans lesquelles les peuples puissent vivre dans un état de paix véritable et durable à l'abri de toute menace ou atteinte à leur sécurité ;

Convaincus de la nécessité de déployer des efforts pour faire de la détente un processus tout à la fois continu, de plus en plus viable et global, de portée universelle, et convaincus que la mise en œuvre des résultats de la Conférence sur la sécurité et la coopération en Europe constituera une contribution majeure à ce processus ;

Considérant que la solidarité entre les peuples aussi bien que le dessein commun qui anime les États participants dans la réalisation des objectifs énoncés par la Conférence sur la sécurité et la coopération en Europe devraient mener au développement entre eux de relations meilleures et plus étroites dans tous les domaines, de façon à surmonter la confrontation issue de la nature de leurs relations passées, et à parvenir à une meilleure compréhension mutuelle ;

Conscients de leur histoire commune et reconnaissant que l'existence d'éléments communs dans leurs traditions et leurs valeurs peut les aider à développer leurs relations, et désireux de rechercher, en tenant pleinement compte de l'originalité et de la diversité de leurs positions et de leurs vues, des possibilités d'unir leurs efforts afin de surmonter la méfiance et d'accroître la confiance, de résoudre les problèmes qui les séparent et de coopérer dans l'intérêt de l'humanité ;

Reconnaissant l'indivisibilité de la sécurité en Europe ainsi que leur intérêt commun dans le développement de la coopération entre eux et partout en Europe et exprimant leur intention de poursuivre leurs efforts en conséquence ;

Reconnaissant le lien étroit qui existe entre la paix et la sécurité en Europe et dans le monde entier et conscients de la nécessité pour chacun d'entre eux d'apporter sa contribution au renforcement de la paix et de la sécurité mondiales ainsi qu'à la promotion des droits fondamentaux, du progrès économique et social et du bien-être de tous les peuples ;

Ont adopté ce qui suit :

a) Déclaration sur les principes régissant les relations mutuelles des États participants

Les États participants

[…]

Exprimant leur adhésion commune aux principes qui sont énoncés ci-dessous et qui sont conformes à la Charte des Nations unies, ainsi que leur volonté commune d'agir, dans l'application de ces principes, conformément aux buts et principes de la Charte des Nations unies ;

Déclarent qu'ils sont résolus à respecter et à mettre en pratique, chacun d'entre eux dans ses relations avec tous les autres États participants, indépendamment de leur système politique, économique ou social ainsi que de leur dimension, de leur situation géographique ou de leur niveau de développement économique, les principes suivants, tous d'une importance primordiale, qui régissent leurs relations mutuelles :

I. Égalité souveraine,
respect des droits inhérents à la souveraineté

Les États participants respectent mutuellement leur égalité souveraine et leur individualité ainsi que tous les droits inhérents à leur souveraineté et englobés dans celle-ci, y compris, en particulier, le droit de chaque État à l'égalité juridique, à l'intégrité territoriale, à la liberté et à l'indépendance politique. Ils respectent aussi le droit de chacun d'entre eux de choisir et de développer librement son système politique, social, économique et culturel ainsi que celui de déterminer ses lois et ses règlements. [...]

VI. Non-intervention dans les affaires intérieures

Les États participants s'abstiennent de toute intervention, directe ou indirecte, individuelle ou collective, dans les affaires intérieures ou extérieures relevant de la compétence nationale d'un autre État participant, quelles que soient leurs relations mutuelles.
Ils s'abstiennent en conséquence de toute forme d'intervention armée ou de la menace d'une telle intervention contre un autre État participant.
Ils s'abstiennent de même, en toutes circonstances, de tout autre acte de contrainte militaire ou politique, économique ou autre, visant à subordonner à leur propre intérêt l'exercice par un autre État participant des droits inhérents â sa souveraineté et à obtenir ainsi un avantage quelconque.
Ils s'abstiennent en conséquence, entre autres, d'aider directement ou indirectement des activités terroristes ou des activités subversives ou autres visant au renversement violent du régime d'un autre État participant.

VII. Respect des droits de l'homme et des libertés
fondamentales, y compris la liberté de pensée,
de conscience, de religion ou de conviction

Les États participants respectent les droits de l'homme et les libertés fondamentales, y compris la liberté de pensée, de conscience, de religion ou de conviction pour tous, sans distinction de race, de sexe, de langue ou de religion.

Ils favorisent et encouragent l'exercice effectif des libertés et droits civils, politiques, économiques, sociaux, culturels et autres qui découlent tous de la dignité inhérente à la personne humaine et qui sont essentiels à son épanouissement libre et intégral.
Dans ce cadre, les États participants reconnaissent et respectent la liberté de l'individu de professer et pratiquer, seul ou en commun, une religion ou une conviction en agissant selon les impératifs de sa propre conscience.
Les États participants sur le territoire desquels existent des minorités nationales respectent le droit des personnes appartenant à ces minorités à l'égalité devant la loi, leur donnent l'entière possibilité de jouir effectivement des droits de l'homme et des libertés fondamentales et, de cette manière, protègent leurs intérêts légitimes dans ce domaine.
Les États participants reconnaissent l'importance universelle des droits de l'homme et des libertés fondamentales, dont le respect est un facteur essentiel de la paix, de la justice et du bien-être nécessaires pour assurer le développement de relations amicales et de la coopération entre eux, comme entre tous les États.
Ils respectent constamment ces droits et libertés dans leurs relations mutuelles et s'efforcent conjointement et séparément, y compris en coopération avec les Nations unies, d'en promouvoir le respect universel et effectif.
Ils confirment le droit de l'individu de connaître ses droits et devoirs dans ce domaine et d'agir en conséquence.
Dans le domaine des droits de l'homme et des libertés fondamentales, les États participants agissent conformément aux buts et principes de la Charte des Nations unies et à la Déclaration universelle des droits de l'homme. Ils s'acquittent également de leurs obligations telles qu'elles sont énoncées dans les déclarations et accords internationaux dans ce domaine, y compris entre autres les Pactes internationaux relatifs aux droits de l'homme, par lesquels ils peuvent être liés. […]

Texte 33 – Charte de Paris pour une nouvelle Europe, 1990 (extraits)

La Charte de Paris pour une nouvelle Europe a été signée à l'issue du sommet de Paris le 21 novembre 1990 par les États participants à la Conférence sur la sécurité et la coopération en Europe (CSCE), dont la France. Elle marque un tournant avec la proclamation d'une Europe « une et libre », fondée sur les droits de l'homme, la démocratie et l'État de droit. Le nombre des États participants s'est progressivement accru à partir des années 1990, à la suite de la dissolution de l'Union soviétique et de l'éclatement de l'ex-Yougoslavie. La Mongolie est devenue le 57e État participant en 2012.

La Charte de Paris amorce, avec la création d'un Secrétariat, d'un Centre de prévention des conflits et d'un Bureau des élections libres (qui deviendra le Bureau des institutions démocratiques et des droits de l'homme), le début de l'institutionnalisation de la CSCE qui deviendra l'OSCE (Organisation pour la sécurité et la coopération en Europe) en 1994, sans pourtant acquérir de statut juridique en bonne et due forme. Les activités de l'OSCE continueront à être dominées par l'état des relations Est-Ouest et la gestion des crises régionales.

Une nouvelle ère de démocratie, de paix et d'unité

Nous, chefs d'État ou de gouvernement des États participant à la Conférence sur la sécurité et la coopération en Europe, sommes réunis à Paris à une époque de profonds changements et d'espérances historiques. L'ère de la confrontation et de la division en Europe est révolue. Nous déclarons que nos relations seront fondées désormais sur le respect et la coopération.

L'Europe se libère de l'héritage du passé. Le courage des hommes et des femmes, la puissance de la volonté des peuples et la force des idées de l'Acte final de Helsinki ont ouvert une ère nouvelle de démocratie, de paix et d'unité en Europe.

Il nous appartient aujourd'hui de réaliser les espérances et les attentes que nos peuples ont nourries pendant des décennies : un engagement indéfectible en faveur de la démocratie fondée sur les droits de l'homme et les libertés fondamentales ; la prospérité par la liberté économique et par la justice sociale ; et une sécurité égale pour tous nos pays.

Les dix Principes de l'Acte final nous guideront vers cet objectif ambitieux comme ils ont éclairé notre voie vers des relations meilleures au cours des quinze dernières années. La pleine mise en œuvre de tous les engagements de la CSCE doit servir de fondement aux initiatives que nous prenons aujourd'hui pour permettre à nos nations de vivre conformément à leurs aspirations.

Droits de l'homme, démocratie et État de droit

Nous nous engageons à édifier, consolider et raffermir la démocratie comme seul système de gouvernement de nos nations. À cet effet, nous nous conformerons à ce qui suit :

Les droits de l'homme et les libertés fondamentales sont inhérents à tous les êtres humains, inaliénables et garantis par la loi. La responsabilité première des gouvernements est de les protéger et de les promouvoir. Les observer et les exercer pleinement donnent leur fondement à la liberté, à la justice et à la paix.

Le gouvernement démocratique repose sur la volonté du peuple, exprimée à intervalles réguliers par des élections libres et loyales. La démocratie est fondée sur le respect de la personne humaine et de l'État de droit. Elle est le meilleur garant de la liberté d'expression, de la tolérance envers tous les groupes de la société et de l'égalité des chances pour chacun.

La démocratie, de par son caractère représentatif et pluraliste, implique la responsabilité envers l'électorat, l'obligation pour les pouvoirs publics de se conformer à la loi et l'exercice impartial de la justice. Nul n'est au-dessus de la loi.

Nous affirmons que, sans discrimination, tout individu a le droit à :

– la liberté de pensée, de conscience et de religion ou de conviction,
– la liberté d'expression,
– la liberté d'association et de réunion pacifique,
– la liberté de circulation.

Nul ne sera soumis :

– à arrestation ou détention arbitraires,
– à la torture ou à tout autre traitement ou châtiment cruel, inhumain ou dégradant.

Chacun a en outre le droit :

– de connaître ses droits et de les faire valoir,
– de participer à des élections libres et loyales,
– d'être jugé équitablement et publiquement s'il est accusé d'un délit,
– de posséder un bien seul ou en association et de mener des entreprises individuelles,
– de jouir de ses droits économiques, sociaux et culturels.

Nous affirmons que l'identité ethnique, culturelle, linguistique et religieuse des minorités nationales sera protégée et que les personnes appartenant à ces minorités ont le droit d'exprimer, de préserver et de développer cette identité sans aucune discrimination et en toute égalité devant la loi.

Nous veillerons à ce que chacun jouisse de recours effectifs, sur le plan national ou international, contre toute violation de ses droits.

Le plein respect de ces préceptes constitue l'assise sur laquelle nous nous efforcerons d'édifier la nouvelle Europe.

Nos États coopéreront et se soutiendront mutuellement pour rendre irréversibles les acquis démocratiques.

Liberté économique et responsabilité

La liberté économique, la justice sociale et une attitude responsable à l'égard de l'environnement sont indispensables à la prospérité.

Le libre arbitre individuel, exercé en démocratie et protégé par l'État de droit, constitue la condition nécessaire d'un développement économique et social fructueux. Nous favoriserons l'activité économique qui respecte et soutient la dignité humaine.

La liberté et le pluralisme politique doivent être pris en compte dans la poursuite de notre objectif commun, qui est de développer les économies de marché en vue d'une croissance économique durable, de la prospérité, de la justice sociale, du développement de l'emploi et de l'utilisation rationnelle des ressources économiques. Il est important et conforme à notre intérêt à tous que le passage à l'économie de marché réussisse dans les pays qui font des efforts en ce sens. Cette réussite nous permettra de partager les fruits d'un accroissement de la prospérité auquel nous aspirons tous ensemble. Nous coopérerons pour atteindre ce but.

La sauvegarde de l'environnement est une responsabilité que toutes nos nations partagent. Tout en appuyant les efforts nationaux et régionaux dans ce domaine, nous devons aussi tenir compte de la nécessité urgente d'une action commune à une plus grande échelle. [...]

Dimension humaine

Nous déclarons que notre respect des droits de l'homme et des libertés fondamentales est irrévocable. Nous appliquerons pleinement et développerons les dispositions de la CSCE relatives à la dimension humaine.

Nous appuyant sur le Document de la Réunion de Copenhague de la Conférence sur la dimension humaine, nous coopérerons pour renforcer les institutions démocratiques et promouvoir l'application du principe de l'État de droit. À cette fin, nous décidons de convoquer un séminaire d'experts à Oslo du 4 au 15 novembre 1991.

Résolus à encourager la contribution précieuse des minorités nationales à la vie de nos sociétés, nous nous engageons à améliorer encore leur situation. Nous réaffirmons notre profonde conviction que des relations amicales entre nos peuples ainsi que la paix, la justice, la stabilité et la démocratie exigent que l'identité ethnique, culturelle, linguistique et religieuse des minorités nationales soit protégée et que des conditions favorables à la promotion de cette identité soient créées. Nous déclarons que les questions relatives aux minorités nationales ne peuvent trouver de réponses satisfaisantes que dans un cadre politique démocratique. Nous reconnaissons en outre que les droits des personnes appartenant à des minorités nationales doivent être pleinement respectés comme faisant partie des droits de l'homme universels. Conscients qu'il est nécessaire et urgent d'accroître la coopération en ce qui concerne les minorités nationales, ainsi que d'améliorer leur protection, nous décidons de convoquer une réunion d'experts sur les minorités nationales, qui se tiendra à Genève du 1er au 19 juillet 1991.

Nous exprimons notre détermination à lutter contre toutes les formes de haine raciale ou ethnique, d'antisémitisme, de xénophobie et de discrimination envers toute personne, ainsi que de persécution pour des motifs religieux ou idéologiques.

Conformément aux engagements que nous avons pris dans le cadre de la CSCE, nous soulignons que la liberté de circulation et de contacts entre nos citoyens, ainsi que la libre circulation de l'information et des idées, sont essentielles à la pérennité et au développement de sociétés libres et de cultures florissantes. Nous nous félicitons du développement du tourisme et des visites entre nos pays.

Le mécanisme de la dimension humaine a fait ses preuves et nous sommes donc résolus à le développer afin d'y inclure de nouvelles procédures comprenant, entre autres, les services d'experts ou un collège de personnalités éminentes ayant l'expérience des questions relatives aux droits de l'homme qui pourraient être soulevées dans le cadre du mécanisme. Nous veillerons, dans le contexte du mécanisme, à ce que les particuliers participent à la protection de leurs droits. Par conséquent, nous nous engageons à élargir encore nos engagements à cet égard, en particulier à la Réunion de Moscou de la Conférence sur la dimension humaine, sans préjuger des obligations contractées aux termes des instruments internationaux existants auxquels nos États peuvent être parties.

Nous reconnaissons l'importante contribution du Conseil de l'Europe à la promotion des droits de l'homme, des principes de la démocratie et de l'État de droit, ainsi qu'au développement de la coopération culturelle. Nous nous félicitons de l'intérêt manifesté par plusieurs États participants quant à une adhésion au Conseil de l'Europe et à sa Convention européenne des droits de l'homme. Nous nous félicitons du fait que le Conseil de l'Europe est prêt à mettre son expérience au service de la CSCE. [...]

Organisations non gouvernementales

Nous rappelons le rôle important joué par les organisations non gouvernementales, les groupes religieux et autres et les particuliers dans la réalisation des objectifs de la CSCE et nous continuerons à faciliter leurs activités en faveur de la mise en œuvre des engagements de la CSCE par les États participants. Pour accomplir les tâches importantes qui sont les leurs, ces organisations, groupes et particuliers doivent être associés de manière appropriée aux activités et aux nouvelles structures de la CSCE. [...]

Texte 34 – Document de la réunion de Copenhague de la Conférence sur la dimension humaine de la CSCE, 1990 (extraits)

La Conférence sur la dimension humaine de la CSCE a donné lieu à trois réunions successives, à un moment clé de la transformation de l'Europe. Après la réunion de Paris en 1989, celle de Copenhague a marqué un progrès significatif avec un document adopté au consensus le 29 juin 1990 par tous les États participants. Le document de la réunion de Copenhague consacre l'apparition pour la première fois du triptyque « droits de l'homme, démocratie et État de droit ».

[…]

6. Les États participants déclarent que la volonté du peuple, exprimée librement et équitablement dans le cadre d'élections périodiques et honnêtes, est le fondement de l'autorité et de la légitimité de tout gouvernement. Les États participants respecteront en conséquence le droit de leurs citoyens de participer au gouvernement de leur pays, soit directement, soit par l'intermédiaire de représentants librement choisis par eux dans le cadre d'élections équitables. Ils reconnaissent la responsabilité qui leur incombe de défendre et de protéger, conformément à leurs lois, à leurs obligations internationales en matière de droits de l'homme et à leurs engagements internationaux, l'ordre démocratique librement établi par la volonté du peuple contre les activités de personnes, groupes ou groupements ou organisations qui prennent part ou qui refusent de renoncer à des actes de terrorisme ou de violence visant à renverser cet ordre ou celui d'un autre État participant.

7. Pour faire en sorte que la volonté du peuple soit le fondement des autorités publiques, les États participants

7.1. organiseront des élections libres à intervalles raisonnables, comme le prévoit la loi ;

7.2. permettront que tous les sièges, dans au moins une des chambres du pouvoir législatif national, soient librement disputés dans le cadre d'un vote populaire ;

7.3. garantiront un suffrage universel et égal aux citoyens majeurs ;

7.4. veilleront à ce que les votes soient émis au scrutin secret ou suivant une procédure équivalente assurant la liberté du vote et à ce qu'ils soient recensés et présentés avec objectivité, les résultats officiels étant rendus publics ;

7.5. respecteront le droit des citoyens de solliciter des fonctions politiques ou publiques, à titre individuel ou en tant que représentants de partis politiques ou d'organisations, sans discrimination ;
7.6. respecteront le droit des individus ainsi que des groupes ou groupements de créer, en toute liberté, leurs propres partis ou autres organisations politiques, et fourniront à ces partis et organisations les garanties légales nécessaires pour leur permettre de se mesurer sur la base d'une égalité de traitement devant la loi et les autorités ;
7.7. veilleront à ce que la loi et l'ordre public de l'État contribuent à faire en sorte que les campagnes politiques se déroulent dans un climat d'équité et de liberté excluant toute pression administrative, violence ou intimidation qui interdirait aux partis et aux candidats d'exposer librement leurs opinions et leurs qualités, ou empêcherait les électeurs d'en prendre connaissance et d'en débattre ou de voter sans crainte de sanctions ;
7.8. veilleront à ce qu'aucune obstacle d'ordre juridique ou administratif ne s'oppose au libre accès aux médias sur la base de la non-discrimination pour tous les groupes ou groupements politiques et toutes les personnes désirant participer à des élections ;
7.9. veilleront à ce que les candidats qui obtiennent le nombre nécessaire de voix requis par la loi soient dûment investis de leur fonction, et qu'il leur soit permis de conserver celle-ci jusqu'à ce que leur mandat arrive à expiration ou qu'il y soit mis un terme pour toute autre raison d'une manière prescrite par la loi conformément à des procédures parlementaires et constitutionnelles démocratiques.
8. Les États participants estiment que la présence d'observateurs, étrangers et nationaux, est de nature à améliorer le déroulement des élections dans les États où elles ont lieu. En conséquence, ils invitent des observateurs de tout autre État participant à la CSCE, ainsi que de toute institution et organisation privée compétente qui le souhaiterait, à suivre le déroulement des opérations de leurs

élections nationales, dans la mesure prévue par la loi. Ils s'appliqueront également à faciliter un accès analogue pour les élections organisées à un niveau inférieur au niveau national. Ces observateurs s'engageront à ne pas s'immiscer dans les opérations électorales. [...]

Texte 35 – Document de la réunion de Moscou de la Conférence sur la dimension humaine de la CSCE, 1991 (extraits)

Le document de la réunion de Moscou de la Conférence sur la dimension humaine de la CSCE a été adopté le 3 octobre 1991 au consensus, dans un climat de crise marqué par l'effondrement de l'Union soviétique. Dans ce contexte, l'accent est mis sur les situations d'exception et la protection des minorités nationales.

[...] Les États participants renouvellent leur engagement de mettre pleinement en œuvre tous les principes et dispositions de l'Acte final de la Conférence sur la sécurité et la coopération en Europe, de la Charte de Paris pour une nouvelle Europe et des autres documents de la CSCE concernant la dimension humaine, y compris, en particulier, le Document de la Réunion de Copenhague de la Conférence sur la dimension humaine de la CSCE, et ils sont déterminés à accomplir encore de nouveaux progrès dans l'application de ces dispositions, étant donné que le plein respect des droits de l'homme et des libertés fondamentales et le développement de sociétés se fondant sur une démocratie pluraliste et sur l'État de droit sont les conditions préalables à un ordre durable de paix, de sécurité, de justice et de coopération en Europe.

Dans ce contexte, les États participants ont souligné qu'aux termes des dispositions de l'Acte final de la Conférence sur la sécurité et la coopération en Europe et de la Charte de Paris pour une nouvelle Europe, l'égalité des droits des peuples et leur droit à l'autodétermination doivent être respectés conformément à la Charte des Nations unies et aux normes pertinentes du droit international, notamment celles qui ont trait à l'intégrité territoriale des États.

À la Réunion de Moscou, les États participants ont exprimé des vues sur la mise en œuvre de leurs engagements dans le domaine de la dimension humaine. Ils ont considéré que le respect des engagements contenus dans les dispositions pertinentes des documents de la CSCE avait marqué de nouveaux progrès substantiels depuis la Réunion de Copenhague. Ils ont aussi estimé qu'en dépit des notables progrès accomplis, les principes et les dispositions de la CSCE faisaient encore l'objet de graves menaces et de violations, ce qui avait de sérieuses conséquences sur l'évaluation de la situation générale en Europe. Ils ont en particulier déploré les actes de discrimination, d'hostilité et de violence commis contre des personnes ou des groupes pour des motifs nationaux, ethniques ou religieux. Les États participants ont donc été d'avis que l'application intégrale de leurs engagements relatifs à la dimension humaine exigeait encore des efforts constants et que les profonds changements politiques qui se sont produits y apporteraient une contribution substantielle.

Les États participants soulignent que les questions relatives aux droits de l'homme, aux libertés fondamentales, à la démocratie et à l'État de droit sont un sujet de préoccupation internationale car le respect de ces droits et libertés constitue l'un des fondements de l'ordre international. Ils déclarent catégoriquement et irrévocablement que les engagements contractés dans le domaine de la dimension humaine de la CSCE sont un sujet de préoccupation directe et légitime pour tous les États participants et qu'ils ne relèvent pas exclusivement des affaires intérieures de l'État en cause. Ils se déclarent résolus à remplir tous leurs engagements relatifs à la dimension humaine et à résoudre par des moyens pacifiques toute question connexe, individuellement et collectivement, sur la base du respect mutuel et de la coopération. Dans ce contexte, ils reconnaissent que la participation active de personnes,

de groupes, d'organisations ou d'institutions est essentielle à la poursuite des progrès dans cette voie.
Les États participants expriment leur détermination collective de garantir davantage les droits de l'homme et les libertés fondamentales et de consolider les progrès de la démocratie sur leur territoire. Ils reconnaissent également la nécessité pressante d'augmenter l'efficacité de la CSCE lorsqu'elle traite des questions concernant les droits de l'homme qui apparaissent sur leurs territoires dans cette période de profonds changements en Europe.
Afin de renforcer et d'élargir le mécanisme de la dimension humaine décrit dans la section du Document de clôture de Vienne consacrée à la dimension humaine et de compléter et d'approfondir les engagements inscrits dans le Document de la Réunion de Copenhague, les États participants adoptent les dispositions suivantes :
[...]
17. Les États participants
17.1. condamnent sans réserve les forces qui tenteraient de renverser le gouvernement représentatif d'un État participant contre la volonté du peuple, exprimée par des élections libres et loyales, et en violation de l'ordre constitutionnel régulièrement établi ;
17.2 soutiendront vigoureusement, conformément à la Charte des Nations unies, en cas de renversement ou de tentative de renversement par des moyens antidémocratiques du gouvernement légalement élu d'un État participant à la CSCE, les organes légitimes de cet État qui défendent les droits de l'homme, la démocratie et l'État de droit, en vertu de l'engagement qu'ils ont pris en commun de s'opposer à toute tentative de porter atteinte à ces valeurs fondamentales ;
17.3. reconnaissent qu'il est nécessaire de faire de nouveaux efforts pacifiques en ce qui concerne les droits de l'homme, la démocratie et l'État de droit dans le contexte de la sécurité et de la coopération en Europe, tant individuellement que collectivement, pour rendre irréversibles les progrès démocratiques et éviter de reculer en deçà

des normes établies par les principes et les dispositions de l'Acte final, du Document de clôture de Vienne, du Document de la Réunion de Copenhague, de la Charte de Paris pour une nouvelle Europe et du présent document.

18. Les États participants rappellent leur adhésion aux principes de l'État de droit telle qu'elle est exprimée dans le Document de la Réunion de Copenhague et affirment qu'ils sont déterminés à soutenir et faire progresser les principes de la justice qui constituent la base de l'État de droit. Ils réaffirment en particulier que la démocratie est inhérente à l'État de droit et ils soulignent l'importance du pluralisme politique.

18.1. Les lois seront élaborées et adoptées au terme d'une procédure ouverte exprimant la volonté du peuple, directement ou par l'intermédiaire de ses représentants élus ;

18.2. Tout individu disposera d'un recours effectif contre les décisions administratives de façon à garantir le respect des droits fondamentaux et à assurer la sécurité juridique ;

18.3. À cette même fin, des voies de recours contre les règlements administratifs seront ouvertes à toute personne à qui ces règlements auraient causé un préjudice ;

18.4. Les États participants veilleront à prévoir un recours juridictionnel contre de tels règlements et décisions.

19. Les États participants

19.1. respecteront les normes internationalement reconnues en ce qui concerne l'indépendance des juges et des avocats, ainsi que le fonctionnement impartial de la justice, notamment les normes inscrites dans la Déclaration universelle des droits de l'homme et le Pacte international relatif aux droits civils et politiques ;

19.2. en appliquant ces normes et engagements, veilleront particulièrement à ce que l'indépendance de la magistrature soit garantie et inscrite dans la constitution ou dans la législation nationale et qu'elle soit effectivement respectée, en accordant une attention particulière aux Principes fondamentaux relatifs à l'indépendance de la magistrature, qui ont pour objet, notamment

i) d'interdire que la magistrature soit soumise à des influences abusives,
ii) d'empêcher que les décisions judiciaires puissent être révisées par les autorités administratives, sous réserve du droit des autorités compétentes d'atténuer ou de commuer les peines prononcées par des magistrats conformément à la loi,
iii) de protéger les libertés d'expression et d'association des magistrats, qui ne doivent être limitées que par les contraintes liées à la nature de leurs fonctions,
iv) de garantir que les juges aient une formation et une qualification appropriées et qu'ils soient désignés sans discrimination,
v) de garantir aux magistrats l'inamovibilité et des conditions de service satisfaisantes, y compris en ce qui concerne la promotion,
vi) de garantir le respect de l'immunité,
vii) de garantir qu'en ce qui concerne les magistrats, les mesures disciplinaires soient prises et la suspension ou la révocation prononcées conformément à la loi.

20. Pour promouvoir l'indépendance de la magistrature, les États participants

20.1. reconnaîtront le rôle important que les associations nationales et internationales de magistrats et d'avocats peuvent jouer pour faire respecter l'indépendance de leurs membres et pour offrir des moyens d'enseignement et de formation sur le rôle de la magistrature et des professions juridiques dans la société ;

20.2. encourageront et faciliteront le dialogue, les échanges et la coopération entre les associations nationales et autres organisations qui veillent à ce que soit respectée l'indépendance de la magistrature et à ce que la protection des avocats soit assurée ;

20.3. coopéreront, entre autres par le dialogue, les rencontres et les échanges, afin de déterminer les cas dans lesquels des problèmes se posent en ce qui concerne la protection de l'indépendance des magistrats et des avocats, et de trouver des moyens de traiter et de résoudre ces problèmes ;

20.4. coopéreront de manière continue dans des domaines comme la formation des magistrats et des avocats, de même que dans la rédaction et l'application de lois visant à renforcer le respect de l'indépendance de ces magistrats et avocats et du fonctionnement impartial de la justice.

21. Les États participants

21.1. prendront toutes les mesures nécessaires pour assurer que les responsables de l'application des lois, lorsqu'ils exécutent leur mission de maintien de l'ordre, n'agissent que dans l'intérêt public, pour répondre à une nécessité précise et poursuivre un objectif légitime, et utilisent des moyens qui soient proportionnés aux circonstances et n'excèdent pas les nécessités de leur tâche ;

21.2. feront en sorte que les opérations de maintien de l'ordre soient soumises à un contrôle juridictionnel, que les responsables du maintien de l'ordre aient à rendre compte de leurs actes et que les victimes d'actes commis en violation des engagements énoncés plus haut aient la possibilité de demander réparation en vertu du droit interne.

22. Les États participants prendront les mesures voulues pour que soient inscrites dans les programmes de formation des fonctionnaires chargés de l'application des lois l'éducation et l'information concernant l'interdiction de l'usage abusif de la force par ces fonctionnaires, ainsi que les codes de conduite internationaux et nationaux correspondants.

23. Les États participants veilleront à ce que toutes les personnes privées de libertés soient traitées avec humanité et avec le respect dû à la dignité de la personne humaine et appliqueront les normes internationales reconnues relatives à l'administration de la justice et au respect des droits de l'homme dans la personne du détenu.

23.1. Les États participants feront en sorte que

i) nul ne soit privé de sa liberté si ce n'est pour des motifs et selon des procédures prévus par la loi,

ii) toute personne qui aura été arrêtée soit informée dans le plus court délai et dans une langue qu'elle comprenne des raisons de son arrestation et de toute accusation portée contre elle,
iii) toute personne qui aura été privée de sa liberté soit informée sans délai de ses droits en vertu de la législation nationale,
iv) toute personne arrêtée ou détenue ait le droit d'être traduite rapidement devant un magistrat ou toute autre personne légalement habilitée à statuer sur la légalité de son arrestation ou de sa détention, et soit relâchée sans délai s'il s'avère qu'une telle arrestation ou détention étaient illégales,
v) tout inculpé ait le droit de se défendre lui-même ou d'avoir l'assistance d'un défenseur de son choix et, s'il n'a pas les moyens de rémunérer un défenseur, puisse être assisté gratuitement par un avocat d'office lorsque les intérêts de la justice l'exigent,
vi) toute personne, arrêtée ou détenue, ait le droit d'informer – ou de demander à l'autorité compétente d'informer – sans délai excessif les personnes de son choix de son arrestation, de sa détention, de son emprisonnement et du lieu où elle se trouve ; toute restriction à l'exercice de ce droit sera prévue par la loi et sera conforme aux normes internationales,
vii) des mesures efficaces soient adoptées, si tel n'est pas le cas, pour veiller à ce que les autorités chargées de l'application des lois ne tirent indûment profit de la situation d'une personne détenue ou emprisonnée pour lui extorquer des aveux, la contraindre à s'accuser de toute autre manière ou à témoigner contre un tiers,
viii) la durée d'un interrogatoire et les intervalles entre les interrogatoires soient consignés et certifiés conformément à la législation nationale,
ix) tout détenu – ou son conseil – ait le droit de présenter une requête ou de déposer une plainte au sujet de son traitement, en particulier dans le cas où il aura été victime de tortures ou autres traitements cruels, inhumains ou

dégradants, auprès de l'administration du lieu de détention et des autorités supérieures ainsi que, au besoin, auprès des autorités ayant compétence pour procéder à un réexamen ou pour décider de réparations,
x) une telle demande ou plainte soit examinée rapidement et qu'il y soit donné suite sans retard excessif ; si la demande ou la plainte est rejetée, ou en cas de retard excessif, le plaignant aura la faculté d'en saisir l'autorité judiciaire ou toute autre autorité ; aucune personne détenue ou emprisonnée ni aucun plaignant ne subira de préjudice pour avoir formulé une requête ou déposé une plainte,
xi) toute personne illégalement arrêtée ou détenue ait un droit, garanti par la loi, de demander réparation ;
23.2. Les États participants
i) s'efforceront de prendre des mesures, si besoin est, pour améliorer les conditions des personnes détenues ou emprisonnées,
ii) accorderont une attention particulière à la question des peines de substitution.
24. Les États participants confirment à nouveau le droit à la protection de la vie privée et familiale, du domicile, de la correspondance et des communications électroniques. Afin d'éviter toute ingérence abusive ou arbitraire de l'État dans la sphère personnelle de l'individu, qui serait préjudiciable à toute société démocratique, l'exercice de ce droit ne pourra faire l'objet de restrictions que si ces restrictions sont prévues par la loi et compatibles avec les normes internationales communément admises en matière de droits de l'homme. Les États participants assureront en particulier que les fouilles de personnes, les perquisitions de locaux et les saisies de biens privés ne soient opérées que conformément aux normes susceptibles d'un contrôle judiciaire.
25. Les États participants
25.1. assureront que leurs forces militaires et paramilitaires et leurs services de sécurité intérieure, de renseignement et de police soient placés sous la direction et le contrôle effectifs de autorités civiles compétentes ;

25.2. maintiendront et, le cas échéant, renforceront le contrôle de l'exécutif sur l'utilisation des forces militaires et paramilitaires, ainsi que sur les activités des services de sécurité intérieure, de renseignement et de police ;
25.3. prendront des mesures appropriées pour créer, lorsqu'il n'en existe pas, et maintenir des moyens efficaces de supervision par le pouvoir législatif de tous ces services, forces et activités.
26. Les États participants réaffirment le droit à la liberté d'expression, y compris le droit de communiquer et le droit, pour les médias, de recueillir, de commenter et de diffuser des informations, des nouvelles et des opinions. Toute restriction à l'exercice de ce droit doit être prévue par la loi et conforme aux normes internationales. Ils reconnaissent en outre que des médias indépendants sont essentiels à des sociétés libres et ouvertes et à des systèmes dans lesquels le gouvernement est comptable de son action, et que ces médias ont une importance particulière pour la protection des droits de l'homme et des libertés fondamentales.
26.1. Ils considèrent que la presse écrite, la radiodiffusion et la télévision devraient avoir sur leur territoire un accès sans restriction aux services de presse et d'information étrangers. Le public aura, de manière analogue, la liberté de recevoir et de transmettre des informations et des idées, sans ingérence de la part des autorités publiques et sans considération de frontières, y compris le canal de publications et de stations de radiodiffusion étrangères. Les restrictions à l'exercice de ce droit ne pourront être que celles qui sont prévues par la loi et sont conformes aux normes internationales ;
26.2. Les États participants ne feront preuve d'aucune discrimination à l'encontre des médias indépendants en ce qui concerne l'accès à l'information, au matériel et aux installations.
27. Les États participants
27.1. expriment leur intention de coopérer dans les différents domaines du droit : constitutionnel, administratif,

commercial, civil et social et autres domaines pertinents, afin de mettre au point, en particulier dans les pays où il n'en existe pas encore, des systèmes juridiques fondés sur le respect des droits de l'homme, de l'État de droit et de la démocratie ;

27.2. envisagent à cette fin de poursuivre et renforcer la coopération juridique et administrative bilatérale et multilatérale, entre autres dans les domaines suivants :

i) développement d'une administration efficace,
ii) assistance à l'élaboration de lois et textes réglementaires,
iii) formation de personnel administratif et juridique,
iv) échange d'ouvrages et de périodiques juridiques.

28. Les États participants estiment qu'il est important de protéger les droits de l'homme et les libertés fondamentales en cas d'état d'exception, de tenir compte des dispositions correspondantes du Document de la Réunion de Copenhague et de respecter les termes des conventions auxquelles ils sont parties.

28.1. Les États participants réaffirment que l'état d'exception n'est justifié que dans des circonstances de la plus exceptionnelle gravité, conformément aux obligations internationales de l'État et aux engagements pris par lui dans le cadre de la CSCE. L'état d'exception ne peut être utilisé pour renverser l'ordre démocratique constitutionnel ni viser la suppression des droits de l'homme et des libertés fondamentales internationalement reconnus. Si le recours à la force ne peut être évité, il doit être aussi raisonnable et limité que possible ;

28.2. L'état d'exception ne peut être proclamé que par un organe constitutionnel et dûment habilité à cet effet. Lorsque la décision d'instaurer l'état d'exception peut légalement être prise par le pouvoir exécutif, cette décision devrait être soumise dans les plus brefs délais à l'approbation ou au contrôle du parlement ;

28.3. L'état d'exception doit être proclamé officiellement, publiquement et conformément aux dispositions prévues par la loi. Cette décision précisera, si possible, le cadre territorial de l'état d'exception. L'État concerné mettra sans

retard à la disposition de ses citoyens des informations sur les mesures qui auront été prises. L'état d'exception sera levé aussitôt que possible et ne sera pas maintenu en vigueur plus longtemps que les circonstances ne l'exigent ;
28.4. Il n'est pas permis d'instaurer ou de prolonger *de facto* l'état d'exception dans des conditions qui ne sont pas conformes aux dispositions légales en la matière ;
28.5. Les États participants s'efforceront d'assurer que l'activité normale des organes législatifs soit garantie dans toute la mesure possible durant l'état d'exception ;
28.6. Les États participants confirment que toute dérogation aux obligations relatives aux droits de l'homme et aux libertés fondamentales pendant l'état d'exception doit s'inscrire strictement dans les limites prévues par le droit international, en particulier par les instruments internationaux pertinents auxquels ils sont parties, spécialement en ce qui concerne les droits auxquels il ne peut être dérogé ;
28.7. Les États participants s'efforceront de s'abstenir de déroger aux obligations qui, selon les conventions internationales auxquelles ils sont parties, peuvent faire l'objet d'une dérogation lorsque l'état d'exception est en vigueur. Les mesures dérogatoires à ces obligations doivent être prises en stricte conformité des procédures définies dans ces instruments. La portée et la durée d'application de ces mesures seront rigoureusement limitées par les exigences de la situation ; elles sont par nature des mesures d'exception et devraient être interprétées et appliquées avec retenue. Ces mesures ne donneront lieu à aucune discrimination fondée uniquement sur la race, la couleur, le sexe, la langue, la religion, l'origine sociale ou l'appartenance à une minorité ;
28.8. Les États participants veilleront à ce que les garanties légales nécessaires pour faire respecter l'État de droit soient maintenues pendant que l'état d'exception est en vigueur. Ils s'efforceront de prévoir dans leur législation un contrôle des règlements liés à l'état d'exception et de l'application de ces règlements ;

28.9. Les États participants s'efforceront de maintenir la liberté d'expression et la liberté d'information, conformément à leurs obligations et engagements internationaux, en vue de permettre une discussion publique sur le respect des droits de l'homme et des libertés fondamentales ainsi que sur la levée de l'état d'exception. Ils ne prendront, conformément aux normes internationales relatives à la liberté d'expression, aucune mesure visant à interdire aux journalistes l'exercice légitime de leur profession à moins que la situation ne rende de telles mesures absolument nécessaires ;

28.10. Lorsque l'état d'exception est proclamé ou levé sur le territoire d'un État participant, celui-ci en informera immédiatement l'Institution de la CSCE, ainsi que de toute mesure prise par dérogation à ses obligations internationales relatives aux droits de l'homme. L'Institution informera sans délai les autres États participants.

29. Les États participants, reconnaissant qu'il est de leur commun intérêt de promouvoir les contacts et l'échange d'informations entre les médiateurs ou institutions également habilitées à connaître de plaintes déposées par des citoyens contre l'administration publique, prennent note avec gratitude de l'offre faite par l'Espagne d'accueillir une réunion de médiateurs.

30. Les États participants suggèrent que les instances appropriées de la CSCE envisagent d'élargir les attributions du Bureau des élections libres pour lui permettre d'aider au renforcement des institutions démocratiques dans les États participants.

31. Les États participants reconnaissent la vaste expérience et la compétence technique du Conseil de l'Europe dans le domaine des droits de l'homme. Ils se félicitent de sa contribution au renforcement de la démocratie en Europe et apprécient notamment qu'il veuille bien mettre son expérience à la disposition de la CSCE.

32. Les États participants réaffirment leur attachement inébranlable aux principes et dispositions de l'Acte final, du Document de clôture de Vienne et d'autres documents

pertinents de la CSCE, dans lesquels ils se sont engagés, notamment, à respecter les droits de l'homme et les libertés fondamentales et à garantir leur respect pour tous sans distinction d'aucune sorte.

33. Les États participants supprimeront toutes les restrictions légales et autres à la circulation sur leur territoire de leurs ressortissants et des étrangers, et à la résidence des personnes autorisées à résider en permanence, sous réserve des restrictions nécessaires, lesquelles devront être officiellement annoncées et motivées par des considérations d'ordre écologique, militaire ou de sécurité ou par d'autres intérêts nationaux légitimes, conformément à leur législation nationale, aux engagements souscrits dans le cadre de la CSCE et aux obligations internationales relatives aux droits de l'homme. Les États participants s'engagent à faire en sorte que ces restrictions soient réduites au minimum.

34. Les États participants adopteront, s'il y a lieu, toutes les mesures qui peuvent être prises pour protéger les journalistes effectuant des missions professionnelles dangereuses, particulièrement dans les cas de conflits armés, et ils coopéreront à cet effet. Ces mesures consisteront notamment à rechercher des journalistes disparus, faire la lumière sur leur sort, leur fournir l'assistance voulue et faciliter leur retour auprès de leur famille.

35. Les États participants réaffirment que la garantie de la liberté de la création artistique et la préservation du patrimoine culturel font partie de la dimension humaine de la CSCE. Ils considèrent que l'indépendance de la vie intellectuelle et culturelle est essentielle au maintien et au développement de sociétés libres et d'institutions démocratiques. Ils rempliront leurs engagements dans le domaine culturel, comme le prévoit le Document du Colloque de Cracovie sur le patrimoine culturel et ils estiment que l'examen des questions culturelles, y compris la liberté, la créativité et la coopération dans ce domaine, devrait être poursuivi dans le cadre de la CSCE.

36. Les États participants rappellent l'engagement qu'ils ont contracté dans le Document de clôture de Vienne de maintenir à l'étude la question de la peine de mort et réaffirment les engagements qu'ils ont pris dans le Document de la Réunion de Copenhague d'échanger des informations sur la question de l'abolition de la peine de mort et de rendre publiques les informations concernant l'application de la peine de mort.
36.1. Ils notent
i) que le deuxième Protocole facultatif se rapportant au Pacte international relatif aux droits civils et politiques visant à l'abolition de la peine de mort est entré en vigueur le 11 juillet 1991,
ii) qu'un certain nombre d'États participants ont récemment pris des mesures en vue de l'abolition de la peine capitale,
iii) les activités de plusieurs organisations non gouvernementales concernant la question de la peine de mort. [...]
37. Les États participants confirment les dispositions et les engagements contenus dans tous les documents de la CSCE, en particulier dans le Document de la Réunion de Copenhague de la Conférence sur la dimension humaine de la CSCE, concernant des questions relatives aux minorités nationales et aux droits des personnes appartenant à ces minorités et dans le Rapport de la Réunion d'experts de Genève de la CSCE sur les minorités nationales et ils demandent la mise en œuvre intégrale et rapide de ces dispositions et engagements. Ils croient en particulier que l'utilisation des mécanismes et procédures nouveaux et élargis de la CSCE contribueront à renforcer la protection et la promotion des droits des personnes appartenant à des minorités nationales.
38. Les États participants reconnaissent la nécessité de veiller à ce que les droits des travailleurs migrants et de leur famille résidant légalement sur le territoire des États participants soient respectés et ils soulignent le droit de ces personnes d'exprimer librement leurs caractères ethniques, culturels, religieux et linguistiques. L'exercice

de ces droits ne peut faire l'objet de restrictions que si celles-ci sont prévues par la loi et compatibles avec les normes internationales.

38.1. Ils condamnent tous les actes de discrimination fondée sur la race, la couleur ou l'origine ethnique, d'intolérance et de xénophobie commis à l'encontre des travailleurs migrants. Ils prendront, conformément à leur législation nationale et à leurs obligations internationales, des mesures efficaces pour promouvoir la tolérance, la compréhension, l'égalité des chances et le respect des droits de l'homme fondamentaux des travailleurs migrants et adopteront, s'ils ne l'ont pas encore fait, des mesures pour interdire tout acte constituant une incitation à la violence, motivé par la discrimination, l'hostilité ou la haine de caractère national, racial, ethnique ou religieux ;

38.2. Ils adopteront des mesures propres à permettre aux travailleurs migrants de prendre part à la vie de la société des États participants ;

38.3. Ils notent que les problèmes concernant la dimension humaine des travailleurs migrants résidant sur leur territoire pourraient, comme toute autre question relevant de la dimension humaine, être traités dans le cadre du mécanisme de la dimension humaine ;

38.4. Ils recommandent que la CSCE étudie au cours de ses futurs travaux portant sur la dimension humaine les moyens appropriés de tenir des discussions centrées sur toutes les questions concernant les travailleurs migrants, y compris, entre autres, la familiarisation avec la langue et la vie sociale du pays. [...]

Chapitre 3

L'Union européenne

Texte 36 – Charte des droits fondamentaux de Nice, 2000

La Charte des droits fondamentaux de l'Union européenne a été « proclamée » à Nice le 7 décembre 2000 par les présidents des trois institutions européennes, le Conseil, le Parlement et la Commission. La Charte, bien qu'initialement dépourvue de valeur contraignante, a dans un premier temps servi de référence aux travaux de la Commission et du Parlement et a influencé la jurisprudence de la Cour de justice des Communautés européennes (CJCE) – devenue par la suite Cour de justice de l'Union européenne (CJUE) –, à travers les conclusions de ses avocats généraux. Le projet de traité constitutionnel (dit traité de Madrid) devait consacrer sa place comme deuxième partie de la Constitution, mais ce texte n'a pas été ratifié par la France, à la suite de l'échec du référendum de 2005. Ce traité n'est jamais entré en vigueur.

L'article 6 § 1 du traité de Lisbonne, signé par la France le 13 décembre 2007, mentionne la Charte pour lui donner la même « valeur juridique » qu'aux traités, moyennant quelques aménagements techniques et des clauses visant à exonérer le Royaume-Uni et la Pologne.

En France, en vertu de la décision n° 2007-560 DC du 20 décembre 2007 du Conseil constitutionnel – qui se réfère elle-même à la décision n° 2004-504 DC du 19 novembre 2004 relative au traité établissant une Constitution pour l'Europe –, la Constitution a été révisée par le Congrès, avec la loi constitutionnelle du 4 février 2008 modifiant le titre XV, tandis que la loi du 13 février 2008 a autorisé la ratification du traité de Lisbonne.

Depuis l'entrée en vigueur du traité de Lisbonne le 1er décembre 2009, la Charte des droits fondamentaux fait donc pleinement partie du droit de l'Union européenne et est dotée de la même force juridique obligatoire que les traités. À cette fin, la Charte a été proclamée une deuxième fois en décembre 2007. Elle oblige les institutions européennes et les États membres, au nombre de 28 depuis l'adhésion de la Croatie en juillet 2013, dans le cadre de l'exercice de leurs compétences respectives. Elle ne se substitue donc ni aux textes constitutionnels des différents États membres ni aux traités internationaux qui sont d'application directe dans l'ordre interne.

L'article 6 prévoit d'ailleurs que l'Union européenne, désormais dotée de la personnalité juridique, devienne partie à la Convention européenne des droits de l'homme, mais à la suite d'une longue négociation, le projet d'accord a fait l'objet, le 18 décembre 2014, de l'avis 2/13 de la CJUE d'un ton particulièrement critique, mettant un coup d'arrêt à la mise en œuvre de l'article 6 § 2 du traité de Lisbonne, contrairement à l'engagement des États.

Bibliographie

Braibant Guy, *La Charte des droits fondamentaux de l'Union européenne. Témoignage et commentaires*, Éditions du Seuil, 2000.

Burgorgue-Larsen Laurence (dir.), *La France face à la Charte des droits fondamentaux de l'Union européenne*, Bruylant, 2005.

Burgorgue-Larsen Laurence, Levade Anne et Picod Fabrice (dir.), *Traité établissant une Constitution pour l'Europe. Partie II : La Charte des droits fondamentaux de l'Union*, Bruylant, 2005.

Carlier Jean-Yves et De Schutter Olivier (dir.), *La Charte des droits fondamentaux de l'Union européenne*, Bruylant, 2002.

Cohen-Jonathan Gérard et Dutheil de la Rochère Jacqueline (dir.), *Constitution européenne, démocratie et droits de l'homme*, Bruylant, 2003.

Favreau Bertrand (dir.), *La Charte des droits fondamentaux de l'Union européenne après le traité de Lisbonne*, Bruylant, 2010.

Iliopoulos-Strangas Julia (dir.), *La protection des droits sociaux fondamentaux dans les États membres de l'Union européenne*, Sakkoulas-Bruylant, 2000.

Picheral Caroline et Coutron Laurent (dir.), *Charte des droits fondamentaux de l'Union européenne et Convention européenne des droits de l'homme*, Bruylant, 2012.

Les peuples d'Europe, en établissant entre eux une union sans cesse plus étroite, ont décidé de partager un avenir pacifique fondé sur des valeurs communes.

Consciente de son patrimoine spirituel et moral, l'Union se fonde sur les valeurs indivisibles et universelles de dignité humaine, de liberté, d'égalité et de solidarité; elle repose sur le principe de la démocratie et le principe de l'État de droit. Elle place la personne au cœur de son action en instituant la citoyenneté de l'Union et en créant un espace de liberté, de sécurité et de justice.

L'Union contribue à la préservation et au développement de ces valeurs communes dans le respect de la diversité des cultures et des traditions des peuples d'Europe, ainsi que de l'identité nationale des États membres et de l'organisation de leurs pouvoirs publics aux niveaux national, régional et local; elle cherche à promouvoir un développement équilibré et durable et assure la libre circulation des personnes, des services, des marchandises et des capitaux, ainsi que la liberté d'établissement.

À cette fin, il est nécessaire, en les rendant plus visibles dans une Charte, de renforcer la protection des droits fondamentaux à la lumière de l'évolution de la société, du progrès social et des développements scientifiques et technologiques.

La présente Charte réaffirme, dans le respect des compétences et des tâches de l'Union, ainsi que du principe de subsidiarité, les droits qui résultent notamment des traditions constitutionnelles et des obligations internationales

communes aux États membres, de la Convention européenne de sauvegarde des droits de l'Homme et des libertés fondamentales, des Chartes sociales adoptées par l'Union et par le Conseil de l'Europe, ainsi que de la jurisprudence de la Cour de justice de l'Union européenne et de la Cour européenne des droits de l'Homme. Dans ce contexte, la Charte sera interprétée par les juridictions de l'Union et des États membres en prenant dûment en considération les explications établies sous l'autorité du praesidium de la Convention qui a élaboré la Charte et mises à jour sous la responsabilité du praesidium de la Convention européenne.
La jouissance de ces droits entraîne des responsabilités et des devoirs tant à l'égard d'autrui qu'à l'égard de la communauté humaine et des générations futures.
En conséquence, l'Union reconnaît les droits, les libertés et les principes énoncés ci-après.

Titre I – Dignité

Article 1 – Dignité humaine

La dignité humaine est inviolable. Elle doit être respectée et protégée.

Article 2 – Droit à la vie

1. Toute personne a droit à la vie.
2. Nul ne peut être condamné à la peine de mort, ni exécuté.

Article 3 – Droit à l'intégrité de la personne

1. Toute personne a droit à son intégrité physique et mentale.
2. Dans le cadre de la médecine et de la biologie, doivent notamment être respectés :
a) le consentement libre et éclairé de la personne concernée, selon les modalités définies par la loi;
b) l'interdiction des pratiques eugéniques, notamment celles qui ont pour but la sélection des personnes;
c) l'interdiction de faire du corps humain et de ses parties, en tant que tels, une source de profit;

d) l'interdiction du clonage reproductif des êtres humains.

Article 4 – Interdiction de la torture
et des peines ou traitements inhumains ou dégradants

Nul ne peut être soumis à la torture, ni à des peines ou traitements inhumains ou dégradants.

Article 5 – Interdiction de l'esclavage
et du travail forcé

1. Nul ne peut être tenu en esclavage ni en servitude.
2. Nul ne peut être astreint à accomplir un travail forcé ou obligatoire.
3. La traite des êtres humains est interdite.

Titre II – Libertés

Article 6 – Droit à la liberté et à la sûreté

Toute personne a droit à la liberté et à la sûreté.

Article 7 – Respect de la vie privée et familiale

Toute personne a droit au respect de sa vie privée et familiale, de son domicile et de ses communications.

Article 8 – Protection des données à caractère personnel

1. Toute personne a droit à la protection des données à caractère personnel la concernant.
2. Ces données doivent être traitées loyalement, à des fins déterminées et sur la base du consentement de la personne concernée ou en vertu d'un autre fondement légitime prévu par la loi. Toute personne a le droit d'accéder aux données collectées la concernant et d'en obtenir la rectification.
3. Le respect de ces règles est soumis au contrôle d'une autorité indépendante.

Article 9 – Droit de se marier
et droit de fonder une famille

Le droit de se marier et le droit de fonder une famille sont garantis selon les lois nationales qui en régissent l'exercice.

Article 10 – Liberté de pensée, de conscience et de religion

1. Toute personne a droit à la liberté de pensée, de conscience et de religion. Ce droit implique la liberté de changer de religion ou de conviction, ainsi que la liberté de manifester sa religion ou sa conviction individuellement ou collectivement, en public ou en privé, par le culte, l'enseignement, les pratiques et l'accomplissement des rites.
2. Le droit à l'objection de conscience est reconnu selon les lois nationales qui en régissent l'exercice.

Article 11 – Liberté d'expression et d'information

1. Toute personne a droit à la liberté d'expression. Ce droit comprend la liberté d'opinion et la liberté de recevoir ou de communiquer des informations ou des idées sans qu'il puisse y avoir ingérence d'autorités publiques et sans considération de frontières.
2. La liberté des médias et leur pluralisme sont respectés.

Article 12 – Liberté de réunion et d'association

1. Toute personne a droit à la liberté de réunion pacifique et à la liberté d'association à tous les niveaux, notamment dans les domaines politique, syndical et civique, ce qui implique le droit de toute personne de fonder avec d'autres des syndicats et de s'y affilier pour la défense de ses intérêts.
2. Les partis politiques au niveau de l'Union contribuent à l'expression de la volonté politique des citoyens de l'Union.

Article 13 – Liberté des arts et des sciences

Les arts et la recherche scientifique sont libres. La liberté académique est respectée.

Article 14 – Droit à l'éducation

1. Toute personne a droit à l'éducation, ainsi qu'à l'accès à la formation professionnelle et continue.
2. Ce droit comporte la faculté de suivre gratuitement l'enseignement obligatoire.

3. La liberté de créer des établissements d'enseignement dans le respect des principes démocratiques, ainsi que le droit des parents d'assurer l'éducation et l'enseignement de leurs enfants conformément à leurs convictions religieuses, philosophiques et pédagogiques, sont respectés selon les lois nationales qui en régissent l'exercice.

Article 15 – Liberté professionnelle et droit de travailler

1. Toute personne a le droit de travailler et d'exercer une profession librement choisie ou acceptée.
2. Tout citoyen de l'Union a la liberté de chercher un emploi, de travailler, de s'établir ou de fournir des services dans tout État membre.
3. Les ressortissants des pays tiers qui sont autorisés à travailler sur le territoire des États membres ont droit à des conditions de travail équivalentes à celles dont bénéficient les citoyens de l'Union.

Article 16 – Liberté d'entreprise

La liberté d'entreprise est reconnue conformément au droit de l'Union et aux législations et pratiques nationales.

Article 17 – Droit de propriété

1. Toute personne a le droit de jouir de la propriété des biens qu'elle a acquis légalement, de les utiliser, d'en disposer et de les léguer. Nul ne peut être privé de sa propriété, si ce n'est pour cause d'utilité publique, dans des cas et conditions prévus par une loi et moyennant en temps utile une juste indemnité pour sa perte. L'usage des biens peut être réglementé par la loi dans la mesure nécessaire à l'intérêt général.
2. La propriété intellectuelle est protégée.

Article 18 – Droit d'asile

Le droit d'asile est garanti dans le respect des règles de la convention de Genève du 28 juillet 1951 et du protocole du 31 janvier 1967 relatifs au statut des réfugiés et conformément au traité sur l'Union européenne et au traité sur le fonctionnement de l'Union européenne (ci-après dénommés « les traités »).

Article 19 – Protection en cas d'éloignement, d'expulsion et d'extradition

1. Les expulsions collectives sont interdites.
2. Nul ne peut être éloigné, expulsé ou extradé vers un État où il existe un risque sérieux qu'il soit soumis à la peine de mort, à la torture ou à d'autres peines ou traitements inhumains ou dégradants.

Titre III – Égalité

Article 20 – Égalité en droit

Toutes les personnes sont égales en droit.

Article 21 – Non-discrimination

1. Est interdite, toute discrimination fondée notamment sur le sexe, la race, la couleur, les origines ethniques ou sociales, les caractéristiques génétiques, la langue, la religion ou les convictions, les opinions politiques ou toute autre opinion, l'appartenance à une minorité nationale, la fortune, la naissance, un handicap, l'âge ou l'orientation sexuelle.
2. Dans le domaine d'application des traités et sans préjudice de leurs dispositions particulières, toute discrimination exercée en raison de la nationalité est interdite.

Article 22 – Diversité culturelle, religieuse et linguistique

L'Union respecte la diversité culturelle, religieuse et linguistique.

Article 23 – Égalité entre femmes et hommes

L'égalité entre les femmes et les hommes doit être assurée dans tous les domaines, y compris en matière d'emploi, de travail et de rémunération.

Le principe de l'égalité n'empêche pas le maintien ou l'adoption de mesures prévoyant des avantages spécifiques en faveur du sexe sous-représenté.

Article 24 – Droits de l'enfant

1. Les enfants ont droit à la protection et aux soins nécessaires à leur bien-être. Ils peuvent exprimer leur opinion

librement. Celle-ci est prise en considération pour les sujets qui les concernent, en fonction de leur âge et de leur maturité.
2. Dans tous les actes relatifs aux enfants, qu'ils soient accomplis par des autorités publiques ou des institutions privées, l'intérêt supérieur de l'enfant doit être une considération primordiale.
3. Tout enfant a le droit d'entretenir régulièrement des relations personnelles et des contacts directs avec ses deux parents, sauf si cela est contraire à son intérêt.

Article 25 – Droits des personnes âgées

L'Union reconnaît et respecte le droit des personnes âgées à mener une vie digne et indépendante et à participer à la vie sociale et culturelle.

Article 26 – Intégration des personnes handicapées

L'Union reconnaît et respecte le droit des personnes handicapées à bénéficier de mesures visant à assurer leur autonomie, leur intégration sociale et professionnelle et leur participation à la vie de la communauté.

Titre IV – Solidarité

Article 27 – Droit à l'information et à la consultation des travailleurs au sein de l'entreprise

Les travailleurs ou leurs représentants doivent se voir garantir, aux niveaux appropriés, une information et une consultation en temps utile, dans les cas et conditions prévus par le droit de l'Union et les législations et pratiques nationales.

Article 28 – Droit de négociation et d'actions collectives

Les travailleurs et les employeurs, ou leurs organisations respectives, ont, conformément au droit communautaire et aux législations et pratiques nationales, le droit de négocier et de conclure des conventions collectives aux niveaux appropriés et de recourir, en cas de conflits d'intérêts, à des actions collectives pour la défense de leurs intérêts, y compris la grève.

Article 29 – Droit d'accès aux services de placement

Toute personne a le droit d'accéder à un service gratuit de placement.

Article 30 – Protection en cas de licenciement injustifié

Tout travailleur a droit à une protection contre tout licenciement injustifié, conformément au droit de l'Union et aux législations et pratiques nationales.

Article 31 – Conditions de travail justes et équitables

1. Tout travailleur a droit à des conditions de travail qui respectent sa santé, sa sécurité et sa dignité.
2. Tout travailleur a droit à une limitation de la durée maximale du travail et à des périodes de repos journalier et hebdomadaire, ainsi qu'à une période annuelle de congés payés.

Article 32 – Interdiction du travail des enfants et protection des jeunes au travail

Le travail des enfants est interdit. L'âge minimal d'admission au travail ne peut être inférieur à l'âge auquel cesse la période de scolarité obligatoire, sans préjudice des règles plus favorables aux jeunes et sauf dérogations limitées.
Les jeunes admis au travail doivent bénéficier de conditions de travail adaptées à leur âge et être protégés contre l'exploitation économique ou contre tout travail susceptible de nuire à leur sécurité, à leur santé, à leur développement physique, mental, moral ou social ou de compromettre leur éducation.

Article 33 – Vie familiale et vie professionnelle

1. La protection de la famille est assurée sur le plan juridique, économique et social.
2. Afin de pouvoir concilier vie familiale et vie professionnelle, toute personne a le droit d'être protégée contre tout licenciement pour un motif lié à la maternité, ainsi que le

droit à un congé de maternité payé et à un congé parental à la suite de la naissance ou de l'adoption d'un enfant.

Article 34 – Sécurité sociale et aide sociale

1. L'Union reconnaît et respecte le droit d'accès aux prestations de sécurité sociale et aux services sociaux assurant une protection dans des cas tels que la maternité, la maladie, les accidents du travail, la dépendance ou la vieillesse, ainsi qu'en cas de perte d'emploi, selon les règles établies par le droit de l'Union et les législations et pratiques nationales.
2. Toute personne qui réside et se déplace légalement à l'intérieur de l'Union a droit aux prestations de sécurité sociale et aux avantages sociaux, conformément au droit de l'Union et aux législations et pratiques nationales.
3. Afin de lutter contre l'exclusion sociale et la pauvreté, l'Union reconnaît et respecte le droit à une aide sociale et à une aide au logement destinées à assurer une existence digne à tous ceux qui ne disposent pas de ressources suffisantes, selon les règles établies par le droit de l'Union et les législations et pratiques nationales.

Article 35 – Protection de la santé

Toute personne a le droit d'accéder à la prévention en matière de santé et de bénéficier de soins médicaux dans les conditions établies par les législations et pratiques nationales. Un niveau élevé de protection de la santé humaine est assuré dans la définition et la mise en œuvre de toutes les politiques et actions de l'Union.

Article 36 – Accès aux services d'intérêt économique général

L'Union reconnaît et respecte l'accès aux services d'intérêt économique général tel qu'il est prévu par les législations et pratiques nationales, conformément aux traités, afin de promouvoir la cohésion sociale et territoriale de l'Union.

Article 37 – Protection de l'environnement

Un niveau élevé de protection de l'environnement et l'amélioration de sa qualité doivent être intégrés dans les politiques de l'Union et assurés conformément au principe du développement durable.

Article 38 – Protection des consommateurs

Un niveau élevé de protection des consommateurs est assuré dans les politiques de l'Union.

Titre V – Citoyenneté

Article 39 – Droit de vote et d'éligibilité aux élections au Parlement européen

1. Tout citoyen de l'Union a le droit de vote et d'éligibilité aux élections au Parlement européen dans l'État membre où il réside, dans les mêmes conditions que les ressortissants de cet État.
2. Les membres du Parlement européen sont élus au suffrage universel direct, libre et secret.

Article 40 – Droit de vote et d'éligibilité aux élections municipales

Tout citoyen de l'Union a le droit de vote et d'éligibilité aux élections municipales dans l'État membre où il réside, dans les mêmes conditions que les ressortissants de cet État.

Article 41 – Droit à une bonne administration

1. Toute personne a le droit de voir ses affaires traitées impartialement, équitablement et dans un délai raisonnable par les institutions, organes et organismes de l'Union.
2. Ce droit comporte notamment :
a) le droit de toute personne d'être entendue avant qu'une mesure individuelle qui l'affecterait défavorablement ne soit prise à son encontre ;
b) le droit d'accès de toute personne au dossier qui la concerne, dans le respect des intérêts légitimes de la confidentialité et du secret professionnel et des affaires ;
c) l'obligation pour l'administration de motiver ses décisions.
3. Toute personne a droit à la réparation par l'Union des dommages causés par les institutions, ou par ses agents

dans l'exercice de leurs fonctions, conformément aux principes généraux communs aux droits des États membres.
4. Toute personne peut s'adresser aux institutions de l'Union dans une des langues des traités et doit recevoir une réponse dans la même langue.

Article 42 – Droit d'accès aux documents

Tout citoyen de l'Union ainsi que toute personne physique ou morale résidant ou ayant son siège statutaire dans un État membre a un droit d'accès aux documents du Parlement européen, du Conseil et de la Commission.

Article 43 – Médiateur

Tout citoyen de l'Union ainsi que toute personne physique ou morale résidant ou ayant son siège statutaire dans un État membre a le droit de saisir le médiateur européen de cas de mauvaise administration dans l'action des institutions, organes ou organismes de l'Union, à l'exclusion de la Cour de justice de l'Union européenne dans l'exercice de ses fonctions juridictionnelles.

Article 44 – Droit de pétition

Tout citoyen de l'Union ainsi que toute personne physique ou morale résidant ou ayant son siège statutaire dans un État membre a le droit de pétition devant le Parlement européen.

Article 45 – Liberté de circulation et de séjour

1. Tout citoyen de l'Union a le droit de circuler et de séjourner librement sur le territoire des États membres.
2. La liberté de circulation et de séjour peut être accordée, conformément aux traités, aux ressortissants de pays tiers résidant légalement sur le territoire d'un État membre.

Article 46 – Protection diplomatique et consulaire

Tout citoyen de l'Union bénéficie, sur le territoire d'un pays tiers où l'État membre dont il est ressortissant n'est pas représenté, de la protection des autorités diplomatiques et consulaires de tout État membre dans les mêmes conditions que les ressortissants nationaux de cet État.

Titre VI – Justice

Article 47 – Droit à un recours effectif et à accéder à un tribunal impartial

Toute personne dont les droits et libertés garantis par le droit de l'Union ont été violés a droit à un recours effectif devant un tribunal dans le respect des conditions prévues au présent article.

Toute personne a droit à ce que sa cause soit entendue équitablement, publiquement et dans un délai raisonnable par un tribunal indépendant et impartial, établi préalablement par la loi. Toute personne a la possibilité de se faire conseiller, défendre et représenter.

Une aide juridictionnelle est accordée à ceux qui ne disposent pas de ressources suffisantes, dans la mesure où cette aide serait nécessaire pour assurer l'effectivité de l'accès à la justice.

Article 48 – Présomption d'innocence et droits de la défense

1. Tout accusé est présumé innocent jusqu'à ce que sa culpabilité ait été légalement établie.
2. Le respect des droits de la défense est garanti à tout accusé.

Article 49 – Principes de légalité et de proportionnalité des délits et des peines

1. Nul ne peut être condamné pour une action ou une omission qui, au moment où elle a été commise, ne constituait pas une infraction d'après le droit national ou le droit international. De même, il n'est infligé aucune peine plus forte que celle qui était applicable au moment où l'infraction a été commise. Si, postérieurement à cette infraction, la loi prévoit une peine plus légère, celle-ci doit être appliquée.
2. Le présent article ne porte pas atteinte au jugement et à la punition d'une personne coupable d'une action ou d'une omission qui, au moment où elle a été commise,

était criminelle d'après les principes généraux reconnus par l'ensemble des nations.
3. L'intensité des peines ne doit pas être disproportionnée par rapport à l'infraction.

Article 50 – Droit à ne pas être jugé ou puni pénalement deux fois pour une même infraction

Nul ne peut être poursuivi ou puni pénalement en raison d'une infraction pour laquelle il a déjà été acquitté ou condamné dans l'Union par un jugement pénal définitif conformément à la loi.

Titre VII – Dispositions générales

Article 51 – Champ d'application

1. Les dispositions de la présente Charte s'adressent aux institutions, organes et organismes de l'Union dans le respect du principe de subsidiarité, ainsi qu'aux États membres uniquement lorsqu'ils mettent en œuvre le droit de l'Union. En conséquence, ils respectent les droits, observent les principes et en promeuvent l'application, conformément à leurs compétences respectives et dans le respect des limites des compétences de l'Union telles qu'elles lui sont conférées dans les traités.
2. La présente Charte n'étend pas le champ d'application du droit de l'Union au-delà des compétences de l'Union, ni ne crée aucune compétence ni aucune tâche nouvelles pour l'Union et ne modifie pas les compétences et tâches définies dans les traités.

Article 52 – Portée et interprétation des droits et des principes

1. Toute limitation de l'exercice des droits et libertés reconnus par la présente Charte doit être prévue par la loi et respecter le contenu essentiel desdits droits et libertés. Dans le respect du principe de proportionnalité, des limitations ne peuvent être apportées que si elles sont nécessaires et répondent effectivement à des objectifs d'intérêt général reconnus par l'Union ou au besoin de protection des droits et libertés d'autrui.

2. Les droits reconnus par la présente Charte qui font l'objet de dispositions dans les traités s'exercent dans les conditions et limites définies par ceux-ci.
3. Dans la mesure où la présente Charte contient des droits correspondant à des droits garantis par la Convention européenne de sauvegarde des droits de l'Homme et des libertés fondamentales, leur sens et leur portée sont les mêmes que ceux que leur confère ladite convention. Cette disposition ne fait pas obstacle à ce que le droit de l'Union accorde une protection plus étendue.
4. Dans la mesure où la présente Charte reconnaît des droits fondamentaux tels qu'ils résultent des traditions constitutionnelles communes aux États membres, ces droits doivent être interprétés en harmonie avec lesdites traditions.
5. Les dispositions de la présente Charte qui contiennent des principes peuvent être mises en œuvre par des actes législatifs et exécutifs pris par les institutions, organes et organismes de l'Union, et par des actes des États membres lorsqu'ils mettent en œuvre le droit de l'Union, dans l'exercice de leurs compétences respectives. Leur invocation devant le juge n'est admise que pour l'interprétation et le contrôle de la légalité de tels actes.
6. Les législations et pratiques nationales doivent être pleinement prises en compte comme précisé dans la présente Charte.
7. Les explications élaborées en vue de guider l'interprétation de la présente Charte sont dûment prises en considération par les juridictions de l'Union et des États membres.

Article 53 – Niveau de protection

Aucune disposition de la présente Charte ne doit être interprétée comme limitant ou portant atteinte aux droits de l'homme et libertés fondamentales reconnus, dans leur champ d'application respectif, par le droit de l'Union, le droit international et les conventions internationales auxquelles sont parties l'Union ou tous les États membres, et notamment la Convention européenne de sauvegarde des droits de l'Homme et des libertés fondamentales, ainsi que par les constitutions des États membres.

Article 54 – Interdiction de l'abus de droit

Aucune des dispositions de la présente Charte ne doit être interprétée comme impliquant un droit quelconque de se livrer à une activité ou d'accomplir un acte visant à la destruction des droits ou libertés reconnus dans la présente Charte ou à des limitations plus amples des droits et libertés que celles qui sont prévues par la présente Charte.

Texte 37 – Traité de Lisbonne, 2007 (extraits)

L'objet du traité de Lisbonne est d'amender le traité sur l'Union européenne et le traité instituant la Communauté, désormais dénommé « traité sur le fonctionnement de l'Union européenne ».

Pour faciliter la lecture, sans sortir de son contexte l'article 6 qui vise directement les « droits fondamentaux de l'Union », en consacrant la « valeur juridique » de la Charte proclamée à Nice en 2000, c'est l'ensemble du préambule du traité sur l'Union européenne et de son titre I sur les dispositions communes qui est cité ci-dessous. Mais de nombreuses références aux droits de l'homme figurant dans d'autres chapitres n'ont pas été relevées, de même que les protocoles annexes portant sur l'article 6.

Il s'agissait seulement de situer la phase actuelle de la construction européenne au regard du corpus des droits de l'homme tel qu'il s'est constitué en France depuis la Déclaration des droits de l'homme et du citoyen de 1789 et tel qu'il s'est développé sur les bases de la Déclaration universelle des droits de l'homme de 1948 et de la Convention européenne des droits de l'homme de 1950.

S'inspirant des héritages culturels, religieux et humanistes de l'Europe, à partir desquels se sont développées les valeurs universelles que constituent les droits inviolables et inaliénables de la personne humaine, ainsi que la liberté, la démocratie, l'égalité et l'État de droit,
Résolus à franchir une nouvelle étape dans le processus d'intégration européenne engagé par la création des Communautés européennes,
Rappelant l'importance historique de la fin de la division du continent européen et la nécessité d'établir des bases solides pour l'architecture de l'Europe future,
Confirmant leur attachement aux principes de la liberté, de la démocratie et du respect des droits de l'homme et des libertés fondamentales et de l'État de droit,
Confirmant leur attachement aux droits sociaux fondamentaux tels qu'ils sont définis dans la charte sociale européenne, signée à Turin le 18 octobre 1961, et dans la charte européenne des droits sociaux fondamentaux des travailleurs de 1989,
Désireux d'approfondir la solidarité entre leurs peuples dans le respect de leur histoire, de leur culture et de leurs traditions,
Désireux de renforcer le caractère démocratique et l'efficacité du fonctionnement des institutions, afin de leur permettre de mieux remplir, dans un cadre institutionnel unique, les missions qui leur sont confiées,
Résolus à renforcer leurs économies ainsi qu'à en assurer la convergence, et à établir une union économique et monétaire, comportant, conformément aux dispositions du présent traité et du traité sur le fonctionnement de l'Union européenne, une monnaie unique et stable,
Déterminés à promouvoir le progrès économique et social de leurs peuples, compte tenu du principe du développement durable et dans le cadre de l'achèvement du marché intérieur, et du renforcement de la cohésion et de la protection de l'environnement, et à mettre en œuvre des politiques assurant des progrès parallèles dans l'intégration économique et dans les autres domaines,

Résolus à établir une citoyenneté commune aux ressortissants de leurs pays,
Résolus à mettre en œuvre une politique étrangère et de sécurité commune, y compris la définition progressive d'une politique de défense commune, qui pourrait conduire à une défense commune, conformément aux dispositions de l'article 17, renforçant ainsi l'identité de l'Europe et son indépendance afin de promouvoir la paix, la sécurité et le progrès en Europe et dans le monde,
Résolus à faciliter la libre circulation des personnes, tout en assurant la sûreté et la sécurité de leurs peuples, en établissant un espace de liberté, de sécurité et de justice, conformément aux dispositions du présent traité et du traité sur le fonctionnement de l'Union européenne,
Résolus à poursuivre le processus créant une union sans cesse plus étroite entre les peuples de l'Europe, dans laquelle les décisions sont prises le plus près possible des citoyens, conformément au principe de subsidiarité,
Dans la perspective des étapes ultérieures à franchir pour faire progresser l'intégration européenne,
Ont décidé d'instituer une Union européenne et ont désigné à cet effet comme plénipotentiaires :
[liste de plénipotentiaires non reproduite]
Lesquels, après avoir échangé leurs pleins pouvoirs reconnus en bonne et due forme, sont convenus des dispositions qui suivent :

Titre I – Dispositions communes

Article premier

Par le présent traité, les Hautes Parties contractantes instituent entre elles une Union européenne, ci-après dénommée « Union », à laquelle les États membres attribuent des compétences pour atteindre leurs objectifs communs.
Le présent traité marque une nouvelle étape dans le processus créant une union sans cesse plus étroite entre les peuples de l'Europe, dans laquelle les décisions sont

prises dans le plus grand respect possible du principe d'ouverture et le plus près possible des citoyens.
L'Union est fondée sur le présent traité et sur le traité sur le fonctionnement de l'Union européenne (désignés ci-après par les termes « les traités »). Ces deux traités ont la même valeur juridique. L'Union se substitue et succède à la Communauté européenne.

Article 2

L'Union est fondée sur les valeurs de respect de la dignité humaine, de liberté, de démocratie, d'égalité, de l'État de droit, ainsi que de respect des droits de l'homme, y compris des droits des personnes appartenant à des minorités. Ces valeurs sont communes aux États membres dans une société caractérisée par le pluralisme, la non-discrimination, la tolérance, la justice, la solidarité et l'égalité entre les femmes et les hommes.

Article 3

1. L'Union a pour but de promouvoir la paix, ses valeurs et le bien-être de ses peuples.
2. L'Union offre à ses citoyens un espace de liberté, de sécurité et de justice sans frontières intérieures, au sein duquel est assurée la libre circulation des personnes, en liaison avec des mesures appropriées en matière de contrôle des frontières extérieures, d'asile, d'immigration ainsi que de prévention de la criminalité et de lutte contre ce phénomène.
3. L'Union établit un marché intérieur. Elle œuvre pour le développement durable de l'Europe fondé sur une croissance économique équilibrée et sur la stabilité des prix, une économie sociale de marché hautement compétitive, qui tend au plein emploi et au progrès social, et un niveau élevé de protection et d'amélioration de la qualité de l'environnement. Elle promeut le progrès scientifique et technique.
Elle combat l'exclusion sociale et les discriminations, et promeut la justice et la protection sociales, l'égalité entre les femmes et les hommes, la solidarité entre les générations et la protection des droits de l'enfant.

Elle promeut la cohésion économique, sociale et territoriale, et la solidarité entre les États membres.
Elle respecte la richesse de sa diversité culturelle et linguistique, et veille à la sauvegarde et au développement du patrimoine culturel européen
4. L'Union établit une union économique et monétaire dont la monnaie est l'euro.
5. Dans ses relations avec le reste du monde, l'Union affirme et promeut ses valeurs et ses intérêts et contribue à la protection de ses citoyens. Elle contribue à la paix, à la sécurité, au développement durable de la planète, à la solidarité et au respect mutuel entre les peuples, au commerce libre et équitable, à l'élimination de la pauvreté et à la protection des droits de l'homme, en particulier ceux de l'enfant, ainsi qu'au strict respect et au développement du droit international, notamment au respect des principes de la Charte des Nations unies.
6. L'Union poursuit ses objectifs par des moyens appropriés, en fonction des compétences qui lui sont attribuées dans les traités.

Article 4

1. Conformément à l'article 5, toute compétence non attribuée à l'Union dans les traités appartient aux États membres.
2. L'Union respecte l'égalité des États membres devant les traités ainsi que leur identité nationale, inhérente à leurs structures fondamentales politiques et constitutionnelles, y compris en ce qui concerne l'autonomie locale et régionale. Elle respecte les fonctions essentielles de l'État, notamment celles qui ont pour objet d'assurer son intégrité territoriale, de maintenir l'ordre public et de sauvegarder la sécurité nationale. En particulier, la sécurité nationale reste de la seule responsabilité de chaque État membre.
3. En vertu du principe de coopération loyale, l'Union et les États membres se respectent et s'assistent mutuellement dans l'accomplissement des missions découlant des traités. Les États membres prennent toute mesure générale ou particulière propre à assurer l'exécution des obligations

découlant des traités ou résultant des actes des institutions de l'Union.
Les États membres facilitent l'accomplissement par l'Union de sa mission et s'abstiennent de toute mesure susceptible de mettre en péril la réalisation des objectifs de l'Union.

Article 5

1. Le principe d'attribution régit la délimitation des compétences de l'Union. Les principes de subsidiarité et de proportionnalité régissent l'exercice de ces compétences.
2. En vertu du principe d'attribution, l'Union n'agit que dans les limites des compétences que les États membres lui ont attribuées dans les traités pour atteindre les objectifs que ces traités établissent. Toute compétence non attribuée à l'Union dans les traités appartient aux États membres.
3. En vertu du principe de subsidiarité, dans les domaines qui ne relèvent pas de sa compétence exclusive, l'Union intervient seulement si, et dans la mesure où, les objectifs de l'action envisagée ne peuvent pas être atteints de manière suffisante par les États membres, tant au niveau central qu'au niveau régional et local, mais peuvent l'être mieux, en raison des dimensions ou des effets de l'action envisagée, au niveau de l'Union.
Les institutions de l'Union appliquent le principe de subsidiarité conformément au protocole sur l'application des principes de subsidiarité et de proportionnalité. Les parlements nationaux veillent au respect de ce principe conformément à la procédure prévue dans ce protocole.
4. En vertu du principe de proportionnalité, le contenu et la forme de l'action de l'Union n'excèdent pas ce qui est nécessaire pour atteindre les objectifs des traités.
Les institutions de l'Union appliquent le principe de proportionnalité conformément au protocole sur l'application des principes de subsidiarité et de proportionnalité.

Article 6

1. L'Union reconnaît les droits, les libertés et les principes énoncés dans la Charte des droits fondamentaux du 7 décembre 2000, telle qu'adaptée le [12 décembre

2007 à Strasbourg], laquelle a la même valeur juridique que les traités.
Les dispositions de la Charte n'étendent en aucune manière les compétences de l'Union telles que définies dans les traités.
Les droits, les libertés et les principes énoncés dans la Charte sont interprétés conformément aux dispositions générales du titre VII de la Charte régissant l'interprétation et l'application de celle-ci et en prenant dûment en considération les explications visées dans la Charte, qui indiquent les sources de ces dispositions.
2. L'Union adhère à la Convention européenne de sauvegarde des droits de l'homme et des libertés fondamentales. Cette adhésion ne modifie pas les compétences de l'Union telles qu'elles sont définies dans les traités.
3. Les droits fondamentaux, tels qu'ils sont garantis par la Convention européenne de sauvegarde des droits de l'homme et des libertés fondamentales et tels qu'ils résultent des traditions constitutionnelles communes aux États membres, font partie du droit de l'Union en tant que principes généraux.

Article 7

1. Sur proposition motivée d'un tiers des États membres, du Parlement européen ou de la Commission, le Conseil, statuant à la majorité des quatre cinquièmes de ses membres après approbation du Parlement européen, peut constater qu'il existe un risque clair de violation grave par un État membre des valeurs visées à l'article 2. Avant de procéder à cette constatation, le Conseil entend l'État membre en question et peut lui adresser des recommandations, en statuant selon la même procédure.
Le Conseil vérifie régulièrement si les motifs qui ont conduit à une telle constatation restent valables.
2. Le Conseil européen, statuant à l'unanimité sur proposition d'un tiers des États membres ou de la Commission et après approbation du Parlement européen, peut constater l'existence d'une violation grave et persistante par un État membre des valeurs visées à l'article 2, après avoir

invité cet État membre à présenter toute observation en la matière.

3. Lorsque la constatation visée au paragraphe 2 a été faite, le Conseil, statuant à la majorité qualifiée, peut décider de suspendre certains des droits découlant de l'application des traités à l'État membre en question, y compris les droits de vote du représentant du gouvernement de cet État membre au sein du Conseil. Ce faisant, le Conseil tient compte des conséquences éventuelles d'une telle suspension sur les droits et obligations des personnes physiques et morales.

Les obligations qui incombent à l'État membre en question au titre du présent traité restent en tout état de cause contraignantes pour cet État.

4. Le Conseil, statuant à la majorité qualifiée, peut décider par la suite de modifier les mesures qu'il a prises au titre du paragraphe 3 ou d'y mettre fin pour répondre à des changements de la situation qui l'a conduit à imposer ces mesures.

5. Les modalités de vote qui, aux fins du présent article, s'appliquent au Parlement européen, au Conseil européen et au Conseil sont fixées à l'article 354 du traité sur le fonctionnement de l'Union européenne.

Article 8

1. L'Union développe avec les pays de son voisinage des relations privilégiées, en vue d'établir un espace de prospérité et de bon voisinage, fondé sur les valeurs de l'Union et caractérisé par des relations étroites et pacifiques reposant sur la coopération.

2. Aux fins du paragraphe 1, l'Union peut conclure des accords spécifiques avec les pays concernés. Ces accords peuvent comporter des droits et obligations réciproques ainsi que la possibilité de conduire des actions en commun. Leur mise en œuvre fait l'objet d'une concertation périodique. […]

Collection Doc' en poche

SÉRIE « ENTREZ DANS L'ACTU »

1. Parlons nucléaire en 30 questions (2e édition septembre 2015)
de Paul Reuss

2. Parlons impôts en 30 questions (2e édition mars 2013)
de Jean-Marie Monnier

3. Parlons immigration en 30 questions (2e édition mars 2016)
de François Héran

4. France 2012, les données clés du débat présidentiel
des rédacteurs de la Documentation française

5. Le président de la République en 30 questions
d'Isabelle Flahault et Philippe Tronquoy

6. Parlons sécurité en 30 questions
d'Éric Heilmann

7. Parlons mondialisation en 30 questions
d'Eddy Fougier

8. Parlons école en 30 questions
de Georges Felouzis

9. L'Assemblée nationale en 30 questions
de Bernard Accoyer

10. Parlons Europe en 30 questions (2e édition octobre 2014)
de David Siritzky

13. Parlons dette en 30 questions
de Jean-Marie Monnier

14. Parlons jeunesse en 30 questions
d'Olivier Galland

21. Parlons justice en 30 questions
d'Agnès Martinel et Romain Victor

22. France 2014, les données clés
des rédacteurs de la Documentation française

25. Parlons gaz de schiste en 30 questions
de Pierre-René Bauquis

26. Parlons banque en 30 questions
de Jézabel Couppey-Soubeyran et Christophe Nijdam

30. France 2015, les données clés
des rédacteurs de la Documentation française

35. Parlons prison en 30 questions
de Sarah Dindo

40. Parlons climat en 30 questions
de Christophe Cassou et Valérie Masson-Delmotte

42. France 2016, les données clés
des rédacteurs de la Documentation française

SÉRIE « PLACE AU DÉBAT »

11. Retraites : quelle nouvelle réforme?
d'Antoine Rémond

12. La France, bonne élève du développement durable?
de Robin Degron

15. L'industrie française décroche-t-elle?
de Pierre-Noël Giraud et Thierry Weil

16. Tous en classes moyennes?
de Serge Bosc

23. Crise ou changement de modèle?
d'Élie Cohen

24. Réinventer la famille?
de Stéphanie Gargoullaud et Bénédicte Vassallo

27. Parents-enfants : vers une nouvelle filiation?
de Claire Neirinck et Martine Gross

28. Vers la fin des librairies?
de Vincent Chabault

31. Des pays toujours émergents?
de Pierre Salama

32. La santé pour tous?
de Dominique Polton

38. Faut-il suivre le modèle allemand ?
de Christophe Blot, Odile Chagny et Sabine Le Bayon

39. Politique culturelle, fin de partie ou nouvelle saison?
de Françoise Benhamou

43. Revenir au service public?
de Gilles Jeannot et Olivier Coutard

44. Une justice toujours spécialisée pour les mineurs?
de Dominique Youf

SÉRIE « REGARD D'EXPERT »

18. Les politiques de l'éducation en France
d'Antoine Prost et Lydie Heurdier

19. La face cachée de Harvard
de Stéphanie Grousset-Charrière

20. La criminalité en France
de Christophe Soullez

29. La guerre au xxe siècle
de Stéphane Audoin-Rouzeau, Raphaëlle Branche, Anne Duménil, Pierre Grosser et Sylvie Thénault

33. Quelle politique pour la culture ? Florilège des débats
sous la direction de Philippe Poirrier

34. Une jeunesse différente ?
sous la direction d'Olivier Galland et Bernard Roudet

36. La République territoriale
de Pierre Sadran

37. Les monothéismes d'hier à aujourd'hui
de Régine Azria, Dominique Borne, Pascal Buresi, Sonia Fellous et Anna Van den Kerchove

41. Environnement et inégalités sociales
sous la direction de Floran Augagneur et Jeanne Fagnani

45. Les grands textes internationaux des droits de l'homme
de Emmanuel Decaux et Noémie Bienvenu

46. Regards sur les États-Unis
de Cynthia Ghorra-Gobin, Guillaume Poiret, Jacques Portes, Marie-Jeanne Rossignol

47. Les politiques de la culture en France
de Philippe Poirrier

UNIVERSITE DE STRASBOURG
S.C.D.
Bibliothèque juridique

Imprimerie de la Direction de l'information légale et administrative
N° 663160030-R10416 – Dépôt légal : février 2016

IMPRIM'VERT®